U0861427

常德市城市管理志

(1949—2015)

常德市地方志编纂委员会
常德市城市管理和行政执法局 编

方志出版社
Publishing House of Local Records

图书在版编目（CIP）数据

常德市城市管理志：1949—2015 / 常德市地方志编纂委员会，常德市城市管理和行政执法局编. —北京：方志出版社，2016.12

ISBN 978-7-5144-2289-4

Ⅰ. ①常… Ⅱ. ①常… ②常… Ⅲ. ①城市管理 - 工作概况 - 常德 - 1949-2015 Ⅳ. ①F299.276.43

中国版本图书馆 CIP 数据核字（2016）第 320265 号

常德市城市管理志（1949—2015）

编　　者：常德市地方志编纂委员会、常德市城市管理和行政执法局
责任编辑：李志瑜

出 版 人：冀祥德
出 版 者：方志出版社
地址　北京市朝阳区潘家园东里 9 号（国家方志馆 4 层）
邮编　100021
网址　http://www.fzph.org
发　　行：方志出版社发行中心
电话（010）67110500
经　　销：各地新华书店
印　　刷：武陵区宏垣彩色印刷厂

开　　本：787×1092　　1/16
印　　张：49
字　　数：675 千字
版　　次：2016 年 12 月第 1 版　　2016 年 12 月第 1 次印刷
印　　数：0001~1000 册

ISBN 978-7-5144-2289-4　　**定价：368.00 元**

· 版权所有　翻印必究 ·

常德市地方志编纂委员会

顾　问	周德睿	朱水平	李爱国	沈习森
主　任	曹立军			
副主任	陈恢清	罗先东	曾艳阳	吉荣华
委　员	李正才	胡祖国	娄远军	向才焰
	张运华	王兴钊	鲁晓凤	朱　明
	任克勤	马吉云	刘凡荣	唐汇诰
	马　慧	周功表	李百艳	胡　文
	龚美爱	曾　勇	杨天生	马业文
	吴德新	呙滨辰	黄金陵	向美华
	胡世满	关建锋	涂贤春	王　鳌
	李长春	张克武	陈爱喜	刘兴华
	杨　俊	曾　莉	李红兵	郑家火
	马麦秋	覃志云	袁天鹏	向勇志
	刘李波	周　波		

《常德市城市管理志》编纂委员会

主　任　刘兴华

副主任　宋立明

成　员　杨永红　熊泽义　蒋劲松　尹言正　刘振华
龙旭光　曹道彩　郭祖元　粟金钟　谭　勇
曾国赋　李　健　邵建波　何军卫　李仁德
文斌元　陈凤鸣　代凯骏　黄成立　孙志远
李建林　赵立文　文立伟　谭新跃

《常德市城市管理志》编纂办公室

主　　编　刘兴华

副 主 编　宋立明

总　　纂　彭培南

总　　审　宋立明

副　　审　邵建波

编　　辑　袁　欣

资　　料　谭　勇　曾国赋　李　健　邵建波　何军卫
李仁德　文斌元　陈凤鸣　代凯骏　黄成立
孙志远　李建林　赵立文　文立伟　谭新跃
张　波　李贵春　刘开国　王　磊　黄国华
沈　斌

英文翻译　谭　烁

《常德市城市管理志》评审专家组

刘李波　周华辉　李大年　方移洪　丁兴宇
周　波　翦　甜　张家安　曾长青

序

刘兴华

常德的城市管理历史悠久。早在6500年前，常德先民就建造出迄今为止中国最早的城市——城头山。地方史志记载，最迟至唐代，常德地方衙门已经正式设置城市管理专门机构，依据中央政府法令对城市实施严格管理。

新中国成立后，常德城市管理机构日益健全。1949年成立常德市卫生队，1963年组建常德市环境卫生管理处，1982年组建常德市城市管理委员会办公室，1984年组建常德市城管监察大队，2001年设立常德市城市管理局，2002年经国务院法制办批准率先在城市管理领域试行相对集中行政处罚权，2005年设置常德市城市管理行政执法局，2015年深化体制改革，调整为常德市城市管理和行政执法局。

常德的城市管理事业渲染出了浓墨重彩的历史画卷。1949年10月，常德市人民政府刚刚成立，立即开展大规模城市环境整治。历经战乱、特别是中日常德会战后遍地残垣断壁的常德古城，迅速焕发勃勃生机。至20世纪90年代末期，常德市已经连续多年在全省城市卫生检查中名列第一。

跨入21世纪之后，常德市城管系统在市委、市政府领导下，高举城市创建的鲜明旗帜，切实担当常德市行政区内城市市容环境卫生行政管理和行政执法职责，牵头组织全国文明城市、国家卫生城市、国家园林城市和中国优秀旅游城市“四个城市一起创”的宏伟城市创建工作。2000年至2003年，常德市一举获得“创建全国文明城市工作先进城市”“国家卫生城市”“国家园林城市”和“中国优秀旅游城市”崇高荣誉。市委、市政府提出的第一轮“四个城市一起创”目标圆满实现。2004年至2015年，常德市经历全国爱国卫生运动委员会多次严格复查复审，始终保持国家卫生城市荣誉；这期间，曾连续10年保持全省城市卫生检查第一名品牌；先后获得“国际花园城市”“全国交通管理模范城市”“国家环保模范城市”称号。2011年，常德市获得“全国文明城市”崇高荣誉。市委、市政府提出的新一轮“四个城市一起创”和全国文明城市创建工作目标圆满实现。

改革开放以来，常德市城管执法局获得建设部“全国城市管理先进集体”奖励；市环卫处获得建设部市容环境卫生先进单位“时传祥奖”，多次获得全省建设系统先进集体以及湖南省优秀事业单位法人、为民办实事先进单位、湖南省城市市容环境卫生先进集体称号；市城管监察大队获得全省行业职业道德建设先进单位奖励；常德火车站广场管理处和市公共客运管理处获得湖南省文明窗口单位称号；常德商业步行街获得中宣部、国家工商总局、中央文明办等六部委命名为全国“百城万店无假货”示范街，国家质量技术监督总局命名为“全国购物放心一条街”，湖南省文明委命名为全省“文明街道”、全省“创建信用单位先进集体”一系列荣誉称号。

盛世修志，鉴古昭今。《常德市城市管理志》编志办历时三年，广泛采集资料，多方征询考证，细心编选，数易其稿。志书坚持历史唯物主义和辩证唯物主义观点，详今略古，承前启后，重点记述了近三十余年常德城市管理事业改革和发展历程，填补了我市城市管理专志的历史空白。为此，我向为编写志书付出了艰辛劳动的编志办各位同志、特别是业已退休仍竭心竭力精益求精担负总纂和编辑工作的老同志，向为编写常德城市管理志提供资料、精心审阅做出无私奉献的各级领导、各界专家表示诚挚的谢意！

《常德市城市管理志》杀青之际，恰逢中共中央、国务院2015年12月24日印发《中共中央国务院关于深入推进城市执法体制改革改进城市管理工作的指导意见》。刚刚经历了城市管理体制重大变革洗礼的常德市城市管理和行政执法局，又一次站立在了前所未有的重大历史关头。我希望全市城市管理工作部门珍惜伟大历史机遇，深入学习研究意见，准确把握当前和今后一个时期城市管理工作的指导思想、基本原则、总体目标和重点任务，创造出无愧于时代的丰功伟业。

存史资政，启迪后人。殷切希望各界对《常德市城市管理志》提出批评建议。殷切希望从事城市管理实践工作和理论研究的同志，能通过本志了解常德城市管理发展的历史，掌握城市管理事业的发展规律，汲取有益的历史经验，进一步推动常德市城市管理发展，谱写全市城市管理事业的崭新篇章。

（作者系常德市城市管理和行政执法局党组书记、局长）

凡　例

一、本志以马克思列宁主义、毛泽东思想、邓小平理论、“三个代表”重要思想和科学发展观为指导，深入贯彻习近平总书记系列重要讲话，坚持辩证唯物主义和历史唯物主义立场、观点和方法，坚持存真求实，全面记述常德市城市管理历史发展与现状。

二、本志记事以新中国建立后常德市城市管理事业开端为始，上起公元1949年，下讫公元2015年。为保持历史连续性，对城市管理重大事件，上溯至中华民国初年。

三、本志采用述、记、志、表、录等体裁，以文为主，辅以图表。大事记采用编年体与记事本末体相结合记述方法。

四、本志遵循城市管理工作常规分类，设篇、章、节、目；目以下仍有分层者，第一层次用（一）（二）（三），第二层用1、2、3，第三层用（1）（2）（3）。

五、本志史料源于历代常德府（县）志、常德市志、常德地区志、常德年鉴、常德城市建设志，常德市区档案馆、城建档案馆馆藏资料及常德市城市管理和行政执法局、常德市环境卫生管理处、常德市城市管理监察支队、常德火车站广场管理处、常德市灯饰管理处、常德市商业步行城管理办公室、常德市城区公共客运管理处工作档案及相关资料。所引用史料均经核实，不再注明出处。彩页、插图所用照片均由常德市城市管理和行政执法局办公室提供，不再署名。

六、本志采用各类统计数字以常德市统计局和常德市城市管理和行政执法局、常德市环境卫生管理处、常德市城市管理监察支队、常德火车站广场管理处、常德市灯饰管理处、常德市商业步行城管理办公室、常德市城区公共客运管理处公布数字为准。计量单位名称或符号，采用国务院规定的国际单位制。

七、本志纪年、地名、称谓等名称，一般采用当时称呼。为保持历史原貌，志书对武陵区城市管理工作记叙，1988 年撤区建市前一律称常德市。

八、志书中机构领导成员名录，以该单位党政正职任期为一个时间区段， 班子其他成员任职在先者排名在前。

常德市城市管理和行政执法局办公大楼

常德市商业步行城

常德火车站广场

常德生活垃圾发电厂厂区

2003年7月，海南省委副书记蔡长松（前排左六）考察常德市城市管理工作（前排左五为市长陈君文）

2006年10月，湖南省人大常委会副主任颜永盛（前排左一）考察常德市步行城（前排中为市人大常委会主任莫道宏）

2014 年 1 月 6 日，常德市委书记王群（右一）参加城市卫生大扫除

2014 年 9 月，常德市市长周德睿（右一）考察城市管理工作

2011 年 7 月 25 日，常德市委书记卿渐伟（右一）慰问一线环卫工人

2012 年 4 月 17 日，湖南省人大常委会在常德展开城市管理立法调研

2005 年 11 月 8 日，常德市在西班牙获国际花园城市金奖

2007 年 12 月 14 日，中央台焦点访谈栏目对常德城市管理工作进行专题报道

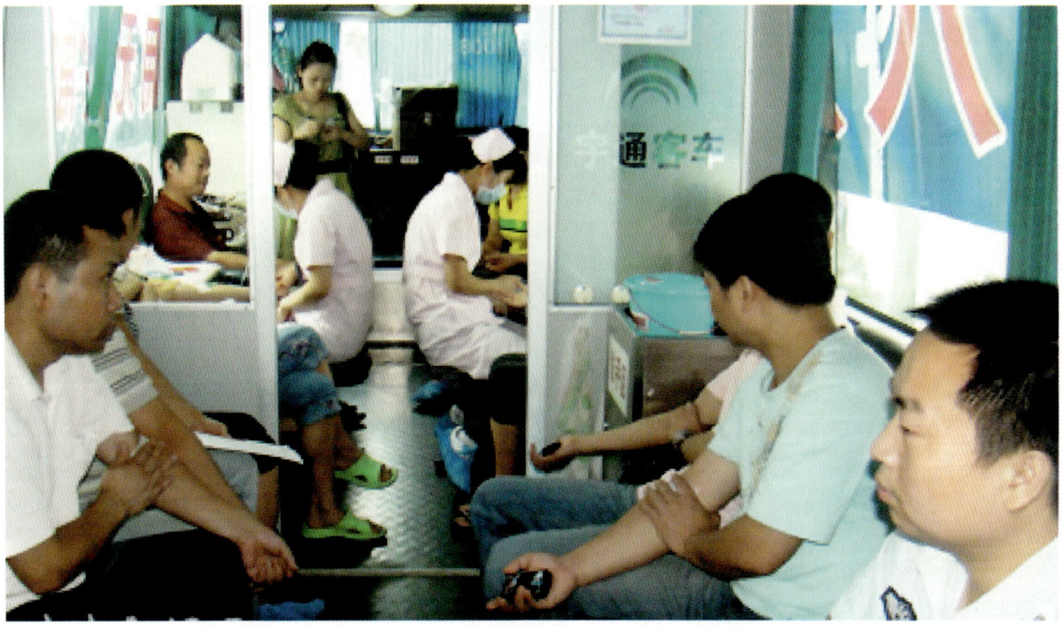

2008 年 8 月 14 日，常德市环卫工人参加无偿献血

2008 年 7 月 29 日，常德市城管队员帮助街头流浪儿童

2009 年 4 月 28 日，常德市城管执法局和市北正街小学开展“文明共建”活动

2009 年 7 月 18 日，常德市城管执法局依法拆除步行街占道棚亭

2006 年 9 月 30 日，常德市城管执法局举办歌咏比赛

2007 年 11 月 14 日，常德市城管执法局与市审计局举行篮球友谊赛

2009 年 10 月 23 日，常德市城管执法局代表队获市直机关登山比赛团体总分第三名

2015 年 6 月 2 日，千名环卫工人受邀参加常德华侨城“欢乐水世界”游园活动

2013 年 12 月 3 日，常德市城管执法局在武陵大道组织安装公交站亭

2013 年 11 月 4 日，常德市环卫处在建设路试运行多功能小型城市清扫车

2014 年 9 月 15 日，常德城市管理监督指挥中心建成正式运行

2009 年 12 月 28 日，常德市生活垃圾发电厂奠基仪式

2011 年 6 月 29 日，常德市城管执法局机关党委在韶山组织新党员入党宣誓

2012 年 6 月 7 日，常德市城管执法局在武陵监狱开展廉政警示教育活动

2008 年 8 月 20 日，常德市直城管系统思想作风纪律整顿现场交流会

2013 年 11 月 6 日，湖南省住建厅在常德调研生活垃圾无害化处理工作

2002 年 11 月，常德市荣获国家卫生城市称号

2011 年 12 月，常德市荣获全国文明城市称号

（左五市委书记卿渐伟、右四市长陈文浩、右三市人大常委会主任曹儒国、左三市委副书记宋冬春、左二市政协主席刘春林，左一市委秘书长黄清宇、右二市委宣传部部长刘进能、右一副市长万成贞）

2006年11月，常德市城管执法局获全国城市管理工作先进集体称号

2002年7月，常德市环卫处获全国环卫先进集体时传祥奖

2001年3月，常德市商业步行街获全国先进奖牌

2006年3月，常德市商业步行城获全国先进奖牌

目 录

第四篇　综合执法和窗口单位管理

第五篇　数字化城管与考核体系建设

第六篇　城市创建和城市美化工作

第七篇　县市区城市管理工作

附　录

Contents

Chapter Four: The Law Enforcement and the Public Service Offices

Chapter Five: Digital Urban Administration and the Evaluation System

Chapter Six: The Urban Society Development and the Enhancement of the Appearance of the City

Chapter Seven: The City County City Management For Districts and Counties

Appendixes

概　述

概 述

一

常德地方政府对城市秩序和环境卫生实施规范管理，史志记载始见于唐代。唐朗州、武陵州县两级均设置专门管理衙门，各设“市令一员”。市令属下，朗州州署置“佐一人、史一人、师一人、仓督一人、史二人”，武陵县署置“佐一人，史一人，师一人”①。常德官府历代各依《唐律》《宋刑统》《大明律》《大清律》规定，对城市中商贩店铺、官民住宅“侵巷街阡陌者”，侵占道路“起盖房屋”者，巷闾之间“种植垦食者”，垃圾污水“穿垣出污秽者”，未经许可“侵街打墙、接檐造舍”者，种种损害市容环境、损害公共卫生行为，均实施严格管理，违者严厉惩处。《唐律疏议》：“诸侵巷街、阡陌者，杖七十。若种植垦食者，笞五十。各令复故。”为维护城市秩序，上述法律还规定不得“无故在城内街、巷及人众中走车马，违者笞五十”，如走车马“唐突杀、伤人者，减斗杀、伤人一等”；也不得“在市及人众中故相惊动，令扰乱”，违犯者“杖八十”，“因其扰乱而杀、伤人者，减故杀、伤人一等”。《大明律》甚至规定，为维护秩序，城市中“禁游食闲民”“市井决不许有逸夫”。

中华民国时期，常德县政府全面管理城区市容环境卫生。民国初年，县警察局设置专职卫生警长、警察，负责督饬城区各个保甲市容秩序和公共卫生。各保甲雇用清道夫、清粪工，负责所辖区域街道清扫、垃圾清运和粪便清除。清道夫薪资由保甲辖区内商会向各商号店铺摊派；粪便清除运输则分段承包，由承包者外销粪肥获取收益，向管段内清粪工发放薪资。民国11年（1922），常德商会会长曾春轩在城区东门外贺八巷开办同利人力车公司。民国24年（1935），常德县警察局所辖清洁队设警长1人、卫生警察2人、清道夫22人，统一清扫城区主要街道，管理城区公共卫生。

民国27年（1938），侵华日军进犯湖南。11月12日，长沙城遭遇“文夕”大火，10余万难民涌向常德。常德县政府组织城区警务人员和市民开展大规模清洁卫生活动。民国28年（1939）至民国29年（1940），侵华日军数千架次飞机对常德城狂轰滥炸，城区遍地残垣断壁，垃圾成山。县政府制订《夏令卫生运动推行计划》，组织城区警民开展清洁

① 引文出自《嘉靖常德府志·卷十一·守官志·唐官制》

卫生。民国 30 年（1941） 11 月 4 日晨，日军飞机在常德城区空投鼠疫杆菌，城内爆发鼠疫疫情。县警察局组织清洁队配合卫生署医疗防疫总队和军政部防疫大队，紧急清除日军空投含有鼠疫杆菌的米、麦、破布、废纸，集中焚烧杀菌；封锁城区关庙街、鸡鹅巷、法院街、五铺街等疫区，组织防疫人员对疫区街巷反复实施消毒。民国 32 年（1943）1 月，常德县政府召开改良环境卫生会议，颁行《决议整理市容案》。9 月，常德县政府订立《整理常德市容十一条》，禁止在东、西大街，上南门及下南门大街、关庙街、高山巷、兴街口、岩探花等主要街道两旁摆设食物摊担；全城设 3 个垃圾倾倒点，供城区单位、市民倾倒生活垃圾。是年 11 月中旬至 12 月，中日常德会战爆发，常德城市建筑、城市基础设施遭受有史以来最为惨重破坏。

民国 34 年（1945），抗日战争胜利。常德县警察局根据湖南省政府训令，制订《城区卫生实施办法十条》。次年，常德县政府继续推行《湖南省政府整顿市容卫生训令》，城区组织大规模棚屋整治、垃圾整治、道路整治。民国 36 年（1947），常德县政府制订《城区三镇举行清洁运动计划》《夏令环境卫生注意事项》。县警察局制订《警察局城区各队清洁大扫除实施办法》规定：督察室派员指挥清除各街巷垃圾，各所指派警员分途前往各街巷督导居民打扫门前垃圾；每星期日上午举行清洁大扫除，警察局督察室及各所队员警除勤务外一律参加。民国 37 年（1948）3 月，县警察局在城区东门沙河尾、西门渔父中学后、城区畔池街后共设置三座垃圾倾倒站，颁文严禁在城市街道倾倒垃圾。至民国 38 年（1949），常德解放前夕，城区有清洁队 1 支，卫生警察、清道夫共 23 人；粪便清运站 3 座，垃圾倾倒站 3 座，公共厕所 61 座、蹲位共计 120 余个；城区营运人力车共 950 辆，人力车夫 1000 余人。

1949 年 8 月，新中国常德市人民政府成立。常德城市管理进入崭新历史时代。1949 年 8 月，常德市公安局接管原常德县警察局清洁队卫生警察、清扫工，组建常德市卫生队，负责城市街道清扫、垃圾收集运输。同时组建东关、西关、北关三家肥料局，接管全市粪肥管理。1954 年 4 月，常德市肥料厂改组成立常德市肥料公司，隶属常德市人民委员会建设科领导；市卫生队划归市肥料公司管辖。1963 年 10 月，常德市肥料公司更名为常德市环境卫生管理处，主管全市市容环境卫生工作，属全民所有制事业单位，归口市政府卫生科管理。1975 年 6 月，常德市环境卫生管理处成立城东、城西、中心、德山四个环境卫生管理所。翌年，组建环卫处车队。1980 年 3 月，常德市环境卫生管理处由常德市卫生局改属常德市城市建设局管理。

1982 年 6 月，常德市城市管理委员会成立，同步设置其办事机构市城市管理委员会办公室（简称市城管办），为市政府城市管理工作专门机构。1984 年 9 月，组建常德市城市管理指挥部执法大队。1986 年 2 月，在市城市管理指挥部执法大队基础上组建常德市城市管理监察大队，由 35 名城管队员和 20 名交通警察组成，受市城管办和市公安局双重领导。是时，市城管大队在城南、城东、城北、城西、三岔路、德山六个办事处设立中队，负责城区内交通、治安、工商、城建、文化、卫生、环保、广播电视八个方面监察管理，集中整治市城区街道、车站、码头、市场、商店等公共场所公共秩序，市容面貌根本好转，市容环境卫生跃居全省领先水平。1988 年，常德“撤区建市”。1990 年 5 月，原常德市城管大队及其编制、人员 55 人，连同机构职能由武陵区政府移交给市建委负责管理，更名为常德市城市建设管理监察大队。

1994 年 12 月，“撤区建市”后的常德市城市管理委员会及其办事机构市城管办成立。1996 年 12 月，常德市环卫处、市城建管理监察大队由市建设委员会成建制划归市城管办管理。市城市建设管理监察大队同时更名为常德市城市管理监察大队。2000 年 6 月，常德市环境卫生管理处和市城市管理监察大队由正科级升格为副处级事业单位。2001 年 8 月，常德市城市管理局成立，管理市环卫处、市城管支队，管理市城区临时占道管理办公室（加挂市城区户外广告管理办公室牌子），负责市城市创建工作领导小组办公室即市创建办日常工作。同年 11 月，常德市商业步行街管理办公室由市政府财贸办划归市城管局管理。

2005 年 1 月，常德市城市管理行政执法局成立，在城市管理领域实行相对集中行政处罚权，撤销市城管监察支队，市城市管理局合署办公。市城管执法局集中行使市容、城市公交客运、园林绿化管理方面全部行政处罚权以及城市规划、市政管理、环境保护、公安交通、工商管理方面部分行政处罚权。是年 5 月，原市交通局运管处所属市城市客运管理所成建制移交市城管执法局管理，更名为常德市城区公共客运管理处。翌年 7 月，常德火车站广场管理处由市建设局移交市城市管理行政执法局管理。2007 年 8 月，市城区公共客运管理处升格为具有行政职能副处级事业单位；9 月，常德火车站广场管理处明确为具有行政职能副处级事业单位。

2009 年 6 月，常德市城市管理领域再次实施体制改革。市城管执法局城东大队、城西大队、步行城大队成建制改组为市城管执法局武陵分局，德山大队成建制改组为德山分局，柳叶湖大队成建制改组为柳叶湖分局。2014 年 8 月，市城市管理行政执法局武陵分局成建制组建常德市武陵区城市管理和行政执法局，市商业步行城管理办公室同步下放至武陵区城管执法局管理；市城管执法局柳叶湖分局成建制组建柳叶湖旅游度假区城市管理行政执法局；市城管执法局常德经开区分局成建制组建常德经开区城市管理行政执法局。是年 9 月，常德市环卫处同步实施体制改革。城市“三区”即武陵区、柳叶湖旅游度假区和常德经济技术开发区分别成立区环卫处，市环卫处 253 名正式职工、1900 多名聘用员工平稳顺利过渡到各区属环卫处工作。10 月，市路灯维护管理处由常德市市政公用事业管理局移交市城市管理行政执法局管理，更名为常德市灯饰管理处。

2015 年 11 月，常德市政府印发《常德市城市管理和行政执法局主要职责内设机构和人员编制规定》，明确市城市管理行政执法局更名为常德市城市管理和行政执法局，管理市环境卫生管理处、常德火车站广场管理处 2 个副处级直属单位。市城管执法局主要职责：负责市城市管理委员会办公室日常工作；承担城市市容环境卫生监管责任。按权限负责城区市容市貌、环境卫生、户外广告设置、经营性占道、公益占道、建筑垃圾、生活垃圾、公共自行车交通系统管理；负责行使市城区户外广告、经营占道、公益活动占道和餐厨垃圾行政处罚权；按权限负责行使城市绿化、市政管理方面法律、法规、规章规定的行政处罚权；按权限负责行使环境保护和工商行政管理方面法律、法规、规章规定的部分行政处罚权；负责数字化城市管理平台规划、建设和管理；负责市城区灯饰、照明统一规划、管理和监督；负责全市城市管理工作考核、协调；负责城市管理行政执法队伍建设；负责区县市城市管理和行政执法工作业务指导。

二

1949年10月，新中国常德市人民政府成立，即颁发布告禁止市区街道等公共场所随意搭建棚屋，开展卫生清扫、保护清洁水源，着手对城市市容环境卫生实施规范管理。1951年，常德市在市政府所在地高山街至府坪巷东端，拆迁破旧低矮旧房，修建国营九三商场，成为常德城第一座国营商业标志性建筑。1953年，常德市政府启动下南门中心城区拆迁改造，拆除破旧房屋，拓宽平整街道，相继建成常德百货公司（今家润多超市）、花纱布公司大楼（今南门商厦）等建筑，均为3至4层新式楼房。随即建成妇女儿童商店（今下南门益丰药房）和南北特商店（今青阳阁妈咪商店）。这一轮大规模旧城区拆迁改造，形成以常德市人民政府、常德百货大楼为中心的下南门新型政治中心和商贸中心，常德古城中心城区面貌焕然一新。1953年，常德市政府组织全市干部职工和居民群众参加经常性爱国卫生运动，建立每周星期六全市全民“卫生日”制度。每逢周六，全城市民和党政机关、学校、医院、车站、码头干部职工，在自家院内院外打扫环境卫生、清除杂草污物，消灭老鼠、苍蝇、蚊子、蟑螂，铲除细菌传播疾病途径。此后数十年，常德市全民“卫生日”制度坚持不废。

1985年，市城管办在常德市城南街道办事处试点“门前三包”责任制。其时，“门前三包”基本内容：城南街道办事处辖区范围内，城市主次干道所有临街单位、门店、住户，对其驻地周边地域市容秩序和环境卫生,承担相应城市管理责任。城南办事处“门前三包”成功经验在市城区得以迅速推广。当年，常德市获得全省城市卫生检查地辖市第一名。至1988年，市城区各街道办事处均设立城管办，对出店经营等脏乱差治理实行条块结合，分级领导，各负其责。市城管办健全完善“门前三包”制度，常德市城区所有驻市单位，无论单位大小、级别高低，无论隶属关系，都要承担“门前三包”责任，和驻地街道办事处、居委会签订“门前三包”责任状，切实承担单位“门前三包”责任。是年，常德市环卫处进一步完善城区清扫保洁质量承包责任制，街道清扫质量普遍提高。至1988年，常德市连续4年获得全省城市卫生检查地辖市第一名荣誉。

1989年，“撤区建市”后常德城市建设进入新一轮高速发展时期。是时，城区面积快速扩张，马路市场、占道为市和流动摊担开始泛滥。1990 年至 1993 年，为疏导出路，常德市区两级政府投资扩建、新建北站农贸市场、龙港巷综合市场、洞庭北路综合市场、彩滨市场、红旗路农贸市场、甘露寺蔬菜批发市场、桥南大市场。是时，市政府划定市啤酒厂至人民路口等各类临时摊担区共 16 处。同时，市区两级城管部门联合市工商、市交警部门，取缔各类占道经营，取缔露天摊点。疏导出路和严格执法双向发力，城区占道为市现象有所缓解。至 1995 年，摊担管理进入划行归市阶段，流动摊担违章占道经营明显减少，市容秩序渐趋长效规范。1995 年 3 月，市政府颁布《关于禁止在常德市城区燃放烟花爆竹的规定》，5 月 1 日，常德市城区“禁炮”一举成功。9 月，常德市政府颁布《常德市城市渣土管理办法》，施工单位须对建筑工地实施严格围挡管理，确保净车上路，防止渣土污染城市街道；渣土运输单位亦必须事先申报，经批准领取渣土准运证后，实行一车一证，覆盖密封运输。城区渣土撒漏、污染现象明显好转。

1997 年 3 月，常德市人民政府第 7 号令颁发《常德市城市市容和环境卫生管理暂行办法》，市城管部门实施城市市容和环境卫生治理整顿更加规范、更有力度。是年，市城管办取缔转移 7 处临时摊担区，取缔转移 14 处集中夜市；集中取缔主次干道 180 多个无经营权证占道电话 (书刊) 亭。1999 年，市环卫处日清扫总面积达 149.3 万平方米，人均清扫面积为 3800 平方米，年清扫清运垃圾 190148 吨；主次干道基本实现 24 小时全天候保洁。市城管办组织取缔丹阳楼马路市场，拆除长庚路临时市场占道偏棚、拆除引桥西路马路市场、拆除高山街临时市场占道经营棚亭，全面取缔城区露天烧烤和油炸摊点。

1999 年，常德市首次获得全省城市卫生检查省辖市第一名。2000 年第二次获得全省城市卫生检查第一名。是年，常德市获得中国优秀旅游城市国家级检查验收高分，被命名为“中国优秀旅游城市”。

2001 年，常德市城市管理局成立，切实强化治理整顿和规范管理力度，至 2004 年，连续四年获全省城市卫生检查第一名。期间，常德市户外广告市场调节机制逐步形成。市城管局贯彻《常德市户外广告管理办法》和《常德市城区户外广告设置规划指引》，对市城区不符合城市规划的户外广告进行清理整顿，市容、市貌得到美化、净化。继续把握“门前三包”这个城市管理走群众路线的法宝，进一步丰富“门前三包”内容，加大“门前三包”工作力度。建设再就业广场，独辟蹊径综合解决“4050”人员[①]再就业和治理占道经营这对看似水火不容的突出矛盾，城市占道经营治理取得历史最好成绩。实施市政府《市城区主要街道街景整治暨“穿衣戴帽”工作实施方案》，按照点、线、面相结合，色彩、造型、功能、环境相统一要求，相继对武陵大道、朗州路、建设路、洞庭大道、人民

① “4050”人员：特指 20 世纪末至 21 世纪初，我国企业改制重组下岗人员中，处于劳动年龄段女 40 岁以上、男 50 岁以上，本人就业愿望迫切、但因自身就业条件较差、技能单一等原因，难以在劳动力市场竞争就业的劳动者。

路、青年路共10条道路街景进行高起点、高水平整体规划设计，三年投入“穿衣戴帽”资金3500万元，城市容貌特别是10条主要道路街景容貌实现高规格提质升级。市政府出台《关于进一步加强城区渣土运输管理的通告》，市城区施行渣土运输专营管理。市城管局、市环卫处引进资金2000多万元，共组建7家渣土专营公司，城区渣土运输全省第一家全部实行密闭运输和公司经营，城区建筑渣土污染得到有效控制。市环卫处大力推行内部运行机制改革，落实市容长效管理措施，全面推行包片管理责任制，连续四年实现清扫保洁率100%，垃圾无害化处理率100%。

2001年9月，湖南省城市工作现场会议在常德市召开，湖南省委书记杨正午、代省长张云川对常德市城市创建、城市建设和城市管理工作做出充分肯定。2002年，全国爱卫会授予常德市“国家卫生城市”崇高荣誉。同年，常德市获得国家园林城市、创建全国文明城市先进市荣誉称号。至2004年，常德市连续第6年获得全省城市卫生检查第一名，圆满通过国家卫生城市复查验收。常德市被中央电视台评为中国魅力城市。

2005年1月，常德市城市管理行政执法局成立。市城管执法局广泛开展“满意执法、满意清扫、满意公厕、满意公交”为主要内容创建活动，积极推进城市管理领域相对集中行政处罚权工作，至2008年，再次连续四年获全省城市卫生检查第一名，市容秩序管理、环卫清扫管理和城市管理行政执法水平进入全国领先地位。期间，市城管执法局积极推行“满意清扫”“满意公交”和“满意执法”创建活动，市环卫处广泛推行服务承诺，强化督导检查，落实绩效挂钩，德山开发区、武陵区置换企业清扫作业服务纳入市容长效管理统一服务标准。市公共客运管理处按照国家公交优先相关政策，努力在城市客运企业施行星级服务及服务质量信誉考核制度。努力组织各客运企业增加运力，公交线路设置更加科学合理，市民乘坐公交更加方便迅捷。市城管执法局把治理城区“牛皮癣”定义为“治理三乱”（乱张贴、乱涂写、乱刻画）战役，实施重点整治。充分发挥基层大队管理效能，加强重点时段、重点地段巡察，切实有效开展整治工作；对违法制作“牛皮癣”广告业主实施追呼停机和行政停机处理。会同规划、交警部门根据市城区人行道情况与实际需要，在行人道施划停车泊位，同时禁止所有车辆在未划定停车区人行道停放。禁止机动车、非机动车在人行道上行驶。摩托车、自行车和人力三轮车必须入栏定点停放。城区人行道停车管理渐趋规范有序。

2005年，常德市在西班牙获国际花园城市金奖。2006年，常德市城市管理行政执法局获“全国城市管理先进集体”光荣称号。2008年，常德市连续第10年保持全省城市卫生检查第一名，顺利通过国家卫生城市复查，成功保持“国家卫生城市”称号。

2009年，常德市城市管理体制开始实施重大改革。至2015年，体制改革圆满完成，市城管执法局权责更加清晰、调度更加顺畅、目标更加明确，城市管理地方法制法规建设更加完备，市容管理、环卫作业和城管执法基础设施更加完善，城市文明水平、市容环境卫生综合管理水平、街景容貌建设管理水平和城管队伍自身建设总体水平，进入全国先进行列。

市城管执法局牵头负责巩固国家卫生城市工作，同时保障全国文明城市创建成功。市城管执法局按照新版《国家卫生城市标准》，把整改任务分解到城市“四区”和市直有关职能单位，确保整改落实到位。积极推进城乡环卫一体化，推进城市管理成果向郊区乡村延伸，向全市区县延伸。市城管执法局、市环卫处引资建成德山檀树坪生活垃圾焚烧发电厂。项目一期处理能力为900吨/日，承担市城区、汉寿、桃源两县及西湖管理区、西洞庭管理区等地生活垃圾一体化处理。完成澧水片津市市生活垃圾处理场扩建工程完成石门县、临澧县、澧县、津市市、安乡县等五县市生活垃圾填埋处理场项目。市城管执法局全面实施并顺利完成住建部第二批城市步行和自行车交通系统示范项目，被评为2012年度常德市十大新闻事件。市城区恢复全面禁止燃放烟花爆竹。自2007年至2014年春节期间“禁改限”8年后，再度全面“禁炮”一举成功。渣土管理专项整治取得突破，市建筑渣土管理办公室积极推进公司重组，车辆升级。2015年第一批新型智能环保车190余台年内参运，150余台逾期黄标车与公司脱钩，且被取消运营资质，退出渣土运输市场。

市城管执法局在城市提质“三改四化”工程中，负责街景美化、街景亮化和城市家具（广告牌、路牌、垃圾箱、配电箱、报刊亭、街道座椅、消防栓、公交站亭、公厕等各种公共配套设施）建设工程。2014年1月，第一期城市家具工程和第一期街景美化工程同步竣工：武陵大道、洞庭大道公交站台、街道休闲座椅等城市家具建设工程，武陵大道及两侧临街85栋单体建筑物实施清洗、提质、重塑，拆除各类户外广告牌、报刊亭和阅报栏实施移位的街景美化工程，包括与其配套的街景亮化工程建设项目，全部圆满完成。翌年，城市美化工程完成洞庭大道99栋和沅安路52栋建筑物临街立面和屋顶美化；完成洞庭大道东延线、建设路等10条道路城市家具后期配置；完成人民路门店招牌整治；完成武陵大道、沅安路、洞庭大道和国际旅游节参观沿线道路户外广告牌整治；完成全省旅游节柳叶湖主会场庭院灯和文化宫、老体育馆庭院灯改造建设。完成建设路等11条道路83座公交站台广告牌三年期使用权拍卖。

市城管执法局顺利完成常德市数字化城市管理即智慧城管平台建设。市智慧城管系统在市城管执法局建设市城市管理监督指挥中心。在城市四区（武陵区、鼎城区、柳叶湖度假区、常德经济技术开发区）建设区级城市管理监督指挥中心，形成市级受理重大部件事件、跨区域部件事件、全区域网格监管的一级监督和区级受理区属网格部件事件的二级监督，市、区指挥中心为二级指挥，市、区、街道办事处（乡镇）为三级管理，市、区、街道办事处（乡镇）、社区（村）四级处置的运行模式。2015年，常德市智慧城管监控指挥中心进入正常运行。智慧城管系统将市城区100平方公里区域划分成7862个单元网格，再将万米单元网格整合成132个责任网格，共采集38万个城市部件，30个单点全景，将市容市貌、环境卫生、城管执法、工地管理、市政管理、园林绿化、户外广告、违法建筑等与城市管理相关的活动全部整合到管理平台上，联网市区两级责任单位130家。市城管执法局依托智慧城管平台，完善城市管理考评机制建设。依据市政府《常德市城市管理工作考核评比办法》，将城市管理工作责任单位分为甲乙丙三类对象施行考评。设置考核评比奖励资金每年 2000 万元，实施重奖重罚，城市“四区”、市直各单位共同参与的“大城管”体制基本建成。

2009 年，中央文明委授予常德市“创建全国文明城市工作先进城市”荣誉。2010 年，常德市参加全国城市公共文明指数测评，在 79 个地级市中排名第四，在全国未成年人思想道德建设工作测评中排名第一。2011 年，常德市顺利通过全国爱卫会复查暗访，继续保持“国家卫生城市”荣誉称号；12 月，中央文明委授予常德市“全国文明城市”荣誉称号。2015 年，中央文明委确定常德市继续保持全国文明城市称号；12 月，全国爱卫会再次确认常德市保持国家卫生城市称号。

三

城市公共厕所建设。新中国刚刚建立，常德城区即陆续新建标准公厕。1950 年，市公安局在城市各区新建 32 座砖木结构公厕，迅速改善市民如厕条件。1951 年，在衣巷子、新村、楚皮堂、德山、老鸦池、苏家渡、南站码头，各新修 1 座公厕。1956 年，常德市肥料公司改造和新建公厕 64 座，全市公厕达到 138 座。至 20 世纪 80 年代，常德市城市公厕全部采用砖混结构建造。1986 年至 1987 年，市城区先后在主干道两侧新建一批高标准旅游公厕。至 1987 年年底，全市共有公厕 193 座。1990 年至 1992 年，市城区共有 112 座旱厕改造成为水厕，城区水厕比率达到 96.6%。2000 年起，市城区掀起“厕所革命”高潮，市城管局、市环卫处以承包经营、企业冠名、商业广告特许经营权、公私合营等激励方式，推进旅游公厕建设。至 2005 年，在市城区洞庭大道、人民路、武陵大道、丹阳路、育才路、沅安路和步行城等城市主次干道、公共娱乐场所、旅游景点等地兴建旅游公厕共 35 座。2006 年，常德市城管执法局、市环卫处全力推进社区公厕改造。当年改造置换企业社区公厕 17 座，新建置换企业社区独立水冲式公厕 8 座，改造老旧居民区共 21 幢楼道公厕。2008 年，改制置换企业社区旱厕改造全面启动，城区 125 座公厕完成全面维修，公厕绿化完成全面改造；改造独立公厕 19 座，改造老旧小区共 8 栋楼道公厕，新建 3 座旅游公厕。2009 年，完成置换企业和国有直管公房公厕改造 100 余座；新建和改造城区公厕 13 座，新建旅游公厕 3 座。至 2014 年年底，城区共建有高标准公共厕所 223 座。

城市垃圾收集设施建设。20 世纪 50 年代初期，常德市环卫部门利用城区电线杆悬挂果皮篓数十个，供市民丢弃果皮、纸屑等小件废弃物。在主要街道设置木质垃圾箱 47 个，作生活垃圾暂存中转之用。20 世纪 50 年代后期至 70 年代，市环卫处在主要街道设置木质、陶质果皮筒，陆续在各街巷口设置砖砌垃圾围子用作生活垃圾暂存中转，木质垃圾箱逐渐淘汰。1985 年，市环卫处在市区主次干道分段设置容量为 3 吨的多功能垃圾铁斗 11

个。1987 年，市环卫处在武陵中路修建城区第 1 座垃圾中转站。1992 年，市城区共建成垃圾中转站 6 座。至 1995 年年底，市城区建成投入使用集装箱式垃圾中转站共 19 座。至 1999 年底，市城区主要街道共有 737 个果皮筒。各大机关、企业、学校、医院等单位，都在各自院内配置不锈钢金属套筒果皮筒；市城区建成垃圾中转站 24 座，垃圾中转无害化率达 100%。2001 年，全省第一座压缩式垃圾中转站在武陵开发区建成投入使用。2002 年，新建完成鸿升小区、甘露寺大市场、常德师院 (东院)、德山莲花池，苏家渡 5 座压缩式垃圾中转站及公厕。2003 年，新建和改建 8 座垃圾中转站。2004 年，市环卫处改建 3 座压缩式垃圾中转站，城区压缩式垃圾中转站已达 7 座。2005 年，市环卫处在滨湖和紫桥 2 个小区投放分类收集密闭式果皮垃圾桶 400 个，开展生活垃圾分类收集试点。2010 年，市城区设置分类收集果皮箱 4800 余个。2013 年，根据常德市“三改四化”指挥部统一安排，市城管执法局、市环卫处在武陵大道、洞庭大道设置新设计制作的分类收集果皮桶。至 2014 年，市城管执法局、市环卫处在武陵大道、洞庭大道等 12 条道路设置分类收集果皮筒 1806 个。2015 年，常德市城区标准化垃圾中转站保有 79 座，共设置分类收集式果皮筒 6000 余个。常德市公共厕所、垃圾中转站和分类收集果皮筒，成为现代都市“城市家具”的标准配置。

城市垃圾无害化填埋场建设。1949 年 8 月，市人民政府卫生科选取 23 处离居民区较远水坑、洼地，设为垃圾倾倒点，采用卫生填埋初级处理方式处理城区生活垃圾。1982 年 4 月，常德市政府在城市东郊皇经阁村征用 2.18 公顷洼地，建设常德市第一座正规化垃圾填埋处理场，容积为 20.6 万立方米。翌年 11 月，在德山工业区再征用 1.33 公顷丘陵洼地，建成常德市第二座垃圾填埋处理场，容积为 36 万立方米。1990 年，常德市政府在鼎城区肖伍铺乡桃树岗村征地 2 公顷建立常德市第三座垃圾填埋场，容量为 29.97 万立方米。次年，在德山益阳冲村征地 2 公顷，建成第四座垃圾填埋场，容量为 20.6 万立方米。1997 年，常德市环卫处扩征山地 2.67 公顷，扩建桃树岗垃圾填埋场。1999 年，第一期填埋区建好沼气导排燃烧系统，第一期垃圾填埋场完成填埋，全部封场。桃树岗垃圾处理场扩建工程竣工，渗滤液处理系统正式投入运行。常德市桃树岗和益阳冲两座垃圾处理场总面积达 7 公顷，总容量 80.6 万立方米，日填埋垃圾 628.6 吨，常德市城区生活垃圾无害化处理率实现 100%。2005 年，桃树岗生活垃圾处理场第三期建设开工，同步建设垃圾无害化处理科研、教学基地，租用垃圾处理场邻近乡村水面 13.33 公顷建设氧化塘，开展湿地保护措施研发。2007 年，桃树岗垃圾处理场被建设部评定为国家Ⅱ级垃圾处理场。2009 年，完成渗滤液处理设施升级改造。2013 年，桃树岗填埋场配备 4 台发电机组，总装机容量 800 千瓦，沼气发电工程年内并网发电。

城市垃圾发电厂建设。2006 年 9 月，市城管执法局授权市环卫处与常德中联环保电力有限公司签订《生活垃圾焚烧发电项目特许经营协议》。12 月，常德市生活垃圾焚烧发电厂一期工程开工建设。项目一期工程位于常德经济技术开发区德山镇檀树坪村，占地面积 5.33 公顷，建设总规模为 1400 吨/日，一期建设规模两台 400 吨/日循环流化床垃圾焚烧炉，配置 2×12 兆瓦凝汽式汽轮发电机组，项目总投资 2.792 亿元。项目设计每日焚烧处理生活垃圾 800 吨，年处理垃圾规模为 29.20 万吨，年发电量约 1 亿千瓦时。2011 年 5 月建成投产，至 2015 年 12 月 31 日，累计焚烧处理生活垃圾 119.78 万吨，发电 4.01 亿千瓦时。是时，常德市城乡垃圾一体化处理亦实现整体突破。市本级包括武陵区、柳叶湖旅游度假区、常德经济技术开发区、鼎城区、西湖管理区、西洞庭管理区和汉寿县生活垃圾全部运往德山檀树坪生活垃圾焚烧发电厂焚烧发电；临澧县、澧县、安乡县、石门县、津市市均建成生活垃圾无害化填埋场处理生活垃圾；桃源县建成生活垃圾综合处理厂，桃花源管理区生活垃圾就近运往桃源县处理。全市城镇生活垃圾无害化处理率达 99.38%。常德市生活垃圾无害化、资源化处理进入全国先进行列。

城市管理数字化建设。2003 年 6 月，常德市政府批准常德市城市管理电视监控系统立项建设。市城管局依据建设部部颁标准和北京市东城区城市管理监督指挥中心模式，高标准建设常德市数字化城市综合监控管理信息系统。2006 年 12 月，常德市数字化城市综合监控管理信息系统正式开工建设。2009 年 5 月，常德市数字化城市综合监控管理信息系统建成并投入试运行。2013 年 7 月，常德市数字城管第二期工程即智慧城管系统启动建设。是年 9 月，智慧城管市级指挥大厅升级改造项目土建工程开工，12 月 25 日封顶。四区即武陵、鼎城、德山、柳叶湖区级指挥中心亦于是年 12 月开工，翌年 1 月完成设备安装调试。翌年 9 月，常德市智慧城管系统正式运行。市智慧城管系统包括城市管理应用平台、实景三维影像和部件数据库、智能管控设施、城市管理网络和市区两级监督指挥中心。应用平台包括 9 个部颁标准子系统、12 个拓展子系统和 10 个业务子系统；实景三维影像和部件数据库包括常德市城区 100 平方公里城市实景三维影像、城区 92 平方公里约 42 万个城市部件；城市管理网络包括市区两级监督指挥中心网络和链接 156 家市区两级责任单位的网络；市区两级指挥中心包括常德市城市管理监督指挥中心和武陵区、鼎城区、常德经开区、柳叶湖度假区的四个区级监督指挥中心。至此，常德市城市管理领域数字化建设水平跃居全国一流行列。

城市管理队伍自身建设。1982 年 6 月，市城管办成立。1986 年 2 月，组建常德市城市管理大队。1985 年至 1988 年，常德市连续 4 年获得全省城市卫生检查地辖市第一名。1994 年 12 月，“撤区建市”后的常德市城管办成立。2001 年 8 月，常德市城市管理局成立，同时负责市城市创建工作领导小组办公室即市创建办日常工作。至 2004 年，常德市城管系统在市委、市政府领导下，高举城市创建鲜明旗帜，切实担当常德市行政区内城市市容环境卫生行政管理部门职责，牵头组织全国文明城市、国家卫生城市、国家园林城市和中国优秀旅游城市“四个城市一起创”的宏伟城市创建工作。1999 年，建设部授予常德市“全国城市环境综合整治优秀城市”称号。2000 年，国家旅游局授予常德市“中国优秀旅游城市”称号。2001 年，全省城市工作现场会议在常德市召开；2002 年，中央文明委表彰常德市为“创建全国文明城市工作先进城市”；全国爱卫会命名常德市为“国家卫生城市”；建设部命名常德市为“国家园林城市”。市委、市政府提出的“四个城市一起创”目标圆满实现。

2005年1月，常德市城市管理行政执法局成立，牵头负责国家卫生城市巩固工作，承担全国文明城市、全国交通管理模范城市、国家环保模范城市、国际花园城市新一轮“四个城市一起创”中城市市容和环境卫生项目达标工作。至2015年，常德市经历全国爱卫会多次严格复查复审，成功巩固国家卫生城市创建成果，始终保持国家卫生城市荣誉；其间，曾连续10年保持全省城市卫生检查第一名品牌。2005年，常德市在西班牙成功获得国际花园城市金奖证书和奖杯；常德市成功创建成为全国交通管理模范城市。是年，常德在全省城市环境综合整治定量考核综合排名第一。2006年，常德市顺利通过国家环保模范城市专家评审组验收，成为国家环保模范城市。2008年，常德市跻身“中国特色魅力城市200强”排行榜。2009年，常德市再次被中央文明委授予“创建全国文明城市工作先进城市”称号。2010年，常德市入选新中国成立60年“中国城市发展代表”。2011年，常德市获得“全国文明城市”称号。2015年，中央文明委经过动态审查和3年复评，明确常德市保持“全国文明城市”称号；全国爱卫会经过暗访复查，确定常德市保持“国家卫生城市”荣誉。市委、市政府提出的新一轮“四个城市一起创”和全国文明城市创建工作目标超额实现。

1989年以来，常德市城管执法局获得建设部“全国城市管理先进集体”奖励；市环卫处获得建设部市容环境卫生先进单位“时传祥奖”，多次获得全省建设系统先进集体以及湖南省优秀事业单位法人、为民办实事先进单位、湖南省城市市容环境卫生先进集体称号；市城管监察大队获得全省行业职业道德建设先进单位奖励；市火车站广场管理处和市公共客运管理处获得湖南省文明窗口单位称号；市商业步行街获得中宣部、国家工商总局、中央文明办等六部委命名为全国“百城万店无假货”示范街，国家质量技术监督总局命名为“全国购物放心一条街”，湖南省文明委命名为全省“文明街道”、全省“创建信用单位先进集体”一系列荣誉称号。

常德市城市管理系统涌现出众多先进模范人物：1986年，市环卫处清扫女工张孝珍被省建设委员会授予”劳动模范”称号。1990年，市环卫处汽车修理班长哈汉平被建设部授予”劳动模范”称号。1995年，市环卫处清扫女工李明菊被建设部授予全国优秀城市美容师称号、被常德市人民政府授予”劳动模范”称号；1996年，被授予全国五一劳动奖章、被湖南省人民政府授予”劳动模范”称号；1997年，被选为全国第九届人民代表大会代表。同年，市环卫处车队驾驶员胡兰山被省建委授予”劳动模范”称号。2000年，市环卫处清扫女工邓亚兰被省建设厅授予优秀城市美容师称号，2002年、2004年两次被评为全国城市市容环境卫生先进工作者。2003年，市城管局局长彭培南、市环卫处主任赵德波被湖南省人事厅授予一等功。2005年，市环卫处主任赵德波被评为全国城市市容环境卫生先进工作者。2010 年，市城管执法局德山分局局长刘开国被湖南省总工会纳入省”劳动模范”管理。

大事记

大 事 记

民国 11 年（1922）

常德县商会筹集 2 万银圆股金，购置人力车 300 辆，在城内贺八巷成立同利人力车股份有限公司，经营客运，兼营零担货运。

民国 24 年（1935）

常德县警察局组建城区清洁队，设警长 1 人、卫生警察 2 人、清道夫 22 人，管理城区公共卫生，清扫城区主要街道，清运处理城市垃圾。

民国 26 年（1937）

常德县政府组建常德肥料工会，下设东关、西关、北关三个管理单位，负责各自辖区内粪肥清掏、运输。

民国 27 年（1938）

长沙“文夕”（11 月 12 日）大火，10 余万难民涌向常德，城区垃圾、粪便成灾，常德县政府组织城区警务人员和市民开展大规模清洁卫生活动。

民国 28 年（1939）

至民国 29 年（1940）两年内，日军数千架次飞机轰炸常德，城区遍地残垣断壁，常德县政府制订《夏令卫生运动推行计划》。

民国 30 年（1941）

11 月 4 日，侵华日军飞机在常德城区空投鼠疫杆菌，城内爆发鼠疫疫情。常德县政府组织全城防疫大扫除，组织捕杀疫鼠，设置隔离医院。县警察局组织清洁队配合卫生部门防疫大队，紧急清除焚烧日军空投含有鼠疫杆菌的米、麦、破布、废纸，配合封锁关庙街、鸡鹅巷、法院街、五铺街等疫区，协助防疫人员用来苏、漂白粉反复对街巷实施消毒。

是年，为控制鼠疫蔓延，常德县政府建（改）造公共厕所 50 座、改良水井 12 口、增设垃圾箱 33 个，组织开展大规模卫生大扫除 11 次。

是年，常德县政府压缩城区人力车数量规模，城区人力车行虽增至 3 家，营运人力车总数则减少至 240 余辆。

民国 31 年（1942）

8 月，常德城区鼠疫方始基本控制。

民国 32 年（1943）

1 月，常德县政府召开改良环境卫生会议，颁行《决议整理市容案》。2 月，常德县政府召开整理街道及疏通沟渠会议；9 月，常德县政府订立《整理常德市容十一条》。

11 月中旬至 12 月，中日常德会战爆发。常德城市建筑、城市基础设施遭受有史以来最为惨重破坏。

民国 34 年（1945）

中日常德会战后，城区百废待兴。湖南省政府训令常德县政府整顿市容，常德县警察局制订《城区卫生实施办法十条》。

民国 35 年（1946）

4 月，常德县政府推行《湖南省政府整顿市容卫生训令》，城区组织大规模棚屋整治、垃圾整治、道路整治。

民国 36 年（1947）

常德县政府制订《城区三镇举行清洁行动计划》《夏令环境卫生注意事项》和《警察局城区各队清扫大扫除实施方法》，城区警民开展大规模卫生清洁运动。

民国 37 年（1948）

3 月，常德县警察局在城区东门沙河尾、西门渔父中学后、城区畔池街后共设置三个垃圾倾倒站，颁布《取缔城区养猪办法》。

10 月，常德县政府召开市容清洁整理会议，严禁在正街倾倒垃圾和放养牲畜；颁令《卫生机关克日修复公共厕所》。

民国 38 年（1949）

解放前夕，常德市城区粪便清运站 3 座、垃圾倾倒站 3 座，公共厕所 61 座、蹲位计 120 余个；城区营运人力车 950 辆，人力车夫 1000 余人。

1949 年

7 月 29 日，常德解放。8 月 5 日，常德市人民政府（简称市政府）成立，市公安局接管原常德县警察局清洁队卫生警察、清扫工共 23 人，组建常德市卫生队，负责城市街道清扫、垃圾收集运输。同时组建东、西、北关民办肥料局，接管全市粪肥管理。市公安局孙芳林首任市卫生队队长兼指导员。

10 月，市政府颁发布告：禁止市区街道、公共厕所旁及公共场所随意搭建棚屋。

1950 年

1 月，常德市政府颁布《商业区规划及街道改造初步计划》。

7 月，市政府颁布《清除污物暂行规定》和《保护沅水水源清洁暂行办法》，组织开展全市卫生大扫除。

10 月，市政府建政委员会成立，废除国民党政府保甲制度，建立城市街道基层民主政权；街道居委会负责组织居民参加爱国卫生运动。

11 月，市警备司令部、市建设局、市工商局三家联合开展整顿市容活动。

是年，市政府贯彻中央政府指示，“除四害，讲卫生，消灭疾病，振奋精神，移风易俗，改造国家”，开始组织经常性爱国卫生运动。

1951 年

3 月，常德市政府决定城区东、西、北三关肥料局移交市政府卫生科管理，更名为常德市肥料厂，下设东、西、北三个分厂。杨少才首任市肥料厂厂长。

6 月，市政府在城区 13 处沅江码头设立饮水消毒站。

1952 年

6 月，常德市贯彻中央政府指示，开展群众性爱国卫生运动，消灭老鼠、苍蝇、蚊子、跳蚤、虱子，消灭细菌传播疾病途径。

是年，常德市城区小街小巷清洁卫生开始由街道居委会负责。各街道居委会组织专门人员每天打扫辖区街巷，垃圾倒入垃圾站、垃圾车内，由卫生队外运到指定地点。市城区时有街道卫生委员 128 人，区卫生助理 5 人，居民卫生组长 615 人。

1953 年

是年，常德市建立每周星期六全市全民“卫生日”制度。这一制度在常德城区延续 40 余年，直至国家设置双休日制度为止。

1954 年

7 月，常德市遭遇百年不遇洪水。

12 月，遭遇百年不遇冰冻。

是年，市人民政府颁布《关于卫生工厂、商店管理暂行办法》《关于卫生摊担管理暂行办法》。

是年，大西门储粪池建成投入使用，容量 600000 千克。

1955 年

4 月，常德市人民委员会（简称市人委）卫生科制订印行《常德市卫生肥料暂行管理规定》。

1956 年

4 月，常德市人委撤销市肥料厂，成立常德市肥料公司，隶属市人委建设科领导，首任经理杨显忠。市卫生队划归市肥料公司管辖。是时，市肥料公司共有 148 名职工，内设财务、业务两个股室。

10 月，市人委颁布实施《常德市城市交通管理的几项规定》《常德市城市交通规则管理细则》。

是年，北门储粪池建成投入使用，容量 250000 千克。

1957 年

5 月，常德市城区 96 名人力车工、93 辆人力车编入常德市搬运服务社，经营城区客运。10 月，市人委出资 6000 元购置人力三轮车 10 辆，充实加强市搬运服务社城区客运服务。

是年，朱朗如任市肥料公司经理。

是年，东门储粪池建成投入使用，容量 500000 千克。

1958 年

2 月，常德市人委组织群众性义务积肥支援农业，清扫、收集城区垃圾粪便 1600 吨送往郊区。

1959 年

1 月，常德市肥料公司解散，粪肥按地段划分给郊区人民公社管理。

9 月，市肥料公司恢复建制，恢复正常工作。

1961 年

10 月，常德市人委颁布《关于进一步加强粪便统一管理的通知》。

1962 年

2 月，常德市人委颁布《常德市城市建设管理暂行规则》。

是年，市人委、常德县人委联合颁布《关于重申城市人畜粪尿实行统一管理的布告》。

1963 年

10 月，常德市环境卫生管理处（简称市环卫处）成立，主管全市市容环境卫生工作，属全民所有制事业单位，隶属市政府卫生科领导，朱朗如首任主任。常德市肥料公司随即撤销。

1964 年

是年，常德市环卫处成立党支部，李佩武首任党支部书记。

1965 年

1 月，常德市环卫处制订《环卫处生产经营管理制度》，市城区环卫作业开始实施规范管理。

1966 年

8 月，常德市环卫处调进一辆消防车改装洒水车。是为常德市城区清扫保洁机械化作业之始。

1967 年

是年，受“文化大革命”冲击，常德市环卫处机关陷入瘫痪，全市环卫工人坚持每天清扫街道、清运垃圾。

1968 年

5 月，常德市环卫处革委会成立，朱朗如首任革委会主任。

7 月，长沙市人汽公司赠送常德市轮渡公司雪佛兰、解放牌汽车各 1 辆，经改装投入城区人民路营运，日运行 40 趟次。是为城区现代公共客运之始。

1969 年

7 月，常德市轮渡公司更名为常德市城市交通服务公司，购进武汉牌客车 3 辆，新辟城西街至陬市线路，日运行 8 趟次。

1970 年

是年，李远顺任常德市环卫处革委会主任。年内，夏国政继任主任；印道艮任党支部书记。

是年，常德市城市交通服务公司增购客车 5 辆；城区公交车增至 11 辆，营运线路共 3 条。

1971 年

1 月，常德市革委会、常德县革委会联合颁布《关于加强城市粪肥统一管理，维护公共卫生和社会治安的联合通告》。

1972 年

是年，常德市共组织 10 次突击性卫生运动，出动 50 多万人次清除垃圾 17000 多吨，烟熏灭蚊 11 次，药物毒鼠 18812 只，积肥 50 万担。

1973 年

8 月，成立常德市人民汽车公司，时有营运车辆 14 台，线路总长达 43 公里，单程站点 30 个，全年客运总量 54 万人次。

是年，夏国政兼任常德市环卫处党支部书记。

1975 年

6 月，常德市环境卫生管理处撤销城东、城西、中心、德山卫生队，成立城东、城西、中心、德山四个环境卫生管理所。

12 月，常德市环境卫生管理处第一台机械抽粪车投入使用。是为市城区粪便清运处理机械化作业之始。

1977 年

是年，常德市环境卫生管理处组建车队运输城区生活垃圾，为常德市使用垃圾运输车机械化清运垃圾之始。

1978年

5月，常德市环境保护领导小组办公室制订《常德市环境保护八年规划（草案）》，首次提出建设“清洁城市”目标。

是年，常德市环卫处革委会撤销，恢复党政领导机构。朱朗如任市环卫处副主任，主持工作。

1979年

7月，常德市公安局、市环保办、市城建局、市卫生局四家联合发布《关于加强全市垃圾管理的通知》，同时在全市设立7个垃圾倾倒点。

10月，经常德市委宣传部批准，市环卫处内设机构增设为四股一室，即：政工股、管理股、计财股、业务股、办公室。

1980年

3月，常德市环境卫生管理处由市卫生局改属市城市建设局管理。

是年，程世怡任市环卫处主任。

1981年

7月，常德市政府授予市环卫处青年职工哈汉平市级“劳动模范”和“四化建设有功之臣”光荣称号，记一等功。

9月，市环卫处购进一台正规洒水车，对主要街道开始实行机械化冲洗。

是年，市环卫处对主要街道开始实行“全日保洁制度”。

是年，罗上明任市环卫处主任。

1982年

3月，常德市首次开展全市“文明礼貌月活动”，组织万名青年突击队员在汽车站、轮船码头、影剧院、公共厕所、贸易市场大搞清洁卫生，改变市容“脏、乱、差”面貌。湖南省委副书记董志文在常德参加城市卫生清扫。

4月，市政府在东郊皇经阁村建成第一个垃圾处理场，占地面积2.18公顷。

6月，市政府颁文成立常德市城市管理委员会，下设常德市城市管理委员办公室，简称市城管办，为市政府常设机构，定编3人。王家炉首任市城管办副主任，主持工作。

12月，市人民政府授予市环卫处清扫女工张孝珍“劳动模范”光荣称号。

1983 年

1 月，常德地委、常德行政公署授予市环卫处职工哈汉平常德地区“劳动模范”光荣称号。

是月，常德市委、市政府决定，在大河街、下南门、鸡鹅巷、高山街、杨家牌坊等地设置工业品贸易市场，供个体工商户摆摊设点营业。

11 月，市政府在德山工业区征用德郊公社旱地 1.33 公顷，建立常德市第二座垃圾处理场。

1984 年

1 月，常德市城管办和市建委、市人防办、市规划办合并组建市城市建设环境保护局。

7 月，市环卫处调整作业管理结构，原分布各所车辆、工具和驾驶员，由环卫处车队全部集中管理调度；全城街道清扫、垃圾、粪便清运实行专业化管理；各环卫所专职负责街道清扫，容器、公厕保洁、清毒工作。

9 月，市城市管理委员会更名为市城市管理指挥部，恢复常设机构市城管办，马先奇首任市城管办主任（兼）；同时组建市城管指挥部执法大队。

是月，市城市建设环境保护局更名为市城乡建设环境保护委员会。

10 月，常德地区组织城市卫生检查，常德地委、常德行政公署授予常德市“卫生之城”称号。

是月，湖南省爱卫会组织全省城市环境卫生检查，常德市首获全省城市卫生检查地辖市第一名。

1985 年

1 月，刘双模任常德市环卫处主任；李世焕任党支部书记。

是月，市环卫处实行经济承包责任制。车队实行定收定支、差额补贴、超收分成；东西两所实行定编定消耗，节余留用，超支不补；基建队、船队实行单独核算、自负盈亏、多劳多得。

5 月，市政府颁布《城市市容环境卫生管理暂行规定》。

7 月，市环卫处成立市容监察中队，定编 12 人，负责市容环境卫生管理、监察、执法工作。

9 月，湖南省爱卫会组织全省城市卫生检查，常德市再次获评湖南省城市卫生检查地辖市第一名。

1986 年

2 月，常德市城管指挥部执法大队更名为常德市城市管理大队，确定人员编制 55 人，由 35 名城管队员和 20 名交警组成，受市城管办和市公安局双重领导。市城管大队负责城区内交通、治安、工商、城建、文化、卫生、环保、广播电视八个方面监察管理。市城管大队在城东、城南、城西、城北、三岔路、德山六个街道办事处分设中队。

4 月 2 日至 8 日，市城管办、市工商局组织对全市 35 家农贸市场进行专项检查。查出违章经营 200 多起，取缔无证经营 34 户，处理违章 28 户。

5 月 10 日，市爱卫办、市环保局、市环卫处联合颁发《城区特殊垃圾管理办法》。

6 月 12 日，市委、市政府召开全市精神文明建设经验交流会，市长陈德铨发表专题讲话。

6 月 27 日，市城管办、市工商局、市爱卫办、市环卫处、市防疫站、市城管大队联合发布《加强瓜果市场，露天饮食摊担管理通告》。

8 月，常德市城区第一座花园式高等级公共厕所在武陵路丹阳楼建成，建筑面积 100 平方米。

9 月 15 日，湖南省爱卫会组织全省城市卫生检查，常德市第三次获得湖南省城市卫生检查地辖市第一名。

10 月 22 日，市城管大队定编 50 人全部到位，11 月统一着装上街执勤。

11 月 8 日，市城管办发布通告，规定每年 11 月 9 日至 11 月 11 日为全市爱国卫生运动活动日。

12 月，湖南省建委授予市环卫处清扫女工张孝珍“劳动模范”光荣称号。

是年，在德山垃圾处理场建设焚烧炉，用于焚烧生活垃圾中有毒物质。

1987 年

4 月 6 日，常德市市长陈德铨主持召开市城市管理委员会主任办公会议。会议决定：取缔人民路、建设路、武陵路、青年路、朝阳路等主要街道摆摊设点。市城管大队队员工资比照公安交通民警工资标准，不足部分实行固定补贴；市城管大队罚款实行全额上交，立项返回。

8 月 25 日，市政府为市环卫处首批从事环境卫生工作 25 年以上 33 名工人颁发荣誉证书，表彰他们为常德市环境清洁卫生做出重要贡献。

10 月 1 日，常德市第一座垃圾中转站在武陵路建成使用。

12 月，常德市第二座花园式高等级公共厕所在鼎城中路（今武陵大道中段）建成，建筑面积 296 平方米。

是年，湖南省爱卫会组织全省城市卫生检查，常德市连续第四次评为全省城市卫生地辖市第一名。

1988 年

1月，常德市政府授予市环卫处清扫女工张孝珍“劳动模范”光荣称号。

6月，常德“撤区建市”，常德市城市管理办公室更名为武陵区城市管理办公室，区政府调研员朱永谟兼任区城管办主任，曾宪伯任专职副主任；区城管办直辖区城管大队，定编 55 人。

9月 20 日，武陵区城管办组织建设、规划、工商、公安等部门执法人员强制拆除青年东路违章建筑物。历时一个月，共拆除青年东路违章建筑 127 户，总面积约 4500 多平方米。

是年，鼎城区成立区环境卫生园林绿化管理所。

1989 年

4月 1 日，常德市政府市长程林义带领市直有关部门负责人检查市城区环境卫生，现场办公解决突出问题，要求为市民创造整洁舒适生活、生产和工作环境。

5月，湖南省建委授予市环卫处清扫女工张孝珍“劳动模范”和省优秀共产党员光荣称号。

6月 11 日，市政府在桃林宾馆召开城市管理动员大会，副市长杨万柱作动员报告。

6月 15 日，市政府召开城市管理现场经验交流会，副市长杨万柱参加会议并发表讲话。人民路 100 多家临街重要单位负责人与会。

1990 年

3月 1 日，常德市政府从市建委、市公安局、市工商局、市卫生局、市交警支队等单位抽调 120 名干部，成立市政府联合执法协调办公室，专职负责创建国家卫生城市，张启祥首任主任。

4月 16 日至 18 日，建设部城市建设研究院环境卫生研究室主任陈国志一行到常德，研究城市生活垃圾无害化综合处理工程。副市长杨万柱参加调查研究。

5月 4 日，武陵区政府和市建委签订《武陵区城管大队交接协议书》，武陵区城管大队及其编制、人员 55 人，连同机构职能由武陵区政府移交给市建委负责管理。

5月 6 日，常德市人大常委会召开常委会议，审议通过《常德市城市管理暂行规定(草案)》和《常德市国家建设征地拆迁安置管理暂行办法（草案)》。

5月 18 日，市政府召开加强城市管理、建设文明城市动员大会。副市长杨万柱作动员报告。

是日，市政府办公室印发《市直有关委、办、局及区、街两级城市管理工作职责》。

6月13日，市建委主任范自立召集市城区建筑施工企业负责人会议，布置城区旱厕改水厕和浇筑城市主干道交通隔离墩工作。

6月23日，市环卫处清扫女工张孝珍评为湖南省“劳动模范”。

8月29日，市编办印发《关于原武陵区城管大队上收后机构编制调整的批复》，明确原武陵区城管大队更名为常德市城市建设管理监察大队，为正科级事业机构。

是日，金立新首任市城市建设管理监察大队大队长，龙梅球首任教导员。

9月6日至9日，湖南省城市卫生检查团检查常德市城区市容市貌、食品卫生、城区灭鼠工作。副市长杨万柱等陪同检查。

11月23日，市委、市政府召开市直城市建设管理工作专题会议，研究整顿市容市貌、创造良好环境问题。

12月10日至12日，湖南省辖八市第三届“文明城市建设协作会”在常德市召开。市委副书记吴定宪向会议介绍常德文明城市建设情况。

是年，建设部授予市环卫处职工哈汉平“劳动模范”光荣称号。

是年，市委、市政府组织市直城市管理、城市创建职能部门负责人赴江苏张家港、河南濮阳学习考察，在全市掀起学习“南学张家港、北学濮阳市”，高标准抓好城市环境卫生、城市园林绿化高潮。

1991年

1月4日，常德市政府副秘书长王德盛召集有关部门和武陵、鼎城两区政府负责人会议，讨论、审议《常德市创建国家卫生城市规划》。

1月25日，市政府副市长杨万柱召开会议，专题研究、部署市容卫生和交通秩序整治。会议议定，从公安、工商、法院、卫生、城管、交警等部门抽调人员在城区开展为期10天联合执法整顿。

1月31日，市政府办批转市爱卫会创建“灭鼠先进市”工作方案。

4月3日，市委书记庞道沐主持召开市委常委会议，决定成立市创建文明卫生城市委员会，召开全市创建文明卫生城市动员大会。

5月3日，市委、市政府印发《关于加强城市管理，创建卫生城市的决定》，提出两年内把常德建设成为省级卫生城市，在此基础上，再奋斗3到5年，创建成为国家卫生城市。

是日，市政府批转市爱卫会制订的《常德市创建国家卫生城市规划》。

6月7日，常德市创建文明卫生城市委员会成立。市长蔡长松任主任，市领导吴定宪、彭孟芝、李丰茂、刘昌进、杨万柱、马桂迟、张家界任副主任。委员会下设办公室，市政府办顾问袁松阶首任主任。

6月10日，市委、市政府召开常德市创建文明卫生城市动员大会。市长蔡长松作动员报告，副市长刘昌进作赴日本考察城市卫生、管理方面的报告。

6月15日，市创建文明卫生城市委员会办公室开始运行。办公室从市政府办、市委宣传部、市城管办、市爱卫办、市文明办、市工商局、市建委、市文化局、市交警支队抽调人员，共14人组成。

6月20日，常德市创建文明卫生城市联合执法大队成立。抽调市工商局、市建委、市公安局、市交警支队、市卫生防疫站、市税务局等部门共计48人组成。

7月22日，市联合执法大队以取缔露天饮食摊担为突破口，拉开城区市容秩序整顿序幕。

8月5日，市创建办召开主任办公会议，提出五个专项整顿思路和重新划定城区“五小”摊担区建议。

8月19日，市创建委批转《市工商局关于整顿马路市场的方案》，批转《市交通警察支队整顿城区道路交通秩序方案》。

8月20日，市政府印发《关于明确市城市建设管理监察大队职责职权的通知》，明确市城市建设管理监察大队受市建委委托，依照有关城建管理法律、法规，行使行政管理、监督和违章罚没权。

8月29日，市政府发布《关于重新划定“五小”摊担区的通告》，决定重新划定临时“五小”摊担区16处（不含德山和武陵镇）。

8月30日，市委、市政府在芷园宾馆召开全市“创建文明卫生城市活动月”动员大会，市委书记庞道沐发表重要讲话，副市长杨万柱作工作报告，市长蔡长松主持大会。

9月3日，市委书记庞道沐、市长蔡长松、市委副书记吴定宪、副市长刘昌进等领导人，率队到市城区各重点部位、主要交通要道检查环境卫生。

9月5日，市创建委批转《市建委整顿城区市容卫生和违章建筑方案》。

9月9日，市创建委印发《关于对创建文明卫生城市工作实行领导包片、部门包段工作责任制的通知》，重新调整、明确市级领导包片、市直部门包段工作职责和分工。

9月20日，成立市城市建设管理监察大队党支部委员会，金立新首任党支部书记。

9月21日，市委书记庞道沐、市长蔡长松在市政府主持召开市委、市政府联合办公会议，专题研究创建文明卫生城市工作。

10月5日，常德市通过省爱卫会“灭鼠先进市”检查验收。

10月9日，市委书记庞道沐、市长蔡长松、市委副书记吴定宪主持召开市直各部、委、办、局负责人会议，专题研究迎接湖南省城市卫生检查工作。

10月21日，市委副书记吴定宪发表电视讲话，进一步动员全体市民积极行动起来，投入创建文明卫生城市活动，以优美市容迎接全省城市卫生检查，为常德争光。

10月31日上午，市委书记庞道沐、市长蔡长松、市委副书记吴定宪到市城区检查创建文明卫生城市落实情况，督促各有关单位迅速做好环境卫生工作。

11月1日至4日，湖南省城市卫生检查团第一分团到常德进行城市卫生综合检查。

是月，湖南省爱卫会授予常德市“灭鼠先进市”称号。

11 月 26 日，市创建办印发《国家卫生城市检查考核标准实施细则》。

是年，市政府决定在距离德山 8000 米益阳冲建成第二座垃圾填埋场，面积 2 公顷，容积 36 万立方米。

1992 年

3 月 16 日至 17 日，湖南省城市卫生平时考核检查组对常德市进行卫生城市模拟考核检查。

3 月 21 日，市创建办、市建委、市工商局、市卫生局、市爱卫办联合发布《关于加强城区甘蔗市场管理的通告》

3 月 24 日，市政府市长蔡长松发布 1992 年第 1 号令，颁布《常德市民守则》和《常德市民公共生活行为规范》。

4 月 12 日，市政府副市长刘昌进发表电视讲话，动员全市人民掀起爱国卫生运动活动月热潮。

6 月 8 日，市创建委主任、市长蔡长松主持召开市创建委、市爱卫会两委联席会议。决定全年创建工作目标是保四争三，即在当年全省城市卫生检查评比中保证第四名，争取第三名。

6 月 9 日，市创建办、市建委、市工商局、市卫生局、市爱卫办、市公安交警支队联合印发《关于加强城区西瓜市场管理的通告》。

6 月 20 日，市创建委副主任、副市长杨万柱主持召开专题会议，决定将市创建文明卫生城市联合执法大队更名为市城建、公安、工商、卫生联合执法大队，挂常德市城管监察大队和联合执法大队两块牌子。

6 月 28 日，国务院 101 号令发布《城市市容和环境卫生管理条例》，从 1992 年 8 月 1 日起执行。

7 月 2 日至 3 日，湖南省爱卫办专职副主任谭凤德一行 5 人，对常德市城市卫生工作进行平时检查，给予较高评价：满分 50，实得 46.35 分。

7 月 8 日，市政府办印发《关于在城区宾馆、招待所、旅社征收城市流动人口增容费的通知》，从 8 月 1 日起在城区宾馆、招待所、旅社征收城市流动人口增容费。

7 月 15 日上午，市委、市政府在芷园宾馆召开创建文明卫生城市工作会议，市委书记庞道沐发表重要讲话，副市长杨万柱作工作报告。

8 月 1 日，市城管办根据《关于在城区宾馆、招待所、旅社征收城市流动人口增容费的通知》要求，开征城市流动人口增容费。

8 月 10 日，市委、市政府召开迎检工作会议，组织学习国家《城市卫生检查评比标准》，市委副书记吴定宪、副市长杨万柱发表讲话。

8月18日，市创建委批转市建委《关于城市卫生和城市环境综合整治的工作方案》。

9月8日至11日，全国爱卫办城市卫生检查团湖南省分团，到常德检查创建卫生城市工作情况。常德市得92.63 分，达到国家卫生城市申报“分数线”标准。

是年，常德市政府颁布《关于对有损城市容貌行为实施处罚的规定》。

1993年

2月27日，常德市委、市政府召开1992年创建工作总结表彰暨1993年创建工作动员大会，市委书记庞道沐作重要讲话。市委副书记彭孟芝代表市创建委与武陵区、鼎城两区政府及11个市直主要职能部门签订创建工作责任书。

是月，鼎城区成立区环境卫生管理处，为全额拨款事业单位。

3月4日，根据93年创建工作目标管理责任，市公安局正式成立“常德市慢慢游出租汽车管理公司”，城区“慢慢游”管理混乱状况开始好转。

3月5日，武陵区政府从离退休干部职工中聘请200名监察员正式上岗执勤。

3月12日晚，市委召开整顿市容紧急会议。市委副书记彭孟芝主持，市委书记庞道沐作重要讲话，要求进一步抓好市容整顿，改善城市环境卫生状况，成功举办1993桃花源游园会。

3月21日，市政府发布《关于对有损城市容貌的行为实施处罚的规定》。

4月20日，湖南省爱国卫生运动委员会印发《关于开展创建卫生城市和卫生县城活动的决定》。

4月30日，市政府发布《关于划定临时摊担区的通告》，城区共划定16处临时“五小”摊担区。

6月3日，市创建办、市卫生局、市建委、市工商局联合发布《关于取缔城区露天饮食摊担的通告》。

6月8日，市政府致函省爱卫办，正式申报省级卫生城市。

6月9日，市委、市政府印发《关于调整常德市创建文明卫生城市委员会和爱国卫生运动委员会的通知》，调整后的市创建委和爱卫委，实行两块牌子一套人员。委员会下设办公室，袁松阶兼任主任。

7月7至8日，湖南省城市卫生平时检查组一行四人，对常德市创建文明卫生城市工作进行全面检查，常德市得47分（满分50分），列全省地级市组第4名。

9月6日，市委、市政府召开全市创建文明卫生城市活动月动员大会，市委副书记彭孟芝主持会议、副市长钦时中作动员报告、市长吴定宪作重要讲话。

10月7日，市政府批转市建委《关于加强城区客运管理的意见》。

10月12日至14日，市政协副主席姚珍友带领政协部分常委、委员考察城市管理暨创建文明卫生城市工作情况。

10月24日，市长吴定宪签发市政府第4号令，公布《常德市城市道路管理暂行办法》于1993年11月1日起实施。

11月15日至17日，湖南省城市卫生、环境综合整治检查一分团对常德进行综合检查，综合得分92.78分，位列省辖八市第4名，获省级卫生城市称号。

11月27日至12月10日，市创建办、市爱卫办组织有关部门负责人和专业人员，对全市各县城关镇创建卫生县城工作进行全面检查，澧县、石门、桃源县城关镇分获一、二、三名。

12月6日至27日，市政府成立以副市长钦时中为组长、副秘书长王孝山为副组长的城区正三轮摩托车整顿领导小组，从市公安局、市交警支队、市交通局、市建委、市工商局等部门抽调64名执法人员，对城区正三轮摩托车进行依法整顿。

1994年

2月26日，常德市委、市政府召开全市创建工作总结表彰暨动员大会。市委副书记彭孟芝主持，副市长钦时中作总结动员报告。大会明确提出，1994年要巩固扩大省级卫生城市达标成果，努力提高创建工作水平，为1995年建成国家卫生城市打好基础。

2月28日，市委常委扩大会议决定，组建常德市公安局城市巡逻警察支队，负责维持社会、交通、经济秩序，维护市容市貌整洁，负责综合执法和城市管理。

3月14日，市创建委印发《关于1994年创建文明卫生城市工作第一战役的安排》，部署三四月开展第一战役，突击整顿市容市貌，抓好春季灭鼠除害，严格实施交通秩序和马路市场集中整顿，全面整治城区环境卫生，迅速掀起创建文明卫生城市新高潮。

4月26日，市建委主任张启祥召集市环卫处、市政公司、市自来水公司、市规划局等单位负责人会议，专题研究城区8座垃圾中转站建设问题。

是月，赵德波任市环卫处主任；王仲威任党总支书记。

6月中旬，由市创建办组织，从市城管办、市工商局、市卫生局、市交通局、市公安局、市交警支队等执法部门抽调80余人，组成联合执法大队，对城区市容、环境、交通秩序进行联合执法、联合整顿。

6月17日，市政协召开常德市政协第二届第六次常委会议，听取市创建办关于城市创建工作情况汇报，就城市管理及城市创建工作存在的问题、原因、改进措施进行协商对话。

7月3日至4日，湖南省爱卫办城市卫生平时检查组，对常德市上半年创建文明卫生城市工作进行随机抽查。常德得分47.1分（满分为50分）。

9月7日，市政府办印发《常德市城区出租汽车管理暂行办法》。是日，市城管办依法组织城区出租汽车经营权证第一次公开拍卖，出让经营权证379个（台），每个（台）出让价1.83万元。

9 月 19 日，市政府印发《常德市城区“门前三包”责任制办法》。

10 月 14 日，市委、市政府召开创建文明卫生城市干部大会，市长吴定宪、市委副书记王孝忠发表讲话。

10 月 24 日，市政府公布《常德市城市管理暂行办法》，共五章三十九条；同时印发《常德市城市垃圾管理暂行办法》，共六章三十条。

11 月 21 日至 23 日，湖南省城市卫生、环境综合整治检查团一分团，对常德市进行检查，常德综合得分 93.84。

11 月 24 日，市长吴定宪召集武陵区、鼎城区、德山开发区管委会及市直创建单位负责人会议，就巩固创建成果，强化城市经常管理问题进行专题研究。

11 月 30 日，市委书记庞道沐主持召开常委扩大会，专题研究城市建设工作。会议决定加强城市管理，提高城市文明卫生水平，切实抓好“门前三包”。

12 月 12 日至 25 日，市城管办、市爱卫办联合组团，对所辖 6 县城关镇城市卫生进行检查评比，澧县、临澧、汉寿分别获得一、二、三名。

12 月 19 日，市委印发《关于市直有关机构设置调整的通知》,明确常德市城市管理委员会办公室为市政府常设办事机构，机构级别为正局级。市城管办为市政府城市市容和环境卫生行政管理部门，负责城区市容环境卫生管理和执法工作。定编 14 人，内设秘书科、综合宣传科、市容环境卫生督导科和城区客运车辆管理督导科。另设城区占道经营管理办公室，核定编制 8 人，系市城管办直属事业机构，与市容环境卫生督导科合署办公。

12 月 24 日，市政府副秘书长吴让见兼任市城管办主任，曾长清、燕为志任副主任。

12 月 26 日，武陵区城管办组建市容监察大队，定员 200 人，区城管办吴其凡任市容监察大队大队长。

1995 年

1 月 14 日，常德市政府代市长张昌平主持召开市城管委、市爱卫委第一次全会。回顾总结 1994 年城管创建工作，研究和部署 1995 年城管创建工作。

1 月 19 日，市政府召开残疾人车辆营运整顿专题会议，对残疾人车辆营运整顿问题进行专题研究和部署。

2 月 6 日上午，市委书记吴定宪主持常委扩大会，要求城市管理要依法、要从严，武陵区、鼎城区、德山开发区设置一名专职副区长主管城建工作。

2 月 12 日，市委、市政府调整城市管理委员会人员组成，代市长张昌平任主任，市领导王孝忠、蒯定勋、李丰茂、刘昌进、杨万柱、马桂迟、楚文学任副主任；城市管理委员会与市爱国卫生运动委员会两块牌子，一套人员。原市创建文明卫生城市委员会同时撤销。

2 月 14 日，市城管委印发《关于对 1994 年度城市卫生检查受检单位丢分实施处罚的通报》，公布对 14 家未达标单位的处罚决定。

是日，市政府代市长张昌平主持召开市政府常务会，决定从 1995 年 5 月 1 日起，在城市建成区禁止燃放烟花鞭炮。具体“禁炮区”为武陵区沅江以北，三闾路以西（含有电线厂、高专）、穿紫河以南、新河以东；德山开发区沅江以南、枉水与善卷路以东，桃林路以北，东风河以西；鼎城区武陵镇德安路以东，双潭路以西，迎宾路以北，沅江以南区域。

2 月 15 日，市委、市政府召开 1994 年创建工作总结表彰暨 1995 年城市管理年动员大会，副市长杨万柱作工作报告，代市长张昌平作重要讲话。

2 月 22 日，市政府代市长张昌平、副市长杨万柱就综合整治新一村“脏乱差”问题，在新一村召开现场办公会。

2 月 24 日，市城管办、市建委、市工商局、市卫生局联合发出《关于限期配置垃圾容器的通知》，要求城区临街单位 3 月 13 日前配齐垃圾容器。

3 月 8 日，代市长张昌平召集武陵区、市建委、市交通局、市园林局、市交警支队、市环卫处等单位负责人会议，研究部署进一步加强城市管理工作并形成专题会议纪要。

3 月 9 日，市政府发布《关于整顿城区交通秩序的通告》，对城区交通秩序整顿明确七条处罚规定。

3 月 20 日，市政府颁布《关于禁止在常德市城区燃放烟花爆竹的规定》。

4 月 4 日市委常委扩大会议研究，对 3 月 9 日市政府发布通告前市城区残疾人运营车辆公开作价收购，市城管办 4 月 5 日启动收购工作，共收购 53 台。

5 月 1 日，市政府颁布《严禁在城区范围内燃放烟花爆竹》通告，常德市城区“禁炮”一举成功。

5 月 23 日，市城管委印发《“门前三包”员职责及“门前三包”检查评比办法》。

6 月 2 日，市政府颁布《关于调整城区临时摊担区和整顿占道经营的通告》，组织工商、卫生、城管部门上街检查，劝告疏理摊担小贩进店经营。

是日，市城管办印发《常德市城区市容市貌整顿方案》。

6 月 8 日，市建委、市工商局、市卫生局、市交通局、市公安局抽调 116 名执法人员，开始为期 4 个月市容市貌联合执法整顿。

6 月 15 日至 16 日，市长张昌平主持召开市政府常务会，审议《常德市征收城区暂住人口城市基础设施增容费的暂行规定》，责成再次进行可行性和可操作性论证和研究后，稳妥出台。

6 月 26 日，市政府副秘书长吴让见召集会议，专题研究进一步加强城区客运车辆管理问题。会议议定，为解决公安交警、交通运管、城建城管三家在客运车辆管理方面职能交叉问题，1995 年至 2000 年由市城管办组织城区客运“部门执法、配合处理”，由市城管办车管科组织联合处理组，规范管理城区公共客运秩序。

7 月 23 日，市政府发布《关于实行有偿取得城区电话（书刊）亭道路占用权制度的通知》。市城管办对新增 27 个电话（书刊）亭进行公开拍卖。对未取得合法经营权和擅自设

置电话 (书刊) 亭进行整顿。

是月，市城管办依法组织城区出租汽车经营权证第二次公开拍卖，出让经营权 277 个 (台)，每个（台）出让价 1.98 万元。

是月，市政府颁布《关于加强夜市管理的通知》，全面整治城区夜市社会治安混乱。

9 月 2 日，市政府发布实施《常德市城市渣土管理办法》，市环卫处、市城建处联合成立常德市渣土管理办公室。

是月，建设部授予市环卫处清扫女工李明菊“全国优秀城市美容师”光荣称号，市政府授予李明菊”劳动模范”光荣称号。

10 月 21 日，市长张昌平主持召开市政府常务会，审议通过《常德市城区暂住人口管理办法》。该办法规定：在常德市城区暂住时间达三个月的，收取暂住管理费，所收该费用于城市基础设施建设和流动人口管理工作。

10 月 25 日，市建委、市工商局、市卫生局、市交警支队联合下发《关于坚决取缔城区违章占道的通告》。

11 月，市城管办新建院落在西园小区奠基开工。

12 月 20 日，市长张昌平主持召开政府常务会，审议通过《常德市城市管理暂行办法》。

是年，常德市被建设部评为城市环境综合整治先进城市；全省城市卫生检查位列地市组第 3 名，再次评为“省级卫生城市”；经省爱卫会验收，获得灭鼠先进市称号。

1996 年

1 月 1 日，常德市市长张昌平、副市长杨万柱在市城管办召开出租汽车司机代表座谈会，研究解决出租汽车司机人身安全、合理收费和行业管理等问题。

1 月 26 日，市长张昌平、市委副书记李少甫，市委常委、政法委书记龚玉昆，副市长杨万柱等召集城管、公安、建委、工商、卫生等部门及三区政府负责人研究调整城管执法队伍问题，明确扩大市巡警支队建制，加挂市城市管理监察支队牌子，为城管综合执法队伍。两块牌子一套人马，实行双重管理体制。

是月，市城管办组织城区出租汽车经营权第三次拍卖，出让经营权 153 个（台），每个（台）出让价公司 3.28 万元、个人 3.18 万元。

3 月 5 日，市政府召开城市管理、创建文明卫生城市工作会议，市长张昌平发表讲话。市城管委与各责任单位签订创建工作责任状。

3 月 15 日，市编委印发《常德市城市管理委员会办公室职能配置、内设机构和人员编制方案》，明确市城管办为市城管委常设办事机构，正局（处）级。内设秘书科、综合宣传科、市容环境卫生督导科、城区客运车辆管理督导科（对外加挂市城区客运车辆管理办公室牌子）共 4 个职能科室，核定行政编制 13 名，机关后勤事业编制 1 名。常德市城区经营占道管理办公室为市城管办下属事业机构。核定事业编制5名。

4月22日，市城管办印发《常德市城区出租汽车经营权证管理规定》。

5月1日，市环卫处清扫女工李明菊获全国“五一劳动奖章”，被省政府授予“劳动模范”光荣称号。

是日，常德市全面清理城区出租汽车经营权证，换发新经营权证。

5月22日，副市长杨万柱、市城管办副主任何顺成，赴京参加中国市长协会第二次代表大会，受到李鹏总理等国家领导人接见。

5月31日，市长张昌平召开市长办公会，专题研究城市交通整治问题。会议决定：城区残疾人营运三轮机动“慢慢游”和人力三轮车“慢慢游”秩序混乱，要控制总量，规范管理，有偿使用，增加收费。机动“慢慢游”武陵区限额100台，武陵镇15台；人力慢慢游限额610台。人力“慢慢游”每年增加收费2000元。

6月4日，市长张昌平、副市长杨万柱主持召开城管调度会，部署迎全省第八届运动会（以下简称“八运会”）工作。

6月11日,市政府办印发《关于征收城区人力“慢慢游”经营权有偿使用费的通知》，市城管办对城区1000多台载客营运“慢慢游”（人力三轮车）征收1996年度经营权有偿使用费。

6月15日，常德对市城区出店经营公用电话亭（棚）进行清理整顿，收缴违章电话120余台（部）。

是月，市人汽公司购进20台无人售票车，投入市区1路线（人民路东起有线电厂、西至三岔路），实行无人售票。

7月12日，市委、市政府召开“抓城管创建，迎八运盛会”动员大会，副市长杨万柱做动员报告，市长张昌平做重要讲话。

8月30日，常德市为保障“八运会”顺利开幕，对城区机动、人力“慢慢游”进行为期三天禁行。

9月9日，市政府办公室印发《关于启用出租机动三轮车专用牌号和征收出租机动三轮车经营权有偿使用费的通知》，市城管办开始为载客营运出租机动三轮车换挂省公安交警部门统一制作的出租机动三轮车专用号牌，并按每台1万元标准一次性收缴经营权有偿使用费。

9月25日，市城管办机关搬迁至西园小区城管办院落新址。

10月26日，常德市召开第一个“环卫工人节”座谈会，表彰环卫工人先进事迹。

10月28日，市委、市政府召开紧急会议，部署常德市城区创建全省文明卫生城市工作，整治城区“脏、乱、差”。市委书记吴定宪发表重要讲话。

是日，市城管办设立党组，吴让见首任党组书记、曾长清首任党组副书记。

11月2日至5日，湖南省城市卫生检查团检查常德市城区创建文明卫生城市情况。

常德市保持“灭鼠先进市”荣誉，通过“灭蟑先进市”验收，综合得分95.27，在省甲级市中排名第五。

11月18日至30日，市城管办、市爱卫办组织全市县城卫生检查，临澧、安乡并列第一名。

12月5日，副市长杨万柱召开市环卫处和市城建管理监察大队划归市城管办管理专题会议，就市环卫处和市城建管理监察大队交接问题做出具体部署，编制、人事、劳动及双方主管部门负责人参加会议。

12月19日，市环卫处、市城建管理监察大队由市建委成建制划归市城管办管理。市城市建设管理监察大队同时更名为常德市城市管理监察大队。

12月30日，市编委印发《关于调整市城市管理委员会办公室有关职能的通知》，明确市城市管理委员会办公室为市政府市容环境卫生行政管理部门，负责本行政区域内城市市容和环境卫生管理工作。

是年，常德城区“垃圾无害化处理”率达100%。

1997年

1月28日，鼎城区政府召开政府常务会议，决定将鼎城区城建管理监察大队、区环卫处成建制划归区城管办管理。

是月，常德市城管办组织城区出租汽车经营权第四次拍卖，出让经营权60个（台），每个（台）出让价公司4.3万元、个人4.2万元。

3月1日，常德市委宣传部、市城管办、市建委、市爱卫办、市总工会、团市委和市妇联7家单位，联合发布《常德市市容卫生公约》，提出市民卫生行为规范“十不准”、市容卫生监督管理和教育处罚办法。

3月5日，副市长杨万柱在市体育中心主持《常德市市容卫生公约》万人签名活动。

3月13日，市长张昌平签发第7号政府令《常德市城市市容和环境卫生管理暂行办法》，该《暂行办法》共四章三十条，从发布之日起执行。

3月14日，市长张昌平主持召开市城管委、市爱卫会全会，通报1996年工作情况，汇报1997年工作要点，审议净化、畅安、健康三个工程方案和1997年城管创建目标管理责任单位目标责任及考评办法。

3月17日，市城管办召开各区县（市）城管办主任会议，研究1997年城管工作。

是日，市委、市政府召开全市城市管理和创建文明卫生城市工作会议。市委副书记李少甫主持会议，副市长杨万柱作工作报告。

3月27日，市委、市政府召开城管创建工作总结表彰暨动员大会，市、区副处以上单位负责人300多人参加会议。

3月21日，市政府发出通知，公布第一批取消不当收费项目，包括出租汽车经营权转让管理费和城市暂住人口水电增容费。

3 月 31 日，常德市政府副秘书长、市城管办主任吴让见主持召开迎接全国皮划艇冠军赛城管工作调度会，市直有关单位负责人参加会议。

4 月 1 日至 6 日，市城管办组织全面整顿市城区市容环境卫生和交通秩序，迎接全国皮划艇冠军赛在常德举行。

4 月 2 日，市长张昌平主持召开市城管委、市爱卫会全会，再次审议净化、畅安、健康三个工程方案。

4 月 2 日，市长张昌平主持召开会议，专题研究集中整治城市垃圾、占道、交通秩序、食品卫生等突出问题，要求 7 月 1 日前包装饭盒改吹塑制品为纸制品；城区 19 处临时摊担区，取缔转移 7 处；夜市 18 处，取缔转移 14 处。

4 月 11 日，市长张昌平、副市长杨万柱，武陵区委书记戴军勇、区长韦绍斌在武陵区政府五楼会议室，召开武陵区城管工作现场会。

4 月 12 日，市委常委会议研究市城管大队扩编问题，决定常德市城管大队扩编至 85 人。

4 月 18 日，市城管办签发执法委托书，委托市城管大队和市环卫处市容中队代表市城管办对市容环境卫生实施行政执法。

4 月 22 日，常德市城市净化、畅安、健康三个工程全面启动。

4 月 28 日至 30 日，市城管办组织有关单位开展大规模宣传活动，宣传贯彻国务院 101 号令、省政府 65 号令和市政府 7 号令。

是月，市环卫处成立常德市渣土运输管理办公室，定编 12 人，与市容监察中队两块牌子、一套人员。

5 月 4 日，市编委发文通知，同意市城市管理监察大队增加事业编制 50 名。增编后城管监察大队事业编制共计 82 名，其中大队长 1 名，教导员 1 名，副大队长 2 名，工作人员 78 名。

5 月 13 日，副市长杨万柱主持召开城管责任单位负责人会议，调度城管创建工作，重点总结三个工程实施情况，研究巩固措施。

5 月 23 日，市政府召开市长办公会议，就巡警执法、取缔“慢慢游”、规范残疾人车辆管理、户外广告管理、环卫设施建设及停车场建设与调整问题进行专题研究。

6 月 6 日，市政府召开动员会，开展创建国道 319、207 和省道各公路段文明路活动，要求拆除路旁违章建筑物、搬迁“马路市场”、整顿公路治安秩序。

6 月 10 日，市城管办在五强溪生活小区召开垃圾袋装试点推广会，17 个首批推广单位负责人参加会议。

6 月 17 日，市政府副秘书长张家安、何广辉主持召开“整顿市容市貌，迎接香港回归”城管创建工作调度会，部署垃圾、摊担、户外广告、交通秩序、基建工地五大整顿工作。

6 月 23 日，市委召开常委扩大会议，研究城市管理工作，决定把城管工作作为精神文明建设切入点，把整顿脏、乱、差作为城管工作突破口，继续深入开展“学习张家港，建设新常德”活动。同时决定，由市委组织部牵头，组建城管创建行政督查队伍。

是月，市委、市政府决定，封闭常德市人民中路武陵广场至下南门全长576米街道交通，改造成商业步行街。此为常德市创建商业步行街之始。

7月7日，市委副书记李少甫、市人大副主任鲁之芙、政府副市长杨万柱、政协副主席马桂迟主持召开迎八运会皮划艇预选赛和迎接省城市卫生平时检查工作调度会议，有关部门和单位的负责人参加会议。

7月12日至13日，湖南省城市卫生平时检查组，到常德检查创建文明卫生城市工作。市委副书记李少甫、副市长杨万柱陪同检查。

7月17日至18日，市委副书记彭孟芝、市人大常委会副主任肖有志、市政府副市长杨万柱、市政协副主席马桂迟，率有关单位负责人赴衡阳市考察学习创建文明卫生城市工作。

7月18日，市长张昌平主持召开市政府常务会，研究决定常德市开展创建“中国优秀旅游城市”活动。要求积极申报“中国旅游优秀城市”，力争到2000年，常德跻身全国优秀旅游城市行列。会议还审议通过《常德市饮食娱乐服务业环境管理办法》，要求市环保局、市法制办抓紧修订，尽快公布。

8月6日，市委召开常委扩大会议，专题研究“讲文明、树新风、创建文明卫生城市”工作。

8月11日，按照常德市委关于“三办”联合办公要求，市文明办、市爱卫办搬进市城管办机关大楼，实施市文明办、市城管办、市爱卫办联合办公。

8月14日，市委、市政府召开“讲文明、树新风、创建文明卫生城市”活动动员大会，五大家领导和“一把手”参加会议，市委书记吴定宪作报告，会议强调城管创建工作要坚持实施“一把手”工程。大会要求，1998年常德要跻身全国卫生城市行列，再通过三年努力，创建为国家卫生城市。

8月16日，市政府颁布《常德市饮食娱乐服务业环境管理办法》，解决餐饮行业污染扰民问题。

8月20日，市委副书记彭孟芝、政府副市长杨万柱主持召开“讲文明、树新风、创建文明卫生城市”工作调度会，讨论通过综合整治城区脏、乱、差第一战役（市容整治）方案。

8月25日，市政府颁布《关于禁止在城区乱贴乱挂乱涂写户外宣传品的通告》。

8月28日，市政府颁布《关于整顿城区违章占道的通告》。

8月29日，市精神文明建设指导委员会发文通知：城区12条主干道分成27个路段，每个路段配备行政督查长和督查员各1名，督查长由市直单位处级领导干部担任，督查员从市直单位抽调科级干部担任。

是日，市委组织部印发《关于任命郑维改等同志为城区路段督查长的通知》，任命郑维改等 27 名处级干部担任城区路段行政督查长。

9 月 1 日，曾长清任常德市城市管理委员会办公室主任、党组书记，燕为志任副主任、党组副书记。

9 月 4 日，副市长杨万柱召开实施城管创建第一战役协调会。创建工作路段行政督查长、督查员即日正式上岗。

9 月 8 日，新招考录用的 50 名城管监察工作人员到常德军分区教导队集训，时间 2 个月。

9 月 16 日，市长张昌平召开市政府常务会议，讨论并原则通过《常德市户外广告设置管理办法》。

9 月 22 日至 25 日，全国部分城市“城市管理理论研讨会”在常德召开。

10 月 6 日，市委书记吴定宪主持召开“讲文明、树新风、创建文明卫生城市”工作调度会议，有关单位主要负责人参加会议。

10 月 22 日，市委、市政府召开“讲文明、树新风、创建文明卫生城市”再动员大会，五大家领导及副处以上单位主要负责人、行政督查长 300 多人参加会议。

10 月 26 日，市委、市政府召开湖南省第二个“环境卫生工人节”纪念座谈会，市委副书记彭孟芝、副市长杨万柱等领导人为市环卫处省级”劳动模范”、市区“十佳城市美容师”等颁发证书。

11 月 28 日，面向社会公开招考的 50 名城管监察工作人员，被市人事局录用为国家干部，分配到市城管大队工作。

11 月 25 日至 27 日，全省城市建设统计年报工作会议上宣布：常德市城区人均道路面积 7.95 平方米、集装箱式垃圾中转站达 22 个，两个数据居全省第一。

是月，市委、市政府在武陵区城西办事处试点，研究探索城市创建工作。

是年，市委、市政府提出把常德市建设成为“园林城市”总目标，要求以常德市悠久历史文化为主题，以洞庭水乡为特点，以城市园林绿化为依托，创建国家“园林城市”。

1998 年

1 月 12 日至 16 日，常德市城管办、市工商局、市公安局三家联合对城区禁止燃放鞭炮规定执行情况，再次进行拉网式大检查。

2 月 6 日，市委书记吴定宪主持常委扩大会议，研究城市建设与管理等问题。

2 月 10 日，市委、市政府成立常德市城市创建工作领导小组，市委副书记莫道宏任领导小组组长，市领导邹克忠、杨万柱、马桂迟等任副组长；成立领导小组办事机构市创建办，彭培南任创建办主任，易发文、胡万联、杨新辉、马慧、杜修元任副主任；成立城市创建工作队派驻各街道办事处。

2 月 18 日，市委、市政府召开城区创建全国文明卫生城市动员大会，市委副书记、市城市创建工作领导小组组长莫道宏主持会议，市委常委、副市长杨光宏作主题报告。

3 月 12 日，席先武任市城管监察大队教导员。

3 月 20 日，市人大常委会召开主任扩大会议，专题听取市政府关于加强城市管理、创建全国文明卫生城市工作情况汇报，检查城区城市管理和创建文明卫生城市工作情况。

3 月 25 日，市委、市政府召开城市管理和创建文明卫生城市工作会议，市直处级单位及武陵区、鼎城区和德山开发区有关负责人参会。

是月，市环卫处清扫女工李明菊当选为第九届全国人大代表。

是月，市城管办组织城区出租汽车经营权证第五次拍卖，出让经营权 23 个（台），每个（台）出让价 4.38 万元。

3 月至 4 月，市城管办、市规划局、市城管大队、巡警支队、市邮电局等五家组成联合执法队，对城区主次街道两旁人行道占道电话亭、书报亭进行劝导拆除。

4 月 3 日，市政协常务委员一行检查城市管理和创建文明卫生城市工作情况。

4 月 7 日，市城市管理委员会暨市爱国卫生运动委员会召开全会，市委副书记、市创建领导小组组长莫道宏发表重要讲话，号召常德市早日建成全国文明卫生城市。

4 月 13 日，市建委召开洞庭大道沿街 157 家重要单位负责人会议，专题部署创建文明卫生城市、落实“门前三包”责任制工作，市建委主任张启祥作动员报告，市委副书记莫道宏发表重要讲话。

4 月 21 日，市政府召开政府常务会议，决定在城区坚决取缔人力“慢慢游”和“机动车“慢慢游”。

5 月 19 日，席先武任市城市管理监察大队党总支委员会书记。

5 月 23 日，市政府发布《关于取缔市城区客运人力三轮车的通告》，公布人力三轮车经营期限至 1998 年 6 月 11 日 24 时止。

5 月 26 日，市城区 7 所文明市民学校全面开课。是日晚 8 时，武陵区以 30 所中小学为文明市民学校培训点，4 万名家长参加健康知识培训。

6 月 12 日，市创建办、市城管办组织市区城管、公安、交警、工商、交通部门 500 多名执法人员、创建工作队员和 1000 多名机关干部，零时起取缔城区人力“慢慢游”，取缔行动一举成功。

6 月 22 日至 26 日，湖南省城市卫生“国检”标准培训班在常德华都大酒店举行，全省 29 个城市近 70 名人员参加培训班。

6 月 29 日，市委、市政府召开常德市城区出租汽车行业“文明经营、优质服务”表彰大会，市委副书记莫道宏、市人大常委会副主任邹克忠、市政协副主席蒯定勋出席大会并讲话。

7 月 8 日，市政府发布《城区取缔客运机动三轮车实施意见》。

7 月 15 日，市委副书记莫道宏，市委常委、宣传部部长周用金，市人大常委会副主任邹克忠，副市长杨万柱，率有关人员分别对武陵城区、鼎城区武陵镇、德山，进行城市卫生“国检”模拟检查。

7月22日，市委、市政府召开全市卫生城市创建“迎国检”动员大会，市委书记吴定宪发表讲话，要求搞好城市环境卫生，迎接全国城市文明卫生检查。

7月25日，常德市残疾人联合会印发《关于城区残疾人营运车主的安置方案》。

8月15日，市委、市政府召开“卫生防疫大行动” 动员大会。市委副书记莫道宏、市人大常委会副主任邹克忠、副市长杨万柱出席大会并发表重要讲话，要求确保“大灾之年无大疫”。

8月24日至26日，市委副书记莫道宏、市人大常委会副主任邹克忠、市政协副主席马桂迟等率领市创建办、市爱卫办、市城管办执法人员，对武陵区、鼎城区、德山开发区进行第二次迎“国检”模拟检查。

9月13日，市委副书记莫道宏、副市长杨万柱，召开扑病防疫紧急会议，部署对沅水常德段两岸疫病进行监控，严防疫病流行。

9月30日，市公安局发布《关于禁止营运机动三轮车在城区通行的通告》，10月15日零时起执行。

10月15日，市创建办、市城管办组织市区500多名执法人员、创建工作队员和1500多名党政机关干部，零时起上街值勤守卡，禁止机动“慢慢游”在城区载客营运。取缔行动一举成功。

是日，市委书记吴定宪召开市委常委会，研究创建文明卫生城市工作。

10月20日，全市城市管理和创建文明卫生城市工作现场经验交流会在石门县城召开，市委副书记莫道宏、市人大常委会副主任邹克忠、副市长杨万柱出席会议。

10月26日，市城管办、市环卫处组织庆典活动，庆祝第三届“环卫工人节”。

12月18日，市委、市政府召开“创建全国文明、卫生、园林、绿化城市动员大会”，市委副书记、市创建工作领导小组组长莫道宏作动员报告。

是年，因特大洪涝灾害，全国爱卫办暂停当年全国城市卫生检查。

1999年

1月16日至17日，常德市委副书记莫道宏等有关领导，率500多名创建队员和城管队员，整顿劝导500多个占道流动摊担、200多家出店占道经营户归店经营。

2月6日，市城区人民路武陵阁广场至下南门路段商业步行街竣工开步，全长570余米。

2月10日，市城管办、市公安局、市工商局联合行动，对城区“禁炮”工作进行拉网式排查。

2月24日，市委书记吴定宪主持召开常委扩大会，专题研究城市创建工作。

是月，市城管办组织城区出租汽车经营权第六次拍卖活动，出让经营权100个（台），每个（台）出让价 5.38 万元。

是月，建设部授予常德市“全国城市环境综合整治优秀城市”称号，湖南省政府命名武陵大道为“湖南省样板街”。

3 月 15 日，市委、市政府召开城管创建工作总结表彰及迎国检动员大会，组织 26 家市直城管创建责任单位向市委、市政府递交创建文明卫生城市工作《责任状》。

3 月 30 日，市政府副秘书长张家安主持召开会议，专题研究城区客运车辆管理问题。会议议定，城区客运线路、站场调整、车辆配备，由市城管办组织有关部门会审后，报市人民政府审批。

4 月 12 日至 15 日，湖南省创建卫生城市考察团考察常德市创建文明卫生城市工作情况，市委副书记莫道宏等陪同。

4 月 22 日，市委、市政府召开城区迎国检再动员大会，市委副书记莫道宏要求进一步加大城市创建工作力度，确保常德市创建国家卫生城市一举成功。

4 月 30 日，市城区欣运集团下属鑫龙公司与市公共交通公司，为争抢线路运营发生相互撞车、殴打事件。市城管办多方协调，解决城区客运线路争抢矛盾。

5 月 6 日，委、市政府召开武陵区、鼎城区、德山开发区及市创建办、市城管办主要负责人紧急调度会，部署迎“国检”工作。

5 月 7 日，市城区 30 所文明市民学校开课，4 万名市民接受第三次市民学校文明卫生知识培训。

5 月 10 日至 12 日，市委、市政府组织第二次迎接创建卫生城市“国检”模拟检查。

5 月 15 日，市委、市政府召开“常德市创建国家卫生城市整改动员大会”，市委书记吴定宪发表重要讲话。

5 月 24 日至 26 日，第四次全国城市卫生检查团湖南一分团对常德市创建卫生城市工作进行预检。检查得分 97.75 分，与岳阳市并列全省地级市第一名。

5 月 31 日，市人大常委会召开主任会议，听取市城管办关于市城区城市管理和创建文明卫生城市情况汇报。

6 月 23 日，常德市首家清洁服务公司环美公司在桥南挂牌成立。

是月，常德市桃树岗垃圾处理场污水处理系统正式投入试运行，垃圾填埋场沼气导排燃烧系统同步建成投入使用。

7 月 8 日，市委、市政府召开全市“卫生防疫大行动”电视电话会议，市委副书记莫道宏、副市长刘春林发表重要讲话。

是日，市政府秘书长叶培明主持召开清理城区出租汽车收费专题会议，会议明确城区出租汽车收费项目、标准并向社会公布。

7 月 9 日至 11 日，市委、市政府组织市城管办、市创建工作队，依法整治无证流动摊点夜间占道，拆除体育路、引桥北路零号孔、丹阳路等处夜市露天夜市。

7月14日至16日，湖南省灭蝇先进城市检查团到常德市检查灭蝇工作。常德市灭蝇各项指标符合国家爱卫会“灭蝇先进市”条件，检查验收合格。

8月6日，湖南省爱卫会授予常德市“灭蝇先进市”称号。是为常德市取得“灭鼠先进市”“灭蟑先进市”后又一重大城市卫生工作成果。

8月25日，市政府关闭拆除和搬迁城区沅水大桥北引桥西路马路市场。

9月2日，市人大常委会第十一次会议审议批准《关于扩大常德市城区禁止燃放烟花爆竹范围的规定》。

9月6日，市长办公会决定，市城管办筹建成立常德市城区户外广告管理办公室，统一规划管理户外广告设置工作。

9月10日至12日，常务副市长陈君文、市政府助理巡视员郑景阳、市政府副秘书长张家安，带领市城管办、市公安交警等部门负责人，守卡督导汽车禁鸣喇叭实施情况。城区机动车辆禁鸣喇叭行动一举成功。

9月13至15日，全省创建文明城市工作会议在常德举行。省委副书记吴向东表扬常德市城市创建工作成绩突出、变化惊人。

10月10日，市委、市政府审定《常德市步行街综合改造方案》。

10月26日，市环卫处千名职工隆重集会，庆祝第四届“环卫工人节”。常务副市长陈君文，市委常委、宣传部部长周用金，市人大常委会副主任邹克忠，市总工会主席张元英等，为“十佳城市美容师”颁发荣誉证书。

11月30日，市城管办、市卫生局、市工商局联合发布《关于禁止在城区经营露天烧烤（油炸）的通告》。

12月15日，市城管办、市卫生局、市工商局、市巡警支队、市法院、市检察院等单位开展联合执法行动，全面取缔城区露天经营烧烤（油炸）饮食摊担。

12月23日，市委、市政府召开整治城区交通秩序誓师大会。常务副市长陈君文发表动员讲话。

12月31日，市政府发布施行《常德市城区户外广告设置管理办法》。

2000年

1月21日，常德市创建工作领导小组、市城管委、市绿化工作指挥部联合下达2000年城区绿化工作任务。

2月1日，市创建办召开2000年创建工作调度会。

2月24日，市城管办召开会议，专题研究青年南路马路市场拆除问题。

2月28日，市委、市政府召开城市管理工作会议，城市三区及各城管创建责任单位向市政府签订城管创建目标责任书。

3月15日，市城管委、爱卫委、创建领导小组印发《2000年度城管创建责任单位目标管理考核实施办法》《市直副处级以上行政事业单位城管创建工作考核实施办法》。

3 月 18 日，常德市创建中国优秀旅游城市领导小组向区县（市）、市直有关部门下达创建优秀旅游城市分项任务。

3 月 22 日，根据常德市政府第三次常务会议精神，市城管委印发《清理整顿城区公共客运交通实施方案》。

是日，市城管办印发《城区部分客运线路调整会审的情况报告》。决定调整两条公交线路，即公交总公司甘露寺至桥南线路和文化宫至德山纺机线路。为解决常德师院东西两院交通问题，新增线路待省政府批准后，实行经营权有偿使用。

4 月 1 日，市政府发布《关于拆除违法建筑，优化城市环境的通告》。

4 月 3 日，市城管办印发《城区客运线路会审工作规程》。

4 月 13 日，市委副书记莫道宏、武陵区创建领导小组副组长杨学亮、杨新辉等召开会议，专题研究拆违创建工作。

4 月 17 日，第四次全国城市卫生检查评比揭晓，全国爱卫会授予常德市“全国卫生先进城市”光荣称号，标志常德市城市环境卫生工作跨入全国先进城市行列。

5 月 1 日，即日起实施常德市政府《关于扩大市城区禁放烟花爆竹范围的规定》。扩大后“禁放区”为江北城区沅江及岩潭路以北，铁路以西及以南，新河以东，南坪路以南，南坪路与护城乡东风村至火车路台沟以东；柳叶湖度假区建成区；鼎城区武陵镇金霞大道以北，319 国道金霞大道至西站路路段以东，西站路以北，玉霞大道桥南商贸城到枉水路段西侧 200 米以东至沅江；德山开发区沅江以南，枉水与善卷路西侧 200 米以北，东风河以西。

5 月 8 日，武陵区城区文明市民学校 30 个教学点于晚 8 时统一开课，参训市民达 3 万余人。

5 月 8 日，市城管办派出工作组进驻市环卫处，协助市环卫处落实市委、市政府关于推进环卫改革、实行渣土专营、落实市容监察和垃圾无害化处理等项工作任务。

5 月 10 日，常德市召开创建工作一季度总结暨再动员大会。市委副书记莫道宏作动员报告。市创建办发布集中整顿和平西街街区公告。

5 月 19 日，市城管办印发《环境卫生平时考核试行办法》。

5 月 24 日，市环卫处和城西办事处联合举行拍卖会，向社会公开拍卖高桥卫生保洁区街道清扫保洁权。

6 月 2 日，市政府发布《加强城区渣土运输管理的通告》《拆除青年南路马路市场的通告》。

6 月 6 日，市委书记吴定宪主持召开步行街建设管理协调会。

6 月 9 日，市编委印发《常德市城市管理监察支队职能配置、内设机构和人员编制方案》，明确市城管监察支队为副处级事业单位，内设 2 个职能科室和 4 个大队，机构级别均为正科级。核定全额拨款事业编制82名，其中支队领导4名，正副科长（大队长）13名。

是日，印发《常德市环境卫生管理处职能配置、内设机构和人员编制方案》，明确市环卫处为副处级事业单位，内设5个职能科室；下设渣土管理办、垃圾处理中心、专用车辆设备管理所及水上、城东、城西、城北、德山等环卫所8个直属单位，机构级别均为正科级。

6月14日，市创建办、市城管办、市工商局、市卫生局联合整顿和平西街市场。

6月19日，湖南省旅游局对常德市创建全国优秀旅游城市工作进行预检。

7月20日，市委、市政府召开"市城区城管创建工作二季度结账暨迎省、国检动员大会"。

7月30日，市城管办印发《常德市城区临街单位市容卫生标准》。

8月25日，市政府办公室印发《常德商业步行街综合管理方案》。

9月8日，市环卫处成立党委。翌日，李德智首任市环卫处党委书记。

9月11日，市编委印发《关于成立常德火车站广场管理处的通知》，明确成立常德火车站广场管理处，与常德汇元经济开发总公司一个机构、两块牌子、合署办公。原加挂"常德火车站建设指挥部"牌子予以撤销。

9月20日至25日，国家旅游局验收检查团对常德进行全面检查验收，常德市获得中国优秀旅游城市标准高分，被命名为"中国优秀旅游城市"。

9月28日晚，常德市城区文明市民学校第5次开课，5万市民冒雨参训。

10月13日，市委、市政府召开旅游城市国检情况总结暨园林城、卫生城省检动员大会。市创建工作领导小组副组长、副市长刘剑英作主题报告。

10月26日，市城管办、市环卫处组织庆典活动，隆重庆祝第五届"环卫工人节"。

10月27日至30日，湖南省园林城市检查团对常德市创建省级园林城市进行4天检查，常德市获得高分，省政府授予常德市"省级园林城市"称号。

12月13日，市环卫处召开中层骨干竞争上岗大会，经过民主测评、演讲答辩、民主推荐程序产生中层骨干人选。

12月26日，市委、市政府召开城区卫生城市迎检工作总结暨园林绿化动员大会，市委副书记莫道宏作主题报告，表彰迎省城市卫生检查市属先进单位87家，区属先进单位67家。

2001年

1月8日，武陵区委、区政府表彰市委老干局等10家文明卫生示范单位、红卫小区等10家文明卫生示范小区、百胜巷等10条文明卫生示范小巷；区委、区政府表彰城东办事处等5家红旗单位、区人武机关等25家先进单位、岩桥等20个先进居（村）委会。

2月21日，张圣友首任升格后常德市城市管理监察支队支队长。

2月26日，市委副书记莫道宏召集武陵区、市城管办、爱卫办、环卫处负责人会议，专题研究江北城区小街小巷、居民小区、城乡接合部环卫管理问题。会议议定，武陵区原民办清扫员180人及经费上交市环卫处。城区小街小巷，居民区、城乡接合部环境卫生由市环卫处和区城管办双重管理和考核。此种由市环卫处“一把扫帚扫到底”的生产作业和管理模式从3月1日起正式实施。

3月2日，赵德波首任升格后常德市环境卫生管理处主任。

3月13日，中宣部、国家工商局、中央文明办等六部委命名常德市商业步行街为全国“百城万店无假货”示范街。

3月17日，国家质量技术监督局命名常德市商业步行街为全国购物放心一条街。

4月11日，市公安局、交通局、工商局、城管办发布加强板车、人力三轮车（含手推车）交通管理的通告。从4月23日起，每天7:00至19:00城区禁止板车、人力三轮车通行。

是月，鼎城区环境卫生管理处与区城管监察大队合并，成立鼎城区市容管理局。

5月16日，市创建办、市城管办、市爱卫办主持召开武陵区南坪岗乡城管创建工作现场会。

6月1日，即日起，常德市、区两级在城西街道办事处进行为期3个月的社区建设与管理工作试点。突出解决“重心下移”，加强基层，夯实基础，条块结合，以块为主，各尽其责的问题。

6月14日，市城管办会同市交警支队、市工商局、市公用事业管理局联合发出《关闭北正街马路市场的公告》，通知6月16日凌晨起正式关闭北正街北端马路市场。

6月20日，代市长陈君文主持召开2001年市人民政府第一次常务会议。会议决定成立市社区管理体制改革试点工作领导小组，由副市长刘剑英任组长。

6月22日，湖南省爱卫会检查团完成对常德市创建国家卫生城市为期4天预检，12个专业组按《国家卫生城市标准》对11个项目施行检查。

6月30日，市城区户外广告管理办公室与区城管办，联合设置户外广告宣传栏232块，为小广告安置专门张贴处，根治城区“牛皮癣”问题。

7月6日，市城管支队和市市场管理中心联合印发《关于成立常德市城市管理监察支队市场中队及其有关管理问题的意见》。市城管支队市场中队是日成立。

7月16日，市委副书记莫道宏主持召开市委常委办公会议，专题研究紫桥小区整治创建工作。

8月17日，市城市管理局成立，彭培南首任市城市管理局局长、党组副书记，曾长清首任市城市管理局党组书记，燕为志首任市城市管理局党组副书记、副局长。胡万联兼任市城管局副局长兼联合工会主席。

9月5日至9日，市城区开展行人交通秩序集中整治。

9月18日至22日，湖南省城市工作现场会议在常德市召开，省委书记杨正午、代省长张云川对常德市城市创建、建设和管理工作做出充分肯定。

9月22日，建设部检查验收团对常德市创建国家园林城市工作进行检查验收。

10月26日，市城管局、市环卫处组织第六届“环卫工人节”庆祝活动，市政府表彰全市优秀城市美容师。

10月28日至29日，中南六省环卫协会年会在常德召开。建设部环卫处长刘京媛、省建设厅副厅长肖常锡等领导参加会议。市环卫处作为全省地级市唯一代表，被省建设厅向建设部推荐为全国环卫行业先进单位，邓亚兰被推荐为全国环卫行业先进个人。

11月2日，市委常委会议决定，市步行街管理办公室归口市城管局管理，为正科级事业单位。组建城管公安派出所，负责城市管理综合执法；人员实行市城管局和市公安局双重管理。

11月5日，市城管局、市工商局发布《加强城区甘蔗市场管理的通告》。

11月28日，市政府办公室印发《关于实施城管综合执法有关问题的会议纪要》，明确成立城管综合执法前期筹备工作领导小组。杨光宏任组长，张元英、刘剑英任副组长，领导小组办公室设市政府法制办。

是月，市城管局组建市步行街管理办公室领导班子，曹道彩首任步行街管理办公室主任。

12月5日至7日，公安部、建设部检查团对常德市城市“畅通工程”检查验收，检查验收获得高分，符合“全国交通管理先进市”创建标准。

12月7日至31日，市城管局机关实施机构改革，全体工作人员定编定岗，局机关中层骨干实行竞争上岗。

12月10日，市政府办印发《常德市城市管理局职能配置、内设机构和人员编制规定》，明确市城管局是负责综合协调城市管理、组织实施城管综合执法和主管城市市容和环境卫生的市人民政府工作部门。内设办公室、人事科（监察室与其合署办公）、市容环境卫生督导科、城区营运车辆管理督导科（加挂常德市城区营运车辆管理办公室牌子）共4个职能科（室）。常德市城区经营占道管理办公室更名为常德市城区临时占道管理办公室（加挂市城区户外广告管理办公室牌子），由市城管局管理。

12月30日，市城管局科室骨干竞争上岗结果揭晓：钟儒来任办公室主任、廖可元任人事科科长、袁欣任监察室主任、张帆任环境卫生督导科副科长、宋叔德任城区营运车辆管理督导科科长、郭祖元任市城区临时占道管理办公室主任。

2002年

1月9日，公安部、建设部联合召开创建平安大道、实施畅通工程电视电话会议，常德市获评“全国交通管理优秀城市”称号。时为湖南省实施畅通工程中获得的最高等级荣誉。

1月11日，市委、市政府召开2001城管创建工作总结表彰暨2002城管创建工作动员大会。

1月17日，市政府成立刘剑英为组长的常德市旅游公厕建设协调小组，加快旅游公厕建设，建立政府主导、社会共办、以商养厕、长效管理的良性机制。

1月22日，市政府表彰城区园林绿化工作先进单位和先进个人。曾宪伯等98人为先进个人。

1月30日，市创建工作领导小组副组长，市委常委、市委秘书长刘明在军分区组织召开协调会，专题研究清理整治常德军分区机关营院围墙四周乱搭乱建、违规建房问题。

2月2日，市城管局通过公开招聘考试，录取组建市容监察员队伍，编制80人，即日起正式上岗巡查。

2月2日至2月5日，市委常委、市委秘书长刘明，市人大副主任向启国、邹克忠带队，由市工商局、市卫生局、市公安局、市城管支队、市运管处等职能部门组成联合执法队伍，分成5个小组，采取以块为主，集中整治方式，配合江北五个办事处每晚21时至24时对夜间占道经营进行专项整治。

3月8日，市城管局、市工商局联合印发《关于关闭小高山街临时市场的通告》。

3月17日至19日，全国爱卫办专家组一行6人，对常德市创建国家卫生城市工作进行可行性调研。调研组专家通报认为，常德市创建组织体系健全有力，城市功能日趋完善，城市管理不断加强，为实现国家卫生城市目标奠定较好基础。调研组同时指出，常德市尚有鼎城区创建工作发展不平衡、卫生基础设施建设尚待加强、行业卫生特别是食品卫生管理存在薄弱环节、工业污染源防治尚需进一步努力等4个方面问题需要解决。

4月8日，副市长刘剑英召开市城区公交体制改革专题会议。会议议定，城区公交营运线路经营权收归市政府所有，公交客运企业必须有偿使用公交线路经营权。适时出台《常德市城区公交客运市场管理办法》。成立市公交体制改革协调小组，刘剑英任组长。协调小组下设办公室，燕为志任主任。

4月25日，市城管局印发《常德市市直城管系统城管监察工作人员违规违纪处理暂行规定》和《常德市城市管理行政处罚程序暂行规定》，2002年5月1日起执行。

5月12日，市委副书记莫道宏在鼎城区主持召开现场办公会议，专题研究江南城区创建全国文明城市、国家卫生城市工作。

5月16日，市编办印发《关于设立市商业步行街管理办公室的批复》，同意设立市商业步行街管理办公室，为市城市管理局管理的正科级事业单位。主要职责：负责拟定商业步行街建设和管理发展规划；负责商业步行街市容环境卫生、户外广告、 交通秩序监督管理；负责商业步行街市政基础设施维护管理；负责综合协调、督促驻街相关职能部门有关工作。

5月23日，市政府颁发《关于综合整治市城区市容秩序的通告》。

6月5日，国务院法制办对湖南省人民政府发出回函《关于在湖南省常德市开展相对集中行政处罚权试点工作的复函》，同意在常德市开展相对集中行政处罚权试点工作。常德市成为全省第一家被批准施行相对集中行政处罚权的地级城市。

6月13日，常德市被列为全国环境保护重点城市。

6月25日，湖南省政府办公厅印发《关于在常德市开展相对集中行政处罚权试点工作的通知》，明确常德市人民政府在城市管理领域开展相对集中行政处罚权试点工作。

8月23日，市政府致函市人大常委会，按照省委、省政府要求，鉴于防汛形势紧张，请求将《常德市城市管理相对集中行政处罚权试点工作实施方案》审议议程延期到9月或10月举行。

8月28日，市城管局委托湖南里程会计师事务所采取收益现值法对城区时有39条公交线路经营权资产完成评估，《评估报告书》结论为按20年经营期限计算，39条线路经营权资产评估价值为4285.53万元。评估结果经过市政府批准生效。

9月4日，张超任常德市商业步行街管理办公室主任。

9月16日，市城管局、市工商局、市交警支队联合印发《关于整顿江北城区主干道钢材市场的通知》。

10月10日，市政府发布第15号令《常德市城市房屋拆迁管理实施办法》，自2002年11月15日起施行。

10月13日，市委常委、副市长陈文浩，副市长刘剑英组织专题研究市城区再就业广场建成后经营管理工作会议问题。会议议定，1.同意将再就业广场门面安排100间对外招租。2.有条件允许下岗援助对象经营户转租门面或摊位。3.设立市再就业广场管理办公室，张圣友任办公室主任。4.由城管局负责拟制《常德市再就业广场管理办法》。

10月21日至23日，全国爱卫办检查组对常德市创建国家卫生城市工作组织考核鉴定。考核鉴定组一致认为，常德市委、市政府高度重视创建工作，已经达到《国家卫生城市标准》基本要求。建议全国爱卫会命名常德市为国家卫生城市。

10月26日，市政府在第七届“环卫工人节”对“优秀城市美容师”进行表彰。市政府要求广泛宣传全国城市市容环境卫生先进个人、市级“劳动模范”、市第四次党代会代表、一线清扫工人邓亚兰先进事迹。

10月29日，中央精神文明建设指导委员会在人民大会堂召开全国精神文明创建工作先进单位表彰大会，常德市被命名为“创建全国文明城市工作先进市”，成为第二批受中央文明委表彰的文明城市。

12月16日，全国纪念爱国卫生运动50周年总结表彰大会在北京召开，常德市被全国爱卫会授予“国家卫生城市”崇高荣誉。常德市成功地实现湖南省和中国中部地区卫生城市零的突破。

是日，常德市被建设部命名为国家园林城市。

12月17日，市委常委、副市长陈文浩召集会议，专题研究市再就业广场建设、管理和开业有关问题。市委常委、宣传部部长覃清香出席会议。会议议定，再就业广场管理人员和管理工作12月20日前全部到位，12月26日全面开业，经营户入场率要达到80%。

12月26日，市委、市政府隆重举行再就业广场开业仪式。市城管局在保留市体育广场原有健身休闲功能基础上，完成工程投资2100万元，建成集文体娱乐、休闲购物、餐饮小吃于一体的综合性再就业广场，分三个经营区，安置再就业对象1200余人。

12月31日，市环卫处召开招标大会，完成德山环卫作业分七个标段招标工作，环卫专业化管理、管干分离和市场化运作管理新机制取得突破。街道洒水和垃圾中转站管理参照垃圾清运模式实行单项成本核算，个人经济责任承包。

是年，市城区共查处违法建设851起，13万平方米，补办手续32起，4.6万平方米，拆除违法建筑32处，面积563平方米。配合城市创建，联合拆除乱搭乱建1383件，6万平方米。

2003年

1月20日，常德市政府副秘书长张家安召集会议，专题研究规范市城区客运市场营运秩序，坚决纠正1月16日湘北公司53路线未经批准擅自延长线路、增设站点问题。

1月24日，市创建领导小组决定，根据市政府1号通告，城区渣土运输3月1日起实行公司化、专业化密闭管理；对违反渣土运输管理行为，实施集中整治。

2月12日，副市长刘剑英召开会议，专题研究市城区临街建筑“穿衣戴帽”工程和穿紫河治理有关问题。会议决定成立市城区临街建筑“穿衣戴帽”工程协调领导小组。

2月21日，常德市政府颁印《关于依法严肃查处影响城市市容和环境卫生违法行为的通告》。

3月27日，市政府颁印《关于临街建筑容貌整治的通告》，公告对市城区武陵大道、朗州路、建设路、沿安路临街建筑物容貌进行规划、消防、市容景观综合整治。

是月，市政府出台《关于进一步加强城区渣土运输管理的通告》。市城管局引进资金2000多万元，组建6家渣土专营公司。市城区全面实行建筑渣土公司化专营管理和密闭式运输。

4月14日，市长陈君文主持召开市政府常务会议，会议要求，努力提高城市化水平，加快旧城改造步伐，尽快实施武陵大道、朗州路两条城市主干道临街建筑“穿衣戴帽”工程，加快人民路、建设路两条城市主干道“杆线入地”施工进度。

4月21日，市政府印发《关于城区城市房屋拆迁有关问题的通知》，明确市城区（含武陵区、德山开发区、柳叶湖旅游度假区）被拆迁人或者房屋承租人在裁决规定搬迁期限内未搬迁，由市城管局负责实施行政强制拆迁，或由市房地产管理局依法申请人民法院实施司法强制拆迁。

5月28日，常务副市长陈文浩就常德市农产品大市场开发建设与管理有关问题进行专题研究。会议议定，关闭北站两个干货批发市场，整体搬迁至市农产品大市场。

6月1日，即日起城区公共厕所全部停止收费，向市民免费开放。

6月15日，张军任市城市管理监察支队支队长、党委书记，席先武任市城市管理监察支队政委，金立新任市城管监察支队助理调研员；市城管局副局长、党组副书记燕为志调任市体育局局长、党组书记。

8月26日，副市长刘剑英召开会议，专题研究并同意深圳方向科技有限公司在常德投资兴建常德市方向危险废物无害化处理中心，选址桃树岗垃圾填埋场，特许经营30年。

9月25日，常德市城市管理监控系统建设项目招标由市招投标管理办和省招标十处主持，深圳金晟安公司中标承建市城市管理监控系统。

是月，市委、市政府召开城市创建工作表彰大会，大会宣布湖南省人事厅（湘人发〔2003〕123号）决定，彭培南、赵德波等7人记一等功。

10月26日，市城管局、市环卫处组织庆祝第八届“环卫工人节”，市政府对“优秀城市美容师”进行表彰，并在《常德日报》上开辟专版宣传环卫工人先进事迹。

是月，常德市在“国家卫生城市”首次复查和湖南省城市卫生检查中，成绩名列全省第一。至此，常德市已连续5年获得全省城市卫生检查第一名。

是月，市城管局组织市城区第七次出租汽车经营权拍卖，共拍卖出租汽车经营权107个（台），每个（台）出让费6.58万元。

12月30日，市城管局颁发《常德市城市管理局队伍建设管理六条禁令》。

2004年

1月2日，常德市城管局印发《关于组织开展“城市管理形象年”活动的工作方案》。

2月28日，市城管支队队员雷湘鲁巡逻执勤时，被违章者殴打致伤，经抢救脱离危险。经调查确认雷湘鲁当日执法合情、合理、合法，城管支队遂决定为其颁发“文明执法委屈奖”。

3月28日，市城管局组织全系统开展创“市民满意所队”活动。

是日，市城管局城区营运车辆管理督导科更名为法制科，主要职责是负责拟定城市管理规范性文件；负责城管宣传工作；负责组织城管责任单位工作检查、考评；负责城管执法检查、监督，承办城管执法案件调查、行政复议、行政诉讼工作；负责执法人员业务培训、考核；负责上访、信访接待和组织回复人大代表建议、政协委员提案；负责城区客运市场日常管理工作监督、检查、考核，督导城区交通秩序执法整顿。

是月，市环卫处城南环卫所清扫工人邓亚兰被建设部授予“劳动模范”称号。

4月6日，市长陈君文主持召开市政府第五次常务会议，决定推行城市管理相对集中行政处罚权试点工作，由副市长刘剑英牵头制订方案，按程序报批后组织实施。

4月28日，市工商局、市城管局、市内贸办、市规划局联合印发《关于整体关闭常德北站干货市场的通告》，该干货市场将集中搬迁到常德农产品大市场。

5 月 8 日，市长陈君文主持召开市长办公会议，研究市城区交通管理、商业步行城管理等项工作，同意市城管局对商业步行街扩大规模为商业步行城进行统一管理，纳入商业步行城统一管理范围：朗州路以西、武陵大道以东、沅安路以北、建设路以南区域。

5 月 11 日，市政府印发《关于加强道路客运市场管理的通告》，公告全面实行客运线路有期限经营制度，逐步推行客运线路经营权拍卖制度。

5 月 12 日，市公交总公司和市湘北运输公司发起、由公交总公司控股的德山片区公交客运有限责任公司组建成立。

5 月 25 日，市创建工作领导小组副组长、市人大常委会副主任邹克忠召开会议，专题研究江北城区钢材经营户搬迁问题。会议议定，加快完成常德钢材大市场主体工程和相关配套设施建设，确保 2004 年 9 月 28 日前竣工开业。市城管局、工商局、交警支队联合制订《关于江北城区钢材经营户限期搬迁的通告》，积极引导江北城区各钢材经营户于 2004 年 10 月 18 日前完成搬迁工作。

6 月 14 日，副市长刘剑英召开会议，专题研究城区交通秩序综合治理问题。会议决定，从 7 月 1 日开始，用半年时间在城区全面组织开展“交通安全从我做起”活动，营造人人学习交通安全法规、人人遵守道路安全法规氛围，全面提升城区交通安全管理水平，确保创建全国交通管理模范城市工作目标实现。

7 月 1 日，市交通局、市公安局、市城管局、市工商局联合发布打击非法营运通告。对在市城区非法营运车辆，统一按照“通告”规定依法予以处罚。

7 月 31 日，市政府印发《关于成立常德市商业步行城管理委员会和调整常德市劳动竞赛委员会等机构成员的通知》，成立常德市商业步行城管理委员会，副市长刘剑英任主任。委员会办公室设市城管局，彭培南兼任办公室主任。

8 月 26 日，市环卫处启动聘用制员工养老保险工作。

9 月 14 日，市政府办公室印发颁行《常德市商业步行城管理办法》。该办法共 9 章 26 条。

10 月 8 日，常务副市长陈文浩召开会议，专题研究再就业广场移交工作。会议议定，再就业广场管理办公室定为正科级差额拨款事业单位，由市城管局移交给市内贸办管理。

10 月 18 日，常德钢材大市场顺利开市营业。是日，取缔和关闭江北城区所有临街零散、占道经营钢材经营门店。

10 月 26 日，庆祝第九届“环卫工人节”，市委、市政府开展全市“机关工作人员当一天环卫工人”活动。全体环卫工人放假休息一天，市长陈君文偕全市党政机关干部职工当一天环卫工人，清扫街道。

11 月 29 日，万后铭任常德市城市管理监察支队工会主席。

11 月 30 日，市长陈君文主持召开会议，专题研究城建工作。会议要求，2005 年市城区要继续推进以创建国家环境保护模范城市为重点新一轮“四个城市一起创”活动。市城区临街建筑“穿衣戴帽”工程，2005年安排工程资金1500万元，年底前全面完成“穿衣戴帽”工程。

是日，城区北正街马路工贸市场拆除工作如期顺利结束。此前，市城管局精心落实补偿措施，全部拆除工作未发生阻工闹事事件，成为拆除工作成功范例。

是月，国家卫生城市复查团组织对常德市城市卫生开展检查，市容环境卫生长效管理水平获得高度肯定。至此，常德市连续6年获得全省城市卫生检查第一名。

12月13日，市委、市政府成立市城区公交管理协调小组，市委副书记周用金任组长，副市长刘剑英、宋冬春任副组长。下设办公室，彭培南任办公室主任。其主要职责：审定城区公共交通总体规划，审定城区客运线路设置计划，审定城区公交站点设置建设计划，总量控制城区客运、货运车辆，组织相关部门打击城区非法营运。

12月30日，市编办批复，同意市商业步行街管理办公室更名为常德市商业步行城管理办公室，其机构性质、级别、隶属关系等仍维持不变。

是日，市规划局、市城管局、市卫生局、市公路管理局联合印发《关于取缔常德高等职业技术学院周边马路市场的通告》，公告即日起取缔高职院周边马路市场。

是年，市城管系统三家单位（市城管局、市城管支队、市环卫处）在全市治理经济发展环境公开测评活动中，均名列前五名。

2005年

1月14日，经湖南省委、省政府批准，常德市委、市政府同意，常德市城市管理领域相对集中行政处罚权，组建常德市城市管理行政执法局，市城市管理局与其合署办公，为市人民政府工作部门。

是日，彭培南首任市城市管理行政执法局局长、党组书记，刘奇志任副局长、党组副书记，胡万联、朱茂章、龙旭光、张军任副局长，刘开桂改任工会主席，席先武改任纪检组长；钟儒来、金立新改任市城管执法局助理调研员。

是日，曾长清调任市城市工作办公室副主任、党组成员；张益民调任市商务局联合工会主席；钟儒敏调任市食品安全委员会办公室副主任；刘信复调任市安全生产监督管理局工会主席；张圣友调任市风景园林绿化管理局党支部书记。

1月20日，副市长刘剑英召开会议，专题研究河洑镇区域规划、建设和管理问题。会议议定，加强对河洑区域规划、建设、管理工作，杜绝未经批准擅自建设行为，坚决制止滥采滥挖、乱搭乱建。会议要求市城管执法局加强城镇管理指导，武陵区政府、河洑镇政府要按照城市管理要求认真组织实施。

3月16日，市编委印发《关于市城市管理行政执法局有关机构编制事项的通知》，将市城区临时占道管理办公室（加挂市城区户外广告管理办公室牌子）并入市城管执法局。

市城管执法局内设办公室、人事教育科、监察室（加挂执法监督科牌子）、法规科、市容环卫管理科、财务装备科、户外广告科（加挂市城区户外广告管理办公室牌子）、占道管理科（加挂市城区公交管理协调办公室牌子）、违章处罚中心共9个职能科（室）；下设机动大队、城东大队、城西大队、步行城大队、德山大队共5个行政执法大队。内设科室和大队机构级别均为正科级。

是日，市城市创建工作领导小组印发《2005年度巩固国家卫生城市工作综合考核实施办法》，明确城市四区和创建工作直接责任单位共22家为甲类、市城区副处级以上有独立院落的行政事业单位为乙类、市城区各街道办事处（镇）、居委会为丙类考核单位，分别按各自标准实施考核。

3月18日至19日，公安部、建设部专家组对常德市申报“全国交通管理模范城市”工作正式验收检查，综合评分达到一类标准。

3月24日至4月16日，市城管执法局16个正科级和8个副科级领导职位实行竞争上岗。原市城管局和市城管监察支队正副科级职务在竞争上岗工作开始时相应免去。

3月31日，市政府印发《常德市2005年城市工作“市民满意活动”工作方案》，决定在城市工作领域全面开展“市民满意活动”。市城管执法局在12个方面创建活动中，负责满意公交、满意清扫、满意公厕、满意执法4大项目实施。

是月，湖南省文明委命名常德市商业步行街为湖南省文明街道。

4月6日，经市委组织部同意，市城管执法局机关科室主职竞争上岗结果揭晓：万后铭任办公室主任、粟金钟任法规科科长、贺用军任市容环卫科科长、尹言正任户外广告科科长、李贵春任占道管理科科长；刘振华任违章处理中心主任。

根据相关规定，市城管执法局人事教育科、监察室、财务科主职未列入竞争上岗范围。年内，按有关程序，分别报市委组织部、市纪委、市财政局同意，任命赵立文为人事教育科科长、袁欣为监察室主任、郭祖元为财务科科长。

4月11日，市长陈君文主持召开市长办公会议。会议决定，根据湖南省政府《关于进一步规范城市出租汽车行业管理的通知》规定，市城区公共客运归口市城管执法局统一管理。根据《湖南省城市公共客运管理办法》（159号省政府令），城管执法局依法行使城区公共客运管理领域行业管理和执法监察两大职能。

4月15日，副市长刘剑英、宋冬春主持召开会议，专题研究市城区公共客运管理工作。会议明确，市城市客运管理所机构、人员移交市城管执法局管理。会议要求，尽快建立常德市规范、统一的公共客运市场，着力打击非法营运、加强行业管理、合理调整公交线路站点设置、规范城区公交客运站场设施建设。

4月22日，经市委组织部同意，市城管执法局执法大队主职竞争上岗结果揭晓：李建林任机动大队大队长、杨喜春任教导员，邵建波任城东大队大队长、胡春甫任教导员，丁敦国任城西大队大队长、丁时杰任教导员，孙志远任步行城大队大队长、周建平任教导员，陈春贵任德山大队大队长、刘开国任教导员。

5月10日，副市长刘剑英召开会议，专题研究城市规划方面相对集中行政处罚权工作，会议议定，市城管执法局成立规划执法大队；对未取得建设工程规划许可证件违法建设，由市城管执法局行使行政处罚权，市规划局予以配合；对违反建设工程规划许可证件规定违法建设，仍由市规划局行使处罚权。

5月26日，市城管执法局印发《市容监察员管理暂行规定（试行)》。

5月27日，市城管执法局印发《城市管理行政执法案件程序管理暂行规定》《行政执法责任制考核暂行办法》《行政执法过错责任追究暂行办法》。

5月30日，原常德市交通局运管处所属市城市客运管理所机构、职能、编制、人员，成建制由市交通局移交市城管执法局管理。

6月3日，由湖南省环保局组织的2004年度城市环境综合整治定量考核结束，常德综合排名全省第一名。

6月4日，市委、市政府印发《关于加强城市建设和管理的若干意见》，文件要求，加强城市管理体系建设，调整完善城市审批管理与监察执法体系，逐步实施城市管理行政处罚权相对集中和综合行政执法。

6月7日，市编办印发《关于调整市城区公共客运管理职能和机构设置有关事项的通知》，明确市交通运输管理处城市客运管理所更名为市城区公共客运管理处（简称市城区客运管理处)，为市城市管理行政执法局管理具有行政职能正科级事业单位。其人员编制和领导职数、经费形式等维持不变。

6月20日，市委办、市政府办颁行《常德市文明县城（城区)、文明村镇、文明行业、文明单位、文明标兵单位评选和管理办法》。

7月1日，市政府成立整治非法营运活动领导小组，副市长刘剑英任组长，集中整治江北城区、武陵镇、德山开发区范围内非法营运两轮摩托和“黑的”（非法营运出租汽车)。

7月14日，湖南省爱卫会印发2005年新版《湖南省城市卫生检查记分标准》。

是日，市城区户外广告管理办公室颁行《常德市户外广告招牌设置技术规定》。

7月18日，市委组织部通知，杨金伯任市城区公共客运管理处主任。

8月1日，市城市创建工作领导小组召开市城区城管创建座谈会，要求武陵区、鼎城区、德山开发区、柳叶湖旅游度假区组织“百日行动”，迅速抓好打击非法营运、夜市、城市“牛皮癣”三项整治活动，迎接国家卫生城市、交通模范城市、环保模范城市年终检查。

8月5日，市编委通知，在常德市城区正式实施城市管理领域内相对集中行政处罚权，由市城管执法局集中行使市容管理、城市公交客运、园林绿化方面全部行政处罚权以及城市规划、市政管理、环境保护、公安交通、工商管理方面部分行政处罚权。

8月11日，市城管执法局印发《常德市城市管理行政执法局行政审批实施程序》。

8月13日，曾长清改任市城市管理行政执法局调研员，何顺成任市城市管理行政执法局调研员，王仲威任市环境卫生管理处助理调研员；牟利民任市汇元经济开发总公司（常德火车站广场管理处）总经理，沈英鹏任常德汇元经济开发公司（常德火车站广场管理处）党支部书记。

8月18日，市城管执法局就新设11路公交线问题举行行政许可听证会。听证会决定：开通11路公交线，方案报市政府同意后开通运行。

9月24日，市政府办公室印发《常德市城市管理行政执法局职能配置、内设机构和人员编制规定》，明确市城管执法局是负责组织实施城市管理综合行政执法、综合协调城市管理和主管城市市容环境卫生的市人民政府工作部门。

该“三定方案”增加城区公共客运管理职能，市创建办日常工作职能移交市城市办承担。

10月12日，湖南省政府办公厅印发《关于常德市实施城市出租汽车经营权出让工作的通知》，同意实施城市出租汽车经营权出让（续牌），明确2008年年底以前，常德市城区出租汽车总量控制在1110台以内，如增加数量需另行报批。

10月17日，常德市入选2005年度中国特色魅力城市200强。

10月18日，市城区30条线路360余辆无人售票公交车，正式启用IC卡收费系统刷卡。

10月26日，庆祝第十届“环卫工人节”，市创建办组织市城区1500机关工作人员，开展第二次“当一天环卫工人”活动。

10月31日，市直机关工委复函同意中共常德市城市管理行政执法局直属机关委员会选举结果，胡万联任书记，李德智任副书记，王敬任专职副书记。

11月8日（西班牙时间11月7日），市城管执法局局长彭培南为团长的常德市代表团，在西班牙参加国际花园城市竞赛评选。经过展示、陈述、答辩数轮激烈角逐，成功捧回国际花园城市金奖证书和奖杯。常德市成为国内第3家、省内第1家获此殊荣城市。

是日，副市长刘剑英召开会议，专题研究江北城区城中村及城郊接合部长效保洁。

是月，国家卫生城市复查团和省灭蝇先进市复查团对常德市市容环境卫生长效管理水平给予高度肯定，两项复查一举通过，常德市至此连续7年获得全省城市卫生检查第一名。

12月6日，副市长刘剑英召开会议，专题研究综合整治火车站广场管理秩序有关问题。会议议定，市公安局牵头组建火车站广场站前派出所，市政府法制办牵头制订《常德火车站广场管理办法》，市城管执法局牵头实行广场车辆分流。火车站广场管理处负责做好火车站广场设施的全面检修和绿化工作。

12月26日，公安部、建设部联合颁文通知，常德市成功创建成为全国交通管理模范城市。

是月，湖南省精神文明建设指导委员会命名常德市商业步行街为全省文明街道。

是年，市城区共组织较大规模拆违活动71次，拆除违法建筑面积13156平方米。

2006年

1月20日，常德市城区公共客运管理处召开出租汽车公司经理会议，要求春节期间各公司负责人必须24小时值班，各公司2月起将出租汽车交接班时间调整在下午5时以前完成。

2月15日，副市长刘剑英召开会议，专题研究城市管理有关问题。会议议定，市政府先期投入56万，在步行街和火车站广场进行机械化清扫试点，验收后再向市城区推广。力争7月份开征生活垃圾处理费。统筹考虑数字化城管系统建设。

2月21日,市纪委印发《关于在市质量技术监督局、市司法局、市工商局和市城市管理行政执法局及其系统开展行风建设主题教育活动的实施意见》，市城管执法局行风建设主题教育活动拉开序幕。

3月13日，市城管执法局开始实施《关于开展“从严治队、公正执法、满意城管”行风建设主题教育活动的实施方案》。

3月18日，市城管执法局、市公安局联合行动，破获郭晨原等8人伪造、买卖假证件团伙。

3月22日，市城市创建工作领导小组研究制订《整治城市“牛皮癣”工作实施方案》，成立常德市整治城区“牛皮癣”专项工作领导小组。

是月，常德市商业步行街受中央宣传部、中央文明办、国家发改委、商务部、国家工商行政管理总局、国家质检总局、中华全国总工会、共青团中央等八部门表彰，命名为“全国百城万店无假货”活动先进单位。

3月29日，市城市创建领导小组举行城市工作创市民满意活动启动仪式，城区市民将在城管、市政、公交、建安、环卫、房产等方面享受主创部门单位的优质高效服务。市直城管、建设、环卫、公交、规划、园林、市政、房产等16家部门单位主要负责人公开宣读“创满”活动承诺书。

4月11日，市政府办印发《常德市城镇工作考核标准》，2003年12月20日印发的《常德市城镇工作考核标准》同时废止。

4月21日，市城管执法局、市文明办和市城区公共客运行业协会联合开展“星级服务”和“质量信誉考核”活动，决定在市城区公共客运中推出100台出租汽车、20台公交车为“星级服务”示范车并实行挂牌服务，实行一年一次考核。

是月，全市医疗废物处置中心在全省率先点火投入运行，市、县、乡三级医疗垃圾全部实现集中处置。

5月17日，常德市数字化城市综合管理指挥调度信息系统通过省建设厅专家评审。

6月3日，市长陈君文签发市人民政府9号令，公布施行《常德市城市公共客运管理办法》。

6月9日，市城管执法局、市规划局、市建设局联合发布通告，规定处置建筑垃圾单位，应当获得城市建筑垃圾处置核准。所有从事建筑垃圾运输车辆实施密闭化专营运输，获得城市建筑垃圾处置核准后按指定路线、时间、地点倾倒。

6月18日，市委常委、常务副市长陈文浩主持召开会议，同意筹建市城管执法局、市环卫处招商引进的常德市生活垃圾发电厂。

6月19日，市环卫处建成全省首家建筑垃圾临时处置场，当日起开始接纳堆放建筑垃圾。

6月20日至22日，受全国爱卫办委托，省爱卫会对常德市创建国家卫生城市后巩固发展工作进行全面复审，常德市连续8年获得全省城市卫生检查第一名；常德市国家卫生城市复审合格，成功保持国家卫生城市荣誉称号。

7月18日，市长陈君文召集会议，专题研究处理残疾人营运“黑的”问题。会议议定，将残疾人从事非法营运车辆集中收集，统一评估后由政府出资收购。会议要求，切实落实残疾人相关政策，对符合条件退出非法营运的残疾人，安排就业岗位，落实低保待遇，减免子女学杂费；对确有特殊困难残疾人家庭给予相应救助。

7月21日，市编委通知，常德火车站广场管理处由市建设局管理调整为市城市管理行政执法局管理。常德火车站广场管理处仍加挂常德汇元经济开发总公司牌子，其机构性质、机构规格、人员编制维持不变。

7月31日，市长陈君文签发第10号政府令，《常德市城市管理相对集中行政处罚权实施办法》自2006年8月1日起施行。

是日，市城管执法局启动城区整顿规范废旧物资市场秩序集中行动。8月10日前,常德市城区经营废旧物资经营户将搬迁到废旧物资专业市场内集中经营。

8月10日，市委书记武吉海到市城管局检查工作。市委副书记周用金、市人大常委会副主任邹克忠、副市长刘剑英陪同检查。

8月11日至13日，常德市顺利通过国家环保模范城市专家评审组验收，实现中南地区国家环保模范城创建“零”突破。

9月26日，市编办印发《关于成立市城管行政执法局柳叶湖大队的批复》，同意设立市城市管理行政执法局柳叶湖大队，为市城管局内设机构，机构级别为正科级。主要职责是负责柳叶湖旅游度假区区域内城管行政执法工作。

10月20日，市公共客运管理处举行行政处罚案件听证会，7名在市城区使用假、套出租汽车车牌从事非法营运车主被处以1.5万元罚款，听证会责令车主拆除非法出租汽车标识，达到报废年限车辆实施强制报废。

10月26日，庆祝第十一个“环卫工人节”，市政府集中表彰一批“常德市优秀城市美容师”。

11月6日，市城管执法局被建设部授予全国城市管理先进集体称号，为全省唯一获此殊荣地市级单位。

11 月 8 日，副市长刘剑英在武陵区高车、南坪、楠竹山、皇经阁社区居委会现场办公，决定从明年开始，江北城区城郊接合部、城市出城口、城中村和近郊农村环卫清扫、运输、保洁全部实行一体化。所有环卫基础设施统一配置，人员统一调配，所需经费由市财政负责；要加强管理，建立长效机制；要发动市民参与城市创建，大力推进垃圾分类、无害化处理，共同解决垃圾围城的问题。

11 月 9 日，建设部授予常德市公交 2 路线全国文明线路（全国共 91 条线路）称号。

11 月 20 日，市城管执法局组织集中整治，对城区范围内从事非法运营假牌、套牌“黑的”，其他非法运营客运车辆以及定点待租非法运营两轮摩托车，开展重点取缔、整治。

11 月 23 日，市纪委、市监察局、市政府法制办制订《关于在市城市管理行政执法局等 7 家单位开展行政执法责任制试点工作方案》，市城管执法局组织开展行政执法责任制试点工作。

12 月 10 日，市城管执法局制订《关于开展行政执法责任制试点工作方案》，成立开展行政执法责任制工作领导小组。

12 月 11 日，市政府成立市城区公共客运市场涉稳工作领导小组，市委常委、副市长欧运崇任组长。

12 月 15 日，根据建设部、公安部、监察部、国务院纠风办、国家工商总局、交通部等六部委《关于开展打击“黑车”等非法营运专项整治行动实施方案》，常德市开展打击非法营运集中整治行动。

是日，市环卫处女子机械化清扫班班长王玲当选为第三届“常德十大杰出青年”。

12 月 20 日，20 台小型密闭渣土车辆经市城管执法局、市交警支队联合审批开始营运，解决小街小巷建筑渣土运输难题；同时禁止其他车辆从事小街小巷渣土运输。

是月，湖南省精神文明建设指导委员会等三部门表彰市商业步行城管理办公室为创建湖南信用单位先进集体。

是月，鼎城区撤销区市容管理局，组建鼎城区城管行政执法局，恢复成立鼎城区环境卫生管理处，人员由原市容局在编人员分流组成。

是年，市城区查处违法建设共立案 1228 宗，强拆 734 宗，强拆违法建筑 10 万多平方米。常德大道、柳叶大道、滨湖路、芙蓉路等主干道沿线违法建设得到有效遏制。

是年，市容环境卫生管理获得国家卫生城市复评满分，常德市 8 次蝉联全省城市卫生检查第一名；市环卫处被评为全省建设系统先进单位。

2007 年

1 月 24 日，常德市编委印发《关于调整常德火车站广场管理处经费形式、人员编制等机构编制事项的通知》，常德火车站广场管理处由自收自支事业单位调整为全额拨款事业单位，人员编制确认为24名。

1月28日，市城区湘JX0447出租汽车司机侯志刚发现乘客座位遗留内有3万元现金牛皮纸信封，多方发布信息成功找到失主。

2月18日（正月初一），市城区零时起至2月24日（正月初七）24时止，自1995年全面禁止燃放烟花爆竹12年后，实施春节期间烟花爆竹“禁改限”（全面禁止燃放改为限时限区域燃放）。

2月25日（正月初八），市城区春节期间烟花爆竹“禁改限”圆满谢幕。即日零时起，市城区恢复全面禁止燃放烟花爆竹规定。

3月3日，市编办印发《关于核定市城市管理行政执法局柳叶湖大队人员编制的批复》。核定柳叶湖大队行政执法专项编制13名，编制来源从市城管执法局各执法大队内部划转。

3月30日，杨易任市城管执法局局长、党组书记，彭培南改任市城管执法局调研员，张军改任市城管执法局党组副书记、副局长。

5月17日，建设部信息中心副主任郝力在常德召开专家会议，对常德市数字化城市管理指挥调度系统设计方案进行评审。副市长刘剑英参加评审会。

是日，市城管执法局印发《关于调整驻片大队管辖范围的通知》。

5月19日，42路公交线路某车主以“燃油补贴费”为由，加收乘客每客次5角钱。市客运管理处对其依法处以重罚，有效遏制乱加价经营行为；此举引起行业强烈反响。

6月12日，市城管执法局印发《常德市城市管理行政执法局行政执法责任制工作制度》，重申《常德市城市管理相对集中行政处罚权实施办法》等17项重大制度、规范，要求全系统严格贯彻执行。

7月6日，湖南省政府印发《关于在鼎城区开展相对集中行政处罚权工作的批复》，同意在鼎城区城市管理领域开展相对集中行政处罚权工作。

7月28日，市编办印发《关于组建常德市鼎城区城市管理行政执法局的批复》，同意组建常德市鼎城区城市管理行政执法局，为鼎城区人民政府行政执法部门，列入区人民政府工作部门序列，机构级别为正科级。

8月1日，市委书记武吉海主持召开常委扩大会议。会议决定，用一年时间，集中抓好依法拆除城区违法建筑专项整治行动。是日，市政府颁行《常德市城市规划区内依法拆除违法建筑暂行办法》《常德市规划区违法建设监督管理办法》。

8月8日，市城管执法局印发《常德市城市管理行政执法局工作人员行为规范》。

8月13日，市城管执法局印发《市容监察员管理暂行规定》和《常德市城市管理行政执法局规划执法防控监督管理暂行规定》。

8月15日，代市长卿渐伟主持召开市长办公会议，决定成立市拆除违法建筑工作协调小组，卿渐伟任组长，胡宗清、陈文浩、欧运崇、刘剑英、李爱国、徐超文、汤向荣任副组长。协调小组办公室设市城管执法局，杨易任办公室主任。

8月16日至17日，市城管执法局组织全体城管队员集中整训。

8月19日，市委书记武吉海、代市长卿渐伟与市领导莫道宏、刘春林、胡宗清、欧运崇、刘剑英、王孝山、汤向荣实地检查市城区违章建筑分布情况，调度部署依法拆违工作。

8月22日，市编委印发通知，市城区公共客运管理处升格为具有行政职能副处级事业单位，仍归口市城市管理行政执法局管理。

8月28日，刘振华任常德火车站广场管理处党支部书记，沈英鹏调任市城市管理行政执法局党组成员、市纪委派驻市城管执法局纪检组组长。

是月，常德市接受湖南省城市卫生检查，成功实现全省“九连冠”，确保国家卫生城市荣誉。

9月6日，市城管执法局、市规划局、市国土资源局联合颁布《关于集中拆除各类违法建筑的通告》。

9月12日，市委、市政府召开拆违专题会议，代市长卿渐伟要求，以本次动员大会为起点，坚决遏止各类违法建设行为，发现一起坚决制止一起，拆除一起；对历史违法建筑，用一年左右时间完成拆除。

9月17日，市环卫处1500名环卫工人、市城管局300名城管执法人员在市城区开展环境卫生大扫除，由此拉开市城区参加全球“让世界清洁起来”“绿色城乡，绿色家园”主题活动大幕。

是日，武陵区、鼎城区、德山开发区、柳叶湖旅游度假区、市直各单位机关近万名工作人员、各居民社区市民开展单位院落、居民小区搬家式卫生大扫除，清除卫生死角；清除违规张贴小广告，清除公园、绿地、广场及城郊接合部垃圾等城市保洁活动。

9月19日，市编委印发《常德火车站广场管理处职能配置、内设机构和人员编制规定》，明确常德火车站广场管理处为具有行政职能副处级事业单位，负责常德火车站广场及周边区域综合管理。

10月12日，市政协召开驻会主席会议，专题协商商业步行城建设与管理工作。会议视察和听取汇报后进行专题协商。市政协主席刘春林就进一步加强商业步行城建设与管理发表重要意见。

10月16日，市环卫处受省建设厅委托编制的《湖南省城市环境卫生工作费用定额标准》，通过省建设厅、省环卫协会审核，向全省印发实行，成为省级培训教材和业务标准。

10月17日，湖南省爱国卫生运动委员会公布2006年至2007年度城市卫生检查评比结果：常德、长沙、岳阳3个地级市和汨罗、耒阳、资兴3个县级市，荣膺全省甲类卫生城市称号。

10月22日，由市委组织部、市委宣传部、团市委、常德日报社、常德广播电视局、常德青年联合会联合主办的“步步高”杯第三届“常德十大杰出青年”颁奖典礼隆重举行，市环卫处女工王玲与匡雄、刘臻、杜卫雄、陈红文、肖昌武、唐洪波、彭小平、彭文节、熊利宏等10名青年当选杰出青年获得表彰。

10月26日，常德市庆祝湖南省第十二届环卫工人节暨市直城管系统第二届运动会开幕。市委常委、副市长欧运崇参加开幕式。

12月6日，鼎城区政府专题研究区城管执法局组建工作，会议决定：现区城管局班子成员、原区城管办工作人员、2001年并入区市容局的城管监察大队人员、1998年从区城管监察大队精简分流到区环卫处工作的人员、2001年退伍军人安排到区市容局工作具有城管编制的人员，全部并入区城管执法局。待审批定编后，按公务员标准择优录用，其余人员分流到环卫处。

是月，李小波首任鼎城区城市管理行政执法局局长、党组书记。

12月29日，市编委发文通知，市城管执法局增加协调指导区县（市）城市管理行政执法工作职能，负责区县（市）城市管理行政执法中业务指导、案件复议、法律培训、组织协调等方面工作。

12月31日，市城区公共客运管理处评为湖南省建设系统先进集体。

是年，常德市连续第10次获全省城市卫生检查第一名。

是年，市城管执法局共立案查处城区违法建设案件1449宗，日常执法制止和强制拆除违法建筑面积达7.1万平方米。

2008年

1月8日，常德市城区公共客运管理处举办“的士之歌”常德市优秀出租汽车驾驶员颁奖晚会，刘开栋等10名出租汽车司机获“天安之星”荣誉称号，腾国良等10名司机获“春天使者”荣誉称号。市领导欧运崇、覃清香、张启祥等为获奖驾驶员颁奖。

1月15日，鼎城区编委印发《常德市鼎城区城市管理行政执法局职能配置、内设机构和人员编制规定》，明确区城管执法局是负责组织实施城市管理综合行政执法、综合协调城市管理和主管城市市容环境卫生的区人民政府工作部门，内设办公室、政工人事股、法规监察股、市容管理股、广告办、财务股、违章处罚中心共7个职能股、室，下设临沅、鼎城、阳明、善卷、金霞、灌溪、石门桥、斗姆湖共8个执法中队，核定城管执法专项编制117名。

是日，鼎城区政府印发《鼎城区实施城市管理相对集中行政处罚权暂行办法》。

1月24日,市委常委、副市长宋冬春到市城市管理行政执法局调研工作。

是月，市城区公共客运管理处评为全省文明窗口单位。

2月19日，市长卿渐伟召开会议，专题研究依法集中拆除违法建筑工作，会议要求，市拆违办实行集中办公，确保在7月底以前基本完成市委市政府即定集中拆违工作任务。

3月1日，市城管执法局颁行《创市民满意活动工作方案》。

3月7日，市城管执法局启动城区流动广告车辆集中整治，进一步规范城区流动广告车辆管理。

3月18日，杨金伯任市城区公共客运管理处（机构升格为副处级）主任，尹言正任市城区公共客运管理处党支部书记、唐方富任市城区公共客运管理处副调研员。

4月7日，市委书记武吉海暨市委、市人大常委会、市政府、市政协领导和武陵、鼎城、德山、柳叶湖管委会及市直相关部门负责人，对市城区11处自拆、强拆及尚未拆除违法建筑进行现场考察。

是日，市委、市政府召开市城区依法拆违督办会。市委书记武吉海强调，依法、坚决、稳妥拆除违法建筑，7月底前坚决拆除21万平方米违法建筑。

是日，市编制委员会印发《常德市城区公共客运管理处职能配置、内设机构和人员编制规定》。

4月29日，常德市召开城乡生活垃圾处理和污水处理工作会议。市委常委欧运崇，市委常委、副市长宋冬春出席会议并讲话。

5月2日，市长卿渐伟，市委常委欧运崇，市委常委、副市长宋冬春一行冒雨巡查市城区违法建筑拆除现场。

5月26日，市长卿渐伟主持召开市政府常务会议，研究城市户外广告专项规划编制、柳叶湖罗湾大桥规划设计等项工作。

6月3日，市城管执法局协同市公安局和市电信、移动、联通、铁通公司，公布19个非法制作牛皮癣广告电话“黑名单”，19个“黑名单”号码成为牛皮癣专项整治中首批强制停机“黑号”。

6月12日，市委常委欧运崇主持召开市城乡生活垃圾处理一体化座谈会。

6月20日，武陵区政法委授予永隆出租汽车公司驾驶员廖孝一“见义勇为先进分子”光荣称号。

7月15日，市文明委印发《常德市创建全国文明城市工作方案》。

7月17日，市委常委、副市长宋冬春召开会议，专题研究城区出租汽车经营权重新授予和企业重组问题。

7月23日，常德市城管执法局召开全系统思想作风纪律整训大会。

7月30日，市委常委、副市长宋冬春主持召开创建全国文明城市暨“四项专项整治” 现场调度会。

8月13日，市政府召开市容市貌整治工作交办会。

是日，市城管执法局组建城西大队第五中队（河洑中队），其主要职责：负责河洑镇中心区域内市容环境卫生方面行政管理、负责长庚路以西城市管理。

8月26日，市长卿渐伟偕武陵、鼎城、德山、柳叶湖四区负责人及相关部门“一把手”走街串巷，对市城区部分小区和街道环境卫生状况进行检查。

9月5日，市城管执法局通报，6月以来，与电信、移动、联通、铁通4家通信部门通力合作，共确认公布600个“牛皮癣”电话“黑名单”，均已实施停机处罚。

10月11日，常德市妇女儿童环保教育基地、常德市垃圾处理科普展在市环卫处开幕。副市长、市妇女儿童工作委员会主任万成贞及市妇联、市城市办负责人为科普展览揭幕。

10月24日，市委常委、副市长宋冬春召开会议，专题研究垃圾处理工作。

10月26日，隆重庆祝“环卫工人节”，常德市党政机关再次开展“当一天环卫工人”活动。

是日，临澧县直机关千余名机关干部走上街头、小区，开展卫生大扫除活动，让200多名环卫工人全体休息一天，度过湖南省第十三个“环卫工人节”。

11月5日，市政府印发《市城区城市出租汽车特许经营权出让招投标实施方案》。

11月6日，常德以“桃花源里的城市”为主题，应邀在第四届世界城市论坛参展，展示常德作为国家园林城市、国际花园城市、中国人居环境范例奖荣誉获得者在可持续发展城市建设方面取得的成果。

11月14日，曾国赋任常德市火车站广场管理处主任、党支部副书记，牟利民调任德山开发区工委委员兼德源投资有限公司总经理，钟儒来调任市金融证券管理办公室党支部书记。

12月4日，常德市顺利通过“国家园林城市”省级复检。

12月16日，常德市再就业广场小百货区即日起起正式拆除，市体育路封闭6年后，即日恢复交通功能。

12月19日，市委、市政府召开常德市创建全国文明城市和依法集中拆违工作总结表彰大会。

是月，市城区公共客运管理处评为全省城市公共交通管理先进集体，唐镇等4人被评为全省城市公共交通管理先进个人。

是年，常德市连续第10年获全省城市卫生检查第一名，成功实现“十连冠”。

2009年

1月5日，常德再次跻身“中国特色魅力城市200强”排行榜。

1月9日，市委常委、副市长宋冬春召开专题会议，议定依法为环卫工人购买社会保险。市环卫处环卫工人养老、医疗保险，由市财政局制订方案报市政府解决。

1月20日，中央文明委在京召开全国精神文明建设工作表彰大会，常德市被中央文明委授予“创建全国文明城市工作先进城市”称号。市委书记卿渐伟、市委常委宣传部部长覃清香进京参加表彰大会。

2月19日，市政府召开全市城市园林绿化工作会议，市领导欧运崇、宋冬春、张启祥、张新民出席会议。

2月20日，湖南省爱卫办通报，常德市2008年创建文明卫生单位工作成绩位居全省第一：市城区继续保持“国家卫生城市”荣誉称号；石门、澧县顺利通过国家卫生县城复审，安乡成功创建国家卫生县城；汉寿成功创建省级卫生县城。

3月13日，市政府授予市城管执法局“市民满意”创建工作先进单位、授予市环卫处“市民满意”创建工作红旗单位称号。

3月18日，市城管执法局印发《常德市市容标准化管理工作实施方案》。

3月23日，市城管执法局印发《城市管理文明执法工作方案》。

是日，市直机关工委通知，龙旭光兼任市城管执法局直属机关党委书记，胡春甫任专职副书记。

4月2日，市人大常委会、市政府、市政协建议、提案调研组调研督办市城管执法局人大建议、政协提案办理情况。

4月28日，市城管执法局与北正街小学和东升小学，联合开展“小手牵大手、文明一起走”，共建“文明创建宣传教育示范学校”活动。

5月27日，市委书记卿渐伟主持召开市委常委会议，议定按照人权、财权、事权相一致原则调整城市管理体制，逐步形成城市管理以区为主、市级宏观统筹格局。

6月5日，市城区公共客运管理处启动2009爱心送考大型公益活动。是年高考期间，常德市共有500多名爱心司机加入爱心送考行列。

6月21日，市城管执法局再次组织相关部门力量在市城区开展整治“黑摩”专项行动，依法处置非法营运车辆70余辆。

6月26日，市编委印发《关于市城市管理体制改革有关机构编制事项的通知》，明确市城管执法局城东大队、城西大队、步行城大队成建制改组为市城管执法局武陵分局，德山大队成建制改组为德山分局，柳叶湖大队成建制改组为柳叶湖分局。市城管执法局机动大队更名为直属大队。市公安局武陵分局、德山分局、柳叶湖分局分别设立公安城管执法大队，实行公安、城管双重管理。

6月30日，市城管执法局在市体育中心举行队列会操比赛。

7月7日，市委、市政府印发《关于进一步理顺城市管理体制的意见》。

7月8日，市政府办印发市城管执法局、市规划局、市环保局、市公用事业局、市园林局、市环卫处、市文化局、市卫生局《理顺城市管理体制改革实施方案》，落实市委9号文件关于相对集中行政处罚权和重心下移两项要求。

7月10日，市政府召开市城区城市管理体制改革动员大会，出台《理顺城市管理体制改革实施方案》，分离城市管理行政处罚权与审批许可权、监督检查权。

7月15日至18日，市城管执法局对步行城市容秩序进行集中整治。

8月1日，市城区1110辆出租汽车全部正式启用税控计价器，规范出租汽车依法依规收费计价行为。

8 月 4 日，市城区出租汽车即日起发放燃油补贴 1686 元/每辆，具体发放标准为白班 927 元，晚班 759 元。补贴时间为 2009 年 1 月 1 日至 2009 年 6 月 30 日，实行一次性支付。

8 月 6 日，市城管执法局组织城东、城西、柳叶湖、火车站、机动大队共 5 个执法大队，对占道经营“钉子户”进行集中整治。

8 月 14 日，市政府颁发市政府第 3 号令，公布行政保留或取消许可项目目录。市城管执法局保留关闭、闲置、存放生活垃圾处理设施、场所核准；临时占用街道两侧和公共场地审批；大型户外广告设置审核；从事城市生活垃圾经营性清扫、收集、运输、处理服务审批；城市建筑垃圾处置审批等 5 个方面行政许可项目。

8 月 18 日，市政府办印发《常德市生活垃圾无害化处理设施建设方案》。

9 月 8 日，柳叶湖旅游度假区规划、城管执法部门开展联合拆除违法建筑行动，强制拆除朗州北路万寿村 7 户违法建筑，拆除面积 230 平方米。

9 月 14 日至 16 日，湖南省城市卫生检查团第一分团对常德市城市卫生工作进行检查考核。检查团通报，市民对城市卫生状况满意率为 92%。

9 月 20 日，市政府专题会议议定，市城管执法局依法行使城市规划管理方面行政处罚权。市规划局负责对城市规划区内建设活动进行日常管理与监督检查，发现违法建设行为依法予以制止，及时提出处理建议并将案件及相关资料和证据移交市城管执法局，由市城管执法局按照有关程序实施行政处罚。

9 月 27 日，市委书记卿渐伟主持召开市委常委会议，决定成立拆违控违工作协调组，市长陈文浩任组长。武陵区、鼎城区、德山开发区、柳叶湖旅游度假区按照属地负责制，担当本辖区内拆违控违工作主体责任。

10 月 9 日，杨易调任澧县县委副书记、县长。

11 月 6 日，张军任市城管执法局局长、党组书记。

是年，城区武陵、德山、柳叶湖三区自 9 月起共拆除违法建筑 107 户 17000 多平方米，有效控违 500 余户。

2010 年

1 月 14 日，常德市委常委欧运崇，市委常委、副市长宋冬春召开会议，专题研究城市工作。会议议定确保常德市 2010 年创建成为全国无障碍设施建设示范市、全国节水型城市，创建中国人居环境奖。

1 月 15 日，市政府授予市城管执法局 2009 年度贯彻实施《湖南省行政程序规定》暨行政执法先进单位称号。

1 月 22 日，常德市入选“中国城市发展代表”。是日，新中国成立 60 年“中国城市发展代表”颁奖晚会在京举行，常德作为中部城市崛起优秀代表，与全国 60 个入选城市代表接受表彰。

2月2日，市长陈文浩检查武陵区、柳叶湖旅游度假区、德山开发区和鼎城区重点拆违控违现场，召开工作调度会，安排部署全市拆违控违工作。

2月25日，市城管执法局印发《常德市城市管理行政执法局推行行政处罚自由裁量权基准制度工作方案》。

3月4日，市委、市政府印发《常德市人民政府机构改革方案实施意见》，明确市城区公共客运管理处由市城市管理行政执法局管理调整为市交通运输局管理，机构级别、职能不变。

3月5日，副市长朱晓平调度市城区农贸市场改造和新建工作。

3月11日，市编办批复同意常德市商业步行街管理办公室经费形式由自收自支调整为全额拨款。

3月22日，龚霞波任市城管执法局党组副书记、副局长，万后铭任市城区公共客运管理处党支部书记。

4月12日，市纪委、市监察局印发《常德市城市规划区制止和拆除违法建筑工作责任追究实施办法（试行）》。

4月26日，李建林任市商业步行城管理办公室主任；张超调任常德火车站广场管理办公室副主任。

5月18日，市委办公室、市政府办公室印发《关于建立城市规划区制止违法建设行为和拆除违法建筑工作长效机制的意见》。

5月20日，益阳市委常委、副市长扬跃涛率益阳市政府考察团到常德市考察常德市城市管理和创建全国卫生城市工作经验。市委常委欧运崇，市委常委、宣传部部长覃清香等陪同考察，参加座谈。

6月9日，市委常委、常务副市长刘小明检查市城管执法数字监控指挥中心建设情况。

6月19日，市城管执法局、市住建局召开城区渣土管理工作现场会。会议决定当月起开展渣土管理百日整治行动。

7月8日，市委常委、常务副市长刘小明召集市财政局、市城管执法局、市电子政务办等单位负责人，专题研究市数字化城市管理监督指挥系统建设有关问题。市委常委、市政府副市长宋冬春参加会议。

是日，市委常委欧运崇，市委常委、副市长宋冬春召集市城乡生活垃圾处理一体化工作领导小组成员单位和市融资办、市农发行、市城建投集团、常德中联环保电力有限公司等单位负责人，专题研究全市城乡生活垃圾处理一体化工作有关问题。

7月8日至14日，市城管执法局依据《道路交通安全法》规定，启动武陵大道、朗州路、人民路等城区主干道人行道违法停车专项整治行动。

7月20日，市城区至鼎城区灌溪镇58路中巴公交开通运行。

8 月 10 日，市委办、市政府办印发《常德市城市管理工作考核评比办法（试行）》。

8 月 13 日，湖南省城镇生活垃圾无害化处理建设工作调度会在常德召开。省建设厅副厅长王向明，市委常委欧运崇，市委常委、副市长宋冬春参加会议。

9 月 10 日，副市长沈习淼召开会议，专题研究常德市城区人行道停车管理有关问题。会议议定，从 2010 年 9 月 12 日起，市城区人行道汽车停车管理职能由市城管执法局划归市公安交警支队统一管理。

10 月 20 日，曹道彩任市环卫处党委书记，李德智调任市纪委正处级纪检监察员、第一纪工委监察分局书记、局长。

11 月 4 日，市城管执法局启动行政强拆程序，组织武陵区征地拆迁安置指挥部、市规划局、城管武陵分局等单位，成功对护城乡皂果树社区 10 组 5 栋 4000 多平方米已征收拒不搬迁房屋实施强制拆除。

12 月 8 日，市政府印发《常德市城市管理行政执法局主要职责内设机构和人员编制规定》。

2011 年

1 月 14 日，常德市政府在常德经济技术开发区召开市城区控违拆违工作现场会。

1 月 17 日，市长陈文浩主持召开市政府常务会议，会议同意《关于加强文明城市创建与长效管理的意见（草案）》。

2 月 12 日，市城管执法局制订《常德市城市公共自行车租赁系统建设工作方案》，拟分二个阶段建设常德市城市公共自行车租赁服务系统。

3 月 21 日，市长陈文浩主持召开市政府常务会议。会议原则同意城市公共自行车租赁服务系统建设方案，由市城管执法局负责，按 30 个站点、1500 辆自行车规模启动项目建设。

4 月 18 日，市长陈文浩主持召开市政府常务会议。会议原则同意《常德市户外广告设置管理办法（草案）》，明确由市城管执法局负责，根据本次会议审议意见进一步修改完善，按程序报批发文。

5 月 4 日，市城区主次干道正式实施停车收费。

5 月 6 日，市委常委欧运崇，市委常委、宣传部部长覃清香，市委常委、副市长宋冬春召开会议，专题研究城乡生活垃圾处理一体化工作有关问题。市政协副主席杨新辉，市委副巡视员、常德经济技术开发区工委第一书记魏立刚参加会议。

5 月 16 日，市政府常务会议决定，从当年起，全市农村开展卫生“大扫除”。

5 月 17 日，鼎城区政府印发《常德市鼎城区城市管理行政执法局主要职责内设机构和人员编制规定》，明确城市公共客运管理方面法律、法规、规章规定的对摩托车等交通工具在武陵镇城区范围内无证载客运营的行政处罚权职责，由区城管执法局划归区交通运输局负责。

5月25日，常德市顺利通过国家卫生城市省级复审。

6月3日，市政府办公室印发《常德市户外广告设置管理办法》。

是日，市政协副主席朱传宏组织政协委员对市城管局提案办理工作进行民主评议。年内市城管局所承办提案，办复率、见面率、满意率均为100%。

6月10日，湖南省物价局、省法制办批准《常德市户外广告公共场地和设施占用费试行标准》，常德市成为全省首家户外广告收费试点城市。

6月15日，市委常委、常务副市长刘小明召开会议，专题研究农贸市场长效管理和文明创建有关问题。副市长朱晓平参加会议。

6月21日，张圣华任鼎城区城市管理行政执法局局长。

7月7日，市城管执法局印发《市城区农贸市场市容环境卫生管理办法》。

7月18日，湖南省文明办主任宋智富率团对常德市创建文明城市工作进行公开检查测评。

8月15日，市长陈文浩召开会议，专题研究餐厨垃圾无害化处理和德山生活垃圾焚烧发电厂配套有关问题。市委常委、常务副市长刘小明，市委副巡视员、常德经济技术开发区工委第一书记魏立刚参加会议。

8月23日,常德市德山檀树坪生活垃圾焚烧发电厂完成主体工程土建与设备安装，投入试运行,日焚烧处理生活垃圾500余吨。

9月6日至8日，全国爱卫会专家组对常德市进行暗访，专家组认为常德市巩卫工作领导重视，措施得力，效果明显，整改到位。

10月9日，市城管执法局依法公布《常德市城市管理行政执法依据》。市城管执法局经市人民政府审核，依法行使行政执法职权68项，其中行政许可职权5项，行政处罚职权63项。

10月27日，住房和城乡建设部印发《关于做好第二批城市步行和自行车交通系统示范项目有关工作的通知》，明确在常德、深圳、厦门、株洲、三亚、寿光共6个城市，开展第二批城市步行和自行车交通系统示范项目工作。

11月14日，常德市召开小餐饮临时许可行政决策听证会。

11月24日，全国爱卫会再次授予常德市“国家卫生城市”荣誉称号。

12月8日，湖南省爱国卫生运动委员会印发《2010—2011年全省城市卫生检查情况通报》，在甲类地级城市中，常德市得分95.56。

12月20日，全国精神文明建设工作表彰大会在北京召开，隆重表彰第三批全国文明城市（区），常德市获得“全国文明城市”称号。市委书记卿渐伟，市委常委、宣传部部长刘进能参加颁奖大会，接受“全国文明城市”奖牌。

12月26日，常德市隆重召开创建文明城市表彰大会。市城管执法局、市环卫处获得

“创建全国文明城市工作”红旗单位称号，市城管执法局系统4人即考核评价科科长孙志远、市城管执法局武陵分局局长张波，市城管执法局德山分局局长刘开国、鼎城区环卫处主任周和生，名列创建全国文明城市工作“十大功臣”榜单。

2012年

1月3日，常德市城管执法局制订《常德市建设城市步行和自行车交通系统示范项目实施方案》，明确市城区设置30个公共自行车租赁交换站点，投入1000 辆自行车，12月底完成全部建设，投入运行。

2月23日，市委书记卿渐伟主持召开2012年创建工作调度会暨第一次文明委全会。

3月9日，市人大常委会副主任王孝山在市城管执法局召开市人大城环委联席会议。市直城乡建设、环境与资源保护等相关部门负责人参加会议。

4月9日，市长陈文浩召开会议，专题研究市城区停车管理和过境车辆管理有关问题。会议议定，城区范围内渣土运输车辆原则上白天不能通行，对涉及城市生活保障必须通行者，实行限时限路段通行。

5月18日，常德市人大常委会办公室印发《常德市人民代表大会常务委员会关于对市人民政府城市管理工作进行评议的实施方案》。

5月21日，市人大常委会副主任王孝山、市人大常委会城环委主任兰枝云及城环委各位委员到市城管执法局调研城市管理工作。

5月24日，中共常德市直属机关工作委员会确定市火车站广场管理处为全市市级机关党建示范点创建单位。

5月29日，市城管执法局组建商业步行城3 个城管执法中队，加强商业步行城城管执法，实现全天候城管监管。

6月4日，市委办公室、市政府办公室印发《常德市农村环境卫生三年集中整治行动方案》。

6月8日，数字常德地理空间框架建设项目顺利通过专家评审，常德市政府和省国土资源厅正式签署合作协议,卿渐伟、刘小明、卢武福、张启祥、陈位明等市领导出席签约仪式。

6月11日，李贵春任市城管执法局柳叶湖分局局长，胡春甫任柳叶湖分局党支部书记；李俊任市城管执法局直属大队教导员。

6月27日，市人大常委会对城市管理工作进行评议。市人大常委会对市政府城市管理工作表示满意。

7月12日，市长陈文浩主持召开常德市城市规划管理委员会2012年度第二次会议。会议原则同意《常德市城区步行和自行车交通系统规划》（同济大学交通运输工程学院编制），要求市城管执法局负责加快市城区公共自行车租赁系统建设工作。

8月1日，市委常委、宣传部部长刘进能主持召开文明城市创建社会宣传工作调度会，印发《关于进一步做好文明城市创建社会宣传工作的通知》。

9月10日，市政府办公室印发《关于加强城市公共自行车租赁服务系统建设和管理的通知》。

9月12日，市城管执法局召开政风行风民主评议大会。16名行风评议员应邀对市城管局政风行风进行评议。

9月19日，市政府召开专题会议，要求积极推进常德数字城管系统建设，2013年建成运行；抓紧启动机动车清洗场试点，2013年6月31日前建设到位；进一步完善餐饮夜市管理办法，建成1至2处具有地方特色、旅游特色、形成规模的餐饮夜市。

10月22日，市城管执法局、市财政局、市公安局联合颁布《常德市公共自行车管理办法》。

10月28日，市城区公共自行车租赁系统启动仪式活动在火车站广场举行。市长陈文浩出席启动仪式。

11月9日，市城管执法局举办全市城管执法案卷公开评议讲评会。

12月5日，市环卫处受市政府委托主持召开《常德市餐厨垃圾管理办法》听证会。市直有关单位负责人及城区餐饮行业代表、社会代表、新闻单位代表共30人参加听证。

12月18日，市委、市政府召开创建全国文明城市工作第六次调度会。常德市在“全国文明城市”复查保牌第一年获得优异成绩，10项重点工作中7项全国领先，综合成绩位居全国地级文明城市前10。

2013年

1月7日，常德市城区公共自行车租赁系统二期建成投入使用，新增站点33个，增投自行车1000辆。截至当日，市城区公共自行车租赁系统投入使用站点共60个，投放公共自行车共2000辆。

1月10日，市江北城区道路两侧人行道和绿化带即日起禁止设置气球、拱门及充气模型。

3月20日，市政府召开全市城市管理工作会议。

4月16日至17日，湖南省人大常委会委员、环资委主任邹学明一行考察常德市生活垃圾发电厂、武陵区罗湾村生活垃圾焚烧情况，并就《湖南省城市管理条例》和相关部门负责人座谈，开展立法调研。市人大常委会副主任熊大顺陪同。

4月19日，市城管执法局将常德经开区、鼎城区武陵镇大型户外广告设置审批事项分别下放至市城管执法局经开区分局和鼎城区城管执法局。

5月10日，市城管执法局副局长尹言正主持召开白马湖自行车专用道建设、验收、评审调度会。

6月28日，市政府召开专题会议，议定引入“城市家具”理念，与“路改”同步规划设计三横两纵道路（柳叶大道、洞庭大道、沅安路、皂果路、武陵大道）美化工作；加快城管数字化指挥系统建设，7月20日前制订建设运行方案，7月底前上报会审，8月初公开招标，9月份实施建设，年底建成试运行；积极推动城管体制改革，抓好城管体制重心下移和市场化运作。

7月5日，市委书记王群主持召开市委常委会议，专题研究市城区“三改四化”工作。会议决定整合公安、交警、城管、灯饰等部门资源，建设一体化数字管理平台。

7月31日，市委常委、常务副市长赵应云召开会议，专题研究城区数字化平台建设有关问题。会议确定市本级监督指挥大厅在市城管执法局院内建设。

8月1日，为配合城区“三改四化”，常德市人民路步行街路段暂行通车。

8月8日，市电子政务办主任舒兆兰和市城管执法局副局长、党组副书记龚霞波主持召开市智慧城管建设项目方案技术评审会。省政府信息中心、国防科大信息中心、湖南文理学院、株洲市城管局等部门专家参加评审。

8月16日晚，市环卫处城南管理所一线工人郭学渊在新二村新乐巷打扫卫生时，捡拾内有5万元现金、银行卡、手机等贵重物品挎包，千方百计找到失主。失主谢先生向市环卫处赠送“拾金不昧风格高尚”锦旗。

9月18日，市委常委、常务副市长赵应云，市电子政务办主任舒兆兰到市城管执法局检查智慧城管指挥大厅施工现场。

是日，市委常委、宣传部部长刘进能实地考察市步行街、武陵阁、长胜桥农贸市场和西园小区调研。

10月9日，市政府调整市城市管理委员会组成人员。市长周德睿任市城管委主任，卢武福、熊大顺、陈 华、肖朝进、向绪彦任副主任；委员由市直有关部门负责人担任；办公室设市城管执法局，张军兼任办公室主任。

10月23日，市人大常委会举办全市农民健康行“整治农村环境、促进农民健康”专题汇报会。

10月29日，市环卫处引进多功能紧凑型城市清扫车。该型清扫车每辆每小时可清扫2万平方米，相当于30个环卫工人工作量。

11月3日，市政府常务会议决定，全力推进“路改”工程同时，启动美化、亮化、绿化及“城市家具”配置前期工作，要求2014年1月20日前完成。

11月6日，湖南省住建厅、发改委、环保厅等相关部门领导到常德调研常德市城镇生活垃圾无害化处理工作。

11月29日，市城区“三改四化”工程指挥部办公室印发《关于常德市智慧城管系统建设的意见》，明确2013年12月31日前建成常德市智慧城管系统，投入试运行；市级设立市城市管理监督指挥中心，“四区”分别成立区级城市管理监督指挥中心，均于 12月

31日前组建到位。

12月1日，武陵大道、洞庭大道公交站台、站牌、垃圾桶、指示牌等全新“城市家具”亮相。根据市民建议，武陵大道公交站点由25个减少为17个，洞庭大道由16个增加到21个。

12月2日，市城管执法局召开开门纳谏座谈会，邀请20名优化经济环境形象监督员和网民代表对市城市管理行政执法局工作提出意见和建议。

12月10日，市政府召开《关于开展市城区市容环境卫生及交通秩序整治的通告》听证会。经营户代表5人、市民代表2人、基层组织代表10人、政协委员3人参加。市政府法制办钟吉雄、城市办贺吉敏、市城管执法局尹言正等部门负责人出席听证会。

12月16日，市委书记王群主持新型多功能道路洗扫车交接和进场作业仪式。市长周德睿出席仪式。

12月20日，市政府颁布《关于开展市城区市容环境卫生整治的通告》，自2014年1月1日起，在市城区全面开展市容环境卫生整治。

12月23日，市城区交通秩序及市容环境卫生综合整治工作指挥部召开新闻发布会。

12月24日，市委、市政府召开市城区交通秩序及市容环境卫生综合整治动员会。市领导王群、周德睿、宋冬春、刘明、李爱国，何英平、沈习森、胡丘陵、周运来、向绪彦出席会议。

12月27日，武陵大道户外广告“清零”。市城管局共拆除128块路面广告牌、834块楼面楼顶广告牌，转移22个报刊亭和阅报栏，推进武陵大道“美化”改造工程顺利实施。

12月31日，市城管执法局调整城区经营占道和户外广告管理职能，将市城区（含江北城区，经开区以及柳叶湖旅游度假区的城市建成区）经营性占道及户外广告管理部分职能分别下放至武陵区、经开区、柳叶湖旅游度假区各城管执法分局行使。

2014年

1月1日，武陵区、鼎城区、柳叶湖旅游度假区、常德经济技术开发区600多名市容秩序监督员全员上岗，走上街头巷尾巡查乱扔吐、乱抛撒、乱停放、乱贴画、乱拉挂、乱穿马路“六乱”行为，对乱扔垃圾、乱穿马路、行人走机动车道或者非机动车道等不文明行为进行纠章劝导直至处罚。

1月3日，武陵区100多家区直单位、60多家驻区独立院落单位，7个乡镇、5个街道办事处及所属社区统一行动，共清理积存垃圾400多车、1400多吨；清理建筑垃圾200余车，清理牛皮癣小广告8.32万张，清理横幅、破损广告410处，参与整治行动干部、职工达3500多人。

1月6日，市委书记王群、市长周德睿偕1000余名市直党政机关干部走上街头，与环卫工人一起清扫、冲洗街道。

2月10日，市政府召开“两项”整治调度会议，会议议定，城市新“六乱”整治，3月30日后，由指挥部办公室组织验收；市城区停车场规划建设，作为重要指标进行审核；城市公厕要坚持统一设计、分类建设、按级管理，加快建设一批市民满意的五星级公厕；集中整治期间，市城区不再新批室外广告、立柱广告。

2月12日，武陵区、鼎城区和经济技术开发区102个公共自行车站点全部投入运营，公共自行车增至3000辆。至当日止，城区已经发售租赁服务卡近3万张，每天租还车辆达2万辆次。

2月14日，武陵区“两项整治”指挥部召开调度会，专题部署“新六乱”集中整治。“新六乱”问题包括主次干道两侧、城市公共绿地、小区公共绿地随意种菜问题；主次干道废旧品收购场所占道问题；主次干道设立藕煤店、藕煤加工厂以及藕煤堆场占道问题；洗车店占用车行道、人行道设立洗车场问题；主次干道设立竹木场、砂石场、石雕展示区占道问题；市城区范围内饲养牲畜问题。

2月27日，市政府召开全市城市管理工作会议。会议要求，进一步改革现行城市管理体制，积极推进“运营市场化、管理网络化、作业精细化、考核标准化”，通过升级改造市城区公共自行车租赁系统、建成智慧城管系统、启动餐厨垃圾收集和处理中心建设、落实三条主要街道城市家具建设、推动城市生活垃圾转运站建设进程、建设高标准城市公厕六项民生工程，努力打造国内最具品位城市。

3月13日，市城管执法局召开群众路线教育实践活动动员会。市委常委、市委政法委书记何英平出席会议并讲话，市委第21督导组全体成员、市城管执法局全体干部职工、直属大队、直属单位和分局、大队骨干参加会议。

3月21日，市城管执法局群众路线教育实践活动办组织集中封闭式学习。机关、直属大队和广告执法中队全体工作人员集中学习并进行学习心得交流。

3月31日，市城管执法局印发《“法治城管”创建活动工作方案》，要求市直城管系统深入开展“法治城管”创建活动，实现执法案件证据资料合法、完备，执法程序合法有效，执法行为文明规范，办案能力显著提高，执法形象明显好转。

4月16日，湖南省新版环卫定额标准，由省住建厅委托常德市环卫处承办和负责修订，省建设工程造价总站审核，省住建厅批准印发实行。该《标准》是国内第一部省级环卫工作费用定额标准。新版新增街道洗扫、餐厨垃圾处理、建筑垃圾运输和处理、生活垃圾焚烧发电、城区水面保洁、城市建筑物外立面保洁、城市绿化带保洁、街道隔离栅栏保洁等环卫作业工作费用标准。

4月21日，市城管执法局印发《“服务城管”创建活动工作方案》，要求城管系统各单位把贯彻落实中央八项规定作为切入点，广泛开展服务活动，全力打造“文明、亲民、服务、和谐”城管。

5月16日，市城管执法局组织机关党员干部前往“全国爱国主义教育基地”林伯渠故居瞻仰、学习，追寻革命先辈历史足迹，弘扬优良革命传统。

5月18日，市编委发文同意市城管执法局增设公共自行车管理科，加挂市城区公共自行车管理办公室牌子，主要职责：负责拟定城市步行和自行车交通系统发展规划并组织实施；负责组织、协调公共自行车交换站、城市步行和自行车专用通道建设、维护；负责对市城区公共自行车租赁服务运营企业相关业务进行指导、协调、监督。

5月19日，市城管执法局会同市财政局、市规划局、市公交总公司等相关部门，将市城区公交站台广告位一标段武陵大道公交站台17座（广告牌37块）、二标段洞庭大道公交站台20座（广告牌42块）及武陵大道6处LED大型电子显示屏广告位，面向市场公开拍卖。

5月21日，市委常委、常务副市长赵应云主持召开市长办公会议，专题研究常德市智慧城管系统建设和运行有关问题。市编办、市财政局、市城管局、市电子政务办和武陵区、鼎城区、常德经开区、柳叶湖度假区等单位负责人参加会议。

5月24日，市城管执法局即日起拆除城区沅安路、洞庭大道、人民路3条主干道2821块商业广告牌，预计8月底完成。此外，朗州北路、柳叶大道、火车站商业圈部分地段商业广告牌也被纳入拆除范围，安排年底完成。

6月17日，鼎城区城管局市容大队组织四个中队共60多人执法队伍，对桥南大圆盘周边久光国际、桥南市场南大门及彩桥等路段市容秩序进行集中整治，取缔占道流动摊点，暂扣占道经营三轮车、板车，规范人行道乱停乱靠车辆。

6月24日夜，市环卫处10辆装上GPS定位系统洒水车在市城区武陵大道“试水”精细化作业。新作业模式由简单洒水作业变成“三洗制”，即第一遍用前喷洒水车把道路污水垃圾冲打出来；第二遍用后喷洒水车把污水垃圾冲打到道路两边；第三遍再用洒扫车吸纳垃圾。“试水”成功后，市环卫处确定，即日起每天固定在23时至第二天凌晨6时对市城区主次干道和小街小巷进行全面清洗，保证市民清早出门即享受城市洁净。

6月25日，恢复人民路步行街封闭式管理模式听证会在市城管执法局举行。市民、经营户代表，基层组织代表和人大代表、政协委员共17人参加，多数赞成“恢复封闭”。

8月5日，武陵阁步行城美化提质设计方案通过专家评审。武陵区城市提质指挥部表示，将进一步完善方案，尽快提交市规委会审定，原则上2015年春节前完成方案设计并对部分代表性建筑、街巷进行美化，2016年春节前完成整体提质改造。

8月29日，市政府印发《关于进一步深化城市管理体制改革的意见》，明确将市城市管理行政执法局武陵分局、柳叶湖分局、德山分局人、财、物成建制下放，组建武陵区城市管理和行政执法局、柳叶湖旅游度假区城市管理行政执法局和常德经济技术开发区城市管理行政执法局。市城管执法局直属大队更名为市城市管理行政执法支队。

该意见同时明确将市环境卫生管理处城东环境卫生管理所、城西环境卫生管理所、三岔路环境卫生管理所、城南环境卫生管理所、专用车辆设备管理所和市环境卫生管理处市容环卫大队人、财、物成建制移交武陵区政府；同时，柳叶湖环境卫生管理所移交柳叶湖旅游度假区管委会，德山环境卫生管理所移交给常德经开区管委会。

9月15日，常德智慧城管系统正式运行。

9月17日，市政府“打包”印发《常德市城市容貌规定》《常德市智慧城管系统运行办法》《常德市城区建筑垃圾管理办法》《常德市城区户外广告设置管理办法》《常德市户外广告位使用权拍卖办法》《常德市城区“门前三包”管理办法》《常德市城区早、夜市管理办法》《常德市城区烟花爆竹燃放管理办法》《常德市城区农贸市场市容环境卫生管理办法》等18个城市管理方面规范性文件。至此，常德市城市管理方面地方性法规体系基本建成。

9月22日，市城区自行车骑行爱好者开启城市无车日暨千人自行车公益骑行活动。是次活动以“我们的街道，我们的选择”为主题，从白马湖公园北大门出发，沿柳叶大道向东行进，转至皂果路、人民路、朗州路等道路再回到白马湖公园。

9月23日，市政府颁行《常德市城市管理工作考核评比办法》。考评对象分为甲、乙、丙三类：甲类为武陵区、鼎城区政府，常德经济技术开发区、柳叶湖旅游度假区管委会；乙类为相关市直单位；丙类为汉寿、桃源、临澧、石门、澧县、安乡、津市等7县市和西湖、西洞庭、桃花源3个管委会。该“办法”明确，设立2000万元城市管理考核评比奖励资金，设立专户管理，专款专用。

10月29日，市编委明确市路灯维护管理处由市市政公用事业管理局管理调整为市城市管理行政执法局管理，同时更名为市灯饰管理处。

12月31日，市编委发文同意市城管执法局市容环卫管理科加挂市城市建筑垃圾管理办公室牌子，保留市城区户外广告管理办公室牌子。其机构级别、人员编制及领导职数等均维持不变。

2015年

1月1日，武陵区、鼎城区、柳叶湖旅游度假区和常德经济技术开发区智慧城管正式运行，标志常德市智慧城管系统“一城四区”全部开启运行。市智慧城管系统总投资4200万元，包括城市管理应用平台、实景三维影像和部件数据库、智能管控设施、城市管理网络和市区两级监督指挥中心。

1月16日，市城管执法局公告，2015年1月21日至2015年3月5日即春节期间，在市城区禁放区域禁止燃放烟花爆竹。禁放区域为武陵区东至石长铁路线，西至桃花源路，南至沅江、双拥路，北至石长铁路线、吉生路、鼎城区东至沅江，西至桃花源路，南至金霞大道，北至沅江、柳叶湖旅游度假区紫缘北路、环湖路、姻缘河、穿紫河、柳叶大道所围合的区域、常德经开区东至临枫路，西至枉水，南至常张高速公路，北至沅江区域为禁止燃放区域。

1月21日，市城区即日起施行春节期间在城市禁止燃放区禁止燃放烟花爆竹。至3月5日，市城区禁放区内共取缔烟花爆竹违规销售点6处，收缴销毁违规烟花爆竹420多件（卷），及时制止违规燃放行为340多起，6起违规燃放烟花爆竹行为得到及时查处，其中4起依法实行行政处罚，2起依法实施行政拘留。

1月22日，市城管执法局公布对2008年10月1日以来仍在执行规范性文件清理结果，废止《关于集中拆除各类违法建筑的通告》等3个文件；宣布《关于调整板车、人力三轮车部分禁行时间和路段的通告》失效；确认《关于公布常德市城市管理行政执法依据的通告》3个文件继续有效。

是月，市环卫处成立城区环境卫生考核办公室，对城市四区道路、公共绿地、单位院落和居民小区、城中村和城乡接合部、农贸市场、水体水面和护坡、垃圾中转站、公共厕所、生活垃圾收集与运输等9个方面情况进行明察暗检。

2月28日，全国精神文明建设工作表彰暨学雷锋志愿服务大会在北京召开。经中央文明委动态抽检、3年复评制评定，常德市继续保持“全国文明城市”称号。

3月25日，鼎城区城管执法局即日起对辖区内所有夜市摊点进行规范整治。

4月1日，刘兴华任常德市城市管理和行政执法局局长、党组书记。张军调任市政协港澳台侨外事委主任。

4月15日，市城管执法局召开城区渣土管理专题调度会，市建筑垃圾管理办提出渣土管理“工地规范、公司重组、车辆升级、营运有序”工作总目标，组织开展市城区渣土管理专项整治，要求年内达到省内先进管理水平。

5月4日，市城管执法局局长刘兴华主持召开国家卫生城市复查迎检工作动员会，会议强调，按照《国家卫生城市标准》，举全市之力，落实责任，明确重点，细化方案，确保复查迎检一举通过。

5月8日，市城管执法局召开市城区渣土管理调度及国家卫生城市复审迎检会。会议要求，是月起，市城市管理委员会集中开展渣土污染专项整治行动，三个月解决市城区渣土污染严重问题。

5月9日，50辆新型智能环保渣土车在柳叶湖沙滩公园工地率先投入运营。是日起，全市陆续引入385台新型渣土车对现有老渣土车全部更换，实现城市渣土运输升级换代。

5月14日，副市长陈华、匡加才一行，深入江南城区主次干道、小街小巷、社区、集贸市场，对鼎城区巩卫迎检工作进行督导检查。

5月15日，市环卫处组建渣土管理考核组，对“四区”渣土运输、工地现场管理、渣土消纳场管理和渣土处置行政许可等情况进行巡查考核。

5月22日，在常德市巩固国家卫生城市工作情况汇报暨复审情况通报会上，省爱卫办主任倪友新代表检查组通报，常德市各项工作标准基本符合《国家卫生城市标准》（2014版），通过复审。

5 月 29 日，市城管执法局局长刘兴华带队，与市住建局、市交警支队、市运管处等单位负责人赴长沙市城管执法局考察学习建筑工地渣土规范管理及更换新型智能环保渣土车工作经验。

6 月 1 日，市城管执法局召开调度会，部署旅游节开幕、华侨城欢乐水世界开园和全省“创业.创新”现场会召开期间城市管理重点工作。市城区“四区”城管局局长、环卫处主任、渣土办主任及局机关相关科室负责人参加会议。

6 月 2 日，市环卫处受邀组织各区县市千名环卫工人参加常德华侨城欢乐水世界开园游园活动。

是月，市城管执法局组织各县县城和 10 个重点小城镇城市管理检查，石门县壶瓶山镇在 10 个重点小城镇中排名第一。

7 月 1 日，市环卫处组织开展建党 94 周年纪念活动，组织全处党员到石门县革命博物馆及王尔琢塑像前开展缅怀革命先烈，重温入党誓词活动。

7 月 24 日，全市城管局长座谈会在临澧县召开。市城管执法局局长刘兴华强调，要进一步推进全市城市管理工作再上新台阶，一要狠抓队伍建设，二要狠抓制度保障，三要狠抓改革创新。市城管执法局领导班子成员、有关科室负责人，各区县（市）城管机构主要负责人参加会议。

9 月 18 日，市环卫处组织党员干部深入武陵区金桥社区参加社区公益活动和中秋节前访贫问苦，为残疾、孤寡老人送去大米、食油、月饼。

9 月 29 日，宋立明任市城管执法局副局长、党组副书记。杨永红任市纪委派驻市城管执法局纪检组组长。

是月，常德市顺利通过全国爱国卫生运动委员会暗访复查。是次复查为 2002 年常德创建成为“国家卫生城市”以来，继 2007 年、2011 年之后，接受全国爱卫会第 3 次全面复查。全国爱卫会专家组暗访复核结果表明，常德市在取得国家卫生城市荣誉后，通过大力开展爱国卫生运动和卫生城市巩固工作，城市环境进一步优化、城市功能不断完善、城市形象明显提升，各项指标都达到国家卫生城市标准，发挥了国家卫生城市典型示范作用。

10 月 24 日，市城管执法局、市环卫处隆重举办庆祝常德市第 20 届“环卫工人节”庆祝活动暨城区届首环卫机械化作业技能比武启动仪式。

庆典期间，市环卫处各路精英参加车道清洗、机械洗扫、人行道冲洗、行吊式中转站管理及清运、生活小区垃圾收集与运输等五个项目操作技术比武。

是月，市城管执法局上报重点民生实事数据。是年 1 月至 10 月,常德市县以上城镇生活垃圾清运量 59.6964 万吨，无害化处理量 53.3264 万吨，无害化处理率 99.38%。

11 月 17 日，市城管执法局全体班子成员深入桃源县龙潭镇梨树垭村开展“一进二访”（进村入户、访困问需、访贫问计）活动，结对帮扶慰问贫困家庭。

11 月 18 日，市环卫处党委组织“进村入户、访困问需、访贫问计”活动，到桃源县龙潭镇梨树垭村开展结对帮扶活动。

12 月 1 日，市城管执法局完成沅安路门店招牌改造工程招投标。

12 月 24 日，中共中央、国务院印发《中共中央国务院关于深入推进城市执法体制改革改进城市管理工作的指导意见》，是为新中国成立以来中央层面首次对城市管理体制和城市管理执法工作做出专项部署。

是日，市城管执法局组织集中学习。市纪委派驻市城管执法局纪检组组长杨永红宣讲《中国共产党廉洁自律准则》和《中国共产党纪律处分条例》；市中级人民法院行政审判庭审判员王继春讲授《立法法》和《行政诉讼法》。

12 月 29 日，市城管执法局组织政治理论集中学习。市城管执法局党组副书记、副局长宋立明作《认真学习党的十八届五中全会精神，切实把握“十三五”经济社会发展的方略理念》学习辅导报告。

是年，市城管执法局完成完成洞庭大道等道路城市家具采购招投标和建设路等 11 条道路 83 座公交站台广告牌三年期使用权拍卖工作。

是年，《常德市城乡环境卫生专业规划》完成修订，重点突出城区环卫设施规划布点：规划垃圾收集点 5621 个，垃圾中转站 56 座，公厕 338 座、渣土处置场 3 座。

是年，中央文明委经过动态审查和 3 年复评，明确常德市保持“全国文明城市”称号；全国爱卫会经过暗访复查，确认常德市保持“国家卫生城市”荣誉。

第一篇《

组织机构与队伍建设

第一章　行政管理机构

第一节　常德市城市管理和行政执法局

一、机构设置与体制改革

（一）机构沿革。常德地方政府设置专门机构对城市环境卫生实施管理，史志记载始见于唐代。唐朗州、武陵州县两级均设置专门管理衙门，各设“市令一员”。市令主要职权是“掌市廛交易，禁斥非违之事”，即主管城市市场和经营店铺秩序，禁止各种非分违法之事。此“非违之事”即法律禁止的城市中乱搭乱建、乱扔乱倒种种损害市容环境、损害公共卫生行为。市令属下，朗州州署设置“佐一人、史一人、师一人、仓督一人、史二人”，武陵县署设置“佐一人，史一人，师一人”。唐宋至明清时期，常德历代官府依照《唐律》《宋刑统》《元杂令》《大明律》《大清律》等历朝法律规定，对城市中商贩店铺“侵巷街阡陌者”，侵占道路“起盖房屋”者，巷间之间“种植垦食者”，垃圾污水“穿垣出污秽者”，未经许可“侵街打墙、接檐造舍”者，种种损害市容环境、损害公共卫生行为，均实施严格管理，违者严厉惩处。

《唐律疏议》：“诸侵巷街、阡陌者，杖七十。若种植垦食者，笞五十。各令复故。”官民建筑如果侵占公共道路、未经允许在公共场地擅自种植稻麦果蔬，处以鞭挞重刑外，还责令自行拆除违法建筑、铲除擅自种植庄稼，恢复其未遭侵占前原貌。为维护城市秩序，法律还规定不得“无故在城内街、巷及人众中走车马，违者笞五十”，如走车马“唐突杀、伤人者，减斗杀、伤人一等”。在城市街道随意超速违规，处以杖刑五十记；如造成人员伤害，按斗殴伤害罚则降低一等处罚。法律规定无论何人都不准在城市引起骚动：“在市及人众中故相惊动，令忧乱”，违犯者“杖八十”，“因其扰乱而杀、伤人者，减故杀、伤人一等”。《大明律》甚至规定，为维护秩序，城市中“禁游食闲民”，“市井决不许有逸夫”。

中华民国时期，常德城市环境卫生管理由常德县警察局负责。民国初年，县警察局组建清洁队，设置专职卫生警长、警察，负责督饬城区各个保甲公共环境卫生。各保甲雇用清道夫、清粪工，负责所辖区域街道清扫和粪便清除。至民国 24 年（1935），常德县警察局所辖清洁队设警长 1 人、卫生警察 2 人、清道夫 22 人，负责清扫城区主要街道，管理城区公共卫生，对扰乱城区公共环境、破坏公共卫生行为，实施处罚。民国 26 年（1937），县警察局组建常德肥料工会，下设东关、西关、北关三个管理单位，统一管理各自管辖区内粪便收集运输。上述建制延续至民国38年（1949）常德解放。

新中国成立后，常德城市管理进入崭新历史时代。1949年7月29日，常德解放。8月，常德市公安局接管原常德县警察局清洁队卫生警察、清扫工共23人，组建常德市卫生队，负责城市街道清扫、垃圾收集运输。市公安局治安科孙芳林首任市卫生队队长兼指导员。市公安局同时组建东关、西关、北关三家肥料局，接管全市粪肥管理。1951年3月，常德市城区东、西、北三关肥料局同时移交市政府卫生科管理，更名为常德市肥料厂，下设东、西、北三个分厂。杨少才首任市肥料厂厂长。1956年4月，常德市肥料公司成立，内设财务、业务两个股室，划归市人委建设科管理，市卫生队同步划归市肥料公司管辖。杨显忠首任市肥料公司经理。常德市肥料厂相应撤销。

1963年10月，常德市环境卫生管理处成立，主管全市市容环境卫生工作，属全民所有制事业单位，由市政府建设科管理改属卫生科管理，朱朗如首任市环卫处主任。市肥料公司随即撤销。翌年，市环卫处成立党支部，李佩武首任党支部书记。1968年5月，市环卫处革委会成立，朱朗如任革委会主任。1970年，李远顺任市环卫处革委会主任。年内，夏国政继任主任；印道艮任党支部书记。1973年，夏国政任市环卫处党支部书记。1975年6月，市环卫处撤销城东、城西、中心、德山4个卫生队，成立城东、城西、中心、德山4个环境卫生管理所。1978年，市环卫处恢复党政领导机构，处革委会撤销。朱朗如任市环卫处副主任，主持工作。翌年10月，市环卫处内设机构增设为政工股、管理股、计财股、业务股、办公室共四股一室。1980年3月，市环卫处由常德市卫生局管理改属常德市城市建设局管理，程世怡任市环卫处主任。次年，罗上明任市环卫处主任。1985年1月，刘双模任常德市环卫处主任；李世焕任党支部书记。1994年4月，赵德波任市环卫处主任；王仲威任党总支书记。

1982年6月，常德市城市管理委员会成立，下设办公室，简称市城管办，为市政府常设机构，定编3人。王家炉首任市城管办副主任，主持工作。1984年1月，市城管办和市建委、人防办、规划办合并组建市城市建设环境保护局。9月，常德市城市管理委员会更名为市城市管理指挥部，恢复常设机构市城管办，组建市城管指挥部执法大队。马先奇、吴明德先后兼任市城管指挥部办公室主任。

市城管办主要职责：监督和保障《常德市城市总体规划》和各项具体规划实施；发布城市管理布告，实行城市规划管理、交通管理；监督、检查各专业管理部门及下级城管部门工作，实施依法管城，以法治市，处理重大违章事故；直接领导和指导城市管理监察大队工作；对市容、市貌、农贸市场和环境卫生、公共秩序进行管理；监督和管理违章建筑，对违章者执罚；监督和协助建筑单位搞好文明施工，对违章者执罚，直至吊销其建筑承包许可证；协助市建委搞好城市绿化工作管理；对破坏街畔行道树、绿化带、花坛、花园设施等行为者进行纠正、执罚；协助市建委搞好市政设施管理，对违章占用街道（含人行道）、在街道上开挖、排放污水废水者，或虽经批准占用街道，但不按时清场、不按标准修复及损坏上下水道和路灯等城市基础设施者，进行处理；对在街道及人行道和公共场所摆摊行卖、无证经营者，进行检查、执罚、没收、取缔；协助交通管理部门维护交通秩序，对妨碍交通乱堆放物料、乱停放车辆、乱搭建偏棚或占地等行为，进行制止、执罚或拆除、没收；协助公安部门维护社会治安及公共场所秩序；协助环境保护部门对生活噪音、建筑工地噪音及运载污染城市灰、砂、粉煤、渣物等车辆，进行检查、纠正和执罚。

1986 年 2 月，市城管指挥部执法大队更名为市城市管理监察大队，核定编制 55 人，由 35 名城管队员和 20 名交通警察组成，受市城管办和市公安局双重领导。市城管大队主要职责：负责城区内交通、治安、工商、城建、文化、卫生、环保、广播电视八个方面监察管理，分别在城南、城东、城北、城西、三岔路、德山六个办事处设立中队，城管中队受城管大队直接领导。

1988 年 6 月，常德“撤区建市”，常德市城市管理办公室更名为武陵区城市管理办公室，区政府调研员朱永谟兼任区城管办主任，曾宪伯任专职副主任；直辖区城管大队，定编 55 人。1990 年 5 月，武陵区城管大队及其编制、人员 55 人，连同机构职能由武陵区政府移交给市建委负责管理。8 月，原武陵区城管大队改名为常德市城市建设管理监察大队，为正科级事业机构。金立新首任市城市建设管理监察大队大队长，龙梅球首任政治教导员。

1991 年 6 月，成立常德市创建文明卫生城市委员会。市长蔡长松任主任，市领导吴定宪、彭孟芝、李丰茂、刘昌进、杨万柱、马桂迟、张家界任副主任。委员会下设办公室，市政府办顾问袁松阶首任主任。是月，同步组建市创建文明卫生城市联合执法大队。抽调城监 15 人、工商 10 人、交警 13 人、公安 2 人、卫生防疫 6 人、税务 2 人共计 48 人组成。刘乔云任大队长。翌年 6 月，市创建文明卫生城市联合执法大队改名为常德市城监、公安、工商、卫生联合执法大队，即在市城市建设管理监察大队基础上，抽调公安、交警、工商、卫生等部门执法骨干参加，挂市城建监察大队和联合执法大队两块牌子，实施城市管理综合执法。9 月，市城建监察大队党支部委员会选举产生，金立新任支部书记。

1993 年 6 月，市委、市政府印发《关于调整常德市创建文明卫生城市委员会和爱国卫生运动委员会的通知》，调整常德市创建文明卫生城市委员会和爱国卫生运动委员会成员，实行两块牌子一套人员。委员会下设办公室，袁松阶兼任主任。

1994 年 12 月，成立常德市城市管理委员会及其办事机构市城市管理委员会办公室。市政府副秘书长吴让见兼任市城管办主任，曾长清任副主任。是月，武陵区城管办组建区市容监察大队，定员 200 人，吴其凡首任市容监察大队大队长。

1996 年 1 月，市委、市政府明确市公安局巡警支队加挂市城市管理监察支队牌子，为城管综合执法队伍。两块牌子一套人马，实行公安局、城管办双重管理体制。

是年 10 月，市城管办设立党组，吴让见任党组书记、曾长清任党组副书记。

是年 12 月，市环卫处、市城建监察大队由市建委成建制划归市城管办管理。市城市建设管理监察大队同时更名为常德市城市管理监察大队。1997 年 4 月，市环卫处成立常德市渣土运输管理办公室，定编 12 人，与市容监察中队两块牌子、一套人员。主要负责城区渣土运输车辆监察，避免车辆在运输中撒漏、带泥进入城区道路，污染市容。同年 5 月，市城市管理监察大队增加事业编制 50 名。增编后城管监察大队事业编制共计 82 名，其中大队长 1 名，教导员 1 名，副大队长 2 名，工作人员 78 名。

1997 年 9 月，曾长清任市城管办主任、党组书记，燕为志任副主任、副书记。

1998 年 2 月，市委、市政府成立常德市城市创建工作领导小组，市委副书记莫道宏任领导小组组长；设立领导小组办事机构市创建办，市委宣传部副部长彭培南任市创建办主任；市创建办同步组建城市创建工作队派驻各街道办事处。

2000 年 6 月，常德市城市管理监察大队更名为市城市管理监察支队，定为副处级全民事业单位，市城管监察支队内设 2 个职能科室和城东、城南、城西、城北 4 个大队，机构级别均为正科级。市环卫处升格为副处级全民事业单位，市环卫处内设 5 个职能科室；下设渣土管理办、垃圾处理中心、专用车辆设备管理所及水上、城东、城西、城北、德山等环卫所 8 个直属单位，机构级别均为正科级。9 月，市环卫处成立党委，李德智首任市环卫处党委书记。翌年 1 月，张圣友首任升格后市城管监察支队支队长。3 月，赵德波首任升格后市环卫处主任。

2001 年 8 月，常德市城市管理局成立，彭培南首任局长、党组副书记，曾长清首任党组书记、副局长，燕为志任副局长、党组副书记；胡万联兼任联合工会主席。

同年 11 月，市步行街管理办公室由市政府财贸办公室划归市城管局管理，为正科级事业单位。曹道彩首任市步行街管理办主任。组建城管公安派出所，负责城市管理综合执法；人员实行市城管局和市公安局双重管理。

2002 年 2 月，市城管局组建市容监察员队伍，首批 80 名市容监察员正式上岗巡查。9 月，张超任市商业步行街管理办公室主任。10 月，成立常德市再就业广场建设管理办公室，张圣友任办公室主任。

2003 年 6 月，燕为志调任市体育局局长、党组书记。张军任市城管监察支队支队长、党委书记，席先武任政委，金立新改任助理调研员。

2004 年 3 月，市城管局城区营运车辆管理督导科更名为法制科，负责拟定城市管理规范性文件；负责城管宣传工作；负责组织城管责任单位工作检查、考评；负责城管执法检查、监督，承办城管执法案件调查、行政复议、行政诉讼工作；负责执法人员业务培训、考核；负责上访、信访接待和组织回复人大代表建议、政协委员提案；负责城区客运市场日常管理工作监督、检查、考核，督导城区交通秩序执法整顿。是年 12 月，市商业步行街管理办公室更名为常德市商业步行城管理办公室。

2005 年 1 月，常德市城市管理行政执法局成立。按照国务院法制办、省政府批复，常德市在城市管理领域实行相对集中行政处罚权，撤销原市城管监察支队，组建城市管理行政执法局，市城市管理局合署办公，彭培南首任局长、党组书记，刘奇志任副局长、党组副书记。胡万联、朱茂章、龙旭光、张军任副局长，刘开桂改任联合工会主席，席先武改任市纪委派驻市城管执法局纪检组组长，钟儒来、金立新改任副调员。曾长清调任市城市工作办公室副主任、党组成员。

3月24日起，市城管执法局全局16个正科级和8个副科级领导职位实行竞争上岗。原市城管局和市城管支队正副科级职务在竞争上岗工作开始时相应免去。4月6日，经市委组织部同意，市城管执法局机关科室主职竞争上岗结果揭晓：万后铭任办公室主任、粟金钟任法规科科长、贺用军任市容环卫科科长、尹言正任户外广告科科长、李贵春任占道管理科科长；刘振华任违章处理中心主任。是月26日，经市委组织部同意，市城管执法局执法大队主职竞争上岗结果揭晓：李建林任机动大队大队长、杨喜春任教导员，邵建波任城东大队大队长、胡春甫任教导员，丁敦国任城西大队大队长、丁时杰任教导员，孙志远任步行城大队大队长、周建平任教导员，陈春贵任德山大队大队长、刘开国任教导员。

根据有关规定，市城管执法局人事教育科、监察室、财务科主职未列入竞争上岗范围。嗣后，按有关程序，分别报市委组织部、市纪委、市财政局同意，市城管执法局任命赵立文为人事教育科科长、袁欣为监察室主任、郭祖元为财务科科长。

是年5月，原市交通局运管处所属市城市客运管理所机构、职能、编制、人员,成建制由市交通局移交市城管执法局管理;市委明确原常德市交通运输管理处城市客运管理所更名为常德市城区公共客运管理处（简称市客运管理处），为市城市管理行政执法局管理具有行政职能正科级事业单位。7月，市委组织部通知，杨金伯任市客运管理处主任。

是年8月，市编制委员会通知，在常德市城区正式实施城市管理领域内相对集中行政处罚权，由市城管执法局集中行使市容管理、城市公交客运、园林绿化方面全部行政处罚权以及城市规划、市政管理、 环境保护、公安交通、工商管理方面的部分行政处罚权。

同月，曾长清改任市城管局调研员；何顺成任市城管局调研员。

是年9月，经市编办同意，市城管执法局在机动大队下设第一、第二、第三中队、柳叶湖中队；城东大队下设城东、城南、城北、诗墙中队；城西大队下设城西、三岔路、火车站、南坪中队；步行城大队下设第一、第二、女子中队；德山大队下设第一、第二、机动中队。10月，市城管执法局召开党员代表大会，选举产生中共常德市城管执法局直属机关委员会，胡万联任书记，李德智任副书记，王敬任专职副书记。

2006年7月，常德火车站广场管理处由市建设局管理调整为市城管执法局管理，仍加挂常德汇元经济开发总公司牌子，其机构性质、机构规格、人员编制维持不变。同月，市长陈君文签发第10号政府令，《常德市城市管理相对集中行政处罚权实施办法》自2006年8月1日起施行。9月，市城管执法局柳叶湖大队成立。柳叶湖大队为市城管执法局下设机构，机构级别为正科级。主要职责是负责柳叶湖旅游度假区区域内城管行政执法工作。

是年11月，市城管执法局被建设部授予全国城市管理先进集体称号，为全省唯一获此殊荣地市级单位。

2007年1月，市编委印发《关于调整常德火车站广场管理处经费形式、人员编制等机构编制事项的通知》，常德火车站广场管理处由自收自支事业单位调整为全额拨款事业单位，人员编制24名。2月，市委、市政府明确市城管执法局增加协调指导区县（市）城市管理行政执法工作职能，主要负责区县（市）城市管理行政执法中的业务指导、案件复议、法律培训、组织协调等方面工作。

是年3月，杨易任市城管执法局局长、党组书记，彭培南改任市城管执法局调研员，张军改任市城管执法局党组副书记、副局长。

是年8月，市城区公共客运管理处升格为具有行政职能副处级事业单位，仍归口市城管执法局管理。同月，刘振华任常德火车站广场管理处党支部书记，沈英鹏调任市城管执法局党组成员、市纪委派驻市城管执法局纪检组组长。9月，市编委印发《常德火车站广场管理处职能配置、内设机构和人员编制规定》，明确常德火车站广场管理处为具有行政职能副处级事业单位，负责常德火车站广场及周边区域综合管理。

2008年3月，杨金伯任市城区公共客运管理处（机构升格为副处级）主任，尹言正任党支部书记、唐方富任副调研员。

是年11月，曾国赋任常德市火车站广场管理处主任、党支部副书记，钟儒来调任市金融证券管理办公室党支部书记。翌年3月，龙旭光兼任市城管执法局直属机关党委书记，胡春甫任专职副书记。

2009年6月，市编委印发《关于市城市管理体制改革有关机构编制事项的通知》，通知市城管执法局城东大队、城西大队、步行城大队成建制改组为市城管执法局武陵分局，德山大队成建制改组为德山分局，柳叶湖大队成建制改组为柳叶湖分局。市城管执法局机动大队更名为直属大队。各区城管分局按区直工作机构对待。除鼎城区外，分局主要负责人由市城管执法局征求区委意见后任命，其他班子成员由区委征求市城管执法局意见后任命。双方意见不统一时，由市委组织部负责协调解决。张波首任市城管执法局武陵城管分局局长，黄国华首任武陵城管分局党组书记。刘开国首任市城管执法局德山城管分局党组书记，主持工作。陈凤鸣首任市城管执法局柳叶湖城管分局局长，李俊首任柳叶湖城管分局党组书记。文立伟首任市城管执法局直属大队大队长，丁时杰首任直属大队教导员。市公安局武陵分局、德山分局、柳叶湖分局分别设立公安城管执法大队，实行公安、城管双重管理。

是年10月，杨易调任澧县县委副书记、县长。11月，张军任市城管执法局局长、党组书记。

2010年3月，市城区公共客运管理处由市城管执法局管理调整为市交通运输局管理。是月，市编办发文批复常德市商业步行街管理办公室经费形式由自收自支调整为全额拨款。是月，龚霞波任市城管执法局党组副书记、副局长，万后铭任市城区公共客运管理处党支部书记，尹言正调任市城管执法局副局长。

是年4月，李建林任市商业步行城管理办公室主任；张超调任常德火车站广场管理处副主任。9月，市城区人行道汽车停车管理职能由市城管执法局划归市公安交警支队统一管理。10月，曹道彩任市环卫处党委书记，李德智调任市纪委正处级纪检监察员、第一纪工委监察分局书记、局长。

2012年5月，市城管执法局组建商业步行城3个城管执法中队，加强商业步行城城管执法，实现全天候城管监察。6月，李贵春任市城管执法局柳叶湖分局局长，胡春甫任柳叶湖分局党支部书记；李俊任市城管执法局直属大队教导员。

2014年8月，市委、市政府决定，进一步深化城市管理体制改革，9月底前实施到位。常德市委、市政府《关于进一步深化城市管理体制改革的意见》明确：坚持“重心下移、权责清晰，职能归并、效能整合，因地制宜、积极稳妥”原则，重新明确全市各级各有关部门城市管理职责，调整市区城市管理的职权和事权，理顺城市管理行政执法体制、环境卫生管理体制、城市市政公用事业管理体制、城市园林绿化管理体制、城区渣土管理体制、城区户外广告管理体制、城区控违拆违管理体制、城区区域管理体制、城区市场管理体制。

是年9月，市城管执法局武陵分局人、财、物成建制下放到武陵区，在武陵区区域内城市管理领域开展相对集中行政处罚权。撤销市城管执法局武陵分局，组建武陵区城市管理和行政执法局，负责组织实施武陵区城市管理相对集中行政处罚权工作，张波首任局长、党组书记。区城管行政执法局为武陵区人民政府正科级工作部门，下辖步行城管理办公室、城区渣土管理办公室2个直属单位；内设办公室、人事股、财务装备股、法制股、行政许可办公室、市容股、执法监督股、工会办、党办共9个职能股室；下设特勤中队、东江街道中队、永安街道中队、南坪街道中队、长庚街道中队、启明街道中队、府坪街道中队、丹阳街道中队、穿紫河街道中队、白马湖街道中队、芷兰街道中队、芙蓉街道中队、丹洲乡中队、芦荻山乡中队、河洑镇中队共15个执法中队，核定专项编制107名(不含步行城管理办公室、城区渣土管理办公室执法专项编制)。同时，市环卫处城东管理所、城西管理所、三岔路管理所、城南管理所（水上管理所更名)、专用车辆设备管理所和市环卫处市容环卫大队（市城管执法局市容环卫大队）的人、财、物成建制移交武陵区政府管理。

同月，市城管执法局柳叶湖分局人、财、物成建制下放到柳叶湖管委会，组建柳叶湖旅游度假区城市管理行政执法局，为柳叶湖管委会正科级工作机构，李贵春首任局长、党组书记。柳叶湖城管执法局内设办公室、财务股、法制股、考评评价办公室、智慧城管办公室、行政许可办公室共6个职能股室；下设白鹤镇市容中队、规划中队，七里桥街道市容中队、规划中队，柳叶湖街道市容中队、规划中队，环湖路直属中队，渣土中队，景区中队共9个行政执法单位。柳叶湖城管执法局核定执法专项编制60名（其中内设机构20名、城市管理执法大队35名、城市数字化管理中心5名），核定领导职数6名。同时，柳叶湖环卫所人、财、物成建制移交柳叶湖旅游度假区管委会管理。

同月，市城管执法局常德经开区分局人、财、物成建制下放到经开区管委会，组建常德经开区城市管理行政执法局，为常德经开区管委会正科级工作机构，刘开国首任局长、党组书记。常德经开区城管执法局内设办公室、法制办、考评办共3个职能股室，下设市容大队、渣土大队、拆违大队、监督指挥中心、渣土办共5个直属单位，挂靠管理区控违拆违办。全局共有工作人员126人，其中行政执法人员45名，市容监察员（含临聘人员）81名。同时，德山环卫管理所成建制下放给常德经开区管委会管理。

是月，市路灯维护管理处更名为市灯饰管理处，原由常德市市政公用事业管理局管理调整为市城管执法局管理。其机构性质、机构级别、人员编制及领导职数等均维持不变。李健首任市灯饰管理处主任，谈胜华首任市灯饰管理处党支部书记。

12月31日，市城管执法局市容环卫管理科加挂市城市建筑垃圾管理办公室牌子，保留市城区户外广告管理办公室牌子。其机构级别、人员编制及领导职数等均维持不变。李建林任市城市建筑垃圾管理办公室负责人。

2015年4月，刘兴华任市城管执法局局长、党组书记。张军调任市政协港澳台侨外事委员会主任，龚霞波调任西湖管理区党委书记。6月，龙旭光、曹道彩改任市城管执法局调研员。

是年9月，宋立明调任市城管执法局副局长、党组副书记；杨永红调任市纪委驻市城管执法局纪检组组长。

（二）体制改革。常德市城市管理行政管理机构成立后，多次实施行政管理体制改革，机构设置与职能配置处在不断变化之中。

1994年12月，“撤区建市”后的常德市城市管理委员会办公室（简称市城管办）成立。市委、市政府明确，常德市城市管理委员会为议事协调机构,市城管办为常设办事机构，机构级别为正局（处）级。市城管办为市政府城市市容和环境卫生行政管理部门，负责本行政区域内市容环境卫生管理和执法工作。定编14人，内设秘书科、综合宣传科、市容环境卫生督导科和城区客运车辆管理督导科。另设城区占道经营管理办公室，核定编制8人，系市城管办直属事业机构，与市容环境卫生督导科合署办公。

1996年3月，市编委印发《常德市城市管理委员会办公室职能配置、内设机构和人员编制方案》，明确市城管办是在市城管委领导下，行使市人民政府赋予的城市综合管理职权的职能部门。市城管办主要职责：

制订城市管理、创建文明卫生城市工作总体规划和年度计划，提出各个阶段目标和任务，统筹安排并组织实施，指导和考评全市城管、创建工作；对武陵区、鼎城区、德山开发区和市直各部门与城管、创建有关业务工作进行指导协调和检查督促，对城管创建责任部门目标管理责任制执行情况进行检查、考核、验收；指导各县（市）城管及创建工作，负责对区县（市）双文明建设目标管理相关指标进行考核、验收;调处城市综合管理和集中整治工作矛盾和问题;督促和指导市容、环境卫生行业管理及市容、环卫等设施维护和更新改造;负责城区经营占道管理，对占用城区主次干道临时市场（摊担区）设置进行宏观管理，组织有关部门联合审批；对城市户外广告设置进行综合管理，组织有关部门联合审批，适时研究户外广告改进措施;抓好城管法规建设，拟定城市管理规范性文件报送政府审定；监督管理城管综合执法队伍，开展综合执法，安排调度公安巡警支队城管执法工作，并进行监督、检查、考评;主管城区载客营运车辆（含机动和非机动车）总量控制，合理配置和调配新增额度；审批经营权证;负责征收、统筹安排、合理使用城市流动人口增容费。

2001 年 8 月，常德市城市管理局成立。市委、市政府明确：市城管局是负责综合协调城市管理、组织实施城管综合执法和主管城市市容和环境卫生的市人民政府工作部门。市城管局设办公室、人事科（监察室与其合署办公)、市容环境卫生督导科、城区营运车辆管理督导科（加挂常德市城区营运车辆管理办公室牌子）共 4 个职能科（室)，管理市环境卫生管理处、市城市管理监察支队；管理市城区临时占道管理办公室（简称市临时占道办，加挂市城区户外广告管理办公室牌子)。

市城管局主要职责：负责制订城市管理工作的总体规划和年度计划，提出各个阶段的工作目标和任务，并组织实施；负责对武陵区、鼎城区、德山经济科技开发区、柳叶湖旅游度假区和市直各部门与城市管理有关的业务工作进行指导协调和检查督促，对城市管理责任部门的目标管理责任制执行情况进行检查、考核、验收；负责市容和环境卫生的行政管理；负责组织实施城区城管综合执法，研究解决综合执法中出现的矛盾和问题；负责拟定城区临时市场（摊担区）设置的宏观规划，组织有关部门联合审批；负责对举办庆典、促销、展览、宣传咨询、演出等活动占用道路的审批和管理工作，制止违章占道行为；负责城区户外广告设置管理。编制户外广告设置规划并组织实施；受理户外广告设置申请，组织有关部门审批、定位并督促、协调有关监督检查工作；负责城区渣土管理。对城区渣土进行调配、处理；负责经营渣土运输单位和个人的资质条件审查；规范、监督渣土运输；牵头管理城区客运，负责城区载客营运车辆的总量控制，合理配置和使用新增额度，审批和管理经营权证。负责城区货运出租汽车的计划调控，发放城区货运出租汽车运力额度计划批单；负责组织有关部门拟订城区客运线路设计方案，报市政府审批并组织实施，协调解决城区客运管理中的矛盾。

市城管局同时负责市城市创建工作领导小组办公室即市创建办日常工作。

2002 年 6 月，国务院法制办对湖南省人民政府印发《关于在湖南省常德市开展相对集中行政处罚权试点工作的复函》，湖南省政府办公厅印发《关于在常德市开展相对集中行政处罚权试点工作的通知》明确，常德市人民政府可以在城市管理领域开展相对集中行政处罚权试点工作。常德市城市管理行政执法局集中行使《复函》批准行使的法律、法规、规章规定的市容环境卫生管理、城市规划管理、城市绿化管理、市政管理等方面的行政处罚权和公安交通管理、工商管理、环境保护管理等方面的部分行政处罚权以及法律、法规、规章或省、市人民政府规定的其他职责。常德市城市管理行政执法局可以设立城市管理综合执法支队，城市管理综合执法支队及其下属大队为具体工作机构。

2005 年 1 月，常德市城市管理行政执法局成立。按照国务院法制办、省政府批复，常德市在城市管理领域实行相对集中行政处罚权，撤销原市城管监察支队，组建城市管理行政执法局，市城市管理局合署办公。市城管执法局核定编制总额 129 名。其中行政执法专项编制 127 名，机关后勤服务编制 2 名。内设办公室、人事教育科、监察室 (加挂执法监督科牌子，与纪检组合署办公)、财务装备科、法规科、市容环卫管理科、户外广告科(加挂市城区户外广告管理办公室牌子)、占道管理科、违章处罚中心共 9 个职能科 (室)，下设机动大队、城东大队、城西大队、步行城大队、德山大队和市容环卫大队共 6 个执法大队。级别均为正科级。设置机关党委。

《常德市城市管理行政执法局职能配置、内设机构和人员编制规定》明确：市城管执法局是负责组织实施城市管理综合行政执法、综合协调城市管理和主管城市市容环境卫生的市人民政府工作部门。市城管执法局集中行使法律、法规、规章规定的市容环境卫生管理、城市绿化管理等方面行政处罚权和城市规划管理、市政管理、公安交通管理、工商行政管理、环境保护管理等方面部分行政处罚权。

主要执法职能：

行使市容环境卫生管理方面法律、法规、规章规定的行政处罚权，强制拆除不符合城市容貌标准、环境卫生标准的建筑物或者设施；行使城市规划管理方面法律、法规、规章规定的未取得“规划工程许可证”建设项目的行政处罚权；行使城市绿化管理方面法律、法规、规章规定的行政处罚权；行使市政管理方面法律、法规、规章规定的挖掘、占用、损害城市道路行为的行政处罚权；行使环境保护管理方面法律、法规、规章规定的对社会生活噪声污染、建筑施工噪声污染的行政处罚权；对在人口集中地区焚烧产生有毒有害烟尘和恶臭气体的物质的行政处罚权；对未采取密闭措施或者其他防护措施运输、装卸、贮存能够散发有毒有害气体或者粉尘的物质的行政处罚权；对向城区河道、水面倾倒工业废渣、城市垃圾和其他废弃物的行政处罚权；行使工商行政管理方面法律、法规、规章规定的对无照商贩的行政处罚权；行使公安交通管理方面法律、法规、规章规定的对侵占人行道路行为的行政处罚权；行使公共客运管理方面法律、法规、规章规定的行政处罚权。

主要管理职能：

负责市容环境卫生方面的行政管理，管理市环境卫生管理处；负责城区公共客运的行政管理，管理市城区公共客运管理处；负责市商业步行城的市容环境卫生行政管理；管理市商业步行城 管理办公室；负责城区户外广告设置的行政管理；负责城区经营占道、公益活动占道管理。

2009 年 5 月，市委常委会议议定，按照人权财权事权相结合相一致原则调整城市管理体制，逐步形成城市管理以区为主、市级宏观统筹格局。6 月，市编办通知，市城管执法局城东大队、城西大队、步行城大队成建制改组为市城管执法局武陵分局，德山大队成建制改组为德山分局，柳叶湖大队成建制改组为柳叶湖分局。市城管执法局机动大队更名为直属大队。市公安局武陵分局、德山分局、柳叶湖分局分别设立公安城管执法大队，实行公安、城管双重管理。

是年 7 月，市委、市政府印发《关于进一步理顺城市管理体制的意见》，明确城市管理重心下移，确定区级政府在城市管理中责任主体地位；坚持依法行政、管罚分离原则，坚持市场运作、管养分离原则；明确进一步深化城市管理相对集中行政处罚权工作；强化理顺城市管理体制工作的领导和协调。市政府召开市城区城市管理体制改革动员大会，解决城管、规划、环保、园林、市政、文化、卫生等部门在城市管理体制中职能交叉、多头执法等突出问题，出台《理顺城市管理体制改革实施方案》，分离城市管理行政处罚权与审批许可权、监督检查权。体制改革主要内容：

1.理顺城市管理体制：针对常德实际，注重创新制度、完善机制，进一步理顺城市管理体制，深化相对集中行政处罚权工作，明确市、区（武陵区、鼎城区、德山开发区、柳叶湖旅游度假区，下同）城市管理职责与权限，逐步形成城市管理以区为主、市级宏观统筹的格局。

（1）重心下移、费随事转。明确区级在城市管理中的责任主体地位，合理界定区级职责与任务，根据承担的事权赋予相应的财权，最大限度调动区级的积极性和主动性。

（2）依法行政、管罚分离原则。坚持严格执法、文明执法，自觉接受社会和公众监督。深化相对集中行政处罚权工作。制订和落实行政执法责任制和过错追究制，提高执法效率和水平。

（3）市场运作、管养分离原则。积极推进城市维护作业物业化、公司化、招投标化，降低成本，提高效率，形成“政府主导、企业经营、市场运作”新机制。

2.深化城市管理相对集中行政处罚权工作

市城管执法局集中行使如下行政处罚职能：

（1）行使市容环境卫生管理方面法律、法规、规章规定的行政处罚权，强制拆除不符合城市容貌标准、环境卫生标准的建筑物或者设施。

（2）行使城市规划管理方面法律、法规、规章规定的行政处罚权。

（3）行使城市绿化管理方面法律、法规、规章规定的行政处罚权。

（4）行使市政管理方面法律、法规、规章规定的行政处罚权。

（5）行使环境保护管理方面法律、法规、规章规定的涉及社会生活噪声污染、建筑施工噪声污染，饮食服务业油烟污染，向大气排放粉尘、恶臭气体或者其他含有有毒物质气体，在人口集中地区焚烧产生有毒有害烟尘和恶臭气体的物质，未采取密闭措施或者其他防护措施运输、装卸、贮存能够散发有毒有害气体或者粉尘的物质，向城区河道、水面倾倒工业废渣、城市垃圾和其他废弃物等方面的行政处罚权。

(6) 行使工商行政管理方面法律、法规、规章规定的对无照商贩的行政处罚权。

(7) 行使公安交通管理方面法律、法规、规章规定的对侵占道路行为行政处罚权。

(8) 行使公共客运管理方面法律、法规、规章规定的行政处罚权。

3.强化区级城市管理责任主体地位

按照“重心下移、费随事转”的原则，合理界定市、区之间的事权、财权、人事权。

(1) 以市城管行政执法局德山城管执法大队为基础，组建市城管行政执法局德山分局；以市城管行政执法局柳叶湖城管执法大队为基础，组建市城管行政执法局柳叶湖分局；调整市城管行政执法局城东、城西、步行城城管执法大队，组建市城管行政执法局武陵分局。上述城管分局实行双重管理体制。

(2) 事权界定：市政府赋予德山开发区、柳叶湖旅游度假区和武陵区在各自管辖区域内环卫保洁、市政设施（管网除外）维护管理、主次干道、小街小巷、社区公共绿地的绿化维护、城区经营占道、公益活动占道管理、廉租住房建设与管理、赋予征地拆迁（不含用地报批）、违法建设控制和拆除、被征地农民公寓楼安置除规划外、农民集中定点建房管理、建设环境保障、环境治理与保护、打击非法小广告、犬只管理、限制性燃放烟花鞭炮、“除四害”和餐饮卫生、文化市场、娱乐休闲场所等“五小”门店等方面管理职责与职能。

(3) 财权界定：德山开发区、柳叶湖旅游度假区和武陵区承担市下放事权所需经费(包括城管分局人员经费、公用经费和专项经费)，按 2009 年市级部门预算确定的标准计算，由市财政根据“以费养事”的原则，核定补助基数，切块下达，包干使用，具体事宜在财政体制改革中予以统筹考虑。廉租房建设专项经费：根据年度建设计划和建设完成情况，拨付省下拨的建设补助资金。过渡期内，由市财政给予适当补助。拆除违法建筑专项经费：原有拆违计划内的拆违专项经费，按常财办发〔2007〕68 号文件执行。新增违法建筑拆违经费，由柳叶湖旅游度假区负责。

是年 8 月，市政府颁发 2009 年第 3 号令，公布行政保留或取消许可项目目录。根据国家法律规定，市城管执法局保留关闭、闲置、存放生活垃圾处理设施、场所核准；临时占用街道两侧和公共场地审批；大型户外广告设置审核；从事城市生活垃圾经营性清扫、收集、运输、处理服务审批；城市建筑垃圾处置审批等 5 个方面行政许可项目。

2010 年 12 月，市政府印发“重心下移”重大改革后《常德市城市管理行政执法局主要职责内设机构和人员编制规定》，该“三定方案”明确：

市城管执法局主要职责:负责贯彻执行国家、省有关市容环境卫生方面法律、法规和政策；负责拟订市容环境卫生方面地方规范性文件，并组织实施。承担城市市容环境卫生监管责任。负责市容环境卫生、户外广告设置、城区经营占道和公益活动占道管理。负责行使市容环境卫生管理方面行政处罚权，强制拆除不符合城市容貌标准、环境卫生标准建筑物或者设施。负责行使城市规划管理方面法律、法规、规章规定行政处罚权。负责行使城市绿化管理方面法律、法规、规章规定行政处罚权。负责行使市政管理方面法律、法规、规章规定行政处罚权。负责行使环境保护管理方面法律、法规、规章规定的部分行政处罚权。负责行使工商行政管理方面法律、法规、规章规定对无照商贩的行政处罚权。

市城管执法局设办公室、人事科、财务科、法制科、行政许可办公室、市容环卫管理科（市城区户外广告管理办公室）、执法监督科、考核评价科、监督指挥中心共9个内设科室和直属大队1个直属执法机构。

该“三定方案”同时明确市城管执法局加挂市城市管理局牌子，管理市环境卫生管理处、常德火车站广场管理处。市城区公共客运管理处由市城管执法局管理调整为市交通运输局管理，指导城区公共客运管理的职责划入市交通运输局。

2014年5月18日，市编委发文，同意市城管执法局增设公共自行车管理科，加挂市城区公共自行车管理办公室牌子，为正科级内设机构，其主要职责：负责拟定城市步行和自行车交通系统发展规划并组织实施；负责组织、协调公共自行车交换站、城市步行和自行车专用通道的建设、维护；负责对市城区公共自行车租赁运营企业相关业务进行指导、协调、监督；负责受理有关公共自行车租赁服务的投诉、举报。核定公共自行车管理科行政执法专项编制5名，其中科长1名，副科长1名；其他工作人员3名。

2014年8月，市委、市政府决定，进一步深化城市管理体制改革，9月底前实施到位。《关于进一步深化城市管理体制改革的意见》明确：坚持“重心下移、权责清晰，职能归并、效能整合，因地制宜、积极稳妥”原则，重新明确各级各有关部门职责，调整市区城市管理的职权和事权，理顺城市管理行政执法体制、环境卫生管理体制、城市市政公用事业管理体制、城市园林绿化管理体制、城区渣土管理体制、城区户外广告管理体制、城区控违拆违管理体制、城区区域管理体制、城区市场管理体制。10月，市城市管理行政执法局武陵分局人、财、物成建制下放到武陵区，在武陵区城市管理领域开展相对集中行政处罚权，组建常德市武陵区城市管理和行政执法局，为武陵区人民政府领导的独立行政执法部门，负责组织实施武陵区城市管理相对集中行政处罚权工作。同月，市城管执法局柳叶湖分局人、财、物成建制下放到柳叶湖管委会，组建柳叶湖旅游度假区城市管理行政执法局，为柳叶湖管委会正科级工作机构。同时，市城管执法局常德经开区分局人、财、物成建制下放到常德经开区管委会，组建常德经开区城市管理行政执法局，为常德经开区管委会正科级工作机构。原属市城管执法局管理的市商业步行城管理办亦下放给武陵区城管执法局管理。

市政府同时印发《常德市深化城市管理体制改革事权下放清单》，明确将部分城市管理事权下放武陵区、柳叶湖旅游度假区和常德经济技术开发区区政府（管委会）承担，下为管理事权具体内容：

1.辖区内按属地管理原则由区政府承担的城市管理行政执法工作；

2.辖区内渣土的处置许可、收费和行政执法，辖区内消纳场建设、渣土调剂、储备和市场化，以及建设工地渣土进出的现场管理等；

3.辖区内违法建设的日常监管和违法建筑的处罚、拆除；

4.辖区内环境卫生清扫保洁和环卫设施维护；

5.辖区内小街小巷市政设施维护；

6.辖区内小街小巷、社区绿化管养；

7.辖区内小区维护改造（含解决社区“三不问题”）；

8.辖区内住宅小区（单位院落）物业管理、二级以上物业服务企业资质初审、物业服务企业新办、晋级初审等有关事权；

9.辖区内城区禁放烟花爆竹管理；

10.辖区内城区收购储存废旧物品管理；

11.辖区内城区制煤场管理；

12.辖区内临街门面装修、小区物业装修管理；

13.辖区内限时夜市、马路市场、摊担的布点、准入、考核；辖区内“门前三包”管理；

14.辖区内农贸市场的环卫保洁、经营秩序管理、社会治理；

15.辖区内城区行人和非机动车辆的交通秩序管理。

2015 年 11 月，市政府印发进一步深化城市管理体制改革后《常德市城市管理和行政执法局主要职责内设机构和人员编制规定》，市城市管理行政执法局（市城市管理局合署办公，简称市城管执法局）更名为市城市管理和行政执法局（仍简称市城管执法局）；市城管执法局增设建筑垃圾管理办公室 1 个内设机构，原公共自行车管理科（市城区公共自行车管理办公室）更名为公共设施管理科，原市城管执法局直属大队更名为市城市管理行政执法支队（机构级别不变）。

调整后，市城市管理和行政执法局设办公室、人事科、法制宣传科、财务科、行政许可办公室、市容环卫管理科（市城区户外广告管理办公室）、公共设施管理科、考核评价科、建筑垃圾管理办公室、城市管理监督指挥中心共 10 个内设机构，设市城市管理行政执法支队 1 个行政执法机构；按有关规定设立机关党委和纪检（监察）机构。市城市管理和行政执法局管理市环境卫生管理处、常德火车站广场管理处、市灯饰管理处 3 个直属单位。

该“三定方案”明确：按照市人民政府《关于进一步深化城市管理体制改革的意见》(常政发〔2014〕11 号) 精神，常德市城市管理和行政执法局主要职责：

1.负责贯彻执行国家、省有关城市管理方面的法律、法规和政策；负责拟订有关城市管理领域政策及规范性文件，并组织实施；负责市城市管理委员会办公室的日常工作。

2.承担城市市容环境卫生监管责任。按权限负责城区市容市貌、环境卫生、户外广告设置、经营性占道、公益占道、建筑垃圾、生活垃圾、公共自行车交通系统的管理；负责行使市城区户外广告、经营占道、公益活动占道和餐厨垃圾的行政处罚权。

3.负责行使城市绿化、市政管理方面法律、法规、规章规定的行政处罚权。

4.负责行使下列环境保护管理方面法律、法规、规章规定的行政处罚权：对社会生活噪声污染、建筑施工噪声污染的行政处罚权；对饮食服务业油烟污染的行政处罚权；对向大气排放粉尘、恶臭气体或者其他含有有毒物质气体的行政处罚权；对在人口集中地区焚烧产生有毒有害烟尘和恶臭气体的物质的行政处罚权；对未采取密闭措施或者其他防护措施运输、装卸、贮存能够散发有毒有害气体或者粉尘的物质的行政处罚权；对向城区河道、水面倾倒工业废渣、城市垃圾和其他废弃物的行政处罚权。

5.负责行使工商行政管理方面法律、法规、规章规定的对无照商贩的行政处罚权。

6.负责数字化城市管理平台的规划、建设和管理。

7.负责市城区灯饰、照明的统一规划、管理和监督。

8.负责全市城市管理工作的考核、协调；负责城市管理行政执法队伍建设；负责区县市城市管理和行政执法工作的业务指导。

9.承办市委、市人民政府交办的其他事项。

常德市城市管理和行政执法局现核定行政执法专项编制 78 名，其中局长 1 名，副局长 3 名；正副科级领导职数 22 名（含机关党委专职副书记、市城市管理行政执法支队支队长、政委各 1 名）。

二、市城市管理和行政执法局领导班子

表 1.1.2.1　（一）市城市管理和行政执法局历届领导班子名录

1994–1997　　市城市管理委员会办公室

姓　名	职　务	任 职 时 间	备　考
吴让见	主任（兼）、市政府副秘书长	1994.12—1997.9	
	党组书记（兼）	1996.10—1997.9	
曾长清	副主任	1994.12—1997.9	
	党组副书记	1996.10—1997.9	
燕为志	副主任	1994.12—1997.9	
何顺成	副主任	1995.10—1997.9	

1997-2001　　市城市管理委员会办公室

姓　名	职　　务	任　职　时　间	备　考
曾长清	主任、党组书记	1997.9—2001.8	
燕为志	副主任、党组副书记	1997.9—2001.8	
胡万联	副主任	1997.9—2001.8	
何顺成	副主任	1997.9—2001.8	
刘开桂	副主任	2000.6—2001.8	
张益民	副主任	2001.1—2001.8	
刘信复	纪检组组长	1998.7—2001.8	

2001-2005　　市城市管理局

姓　名	职　　务	任　职　时　间	备　考
彭培南	局长、党组副书记	2001.8—2005.1	
曾长清	党组书记、副局长	2001.8—2005.1	
燕为志	副局长、党组副书记	2001.8—2003.6	
胡万联	副局长	2001.8—2005.1	
	兼工会主席	2003.8—2005.1	
刘开桂	副局长	2001.8—2005.1	
朱茂章	副局长	2001.8—2005.1	
	兼机关党委书记	2002.10—2005.1	
张益民	副局长	2001.8—2005.1	
肖　瑛	副局长	2002.5—2002.10	
	助理调研员	2002.10—2005.1	
刘信复	纪检组组长	2001.8—2005.1	
钟儒敏	副局长	2002.10—2005.1	
何顺成	正处级干部	2001.1—2005.8	

2005-2007　　市城市管理行政执法局

姓　名	职　　务	任　职　时　间	备　考
彭培南	局长、党组书记	2005.1—2007.3	
刘奇志	副局长、党组副书记	2005.1—2007.3	

续上表

姓 名	职 务	任 职 时 间	备 考
胡万联	副局长兼机关党委书记	2005.1—2007.3	
朱茂章	副局长	2005.1—2007.3	
龙旭光	副局长	2005.1—2007.3	
张 军	副局长	2005.1—2007.3	
熊泽义	副局长	2005.10—2007.3	
龚霞波	副局长	2006.6—2007.3	
蒋劲松	副局长	2006.12—2007.3	
席先武	纪检组组长	2005.1—2006.12	
	副调研员	2006.12—2007.3	
刘开桂	工会主席	2005.1—2007.3	
曾长清	调研员	2005.8—2007.3	
何顺成	调研员	2005.8—2007.3	
肖 瑛	副调研员	2005.1—2007.3	
钟儒来	副调研员	2005.1—2007.3	
金立新	副调研员	2005.1—2007.3	

2007-2009

姓 名	职 务	任 职 时 间	备 考
杨 易	局长、党组书记	2007.3—2009.11	
张 军	副局长、党组副书记	2007.3—2009.11	
胡万联	副局长兼机关党委书记	2007.3—2008.9	
	调研员	2008.9—2009.11	
朱茂章	副局长	2007.3—2007.12	
	调研员	2007.12—2009.11	
龙旭光	副局长	2007.3—2009.11	
	兼机关党委书记	2009.3—2009.11	
熊泽义	副局长	2007.3—2009.11	
龚霞波	副局长	2007.3—2009.11	

续上表

姓　名	职　务	任　职　时　间	备　考
高用忠	副局长	2007.3—2009.11	
沈英鹏	纪检组长	2007.8—2009.11	
蒋劲松	副局长	2007.3—2009.11	
尹言正	副局长	2007.3—2009.11	
刘开桂	工会主席	2007.3—2009.11	
曾长清	调研员	2007.3—2009.11	
彭培南	调研员	2007.3—2009.11	
何顺成	调研员	2007.3—2009.11	
金立新	调研员	2007.8—2009.11	
肖　瑛	副调研员	2007.3—2009.11	
钟儒来	副调研员	2007.3—2008.11	
席先武	副调研员	2007.3—2009.11	

2009-2015

姓　名	职　务	任　职　时　间	备　考
张　军	局长、党组书记	2009.11—2015.4	
龚霞波	副局长、党组副书记	2009.11—2015.4	
龙旭光	副局长	2009.11—2015.4	
熊泽义	副局长	2009.11—2015.4	
蒋劲松	副局长	2009.11—2015.4	
尹言正	副局长	2010.3—2015.4	
刘开桂	工会主席	2009.11—2015.4	
高用忠	副局长	2009.11—2010.10	
沈英鹏	纪检组长	2009.11—2010.2	
曹道彩	党组成员	2012.3—2015.4	
曾长清	调研员	2009.11—2010.7	
彭培南	调研员	2009.11—2012.3	
何顺成	调研员	2009.11—2010.12	

续上表

姓　名	职　务	任　职　时　间	备　考
朱茂章	调研员	2009.11—2012.9	
胡万联	调研员	2009.11—2013.2	
肖　瑛	副调研员	2009.11—2015.7	
席先武	副调研员	2009.11—2011.12	
郭祖元	副调研员	2012.2—2015.4	
粟金钟	副调研员	2012.2—2015.4	

2015-　市城市管理和行政执法局

姓　名	职　务	任　职　时　间	备　考
刘兴华	局长、党组书记	2015.4—	
龚霞波	副局长、党组副书记	2015.4—2015.7	
宋立明	副局长、党组副书记	2015.9—	
龙旭光	副局长	2015.4—2015.6	
	调研员	2015.6—	
杨永红	纪检组长	2015.9—	
熊泽义	副局长	2015.4—	
蒋劲松	副局长	2015.4—	
尹言正	副局长	2015.4—	
刘振华	副局长	2015.9—	
刘开桂	工会主席	2015.4—2015.6	
曹道彩	党组成员	2015.4—2015.6	
	调研员	2015.6—	
郭祖元	副调研员	2015.4—	
粟金钟	副调研员	2015.4—	

（二）市城市管理和行政执法局现职领导班子简介

刘兴华，市城市管理和行政执法局局长、党组书记。男，汉族，湖南安乡县人，1964 年 1 月出生，1984 年 7 月参加工作，1987 年 1 月入党，中央党校函授本科毕业。1981 年 9 月至 1984 年 7 月，常德师专学员；1984 年 7 月至 1985 年 9 月，常德军分区政治部干部，其中 1984 年 9 月至 1985 年 1 月，省军区教导大队学员；1985 年 9 月至 1988 年 4 月，常德军分区政治部正排职干事，同年 9 月，副连职干事；1988 年 10 月至 11 月，常德市物价局农调队干部；1988 年 12 月至 1993 年 3 月，常德市委组织部干部；1993 年 3 月至 1995 年 5 月，副科级组织员；1995 年 5 月至 1997 年 11 月，企业科副科长，其中 1995 年 11 月至 1996 年 12 月，临澧四新岗镇党委副书记；1997 年 2 月，正科级组织员；1997 年 11 月至 2002 年 10 月，企业科科长，其中 1998 年 8 月至 2000 年 12 月，中央党校经济管理专业函授毕业；2002 年 10 月至 2007 年 9 月，汉寿县委常委、组织部部长；2007 年 9 月至 2008 年 3 月，汉寿县纪委书记；2008 年 3 月至 2013 年 12 月，市公用事业局局长；2013 年 12 月至 2015 年 4 月，市公用事业局局长、党组书记；2015 年 4 月，市城管执法局局长、党组书记。

宋立明，市城市管理和行政执法局副局长、党组副书记。男，汉族，常德市鼎城区人，1975 年 6 月出生，1998 年 7 月参加工作，2002 年 9 月入党，上海水产大学淡水渔业专业大学本科毕业。1994 年 9 月至 1998 年 7 月，上海水产大学渔业学院渔业专业学生；1998 年 7 月至 2002 年 11 月，鼎城区政协办公室干部，2001 年 10 月，副科级秘书；2002 年 11 月至 2003 年 12 月，常德市政协办公室干部；2003 年 12 月，调研科副科长；2004 年 7 月，市政协经科人资环委综合科副科长；2004 年 12 月，市政协经科人资环委综合科科长；2007 年 12 月至 2011 年 3 月，市政协经科人资环委副主任；2011 年 3 月至 2012 年 12 月，市政协研究室副主任；2012 年 12 月至 2015 年 4 月，市政协研究室主任；2015 年 4 月至 2015 年 9 月，常德市政协副秘书长；2015 年 9 月，市城管执法局副局长、党组副书记。

杨永红，市城市管理和行政执法局纪检组长、党组成员。男，汉族，常德市鼎城区人，1965 年 2 月出生，1985 年 7 月参加工作，1989 年 12 月入党，湖南省委党校法律专业函授本科毕业。1982 年 8 月至 1985 年 6 月，常德基础大学纺织科机织专业学生；1985 年 7 月至 1990 年 8 月，常德棉纺厂技术员、轮班部值班长；

1990年9月至1993年3月，常德棉纺厂车间主任；1993年4月至1996年2月，常德棉纺厂前纺车间主任；1996年2月至2000年11月，常德市建民印染厂党委书记、副厂长；2000年11月至2001年5月，常德棉纺厂破产清算组毛巾分厂副组长；2001年6月至2002年10月，湖南洞庭药业公司党委副书记、监事会主席；2002年10月至2006年8月，湖南洞庭药业公司党委书记、监事会主席；2006年8月至2008年3月，常德市煤管局副调研员；2008年3月至2015年9月，常德市煤炭安全生产管理局纪检组长、党组成员，其中2006年9月至2008年12月，湖南省委党校法律专业函授本科学习毕业；2015年9月，市城管执法局纪检组长。

熊泽义，市城市管理和行政执法局副局长、党组成员。男，汉族，湖南省桃源县人，1961年11月出生，1979年11月参加工作，1984年3月入党，桂林陆军学院大学专科毕业。1979年11月至1981年9月，广州军区司令部警卫营战士；1981年9月至1984年7月，桂林陆军学院学员；1984年4月至1985年8月，桂林陆军学院训练部技术教练室正排职教员；1985年8月至1987年9月，桂林陆军学院一大队学员，三队正排职区队长；1987年9月至1994年3月，41集团军123师367团3营8连连长；1994年3月至1997年4月，二营营长、一营营长；1997年4月至1999年3月，367团参谋长；1999年3月至2001年3月，湖北省天门市人武部副部长；2001年3月至2005年3月，湖北陆军预备役师第3团团长兼随州军分区副参谋长；2005年10月，市城管执法局副局长。

蒋劲松，市城市管理和行政执法局副局长、党组成员。男，汉族，常德市鼎城区人，1964年2月出生，1982年10月参加工作，1985年8月入党，湖南省委党校经济管理在职研究生毕业。1982年10月至1987年1月，海军南海舰队训练基地3大队战士；1987年1月至1988年6月，原常德市人民政府办公室干部；1988年6月至1997年12月，武陵区人民政府办公室干部；1997年12月至1998年12月，武陵区政府办副主任科员，其中1994年9月至1997年7月，参加常德师专行政管理专业函授专科毕业；1998年12月至1999年10月，武陵区河洑镇党委副书记；1999年10月至2002年8月，党委副书记、镇长；2002年8月至2006年12月，武陵区河洑镇党委书记；2006年12月，常德市城管执法局副局长；其中2006年9月至2009年7月，湖南省委党校在职研究生经济管理专业学习毕业。

尹言正，市城市管理和行政执法局副局长、党组成员。男，汉族，湖南省桃江县人，1961年11月出生，1981年7月参加工作，1999年6月入党，中央党校函授法律专业本科毕业。1981年12月至1984年9月，常德市湘运公司工作；1984年9月至1991年8月，常德城区标准计量处工作；1991年8月至1996年11月，常德市技术监督局工作；其中1989年9月至1992年6月，湖南省委党校函授大专经济管理专业学习毕业；1996年11月至2001年5月，常德市城管大队干部；2001 年6月至2003年7月，常德市城管支队业务管理科副科长，2003年7月至2005年1月，业务管理科科长；其中2002年8月至2004年12月，中央党校函授本科法律专业学习毕业； 2005年4月至2008年3月，常德市城市管理行政执法局户外广告科科长；2008年3月至2010年3月，常德市城区公区客运管理处（副处级）党支部书记；2010年3月，常德市城管执法局副局长。

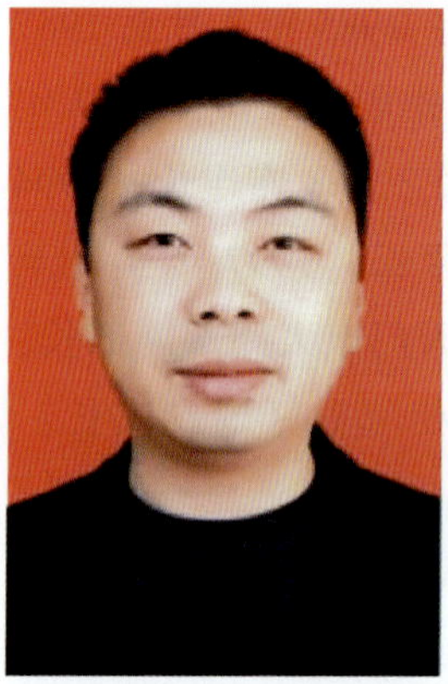

刘振华，市城市管理和行政执法局副局长、党组成员。男，汉族，常德市鼎城区人，1974年4月出生，1993年7月参加工作，1993年6月入党，湖南广播电视大学常德分校电算会计成教大专毕业。1990年9月至1993年7月，常德师范学校学生；1993年7月至1996年2月，常德市桃林宾馆职工，其中1994年8月录干；1996年2月至1996年3月，常德市政府办秘书科干部；1996年3月至2001年2月，常德市城管办干部；2001年2月至2002年12月，副主任科员；2002年12月至2003年8月，常德市城市管理局团工委书记； 2003年8月至2005年4月，市城市管理局市容环境卫生督导科科长；2005年4月至2007年8月，市城市管理行政执法局违章处罚中心主任；其中1997年9月至2000年6月，湖南广播电视大常德分校电算会计专业成教大专学习毕业；2007年8月至2015年9月，常德火车站广场管理处党支部书记；2015年9月，常德市城管执法局副局长。

龙旭光，市城市管理和行政执法局调研员。男，汉族，湖南省汨罗市人，1957年1月出生，1974年2月参加工作，1987年6月入党，湖南广播电视大学商业企业管理专科毕业。1974年2月至1976年8月，临澧县珠日公社下放知青；1976年8月至1978年6月，常德地区畜产品进出口公司职工；1978年6月至1983年6月，常德地区外贸局办公室代干；1983年7月至1986年9月，湖南广播电视大学商业企业管理专业学员；1986年9月至1988年10月，常德地区财委经管科干部，1988年10月至1990年5月，

经管科副科长；1990 年 5 月至 1992 年 6 月，常德市财办综合科副科长；1992 年 6 月至 1994 年 12 月，综合科科长；1994 年 12 月至 2001 年 8 月，常德市财办纪工委书记；2001 年 8 月至 2005 年 1 月，常德市内贸办纪委书记、党委委员；2005 年 1 月至 2015 年 6 月，常德市城管执法局副局长；2015 年 6 月，市城管执法局调研员。

曹道彩，市城市管理和行政执法局调研员。男，汉族，湖南汉寿县人，1956 年 12 月出生，1974 年 9 月参加工作，1979 年 4 月入党，湖南省委党校环卫管理专业函授本科毕业。1974 年 9 月至 1976 年 1 月，汉寿县洋淘湖农村修配厂职工；1976 年 2 月至 1989 年 7 月，海军南海舰队训练基地教员、参谋、指导员；1989 年 7 月至 1993 年 11 月，南海舰队南沙巡访区副教导员、副营职干事；1993 年 11 月至 1996 年 1 月，常德市房地产管理局干部；1996 年 1 月至 2000 年 5 月，常德市环境卫生管理处副主任（副科），2000 年 5 月至 2008 年 3 月，副主任（正科）；其中 1997 年 7 月至 1999 年 12 月，湖南省委党校函授专科经济管理专业学习，2006 年 9 月至 2008 年 12 月，湖南省委党校函授本科环卫管理专业学习；2008 年 3 月至 2010 年 9 月，常德市环卫处副调研员、副主任；2010 年 9 月至 2012 年 3 月，常德市环境卫生管理处党委书记；2012 年 3 月至 2015 年 6 月，常德市城管执法局党组成员；2015 年 6 月，市城管执法局调研员。

（三）市城市管理行政执法局历届党政主职简介

吴让见，市城市管理委员会办公室原主任（兼）、原党组书记（兼）。男，汉族，湖南省安乡县人，1956 年 1 月出生，1976 年 9 月参加工作，1976 年 5 月入党，湖南财会学校计划统计专业中专毕业。1974 年 10 月至 1976 年 8 月，湖南财会学校会计统计专业学生。1976 年 9 月至 1978 年 10 月，安乡县物资局干部。1978 年 11 月至 1982 年 10 月，安乡县委组织部干部。1982 年 10 月至 1983 年 12 月，安乡县委组织部秘书。1983 年 12 月至 1985 年 8 月，安乡县委组织部副部长；其中 1984 年 10 月至 1985 年 8 月，兼安乡县委落实政策办公室主任。1985 年 9 月至 1987 年 7 月，湖南省委党校组干班学员（大专）。1987 年 10 月至 1989 年 12 月，安乡县安裕乡党委书记。1989 年 12 月至 1994 年 2 月，澧县县委常委、组织部部长。1994 年 2 月至 1997 年 4 月，常德市政府副秘书长；1994 年 12 月兼市城市管理委员会办公室办主任，1996 年 10 月兼市城管办党组书记。1997 年 4 月至 2002 年 5 月，中共常德市武陵区委书记；其中 1996 年 5 月至 1998 年 8 月，中国人民大学区域经济研究生课程班学习结业。2002 年 5 月，常德市委副秘书长。2014 年 9 月，常德市委办主任科员。

曾长清，市城市管理委员会办公室原主任、原党组书记，市城市管理局原党组书记。男，汉族，湖南省桃源县人，1950年7月出生，1969年1月参加工作，1970年3月入党，厦门大学党政干部基础科专科毕业。1969年1月至1979年2月，福州军区守备六团、八团服役，其中1978年5月起，三营副营长；1979年3月至1980年7月，南京高级陆军学校军事专业学习；1980年7月至1981年6月，福州军区守备八团三营副营长；1981年6月至1983年1月，营长；1983年1月至1984年10月，守备五团副参谋长；1984年10月至1985年12月，团参谋长；1985年12月至1989年3月，南京军区守备45团团长；1989年3月至1989年12月，转业待安置；1989年12月至1990年9月，常德市商业局直属机关党委副书记、局党委委员；1990年9月至1994年12月，纪委书记；1994年12月至1996年10月，常德市城管办副主任；1996年10月至1997年9月，市城管办副主任、党组副书记；1997年9月至2001年8月，市城管办主任、党组书记；2001年8月至2005年1月，常德市城管局党组书记、副局长；2005年1月至2005年8月，常德市城市工作办副主任、党组成员；2005年8月至2010年7月，常德市城市管理行政执法局调研员。

彭培南，市城市管理局原局长、原党组副书记，市城市管理行政执法局原局长、原党组书记。男，汉族，湖北省武汉市人，1952年3月出生，1968年12月参加工作，1981年6月入党，常德师专中文专业大学专科毕业。1968年12月至1974年10月，原常德市护城乡下放知青；1974年10月至1976年9月，常德师专中文科学生；1976年9月至1977年9月，原常德市护城乡岩坪小学教师；1977年9月至1984年5月，常德市七中教师；1984年5月至1984年10月，常德市七中党支部书记；1984年10月至1986年2月，原常德市委宣传部副部长兼原市文联主席；1986年2月至1987年7月，原市教委副主任、党组副书记，其中1987年2月兼教师进修学校校长；1987年7月至1989年1月，原常德市广播电视局局长、党组书记；1989年1月至1990年12月，常德人民广播电台台长（正科）；1990年12月至1993年4月，市广播电台台长（副处）；1993年4月至2000年1月，常德市委宣传部副部长；其中1994年9月至1995年7月，中央党校培训部学习；1995年7月至1997年7月，中央党校在职研究生班学习毕业。2000年1月至2001年8月，常德市委宣传部副部长、市委讲师团主任；2001年8月至2005年1月，常德市城市管理局局长、党组副书记；2005年1月至2007年3月，常德市城市管理行政执法局局长、党组书记；2007年3月至2012年3月，常德市城市管理行政执法局调研员。

杨易，市城市管理行政执法局原局长、原党组书记。男，汉族，湖南省桃源县人，1962 年 5 月出生，1983 年 8 月参加工作，1984 年 10 月入党，湖南省委党校党务专业本科学习毕业。1980 年 9 月至 1983 年 7 月，湖南农学院常德分院农学专业学生；1983 年 8 月至 1984 年 2 月，桃源县鄢家溪乡干部；1984 年 2 月至 1984 年 11 月，鄢家溪乡副乡长；1984 年 12 月至 1986 年 11 月共青团桃源县委副书记；其中 1986 年 11 月至 1988 年 7 月，湖南省委党校党务专业本科培训班学员；1988 年 7 月至 1989 年 1 月，桃源县委办副主任；1989 年 2 月至 1989 年 3 月，县委宣传部副部长；1989 年 4 月至 1990 年 12 月，县政府办副主任，其中 1989 年 12 月兼县经改办主任；1991 年 1 月至 1992 年 7 月，桃源县马鬃岭乡党委书记，其中 1992 年 1 月兼陬溪区委书记；1992 年 8 月至 1995 年 9 月，桃源县陬市镇党委书记，其中 1995 年 4 月明确副处级；1995 年 9 月至 1999 年 5 月，桃源县政府副县长；1999 年 5 月至 2001 年 1 月，常德市旅游局副局长、党组成员；2001 年 2 月至 2002 年 5 月，石门县政府副县长；2002 年 5 月至 2007 年 3 月，石门县委常委、县政府副县长；2007 年 3 月至 2009 年 9 月，常德市城管执法局局长、党组书记；2009 年 10 月至 2010 年 3 月，澧县县委副书记、县政府副县长、代县长；2010 年 3 月至 2013 年 4 月，澧县县委副书记、县长；2013 年 4 月至 2013 年 5 月，鼎城区委副书记、代区长；2013 年 5 月起，鼎城区委副书记、区长。

张军，市城市管理行政执法局原局长、原党组书记。男，汉族，常德市鼎城区人，1957 年 3 月出生，1976 年 2 月参加工作，1978 年 11 月入党，湘潭大学行政管理函授专科毕业。1976 年 2 月至 1978 年 12 月，海军 38563 部队服役；1978 年 12 月至 1983 年 8 月，海军武汉办事处服役；1983 年 8 月至 1987 年 1 月，海军 38504 部队服役；1987 年 1 月至 1988 年 12 月，常德地区（市）方志编委会方志科工作；1988 年 12 月至 1994 年 1 月，方志指导科副科长；其中 1985 年 9 月至 1988 年 6 月，湘潭大学行政管理专业大专函授学习毕业；1994 年 1 月至 1996 年 4 月，市委党史办党史科副科长、正科级研究员；1996 年 4 月至 2001 年 4 月，方志指导科科长；2001 年 4 月至 2002 年 9 月，常德市城管监察支队副支队长、副政委；2002 年 9 月至 2005 年 1 月，常德市城管监察支队队长，2003 年 6 月兼党委书记；2005 年 1 月至 2007 年 3 月，常德市城市管理行政执法局副局长、党组成员；2007 年 3 月至 2009 年 11 月，副局长、党组副书记；2009 年 11 月至 2015 年 4 月，市城市管理行政执法局局长、党组书记；2015 年 4 月至 2015 年 12 月，市政协港澳台侨外事委主任。

三、市城市管理和行政执法局内设机构

（一）内设机构

1.办公室

负责机关日常工作协调和督办；负责文电、会务、机要、档案等机关日常运转工作；负责来信来访、政务公开、安全保密、综合治理、维护稳定工作；负责信息、综合调研、宣传报道等工作；负责人大代表建议、政协委员提案办理工作；负责机关后勤服务管理、接待工作。

2.人事科

负责机关和直属单位机构编制、干部队伍建设、人事管理、劳动工资、教育培训等工作；负责离退休人员管理服务工作。

3.法制宣传科

负责法律法规和政策宣传，提出组织实施意见；对本部门重大行政决策进行合法性审查；负责本部门重大规范性文件起草工作；负责本部门规范性文件合法性审查和备案管理工作；负责本部门行政执法监督工作；承担本部门行政复议、行政诉讼和行政赔偿工作。

4.财务科

负责机关和直属单位财务会计、资产管理、基本建设、内部审计等工作；拟订中长期发展规划和年度计划；负责行业统计工作。

5.行政许可办公室

负责行政许可事项统一受理，审核或审批和送达；组织协调行政许可事项调研论证；负责行政许可事项办理资料归档和信息统计工作；承担本部门行政审批事项日常管理；负责建立行政审批事项监督管理制度，并组织实施；负责牵头实施部门权力清单制度有关工作。

6.市容环卫管理科（市城区户外广告管理办公室）

负责指导环境卫生行业管理，组织、协调环境卫生、农贸市场周边、门前三包、夜市等综合整治工作；负责卫生城市创建巩固工作；组织拟订城市户外广告、占道管理办法；负责市城区户外广告设置、公益广告设置管理和江北城区占道管理工作。

7.公共设施管理科

负责拟订城市步行和自行车交通系统发展规划并组织实施；负责组织、协调公共自行车交换站、城市步行和自行车专用通道建设、维护；负责对市城区公共自行车租赁系统服务运营企业相关业务监督管理、考核；负责受理有关公共自行车租赁服务投诉、举报；负责编制城市道路照明及景观灯饰专项规划并组织实施；负责市城区城市容貌美化工作。

8.考核评价科

负责拟订全市城市管理工作考核评比办法，并组织实施；负责全市城市管理工作的考

核、协调；承担市城市管理委员会办公室日常工作。

9.建筑垃圾管理办公室

负责组织实施建筑垃圾管理相关法律法规及政策；负责建筑垃圾运输企业准入核准，拟订建筑垃圾运输车辆技术规范、车型确定和运输企业、车辆数量控制，并组织实施；指导、监督、考核市城区建筑垃圾日常管理；负责建筑垃圾跨区域运输、特殊时段运输许可；负责协调市城区重大建筑垃圾运输整治行动和建筑垃圾跨区域运输协调、调度。

10.城市管理监督指挥中心

负责数字化城市管理信息系统各类问题现场信息采集、分类和立案工作；负责向市区两级城市管理相关部门、单位发出城市管理案件执行指令，并督促落实；负责城市管理领域相关舆情、投诉、举报受理、承办和网络信息发布工作；负责数字化城市管理信息系统和局机关办公自动化系统建设、维护。

表 1.1.3.1　（二）市城市管理和行政执法局科室历届主职名录

1994—1997　市城市管理委员会办公室室

科室	主职姓名	科室	主职姓名
秘书科	刘信复	城区营运车辆管理督导科	李德智
市容环境卫生督导科	廖可元	综合宣传科	钟儒来
临时占道管理办室	燕为志（兼）		

1997—2001　市城市管理委员会办公室

科室	主职姓名	科室	主职姓名
秘书科（1997-1998）	刘信复	秘书科（1998-2001）	宋叔德
综合宣传科	钟儒来		
城区营运车辆管理督导科（1997-2000）	李德智	城区营运车辆管理督导科（2000-2001）	郭祖元
临时占道管理办（1997-1998）	燕为志（兼）	临时占道管理办（1998-2001）	袁　欣
市容环境卫生督导科	廖可元	临时占道管理办（2001.12）	郭祖元

2001—2005

市城市管理局

科室	主职姓名	科室	主职姓名
办公室（2001-2003）	钟儒来	办公室（2003-2005）	郭祖元
人事科（2001-2002）	廖可元	人事科（2002-2005）	张　帆
监察室	袁　欣	市容环境卫生督导科（2001-2002）	张　帆
市容环境卫生督导科（2003-2005）	刘振华	城区营运车辆管理督导科	宋叔德
临时占道管理办（2001-2003）	郭祖元	临时占道管理办（2004-2005）	孙志远
联合工会（2003-2005）	袁　欣（兼）	机关党委（2002-2005）	袁　欣（兼）
团工委（2002-2003）	刘振华	团工委（2003-2005）	李　俊

2005-2007

市城市管理行政执法局

科室	主职姓名	科室	主职姓名
办公室	万后铭	人事教育科	赵立文
监察室（执法监督科）	袁　欣	财务装备科	郭祖元
法规科	粟金钟	市容环卫管理科	贺用军
户外广告科	尹言正	占道管理科	李贵春
违章处罚中心	刘振华	机关党委	王　敬
联合工会	李　俊（兼）	团工委	李　俊

2007-2009

科室	主职姓名	科室	主职姓名
办公室	万后铭	人事教育科	赵立文
监察室	袁　欣	财务装备科	郭祖元
法规科	粟金钟	户外广告管理科（2007-2008）	尹言正
户外广告管理科（2008-2009）	李贵春	城区占道管理科（2007-2008）	李贵春
城区占道管理科（2008-2009）	陈春贵	市容环卫管理科（2007、1-2007、12）	贺用军
执法监督科（2008-2009）	陈凤鸣	市容环卫管理科（2007-2009）	文斌元
违章处罚中心（2007-2009）	丁敦国	机关党委	王　敬
联合工会（2007-2008）	李　俊	联合工会（2008-2009）	冯宗汉

2009—

科室	主职姓名	科室	主职姓名
办公室（2009-2010）	万后铭	办公室（2010-）	邵建波
人事科	赵立文	法规科（2009-2012）	粟金钟
法规科（2012-）	李仁德	财务科（2009-2012）	郭祖元
财务科（2012-）	文斌元	监察室（2009-2010）	袁　欣
户外广告科（2009-2010）	李贵春	行政许可办（2010-2012）	李贵春
行政许可办（2012-）	陈凤鸣	市容环卫管理科（2009-2011）	孙志远
市容环卫管理科（2011-2012）	文斌元	市容环卫管理科（2012-2013）	吴宏波
市容环卫管理科（2013-2014）	庹学平	市容环卫管理科（2014-）	谭新跃
执法监督科（2009-2012）	吴宏波	考核评价科（2011-）	孙志远
执法监督科（2012-2014）	谭新跃	执法监督科（2014-）	丁时杰
违章处罚中心（2009-2011）	丁敦国	监督指挥中心（2011-2014）	陈春贵
渣土管理办（2014-）	李建林	机关党委（2009-2010）	王　敬
机关党委（2010-2012）	胡春甫	机关党委（2012-2014）	丁时杰
机关党委（2014-）	李　俊	联合工会（2009-2010）	冯宗汉
联合工会（2010-）	杨喜春		

表 1.1.3.2　（三）市城市管理和行政执法局执法大队历届主职名录

2005—2007

大队长	姓名	大队教导员	姓名
机动大队	李建林	机动大队	杨喜春
城东大队	邵建波	城东大队	胡春甫
城西大队（2005—2007.10）	丁敦国	城西大队	丁时杰
城西大队（2007.10—2007.12）	张　波		
步行城大队	孙志远	步行城大队	周建平
德山大队	陈春贵	德山大队	刘开国
柳叶湖大队（2007.5—2007.12）	李书美	柳叶湖大队（2007.5—2007.12）	李　俊

2008-2009

大队队长	姓名	大队教导员	姓名
机动大队（2007-2008.11）	李建林	机动大队（2007-2008.11）	杨春甫
机动大队（2008.11-2009）	文立伟	机动大队（2008.11-2009）	丁时杰
城东大队	邵建波	城东大队	胡春甫
城西大队	张 波	城西大队（2008.3）	丁时杰
		城西大队（2008.3-2009）	李荣华
步行城大队（2008.1-2008.3）	孙志远	步行城大队（2008.1-2008.3）	周建平
步行城大队（2008.3-2009）	黄国华	步行城大队（2008.3-2008.11）	丁时杰
		步行城大队（2008.11-2009）	文斌元
德山大队（2008.3-2008.11）	文立伟	德山大队	刘开国
柳叶湖大队（2007.5-2009）	李书美	柳叶湖大队（2007.5-2009）	李 俊

第二节 市城市管理和行政执法局直属机构

一、常德市城市管理监察支队

常德市城市管理监察支队前身为常德市城市管理指挥部执法大队。1984 年 9 月，常德市城市管理指挥部组建市城市管理指挥部执法大队。1996 年 2 月，市城市管理指挥部执法大队更名为常德市城市管理监察大队。市城管大队编制 55 人，由 35 名城管队员和 20 名交通警察组成，受市城管办和市公安局双重领导。

市城管大队受市城管办委托，负责城区内卫生、环保、城建、交通、治安、工商、文化、广播电视八个方面监察管理：对市容市貌、农贸市场和环境卫生、公共秩序进行管理，对违章者实施处罚；监督和管理违章建筑，对违章者实施处罚；监督和协助建筑单位搞好文明施工，对违章者实施处罚，直至吊销其建筑承包许可证；协助市建委搞好城市绿化工作管理，对破坏街畔行道树、绿化带、花坛、花园设施等行为者进行纠正或实施处罚；协助市建委搞好市政设施管理，对违章占用街道 (含人行道)、在街道上开挖、排放污水废水者，或虽经批准占用街道，但不按时清场、不按标准修复及损坏上下水道和路灯等城市基础设施者，进行纠正或实施处罚；对在街道及人行道和公共场所摆摊行卖无证经营者，进行检查、执罚、没收、取缔；协助交通管理部门维护交通秩序，对妨碍交通乱堆放物料、乱停放车辆、乱搭建偏棚或占地等行为，进行制止、执罚或拆除、没收；协助公安部门维护社会治安及公共场所秩序；协助环境保护部门对生活噪音、建筑工地噪音及运载污染城市灰、砂、粉煤、渣物等车辆，进行检查、纠正或实施处罚。

市城管大队分别在城南、城东、城北、城西、三岔路、德山六个办事处设立执法中队，执法中队受城管大队直接领导。

1988 年 6 月，常德“撤区建市”，常德市城市管理办公室更名为武陵区城市管理办公室，常德市城管大队更名为武陵区城管大队。

1990 年 5 月，武陵区城管大队机构、编制、职能，包括队员 55 名，由武陵区政府移交给市建委负责管理。8 月，原武陵区城管大队改名为常德市城市建设管理监察大队，为正科级事业机构。金立新首任市城建监察大队大队长，龙梅球首任政治教导员。9 月，市编委发文对市城建监察大队人员编制做出调整：1.在原上收 55 名人员编制中，连人带编将原武陵区交警大队借调 20 名交警划回给武陵区交警大队；2.在剩下 35 名编制基础上，增加 5 名事业编制，即该队共计核定事业编制 40 名。

1991 年 8 月，市政府印发《关于明确市城市建设管理监察大队职责职权的通知》，明确市城建监察大队是在市政府领导下负责执行有关城市建设管理法律、法规、规章和政策的行政执法队伍。主要职责是监督、检查城市总体规划实施，依法查处违反城市建设总体规划违法活动；监督、检查经规划部门审批建设项目开工前定位和施工单位文明施工，查处乱搭乱建、乱堆乱放等违章行为；保护市政、公用和园林绿化设施，依法（章）查处侵占、损坏市政、公用和园林绿化设施行为；监督、检查和查处违反城市市容环境卫生管理规定行为；负责市区户外广告划区定位，协助有关部门做好户外广告管理；会同公安交警部门对城区临时占用（挖掘）道路进行管理，查处违章占道（挖掘）行为；负责对城建系统内各专业监察中队业务指导，必要时可进行统一调度。

是年 9 月，市城建监察大队选举产生党的支部委员会，金立新首任支部书记。

1996 年 12 月，市城建监察大队从市建委成建制划归市城管办管理。市城市建设管理监察大队同时更名为市城市管理监察大队，在市城管办领导下，依据有关法律法规，对常德市城区城市市容和环境卫生管理工作实行监察执法。

1997 年 5 月，市编委发文同意市城管大队增加事业编制。增编后市城管大队事业编制共计 82 名。

1998 年 3 月，席先武任市城管大队政治教导员、党总支书记。4 月，市城管大队选举产生工会委员会；冯宗汉任工会主席。7 月，市城管大队一、二、三中队和大队部分别建立基层党支部。

2000 年 6 月，市编委印发《常德市城市管理监察支队职能配置、内设机构和人员编制方案》，明确市城市管理监察大队更名为市城市管理监察支队，定为副处级行政执法机构，仍归口市城管办管理。核定市城管支队全额拨款事业编制 82 名，明确市城管支队内部设置办公室和业务管理科 2 个职能科室和 4 个大队（机构级别均为正科级）。主要职责：

依据国家、省、市有关法规、规章的规定，负责对城市市容和环境卫生进行执法监察；负责落实和完成市委、市政府及主管部门提出或制订的有关城市管理监察工作目标和任务；负责做好城市市容和环境卫生管理监察有关宣传和教育工作，并对有关违规、违章行为依法进行处罚；负责受理有关城管监察来信来访及行政诉讼工作。

市城管支队直属4个大队中，一大队负责城管“110”联动工作和配合二、三、五大队及相关部门开展城管监察工作，二大队负责江北城区城东区域城管监察工作；三大队负责江北城区城西区域城管监察工作，五大队负责德山开发区城管监察工作。执法大队序列中四大队实行市城管支队和市环卫处双重管理体制，即机构列入市城管支队序列，行政执法业务接受市城管支队指导；人员编制和日常工作由市环卫处负责管理，负责履行市容环境卫生管理监察职能，监督“门前三包”责任制落实和垃圾死角调查处理工作，参与城市综合治理工作。

2001年1月,张圣友首任市城管支队支队长。次年10月，张圣友改任市再就业广场建设管理办公室主任。2003年6月，张军任市城管支队支队长、党委书记，席先武任市城管支队政委，金立新任市城管支队助理调研员。翌年10月，万后铭任市城管支队工会主席。

2005年1月，常德市城市管理行政执法局成立，市城管支队机构撤销，其人员、编制、职能并入市城管执法局，常德市在城市管理领域实行相对集中行政处罚权。

表1.2.1.1　市城市管理监察支队历届领导班子名录

1990—1997　　市城市建设管理监察大队

姓　名	职　务	任　职　时　间	备　考
金立新	大队长	1990--1997	
	党支部书记	1991--1997	
龙梅球	副教导员、工会主席	1990--1997	

1998-2001　　市城市管理监察大队

姓　名	职　务	任　职　时　间	备　考
金立新	大队长、党总支副书记	1998--2001	
席先武	党总支书记、教导员	1998--2001	
龙梅球	副教导员	1998--2001	
刘开国	副大队长	1998--2001	
冯忠汉	工会主席	1998--2001	

2001-2002　　市城市管理监察支队

姓　名	职　务	任职时间	备　考
张圣友	支队长	2001-2002	
金立新	副支队长	2001-2002	
席先武	副支队长	2001-2002	
张　军	副支队长、副政委	2001-2002	
段和生	副支队长	2001-	
冯宗汉	工会主席	2001--2002	

2003-2005　　市城市管理监察支队

姓　名	职　务	任职时间	备　考
张　军	支队长、党委书记	2003-2005	
席先武	政委	2003-2005	
金立新	副调研员	2003-2005	
李贵春	副支队长	2002-2005	
王　敢	纪委书记	2002-2004	
万后铭	工会主席	2004-2005	

二、常德市环境卫生管理处

常德市环境卫生管理处前身为市肥料局和市卫生队。1949 年 8 月，常德市公安局接管原常德县警察局清洁队卫生警察、清扫工共 23 人，组建常德市卫生队，负责城市街道清扫、垃圾收集运输。孙芳林首任市卫生队队长兼指导员。市公安局同时组建东关、西关、北关三家肥料局，接管全市粪肥管理。1951 年 3 月，常德市城区东、西、北三关肥料局同时移交市政府卫生科管理，更名为常德市肥料厂，下设东、西、北三个分厂。杨少才首任市肥料厂厂长。1956 年 4 月，常德市肥料公司成立，内设财务、业务两个股室，划归市人委建设科管理，市卫生队同步划归市肥料公司管辖。杨显忠首任市肥料公司经理。常德市肥料厂相应撤销。

1963 年 10 月，常德市环境卫生管理处成立，主管全市市容环境卫生工作，属全民所有制事业单位，由市政府建设科管理改属市政府卫生科管理，朱朗如首任市环卫处主任。常德市肥料公司随即撤销。常德市环卫机构由集体所有制变更为全民所有制且纳入事业单位管理后，市环卫处改变依靠粪肥销售收入维持运行、环卫职工收入低下的窘困状况，开始进入稳步发展良性阶段。是时，市环卫处设正、副主任各 1 人，下设业务、财务两个股室和城东、城西、城北、德山、卫生5个基层所（队），共有职工163人，其中清粪工人85人，街道清扫工人42人。翌年，市环卫处成立党支部，李佩武首任党支部书记。

1968年5月，市环卫处革委会成立，朱朗如任革委会主任。1970年，李远顺任市环卫处革委会主任。年内，夏国政继任主任；印道良任党支部书记。1973年，夏国政任市环卫处党支部书记。1975年6月，市环卫处撤销城东、城西、中心、德山4个卫生队，成立城东、城西、中心、德山4个环卫管理所。"文化大革命"结束后，1978年，市环卫处恢复党政领导机构，处革委会撤销。朱朗如任市环卫处副主任，主持工作。翌年10月，市环卫处内设机构增加为政工股、管理股、计财股、业务股、办公室共四股一室。1980年3月，市环卫处由市卫生局管理改属市城建局管理，程世怡任市环卫处主任。次年，罗上明任市环卫处主任。1985年1月，刘双模任市环卫处主任；李世焕任党支部书记。1994年4月，赵德波任市环卫处主任；王仲威任党总支书记。

1996年12月，市环卫处由市建委成建制划归市城管办管理。是时，市环卫处内设政工股、计财股、管理股、工程设备股、安保股、办公室、工会办公室、劳动服务公司共8个股室（公司）；党群组织设有党总支、团支部、工会和女工委员会；下辖中心环卫所、城东环卫所、城西环卫所、德山环卫所、市容监察中队、车队、垃圾处理场共7个直属单位；在编职工338人，其中干部18人，职工320人。翌年4月，市环卫处成立常德市渣土运输管理办公室，定编12人，与市容监察中队两块牌子、一套人员。主要负责对城区渣土运输车辆监察，避免车辆在运输中撒漏、带泥进入城区道路，污染市容。

2000年6月，市环卫处由正科级事业单位升格为副处级事业单位。市编委印发《常德市环境卫生管理处职能配置、内设机构和人员编制方案》，明确市环卫处内设办公室、政工科、计财科、管理科、工程设备科、安保科、工会办公室共7个科室；下设渣土管理办公室、垃圾处理中心、专用车辆设备管理所及水上环卫所、城东环卫所、城西环卫所、城北环卫所、德山环卫所共8各直属单位。其内设科室和直属单位机构级别均为正科级。是年9月，市环卫处成立党委，李德智首任市环卫处党委书记。2001年3月，赵德波首任升格为副处级事业单位后市环卫处主任。

2005年8月，王仲威任市环卫处助理调研员。翌年2月，张建华任市环卫处工会主席。2008年3月曹道彩任市环卫处副调研员。

2010年10月，高用忠改任市环卫处主任，曹道彩任党委书记，李德智调任市纪委正处级纪检监察员、第一纪工委监察分局书记、局长。赵德波改任市环卫处正处级干部。

2011年11月，李书美任市环卫处纪委书记。翌年10月，徐泽元任市环卫处副主任(副处级)。

2012年2月，谭勇任市环境卫生管理处党委书记，曹道彩改任市城管执法局党组成员，彭少怀任市环卫处副调研员。

至2013年年底，市环卫处内设办公室、政工科、财务科、督导科、规划建设科、渣土管理办公室共6个科室，下设城东、城南、城北、城西、三岔路、德山6个环卫管理所和专用车辆设备管理所、市容监察大队、垃圾处理中心共9个二级机构，所有二级机构和科室均为正科级。其主要职责：

按照国家、省、市有关法规、规章的规定，负责实施对城区环境卫生的具体管理工作；按照城市建设总体规划和市容环境卫生管理需要，负责对城市公用环境卫生设施进行统一设置和管理，并参与或监督新区开发和旧城改造对环境卫生设施的规划和设置；负责做好城区主次干道、广场与公共水域的清扫保洁工作，收集、运输和处理城市生活废弃物；负责对为纯居民户环境卫生提供有偿服务的清扫单位进行统一管理；负责对城区建设施工单位在建设施工过程中所产生的渣土与废物进行统一监督管理，并及时进行运输和处理；协助市城市管理监察部门搞好市容环境卫生管理监察工作。至2013年年底，市环卫处共有环卫从业人员1958人，集装箱式垃圾中转站35座，压缩式中转站7座，各种环卫车辆87台，主次干道设置果皮筒1654个，公共厕所174座，垃圾处理场2座。市环卫处日清运和处理垃圾560吨，日清扫面积420.6万多平方米，其中日机械化作业面积164.3万平方米，机械化作业率达39%以上。

2014年9月，市环卫处体制实施重大改革。按照市委《关于进一步深化城市管理体制改革的意见》精神，城市“三区”即武陵区、柳叶湖旅游度假区和常德经济技术开发区分别成立区环卫处，市环卫处坚持“重心下移、权责清晰，职能归并、效能整合”原则，7个直属管理所和1个市容环卫大队253名正式职工、1900多名聘用员工平稳顺利地过渡到各区属环卫处工作。

2015年12月，谭勇任市环卫处主任、党委书记。

改革开放以来，市环卫处多次评定为全市目标管理红旗单位，2002年被建设部授予全国环境卫生管理先进单位——时传祥奖，2003年被省人事厅授予全省建设系统先进集体称号，2004年被省人事厅授予湖南省优秀事业单位法人奖励。2005年，被省建设厅授予湖南省城市市容环境卫生先进集体称号，2010年，被省住建厅评为湖南省城市市容环境卫生工作先进单位。

市环卫处涌现出众多模范人物。1986年，清扫女工张孝珍被省建委授予“劳动模范”光荣称号。1990年，汽车修理班长哈汉平被建设部授予“劳动模范”光荣称号。1995年，清扫女工李明菊被建设部授予“全国优秀城市美容师”称号、被常德市人民政府授予“劳动模范”光荣称号；1996年，被授予“全国五一劳动奖章”、被湖南省人民政府授予“劳动模范”光荣称号；1997年，被选为全国第九届人民代表大会代表。是年，环卫车队驾驶员胡兰山被湖南省建委授予“劳动模范”称号。2000年，清扫女工邓亚兰被省建设厅授予“优秀城市美容师”称号，2002年被评为“全国城市市容环境卫生先进工作者”，2004年被建设部授予“劳动模范”称号。2005年，市环卫处主任赵德波被评为“全国城市市容环境卫生先进工作者”。

表 1.2.2.1 市环境卫生管理处历届领导班子名录

1949–1951 常德市清洁队

姓 名	职 务	任职时间	备 考
孙芳林	队长	1949、8--1951	

1951–1956 市肥料厂

姓 名	职 务	任职时间	备 考
杨少才	厂长	1951--1956	

1956–1957 市肥料公司

姓 名	职 务	任职时间	备 考
杨显忠	经理	1956--1957	
朱朗如	副经理	1956--1957	

1957–1963

姓 名	职 务	任职时间	备 考
朱朗如	经理	1957--	
何圣甫	副经理	1957--1960	
邹梅初	副主任	1961--1962	

1963–1968 市环境卫生管理处

姓 名	职 务	任职时间	备 考
朱朗如	主任	1963--1968	
李佩武	党支部书记	1964--1968	
杨志祥	副经理	1964--1968	

1968–1970 市环境卫生管理处革命委员会

姓 名	职 务	任职时间	备 考
朱朗如	主任	1968--1970	
张保善	副主任	1968--1970	

1970–1971

姓 名	职 务	任职时间	备 考
李远顺	主任	1970--1978	
杨志祥	副主任	1970--1971	

1971–1973

姓 名	职 务	任职时间	备 考
夏国政	主任	1971--1978	
	党支部书记	1973--1978	
印道良	党支部书记	1971--1973	
杨志祥	党支部副书记	1971--1978	
朱朗如	副主任	1971--1978	
张保善	副主任	1971--1978	

1979–1980 市环境卫生管理处

姓 名	职 务	任职时间	备 考
夏国政	党支部书记	1979–1980	
程世怡	党支部副书记	1979–1980	
朱朗如	副主任	1978–1980	

1980–1981

姓 名	职 务	任职时间	备 考
程世怡	主任	1980--1981	
夏国政	党支部书记	1980--1981	
罗上明	党支部副书记	1980--1981	
朱朗如	副主任	1980--1981	

1981–1985

姓 名	职 务	任职时间	备 考
罗上明	主任	1981--1985	
夏国政	党支部书记	1981--1985	
朱朗如	副主任	1981--1985	

姓 名	职 务	任 职 时 间	备 考
王绪华	副主任	1981--1985	
李友胜	副主任	1982--1985	
彭桂英	副主任	1982--1985	

1985-1993

姓 名	职 务	任 职 时 间	备 考
刘双模	主任	1985-1993	
李世焕	党支部书记	1985-1993	
李友胜	副主任	1985--1988	
赵德波	副主任	1985-1993	
朱长林	副主任	1991--1993	

1994-2000（2000 年副处级机构）

姓 名	职 务	任 职 时 间	备 考
赵德波	主任	1994-2000	
李德智	党委书记	2000--	
王仲威	党总支书记	1994-2000	
朱长林	副主任	1994--1997	
曹道彩	副主任	1996--2000	
丁旭庭	副主任	1996--2000	
刘兴元	副主任	1997--2000	

2001-2010

姓 名	职 务	任 职 时 间	备 考
赵德波	主任、党委副书记	2001--2010	
李德智	党委书记	2000--2010	
王仲威	副主任	2001--2005	
	助理调研员	2005--2008	
曹道彩	副主任	2001--2008	
	副调研员	2008--2010	
丁旭庭	副主任	2001--2010	

姓 名	职 务	任职时间	备 考
刘兴元	副主任	2001--2009	
彭少怀	副主任	2006--2010	
贺用军	副主任	2007--2010	
张建华	工会主席	2006--2010	
骆 斌	总工程师	2006--2010	

2010-2014

姓 名	职 务	任职时间	备 考
高用忠	主任	2010--2014	
曹道彩	党委书记	2010--2012	
谭 勇	党委书记（2014年6月起主持工作）	2012--2014	
赵德波	正处级干部	2010--2012	
彭少怀	副主任	2010--2012	
	副调研员	2012--2014	
贺用军	副主任	2010--2014	
张建华	工会主席	2010--2014	
骆 斌	总工程师	2010--2014	
唐 晖	副主任	2011--2014	
李书美	纪委书记	2011--2014	
徐泽元	副主任（副处级干部）	2011--2014	

2015-

姓 名	职 务	任职时间	备 考
谭 勇	主任、党委书记	2015--	
彭少怀	副主任	2015--	
	副调研员	2015--	
贺用军	副主任	2015--	
张建华	工会主席	2015--	
骆 斌	总工程师	2015--	
李书美	纪委书记	2015--	
徐泽元	副主任（副处级干部）	2015--	

三、常德火车站广场管理处

常德火车站广场管理处前身是常德汇元经济开发总公司。1994年5月，常德市政府决定成立常德汇元经济开发总公司，负责常德火车站广场建设和开发。市汇元经济开发总公司与常德火车站建设指挥部合署办公，为副处级事业单位，归口市政府办管理。公司内设综合部、工程技术部、开发经营部、计划财务部4个二层机构，均为正科级。从市直行政事业单位抽调事业编制人员10名。公司独立核算、自负盈亏，实行企业化管理。

2000年2月，市政府决定，常德汇元经济开发总公司由市政府办划归市建委管理。隶属关系调整后，机构性质、职能、级别不变。

2005年12月，市政府决定：理顺火车站广场管理体制，由市编办、市财政局和市城管执法局负责提出方案；组建火车站广场站前派出所，负责火车站广场及周边区域治安管理，人员由市公安局内部调剂解决；出台广场管理规定。由市政府法制办牵头，市城管执法局、市公安局、市交警支队等单位配合，制订《常德火车站广场管理办法》，明确管理范围、内容和处罚职能，界定城管、公安、交警、运管等部门职责，划分管理区域，切实做好广场维护和管理；实行广场车辆分流，由市城管执法局、市交警支队、市运管处等部门负责，出租汽车候客点上移至火车站站前平台，并在南面设置由东至西出租汽车专用循环单行车道；对公交车辆和社会车辆分别在广场东、西两侧设置停车区，划分各自行驶专线；完善广场设施，组建火车站广场管理处，负责做好火车站广场设施全面检修和绿化工作；建立并完善长效管理机制，火车站广场管理处成立后和有关部门单位要不断探索，总结经验，既各负其责，又密切配合；既要治标，又要治本。市政府督查室和市长热线要不定期进行督查，对不作为或失职的单位和个人要予以责任追究。

2006年7月，常德火车站广场管理处成立。市编委印发《关于调整常德火车站广场管理处管理体制的通知》明确，市委、市政府决定将常德火车站广场管理处由市建设局管理调整为市城管执法局管理。管理关系调整后，常德火车站广场管理处仍加挂常德汇元经济开发总公司牌子，其机构性质、机构规格、人员编制等仍维持不变。牟利民首任管理处主任兼汇元公司总经理，沈英鹏任党支部书记。

翌年1月，市编委发文通知，鉴于常德火车站广场管理处工作职能已由原负责火车站广场建设开发调整为负责火车站广场交通秩序、环境卫生和公共设施等方面维护及综合管理，市委、市政府同意将常德火车站广场管理处经费形式由自收自支调整为全额拨款，人员编制确认为24名。8月，刘振华任常德火车站广场管理处党支部书记，沈英鹏调任市纪委派驻市城管执法局纪检组组长。

2007年9月，市编委印发《常德火车站广场管理处职能配置、内设机构和人员编制规定》。该“三定方案”明确，常德火车站广场管理处是市城市管理行政执法局管理的具有行政职能副处级事业单位，主要负责常德火车站广场及周边区域综合管理。管理处内设办公室、财务科、市容管理科、设施维护科共4个职能科室，机构级别均为副科级；下设市城市管理行政执法局火车站广场大队1个执法大队，机构级别为正科级。

常德火车站管理处主要职责：负责常德火车站广场区域交通秩序、环境卫生、园林绿化综合管理工作；负责常德火车站广场区域各项设施和设备使用、维修和日常管理，以及园林绿化维护；受市城管执法局委托，负责穿紫河以北、石长铁路以南、丹阳路以西、朝阳路以东区域及常德汽车总站区域城市管理行政执法工作，履行上述区域相对集中行政处罚权；负责处理常德汇元经济开发总公司债权债务遗留问题。

2009年11月，曾国赋任常德火车站广场管理处（常德汇元经济开发公司）主任、党支部副书记。2015年10月，刘振华调任市城管执法局副局长。

表 1.2.3.1　常德火车站广场管理处（汇元经济开发总公司）历届领导班子名录

2004-2007　　常德汇元经济开发总公司

姓　名	职　　务	任职时间	备　考
牟利民	常德汇元经济开发总公司总经理	2004--2006	
	火车站广场管理处主任兼公司总经理	2006--2007	
沈英鹏	常德汇元经济开发总公司党支部书记	2004--2007	

2007-2008　　市火车站广场管理处（汇元经济开发总公司）

姓　名	职　　务	任职时间	备　考
牟利民	火车站广场管理处主任兼公司总经理	2007-2008	
刘振华	火车站广场管理处党支部书记	2007-2008	

2008-　　市火车站广场管理处（汇元经济开发总公司）

姓　名	职　　务	任　职　时　间	备　考
曾国赋	火车站广场管理处主任兼公司总经理	2008--	
刘振华	火车站广场管理处党支部书记	2008-2015.10	
张湘鸣	火车站广场管理处纪检员	2008--	
蒯同军	火车站广场管理处副主任	2008--2010	
刘兴元	火车站广场管理处副主任	2009--	
张　超	火车站广场管理处副主任	2010--	

四、常德市城区公共客运管理处

常德市城区公共客运管理处前身为常德市交通运输管理处城市客运管理所。2005 年 4 月，市政府决定，根据（湘政办发〔2005〕9 号）文件精神，将市城区公共客运归口常德市城管执法局管理。5 月，市运管处客运所机构、编制、人员（核定事业编制 33 人，退休人员 11 人）及其工作职能成建制由市交通局运管处移交市城市管理行政执法局管理。

是年 6 月，市编委明确，市交通运输管理处城市客运管理所更名为市城区公共客运管理处（简称市城区客运管理处），为市城市管理行政执法局管理的具有行政职能正科级事业单位。市城区公共客运管理处内设五个科室：办公室、财务科、营运管理科、稽查科和处罚中心。市客运管理处主要职责：根据市城管执法局授权，负责具体实施市城区公共客运管理领域行政许可；负责公共客运企业（含出租汽车运营企业）经营资质审核、运营证件发放；对市城区公共客运行业服务进行监督管理；负责市城区公共客运市场执法监察。杨金伯首任市城区公共客运管理处主任，唐方富首任市城区公共客运管理处党支部书记。

市城区公共客运管理工作实行政府宏观调控，市城管执法局主管，相关职能部门配合管理体制。市城管执法局负责城区公共客运行政管理和监察执法工作；市规划局负责城区公共客运专业规划编制工作；市公用事业局负责公交企业经营行为、服务质量监督管理工作；市公安局负责公交营运市场反扒反劫，打击车匪路霸，维护交通安全；市工商局负责参与打击非法营运；市交警支队负责城区客运车辆使用号牌管理，查处无使用号牌和不按规定线路行驶运营，以及不按规定站点停靠等违章行为，参与城区客运线路、停车场(库)、车辆停靠点规划建设，打击非法营运，参与管理城区出租汽车辆。

根据 2002 年《湖南省公共客运管理办法》（省政府第 159 号令）规定，市城管执法局授权市公共客运管理处依法行使城市公共客运管理领域两大职能。

（一）行政管理职能：

1.对市城区公共客运市场运力容量进行科学测算，并根据测算结果提出城区公共交通总体规划、营运线路设置计划、公交站点设置建设计划、城区客运车辆总量控制方案报市政府，由市政府组织相关职能部门会审确定。

2.实施城区公共客运管理领域行政许可，负责公共客运企业（含出租汽车运营企业）经营资质审核、运营证件发放。

3.对公共客运企业行业服务进行监督管理。加强对公共客运企业及从业人员经营行为监督管理，提高公共客运行业服务质量，加强对公共客运基础设施及公共客运车辆维护、管理，保障公共客运行业安全、有序发展。

（二）执法监察职能。对以下行为实施处罚：

1.未取得城市公共客运营运证件经营城市公共客运业务的；

2.擅自占用城市公共客运用地或者候车站、停车场、调度房等设施，或者将城市公共客运设施移作他用的；

3.擅自在城市公共客运站、场交通安全保护范围内修建建筑物、构筑物或者进行其他妨碍公共客运交通活动的；

4.污损或者毁坏城市公共客运交通工具、设施的；

5.城市公共客运交通工具、设施不按规定设置统一标志、标牌的；

6.擅自中断营运或者改变营运线路，或者越线、越站营运的；

7.随意丢站、拒载、甩客，违反乘客意愿中途将乘客移交他人运送或者服务态度恶劣的；

8.城市公共客运企业未经报告停业、歇业，造成城市公共客运秩序混乱的。

2007 年 8 月，市城区公共客运管理处升格为副处级事业单位，杨金伯首任市城区公共客运管理处主任。翌年 3 月，尹言正任市城区公共客运管理处党支部书记，唐方富改任副调研员。

2008 年 4 月，市编委印发《常德市城区公共客运管理处职能配置、机构设置和人员结构》。该“三定方案”明确：市城区公共客运管理处内设办公室、人事科 (监察室与其合署办公)、财务科、法制科、出租汽车管理科、公交汽车管理科、投诉处罚中心共 7 个职能科室，机构级别均为副科级；下设市城市管理行政执法局公共客运大队一个执法机构，级别为正科级。市城区公共客运管理处主要职责：负责贯彻执行国家和省有关城市公共客运管理方针、政策、法规和规章，研究制订市城区公共客运发展规划；负责具体实施市城区公共客运管理领域行政许可；负责市城区公共客运企业经营资质审核、运营证件管理与发放；负责对市城区公共客运行业服务进行监督管理；负责市城区公共客运市场执法监察；负责拟定市政府对城市公交客运行业政策性津补贴计划，并组织实施。是年 6 月，熊德政任公共客运大队大队长。

2010 年 4 月，根据《常德市人民政府机构改革工作方案》，市城区公共客运管理处由市城管执法局划归市交通运输局管理。

表 1.2.4.1　　市公共客运管理处领导班子名录

2005−2007

姓　名	职　务	任职时间	备　考
杨金伯	主任	2005--2007	
唐方富	党支部书记	2005--2007	
唐　镇	副主任	2005--2007	
明　阳	副主任	2006--2007	

2007-2010 （副处级机构）

姓名	职务	任职时间	备考
杨金伯	主任	2007--2010	
尹言正	党支部书记	2008--2010	
唐方富	副调研员	2008--2010	
唐镇	副主任	2007--2010	
明阳	副主任	2007--2010	
段新跃	副主任、2010年1月任工会主席	2007--2010	

五、常德市商业步行城管理办公室

1997年6月，市政府决定对市城区人民路中段实施封闭式管理，建设常德市商业步行街。成立常德市商业步行街建设管理领导小组办公室，隶属市政府财贸办公室管理。1999年2月6日，人民中路（朗州路至武陵大道）商业步行街开街营业。是时，常德商业步行街街长560余米、宽30米，沿街建有商场大楼11座，有经营门面1000余个（其中精品门店120个），总营业面积9万平方米，从业人员5000余人。

2001年9月，市政府决定，常德市商业步行街由市财贸办管理改由市城市管理局管理。曹道彩首任市商业步行街管理办公室主任。次年5月，市编委印发《关于设立市商业步行街管理办公室的批复》明确，根据市委常委2002年第6次会议精神，同意设立市商业步行街管理办公室，为市城管局管理的正科级事业单位，核定自收自支事业编制4名，张超任主任。市步行街管理办主要职责：负责拟定商业步行街建设和管理发展规划；负责商业步行街市容环境卫生、户外广告、 交通秩序监督管理；负责商业步行街市政基础设施维护管理；负责综合协调、督促驻街相关职能部门有关工作。

2004年7月，市政府决定市商业步行街管理办公室更名为常德市商业步行城管理办公室，商业步行城管理范围由570米人民路中段单一街道扩大为朗州路以西、武陵大道以东、沅安路以北、建设路以南区域，扩大后商业步行城管理面积逾3.5公顷。是年9月，市政府办印发《常德市商业步行城管理办法》。该办法以地方法规形式规定，常德“商业步行城内所有单位、居民、业主、从业人员和来商业步行城旅游观光、休闲购物、宣传促销以及从事其他活动者”以及“商业步行城的物业管理、市容市貌管理、公共安全和交通秩序管理、经营活动管理、市政公共设施管理、环境保护及其他事务管理”，均应遵守该《管理办法》。

该《管理办法》明确，在朗州路以西、武陵大道以东、沅安路以北、建设路以南区域即步行城管理区域内实行交通管制，除银行运钞车、执行特殊任务警车、消防车、救护车和残疾人代步车、经营业主运送货物的四轮手推车以外，其他任何车辆未经批准，不得通行和停放。办法明确，城管部门派出专门执法队伍，负责商业步行城区域内市容市貌管理方面行政执法；环卫处设立环卫所，负责区域内所有街道、广场等公共部位清扫保洁；公安部门在商业步行城派驻专职干警，负责区域内治安管理。

该办法明确市步行城管理办主要职责：

（一）负责拟制商业步行城发展、建设规划和管理方案；

（二）负责商业步行城日常事务管理，协调解决管理中出现的矛盾和问题；

（三）负责商业步行城区域内户外广告（含门店招牌）规划和管理；

（四）负责商业步行城区域内公共资源管理；

（五）协调督导城管、环卫和治安工作。

2010 年 3 月，市编委发文明确市步行城管理办经费形式由自收自支调整为全额拨款。核定人员编制为 22 人，内设综合科、行政许可办公室、公共设施维护科 3 个科室和 2 个行政执法中队。市步行城管理办主要任务：为维护商业步行城秩序提供管理保障；负责拟定商业步行城建设和管理发展规划、市容环境卫生、户外广告、交通秩序监督管理，市政基础设施维护，综合协调和督促驻街相关部门有关工作。

主要职责：负责商业步行城区域内经营门店监督管理。所有经营门店不得出店经营；负责商业步行城区域内流动经营、占道经营管理。任何单位和个人不得在商业步行城区域内区域随意设置摊点进行交易；负责商业步行城区域内店招店牌、户外广告、布标横幅管理。所有经营门店必须按要求规范设置店招店牌，对未经管理办同意擅自设置店招店牌要及时予以取缔；对未经管理办同意擅自设置户外广告和布标横幅要及时予以拆除、取缔；对擅自散发小广告行为予以取缔；负责商业步行城区域内乱搭乱建管理。对未经管理办同意擅自设置建筑物、构筑物或其他设施要组织人员及时予以拆除；负责商业步行城区域内非机动车辆停放管理以及对各类车辆在步行区域内随意穿行治理；做好《常德市商业步行城管理办法》宣传工作；制订实施重大执法活动行动方案并组织实施。

是年 4 月，李建林任市步行城管理办主任；张超改任常德火车站广场管理处副主任。

2014 年 9 月，市商业步行城更名为常德市武陵阁商业步行城，由市城管执法局移交给武陵区城管执法局管理。是年 10 月，黄国华任市武陵阁商业步行城管理办公室主任，庹学平任党支部书记。

市步行城（街）管理办成立以来，依法行政，精心建设，严格管理，商业步行城成为常德市城市管理和行政执法模范阵地，成为常德市物质文明和精神文明建设亮丽窗口，成为常德城市建设和城市管理精美名片，获得一系列荣誉：

2001 年 3 月，被中央宣传部等六部委命名为全国百城万店无假货活动示范街；同年 3 月被国家质检总局命名为全国购物放心一条街。

2005 年 3 月，被省委宣传部、省商务厅等部门命名为湖南省百城万店无假货活动示范街；同年12月，被湖南省文明委命名为湖南省文明街道。

2006年3月，常德市商业步行街再次评选为全国百城万店无假货活动先进单位，受到中央宣传部、中央文明办、国家发改委、商务部、国家工商行政管理总局、国家质检总局、中华全国总工会、共青团中央等八部门的表彰，中央电视台、人民日报、光明日报、经济日报等中央媒体及地方媒体都先后予以报道；同年12月，被湖南省精神文明建设指导委员会办公室授予创建湖南信用单位先进集体。

表1.2.5.1　市商业步行城（步行街）管理办公室历届领导班子名录

2001-2002　市商业步行街管理办公室

姓名	职务	任职时间	备考
曹道彩	主任	2001-2002	
万后铭	副主任	2001-2002	
唐建林	副主任	2001-2002	

2002-2010　市商业步行城管理办公室

姓名	职务	任职时间	备考
张超	主任	2002--2010	
庹学平	副主任	2002--2010	

2010-2014

姓名	职务	任职时间	备考
李建林	主任、党支部书记	2010--2014	
庹学平	副主任	2010--2014	
陈伟	副主任	2010--2014	
吴宏波	副主任	2010--2014	

2014-　市武陵阁商业步行城管理办公室

姓名	职务	任职时间	备考
黄国华	主任	2014--	
庹学平	党支部书记	2014--	
郭家权	副主任	2014--	

六、常德市灯饰管理处

常德市灯饰管理处前身为常德市路灯维护管理处。1999 年 5 月成立，为市公用事业管理局下属正科级事业单位，内设办公室、人事教育科、工程技术科、设施维护科、设备管理科五个科室。2014 年 10 月，市路灯维护管理处更名为常德市灯饰管理处，由常德市市政公用事业管理局划归市城管执法局管理。

市灯饰管理处主要职责：负责城区道路、桥梁路灯维护管理；负责城区公共景点灯饰维护管理；负责小街小巷路灯维护管理；负责城区路灯电网供电设施维护管理。现有在编职工 40 名，其中专业技术人员 26 名，占在岗人数 65%；领导职数 6 名（主任 1 名，书记 1 名，副主任 3 名、主任工程师 1 名）。

2000 年以来，市灯饰管理处严格按照市委、市政府“四个城市”一起创战略部署，始终坚持以改善城市照明环境，提升城市建设品位作为路灯管理工做出发点和归宿，重点改造和解决原有路灯设施陈旧、灯光照度低、运行质量差、管理手段落后等问题,路灯照明事业发生根本变化。单位资产从 2000 年 100 多万元增加到 1000 多万元；路灯盏数由 1999 年 5000 多盏增加到 27000 多盏。路灯管理覆盖面积达 80 多平方公里，供电线路总长 1120 多公里，拥有箱式变电站、供电箱 120 多台，总容量达 22000 千伏安。2006 年 11 月投入使用国内当时最先进的大屏幕“路灯微机监控管理系统”。对常德市北起火车站 207 国道、南至沅江、东起迎宾路、西至华南社区范围内路灯、亮化设施实施全天候、全覆盖的监控管理，实现路灯远距离遥控开关管理和自动检测，管理手段落后状况实现根本改变,路灯管理实现自动化、现代化。2013 年起，承担“三改四化”战役中城市亮化工程，通过功能分区，将风格、色彩等元素与城市建筑物等有机结合，营造美好的城区夜景景观。在武陵大道、洞庭大道、人民路、沅安路、柳叶大道、皂果路、常德大道、朗州路、滨湖路、长庚路、柳泉路、紫缘路等主要道路展开路灯改造和临街重要建筑物亮化设计、改造，城市夜景全面提质；完成全省旅游节柳叶湖主会场庭院灯和文化宫、老体育中心庭院灯改造建设。

市灯饰管理处始终坚持“建设城市亮化精品、创建市民美丽家园”工作方针，坚持“以人为本、服务社会”指导原则，倡导“学习、学习、再学习，服务、服务、再服务”文化理念。不断深化内部改革，充分调动全体员工工作积极性，使全市路灯亮灯率常年保持在 98%、设施完好率 99%以上、维修及时率 97%以上。三项重点指标均达到或超过国家与建设部规定标准。通过推行“向社会公开承诺服务、创满意亮化”等活动，提高服务意识，社会效益、经济效益实现同步增长。按照节约能源、可持续发展的战略要求，采取安装节电器节电、设定节日灯、半夜灯等节电措施，控制光污染，为市民创造更加优美的夜间环境。

市灯饰管理处全面贯彻和落实科学发展观，坚持“以人为本、优质服务”的理念，提高社会效益经济与工作效益，围绕加强职工队伍建设，深化单位内部体制改革，促进路灯亮化建设跨越式发展。路灯建设严格按照《常德市城市发展规划》和城市照明专项规定要求，建成“一街一景”的路灯照明格局。城市景观照明按标准，统一规划、统一设计。讲究亮度与色彩的科学配置，把满足市民的安全感、舒适感放在首位，控制光污染，使照明与自然夜空相和谐。以节约能源、保护环境、促进健康为宗旨，全面实施对全市路灯用电设备的节能化改造，广泛采用和普及节能新技术，降低耗电量，积极推广绿色照明，改善城市人居环境。完善常德市路灯地理信息系统，利用现代化控制技术进行全天候图像监控管理，使城市照明管理实现现代化、科学化、自动化，从而整个城市夜景照明呈现出鲜明常德特色，更好的体现常德城市自身特点、功能和历史内涵。

表 1.2.6.1　　市灯饰管理处领导班子名录

2011-

姓　名	职　务	任　职　时　间	备　考
李　健	主任	2011.3—	
谈胜华	党支部书记	2011.3—	
覃长丽	副主任	2004.1—	
伍成刚	副主任	2009.3—	
李向群	副主任	2011.3—	
罗先彪	主任工程师	2011.3—	

七、常德市城市管理行政执法支队

常德市城市管理行政执法支队前身为常德市城市管理行政执法局机动大队。2005 年 1 月，原常德市城市管理监察支队机动大队成建制编入市城市管理行政执法局，机构名称改为市城市管理行政执法局机动大队。2009 年 9 月，城市管理体制调整时，市城管执法局机动大队更名为市城市管理行政执法局直属大队。2015 年 11 月，市城市管理行政执法局直属大队更名为市城市管理行政执法支队。

市城管执法局机动大队主要职责为行使城市规划管理方面法律、法规、规章规定的行政处罚权；行使城市绿化管理方面法律、法规、规章规定的行政处罚权；行使市政管理方面法律、法规、规章规定的行政处罚权；行使环境保护管理方面法律、法规、规章规定的涉及社会生活噪声污染、建筑施工噪声污染，饮食服务业油烟污染，向大气排放粉尘、恶臭气体或者其他含有有毒物质气体，在人口集中地区焚烧产生有毒有害烟尘和恶臭气体的物质，未采取密闭措施或者其他防护措施运输、装卸、贮存能够散发有毒有害气体或者粉尘的物质，向城区河道、水面倾倒工业废渣、城市垃圾和其他废弃物等方面的行政处罚权。机动大队同时负责组织协调重大行政执法活动，负责城市管理跨区域行政执法。

2009 年 9 月，城市管理体制调整时，市城管执法局机动大队更名为市城市管理行政执法局直属大队，基本职能职责不变。

2015 年 11 月，市城市管理行政执法局直属大队更名为市城市管理行政执法支队，主要职责是，按权限负责组织城市管理行政执法活动；负责组织、协调城市管理跨区域和重大联合执法活动。

表 1.2.7.1 市城管执法支队历届领导班子名录

2005-2008 市城管执法局机动大队

姓 名	职 务	任 职 时 间	备 考
李建林	大队长	2005.9—2008.11	
杨喜春	教导员	2005.9—2008.11	
文立伟	副大队长	2005.9—2008.11	
文斌元	副大队长	2005.9—2008.11	
宋道坤	副大队长	2005.9—2008.11	
陈忠付	副大队长	2005.9—2008.11	
龙海燕	副大队长	2005.9—2008.11	

2008-2009 市城管执法局机动大队

姓 名	职 务	任 职 时 间	备 考
文立伟	大队长	2008.11—2009.10	
丁时杰	教导员	2008.11—2009.10	
杨先锋	副大队长	2008.11—2009.10	
韩建军	副大队长	2008.11—2009.10	
龙海燕	副大队长	2008.11—2009.10	

2009-2015 市城管执法局直属大队

姓 名	职 务	任 职 时 间	备 考
文立伟	大队长	2009.10—2015.11	
丁时杰	教导员	2009.10—2012.6	
李 俊	教导员	2012.6—2014.10	
陈春贵	教导员	2014.10--2015.11	
韩建军	副大队长	2009.10—2015.11	

2015- 市城市管理行政执法支队

姓名	职务	任职时间	备考
文立伟	支队长	2015.11--	
陈春贵	政委	2015.11--	
韩建军	副大队长	2015.11--	

八、常德市城市管理行政执法局武陵分局

2009年9月，根据市委、市政府《关于进一步理顺城市管理体制的意见》文件精神，在原市城管执法局城东、城西、步行城三个大队基础上，组建市城市管理行政执法局武陵分局，简称武陵城管分局，正科级，由市城管执法局和武陵区政府双重管理。张波首任武陵城管分局局长，黄国华首任武陵城管分局党组书记。

武陵城管分局是武陵区政府组织实施城市管理综合行政执法和主管城市市容秩序工作机构。分局内设办公室、财务装备股、宣教股、法制股、市容监督股共6个职能股室；下设14个行政执法中队，其中乡街中队12个、特勤中队和市场管理中队各1个，中队长均高配为副科级。

按照市编委《关于市城市管理体制改革有关机构编制事项的通知》和武陵城管分局“三定”方案，武陵城管分局主要担负武陵区所辖6乡1镇、5个办事处区域内市容市貌、控违拆违、绿化、市政、环保等14项执法职能；同时负责武陵区委、区政府赋予的征地拆迁、创文巩卫、农贸市场管理等项职责。武陵城管分局城市管理主要职责：

负责所辖区域城市管理行政执法；负责市容市貌和市容秩序管理、整治；负责老城区小街小巷和新城区经营占道、公益活动占道管理；负责违法建设控制与拆除；负责协助市城区公共客运管理处打击非法营运车辆；负责完成市城市管理行政执法局和区里交办的其他工作。

武陵城管分局负责承担集中处罚权范围内的城市管理行政处罚权：

（一）行使市容环境卫生管理方面法律、法规、规章规定的行政处罚权，强制拆除不符合城市容貌标准、环境卫生标准的建筑物或者设施。

（二）行使城市规划管理方面法律、法规、规章规定的行政处罚权。

（三）行使城市绿化管理方面法律、法规、规章规定的行政处罚权。

（四）行使市政管理方面法律、法规、规章规定的行政处罚权。

（五）行使环境保护管理方面法律、法规、规章规定的涉及社会生活噪声污染、建筑施工噪声污染，饮食服务业油烟污染，向大气排放粉尘、恶臭气体或者其他含有有毒物质气体，在人口集中地区焚烧产生有毒有害烟尘和恶臭气体的物质，未采取密闭措施或者其

他防护措施运输、装卸、贮存能够散发有毒有害气体或者粉尘的物质，向城区河道、水面倾倒工业废渣、城市垃圾和其他废弃物等方面的行政处罚权。

（六）行使工商行政管理方面法律、法规、规章规定的对无照商贩的行政处罚权。

（七）行使公安交通管理方面法律、法规、规章规定的对侵占道路行为的行政处罚权。

（八）行使公共客运管理方面法律、法规、规章规定的行政处罚权。

至 2014 年 9 月，武陵城管分局实有行政执法专项编制 55 人，市容监察员编制 198 人，设置特勤中队、市场管理中队、城东街道中队、城南街道中队、城西街道中队、城北街道中队、三岔路街道中队、南坪岗乡中队、东郊乡中队、东江乡中队、护城乡中队、河洑镇中队、丹洲乡中队、芦荻山中队共 14 个行政执法中队。

是年 9 月，常德市委、市政府印发《关于进一步深化城市管理体制改革的意见》明确：坚持“重心下移、权责清晰，职能归并、效能整合，因地制宜、积极稳妥”原则，重新明确各级各有关部门职责，调整市区城市管理的职权和事权，理顺城市管理行政执法体制、环境卫生管理体制。市城管执法局武陵分局更名为武陵区城市管理和行政执法局，成建制移交给武陵区政府管理。

武陵城管分局 2010 年被市委、市政府命名为市创建文明城市红旗单位，2011 年再次获得市创建文明城市红旗单位奖励，2011 年被市委授予市先进基层党支部光荣称号，2012 年获得市委、市政府市巩固卫生城市先进单位表彰。

表 1.2.8.1　市城管执法局武陵分局领导班子名录

2009—2014

姓　名	职　务	任 职 时 间	备　考
张　波	局长	2009--2014	
	党组书记	2013--2014	
黄国华	党组书记	2009--2013	
熊德政	副局长	2009--2011	
宋道坤	副局长	2009--2014	
杨红杰	副局长	2009--2013	
刘海峰	副局长	2009--2014	
管　桦	纪检组长	2009--2011	
罗新辉	工会主席	2011--2014	
丁见军	纪检组长	2012--2014	

九、常德市城市管理行政执法局柳叶湖分局

2009 年 9 月，根据市委、市政府《关于进一步理顺城市管理体制的意见》文件精神，在原市城管执法局柳叶湖大队基础上，组建市城管执法局柳叶湖分局，简称柳叶湖城管分局，正科级，由市城管执法局和柳叶湖旅游度假区管委会双重管理。陈凤鸣首任柳叶湖城管分局局长，李俊首任柳叶湖城管分局党组书记。2012 年 3 月起，李贵春任柳叶湖城管分局局长，胡春甫任柳叶湖城管分局党组书记。

柳叶湖城管分局是组织实施城市管理综合行政执法和主管城市市容秩序工作机构。城管分局内设办公室、财务科、市容科和法制科共 4 个职能科室，下设 4 个行政执法中队，其中一中队负责柳叶湖主景区、七里桥、五岔、柳叶湖汽车站等地市容秩序管理。其他三个中队以辖区控违拆违工作为主；设立柳叶湖城管分局公安城管大队，实行公安和城管双重管理，人员编制纳入公安序列，日常工作和经费保障由城管分局负责。

按照市编委《关于市城市管理体制改革有关机构编制事项的通知》和柳叶湖城管分局“三定”方案，柳叶湖城管分局主要担负柳叶湖旅游度假区管辖区域内市容市貌、控违拆违、绿化、市政、环保等 14 项执法职能；同时负责柳叶湖旅游度假区工委、管委会赋予的征地拆迁、创文巩卫、农贸市场管理等项职责。柳叶湖城管分局城市管理主要职责：

负责所辖区域城市管理行政执法；负责市容市貌和市容秩序管理、整治；负责经营占道、公益活动占道管理；负责违法建设控制与拆除；负责协助市城区公共客运管理处打击非法营运车辆；负责辖区内环卫保洁工作；负责辖区内园林绿化、维护和管理工作；负责全区城市创建、爱卫工作；负责完成市城市管理行政执法局和区工委、管委会交办的其他工作。

柳叶湖城管分局负责承担集中处罚权范围内的城市管理行政处罚权：

（一）行使市容环境卫生管理方面法律、法规、规章规定的行政处罚权，强制拆除不符合城市容貌标准、环境卫生标准的建筑物或者设施。

（二）行使城市规划管理方面法律、法规、规章规定的行政处罚权。

（三）行使城市绿化管理方面法律、法规、规章规定的行政处罚权。

（四）行使市政管理方面法律、法规、规章规定的行政处罚权。

（五）行使环境保护管理方面法律、法规、规章规定的涉及社会生活噪声污染、建筑施工噪声污染，饮食服务业油烟污染，向大气排放粉尘、恶臭气体或者其他含有有毒物质气体，在人口集中地区焚烧产生有毒有害烟尘和恶臭气体的物质，未采取密闭措施或者其他防护措施运输、装卸、贮存能够散发有毒有害气体或者粉尘的物质，向城区河道、水面倾倒工业废渣、城市垃圾和其他废弃物等方面的行政处罚权。

（六）行使工商行政管理方面法律、法规、规章规定的对无照商贩的行政处罚权。

（七）行使公安交通管理方面法律、法规、规章规定的对侵占道路行为的行政处罚权。

(八) 行使公共客运管理方面法律、法规、规章规定的行政处罚权。

至2014年9月，柳叶湖城管分局实有工作人员人员58名，其中，城管执法专项行政编制15名，市容监察员43名。

是年9月，常德市委、市政府印发《关于进一步深化城市管理体制改革的意见》明确：坚持“重心下移、权责清晰，职能归并、效能整合，因地制宜、积极稳妥”原则，重新明确各级各有关部门职责，调整市区城市管理的职权和事权，理顺城市管理行政执法体制、环境卫生管理体制。市城管执法局柳叶湖分局更名为柳叶湖旅游度假区城市管理行政执法局，成建制移交给柳叶湖旅游度假区管理。

柳叶湖城管分局先后被评为常德市城市管理工作先进单位，被柳叶湖度假区工委、管委会评为控违拆违工作先进单位，创建全国文明城市工作先进单位和创建AAAA级国家旅游景区工作先进单位。

表1.2.9.1　市城管执法局柳叶湖分局领导班子名录

2009—2012

姓　名	职　务	任职时间	备　考
陈凤鸣	局长、党组副书记	2009--2012	
李　俊	党组书记	2009--2012	
王观福	副局长	2009--2012	
杨　辉	副局长	2009--2012	
尹长春	纪检组长	2009--2012	

2012—2014

姓　名	职　务	任职时间	备　考
李贵春	局长、党组副书记	2012--2014	
胡春甫	党组书记	2012--2014	
李荣华	副局长	2012--2014	
刘念平	副局长	2012--2014	
杨　辉	纪检组长	2012--2014	

十、常德市城市管理行政执法局德山分局

2009年9月，根据市委、市政府《关于进一步理顺城市管理体制的意见》文件精神，在原市城管执法局德山大队基础上，组建市城管执法局德山分局，简称德山城管分局，正科级，由市城管执法局和德山经济技术开发区管委会双重管理。刘开国首任德山城管分局

党组书记，主持工作；2010 年 4 月，刘开国首任德山城管分局局长。

德山城管分局是组织实施城市管理综合行政执法和主管城市市容秩序工作机构。德山城管分局内设办公室、法制股、财务装备股 3 个职能股室；下设市容中队、规划中队、广告中队、渣土中队共 4 个行政执法中队。

按照市编委《关于市城市管理体制改革有关机构编制事项的通知》和德山城管分局"三定"方案，德山城管分局主要担负德山经济技术开发区管辖区域内市容市貌、控违拆违、绿化、市政、环保等 14 项执法职能；同时负责德山开发区工委、管委会赋予的征地拆迁、创文巩卫、农贸市场管理等项职责。德山城管分局城市管理主要职责：

负责所辖区域城市管理行政执法；负责市容市貌和市容秩序管理、整治；负责老城区小街小巷和新城区经营占道、公益活动占道管理；负责违法建设控制与拆除；负责协助市城区公共客运管理处打击非法营运车辆；负责完成市城市管理行政执法局和区里交办的其他工作。

德山城管分局负责承担集中处罚权范围内的城市管理行政处罚权：

（一）行使市容环境卫生管理方面法律、法规、规章规定的行政处罚权，强制拆除不符合城市容貌标准、环境卫生标准的建筑物或者设施。

（二）行使城市规划管理方面法律、法规、规章规定的行政处罚权。

（三）行使城市绿化管理方面法律、法规、规章规定的行政处罚权。

（四）行使市政管理方面法律、法规、规章规定的行政处罚权。

（五）行使环境保护管理方面法律、法规、规章规定的涉及社会生活噪声污染、建筑施工噪声污染，饮食服务业油烟污染，向大气排放粉尘、恶臭气体或者其他含有有毒物质气体，在人口集中地区焚烧产生有毒有害烟尘和恶臭气体的物质，未采取密闭措施或者其他防护措施运输、装卸、贮存能够散发有毒有害气体或者粉尘的物质，向城区河道、水面倾倒工业废渣、城市垃圾和其他废弃物等方面的行政处罚权。

（六）行使工商行政管理方面法律、法规、规章规定的对无照商贩的行政处罚权。

（七）行使公安交通管理方面法律、法规、规章规定的对侵占道路行为的行政处罚权。

（八）行使公共客运管理方面法律、法规、规章规定的行政处罚权。

至 2014 年 9 月，常德经济技术开发区城管分局共有工作人员 49 人，其中行政执法专项编制人员 17 名，市容监察员 32 名。

是月，常德市委、市政府印发《关于进一步深化城市管理体制改革的意见》明确：坚持"重心下移、权责清晰，职能归并、效能整合，因地制宜、积极稳妥"原则，重新明确各级各有关部门职责，调整市区城市管理的职权和事权，理顺城市管理行政执法体制、环境卫生管理体制。市城管执法局常德经开区分局更名为常德经开区城市管理行政执法局，成建制移交给常德经济技术开发区管委会管理。

表 1.2.10.1　市城管执法局德山分局领导班子名录

2009−2014

姓　名	职　　务	任　职　时　间	备　考
刘开国	党组书记	2009--2010	主持工作
	局长、党组副书记	2010--2014	
文斌元	党组书记	2010--2011	
熊德政	党组书记	2011--2014	
陈忠付	副局长	2009--2014	
曾庆华	副局长	2009--2014	
袁　江	纪检组长	2009--2014	

第三节　区属行政管理机构

一、武陵区城管执法局

1982 年 6 月，常德市城市管理委员会成立，下设办公室，简称常德市城管办，为市政府常设机构，定编 3 人，王家炉首任市城管办副主任，主持工作。1984 年 1 月，市城管办和市建委、人防办、规划办合并组建市城市建设环境保护局。9 月，常德市城市管理委员会更名为市城市管理指挥部，恢复常设机构市城管办，马先奇、吴明德先后兼任市城管办主任。

市城管办主要职责：监督和保障《常德市城市总体规划》和各项具体规划实施；监督、检查各专业管理部门及下级城管部门工作，实施依法管城，以法治市，处理重大违章事故；直接领导和指导城市管理监察大队工作；对市容、市貌、农贸市场和环境卫生、公共秩序进行管理；监督和管理违章建筑；协助市建委搞好城市绿化工作管理；协助市建委搞好市政设施管理；协助市工商部门管理无证经营；协助交通管理部门维护交通秩序；协助公安部门维护社会治安及公共场所秩序；协助环境保护部门对生活噪音、建筑工地噪音及运载污染城市灰、砂、粉煤、渣物车辆，进行管理。

1986 年 2 月，市城管指挥部执法大队更名为市城市管理监察大队，编制 55 人，由 35 名城管队员和 20 名交通警察组成，受市城管办和市公安局双重领导。

1988 年 6 月，常德“撤区建市”，常德市城市管理办公室更名为武陵区城市管理办公室，区政府调研员朱永谟兼任区城管办主任，曾宪伯任专职副主任；直辖区城管大队。1990 年 5 月，武陵区城管大队及其编制、人员，连同机构职能由武陵区政府移交给市建委负责管理。

1994 年，曾宪伯任武陵区城管办主任，李友均任党支部书记。1998 年，区城管办设立党组，李友均首任党组书记。

2002 年 1 月，武陵区城管办更名常德市武陵区城市管理局（简称武陵区城管局），李友均首任局长，汤大鼎首任党组书记。武陵区城管局内设办公室（加挂城管法制宣传股牌子）、市容环境卫生督导股 2 个职能股室；定编 6 名，其中行政编制 5 名；局长 1 名，副局长 3 名，其他工作人员 1 名；另设机关后勤服务人员编制 1 名。区城市管理局主要职责：

制订全区城市管理工作总体规划和年度计划，提出各个阶段工作任务和目标，统筹安排并组织实施；对街道办事处、郊区乡（镇）和区直各部门与城管创建有关业务工作进行指导协调和检查督促；对城管创建责任部门目标管理责任制执行情况进行检查、考核、验收；调处有关城市综合管理和集中整治工作中出现的矛盾和问题；抓好城管法规建设，拟定区城市管理规范性文件报区政府审定，开展城市管理宣传教育，提高市民文明卫生素质；抓好市容监察员队伍建设和管理；督促和指导乡（镇）、街道及辖区单位搞好“门前三包”门内达标工作；配合市城管局加强对城区临时市场规划、建设和管理；组织街道搞好单位、居民区卫生；督促乡、镇搞好集镇、墟场和城乡接合部市容秩序和环境卫生管理；归口管理城管创建经费，根据居委会实际工作情况，核拨居委会创建工作经费。

2003 年 1 月，汤大鼎任局长，杨丕菊任党组书记。

2009 年 10 月，根据市委、市政府《关于进一步理顺城市管理体制的意见》，市城管执法局武陵分局成立。武陵区城管局撤销，成立武陵区城市工作办公室。

表 1.3.1.1　武陵区城市管理局（城管办）历届领导班子名录

1982—1984　常德市城管办

姓　名	职　务	任　职　时　间	备　考
王家炉	副主任	1982.6—1984.1	主持工作

1984—1986　常德市城管指挥部办公室

姓　名	职　务	任　职　时　间	备　考
马先奇	主任（兼）	1984.1—1985.4	
吴明德	主任（兼）	1985.4—1986.8	
罗明顺	副主任	1984.1—1986.8	

1986—1988　常德市城管办

姓　名	职　务	任　职　时　间	备　考
朱永谟	主任（兼）	1988.6—	

续上表

姓　名	职　务	任　职　时　间	备　考
曾宪伯	副主任	1988.6−	
朱山良	副主任	1988.6−	

1990−1994　　武陵区城管办

姓　名	职　务	任　职　时　间	备　考
王家炉	主任	1990.5−1994.6	
曾宪伯	副主任	1990.5−1994.6	

1994−2002　　武陵区城管办

姓　名	职　务	任　职　时　间	备　考
曾宪伯	主任	1994.6−2002.1	
李友钧	书记	1998.3−2002.1	
汤大鼎	副主任	1995.6−2002.3	
李镇义	副主任	1995.6−2002.4	
刘小波	副主任	1999.10−2002.1	
吴其凡	纪检组长	1995.10−2002.4	

2002−2003　　武陵区城管局

姓　名	职　务	任　职　时　间	备　考
李友钧	局长	2002.1−2003.1	
汤大鼎	党组书记	2002.3−2003.1	
刘小波	副局长	2002.1−2003.1	
王喜杰	副局长	2002.1−2003.1	

2003−2009　　武陵区城管局

姓　名	职　务	任　职　时　间	备　考
汤大鼎	局长	2003.1−−2009.10	
杨丕菊	党组书记	2003.1−−2009.10	
刘小波	副局长	2003.1−2009.10	
明良国	副局长	2003.1−2006.1	
徐明杰	纪检组长	2003.1−−2009.10	

2014 年 9 月，为了适应城市管理发展需要，进一步明确市、区城市管理职责事权，常德市人民政府印发《关于进一步深化城市管理体制改革的意见》，明确将市城市管理行政执法局武陵分局人、财、物成建制下放到武陵区，在武陵区城市管理领域开展相对集中行政处罚权。撤销常德市城市管理行政执法局武陵分局，组建常德市武陵区城市管理和行政执法局，为武陵区人民政府领导的独立行政执法部门。

是年 10 月，常德市武陵区城市管理和行政执法局成立，简称武陵区城管执法局，正科级，为武陵区人民政府工作部门，下辖武陵阁步行城管理办公室、城区渣土管理办公室 2 个直属单位；内设办公室、人事股、财务装备股、法制股、行政许可办公室、市容股、执法监督股、工会办、党办共 9 个职能股室；下设特勤中队、东江街道中队、永安街道中队、南坪街道中队、长庚街道中队、启明街道中队、府坪街道中队、丹阳街道中队、穿紫河街道中队、白马湖街道中队、芷兰街道中队、芙蓉街道中队、丹洲乡中队、芦荻山乡中队、河洑镇中队共 15 个执法中队，确定专项编制 107 名（不含武陵阁步行城管理办公室、城区渣土管理办公室执法专项编制）。

武陵区城管执法局主要职责：

负责宣传、贯彻、落实城市管理法律、法规和政策；依照相关法律、法规、规章规定，集中行使城市管理方面行政处罚权，负责行使市容环境卫生管理、园林绿化管理、市政管理、城乡规划管理、工商行政管理和环境保护管理行政处罚权，履行省、市、区政府依法规定的其他职责；负责违法建设控制与拆除；负责管理武陵阁商业步行城管理办公室和城区渣土管理办公室工作；负责完成区委、区政府交办的其他工作。

武陵区城管执法局获评 2014 年全区改革工作优秀单位、2014 年全区控违拆违工作优秀单位、2014 年全区征地拆迁安置工作优秀单位、2014 年全区棚改工作优秀单位。

表 1.3.1.2 武陵区城管执法局领导班子名录

2014—

姓 名	职 务	任 职 时 间	备 考
张 波	局长、党组书记	2014.10--	
宋道坤	副局长	2014.10--	
刘海峰	副局长	2014.10--	
管 桦	副局长	2014.10--	
罗新辉	工会主席	2014.10--	
丁见军	纪检员	2014.10--	

二、柳叶湖旅游度假区城管执法局

2014 年 10 月，按照市政府《关于进一步深化城市管理体制改革的意见》要求，柳叶湖旅游度假区工委、管委会结合全区实际，按照精简、统一、效能原则，在市城管执法局柳叶湖分局人、财、物成建制下放到柳叶湖管委会基础上，组建柳叶湖旅游度假区城市管理行政执法局，简称柳叶湖城管执法局，为柳叶湖管委会正科级工作机构。

柳叶湖城管执法局内设办公室、财务股、法制股、考评评价办公室、智慧城管办公室、行政许可办公室共6个职能股室；下设白鹤镇市容中队、规划中队，七里桥街道市容中队、规划中队，柳叶湖街道市容中队、规划中队，环湖路直属中队，渣土中队，景区中队共9个行政执法单位。柳叶湖城管执法局核定执法专项编制60名（其中内设机构20名、城市管理执法大队35名、城市数字化管理中心5名），核定领导职数6名。

柳叶湖城管执法局主要职责：负责全区城市管理行政执法工作；负责全区渣土处置许可、收费和行政执法，消纳场建设、渣土调剂、储备和市场化，以及建设工地进出现场管理等；负责全区制煤场管理；负责全区临街门面装修、小区物业装修管理；负责全区限时夜市、马路市场、摊担布点、准入、考核；负责全区“门前三包”管理；负责全区城区行人和非机动车辆交通秩序管理；负责全区占道经营许可；负责全区城市数字化管理建设和监管；负责“牛皮癣”、小广告、气球、拱门、气模管理和执法。

表 1.3.2.1　柳叶湖旅游度假区城管执法局领导班子名录

2014—

姓　名	职　务	任　职　时　间	备　考
李贵春	局长、党组书记	2014--	
胡春甫	副局长、党组副书记、纪检员	2014--	
刘念平	副局长	2014--	
黄富强	副局长	2014--	

三、鼎城区城管执法局

鼎城区城市管理行政执法局前身是鼎城区建设局城市管理监察大队，1990年3月成立，负责管理鼎城区武陵镇区域内市容市貌，纠正和查处摆摊设点、流动摊贩、占道经营，参与建筑基础放样管理。1995年，鼎城区城管办成立，区城市管理监察大队划归区城管办管理。2000年3月，鼎城区城市管理监察大队和区环境卫生管理处合并组建鼎城区市容管理局。

2007年7月，鼎城区人民政府依据湖南省人民政府《关于在鼎城区开展相对集中行政处罚权工作的批复》，成立鼎城区城市管理行政执法局，简称鼎城区城管执法局。鼎城区城管执法局内设办公室、政工人事股、法规监察股、财务股、违章处罚中心、行政许可办、纪律督查室共7个职能股室；下设区环卫处及市容执法大队、广告执法大队、规划执法大队、公安城管大队共5个直属单位。

鼎城区政府同步颁行《鼎城区实施城市管理相对集中行政处罚权暂行办法》，规定区城管执法局在鼎城区城市管理领域：

（一）行使市容环境卫生管理方面法律、法规、规章规定的行政处罚权，强制拆除不符合城市容貌标准、环境卫生标准的建筑物或者设施。

（二）行使市政管理方面法律、法规、规章规定的行政处罚权。

（三）行使城市园林绿化管理方面法律、法规、规章规定的行政处罚权。

（四）行使城市规划管理方面法律、法规、规章规定的在城市规划区内对未取得“建设用地规划许可证”和“建设工程规划许可证”进行建设的行政处罚权。

（五）行使环境保护管理方面法律、法规、规章规定的部分行政处罚权。

（六）行使城市公安交通管理方面法律、法规、规章规定的对乱停乱放车辆、当路摆摊设点、堆物作业等侵占城市道路行为的行政处罚权。行使公安管理方面法律、法规、规章规定的对城区范围内违反烟花爆竹管理规定的行政处罚权。

（七）行使工商行政管理方面法律、法规、规章规定的对无照商贩，以及有照但不按执照规定场地经营而进行店外经营、店外作业的商贩的行政处罚权，行使对自产蔬菜和农副产品未进入政府指定地点销售的行政处罚权，行使对违规设置户外广告行为的行政处罚权，行使对破损或者残缺等影响市容的广告行为的行政处罚权。

（八）行使城市公共客运管理方面法律、法规、规章规定的对摩托车等交通工具在武陵镇城区范围内无证载客运营的行政处罚权。

（九）行使城市燃气、供水管理方面法律、法规、规章规定的未取得相应资质而进行燃气、供水工程施工和经营燃气和供水行为的行政处罚权。

（十）行使城市人民防空管理方面法律、法规、规章规定的行政处罚权。

（十一）行使犬类管理方面法律、法规、规章规定的对在城区无证售犬、养犬，违法携犬外出等破坏城市管理秩序行为的行政处罚权。

（十二）行使殡葬管理方面法律、法规、规章规定的涉及城市公共管理方面的行政处罚权。

（十三）履行湖南省、常德市、鼎城区人民政府依法规定的其他职责。

2010年3月，城市公共客运管理方面管理职能划归区交通局履行。

表 1.3.3.1　鼎城区城管执法局（城管办、城管局）领导班子名录

1995—2007　　鼎城区城管办

姓　名	职　务	任职时间	备　考
刘少峰	主任	1995—1999	第一届班子成员
高德华	党组书记	1996—1997	
胡晓红	副主任	1997—2000	

续上表

姓　名	职　务	任职时间	备　考
蔡建球	主任	2000-2001	
杨宏武	副主任	2000-2007	第二届班子成员
胡晓红	副主任	1997-2000	
陈顺德	主任	2002-2007	第三届班子成员
杨宏武	副主任	2000-2007	

2007-2011　　鼎城区城市管理行政执法局领导班子名录

姓名	职务	任职时间	备考
李小波	局长、党组书记	2007.12—2011.10	
陈开明	副局长、党组副书记	2007.12—2011.10	
周和生	副局长、党组副书记	2007.12—2011.10	
张学平	副局长	2007.12—2011.10	
朱方喜	党组成员	2007.12—2011.10	
黄　河	党组成员	2007.12—2011.10	
代冬枝	工会主席	2007.12—2011.10	

2011-2012

姓名	职务	任职时间	备考
张圣华	局长、党组副书记	2011.11—2012.12	
周和生	副局长、党组书记	2011.11—2012.12	
陈开明	副局长、党组副书记	2011.11—2012.12	
张学平	副局长	2011.11—2012.12	
贾正国	副局长	2011.11—2012.12	
朱方喜	党组成员	2011.11—2012.12	
黄　河	党组成员	2011.11—2012.12	
代冬枝	工会主席	2011.11—2012.12	

2012-

姓　名	职　务	任职时间	备　考
王　磊	局长、党组书记	2012.12-	

续上表

姓　名	职　务	任职时间	备　考
周和生	副局长、党组副书记	2012.12-	
陈开明	副局长、党组副书记	2012.12-	
张学平	副局长	2012.12-	
贾正国	副局长	2012.12-	
伍　伟	副局长	2012.12-	
朱方喜	党组成员	2012.12-	
代冬枝	工会主席	2012.12-	

四、常德经济技术开发区城管执法局

1993 年 7 月，德山开发区城管办成立，为德山开发区管委会直属副科级事业单位。2002 年 3 月，撤销城管办，成立德山开发区城管局，为德山开发区管委会正科级工作机构，下设德山开发区爱卫办、创建办、食品安全办、酒管办、屠宰办等 5 个直属单位。

德山开发区城管局主要职责：制订全区城市管理工作总体规划和年度计划，统筹安排并组织实施；对街道办事处（镇）和区直各部门城管创建工作进行指导协调和检查督促；抓好城管法规建设，拟定区城市管理规范性文件报管委会审定，开展城市管理宣传教育，提高市民文明卫生素质；抓好市容监察员队伍建设和管理；督促和指导街道（镇）及辖区单位搞好“门前三包”门内达标工作；配合市城管局加强对城区临时市场规划、建设和管理；组织街道搞好单位、居民区卫生；归口管理食品安全办、酒管办、屠宰办工作。

2009 年，市城管执法局德山分局成立，德山开发区城管局撤销。

表 1.3.4.1　德山开发区城市管理局（城管办）领导班子名录

1993-2009

姓　名	职　务	任职时间	备　考
刘明俊	城管办主任	1993.7-2002.3	
	城管局局长	2002.3-2009.10	
周建新	城管局副局长	2002.3-2009.10	
李志龙	城管局副局长	2009.4-2009.10	

2014 年 10 月，按照市政府《关于进一步深化城市管理体制改革的意见》要求，常德经济技术开发区工委、管委会结合全区实际，按照精简、统一、效能原则，在市城管执法局常德经开区分局人、财、物成建制下放到经开区管委会基础上，组建常德经济技术开发

区城市管理行政执法局，为经开区管委会正科级工作机构。

经开区城管执法局内设办公室、法制办、考评办共3个职能股室，下设市容大队、渣土大队、拆违大队、监督指挥中心、渣土办共5个直属单位，挂靠管理区控违拆违办。全局共有工作人员126人，其中行政执法人员45名，市容监察员（含临聘人员）81名。

经开区城管执法局主要职责：负责常德经济技术开发区城市管理行政执法；负责承担集中行政处罚权范围内的城市管理行政处罚权；负责市容市貌和市容秩序管理、整治；负责经营占道、公益活动占道管理；负责违法建设控制与拆除；负责广告管理；负责渣土管理；负责协助市城区公共客运管理处打击非法营运车辆；负责完成市城市管理行政执法局和经开区工委管委交办的其他工作。

表 1.3.4.2　　常德经开区城管执法局领导班子名录

2014—

姓　名	职　务	任 职 时 间	备　考
刘开国	局长、党支部书记	2014.10--	
熊德政	副局长、副书记	2014.10--	
陈忠付	副局长	2014.10--	
曾庆华	副局长	2014.10--	
龙希望	副局长	2014.10--	
袁　江	纪检员	2014.10--	

第二章　队伍建设

第一节　队伍管理与教育培训

一、工作目标管理

常德市城市管理指挥部执法大队始建于1984年9月，1986年更名为市城市管理监察大队，简称市城管监察大队；人员编制55人，其中城管执法人员35名，公安交警20名，属市城管办、市公安局双重领导，以市城管办管理为主。1988年6月“撤区建市”后，市城管大队更名为武陵区城管大队，由武陵区政府城管办领导。

“撤区建市”前，市城管办及市城管大队在市委、市政府领导下，实施“依法管城，以法治市，”严格实施城市环境卫生管理条例，对市容市貌、农贸市场和城市环境卫生、公共秩序实施严格管理；严格执行城市规划，监督和协助建筑单位搞好文明施工，监督和查处违章违法建筑；协助工商部门严格管理违章经营活动；协助交通管理部门维护交通秩序；协助公安部门维护社会治安及公共场所秩序；协助环境保护部门对生活噪音、建筑工地噪音及城市灰、砂、粉煤、渣物等车辆运载污染实施管理。常德市城市市容环境卫生在全省地辖市居领先水平，1984年至1987年，连续4次获得全省城市卫生检查地辖市第一名。市环卫处涌现出省建设系统”劳动模范”张孝珍、地市两级”劳动模范”哈汉平、市政府”劳动模范”陈金先等先进模范人物。

1990年2月，常德市实施市区职能第二次调整，武陵区城管大队由武陵区政府移交给常德市建委管理，更名为常德市城市建设管理监察大队，简称市城建监察大队；定编40名，为正科级事业单位。原20名公安交警划回给武陵区公安局管理。调整后市城建监察大队主要职责：城市规划管理监察、园林绿化管理监察、市政设施管理监察、建筑文明施工管理监察、市容市貌管理监察、城市临时占道管理监察。1996年12月，市城建监察大队从市建委成建制划归市城管办管理，更名为市城管监察大队。2000年6月，市城管监察大队升格为市城市管理监察支队，为市城管办直属副处级行政执法机构。同年，市环卫处亦升格为市城管办直属副处级事业机构。

2001年8月，在市城管办基础上组建成立常德市城市管理局。市委、市政府明确：市城管局是负责综合协调城市管理、组织实施城管综合执法和主管城市市容和环境卫生的市人民政府工作部门。市城管局内设办公室、人事科（监察室与其合署办公）、市容环境卫生督导科、城区营运车辆管理督导科（加挂常德市城区营运车辆管理办公室牌子）共4

个职能科（室）；管理市城区临时占道管理办公室（简称市临时占道办，加挂市城区户外广告管理办公室牌子）。市城管局下辖市城管监察支队、市环卫处和市步行城管理办公室3个直属单位。市城管局同时负责市城市创建工作领导小组办公室即市创建办日常工作。

1990年至2004年，常德市城管局（市城管办）及市城管支队（市城管大队）、市环卫处、市步行城（步行街）管理办等单位在市委、市政府领导下，高举市委、市政府相继明确的创建文明卫生城市和“四个城市一起创”鲜明旗帜，切实担当常德市行政区内城市市容环境卫生行政管理部门职责，严格执行国务院《城市市容和环境卫生管理条例》（1992年国务院101号令）和《常德市城市市容和环境卫生管理暂行办法》（1997年市政府7号令），认真组织武陵区、鼎城区、德山经济技术开发区、柳叶湖旅游度假区和市直各部门城市创建工作，对城市管理、城市创建责任部门目标管理责任制执行情况进行检查、考核、验收；切实负责城区市容和环境卫生行政管理和环卫作业，负责组织实施城区城市管理综合执法；严格实施各类临时占用道路和城区户外广告审批和设置管理，严格查处占道违法和设置户外广告违法行为；严格城区渣土运输调配、处理管理，规范、监督渣土运输；严格执行城区载客营运车辆总量控制，严厉打击非法营运，协调解决城区客运管理矛盾。常德市城市管理始终保持全省领先水平，全国文明城市、国家卫生城市、国家园林城市和中国优秀旅游城市“四个城市一起创”宏伟城市创建工作顺利推进。

1999年，建设部授予常德市“全国城市环境综合整治优秀城市”称号。2000年，国家旅游局授予常德市“中国优秀旅游城市”称号。2001年，全省城市工作现场会议在常德市召开。2002年，中央文明委表彰常德市为“全国文明城市创建工作先进城市”；国家爱卫会命名常德市为“国家卫生城市”；建设部命名常德市委为“国家园林城市”。至此，市委、市政府提出的“四个城市一起创”目标圆满实现。

2005年1月，常德市成立市城市管理行政执法局，简称市城管执法局；市城管监察支队人员、编制、职能并入市城管执法局，机构撤销。市城管执法局直属管理机动大队、城东大队、城西大队、德山大队，授权市环卫处管理市容环卫大队、授权常德火车站广场管理处管理火车站广场大队、授权市公共客运管理处管理公共客运大队、授权步行城管理办公室管理步行城大队。是年起，市城管执法局不再承担市创建办工作职责（市创建办划归市政府城市工作办公室管理），专职负责国家卫生城市巩固工作；同时，作为主创部门，承担全国交通管理模范城市、国家环保模范城市、国际花园城市、中国人居环境范例城市创建，即新一轮“四个城市一起创”和全国文明城市创建城市市容环境卫生项目达标工作。

2005年至2015年，市城管执法局始终高举新一轮“四个城市一起创”和全国文明城市创建鲜明旗帜，恪尽职守，奋发有为，队伍自身建设和城市管理水平始终保持全省领先地位，2006年，市城管执法局荣获建设部“全国城市管理先进集体”奖励；城市管理基础设施建设始终保持全省领先水平，全省第一家建成国家Ⅱ级垃圾填埋场并率先实现生活垃圾无害化处理率100%、全省第一家垃圾填埋场沼气发电顺利建成并网发电、全省第一家垃圾发电厂顺利建成并网发电、全省第一家数字城管系统率先运行并率先成功升级为智慧城管系统、全省率先建成全国步行及自行车交通示范城市；城市管理体制改革始终居全省领先地位，2005年，全省第一家实施城市管理领域相对集中行政处罚权，2009年至2014年，全面深化城市管理体制改革，下放城市管理领域事权、财权和人事管理权，成立武陵区城市管理和行政执法局、常德经济技术开发区城市管理行政执法局和柳叶湖旅游度假区城市管理行政执法局，真正实现城市管理领域“重心下移”；2013年至2015年，市城管执法局在城市“三改四化”攻坚中承担“路改”项目中“城市家具”配置和“四化”中美化、亮化、数字化“三化”重责，全局同心戮力，城市面貌焕然一新。新一轮“四个城市一起创”和全国文明城市创建工作顺利推进。

2005年，常德市从西班牙成功捧回国际花园城市金奖证书和奖杯；常德市成功创建成为全国交通管理模范城市。是年，常德在全省城市环境综合整治定量考核综合排名第一。2006年，常德市顺利通过国家环保模范城市专家评审组验收，成为国家环保模范城市。2008年，常德市跻身“中国特色魅力城市200强”排行榜。2009年，常德市再次被中央文明委授予“全国创建文明城市工作先进城市”称号。2010年，常德市入选新中国成立60年“中国城市发展代表”（全国共60家）。2011年，常德市获得“全国文明城市”称号。至2015年，常德市经历全国爱卫会和省爱卫会多次严格复查复审，成功巩固国家卫生城市创建成果，始终保持国家卫生城市荣誉；其间，连续多年保持全省城市卫生检查第一名品牌。2015年，中央文明委明确常德市保持“全国文明城市”称号。至此，市委、市政府提出的新一轮“四个城市一起创”和全国文明城市创建目标超额实现。

1989年以来，市城管执法局获得建设部“全国城市管理先进集体”奖励；市环卫处获得建设部市容环境卫生先进单位“时传祥奖”，多次获得全省建设系统先进集体以及湖南省优秀事业单位法人、为民办实事先进单位、湖南省城市市容环境卫生先进集体称号；市城管监察大队获得全省行业职业道德建设先进单位奖励；常德火车站广场管理处和市公共客运管理处获得湖南省文明窗口单位称号；市商业步行街获得中宣部、国家工商总局、中央文明办等六部委命名为全国“百城万店无假货”示范街，国家质量技术监督总局命名为全国购物放心一条街，湖南省文明委命名为全省“文明街道”、全省“创建信用单位先进集体”。市城管执法局系统涌现出全国“五一劳动奖章”获得者、建设部和湖南省“劳动模范”李明菊，建设部“劳动模范”哈汉平，湖南省“劳动模范”张孝珍、刘开国，“全国城市市容环境卫生先进工作者”、“全国建设系统先进工作者”邓亚兰，“全国城市市容环境卫生先进工作者”赵德波。

二、队伍素质建设

市城管办成立之初，即十分重视领导班子建设、队伍职业道德建设和干部职工思想素质建设。原常德市城管大队20世纪80、90年代，强化大队部和大队党支部领导班子建设，始终坚持勤政廉政；强化执法队伍思想素质建设，坚决执行职业道德规范；强化一线队员法制纪律建设，始终坚持依法治理、执法为民；强化城市管理制度建设，始终坚持抓住重点难点，创造性开创城市管理工作新局面。1994年，市城管大队被评为全市城市社会主义教育先进单位；1995年被评为全省建设系统思想政治工作先进集体。

2001年，市城管局成立，同时设立党组；市城管支队和市环卫处升格为副处级机构后，分别成立党委。市城管局努力加强班子建设，全系统各级领导干部深入学习“三个代表”重要思想和江泽民“七一”讲话，进一步提高政治理论水平，树立正确政治理想信念，激发提高自身素质的内在动力；市城管局在市城管支队和市环卫处执法队伍建立“内强素质，外树形象”的半军事化管理机制，加强思想政治建设，加强各级班子建设，创建市民满意所队，创建一流城管执法业绩和一流城管执法队伍；市城管局广泛深入开展创市民满意所队活动，市环卫处开展劳动作业竞赛、服务竞赛、“创满意”竞赛，大力倡导“不畏艰难、勇于拼搏、团结一心、争创一流”的城管精神；市城管支队切实加强执法行为严格管理监督，积极倡导打不还手、骂不还口，既管出城管机关权威，又树立城管队伍良好形象，受到广大市民赞誉；市城管局积极加强自身建设，改善办公和执法条件。市城管支队、市环卫处分别添置执法用车，配齐通信工具，队伍快速反应能力大大增强，局机关及环卫处、城管支队还分别装修、改造办公场所，建设无纸化数字办公局域网，办公条件得到极大改善。

2002年，市城管局在城市管理、城市创建获得几大国家级成果基础上，进一步提出戒骄戒躁，进一步加强思想素质建设。市城管局在市区两级城管系统中深入开展学习绵阳交警活动，强化城市管理法规和政策教育，强化军事化素质和纪律训练，出台内部管理“重典”，全方位解决以罚代收、以罚代管顽症，建设一支“威武之师、文明之师、形象之师”；市城管局加强科学管理能力建设，努力提高城市管理行政执法总体水平，形成规划、建设、工商、卫生、交警、运管、环保等职能部门有关城市管理、城市创建工作一盘棋的行政执法调度体系；深入研究执法手段、执法依据，在综合执法具体实施之前，充分发挥现有联合执法体系的作用，努力做到一切措施、一切行动都持之有据、言之有据。

2003年，市城管局印发《关于进一步规范行政执法行为的通知》，强化城管系统依法行政、文明执法，严明执法纪律，禁止“三乱”行为，树立良好形象，明确行政执法人员履行职务，必须按规定着装、亮证，按程序执法，严禁非组织安排或不按规定和要求执行职务；不得超越城市建成区范围实施任何行政处罚。禁止在城市建成区以外的公路（含207国道绕城线）设卡、拦车、罚款、收费；严禁越权执法，市直相关部门和武陵区、鼎城区、德山开发区、柳叶湖度假区要求支援相关工作，必须持正式申请，报经局分管领导正式批示后方能安排执行，执行时不得超越职责权限；实施行政处罚，必须认真收集证据，严格按程序操作。市城管局还印发《常德市城市管理局队伍建设管理六条禁令》：严禁在工作日和加班时间内饮酒；严禁向管理相对人索、拿、卡、要；严禁侮辱、殴打管理相对人，严禁在违章摊点消费；严禁着装不整和吸烟、嚼槟榔执法；严禁着制服进娱乐场所娱乐、消费。

2004 年，市城管局进一步推进勤政作风建设。市城管支队实施《市容秩序包片管理责任制考核办法》，在驻办事处中队建制基础上，对辖区实行切块分片，形成若干责任片区小组，按照市容秩序“十无”标准 (无出店经营、无流动商贩、无乱搭乱建、无乱停乱放、无乱吊乱挂、无乱丢乱泼、无乱贴乱画、无占道擦鞋、无落地广告、无占道打牌) 进行量化考核，奖优罚劣，实行工作绩效与工资挂钩，确保市容秩序全天候、全方位管理。切块包片责任制直接导致工作方法改进。广大队员下街道、进社区、走街串巷、挨家挨户做工作，搞宣传，与广大市民打成一片，改善城管工作群众基础，收到良好社会效益和工作效果，引致社会各界和兄弟城市同行好评。市环卫处实施《市容环境卫生长效管理实施办法》，对作业组织服务标准、考核制度、奖惩办法做出明确规定。同步推行管干分离、专业管理与社会管理相结合、作业服务市场化运作改革，加快环卫作业市场化步伐，初步形成“权责明晰、绩效挂钩、长效管理”的环卫作业机制。全年城区日清扫保洁面积 420 万平方米，比上年增加 12%；清运垃圾 18.3 万吨，比上年增加 0.7%；完成有偿服务收费 450 万元，比上年增长 20%。全市垃圾袋装化普及率 85%以上；机械化作业率 39%以上；道路冲洗合格率 100%，垃圾清运率 100%，垃圾无害化处理率 100%，水冲式公厕普及率 100%。市环卫处被建设部授予全国市容环卫行业最高奖——时传祥奖。

2005 年，市城管局改组为市城市管理行政执法局，在城市管理领域实施相对集中行政处罚权，市委、市政府确定全市城管系统全年开展“城市管理市民满意年”活动。围绕这一活动，市城管执法局大力推进城管执法队伍工作作风转变，严格规范行政执法行为，广泛开展亲民爱民活动，城管队伍形象大为改观，城管执法更加规范有效。市城管执法局扎实开展“满意执法”“满意清扫”“满意公交”“满意公厕”系列创建活动。一是切实转变工作作风。深入开展以人为本、换位思考、与执法相对人交朋友结对子活动，强化城管队员服务意识和人本意识。转变执法方式。以包片管理责任制为中心，全面推行徒步执法，变“搬上车”为“搬进店”。转变处罚方式。建立城管处罚中心，公示违章处理办法，实行管理和处罚分离，有效制约现场执法处罚随意性，增强城管处罚公开性和透明度。二是深入开展创“市民满意所队”活动。以队容风纪、办事公开、任务完成三项目标为主题创建内容，以“抓管理、强服务、提素质、树形象”四大措施为活动重点，深入开展创“市民满意所队”活动。7 月，在全局开展提高依法行政水平，坚持文明执法整肃活动，针对问题查摆现象，探讨原因，提高队伍执法水平。城市管理和监察执法更加严格，城市秩序更加优化，市民利益得到充分尊重和维护。

2006 年，市城管执法局在全系统扎实开展保持共产党员先进性教育活动，提高队伍政治素质和理论水平。全局党员干部认真开展批评和自我批评，从心灵深处剖析，以实际行动反思，从工作方式探讨，开展系列主题实践活动：一是进一步加强领导班子建设。坚持民主集中制原则，加强集体领导，规范领导班子议事决策程序，改善领导方式和工作方法。二是进一步推进基层组织建设。正确把握和运用党建工作科学规律，大大增强基层党组织创造力、凝聚力和战斗力。加强反腐倡廉教育。始终把党风廉政建设摆在突出位置，积极探索加强廉政教育、完善制度创新、强化监督惩处、深化行业纠风有效途径和方式，不断增强反腐倡廉建设各项工作科学化水平。三是进一步推进依法行政建设，严禁索拿卡要，加强对缓作为、不作为、乱作为的责任追究。切实做好信访维稳工作，认真办理“两会”建议提案，着力解决好关系人民群众切身利益突出问题。当年，市城管执法局被建设部授予“全国城市管理先进集体”称号。

2007 年，市城管执法局始终坚持依法行政和执政为民执法理念，突出队伍法制建设和职能建设，有效规范执法行为，不断改善队伍形象。一是搞好学习培训，加强业务指导。广泛深入开展“普法”知识学习，采取理论讲座、案例分析、现场制作法律文书等形式，有效提高执法队员理论水平和实践工作技能，促进全市城管行政执法工作法律化、规范化水平提高。二是清理执法依据，明确执法责任。根据开展城市管理相对集中行政处罚权工作实际需要，组织专门班子对城市管理执法工作涉及的法律、法规、规章等依据进行全面彻底清理，共清理现行有效法律、法规、规章 23 部，界定市城管执法局共行使户外广告管理等 8 项行政许可权和城市市容、城市客运、城市规划、市政公用、园林绿化、环境保护、公安交通、工商行政等 8 个方面共 114 项行政处罚权。三是完善执法制度，强化执法监督。针对行政许可操作欠规范，处罚随意性大等实际情况，经过反复讨论研究征求各方面意见后，先后出台《行政许可与行政处罚程序规定》《规划执法程序规定》以及《行政执法责任制制度》《行政执法过错责任追究制度》《行政处罚自由裁量阶次制度》和《规范性文件拟制规定》等近 20 个执法规定和制度，基本形成行政执法制度体系。

2008 年，市城管执法局着力开展“思想、作风、纪律”三大整顿活动。活动分为四个阶段，一是集中学习。结合实际，采取集中授课、警示教育、分组讨论、军事训练和“一对一”思想谈心等多种形式，深入学习、层层动员，使全体干部职工充分认识到开展三大整顿活重要性和必要性。二是查摆问题。本着实事求是和惩前毖后、治病救人原则，撰写自我剖析材料，查摆思想、作风、纪律方面存在的具体问题；全局上下层层召开生活会，开展批评与自我批评，局党组成员带头开展自查自纠。三是集中整改。对各单位查摆出问题，制订有效整改方案，将整改措施、奖惩措施和责任明确到人；对个人查摆出的问题，制订具体整改措施，明确监督人督导整改，同时公布整改落实情况，接受社会监督。四是组织处理。对群众举报查实的违法违纪案件，严格按组织程序、党纪政纪进行严肃处理，2 名中层骨干被免职，1 名中队长被撤职。

2009 年，常德市实施城管体制改革，按照人权财权事权相结合相一致原则调整城市管理体制，逐步形成城市管理以区为主、市级宏观统筹格局。6 月，市城管执法局举行列队会操比赛，为组建区级分局抓紧队伍素质训练。7月，市政府出台《理顺城市管理体制改革实施方案》，分离城市管理行政处罚权与审批许可权、监督检查权，解决城管、规划、卫生等部门在城市管理体制中职能交叉、多头执法等突出问题。10月，武陵区、柳叶湖旅游度假区和德山开发区分别组建城管执法分局。11月，武陵城管分局颁行《行政执法队员行为规范》，重申着装规范、仪表规范、职业道德规范方面文明管理、文明执法、公正执法、廉洁自律等15条涵盖坐班、执勤、生活各方面日常行为规范，进一步加强城市管理行政执法队伍建设，树立城市管理行政执法队伍良好形象。

2010年，市城管执法局继续推进为民办实事作风建设。一是认真落实提案议案办理工作。市城管执法局当年承办市五届人大二次会议代表建议、政协五届二次会议委员提案共计62件，其中主办件35件，会办件27件，回复率、见面率、满意率均达100%。二是认真落实省市为民办实事工作。当年，常德市城区平均日清运生活垃圾586吨，全部进行无害化处理，继续保持生活垃圾无害化处理率达100%先进水平。三是认真落实依法行政措施。当年，市城管执法局强力推进3大体系、17项制度建设，从源头上杜绝不依法行政、不严格执法、不文明执法现象。四是切实推进精兵简政。按照“精干、高效、优质”原则，实现人员、岗位优化配置；积极开展“创先争优”活动，将工作要求和工作标准向社会进行公开承诺，组织集中点评。完善《常德市市容管理标准》，进一步明确工作标准，细化责任指标。加大主次干道、小街小巷、城乡接合部市容秩序管理力度，相继开展对出店经营、占道经营、乱搭乱建、夜市烧烤、广告条幅、农贸市场周边、学校周边等多项集中整治活动。

2010年12月27日，市城管执法局中层骨干竞争上岗演讲

2011年，市城管执法局积极推动人民满意机关建设。一是积极开展“公正执法年”活动。全面落实行政处罚自由裁量权基准，严格规范行政裁量权。特别是在市容秩序、渣土执法、广告执法、规划拆违等群众反映比较大的难点上，与民生息息相关的问题上，制订有法可依的行政处罚自由裁量权基准制度。对局系统8个重要岗位，开展行政效能监察，尤其是市纪委确定的市容科科长、直属大队大队长两个重要岗位，从工作业绩、管理能力、队伍建设、廉政建设等各个方面进行综合考核和重点监督，确保不出现缓作为、不作为、乱作为现象和行为。二是积极规范行政许可行为。大力推进“两集中、三到位”工作，进一步梳理行政审批流程，公开承诺占道、户外广告审批办理时限从7个工作日压减到4个工作日，现场办结审批事项超过30%，各项工作取得明显的成效。全年共受理处罚

案卷 1053 件，件件做到事实清楚、证据充分、程序合法、处理适当。

2012 年，市城管执法局继续按照市委、市政府建设“亲民政府、法治政府、诚信政府、高效政府、节约政府、廉洁政府”要求，着力抓好人民满意政府建设。一是开门纳谏听民意。年初聘请 18 名政风行风监督员，为城市管理工作“挑刺”“把脉”。3 月，发放《关于向社会各界征求意见和建议的函》，公开征求意见热线电话，向社会各界广泛征求对城市管理工作意见和建议。二是积极推行依法行政。在执法过程中严格按照《行政执法程序规范》和《行政处罚自由裁量权实施基准》规定，从立案到结案，从证据收集、事实认定、法律以及实施基准适用等方面仔细把关。全年办理 1013 件案件，件件事实清楚、程序合法、适用法律正确，实现“复议不变更、不撤销，诉讼不败诉”目标。三是依法清理规范性文件。重点对 2004 年以来 15 个城市管理方面规范性文件依法进行全面清理，9 个合法有效继续实施，1 个宣布失效，4 个废止，1 个修订公布。

2012 年 12 月 2 日，市城管执法局召开开门纳谏座谈会

2013 年，市城管执法局进一步按照建设“亲民、法制、诚信、高效、节约、廉洁”政府机关要求，推进城市管理和行政执法常态化五条举措：一是工作巡查常态化。深入街道、社区和公共场所进行暗访巡查。重点对市容市貌、交通秩序、小区环境、农贸市场、校园周边环境进行不定期巡查，建立“问题台账”，把问题解决在萌芽状态。二是日常调度常态化。坚持“工作周调度”制度，每周会商一次文明创建工作，及时部署市委、市政府交办工作，每月召集直属单位和城管分局负责人会议，进行集中调度。三是专项整治常态化。对马路市场、噪音扰民、黑的黑摩、乱搭乱建、违规广告、校园周边环境等人民群众反映突出的问题，每月围绕一个主题开展一次专项整治行动，形成长效机制。四是宣传教育常态化。用好新闻宣传、社会宣传和文艺宣传等形式，坚持正面宣传与新闻监督相结合。宣传文明创建和“三改四化”，为新常德、新创业营造良好的舆论氛围。五是跟踪问责常态化。各单位对职能任务和交办问题处理不力的，第一次由分管局长和监察室约谈，约谈后仍无具体行动或无明显效果的，提交局党组进行跟踪问责。

2014 年，市城管执法局为顺利推进又一轮体制改革，集中精力抓好“服务城管”创建活动，把贯彻落实中央八项规定作为切入点，推动科学发展，服务基层群众，着力打牢党建基础，发挥基层党组织在服务发展、服务基层、服务党员、服务群众、服务社会中战斗堡垒作用。坚决反对形式主义、官僚主义、享乐主义和奢靡之风，提高新形势下群众工作能力，夯实服务基础，构建服务网络，搭建服务平台，创新服务载体，健全服务机制，全力打造“文明、亲民、服务、和谐”城管。市直城管系统各单位依据自身特点，开展丰富的为民服务活动：开展“城管走进社区、走进校园、走进企业”三走进活动、“城管开放日”活动和“城管义工”活动，营造全民城管氛围。各单位要求执法人员与执法相对人“结对子”、交朋友，和执法相对人及优化监督员定期不定期开展交流会、开门纳谏会议。各单位打造优质服务窗口，着力抓好行政处罚流程优化建设，实行即时办理、限时办结制，进一步压减审批时限，进一步简化审批程序，提升窗口服务水平。

2015 年，市城管执法局积极转变角色，由过去直接负责城市管理各项具体事务转变为“抓统筹、订标准、搞考核”，充分发挥在城市管理工作中统筹协调作用，督促、指导各区积极做好城市管理各项工作。一是开展学习培训。坚持定期举办全市城管执法人员法制培训班，精心编制《常德市城市管理行政执法实用手册》印发至全市城管系统。开展行政处罚案卷质量评议活动，对参评案卷进行逐一点评，促使执法队员更好地掌握城市管理相关法律知识，提高城管执法工作能力和水平。二是规范行政行为。大力推进行政审批改革，向社会公布行政权力清单，落实行政许可“两集中、三到位”，坚持所有行政许可严格在政务中心窗口办理。简化审批流程，临时占道、户外广告审批办理时限从 7 个工作日压减到 4 个工作日，实际办理时限一般不超过 2 个工作日。三是加强作风建设。结合三严三实专题教育，按照市委要求认真开展“一改四定”工作，修订完善班子建设、日常管理、组织人事、重点工作等各方面制度规定，编印《常德市城市管理和行政执法局纪律守则》印发全体干部职工。通过主要领导上专题党课、聘请学者专题讲座、观看警示教育片等形式，积极引导党员干部振奋精神、转变作风、努力工作，机关作风建设呈现明显好转。

2015 年 11 月 17 日，市城管执法局局长刘兴华在桃源县龙潭镇梨树垭村慰问贫困家庭

第二节　临时人员聘用与管理

1949 年 8 月，常德市公安局接管原常德县警察局所辖清洁队 23 人、肥料工会 165 人，共 188 人。是为新中国成立初常德市最早一批环卫工人。1951 年 3 月，成立常德市肥料厂，设厂长 1 人、文书 1 人，职工总数缩减为 131 名；连同卫生队 25 人，职工总数为 156 人，交由市卫生局管理。1956 年 4 月，成立常德市肥料公司，卫生队与之合并，

职工总数进一步缩减为148人，设正副经理各1人

1963年10月，常德市肥料公司更名为常德市环境卫生管理处，人员编制扩大到172人，其中清粪工人85名，清扫工人42名，船队工人22名，机关服务人员23名。市环卫处由集体所有制变更为全民所有制事业单位，仍属市卫生局领导。1980年3月，市环卫处由市卫生局划归市城建局领导，环卫工人增加到246名，其中全民所有制职工185名、集体企业编制性质61名。

1988年，常德“撤区建市”，城市改革开放不断深入，城市建设步伐加快，通过面向社会公开招录、复员退伍军人安置和大中专毕业生分配，环卫职工队伍大量补充。同时，城区范围持续扩大，环卫作业清扫面积大幅增加，在正式编制严重不足情况下，经市委、市政府研究同意，市环卫处面向社会公开招录聘用临时工，以扩充清扫作业队伍。是为常德市城管系统招聘录用临时工作人员之始。至1999年年末，市环卫处职工总数为1005人，其中全民制职工345人，临时合同工660人；临时用工人数已经超过正式员工。临时用工规模、招聘录用程序，均纳入编制管理。是时，市环卫处临时聘用员工月工资标准为390元/人。

2003年，市环卫处规范临时工人事管理制度，修订完善并实施临时工聘用和辞退规章，开始对临时工进行建档管理。严格坚持新增岗位竞争上岗制度，凡空缺岗位，一律采取公开招聘制度。是年4月，市环卫处积极落实市政府增加环卫临时工工资政策，根据实际情况，制订下发市环卫处《关于提高职工工资标准的实施办法》，实行效益工资制，落实绩效挂钩，奖优罚劣，有效调动员工工作积极性，促进环卫作业质量和服务水平提高。按照这一实施办法，当月起，市环卫处临时工工资由原390元/人/月提高为500元/人/月，工资总额实行目标管理；其工资结构分为环卫岗位津贴150元/人/月，效益工资300元/人/月，奖励工资50元/人/月。市政府同意市环卫处按照定编临时工人数、岗位设置、工种安排、工资结构、中心工作、劳动强度、社会保险配套措施及资金计划，2003年、2004年分两年配套出台市环卫处临时工工资目标管理总额。当年即2003年执行500元/人/月标准。

2004年，市环卫处积极推动临时工社保覆盖。由于环卫队伍急速扩展而临时工工资福利保障相对滞后，临时工社保欠账严重。是年，市环卫处积极争取市委、市政府政策支持，把规范临时工管理、推动临时工社保落实，当作为职工办实事重大措施。是时，市环卫处招聘临时用工已经实施十余年，临时工来源千差万别且人员进出频繁，临时工个体享受社保情况亦千差万别。从8月开始，市环卫处对全处1000余名临时工采取人人面对面核准方式，进行全面社保状况调查。在此基础上，会同劳动部门一起规范制作用工合同，完善合同制工人人事管理规定。当年10月26日，市政府为市环卫处临时工性质环卫工人全面落实社保福利，以此作为湖南省第九次环卫工人节的节日礼物送给市环卫处1000余位临聘性质员工，使延宕多年的遗留难题开始逐步解决。

2007年7月5日，市环卫处印发《市环卫处聘用制员工工资管理暂行办法》，对聘用制员工工资管理中几种特殊情况做出规范且从优处理。第一，临时聘用员工中，有技术职称的事业技术人员和从事技术工种员工，按照中级职称950元/月、初级职称650元/月、技术从业上岗证（资格证）350元/月标准享受岗位技术津贴（含岗位津贴150元/月），基本工资和加班工资，仍按聘用制员工标准发放。第二，因工受伤、尚未结案的聘用制员工享受450/月基本工资，结案后按双方协议执行。第三，辞退聘用制员工，必经严格按照《常德市市容环境卫生长效管理实施办法》有关规定的程序执行；因辞退聘用制员工而出现的工资补偿等方面的费用，由各责任单位负担。

至2008年，市环卫处全面落实临聘员工1391人养老保险、医疗保险和工伤保险问题，每人每月100元加班补助也得到落实，有效维护环卫工人基本福利，有力促进环卫工人队伍保持稳定。是年，市环卫处先后制订《管理、工勤岗位目标管理责任制考核办法》《干部职工带薪休假暂行规定》《市环卫处2008年目标管理岗位责任制考核和绩效工资兑现方案》等一系列制度，临聘员工与正式职工同台竞争，绩效工资直接与工作岗位、工作质量挂钩，奖优罚劣，调动全处员工特别是临聘员工工作积极性。

至2010年，市环卫处积极清退部分聘用员工垫付的社会养老保险金，社保问题全面落实。是年，市环卫处推进人事用工管理机制改革，改善就业环境，拓宽就业渠道，激励环卫行业各类人才健康成长，进一步提高临聘人员工作地位，进一步提高聘用员工工资待遇。4月19日，市环卫处印发《聘用制员工工资管理办法》，该管理办法遵循按岗取酬、向一线岗位技术性岗位倾斜，逐步使聘用员工工资与劳动力市场接轨、体现岗位竞争力原则，改革临时工工资结构，提高其待遇水平。贯彻该《管理办法》，是年起，市环卫处临时聘用员工实行结构工资制，工资组成：年工资总额=〔基础工资+环卫津贴+专业技术（技工）津贴+加班工资固定部分〕×12月+绩效工资+加班工资浮动部分。具体标准：

一、基础工资。为保障聘用员工的基本生活水平，建立稳定的工资增长机制，基础工资按照常德市人力资源和社会保障局颁布的当年常德市城区最低工资标准上浮10%。从2010年1月1日起，员工聘用每满一年增发基础工资10元/年。

二、环卫津贴。生产一线岗位为每月150元，其他岗位为每月120元。

三、专业技术（技工）津贴。专业技术津贴仅对取得劳动人事部门技术证书且经过单位审核通过并聘用的员工适用。专业技术资格津贴标准为初级职称每月600元，中级职称每月800元，高级职称每月1000元；技工津贴实行分级管理，标准为每月350元至850元，分级办法另行规定。

四、加班工资。加班工资为人均每月100元，实行按月固定和按季浮动发放。

五、绩效工资。各单位根据实际及经营情况制订《绩效考核细则》，依据《绩效考核细则》兑现绩效工资，绩效工资按一个月基础工资标准核定。

这样，市环卫处即为临时聘用员工建立起有效可行的工资增长机制，逐步提高聘用员工工资水平，极大调动聘用员工工作积极性。

至 2013 年，市环卫处一线临聘员工已全部享受养老保险、医疗保险和工伤保险，缴齐各种保险后，实发月工资增加到 1180 元。

2015 年年末，市环卫处职工总数达 3015 名，其中行政事业编在编人员 308 名（市环卫处 88 名、武陵区 187 名、柳叶湖度假区 19 名、常德经开区 14 名）临聘人员 2707 名（武陵区 2130 名、柳叶湖度假区 202 名、常德经开区 375 名），临聘员工月工资标准（缴齐各种保险后）平均 1271 元（武陵区 1258 元、柳叶湖度假区 1250 元、常德经开区 1305 元。）全部临聘员工均享受养老保险、医疗保险和工伤保险。鼎城区环卫处职工总数 567 名，其中行政事业编在编人员 105 名、临聘人员 462 名，临聘员工均已办理养老保险、医疗保险和工伤保险，临聘员工缴齐各种保险后月工资标准为 1180 元。

市城管局行政执法队伍同样存在行政执法编制不足问题。2002 年，经市委、市政府同意，市城管局面向社会招聘 250 名市容监察员，扩充到市城管监察支队各执法大队。当年录用市容监察员 68 人；2003 年第二批录用市容监察员 170 名。招聘录用程序由市人事局严格把关，报考人员须大专以上文化程度、35 岁以下年龄。但素质仍显参差不齐，队伍管理难度很大。为带好这支城市管理有生力量，市城管支队一是强化管理教育，提高队员素质。针对市容监察员成分复杂，管理难度相对增加的实际，城管支队对市容监察员进行规范管理，坚持人员异动由支队统一调整。二是挂牌上岗，给每个市容监察员制发工作胸牌，规定上班时间必须佩戴。三是实行末位淘汰。对所有市容监察员每半年进行一次考核和测评，对工作表现差、测评分值低的市容监察员予以辞退或待岗处理。在市容监察员日常管理上，支队实行人性化管理，每个市容监察员过生日，支队支付 50 元生日慰问金，并放假一天；在平时工作考核中，实行积分制，市容监察员违反支队规定逐项扣分，当扣分累积到一定程度后，给予辞退或待岗处理。

2005 年 5 月，市城管执法局印发《常德市城市管理行政执法局市容监察员管理暂行规定》。该规定对市容监察员队伍性质、录用、辞退、奖励、处罚等管理办法做出明确规定。

该规定明确："市容监察员队伍是市委、市政府扶持的，配合市城市管理行政执法局在城市市容秩序和环境卫生方面进行日常监察、管理的重要力量。"市容监察员主要职责：向市民和游客宣传城市管理有关法律、法规、规章；督促临街产权单位和门店业主落实门前"三包"责任制；对乱丢乱扔、乱泼乱倒行为予以纠正；对自行车、摩托车、机动车临街停放进行督促管理；协助城管队员对乱贴乱画、乱涂乱写违章行为进行整治；协助城管队员取缔各种违章占道、出店经营行为；协助城管队员对乱堆乱码、乱吊乱挂行为进行纠正；协助城管队员对板车、三轮车进行限时限路段通行管理；按照"以块为主"原则，完成本局、大队和中队交办的其他工作任务。

该规定还明确，"市容监察员被聘用后，即与市城市管理行政执法局签订劳动用工合同，聘用期限为 2 年（含试用期六个月），聘用期满后可根据双方意愿、在同等条件下优先聘用”。“试用期满后继续上岗的市容监察员，由局人事教育科报请局党组研究同意后，为其办理养老和意外伤害保险。”是年，市容监察员每人每月基本工资400元；月考核结果为及格以上等次的，另发放浮动工资100元。

至2015年，市城管执法局（含武陵区、柳叶湖旅游度假区、常德经开区城管执法局）干部职工总数为500名，其中行政执法编制人员170名、临聘性质市容监察员330名（其中市局本级79名，市容监察员71名；区局行政执法编制人员91名，市容监察员259名。）市容监察员月人员经费2500元，其中实发1800元，余额700元用于办理“五险”。

2014年，市城管执法局建成数字化常德市城市管理监督指挥中心，武陵区、鼎城区柳叶湖旅游度假区、常德经开区“四区”城管执法局建成区级城市管理监督指挥分中心，共招聘录用110名城市管理信息采集员。信息采集员属“四区”城管执法局直接管理的临聘人员。市城管执法局印发《城市管理信息采集员考核管理办法》明确，信息采集员主要职责：负责工作区域内城市管理事件和部件的巡查工作，并将发现的城市管理事件或部件问题及时上报城市管理监督指挥中心；负责对社会公众、12345市长热线、政府门户网站等渠道举报的城市管理事件或部件问题进行现场核实上报工作；负责对城市管理事件或部件处理结果进行现场核查上报工作；根据巡查现场实际情况，自行处理力所能及的城市管理事件或部件问题。

该办法对信息采集员工作纪律做出严格规定：须遵守国家法律、法规及中心各项规章制度；按时上岗，定时巡查,不迟到、早退，不无故脱岗，不擅自代岗、调岗；上岗期间不并岗、越界巡查，不蹲坐、聊天、看书、看报、收听广播、吃零食等，不做与工作无关的事；工作期间，禁止到餐馆、商场、股票交易厅、剧院、歌厅、网吧及其他娱乐场所，或从事与工作无关的其他活动；工作时必须按规定规范着装，使用专用交通工具，各种装备携带齐全。男信息采集员不得敞胸露怀、蓄长发、留长胡须，女信息采集员不得化浓妆，不得赤脚穿鞋或穿拖鞋上岗；因病、因事或其他特殊原因不能正常按时上岗，应按规定履行请销假手续。

至2015年，城市管理信息采集员每人每月经费2786元，其中实发1800元，余额986元用于办理“五保一险”。

第三节　劳动模范和先进典型

20世纪80年代改革开放以来，常德市城市管理事业不断发展壮大，管理机构日益健全，管理体制渐臻完善，管理措施更加科学，为常德市精神文明建设和物质文明建设，为全市经济社会发展建设，特别是生态文明城市建设、和谐宜居城市建设作出显著贡献。常德市城管执法局及其所属单位多次获得建设部、湖南省人民政府和常德市人民政府表彰奖励，常德市城市管理系统涌现出众多先进模范人物。

赵德波，男，汉族，常德市武陵区人，1954年8月出生，中共党员。1969年12月下乡“插队”，1976年招工到常德市环卫处，历任淘粪工、市环卫处中心所副所长、市环卫车队副队长，1985年任市环卫处副主任，1994年任市环卫处主任；1999年，市环卫处由正科级单位升格为副处级事业单位后，继续担任市环卫处主任；2010年任市环卫处正处级干部，2012年2月病故。赵德波从一线环卫工人队伍中成长，在市城市环境卫生行业工作一生，1994年至2010年，连续十六年任市环卫处主任，为常德市城市环卫事业和城市管理事业贡献卓著，被誉为“劳模式领导干部”。2003年，被湖南省人事厅授予一等功；2005年，被建设部授予“全国城市市容环境卫生先进工作者”称号。

李明菊，女，汉族，常德市武陵区人，1953年10月出生，中共党员，1970年3月下乡“插队”；1975年6月招工到桃源纺织印染厂，任挡车工；1983年4月调常德市环卫处任清扫工，在城市环境卫生一线清扫岗位工作三十年,2003年12月退休。1992年至1994年，连续三年被常德市人民政府评选为“常德市十佳城市美容师”；1995，被建设部授予“全国优秀城市美容师”称号；同年被常德市人民政府授予“劳动模范”称号；1996年，被中华全国总工会授予“全国五一劳动奖章”，同时被湖南省人民政府授予“劳动模范”称号；1997年，被推选为第九届全国人民代表大会代表，2000年，被国务院授予“全国先进工作者”称号。

张孝珍，女，汉族，常德市武陵区人，1952年5月出生，中共党员。1970年4月招工到常德市环卫处，长期担任清扫工人、清扫班长，在城市环境卫生一线清扫岗位工作30年，1999年11月退休。1981年，被常德市人民政府授予“先进工作者”称号；1982年，被常德市人民政府授予“劳动模范”称号；1984年当选常德市第九届人大代表；1985年再次被市政府授予“劳动模范”称号，并记大功一次；1986年，被湖南省建设委员会授予“劳动模范”称号；1987年3月《湖南日报》以“扫把大姐张孝珍”为题报道其先进事迹；是年，被评为全省“优秀共产党员”；1989年3月常德市人民政府批准记大功一次；1989年4月省人民政府授予“湖南省职工特等劳动模范”称号。

哈汉平，男，回族，桃源县人，1951年12月出生，中共党员。1968年10月下乡“插队”；1976年12月招工到常德市环卫处，长期担任清粪工、汽车驾驶员、汽车修理工。2011年12月退休。1981年7月被被常德市人民政府授予“劳动模范”称号，被市总工会授予“四化建设一等功臣”称号；1984年3月，市人民政府授予“劳动模范”称号，记三等功一次；1985年2月市人民政府授予“劳动模范”称号；1990年2月市人民政府记功一次，1990年，被建设部授予“劳动模范”称号；1994年2月市人民政府记功一次。

邓亚兰，女，汉族，常德市武陵区人，1970年12月出生，中共党员。1991年4月招工到常德市环卫处，长期担任清扫工、清扫班长，现任武陵区环卫处生产督导科科长。1991年至2015年，多次被评为“优秀共产党员”“先进工作者”“劳动模范”，荣立三等功三次，四次被评为“常德市十佳城市美容师”。期间，2000年3月被评为“常德市巾帼建功标兵”，2000年10月获“湖南省十佳城市美容师”称号，2001年被评为常德市“十佳青年社会工作者”，2002年评为全国城市市容环境卫生先进，2002年被常德市政府授予常德市“劳动模范”称号，2004年被建设部授予“劳动模范”称号，湖南省总工会同时纳入湖南省“劳动模范”管理。

刘开国，男，汉族，常德市武陵区人，1962年4月出生，中共党员。1981年11月入伍，1986年3月转业到常德市城管大队工作。1998年1月任市城管大队副大队长；1999年12月任市城管大队工会主席；2004年12月任市城管支队第五大队教导员；2005年3月任市城管执法局德山大队教导员；2009年11月任市城管执法局德山分局党支部书记；现任常德经济技术开发区控违拆违办主任。1985年12月，在对越自卫反击战伏击捕俘战斗作出重要贡献，被广州军区41军记一等功；1991年12月，被常德市人民政府授予“劳动模范”称号；2011年1月，因在广州军区记一等功，湖南省总工会纳入湖南省“劳动模范”管理。

胡南山，男，汉族，桃源县人，1954年7月出生，1970年3月下乡“插队”，1976年12月招工到常德市环卫处，在清粪工、汽车驾驶员一线岗位工作三十年。2014年8月退休。1981年7月被市人民政府评为“市环境卫生先进工作者”； 1990年1月，被常德市人民政府记功表彰，1997年被湖南省建设委员会授予“劳动模范”称号。2002年3月市人民政府记二等功一次；2003年2月市人民政府记三等功一次。

第二篇《

城市市容管理

第一章　市容秩序管理

第一节　城市占道管理

一、“门前三包”管理

“门前三包”制度作为常德市城市管理一项重要措施,最早可追溯到20世纪80年代。1985年，常德市城管办和城南街道办事处在“创建文明一条街”活动中，在城区首倡推行“门前三包”责任制。其“门前三包”基本内容：城南街道办事处辖区范围内，城市主次干道所有临街单位、门店、住户，对其驻地周边地域市容秩序和环境卫生,承担相应城市管理责任和任务。“门前三包”责任制基本要求：

包卫生。负责门前及周围环境全天候清扫，做到“五无”：无果壳、无烟蒂纸屑、无垃圾渣土、无积水污泥、无杂物脏物，协助管理环卫设施。

包秩序。负责维护门前及周边环境市容和社会秩序，做到“八无”：无乱贴广告、无乱停放车辆、无乱搭乱建、无出店经营、无流动摊担、无违章占道、无乱晒衣被、无放养家禽家畜。

包绿化。负责保护门前及周边环境树木、花草，做到“五无”：无攀爬树木、无踩踏草坪、无摘折花卉、无晾晒衣被、无任意毁坏，严格管理，精心养护，设施不受损毁，绿化美化环境。

市城管办和城南街道办事处负责人分别登门宣传，到辖区临街单位召开会议，各单位办墙报、黑板报配合宣传。该办事处辖内时有省属、市属临街单位共120家，其中118家与街道办事处签订“门前三包”责任书，落实“包卫生、包秩序、包绿化”三包责任。各临街单位组织退休职工清扫门庭，戴上袖标文明执勤，城市环境卫生和市容秩序呈现出崭新气象，“门前三包”责任制显示出初步成效。

1986年6月12日，常德市委、市政府在城南街道召开精神文明建设现场会，推广城南办事处“门前三包”成功经验。当年，市城区卫生、秩序、绿化工作大为改观，常德市城市环境卫生工作获得省爱卫办高度评价。

“门前三包”制度因其具有广泛群众性、针对性和实效性,在常德城市管理实践中发挥着无可替代作用，至今仍在坚持。常德市“门前三包”制度在城市管理发展不同阶段，具体内容相应有所变化，但其基本精神和基本要求始终如一。

1987年4月6日，市长陈德铨召开市城市管理委员会主任办公会议，专题研究城市管理“门前三包”和“脏乱差”治理工作。会议指出，1986年常德市城市管理工作虽然取得较大成绩，但与省内外先进城市比，差距仍然很大，主要差距是“脏乱差”局面没有根本好转。会议要求，城区各街道办事处成立城市管理领导小组，对脏乱差治理实行条块结合，分级领导，各负其责。各街道办事处城管领导小组继续推进“门前三包”制度，驻市所有单位，无论单位大小、级别高低，无论隶属关系，都要承担“门前三包”责任，和驻地街道办事处、居委会签订“门前三包”责任状，切实承担单位“门前三包”责任。会议还部署出店经营专项整治，要求市城管办、市工商局牵头，对人民路、建设路、武陵路、青年路、朝阳路、青年北路、殡仪路非指定市场的占道经营、出店经营，进行全面清理，没有正规门面不准发给营业执照，无证经营坚决取缔。

至1988年，常德市连续4年保持全省城市卫生检查地辖市第一名荣誉。

1988年“撤区建市后”，常德市继续把“门前三包”作为城市管理一项主要基础工作来抓。1991年，武陵区制订“门前三包”“门内达标”责任制实施方案，在城南街道办事处举办“门前三包”样板街试点。当年9月4日，武陵区委、区政府召开动员大会，动员城区全面开展“门前三包”。至1992年，市江北城区1083个临街单位中有812家全面开展“门前三包”，做到有制度，有责任人，有“三包”员。各单位“三包”员挂牌上岗，对乱堆乱码乱倒现象执行处罚；收集单位门前垃圾杂物，清除洗刷“牛皮癣”广告；督促行人不在人行道丢废弃物，劝阻不听，执行处罚。是年8月，武陵区制订出“门前三包”检查评比细则（百分制），加群众印象奖励10分后满分为110分。被查单位获95分以上挂红牌彰扬，60分以下单位挂黄牌督办。街道办事处、居委会及归口管理部门对挂黄牌单位负责督促整改。到1993年，城区2350个临街单位，全部与驻地街道办事处签订责任状。年内组织“门前三包”“门内达标”工作大检查，有62个单位挂红牌，7个单位挂黄牌。嗣后，挂黄牌单位经认真整改，黄牌全部摘除。

1994年9月，市政府印发《常德市城区“门前三包”责任制办法》，进一步明确各级各单位“门前三包”责任。在城区所有单位全面签订“门前三包”责任书基础上，制订“六有六无”（即有“门前三包”牌、有责任人、有三包员、有卫生制度、有卫生设施、有保洁工具；无乱摆乱设摊担、无乱停乱靠车辆、无乱丢乱扔果皮纸屑废弃物、无乱画乱贴广告标语、无乱堆乱放杂物、 无乱倒乱泼垃圾污水）的检查验收标准，由区和街道办事处定期开展检查评比，对达标先进单位通报表扬，授予“门前三包”“门内达标”先进单位称号，挂红牌；对落后单位，除通报批评、挂黄牌、限期整改外，还通过新闻媒体公开曝光，加强督促。当年，市城区325个单位受到悬挂红牌奖励，65 个单位被挂黄牌。挂黄牌单位经过整改，亦全部摘除黄牌。“门前三包”“门内达标”责任制得到强力推进和贯彻落实。是年，城区所有临街单位，全部与街道办事处签订“门前三包”责任状，悬挂三包牌，落实三包员，坚持上岗执勤。

1995年1月14日，代市长张昌平主持召开市城管委第一次全体会议。会议要求，全城动员，全民动手，真抓实干，奋力拼搏，力争 1995 年进入全国文明卫生城市行列。会议责成市区两级城管部门切实落实“门前三包”“门内达标”责任制。“门前三包”要按市政府文件精神，落实好队伍和职责。责任合同签订、“三包”队伍落实、管理办法制订，要在一季度到位，二季度开始检查督促，切实做到职责到位。各单位不仅要看好自己的门，还要管好自己的人，要使本单位干部职工个个成为文明卫生模范。在城市管理各项活动中，对违反城管规定者不仅要按规定处罚违规者本人，还要扣减该违规人所在单位“门前三包”“门内达标”责任分，严重者除对单位给予经济处罚外，还要追究单位领导责任。当年，市城管委印发“门前三包”员职责及“门前三包”检查评比办法。各单位按责任地段每 50 米配 1 人的标准配备“三包”员，使“门前三包”责任制进一步完善。同年，武陵城区 2256 个临街商铺门面全部与所在地街道办事处、居委会签订商业门店“门前三包”责任状。

1997 年 3 月，市政府第 7 号令颁布《常德市城市市容和环境卫生管理暂行办法》，“门前三包”责任制正式列入地方行政法规。该 7 号令明确，“临街单位和住户，必须严格执行‘门前三包’（包卫生、包秩序、包绿化）‘门内达标’责任制度和卫生责任区制度。”“门前三包”责任制内容更加具体、也更加严格：

包卫生，“环境卫生设施应当经常保持清洁，按照谁建设谁管理的原则，由产权单位进行维护、改造、管理和保洁。”“集贸市场（含临时摊担区）由工商行政管理部门负责组织专人清扫保洁；飞机场、火车站、汽车站、港口、码头、停车场、文化娱乐场、商场和体育场（馆）等场所由经营管理单位负责清扫保洁；公园、绿化带、花坛、草坪由园林绿化部门或产权单位负责清扫保洁；各类开发区、风景名胜区由其管理机构负责清扫保洁；机关、学校、部队、团体、企事业单位的环境卫生各自负责清扫保洁。”“公民应当爱护公共环境卫生。禁止乱倒垃圾、粪便；禁止乱排污水；禁止随地便溺、吐痰；禁止乱扔果皮、纸屑、烟头等杂物；禁止燃放烟花爆竹和抛撒冥纸。”

包秩序，“临街建筑物的阳台、窗外、门外，不准吊挂、堆放有碍市容观瞻的物品，主要街道两侧的封闭式围墙，要逐步改造成透景栏栅。”“任何单位和个人不得在电杆、树木、护栏、雕塑等公用设施和临时建筑物上张贴、涂写、刻画。广告、宣传品必须设置或者张贴在指定位置，不得擅自设置或者散发。”“新建、扩建、改建商贸、娱乐场所、宾馆、招待所和居民小区等项目，应设置相应的停车场所。有条件的街道应设置停车泊位。”“主次干道（含人行道）、公共场所、公用通道和学校门前，严禁摆摊设点、出店经营、搭建棚亭和进行各类游艺活动。”

包绿化，“街道的树木、绿篱、花坛、草坪应当经常修剪、维护，保持整洁、美观。任何单位和个人不得随意挖砍树木、损坏花草；不得在树旁高温作业；不准在树上牵绳挂物；不准毁绿经商；不准在绿化带和花坛内乱扔杂物，倾倒垃圾；不准损坏园林绿化设施。”

《常德市城市市容和环境卫生管理暂行办法》实施后，常德市城区“门前三包”管理措施进一步深化。是年，武陵区完善“门前三包”管理监督机制，区政府公开考核招聘200名“门前三包”监察员，组建“门前三包”监察大队，在各街道办事处设立监察中队。当年，全城3255个临街单位均与街道办事处、居委会签订“门前三包”责任书。兼、专职三包员对有损市容卫生行为进行监督管理，共处理各类违章83600多人次。全年91个单位受到“红牌”奖励，13个单位被挂“黄牌”。经整改，黄牌全部摘除。全年评出15个“门前三包”全部落实到位的红旗路段，对56名工作认真负责的监察员进行表扬奖励，对12名工作马虎、所辖路段效果不好的监察员给予辞退处理。

同年，市城管办制订“门前三包”五年规划：1997年前“门前三包”工作，重点在城区主干道；1998年，“门前三包”工作在城区全部主次干道推广；1999年，“门前三包”工作创建10条示范小街；2000 年至2001年，“门前三包”工作要求推向全部小街小巷，“门前三包”工作五年内全城铺开、全面落实。

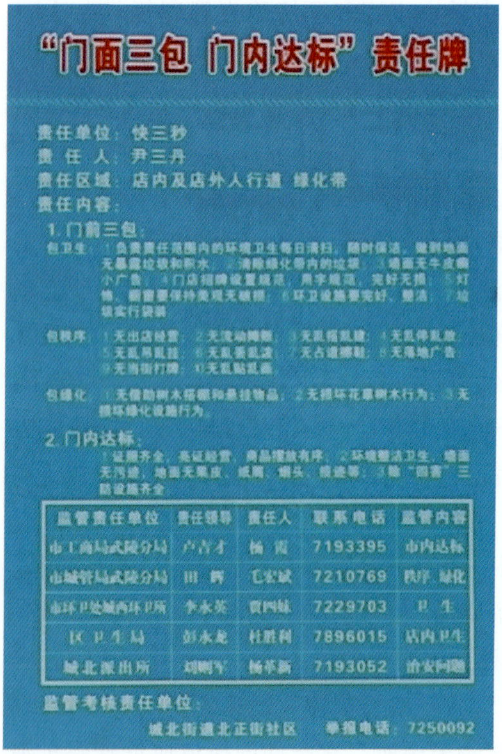

武陵区临街门店“门前三包门内达标”责任牌

2001年，市城管局成立后，继续牢牢把握“门前三包”这个城市管理走群众路线的法宝，在“四个城市一起创”目标全部实现基础上，进一步丰富“门前三包”内容，扩展“门前三包”责任范围，进一步加大工作力度。市城管局、市创建办和城市“四区”政府（管委会）进一步明确，常德市建城区范围内大街小巷两侧所有机关、团体、部队、学校、企事业单位，无论隶属关系，所有临街门店和居民住户（以下简称责任人），都要服从“门前三包”责任制管理，必须与驻在地社区居委会签订“门前三包”责任书。

市城管局、市创建办总结多年“门前三包”工作经验，对“门前三包”工作范围和责任内容做出更加符合常德实际的准确界定：“门前三包”工作范围是，包括责任单位、责任人产权所有的和租赁承包经营管理场所（地）的临街建筑物外立面和相应的人行道路沿石以内区域，及临街建筑物外立面边沿和相应人行道边沿的台阶及水沟、绿化地、空地等区域。有争议的范围由所在地街道办事处或乡（镇）人民政府确定，不能确定或者确定后仍有争议的，由上一级城市管理行政部门确定。“门前三包”工作责任：

包卫生：做好责任区内日常清扫保洁，及时清除痰迹、污物、废弃物和积水；杜绝并劝阻和制止随地吐痰、随地便溺，乱倒垃圾、粪便和污水，乱扔果皮、烟头、纸屑等废弃物，以及违规饲养家畜家禽等行为。

包秩序：保持建筑物（构筑物）立面整洁美观；按要求规范设置门店招牌和夜景灯光；杜绝并劝阻和制止乱设摊点、乱搭建、乱张贴、乱涂写、乱刻画、乱吊挂、乱堆放、乱停乱放交通运输工具、违规燃放烟花爆竹，以及未经批准擅自开挖街道路面等侵占、拆毁、损坏城市市政公用设施等行为。

包绿化：负责责任区范围内树木花草和绿化设施保护，杜绝并劝阻和制止擅自攀折、修剪或者砍伐城市树木、倚树搭棚挂物、损坏树木花草、损坏城市绿化设施、擅自占用绿地等行为。

至 2004 年，城区"门前三包"网络进一步健全：城区所有临街单位、所有经营门店全部悬挂"门前三包"责任牌，签订"门前三包"责任书，配齐"门前三包"员。"门前三包"责任进一步明确，所有临街单位和经营门店，都与产权单位（或主管部门）挂钩，杜绝责任不清现象。"门前三包"考核进一步强化，市区两级每年对"门前三包"工作进行 3 至 5 次专门检查，考核结果列入城管创建目标管理考核内容。大力提升街道办事处、居委会对驻片单位、所辖区域临街门店管理权威。"门前三包"内涵进一步扩展："门前三包"责任制内容随着"四个城市一起创"工作进程，内容不断丰富、内涵进一步扩展；所有临街单位和门店"门前三包"内容在净化、序化、绿化基础上，不断向美化、亮化拓展，创建"五星级"门店、"五星级"单位在全市各级各单位推广，建设一路一景、一街一景成为各个街区、社区的追求。

2005 年 1 月，市城管执法局成立后，城市创建工作职责职能随同市创建办机构移交给市政府城市工作办公室，"门前三包""门内达标"工作不再是城市管理部门本职工作，但市城管执法局按照市委、市政府要求，把城市"四区（武陵区、鼎城区、柳叶湖旅游度假区、常德经济技术开发区）""门前三包"工作成效，纳入每年、每季、每月城市管理目标管理考核重要内容，配合与推进"门前三包"工作进一步发展。

2010 年 8 月，常德市全力冲刺全国文明城市创建，市委宣传部、市文明办编发《常德市落实"门前三包、门内达标"责任制宣传提纲》，指导全市各级各部门坚持"门前三包"优良传统，切实贯彻执行"门前三包 门内达标"城管创建工作责任制。城市四区和市直各单位积极响应，认真落实宣传提纲，取得明显成果。是年，市直机关工委把"门前三包 门内达标"作为城市创建工作重要内容，同部署、同考核、同落实；鼎城区与责任单位、门店业主、社区居民签订责任书 2 万份，制作悬挂责任牌 5000 余块；武陵区全区所有街道、临路、临巷门店、单位、住户都签订责任状；常德经济技术开发区、柳叶湖旅游度假区也积极采取措施，狠抓"门前三包 门内达标"责任制贯彻落实。

2012 年 3 月，武陵区政府颁行《关于严格落实"门前三包"责任制的通告》，要求驻武陵城区各级各单位，努力巩固全国文明城市创建成果，树立文明城市良好形象，进一步严格落实"门前三包"责任制。《通告》还明确规定，各"门前三包"责任人发现他人在责任范围内有不符合“门前三包”责任要求的违章行为，制止和劝阻无效时要及时向乡（镇）人民政府、街道办事处和行政执法部门举报。

《通告》同时严格规定：对乱倒垃圾、乱泼污水的，乱贴乱画的，乱吊乱挂、乱堆乱放的，乱停乱放交通运输工具的，乱搭乱建的，出店经营的，违规摆摊设点的，损坏环境卫生基础设施的，损坏市政公用设施的，擅自开挖道路的，违规燃放烟花爆竹的，未经批准擅自在建城区内饲养家禽家畜的，损坏花草树木和绿化设施的，共计15类破坏市容环境卫生的违规违法行为，给予依法处罚。

当年，武陵区共发放倡议书及宣传资料10万余份，签订“门前三包”责任书、责任状上万份。市直驻区单位和“门前三包”巡查队、小区义务巡逻队、市容监察员等深入城区大街小巷，以巡查劝阻、解疑释惑等方式，进一步把“门前三包”政策、法律、法规传送给居民群众。分别在教育、城管、交通等不同系统和街道、社区等不同层面开展形式多样的“门前三包”主题宣传活动近200次。城管部门在全区中小学校开展“小手牵大手，共创文明城”知识培训、竞赛活动，组织门店业主开展“说文明话，办文明事，做文明人”主题实践活动，各街道深入开展示范院落、星级农贸市场、亮点小区和公共交通秩序模范一条街评比等主题活动，“门前三包”责任进一步落实。

二、经营占道管理

经营占道是常德市城市管理多年顽疾。1988年“撤区建市”后，城市建设高速发展，城区面积快速扩张，城中有村，村中有城，马路市场、占道为市和流动摊担、沿街叫卖现象尤为突出。

1990年起，为解决经营占道疏导出路问题，常德市、区两级政府投资扩建、新建北站农贸市场、洞庭北路综合市场、彩滨市场、红旗路农贸市场、甘露寺蔬菜批发市场，兴建南站市场、扩建桥南市场。至1991年，市城区新增各类市场面积16900平方米，新增摊位1350个。1992年，完成投资3880万元，新建市场面积51400平方米。桥南、北站、龙港巷、洞庭北路四大综合市场扩建、新建任务全部完成。占道为市和流动摊担、沿街叫卖现象有所好转。

1993年起，常德市通过疏导和取缔双向途径同时发力，解决临时经营占道难题。市政府划定市啤酒厂至人民路口西侧长80米线内区域设各类临时摊担区共16处，进入该16个划定临时摊担区经营业主，优惠免收占道费。是年，市区两级城管部门联合市工商、交警部门，取缔各类经营占道近万人次，取缔露天摊点100多个，收缴暂扣物资5000余件。1995年，市城管办成立城区经营占道管理办公室，简称市占道办。按照美化城市、方便市民、合理收费原则，市占道办会同有关部门对城区临时摊担和夜市进行规划、整顿。是年6月，市人民政府发布《关于调整城区临时摊担区和整顿占道经营的通告》；7月，颁布《关于加强夜市管理的通知》，对新划定19处临时摊担区和18处夜市区实行划线定点、亮证经营；对不入店经营流动摊担和夜市，组织有关部门进行整顿。规范管理临时摊担区，进入临时摊担区各摊点业主按章办理经营许可证，并按物价部门规定优惠交纳占道费和工商管理费。是时，城区临时摊担区每月收费标准按 1 至 5 类区域每平方米分别收取 5 元至 25 元；夜市 1 类区域每平方米收费 10 元，2 类区域每平方米收费 5 元。同月，市政府办发布《关于实行有偿取得城区电话 (书刊) 亭道路占用权制度的通知》，市城管办于当年 9 月对城区新增 27 个电话 (书刊) 亭进行公开拍卖。对未取得合法经营权、擅自设置的电话 (书刊) 亭进行整顿。至 1995 年年末，市城区 19 处临时摊担区共建有 520 个正式摊位，摊担管理进入划行归市阶段，流动摊担违章占道经营明显减少，市容秩序开始走向规范。

流动摊担划行归市后，沿街叫卖混乱现象基本缓解，但 19 处临时摊担区市场和 18 处饮食夜市区市场仍然侵占道路。民主街临时市场建立于 1994 年。至 1996 年，该市场搭建固定棚亭占据民主街主道，严重阻塞交通，亦严重影响城市中心区域容貌，引起广大市民强烈不满。市、区人大代表和政协委员多次写出建议和提案，要求加强城区管理，搬迁民主街临时市场。根据广大市民意愿，市城管办制订搬迁民主街市场方案报市政府审定。1996 年 10 月，市、区政府发布拆除搬迁民主街马路市场通告。武陵区政府组织城管、工商、公安等有关职能部门，多次召开经营业主座谈会，深入细致宣传教育。同时，在青年南路安置经营场地，设置临时棚架；年底，民主街市场顺利搬迁到青年南路。

1997 年 3 月，市政府颁行第 7 号令《常德市城市市容和环境卫生管理暂行办法》，对占道管理提出更加明确、更加严格要求。对经营占道，该《暂行办法》规定，“主次干道 (含人行道)、公共场所、公用通道和学校门前，严禁摆摊设点、出店经营、搭建棚亭和进行各类游艺活动。”“确需占有道路举办庆典、促销、展览以及在市政府规定的临时摊担区内从事经营活动的，须经城市市容环境卫生行政主管部门批准，并办理临时占道许可证。”对停车占道，该《暂行办法》规定，“新建、扩建、改建商贸、娱乐场所、宾馆、招待所和居民小区等项目，应设置相应的停车场所。有条件的街道应设置停车泊位。”“各类交通运输车辆，应保持外形整洁、美观，必须按规定路线和时间行驶，严禁乱停乱放；严禁客运中巴、大客车在非指定地点停靠拉客；严禁货运车辆在非指定地点停靠接洽业务。禁止各类车辆的司乘人员和乘客向车外抛弃、倾扫废弃物；货运车辆运输液体或散装物品，应密封包扎、覆盖严实，避免抛、撒、滴、漏；严禁拖拉机白天进城 (晚 8 点至次日上午 7 时以前可在规定路线行驶)；严禁板车在非指定地点停靠；严禁畜力车在禁行区内行驶。”7 号令对违反上述占道管理规定者，规定出严格罚则。

是年，市占道办对城区 19 处临时摊担区取缔转移 7 处，18 处夜市取缔转移 14 处。3 月至 10 月，市城管办分两批对主次干道 180 多个无经营权证占道电话 (书刊) 亭实施集中取缔。次年 9 月，取缔丹阳楼马路市场。

1999 年 9 月，市城管办组织拆除长庚路临时市场 30 多处占道偏棚；10 月，拆除引桥西路马路市场。11 月，拆除高山街临时市场占道经营棚亭。高山街临时市场建于 1995 年 8 月，经市、区两级政府批准，共修建经营棚亭 24 个，为收纳流动摊担入市经营曾经发挥重要作用。但这一市场占道严重，阻塞交通。根据群众意见，武陵区城市创建办是年 6 月发出通知，9 月召开经营业主会议。11 月 18 日各业主自动退棚。是月 22 日，区城市创建办组织拆除队伍顺利拆除。12 月，全面取缔城区露天烧烤和油炸摊点。是年，市城区全年整治占道经营 1500 多处，疏导流动摊担 5800 多个，疏通大小街巷道路 25 条，拆除占道棚亭 300 多处，取缔露天饮食摊点 280 多家，取缔烧烤油炸摊点 215 家。2000 年，拆除青年南路马路市场、和平西街马路市场。2001 年，拆除畔池街马路市场。

2002 年，市城管局根据城市创建取得系列重大成果新形势，对整治占道经营和出店经营提出更高要求，明确临街商业门店“出门即出店，骑门也违章”严格标准，要求所有门店的商品、货架、店招、烟柜、冰柜一律进店经营。当年，市城管支队对违章门店下发整改通知书近 10 万份，认真做好深入发动和过细思想工作。对占道经营地摊、油炸、烧烤、气枪打靶和提篮买卖、沿街吆喝等游商浮贩，市城管支队坚持勤巡查、重处罚原则予以耐心劝退、坚决取缔。通过持之以恒整治，进店经营已成为广大店主自觉习惯，城区占道水果摊点大多办起水果超市。占道经营现象根本好转。是年，市城管支队还另辟蹊径，采取疏堵结合办法加强占道擦鞋管理。市城管支队和各办事处、居委会联系，对全城擦鞋人员进行摸底登记，联系一批产权单位在各自庭院内安排固定地点提供擦鞋场所，并组织具有经营能力擦鞋人员开设擦鞋 1 元店。在此基础上对不服从管理、不进点进店擦鞋者坚决予以收缴取缔。当年，30 多家“一元擦鞋店”遍布城区，开店擦鞋已成为部分下岗职工和进城农民优选职业。是年，市城管局联合市工商局、市交警支队，取缔和关闭小高山街、贺八巷、朝阳路、丹阳路、临江路、长胜桥共六个马路市场；安全、顺利拆除共有 294 户经营门店、经营已十余年之久的桥北大型临时市场。

2003 年 5 月，关闭北站瓜果市场，将其整体搬迁至火车站农产品批发大市场。北站瓜果市场形成于 20 世纪 70 年代末期，占道经营严重。特别是瓜果集中上市期间，板车、机动车占道销售，严重堵塞交通、污染环境和影响市容。市委、市政府决定关闭北站瓜果市场，将水果批发市场整体搬迁到 207 国道旁火车站农产品批发大市场。当年瓜果上市前，市城管支队提前介入，先后到近郊南坪、丹洲、东江、芦山、河洑等乡镇和鼎城、汉寿、桃源、临澧、澧县等区县联系，通过乡村广播和区县电视台宣传有关城管法规和市政府通告精神，提醒瓜农进入常德火车站农产品批发市场销售瓜果。本地瓜果上市期，市城管支队向进城瓜农分发宣传单近 5 万份，疏导瓜农入市经营。在北站瓜果市场关闭整治中，市城管局、市工商局、市公安局等部门经过连续一个月疏导，将该市场顺利搬迁至火车站农产品批发大市场。市城管支队同时加大对城区其他地带占道水果销售巡查力度，整个夏季，城区很难见到推着板车、摆着地摊沿街叫卖瓜果现象，市容秩序明显改观。

是年 6 月，市经贸委、市内贸办、市工商局、市城管局、市公安局、市交通局、市交警支队等部门联合执法，取缔三岔路临江瓜果批发市场，并将其整体搬迁至火车站农产品大市场水果市场。9月，市城区关闭五岔、七里桥、常蒿路、沙港、人民东路出城口十余家占道竹木经营销售市场和初加工场所，并将其全部搬迁至泉水桥武陵竹木（加工）产业园。10月，北站区域原农贸市场和原公安局停车场两个干果批发市场整体搬迁至火车站农产品批发大市场。

2004年10月，江北城区洞庭大道、朝阳路等主次干道零散经营钢材市场全部关闭，整体搬迁到城东武陵钢材大市场和城西兴隆装饰城。洞庭大道中段和朝阳路钢材市场，形成于20世纪80年代，经营户数十家，全部经营大体量的钢材线材、管材、板材，家家户户占据行人道摆放商品，装货、卸货车辆亦只能占道作业。成为多年占道顽疾。是年，市政府成立市政府副市长刘剑英任组长的江北城区钢材市场整顿搬迁工作领导小组，市城管局会同市商务局、市建设局、市工商局、市交警支队、市公用事业局等部门，在兴建城东常德钢材大市场和城西兴隆装饰城扩容前提下，5月起多方工作，9月28日钢材大市场如期竣工、兴隆装饰城成功扩容，10月18日，数十户钢材经营户全部完成搬迁。经营户权益、市场建设者投资效益和地方政府财政税收，三方得到保障，成为整治占道经营大型行动成功范例。11月，市城管局顺利拆除北正街马路工贸市场。

2003年至2004年此轮大规模市场整顿和市场转移，特别是北站和三岔路两大水果批发市场、北站和原公安局停车场两大干果批发市场，整体搬迁至常德大道火车站农产品批发大市场；洞庭大道、朝阳路经营钢材市场两大钢材市场，整体搬迁到城东武陵钢材大市场和城西兴隆装饰城，有效调整城市功能分区，有效改善城市交通组织，为城市整体扩容提质奠定良好基础。

2005年1月1日起，市城区实施市政府《关于规范市城区临街人行道管理的通告》。《通告》对占道管理做出严格规定：“(一) 禁止市城区临街单位和门店出店经营、占道经营和摆摊设点，禁止占道洗车、占道修车。（二）严格控制在人行道上进行各种宣传游艺活动，确需占用人行道举办庆典、促销、展览等活动的，须经市城市管理行政部门批准。(三) 禁止机动车、非机动车在人行道上行驶。摩托车、自行车和人力三轮车必须入栏定点停放。（四）市城市管理行政部门会同建设、交警部门根据街道情况与实际需要，在行人通道宽度超过4米的地方可以划定停车泊位，并统一组织建设，供小型客运车辆停放。禁止货运车辆和大型客运车辆在人行道停车泊位停放。（五）禁止所有车辆在未划定停车区的人行道停放。”是年6月，市城管执法局顺利关闭和平东街临时市场。7月，彻底取缔常德高等职业技术学院大门前乱搭乱建、占道经营马路市场。

是年2月，市城管执法局牵头，成功取缔为患多年的建设桥北穿紫河东“熏鱼街”市场。该熏鱼街市场位于城东红卫社区建设桥穿紫河东岸。多年占据穿紫河堤岸违章生产、销售熏鱼制品。一些违法商户在加工过程中，在河堤上每天就地丢弃成吨的鱼内脏，腐乱后臭气熏天，加上熏鱼时烟尘弥漫，过往市民无不捂鼻，强烈不满。根据市、区人大代表和政协委员提案、议案，在市、区人大联组第一组督办下，市、区城管局出台“熏鱼街”集中整治方案。6月即对各业主下发限期关闭通知，年底前各经营业主签订整改承诺书。翌年2月，数十户熏鱼业主搬进城管部门联系安置的甘露寺大市场经营。

2006年3月，市城管执法局、市工商局、市红卫消防整改办公室联合发布公告，关闭贺八巷临时农贸市场。是年，甘露寺一带、文理学院周边、烟厂三区、皂果路、三星路等地段占道经营饮食夜市得到有效整治。

2007年，在马路市场、占道为市现象得到治理后，市城管执法局占道管理重点转向临街门店庆典活动占道和车辆在人行道停车占道两大专项治理。是年，市城管执法局严格各行业开业庆典、商品促销、门店装修等占道活动审批，严格充气拱门、彩球、搭建庆典舞台等占据道路审批，严格控制活动地点和活动时间，各类开业庆典、商品促销活动更加规范。同时，市城管执法局突出人行道车辆占道管理，清除过期停车泊位400多个，施划经申请批准的汽车停车泊位120多个。坚持每天对违章停放车辆进行抄牌送单，对汽车美容洗车、茶楼、酒店等严重侵占城区道路行为进行专项整治。借鉴长沙等外地城市成功模式，在市中级人民法院成立城管非诉案件执行办，对到期不接受处罚的停车占道行为通过法院强制执行。到12月底，主动接受违章处罚、缴纳罚款车主达3200多人次，城区人行道车辆乱行乱停现象实现很大改观。

2008年，市城管执法局不断强化城区人行道停车管理，对违章行为严格执法，城区新增停车泊位165处，清除违规停车泊位547处；抄牌取证违章车辆11000台次，当事人主动接受处罚4100台次。由市中级人民法院城管非诉案件执行办立案31件，执行到位9件。2010年，市城管执法局在市城区人民路等四条主干道人行道进出口设置物理隔离球和隔离柱600余个，控制机动车驶入和停靠人行道。2012年，为规范人行道非机动车停车秩序，油漆、修补自行车围栏4000米，新安装自行车围栏2000多米。

2012年12月10日，市政府召开市城区市容环境卫生综合整治听证会

2012年，市城管执法局坚持疏堵结合，完成夜市规范设置试点。按照“市规划、区审批、社区管理”原则，明确“七个统一”经营模式，对城区夜市规范化管理进行试点，收到良好效果。当年还完成洗车场调研选点。拟定《常德市城区洗车场管理暂行办法》，在市城区建立洗车场市场准入制度，淘汰现有不合格清洗场，促使机动车清洗行业健康发展。

2013年，市委、市政府在成功

创建全国文明城市后，在城市建设领域启动“三改四化”（路改、水改、棚改和美化、绿化、亮化、数字化）战役，在城市管理领域开展城区交通秩序整治和环境卫生综合整治“两项整治”。市城管执法局制订《市城区市容秩序整治工作实施方案》，成立市容秩序整治分指挥部，采取“日督查、周调度”方式督导、协调和调度“四区”及各责任单位积极参与整治行动。全市共发动超过3万人次干部和工作人员上街、入户宣传，发放宣传资料12万份，广播车宣传总行程近3.5万千米；规范出店经营、占道经营3.2万处（次），取缔流动摊点1.3万余处（次）；规范、劝导“两车入栏”2.57万辆次；共铲除、覆盖“牛皮癣”小广告2.1万处；全市600多名市容秩序义务监督员走上街头，劝导、处罚违章行为1.3万余起。通过整治行动，市城区市容秩序面貌焕然一新，受到市民广泛赞誉。

2014年2月，市委、市政府要求对城市占道管理顽症“新六乱”问题实施限期整顿。城市新“六乱”，一是主次干道两侧、城市公共绿地、小区公共绿地等种菜问题；二是临主次干道废旧品收购场所问题；三是在人口密集区或临主次干道设立藕煤店、藕煤加工厂以及藕煤堆场问题；四是洗车店占用车行道、人行道设立洗车场问题；五是临主次干道设立竹木场、砂卵场、石雕展示区问题；六是市城区范围内养猪养鸡等饲养牲畜问题。按照市政府部署，整治分两个阶段进行。从2月10日至3月10日1个月时间，武陵区、鼎城区、柳叶湖和常德经开区政府（管委会）和相关市直部门把前3个问题即主次干道两侧和公共绿地种菜问题、临主次干道废旧品收购场所占道问题、藕煤店、藕煤加工厂以及藕煤堆场占道问题，作为重点战役整治到位；3月10日后，市、区“两项整治”指挥部办公室组织验收。从2月20日至3月30日，将后面3个问题即洗车店占用车行道和人行道设立洗车场问题、临主次干道设立竹木场、砂卵场、石雕展示区问题、市城区饲养牲畜问题整治到位，3月30日，市、区指挥部办公室组织验收。

2015年1月，市委、市政府决定，对市城区主次干道人行道上设置的“四亭二牌一栏”（即报刊亭、彩票亭、售货亭、公用电话亭、指路牌、交通指示牌、阅报栏）进行集中规范整顿。截至2014年年末，市城区共有占道报刊亭142座、彩票亭20座、占道售货亭6座、公用电话亭57座、指路牌270块、交通广告指示牌62块、阅报栏78块。为进一步净化城市道路及人行道交通、市容环境，根据《中华人民共和国城乡规划法》、《城市市容和环境卫生管理条例》等相关法律法规，市政府成立市城区规范整顿“四亭二牌一栏”工作领导小组，按“属地管理，各区负责”原则要求，各区政府(管委会)组织对辖区所有“四亭二牌一栏”进行拆除。

具体整顿办法：一是分类处置，在征得小区物业和业主同意前提下，有条件小区可规划、设置报刊亭和阅报栏。二是优先考虑困难对象，优先考虑残疾人、下岗职工、特困家庭等三类特殊群体经营问题。三是“移”“拆”处理，一城四区按同一标准执行，报刊亭、彩票亭、售货亭经营户在2月12日前主动签订拆除协议，放弃转移并拆除到位的，不论其经营年限，一律每亭奖励1万元。四是分类补偿，“四亭二牌一栏”拆除补偿参照市城区“三改四化”广告位拆除补偿办法，第一类福彩亭、体彩亭，鼓励采取租用门面形式经营，拆除补偿费用在彩票收入中解决；第二类阅报栏，主次干道全部拆除，转移至小区阅报栏必须全部用于报纸宣传，不得作为商业用途；第三类报刊亭、售货亭，报刊亭经营公司必须改变经营方式，全部移位小区；第四类公用电话亭，先拆后建，由电信常德分公司在1月底以前将现有道路电话亭自行拆除，原则上设置在影剧院、码头、车站、步行城和旅游点等处，其他大街小巷不再设置；第五类即其他类占道棚亭，原则上实行自拆，1月31日前完成自拆；2月1日起，市区城管执法部门依法组织强拆；私自设立的“亭”“牌”按拆除违法建筑对待。

至是年年底，市城管执法局共拆除（自移）报刊亭101座、彩票亭21座、占道售货亭3座、公用电话亭57座、指路牌151块、交通指示牌62块。

三、再就业广场建设与管理

取缔流动摊担占道经营和推动城区下岗失业人员再就业，曾经成为常德城市管理进程中一对突出矛盾，顾此失彼，投鼠忌器，两大问题都急需解决，两大问题却无法同时解决，因而长期困扰城市管理部门。2002年，常德市独辟蹊径，建设再就业广场，综合解决这对看似水火不容的突出矛盾。

是年6月，市长陈君文主持召开市政府常务会议，研究市城区下岗失业人员再就业、城市居民最低生活保障等项工作。会议议定，广泛开辟就业渠道，增加就业岗位。由副市长刘剑英、副秘书长张家安负责，市城管局牵头，联合市工商局、市规划局、市建设局、市劳动局等部门，在市城区开辟一条夜市小吃街和一条商品小卖街，统一制作摊担货架等服务设施，供下岗失业人员在规定时间内规范经营。7月，市城管局多地踏勘选址后，会同市规划局、市体育局制订出工作方案：利用市体育广场周边闲置地块、体育路沿体育广场路段，封盖区域内护城河河段，在保留市体育广场原有休闲、体育锻炼功能基础上，对周边环境进行改造，设置服装百货、文体用品、餐饮小吃三个经营区，建成集文体娱乐、休闲购物、餐饮小吃于一体的综合性广场，命名“再就业广场”，可安置“4050”再就业安置对象1500余人。

市政府研究同意再就业广场建设方案，安排工程概算投资2100万元，8月上旬开工，要求12月全面竣工，全面开业。市城管局迅速组建张圣友任主任的再就业广场建设协调办公室，迅速落实建设资金，8月上旬，再就业广场在市体育广场顺利开工。

当年10月，副市长刘剑英召集市政府办、市城管局、市劳动保障局、市建设局、市工商局、市卫生局、市再就业办、市再就业广场建设协调办等单位负责人，专题研究市城区再就业广场建成后经营管理问题。市委常委、常务副市长陈文浩、秘书长沈习淼出席会议。会议议定，

（一）同意将再就业广场门面安排100间对外招租，以引进经营大户和经商能人，激

活市场，带动和引导再就业援助对象从事经营。

（二）有条件允许下岗援助对象经营户转租门面或摊位。被安置下岗援助对象中确因身体、智力或资金、技术等原因不宜直接从事经营者，允许转租门面或摊位；转租合同须经市再就业广场管理办登记审查备案，转租期不得超过承租期。

（三）设立市再就业广场管理办公室（以下简称管理办）。管理办在市再就业领导小组和市城市建设管理工作领导小组双重管理、领导下开展工作，全面负责管理市再就业广场经营秩序、市容卫生秩序、治安秩序和国有资产，维护广场市政设施，为广大经营户提供优质服务。从市城管局抽调3人、市劳动保障局、市工商局、市体育中心各抽调1人集中办公，管理办日常工作由市城管局为主负责，张圣友任管理办公室主任。

（四）市再就业广场清扫保洁、安全保卫人员全部从下岗援助对象中招聘。

（五）市再就业广场管理办日常工作经费和设施维护费主要从门面（摊位）招租收入中解决。

（六）武陵区公安分局在市再就业广场设立公安值勤室，安排2名干警常驻广场，负责广场治安保卫工作。

（七）政府各部门要积极支持市再就业广场建设、经营和管理工作。任何单位或个人不得对安置下岗失业援助对象收取任何行政事业性收费，招租经营户在招租后一年内享受下岗失业援助对象免收税费同等待遇，以后是否享受视市场经营情况而定。

常德市再就业广场服装百货区

（八）充分利用广场空闲地块设置地摊，用于安置下岗职工。看台部位拆除后暂不设置固定门面，发展地摊经营。

（九）出台《常德市再就业广场管理办法》，由市城管局牵头拟制。

12月17日，市委常委、常务副市长陈文浩召集市委宣传部、市城管局、市劳动和社会保障局、市建设局、市公安局、市工商局、市文化局、市广电局、市电业局、市国税局、市地税局、市卫生局、市社保处、市环卫处、市城管支队、市交警支队、市公用事业局、市园林局、市体育中心、常德日报社、市供水公司、市天源燃气公司等单位负责人，专题研究市再就业广场建设、管理和开业有关问题。市委常委、宣传部部长覃清香出席会议。

会议议定，各单位各部门要发扬援助精神，对再就业广场建设继续给予支持。会议明确市燃气公司对餐饮区管道煤气按照每户 1250 元标准优惠收取初装费；市供水公司投入部分由再就业广场办公室支付 10 万元，免收管网建设等其他费用；市电业局对再就业广场用电，第一年按居民照明用电标准优惠收取电费，以后根据广场经营情况再定；城区供电部门在再就业广场建设中投入从低收取基本材料费；市广电局和市电信局建设投入部分不收费，再就业广场用户开户费一律免收。

再就业广场管理要明确专门队伍，双重管理，统一调度，各负其责，加强管理工作。以市城管局为主，具体管理工作由再就业广场管理办公室负责。市再就业工作领导小组办公室负责再就业援助对象市场准入工作；市园林局负责再就业广场和体育广场绿化管养工作；市城管支队负责再就业广场和体育广场市容秩序管理工作；武陵区公安分局负责再就业广场和体育广场治安保卫工作；市环卫处负责再就业广场和体育广场卫生保洁工作；市公用事业局负责再就业广场市政设施维护工作。上述各单位按照职能分工，抽调专人负责再就业广场维护和管理，抽调人员由原单位和再就业广场管理办双重管理，日常工作调度和考核由再就业广场管理办负责。公安、工商、城管支队、体育中心抽调到再就业广场管理办联合办公的人员要在 12 月 20 日前全部到位。

证照办理工作由市再就业工作领导小组办公室和市再就业广场管理办公室组织工商、卫生等部门在 2003 年 1 月 10 日前免费办理完毕，涉及其他部门证照办理，也不得收取任何费用。

会议要求，12 月 20 日前，再就业广场所有建设项目全部清场，经营户开始进场；12 月 26 日全面开市，经营户入场率达到 80%。

2002 年 12 月 26 日，市委、市政府隆重举行再就业广场开业典礼，市委书记程海波、市长陈君文，市领导戴军勇、刘明、李平、欧运崇、覃清香、何佑民、姚绍球、龚建民、蒯定勋出席市再就业广场开市典礼。市委常委、副市长陈文浩主持仪式。再就业广场服装百货、文体用品、餐饮小吃三个经营区全部开门营业。其时，服装百货区设置货柜式摊位 300 个，文化用品区建设固定门面 125 个，餐饮小吃区建设固定门面 133 个。开业时，三大经营区域实有经营人员 1150 人，其中劳动部门准入“4050”特困援助对象 411 名，面向社会低价招租下岗失业人员 400 名。

常德市再就业广场建设和经营管理工作得到国家和省有关领导肯定，被定为湖南省“省级再就业基地”。

2004 年 10 月，市政府研究决定，再就业广场由市城管局移交给市政府内贸办管理。

第二节　户外广告管理

一、户外广告规划管理

1996年3月，市编委印发《常德市城市管理委员会办公室职能配置、内设机构和人员编制方案》，明确市城管办负责“对城市户外广告设置进行综合管理，组织有关部门联合审批，适时研究户外广告改进措施。”该“三定方案”同时明确，市城管办所属市城区经营占道管理办公室负责城区经营占道管理外，还“主管城区主次干道户外宣传品的设置，协调有关部门加强户外宣传品管理。”常德市城市户外广告设置始有政府部门专门机构实施管理。

1997年3月，市政府第7号令颁发《常德市城市市容和环境卫生管理暂行办法》，明确“任何单位和个人不得在电杆、树木、护栏、雕塑等公用设施和临待建筑物上张贴、涂写、刻画。广告、宣传品必须设置或者张贴在指定位置，不得擅自设置或者散发。”“经批准设置的张贴栏、广告栏、宣传栏、标语牌、招牌、标志牌、橱窗、横幅、条幅等，应当符合观瞻要求，并做到内容健康，文字规范，用语准确。设置固定户外广告，须征得城市市容环境卫生行政主管部门的同意后，按照有关规定办法审批手续。”常德市城市户外广告设置进入依法管理阶段。

1999年11月，市政府第4号令发布《常德市户外广告管理办法》（以下简称《管理办法》），常德市城市户外广告规划、广告载体设计与设置，进一步进入规范管理、科学管理阶段。

该《管理办法》明确界定“在道路、广场、绿地、机场、桥梁、车站、码头、水域、空间等公共场所和其他建筑物、构筑物以及交通工具上，采取架设、悬挂、张贴、飘浮等形式发布的各种商业广告和公益广告”，均在规范管理范围之内，任何单位与个人设置户外广告必须符合城市规划。

该《管理办法》对城区户外广告设置权限做出严格规定，“凡利用各类公共场地和设施设置户外广告（不含公益广告），一律由市广告管理办采取公开拍卖、招标或协议方式确定广告设置者，实行有偿使用。有偿使用收入全额上交市财政，专项用于市容整治和市政公用设施的维护。其他单位和个人不得将公共场地和设施提供给户外广告设置者使用并收费。利用其他产权单位或个人的建筑物、构筑物设置户外广告的，其场地有偿使用费由广告设置者与产权单位或个人商定、并报市广告管理办公室备案。”符合设置权限规定者，其设置审批、许可程序是，广告业主向户外广告管理办提出申请并提供下列文件和资料：（一）广告经营许可证或其他有关批准文书；（二）场地、设施使用权证明和广告合同；（三）广告设计图及制作说明书。市广告管理办自收申请文件和资料之日起15天内会同有关部门审查完毕，并做出批准或不予批准的决定。工商行政管理部门凭市广告管理办公室广告设置批准文书，办理广告审查登记手续。

该《管理办法》明确，成立市人民政府城区户外广告管理办公室，简称市广告办，归口市城管办管理。主要职责：

（一）编制户外广告设置规章并组织实施；

（二）受理户外广告设置申请，组织有关部门进行审批、定位，并督促、协调有关的监督检查工作；

（三）对设置在各类公共场地和设施上的户外广告，统一实行有偿使用；

（四）市人民政府规定的其他职责。市公安、工商行政管理、规划、市容环卫、市政公用、园林等部门按照各自职责、协同做好户外广告设置管理工作。

是年，市城管办开展城区户外广告检查，清除乱贴乱画 3500 多处，纠正乱吊乱挂 4600 多处。

2000 年 8 月，市城管办与市规划局共同制订《常德市城区户外广告设置规划指引》，市城区户外广告设置计划开始和城市建设总体规划相衔接、相配套。是年，市城管办坚决贯彻《常德市户外广告管理办法》和《常德市城区户外广告设置规划指引》，对市城区不符合城市规划的户外广告进行清理整顿，全年共强制拆除大型违章广告 19 块，通过电信部门强制关停乱贴乱画业主通信工具 114 部，责令整改严重影响市容大型广告 58 处。市城区招贴宣传广告、布条布幔广告、简陋木板广告以及过街横幅广告得到根本治理。设计建成一批大型喷绘公益广告，其中公民道德规范公益广告牌 10 块、创建全国文明城市和国家卫生城市公益广告牌 826 块，市容、市貌得到美化、净化。市城管办开始对公共场地和公用设施广告位实行市场化公开招标，当年推出 3 期拍卖，收取拍卖资金上百万元，全额上缴市财政。

2001 年，常德市户外广告市场调节机制初步形成，广告设置监督管理逐步走入规范化轨道。一是科学开发建设一批广告位，既促进市场经济繁荣，又美化亮化城市形象。市城管局采取公开招标形式，设计开发出丹阳天桥、火车站广场立柱、穿紫河立柱广告等广告位。这批广告位成功开发，市城区广告设置水平和档次得到有效提升，高水平户外广告在城市美化亮化中作用初步显现。二是加强广告设置监督管理，整顿和规范户外广告市场。是年，市城管局强制拆除火车站站楼、桥南圆盘等大型违章钢架广告 96 处，清除 842 条横幅，收缴 326 面临街彩旗，对乱贴乱画广告进行严厉追查、整治。在此基础上，督促各广告业主在空白广告位悬挂公益广告，营造良好文明氛围。2002 年，市城管局组织专项整治战役，城市“牛皮癣”乱象得到遏制。2003 年，新设计开发 9 处大型商业广告位。加大户外广告监察管理力度，全年共拆除 15 块大型户外广告牌和 40 块违章路牌，整改 8 块广告牌，下达街景整治通知书 700 多份。至 2004 年，市城区户外广告设置管理水平实现跨越式提升。

2005年，市城管执法局根据户外广告布局与设置应与常德城市社会经济发展水平相适应，充分贯彻城市总体规划思想，促进社会进步、经济发展与景观优化原则，制订出台《常德市户外广告设置技术规范》（以下简称《规范》），该《规范》强调，城区户外广告作为城市公共构筑物，与建筑物外立面及城市景观密切相关。《规范》对各种环境、各种类型户外广告形状、尺寸、色彩、图案、照明方式及设置位置的设计和制作，做出具体规定。是年，市城管执法局开展排查，对不符合《规范》标准、老化陈旧的城区27座立柱广告、28块落地广告、83块市政广告及149块路牌广告，组织力量清理拆除。依据《规范》，对城区主干道保留的户外广告画面进行更新，安装亮化设施，督促广告业主办理第三者意外伤害险。在“五一”节、国庆节以及国际花园城市考核、环保模范城市检查、城市化论坛举办期间，市城管执法局制作大型形象广告80多幅、灯箱形象广告500多幅。在全国交通管理模范城市复检时，公安部、建设部专家组用“名不虚传”四个字，高度评价常德户外广告管理工作。

2006年6月，市城管执法局完成《常德市城区户外广告规划》招投标，与中标单位长沙天品广告传媒公司共同启动城区户外广告规划编制工作。是年，为配合“国家环保模范城”验收、“国家卫生城市”复查和“诗人节”顺利召开，市城管执法局设置制作106块环保公益、诗人节和文明城市创建广告牌。开展城区大型立面、墙面、屋顶广告专项清理整顿，对不符合户外广告设置技术要求的广告牌业主单位下达整改通知书，按行政程序拆除大型广告11块。

2007年，《常德市城市户外广告专项规划》编制完成，对市城区一江两岸四区主次干道、楼顶广告和单立柱进行合理布局、规划设置，常德市户外广告设置进入以规划为龙头规范管理新阶段。是年，市城管执法局首次公开拍卖小街小巷户外广告发布权。将江北城区小街小巷户外广告发布权授权给4家中标广告公司.统一经营、统一管理。集中整治违规户外广告。拆除常德大道、柳叶大道等城区主次干道未经批准或超过审批期限.有安全隐患广告牌300多块、单立柱广告2座。

2008年5月，市长卿渐伟主持召开市政府常务会议，原则同意市城管执法局组织编制的《常德市城市户外广告专项规划》，明确由市规划局牵头，会同市城管执法局等单位，根据会议议定意见进一步修改完善，出台城市户外广告专项规划，高标准全面规范城市户外广告设置，突出搞好公益性广告设置规划，加强城市户外广告设置审批和经营权管理。2009年至2010年，城区户外广告管理工作坚持实施规划、集中审批、减量提质、市场运作基本思路，严格按规划设置广告；在市城区各商住小区设立公益广告牌；对户外广告统一实行安检和保险，预防安全事故发生；突出抓好劣质户外广告和违规户外广告清理整顿工作，拆除临街建筑物上影响市容观瞻的店招和楼顶广告，提高户外广告管理水平，使城市户外广告成为弘扬城市文化、宣传名特优产品窗口，发挥提升城市品位作用。

2011年4月，常德市经过多年调研和多年实践，修订完善《常德市户外广告设置管

2011 年 9 月 3 日，市委书记卿渐伟考察城市管理工作

理办法》，由市政府常务会议通过并发布实施。7 月，湖南省物价局、省法制办正式批准《常德市户外广告公共场地和设施占用费试行标准》，常德市成为全省第一家户外广告收费试点城市。湖南省物价局《关于核定常德市户外广告公共场地和设施占用费试行标准的复函》规定，“对在产权属单位和个人的建筑物、构筑物上设置的户外广告及企业（商店）名称牌匾，实行收取户外广告公共场地和设施占用费。”省物价局同意常德市户外广告公共场地和设施占用费收取执行该复函附表标准：

表 1.2.1.1　常德市户外广告公共场地和设施占用费试行标准表

金额单位：元

序列	广告类别	收费单位	收费标准	备注
1	灯箱户外广告牌	每月每平方米	20	附着在墙体上的灯箱
2	落地式户外广告牌	每月每平方米	5	钢架喷绘
3	落地式户外指示牌（含灯箱）	每月每平方米	30	
4	层顶墙体户外广告牌	每月每平方米	4	不含灯箱及电子屏
5	电子屏户外广告牌	每月每平方米	15	
6	汽球户外广告	每天每个	15	
7	汽膜、汽柱户外广告	每天每个	90	
8	航模、飞艇户外广告	每天每架	500	
9	条幅户外广告	每天每条	15	
10	三面翻	每月每平方米	20	含立柱、墙体、墙面和落地
11	户外广告棚	每天每顶	100	
12	车体户外广告	每月每平方米	10	指市政投资的公交车车体设置的户外广告
13	大型立柱广告牌	每月每个	1000	

该复函还明确，“对公益广告及残疾人创办的广告公司免收户外广告公共场地和设施占用费；对应届毕业大学生自主创业的广告公司进行工商登记的第一年中免收户外广告公共场地和设施占用费。”

至 2011 年年末，常德市城市规划区内（武陵区、鼎城区、常德经济开发区、柳叶湖旅游度假区）经审批建成并保有大型立柱广告 87 座（含公益立柱 10 座），其中，武陵区 64 座、鼎城区 8 座、常德经济开发区 15 座；落地广告牌 59 块；墙体广告牌 90 块；楼顶广告牌 141 块；灯箱广告牌 119 块；交通标示背面广告牌 62 块；阅报栏广告牌 50 块；电信电话亭广告牌 69 块；龙门架广告牌 7 块；桥梁广告牌 6 块；公交站亭广告牌 165 块。总面积超过 5 万平方米。

2012 年，城区户外广告管理进一步科学规范。是年，市城管执法局启动针对落地广告、墙体广告、楼顶广告、电子店招的专项清理整治行动，清除有碍观瞻、安全隐患和内容低俗户外广告牌近百块、共 7000 多平方米；拆除违规指示牌 160 块，清除各类乱吊乱挂条（横）幅 8000 多条，清除墙面喷绘和店面喷绘 4000 余平方米。严格执行户外广告管理方面法律法规，根据“减量提质、分类管理、总量控制、市场运作”户外广告管理总原则，严格按照《常德市户外广告设置管理办法》和《常德市城市户外广告专项规划》，审批大型户外广告设置。通过招标、拍卖方式，完成市城区 14 座大型单立柱广告牌经营权公开招标。加强气模广告管理。市城管执法局出台《常德市江北城区气模广告管理实施细则》，对气模广告资质要求、设置程序、位置和数量、设置技术标准等做出明确规定。

2013 年，为进一步完善《常德市户外广告设置管理办法》实施程序，按照市政府的工作要求和部署，市城管执法局牵头制订《常德市户外广告位使用权拍卖办法》《武陵大道、洞庭大道公交站亭广告位使用权拍卖实施方案》等一系列规章制度，报送市政府审定实施，为依法管理城区户外广告提供法律保障和操作技术规范。是年 1 月起，江北城区（桃花源路以东，桃花源路与常德大道交汇点至常德大道五岔路口路段以南，常德大道与五岔路口交会点至常德大道与双拥路交汇点路段以西，双拥路、沅安路以北区域，柳叶湖景区内）道路两侧人行道和绿化带内禁止设置气球、拱门和充气模型。临街广场、公园、机关（企）事业单位、小区院落等区域设置气模广告，须报市城管执法局审批后方可实施。是年 12 月，武陵大道户外广告“清零”。随着市城区武陵大道最后一个报刊亭被撤移，为期 4 个多月该路段沿路广告牌拆除工作全部完成，共拆除 128 块路面广告牌、834 块楼面楼顶广告牌，22 个报刊亭和阅报栏被转移。

2014 年 5 月，市城管执法局发布《常德市公交站台广告位、电子显示屏广告位设置和拍卖工作实施方案》公告，对武陵大道、洞庭大道公交站台广告位分两个标段（武陵大道公交站台 17 座，本次拍卖广告牌 37 块；洞庭大道公交站台 20 座，本次拍卖广告牌 42 块）以及武陵大道第一期 6 处 LED 大型电子显示屏广告位，实行公开拍卖。其中，公交站台灯箱广告牌拍卖底价由市城管执法局会同市财政局、公交总公司根据市场行情确定；

电子显示屏广告位拍卖底价依据省物价局收费标准、LED 电子显示屏建设费以及广告位租金确定。

二、城市“牛皮癣”整治

乱贴乱画违章小广告俗称城市“牛皮癣”，是常德市容环境一大多年痼疾。

1997 年 3 月市政府 7 号令发布《常德市城市市容和环境卫生管理暂行办法》即明确规定，“任何单位和个人不得在电杆、树木、护栏、雕塑等公用设施和临街建筑物上张贴、涂写、刻画。广告、宣传品必须设置或者张贴在指定位置，不得擅自设置或者散发。”但是，设计、制作“牛皮癣”成本低，张贴、刻画“牛皮癣”灵活机动、容易成功，极难查获、取证、处罚，即使被查获、被取缔、被处罚，其罚则很轻，违法成本也很低。因此，治理“牛皮癣”成为城市管理项目一大多年难题。

至 2001 年，整治乱贴乱画，清除“牛皮癣”成为常德市创建国家卫生城市攻坚项目。吸取多年整治“牛皮癣”经验，市城管局组织两大整治战役，一是依法重管重罚，二是依靠全民动员。市城管局会同市公安局，联合行动，综合执法，抓住制贩假证这个“牛鼻子”，取得公安机关强力配合。至 2002 年，市城区捣毁制售假文凭、假证件窝点 147 处。市城管监察支队联合公安干警，按图索骥、引蛇出洞，一举捣毁桥南一个大型办假证件窝案，依法从重打击，很快打开突破口。市城管支队各大队安排专门中队，采取蹲点守候办法，连夜轮流值班，跟踪追击，抓获一批现场制作“牛皮癣”违法人员。市城管支队对城区泛滥的管道疏通、上门维修等内容“牛皮癣”张贴人员一是实施严管重罚，二是责令其自行清除在城区乱张贴的小广告。至 2002 年，市城管支队共现场抓获乱贴乱画人员 351 人，收缴还未张贴“牛皮癣”成品近百万张。市城管局联合城市“四区”政府（管委会），发动社区居委会督导“门前三包员”对乱贴乱画进行清除。市城管支队驻办事处城管中队分片负责，带领监察员队伍深入辖区内机关、小区、单位院落，进行广泛宣传和发动，展开清洗“牛皮癣”群众性歼灭战，全民齐动手，清洗“牛皮癣”。通过两大集中整治战役，打击和遏制乱贴乱画行为。至 2003 年，城区“牛皮癣”得到基本控制。

2004 年初，城区“牛皮癣”回潮，乱贴乱画现象又趋泛滥。3 月，副市长刘剑英、副秘书长张家安召开会议，专题研究重点整治市城区乱贴乱画违章广告，坚决遏制“牛皮癣”回潮。会议议定，整治工作由市广告办牵头，市城管支队负责查处。凡属违反国务院 101 号令和其他有关法律法规规定的乱贴乱画违法行为，由电讯部门对其实施违法行为的通信工具（包括移动电话、固定电话和寻呼机）采取暂时停机措施。常德电信分公司、常德移动分公司和常德联通分公司在收到市广告办通知后，依法对查证核实的违章当事人通信号码进行停机并取消其“呼叫转移”功能，待其违章广告清除后，凭市广告办通知恢复。对发布广告办理假证件的行为，公安、城管、工商等部门要联合行动，加大查处力度。会议还同意市城管局建设城管语音追呼系统“呼死你”，依靠科技手段，加强治理处罚。

是年4月，武陵区成立整治“牛皮癣”工作领导小组，区委副书记罗上林任组长，领导小组下设办公室。为彻底整治小广告，武陵区层层召开动员大会，并把整治范围扩大到近郊东江、东郊、南坪、护城4个乡。各街道办事处、近郊乡共计召开大小动员会70多场次，发动居民8000多人，集中整治“牛皮癣”。组织物业公司、广大居民清除小区楼道内违法小广告，组织专门人员清除电杆、围墙等处违法小广告，采取涂、撕、铲相结合的办法，共计清除各类“牛皮癣”10万多张（处）。各街道办事处组织城管中队、市容监察中队等执法力量对违法小广告依照《中华人民共和国建设部101 号令》《湖南省人民政府65号令》和《常德市人民政府7号令》，予以处罚；组织公安派出所对利用小广告实行违法活动（办假证）予以坚决打击，对为市民提供服务的小广告，各社区居委会设立分类广告栏，方便业主和市民张贴、查找。

2005年，市城管执法局巩固上年工作成果，继续加大“牛皮癣”整治力度。是年，市政府出台《常德市户外广告设置技术规范》，市城管执法局一方面组织力量清理拆除城区一批老化陈旧的立柱、落地市政广告，一方面重拳出击整治“牛皮癣”，联合团市委组织开展青年志愿者活动，铲除、清洗乱贴乱画小广告，全年共清理小广告23700多处。同时，继续加大对违法小广告查处力度。是年，市城管执法局各大队夜间巡查、蹲点守候、现场抓获张贴者14人；顺藤摸瓜、跟踪吊线捣毁窝点5个；启用“呼死你”城管语音追呼系统对108个通信号码进行追呼，迫使其自动停机；联合电信、移动、联通、铁通等通信公司对174个违法当事人通信号码实施停机。

2006年3月，市委副书记周用金主持召开会议，专题研究整治城区“乱张贴、乱涂写、乱刻画”（以下称“三乱”）工作，会议议定，（一）由市城管执法局牵头，相关部门配合，立即制订整治“三乱”具体工作方案，明确部门责任，形成齐抓共管氛围。方案经审定后，由市城管局、市公安局、市工商局联合发布“三乱”治理公告，在市电视台和常德日报播报。（二）迅速清除“三乱”形成的“牛皮癣”。清除工作以相关责任单位为主，“四区”政府（管委会）负责组织青年志愿者、相关责任单位安排专门力量实施。清除之后，各产权单位和行业主管部门对损坏墙面进行整理修复，市城管执法局对此予以督导。（三）从快从重打击“三乱”行为。在不违反法律法规有关规定前提下，对“三乱”行为打击要注重时效、简化程序、处罚取上限。市城管执法局作为整治“三乱”牵头工作部门，要完善工作方案，出台管理措施，落实责任，下移工作重心，充分发挥基层大队管理效能，加强重点时段、重点地段巡察，切实有效开展整治工作；市公安机关要立即开展对“三乱”打击行动，对城管或其他部门提供的线索、信息认真及时查处，坚持不懈地长年开展“三乱”专项治理。通信部门要全力配合城管部门和公安部门，对利用通信工具从事“三乱”活动的，依据城管部门通知，在三个工作日内予以停机；新闻部门要加大宣传力度，形成舆论监督氛围；其他相关部门要依据各自工作职能和职责，按照工作方案具体要求做好“三乱”整治工作。

是年，市城管执法局贯彻会议精神，一是采取分片包干办法进行清洗，一线城管队员负责所属路段“牛皮癣”清理。二是加大对城区“牛皮癣”治理科技投入，购置两台德国“大力神”高压清洗设备、并从武汉购买“脱邦特”化学药剂，清洗效果较为明显。三是加强部门之间合作，主动与移动、电信、联通、铁通等部门联系，启用“呼死你”语音追呼系统和停机等办法，共追呼和停机通信工具400余部。四是加大对办假证 “牛皮癣”打击力度，成立夜间巡查队伍，全年通过夜间巡查抓获制“癣”人员57人次；与公安部门联合执法，在桥南严家岗八组成功捣毁一个制贩假证窝点，当场抓获9人， 缴获假公章数百枚，假证近千本，以及制假电脑等工具。

2007年至2009年，市城管执法局坚持多年“治癣”总结出的有效措施，一是始终抓住 “牛皮癣”源头治理不松劲。整治“牛皮癣” 小广告必须坚持标本兼治，既抓好小广告及时清除覆盖，又抓好追根溯源打击制作源头。市城管执法局始终和公安部门保持密切合作，不断加大对办假证、黑枪迷药、黑车、冰毒等犯罪内容“牛皮癣”小广告行为打击力度，每年办几件案子，惩处一批不法分子；始终和新闻出版及工商部门保持密切工作合作，加大对制造“牛皮癣”小广告印刷厂、打印社打击力度，每年查处一批印制“牛皮癣”小广告印刷厂，端掉几个制假窝点，让“牛皮癣”小广告制作在常德城区无容身之地；始终和电讯部门保持密切合作，通过电信、移动、联通、铁通四家通信部门对违法当事人通信号码实施停机，并且对市城区534台临街电力、通信设施外壳进行广告包装，解决这些设备长期充当城市“牛皮癣”张贴传播介质问题；始终和新闻宣传部门保持密切合作，通过电视、报纸、网站、电台等新闻媒体加大宣传工作力度，营造整治“牛皮癣”小广告工作良好舆论环境。二是始终坚持群众路线这一法宝不放松。市城管执法局坚持依托城市创建工作队和城市“四区”街道办事处、社区，对小街小巷、居民小区和城乡接合部开展清除“牛皮癣”群众战争。市城管执法局一方面启动专业清洁公司对江北城区主次干道“牛皮癣”小广告实施专业化清除，一方面谋求“四区”政府（管委会）支持，以驻各街道办事处城市创建工作队为依托，组织督促各街道办事处、社区对各自辖区内小街小巷、居民小区和城乡接合部“牛皮癣”小广告进行清除覆盖；“四区”政府（管委会）严格落实“门前三包”制，督导各产权单位对单位院落、居民楼栋、临街门面和临街建筑物墙面等“牛皮癣”小广告的清除覆盖。久治不愈的城市

2008年6月22日（星期天），城管队员清除“牛皮癣”

“牛皮癣”得到有效控制。

2010年年末至2011年年初，市城区“牛皮癣”小广告呈现卷土重来、日趋严重之势。为贯彻落实市委、市政府迎接全国城市公共文明指数测评统一部署，市城管执法局成立“牛皮癣”专项整治工作领导小组，研究确定采取“专业队伍清洗、专职队伍打击、专题栏目疏导”“三专”新举措，制订周密的整治工作方案，对整治工作实行一周一调度，重点对市城区“牛皮癣”小广告开展专项整治行动：

组织专业清洁公司。对城区主次干道、公共部位和开放式小区进行清除“牛皮癣”工程。自7月1日开始，经招标确定2家专业清洁公司每天组织专业队伍，铲除清洗辖区内主次干道、公共部位及临街建筑物和设施上“牛皮癣”小广告；对难以清除的“牛皮癣”小广告采取同色或相近颜色涂料、油漆进行二次覆盖。至年末，城区主次干道、公共部位“牛皮癣”小广告得以基本清除。

成立“牛皮癣”源头打击专案组。市城管执法局联合公安、工商等职能部门联合执法，对乱涂乱画乱贴“牛皮癣”小广告个人和幕后业主依法处罚，对制作假证窝点予以坚决查处，并畅通城管110举报热线，实行全天候服务；组织城管队员日夜巡查，及时发现、制止、查处各种张贴、制造“牛皮癣”小广告行为。市城管执法局组建查“癣”小分队，对城区“牛皮癣”小广告高发区域，采取集中巡查与蹲点守候相结合办法，加大巡查力度，对违法小广告进行及时发现，及时查处。

坚决对“牛皮癣”小广告当事人通信号码实施停机处理。市城管执法局继续与电信、移动、联通和铁通四大通信部门通力合作，对查证属实“牛皮癣”小广告当事人电话号码实行停机处理。年内共停机处理556台，切断违法发布信息当事人与其用户联系途径，有力遏制违法小广告泛滥势头。市城管执法局还建立市民举报有奖机制，设立“牛皮癣”小广告举报奖励基金，及时兑现奖金。市民举报线索一经查实，给予举报人200元奖励。

2012年至2015年，常德市城区乱贴乱画小广告治理始终保持高压态势，“牛皮癣”整治措施和整治效果在省内保持先进水平。

第三节　燃放烟花爆竹管理

常德城自古以来即有燃放烟花爆竹习俗。市民、商家、企事业单位逢年过节，或因红白喜事，或逢盛会庆典，甚至组织竞赛娱乐，相互送往迎来，都习惯燃放鞭炮。集中燃放烟花爆竹不仅容易引发火灾，造成人身伤亡事故和财产损失，还造成大气污染、噪声污染，危害市民身体健康。特别是每到春节，全城竞鸣、通天烟火。公安、消防、医院、城管、环卫部门如临大敌。燃放烟花爆竹旧俗，已经成为常德市创建文明卫生城市一大障碍。

1995年1月，代市长张昌平主持召开市城市管理委员会（爱卫会）第一次全体会议，决定当年在常德市城市建成区范围内全面禁止燃放烟花爆竹。是年3月，市政府颁布《关于禁止在常德市城区燃放烟花爆竹的规定》，规定明确：武陵区沅江以北，三闾路以西(含有电线厂、高专)、穿紫河以南、新河以东；德山开发区沅江以南、枉水与善卷路以东，桃林路以北，东风河以西；鼎城区武陵镇德安路以东，双潭路以西，迎宾路以北，沅江以南区域为“禁止燃放区”；“禁放区”内，所有单位和个人无论何种事由，不准燃放烟花爆竹；“禁放区”内所有商家店铺不准销售烟花爆竹，柜面仓库也不得摆放、存放烟花爆竹。当年5月1日实行。5月1日，市政府颁布《严禁在城区范围内燃放烟花爆竹》通告，常德市城区“禁炮”一举成功。

1996年至1999年，市创建办、市城管办每年清明和春节前，都会同市公安局、市工商局组织拉网式检查，发现违规销售烟花爆竹，立即组织收缴，并公开销毁。每年大年三十晚，市创建办、市城管办会同“四区”（武陵区、鼎城区、柳叶湖度假区、德山开发区）创建工作领导小组、市公安局、市工商局、市卫生局、市消防支队，联合组织队伍连夜展开全城督查，紧急处置违规燃放事件，紧急处置火灾隐患和伤员救治。“禁炮”取得成功及其产生的良好环境效益，赢得广大市民衷心支持，也为常德市城市创建工作赢得国家和省级相关部门一致好评。

2000年3月，根据城区面积不断扩大现状，回应市民群众要求扩大“禁放区”呼声，市人大常委会会议审查批准，常德市政府颁发《关于扩大市城区禁放烟花爆竹范围的规定》。该规定明确，扩大范围后的“禁放区”是，江北城区沅江（含沅江）及岩潭路以北，铁路以西及以南，新河以东，南坪路以南，南坪路与护城乡东风村2、5、7组至火车路台沟以东；柳叶湖度假区建成的旅游风景及度假区；鼎城区武陵镇金霞大道（含桥南商贸城、 竹器市场）以北，319国道金霞大道至西站路路段以东，西站路以北，玉霞大道桥南商贸城到枉水路段西侧200米以东至沅江（含沅江）；德山开发区沅江以南（含沅江），枉水与善卷路西侧200米以北，东风河以西。与1995年规定的“禁放区”比较，至此城区禁放烟花爆竹区扩大将近1倍，于2000年5月1日起实施。是年5月至元旦、春节“两节”，市区两级城管部门组织东江、东郊、南坪、护城四乡和武陵开发区、各街道办事处、派出所负责人及教育、公安等有关单位，分组对城区鞭炮扩禁范围内禁炮工作进行多次专项检查。结果显示，“禁放区”扩大范围行动一举成功。

2000年至2006年，每个季度，市城管局都会组织以城市创建工作队为主体、有各职能部门参加的“禁炮”工作巡查，并将巡查结果纳入 “四区”及各街道办事处、乡镇目标管理考核。每年农历除夕晚8时至大年初一凌晨2点，市城管局、市创建办都联合“四区”政府（管委会)、市公安局、市安监局、市工商局、市卫生局等部门，在市城区华天大酒店顶楼设置监控指挥部，在武陵、鼎城、柳叶湖和德山“四区”设立分指挥部，“禁放区”内所有村街居委会设置监控点，市指挥部派出4路巡查队伍，由市领导莫道宏、刘剑英、刘明、邹克忠等分别带领，监督城市“四区”禁止燃放烟花爆竹实施情况，及时发现和制止燃放烟花爆竹行为，消除火灾隐患，及时处置违禁事件。

1995年至2006年，常德市城区禁止燃放烟花爆竹工作得以巩固持久。

2007年1月，市政府颁行《常德市城区春节期间限制性燃放烟花爆竹的规定》，在市城区全面禁止燃放烟花爆竹推行12年之后，实行“禁改限新政”，即由全面禁止改成春节期间“限时限区域限品种燃放烟花爆竹”。

该《限制性燃放烟花爆竹的规定》明确：常德市城区是年2月18日（正月初一）零时起至2月25日（正月初八）24时止，实行限制性燃放烟花爆竹。武陵区、鼎城区、德山开发区和柳叶湖旅游度假区组织各街道办事处（乡镇），市房管局组织各物业公司，根据不损害公共安全、人身安全、市政设施原则，确定允许燃放地点。该《限制性燃放烟花爆竹的规定》同时明确，市城区步行街、所有道路车行道、火车站、汽车站等主要交通枢纽，油库、加油站，各类仓库等物品储存场所，以及学校、医疗机构、娱乐场所等公共区域，仍为禁止燃放区域，严格禁止燃放烟花爆竹。经市城管、安监、公安、质监部门联合审批一批烟花爆竹经销公司和临时销售网点，在解禁时间、区域内允许销售、燃放的烟花爆竹品种须经安监、公安、质监部门联合审批后，统一采购、批发、配送至销售网点，未经审批许可的烟花爆竹种类，严禁在市城区内销售和燃放。此外，不可向14周岁以下未成年人出售烟花爆竹，违者由公安、工商、安监部门依法实施处罚。自1995年全面禁止燃放烟花爆竹12年后，开始实施春节期间烟花爆竹“禁改限”燃放。

是年春节前，市城管执法局牵头组织新闻宣传和社会宣传，联合安监、公安、质监部门开展巡查，规范销售网点销售规定范围内烟花爆竹商品，“四区”政府（管委会）组织街道办事处、近郊乡镇政府划定燃放区域。2月18日（正月初一）零时至2月25日（正月初八）24时期间，市城管执法局联合市公安局、市安监局、市质监局、市工商局等部门开展查处违规销售和燃放行为；除夕夜安排专门队伍巡查值班和环卫清扫保洁。春节期间，市城区未发生一起因燃放烟花爆竹引发的火灾；没有出现人员重大伤亡，120急救中心接到9起医疗急救事件均为轻微伤，且都为大人监管不力引起的儿童受伤；为期8天的“禁改限”工作取得圆满成功。

2月26日，市安监局收回市城区各家烟花爆竹临时销售点销售许可证。各销售网点未销售烟花爆竹打包送往规定的4家批发公司回收处理。市城管执法局、市公安局通告，即日起市城区全面恢复禁止燃放烟花爆竹，市民手中没有燃放完的烟花爆竹，可以退回购买点，由相关网点进行回收处理，不准在市城区范围内自行燃放。

2008年至2010年，城市“四区”（武陵区、鼎城区、柳叶湖旅游度假区、德山经济技术开发区）建成区，均实行春节期间正月初一零时至正月初八24时限时限区域燃放，其他时间仍禁止燃放烟花爆竹规定。

2011年1月26日，市政府发布《关于2011年春节期间市城区限制性燃放烟花爆竹的通告》明确春节期间市城区实行限制性燃放烟花爆竹的限制燃放时间延长为“农历腊月二十九（2011年2月1日）零时至正月十五（2011年2月17日）24时为允许燃放时间”，将限制燃放时间起始点由除夕前移至腊月二十九、讫止时由正月初八后推至正月十五，全年其余时间仍按市政府《关于禁止在常德市城区燃放烟花爆竹的规定》严格执行。

2012 年至 2014 年，常德市城区均实行 2011 年起实施的农历腊月二十九零时至正月十五 24 时为允许燃放时间，全年其余时间仍严格禁止燃放烟花爆竹规定。

2015 年 1 月，针对市城区 1995 年至 2006 年 12 年全面禁止燃放、2007 年至 2014 年“禁改限”燃放 8 年两个阶段实施情况利弊得失的全面比较权衡，根据常德市城市建设和管理发展需要，市委、市政府决定，从 2015 年开始，市城区包括春节恢复全面“禁炮”，即在市城市建成区，全年全面禁止燃放烟花爆竹。市城管执法局、市公安局、市安监局、市质监局、市工商局联合发布《关于加强市城区春节期间烟花爆竹燃放管理的通告》，明确禁止燃放区域为，“武陵区：东至石长铁路线，西至桃花源路，南至沅江、双拥路，北至石长铁路线、吉生路。鼎城区：东至沅江，西至桃花源路，南至金霞大道，北至沅江。柳叶湖旅游度假区：紫缘北路、环湖路、姻缘河、穿紫河、柳叶大道所围合的区域。常德经开区：东至临枫路，西至柾水，南至常张高速公路，北至沅江。”

该《通告》对违反通告规定违法行为明确严厉罚则：

（一）禁放区内禁止生产、销售烟花爆竹。违者由安全生产监督管理部门责令停止生产、销售活动，处 2 万元以上 10 万元以下的罚款，并没收非法生产、销售的物品及违法所得。

（二）对未经许可经由道路运输烟花爆竹的，由公安部门责令停止非法运输活动，处 1 万元以上 5 万元以下的罚款，并没收非法运输的物品及违法所得。

（三）非法生产、销售、运输烟花爆竹，构成违反治安管理行为的，依法给予治安管理处罚；构成犯罪的，依法追究刑事责任。

（四）违反本通告规定燃放烟花爆竹的，由公安部门责令停止燃放，对违规燃放者处以 500 元罚款；对违反规定举办焰火晚会以及其他大型燃放活动的责任单位处 1 万元罚款；构成违反治安管理行为的，依法给予治安管理处罚。

市城管执法局、市公安局、市安监局、市质监局、市工商局还联合制订出《常德市城区 2015 年春节期间禁止燃放烟花爆竹工作实施方案》，要求重点管理好 2015 年 1 月 21 日至 2015 年 3 月 5 日即春节期间禁止燃放烟花爆竹工作。要求城市“四区”城管、公安、安监、质监、工商部门要重点查处春节期间在市城区禁放区域燃放烟花爆竹的行为。如有重大庆典活动，确需举办焰火晚会及其他大型燃放活动，必须经公安部门依法许可并予以公告后方可实施。

2015 年春节再度“禁炮”即全年全面“禁炮”工作获得广大市民积极支持。春节“禁炮令”在市城区限制性“开禁”8 年之后再度实行，在保障市民人身安全健康、维护社会公共秩序、减少火灾消防事故隐患、减少城市环境污染诸多方面，迅速显示出积极作用。是年 1 月 21 日至 3 月 5 日（春节）期间，市城区禁放区内共取缔烟花爆竹违规销售点 6 处，收缴销毁违规烟花爆竹 420 多件（卷），及时制止或教育违规燃放行为 340 多起，及时查处 6 起违规燃放烟花爆竹行为，对其中 4 起依法实行行政处罚，2 起依法实施行政拘留。

第二章　城市公共客运管理

第一节　城区公交营运管理

清末，常德城开始从外埠引进“洋车”（即人力车）作为城内主要短途公共交通营运工具。至民国11年（1922），常德县商会会长曾春轩筹集2万银圆股金，购置人力车300辆，开办同利人力车股份有限公司，设址于东门外贺八巷。

民国30年（1941），因侵华日军空投鼠疫杆菌，常德城内爆发鼠疫疫情，常德县警察局控制人力车数量，城区时有人力车行3家，人力车则缩减为246辆。其中，乔家巷同利车行134辆；大善寺善德车行80辆；黄金台力役合作社32辆。是时，常德城区人力车均以短途客运为主，货运为辅。运输范围主要在城区及近郊，有时也运客货到陬市、临澧、津市等地，最远到过大庸（今湖南省张家界市）。抗日战争胜利后，常德城区人力车行业迅速恢复并加速发展。20世纪40年代末为常德城人力车行业鼎盛时期，全城有车950辆，人力车夫多达1000余人。1949年8月，常德解放初，城区仍有人力车工人140多人。

1957年5月，零散个体经营的96名人力车工、93辆人力车、2部板车编入常德市搬运服务社，其余40余人力车工人回乡务农或转入其他行业。是年10月，常德市人民委员会出资6000元购置人力三轮车10辆，充实市搬运服务社，扩大城区客运服务业务。1958年后，市城区胶轮板车、马车、小型机动车逐年增多，人力车业务逐年趋淡，人力车工人大多转入城区零担货物搬运行业。至20世纪60年代末期，市城区仅存人力车20余辆。

1968年7月，长沙市人汽公司赠送常德市轮渡公司雪佛兰、解放牌旧车各1辆，市轮渡公司改装后投入城区人民路公共交通营运，日运行40趟次。常德城区从此开启汽车公共客运历史，市民、特别是城郊市民纷纷等候乘坐，以坐公交车进城“上街”为时尚。翌年7月，常德市轮渡公司更名为常德市城市交通服务公司，购进武汉牌客车3辆；新辟城西街至陬市线路，日运行8趟次。城区公共汽车增至5台，车队职工由10人增至25人。

1970年，常德市城市交通服务公司增购武汉牌客车6辆；城区公共汽车增至11辆，营运线路共3条，每日运行60趟次。城西街至陬市营运车增至2辆，营运时间从上午6时至下午8时，每天运行16趟次。新辟沅江南岸汽车南站至常德纺织机械厂、城西街至蔡家岗营运线路。是年9月，市城市交通服务公司征地0.31公顷，修建大型停车场及零配件仓库。

1973年8月，在市城市交通服务公司基础上成立常德市人民汽车公司，简称市人汽公司，时有营运公共汽车 14 台，线路总长达 50 公里，单程公交站点达 30 个，职工增加到 109 人，年营运收入达 51 万元，年客运量达 54.5 万人次。

1978 年，市区内人民路正班运行公共汽车增至 6 辆；陬市和蔡家岗两条线路运行客车各增至 4 辆，两线始发站亦从城西街移至下南门。嗣后，在城区后街建设路增辟营运线路，全程 5 公里。是年底，市人汽公司有职工 224 人，营运公共汽车 34 辆，营运线路 6 条、单程公交站点 56 个。

1980 年，常德市区人民路增开 3 辆高峰车，全线由原每天运行 120 趟次增至 158 趟次。翌年，市人汽公司将 2 辆单体车改装为载客量大一倍的铰接车，开始在城区运行。至 1984 年，市人汽公司有铰接车 10 辆，市内线全部换为铰接车运行，并辟下南门至夹街线路，全程 5 公里。是年 4 月，该公司“三八”车和“小字辈”车与长沙公汽公司“三八”车、“小字辈”车签订“姐妹友好协议书”，以加强优质服务经验交流和业务往来。至 1985 年，市人汽公司营运公共汽车增至 46 辆（其中铰接车 12 辆），营运线路 6 条，线路总长 81 公里。

1986 年，市人汽公司因汽油供应紧张和郊外线路增收养路费以及一些乡镇自办客车营运，先后撤除市城区至刘家桥、夹街、花山等郊外线路及车队。公共汽车服务专营市区内公共交通，市区线始发站由红旗路延伸到地区有线电厂。是年 10 月 1 日，常德沅水大桥建成通车，公共汽车营运线路予以命名调整。各线路分别以 1—8 路车标记。8 条线路分为 3 个车队营运，线路总长达 126 公里，单程站点 83 个，年客运量 1544.66 万人次。城市人口公共汽车占有率由 1968 年的 2.9 万人/辆增为 0.36 万人/辆。1988 年，市人汽公司增开罗湾、丹洲、津市、桃源等线路，营运线路达到 10 条。是年，市人汽公司完成营运收入 290 多万元，实现利润 21.77 万元，为公交公司创办以来盈利最高一年。

1994 年 12 月，市委、市政府在新成立的市城管办设立城区客运车辆管理督导科，简称车管科，主管城区载客营运车辆（含机动和非机动车）总量控制，合理配置和调配新增额度；审批经营权证。自此，市城区公共客运管理归口市城管部门负责。是时，市城区公共交通经过多年、特别是 1989 年至 1994 年投资发展，公共交通车辆保有量达到 147 台，营运线路增加至 12 条，总长达 193.5 公里，线路网长 91.3 公里，站点 163 个。

1995 年 6 月，市人汽公司自筹资金 300 万元购置 20 台无人售票公共汽车投入 1 路线运行，实行 1 元票制，原有在 1 路线运行的 16 台铰接车除部分改型外其余全部报废。是年底，市人汽公司共有营运公交车 154 台，营运线路 13 条，线路总长 168 公里，线路网长 115.1 公里，站点 179 个。1996 年，增开 4 条营运线，即紫桥至下南门、下南门至五中（城西）、甘露寺至汽车南站、下南门至高等专科学校。1997 年，市人汽公司增开下南门至岩桥、下南门至五岔、下南门至高专（含常德师范东院）、甘露寺至南站等 4 条线路，新增 10 台小公共汽车。

1998 年，为适应城市发展，配合市政府取缔慢慢游，方便广大市民出行，市人汽公司投资 1000 多万元，购新车 87 台，先后增开 8 条线路，新增公交车辆 87 台。并调整部分线路，延长营运时间，推行规范化承诺服务，规划公路营运网络。5 月，增开甘露寺至丹阳路停车场线路。8 月，恢复 7 路下南门至罗湾、17 路武陵阁至火车站、19 路三岔路至火车站公共汽车。10 月，增开七一机械厂至纺机线路。

1999 年，为方便居民小区市民，开辟 28 路火车站至甘露寺大市场、30 路落路口至文化宫、31 路三闾小区至北站、32 路西园小区至文化宫、28 路七一机械厂至纺机等 5 条线路。翌年，与岳阳佳木斯公司合作开辟 13 路北站至万金障农场、33 路常德师院东西两院线路。

至 2000 年年末，市人汽公司由 1997 年 14 条线路、150 台营运公交车辆，发展到拥有固定资产 1350 万元，25 条线路、286 台营运公交车辆，其中无人售票车 92 台，线路总长 230 多公里，市城区公共交通网络基本形成，市民、旅客乘坐公交车需求得到基本保障。

2001 年元月，市人汽公司 20 路线路投入 5 台新车，9 路线旧车换新车 20 台。年底，14 路线路投入新车 10 台。随着城市经济建设发展，常德城区公共交通发展迅速，城区形成以公交总公司为主，湘运、欣运、美景等客运公司积极参与的“城市大公交”格局。营运公交车辆达到 422 辆，每万人拥有公交车辆 10.65 标台，营运线路 37 条，公交站点 638 个，线路网长 240 余公里，年均客运量 2820 万人次。是年 4 月，公司投资在人民中路修建 10 余座豪华型站台，城区 6000 多个公交站牌全部按国标予以规范更新，自筹资金新增 110 多块站牌，筹资近 500 万元新购 20 台大巴车、10 台豪华空调大巴车，分别投放 9 路、14 路线，投资将城区公交 1 路线 20 台公共汽车全面“整容”，在 1、7、9、14 路公交车辆上安装电子显示屏和电脑报站器；并与司乘人员签订优质服务责任状，全面提高司乘人员服务水平。

2002 年 4 月 8 日，副市长刘剑英召开专题会议，研究市城区公交体制改革有关问题。会议议定常德市城区公交体制改革基本原则：

（一）有偿使用原则。城区公交营运线路经营权是城市特殊资源，属国有无形资产，各公司公交线路经营权收归市政府所有，市城区公交客运企业必须有偿使用公交线路经营权。

（二）统一规范原则。适时出台《常德市城区公交客运市场管理办法》，统一规划、经营、管理市城区公交客运市场。鼓励目前从事城区公交客运的企业积极参与此次公交体制改革，不参加改革者，视同主动放弃城区公交营运资格。

（三）优先发展原则。新组建的股份制公交企业仍属公益性企业，继续享受国家给予公交企业所有优惠政策。对美景、湘运公司加入新公司后城区公交车辆，享受城市公交企业标准缴纳有关税费。公交企业要切实履行公用企业义务。

（四）积极稳妥原则。公交体制改革牵涉面广，政策性强，情况复杂，必须依法运作。有关部门和企业应做好职工思想工作，维护稳定，确保公交营运和改革顺利进行。

是次会议议定公交体制改革主要内容和步骤为，第一步，以目前参与城区公交营运 4

家公交企业为基础，吸纳市内外民间资本，组建产权多元化的公交有限责任公司。第二步，对现有市公交总公司实施“两个置换”改革。第三步，由新组建的有限责任公司收购市公交总公司有效资产并改组为股份有限公司，最迟年底全部完成改革工作。

是年，市城管局聘请东南大学交通学院教授和专家对常德市公交线路及站点进行统一规划，初步完成《常德市城市公共交通规划》。市公交总公司经市政府批准收购美景公司后，城区公交企业由4家变为3家，城区营运线路共有38条（其中公交总公司30条，欣运公司5条，湘北公司3条），营运公共汽车416台（其中，公交总公司323台，欣运公司43台，湘北公司30台），客运总量4500多万人次。共投入385万元建设城区公交站点，新建公交站亭123座，硬化站点地面32处，更新公交站牌1200块，新建站牌亮化45组，新增高档不锈钢组合站牌60组。按照市委、市政府“城区所有中巴限期换大巴”指示，9月，5路（湖大远程至客运中心站）线和8路（甘露寺至鼎城一中）线中巴报废，投入24台大巴营运；10月，19路（武陵开发区至客运中心站）线投入15台高档豪华大巴营运。城区客运场站设施建设逐步完善，引资1700万元修建的公交总站一期工程初具规模，公交站牌全部按国家规定标准予以规范更新，城区新建豪华站台44个，高规格灯箱式站牌36座。是年11月，城区增开银线宾馆至金健工业城线和三岔路至金健工业城线两条专线，投入8台新车营运。11月，1路湖大远程至银线宾馆线终点延伸至兴隆装饰城。是年，市公交总公司品牌竞争意识大大增强，服务理念全面创新。公司建立司乘人员规范化服务准则，严格推行社会服务承诺制和各种考核监督机制，所有公交车内悬挂带有工号、照片的上岗证和服务承诺牌，司乘人员统一穿工作服上岗，为乘客提供全新周到人性化服务，公交总公司服务形象明显提升，品牌竞争力整体提高。

2003年12月，市城区公共交通行业管理职能由市城管局移交给市交通局负责。

2004年12月，市委、市政府成立市城区公交管理协调小组。市委副书记周用金任组长，市政府副市长刘剑英、宋冬春任副组长；市城区公交管理协调小组下设办公室，办公地点设市城管局，市城管局局长彭培南兼任办公室主任。市城区公交管理协调小组主要职责：审定城区公共交通总体规划，审定城区客运线路设置计划，审定城区公交站点设置建设计划，总量控制城区客运、货运车辆，组织相关部门打击城区非法营运，协调解决城区客运管理中矛盾和问题。

2005年4月，市城区公共客运管理再次归口市城管执法局管理。市政府明确，市城管执法局依法行使城市公共客运管理领域两大职能：

（一）行政管理职能：

1.对市城区公共客运市场运力容量进行科学测算，并根据测算结果提出城区公共交通总体规划、营运线路设置计划、公交站点设置建设计划、城区客运车辆总量控制方案报市政府，由市政府组织相关职能部门会审确定。

2.实施城区公共客运管理领域行政许可，负责公共客运企业（含出租汽车运营企业）

经营资质审核、运营证件发放。

3.对公共客运企业行业服务进行监督管理。加强对公共客运企业及从业人员经营行为监督管理，提高公共客运行业服务质量，加强对公共客运基础设施及公共客运车辆维护、管理，保障公共客运行业安全、有序发展。

（二）执法监察职能。对以下行为实施处罚：

1.未取得城市公共客运营运证件经营城市公共客运业务的；

2.擅自占用城市公共客运用地或者候车站、停车场、调度房等设施，或者将城市公共客运设施移作他用的；

3.擅自在城市公共客运站、场交通安全保护范围内修建建筑物、构筑物或者进行其他妨碍公共客运交通活动的；

4.污损或者毁坏城市公共客运交通工具、设施的；

5.城市公共客运交通工具、设施不按规定设置统一标志、标牌的；

6.擅自中断营运或者改变营运线路，或者越线、越站营运的；

7.随意丢站、拒载、甩客，违反乘客意愿中途将乘客移交他人运送或者服务态度恶劣的；

8.城市公共客运企业未经报告停业、歇业，造成城市公共客运秩序混乱的。

是年5月30日，原属市交通局管理市运管处客运所核定事业编制33人、退休人员11人，连同客运所职能成建制由市交通局运管处移交市城管执法局管理。6月7日，市编委印发《关于调整市城区公共客运管理职能和机构设置有关事项的通知》明确，原市运管处客运所更名为常德市城区公共客运管理处，简称市客运处，其主要职责：根据市城管执法局授权，负责具体实施市城区公共客运管理领域行政许可；负责公共客运企业（含出租汽车运营企业）经营资质审核、运营证件发放；对市城区公共客运行业服务进行监督管理；负责市城区公共客运市场执法监察。

是年8月，市公交总公司积极落实市委、市政府关于“解决公交乘车难”要求，在城区30条线路360余辆无人售票公交车上，安装IC卡收费系统。该公司IC卡分为普通卡、普通挂失卡、学生卡、爱心卡、优惠卡5种。普通卡和普通挂失卡属充值卡，市民可根据需要自愿购买。学生卡为月卡，每张40元，一个月内可乘车120次，当月有效，享受范围为城区中小学生。优惠卡属半价卡，享受范围为60岁至70岁的老人。爱心卡为全免卡，享受范围为残疾人、70岁以上的老人（2012年5月1日起，市城区年满60周岁老人可免费办理爱心卡）。该公司还完成7路、19路、32路公交线调整，完成15、18、21、30、31、32路线53台中巴车更新，城区152座公交候车亭每亭增设两排候车座椅，并在德山修建10座公交站亭。城区公交乘车硬件、软件环境和营运秩序明显改善，“公交乘车难”问题得到有效解决，“满意公交”创建取得丰硕成果。

表 2.1.1 关于解决城区公交乘车难问题落实情况 2005 年 12 月 12 日

城区公交解难内容	时间要求	责任单位	督办单位	完成情况
一、加大硬件设施投入				
1.在 1 路、2 路车辆试点安装智能监控设备，解决治安环境和服务质量问题	10 月底完成	公交总公司	市城管局 市公安局	已完成
2.所有公交车辆安装 IC 卡智能收费系统	2005 年 9 月底完成	各公交公司	市城管局 市客运处	人汽公司 362 台安装完毕
3.各公交车候车亭增设二个座椅	2005 年 7 月前完成	市公交总公司	市城管局	已完成。共计 171 组
4.多渠道筹措资金，城区出租汽车安装 CPS 定位系统		市公安局 市客运处	市公安局 市客运处	衔接之中
5.更换残旧破损车辆	7 月底完成	各公交公司	市城管局 市客运处	已完成 30、31、32 路 41 台中巴下线换成新车
二、加强车容车貌整治				
1.公交车容车貌整治	2005 年 8 月底完成	各公交公司	市城管局 市客运处	已完成
2.出租汽车的座椅、座套、顶灯等营运标志的修换	2005 年 10 月底完成		市客运处	已完成
3.大力改善车辆技术状况，减少尾气噪音污染	2005 年 8 月底完成		市交警市环保局市客运处	已落实
三、切实提高服务质量				
1.制订统一劳动用工合同文本，依法为从业人员购置社保、医保、工伤保险	2005 年年内完成	市劳动社会保障局市建设局	市城管局	已落实
2.全面开展创满意公交，满意出租汽车活动	2005 年 9 月底完成	市客运处		已完成
3.解决出租汽车、公交车乱停乱靠，串线串站，运行不准点等类问题		市交警支队 市客运处		已抓专项整治，有成效
4.公交司乘人员乱喊客（用电喇叭）整治	2005 年 8 月底完成	各公交公司	市城管局	已抓专项整治，成效显著

续上表

四、严厉打击非法经营活动				
1.政府出台相关部门联合通告，划定两摩禁停区域，打击营运待租	2005年7月底前完成	市法制办市城管局		已完成
2.组建联合执法队伍，采取联合打击行动，加大日常查处力度		市城管局市公安局市交警支队市工商局		已联合打击多次，难度较大，效果较好
五、合理调整公交线路和站点				
1.建立部门会审公示，报批制度，规范审批工作				已规范
2.丹洲公交线开通	2005年6月底前完成	市城管局武陵区政府市客运处		已开通
3.柳叶湖增开公交线问题	2005年7月底拿出方案，8月份完成	市客运处		调查衔接之中
4.武陵大道观光巴士的线路站点设置	7月制订方案报政府，8月份完成	市公交总公司市客运处		衔接之中
5.和平西路增设公交站点，调整1–2条线路通过和平西路		市客运处市公交总公司		已完成
6.逐步新建公交首尾站和港湾式站点，对不合理公交线路、站点进行调整	制订近期调整和中长期发展规划	市规划局市公用事业局市客运处	市城管局	逐步落实之中

至2005年年末，市城区已拥有公共汽车494台，公交线路35条，从业人员2210人；出租汽车1110辆，从业人员3000人，每天客运达40多万人次。

2006年，市公共客运管理处进一步解决“公交乘车难”，积极推进市民“满意公交”创建活动。2月8日，市客运处同意市公交总公司、欣运集团公司调整38路等3条公交线路，（一）延伸38路公交线，延伸站点设置：38路将北引桥起讫站延伸至铁公水码头，原线路走向及站点不变，具体延伸新站点为城门口—市第一人民医院—芷园宾馆—市六中—水电调度中心—铁公水码头。（二）延伸16路公交线，延伸站点设置：16路将鼎城一中起讫站延伸至枫丹丽舍；丹阳路停车站起讫点延伸至柳叶湖。原线路走向及站点不变，具体延伸新站点为丹阳路停车站—电业新村—常德日报社—天主教堂—柳叶湖（共和大酒店）。（返回走紫桥小区、市人民银行、丹阳路口）（三）延伸13路公交线，延伸站点设置：13路原线路起讫站点不变，增加常德日报社一个站点，线路走向及站点为排云阁—文化宫—再就业广场—市三中—宏宇山庄—丹阳路口—电业新村—常德日报社—五岔—泉水桥—白鹤山乡政府—武陵区监狱—武陵驾校。

3月28日，市客运处同意市公交总公司开通德山环城线路，线路编号定为17路，线路以十字路口为环线结点，延伸至七一机械厂。站点设置为顺时针走向，七一—老码头—德玻厂—电机—二纺机—十字路口（结点）—武陵酒业—德山管委会—七星管材—阳光乳业—火车货运站—粮食储备库—德山监狱—金健米业—金健药业—平川药业—纺机—金帛—七星管材—恒安纸业—德山酒业—德山公园—棉纺厂—德山分院—十字路口（结点）—二 纺机—电机—德玻厂—老码头—七一。逆时针走向：七一—老码头—德玻—电机—二纺机—十字路口—德山分院—棉纺厂—德山公园—德山酒业—恒安纸业—七星管材—金帛—纺机—平川药业—金健药业—金健米业—德山监狱—粮食储备库—火车货运站—阳光乳业—七星管材—德山管委会—武陵酒业—十字路口（结点）—二纺机—电机—德玻厂—老码头—七一。

9月22日，市客运处同意市谊城公共交通公司开通常德大道公交线，线路编号为101路，起讫站点：文化宫至新世纪汽车城。以常德大道为主要线路，连接人民路，经柳叶大道一段。站点设置：工人文化宫—政务中心—城门口—爱尔眼科—第一人民医院—市农业局—慢性病医院—甘露寺—湖大远程—农资市场—百江燃气—诚信液压—武陵工业区—仁达车务—金凤.川紫—常德日报社—电力新村—五岔—市公路局—火车站—常德市汽车总站—天下粮仓—新世界汽车城（沿线返回），线路全长约15公里。

9月23日，市客运处同意市公交总公司、柳城巴士公司、湘北公司调整18路等5条公交线路，（一）延伸18路、48路两条公交线，延伸站点设置：1.48路将“常德北站”起讫站延伸至汇美家居广场，原线路及相关站点不变，延伸部分新站点走向为常德北站—房地产权处—市交通局—武陵区委区政府—汇美家居广场。2.18路将“皂果小区”起讫站延伸至汇美家居广场，原线路及站点不变。延伸部分新站点走向为皂臬小区—市交通局（新址）—武陵区委区政府（新址）—汇美家居广场。（二）调整9路、28路、19路三条公交线，调整站点设置：1.9路将“水果市场”起讫站延伸至新世纪汽车城，原线路及站点不变。2.19路恢复新世纪汽车城起讫站（现在以“火车站大市场停车场”为起讫站），原线路站点不变。3.28路将“常德汽车总站”起讫站（已到火车站大市场停车场起讫站始发）延伸至新世纪汽车城，增加两个站点，火车站大市场停车场，新世纪汽车城。原线路及站点不变。

2006年4月20日，市长陈君文主持召开市政府常务会议审议《常德市城市公共客运管理办法（草案)》。会议要求：

（一）坚持以人为本、方便群众的原则，优先发展城市公共交通。以优惠政策措施吸引和鼓励社会力量参与城市公共客运投资建设，整合社会资源，进一步促进城市公共客运事业发展。

（二）完善政府管理职能，不断提升城市公共客运为公众服务功能和质量。有关部门研究制订市场准入政策措施，有效推进城市公共客运公司化、规模化经营。

（三）提高城市公共客运行业规范经营、文明经营水平。对不执行市政府有关优待老年人、残疾人、中小学生乘车政策客运公司及司乘人员，管理部门要按规定进行处罚。要重点治理在出租汽车行业乱停乱靠、违规拒载、坑蒙乘客、造谣生事等不良行为，不断提高城市公共客运行业服务水平和客运从业人员素质。

（四）进一步理清职能，协调好城管、交通等部门在城市交通管理方面关系，形成齐抓共管、相互配合格局。

（五）原则通过《常德市城市公共客运管理办法（草案）》，由市政府办牵头，根据本次会议审议意见，进一步修改完善后按程序审核发文。

是年 6 月 3 日，市政府第 9 号令颁行《常德市城市公共客运管理办法》。该《管理办法》共 32 条，对常德市城区（包括武陵区、鼎城区武陵镇、德山开发区及柳叶湖旅游度假区）范围内城市客运规划、建设、经营、管理与服务，即对城区以公共汽车及出租汽车等为交通工具组成的客运体系运行管理做出规定。

市城区新型公交线路指示牌

该管理办法明确，“城市客运实行企业、运营车辆星级服务及从业者服务质量信誉考核制度，星级等次与考核结果作为经营权招投标及延续许可的条件。城市出租汽车经营权依照国家有关规定以拍卖或以服务质量为主要竞标条件的经营权招投标等方式有偿出让，有偿使用费上缴市财政，用于城市客运基础设施建设、行业管理及相关工作；城市出租汽车经营权在经营期限内报城市客运主管部门备案后可质押和转让，转让须报市价格主管部门核定价格，并依法办理相关手续。”“政府组织相关部门编制《城市公共交通专项规划》，规划包括城市客运发展目标及战略、客运方式构成比例及规模、客运站场布局及规模、公交线网布局及设施配置、公共汽车专用道设置等内容，并纳入《城市综合交通规划》。”该《管理办法》还对城市客运主管部门及其工作人员、城市客运企业及其经营者的行政行为和经营行为做出明确的法律规定。

2007 年，市城管执法局继续加大公共交通行业管理力度，集中解决公交车、出租汽车乱停乱靠、运行不准点，司乘人员拉客、甩客、拒载及服务态度差等问题，有效遏制公交行业违规经营行为；进一步优化公交线路，协调线路矛盾，改善乘车环境，城区公共客运步入良性发展轨道。

是年，市客运处聘请东南大学交通学院专家教授编制常德市公交中远期规划，重点解决公交线路密度偏低、重复系数高、布局不合理、场站建设不足难以满足客运发展要求、管理体制不够完善、难以形成良好客运环境等诸多问题，公交线路规划由35条增加至39条。9月20号，常德市中长期公交规划得到省市专家好评，评审顺利通过。市客运处还创新市场监管，进一步规范经营秩序，创新行业服务，树立管理形象。当年，及时化解13路与镇德桥班线、38路与1路、7路车与48路车在南站走向、48路与16路车延伸问题、46路车承包款纠纷以及和42路等诸多问题矛盾。处理信访件57件（其中人大、政协交办24件），共反映问题133个，处理133个，处理率100%。成功举办常德市首个“公交周”及“无车日”活动。市客运处全盘计划、周密部署、精心安排，工作得以层层分解落实，活动圆满顺利进行。11月精确计算出全市出租汽车和公交车燃油补贴数据，并及时、准确将燃油补贴发放到位。12月底成功组织常德市首届“的士之歌”优秀驾驶员评选颁奖晚会，的哥的姐主动参与现场演出、观摩，晚会还对当年10名“天安之星”、10名“春天使者”给予表彰奖励。

2008年，市客运处把创建全国文明城市作为全面提升城区公共客运行业品质一项重要手段来抓。全年召开5次全行业负责人会议，9次全体工作人员会议，进行全员动员，职责划分。利用车载声讯装置、车身张贴文明创建公益广告等手段印发宣传资料、问卷调查和创建测评手册8000份，印制宣传标语、温馨提示、禁烟标志、公益广告5500份，对公共客运从业人员和广大市民进行创建文明城市广泛宣传。市客运处全处人员积极响应市委、市政府“全员参与，全面落实，全力以赴”号召，不论酷暑寒冬，不分白天黑夜，全面落实各项工作，不留死角，确保每个公司、每台车辆、每名驾驶员人人过关，台台合格。

是年，市客运处切实有效抓好特殊时期安全生产和优质服务工作。在春运、抗击冰雪灾害、全国交通模范城市复查、巩固国家卫生城市、北京奥运会及其他重大节日期间，市客运处一是加大行业管理和督促检查力度，针对不同时期要求和行业形势特点，采取多种措施维护稳定，提高服务质量。重点整治火车站、汽车总站等客源集散地运营秩序，专人值班，将安全责任落实到人。市客运处组织机关工作人员进行铲冰扫雪、张贴公益广告、发放宣传资料、督促清理车内外卫生等具体工作，保障广大市民安全、便捷出行。二是加强管理，规范市场，促进发展。编制施行《公交车司乘人员经营行为和服务规范要求》，对36条线500多台车辆司乘人员逐车发放学习资料，宣传面达到98%。与每台公交车司乘人员签订《公交车司乘人员经营行为服务承诺书》，进一步明确和规范司乘人员经营行为和服务规范。以治理公交线路乱停乱靠和车容车貌为重点，对公交车运营秩序进行全面调查和整改，仅创建期间就检查公交车1200多台次，对公交车乱停乱靠及其他违章经营问题进行治理，公交车司乘人员服务质量和服务水平等综合素质有明显提高，投诉率比往年下降30%。

2009年，《常德市城市公共交通规划（2007—2010年）》修编审定工作顺利完成，市城管执法局开始着手编制《常德市城市公共交通规划（2010—2030年）》。市客运处取得市规划局、市国土局支持，争取场站用地纳入城市规划，为完成常德市城市公共交通规划需求和发展打下良好基础。调整太阳山、白石村、渔樵村三条公交线路设置不合理问题，设置太阳山景区专线。完成丹阳路车站搬迁到柳叶湖车站，公路客运与城市公交客运对接实现平稳过渡。全年共优化调整10条公交线路，进一步合理配置公交线路运力结构。

是年，全市公交行业以整治车容车貌为重点参加文明城市创建活动。市客运处公交科工作人员和公交企业管理人员在火车站大市场车站、农资大市场车站、下南门车站等重要枢纽站点对公交车进行逐台督导检查，除检查车容貌和车辆设备设施外，还采取抽查提问方式对司乘人员掌握服务规范、情况处置、创建迎检知识进行检查，创建期间共在站点检查公交车辆500多台次，其中对42路、46路、8路等公交线全部车辆进行集中检查。同时，各企业对公交站台进行清理、维护。更换和新设站牌410个，修理站牌90个，更换公交车座椅912个，车内拉手810个。公交科还组织工作人员对公交车进行跟车暗访，共暗访公交车辆近100辆，发现问题进行现场整改，收到事半功倍效果。

市城区新型公交站亭

2010年3月4日，市委、市政府印发《常德市人民政府机构改革方案》，明确根据《中共湖南省委湖南省人民政府关于常德市人民政府机构改革方案的通知》精神，坚持上下衔接、依法依规等原则，着力转变政府职能，调整优化组织结构，组建常德市交通运输局，将原市交通局的职责、市城管执法局承担的管理城市公共客运的职责，整合划入市交通运输局。市城区公共客运管理处由市城管执法局管理调整为市交通运输局管理，机构级别维持副处级不变。

是月，市客运处由市城管执法局成建制划归新组建市交通运输局管理。是时，市城区共有37条公交线路、营运公交车辆522台。

表 2.1.2　2010 年城区公交客运线路、车辆基本情况汇总表

编号	起　讫　站　点	车辆台数（台）	间隔时间	里程（公里）
1 路	农资大市场–高职院	23 台	4 分钟	11 公里
2 路	五强溪基地–排云阁	13 台	4 分钟	8 公里
3 路	排云阁–陬市	7 台	4 分钟	18 公里
5 路	农资大市场–火车站大市场车站	15 台	4 分钟	9.6 公里
6 路	皂果小区–市二中	28 台	10 分钟	18 公里
7 路	兴隆装饰城–鼎城进修学校	30 台	10 分钟	15 公里
8 路	农资大市场–枫丹丽舍	16 台	10 分钟	8.5 公里
9 路	水果大市场–省柴	29 台	10 分钟	26 公里
10 路	文化宫–纺机厂	14 台	10 分钟	16 公里
11 路	丹洲桑场–市公路局	14 台	15 分钟	20 公里
12 路	皂果小区–德山街、船舶厂	12 台	10 分钟	13 公里
13 路	排云阁–武陵驾校	14 台	10 分钟	11 公里
14 路	下南门–水果大市场	13 台	6 分钟	9.5 公里
15 路	公路局–农资大市场	12 台	6 分钟	10 公里
16 路	柳叶湖–鼎城进修学校	8 台	8 分钟	15 公里
17 路 A 线	德山环城线	10 台	8 分钟	10 公里
17 路 B 线	德山环城线	10 台	8 分钟	10 公里
18 路	汇美家具广场–罗湾	12 台	5 分钟	13 公里
19 路	武陵开发区–新世纪汽车城	16 台	5 分钟	9 公里
20 路	火车站大市场–淮阳中学	15 台	8 分钟	15 公里
21 路	鼎城进修学校–鼎星工业园	13 台	5 分钟	7.5 公里
26 路	银线宾馆–省柴厂	15 台	9 分钟	23 公里
28 路	农资大市场–新世纪汽车城	16 台	5 分钟	8.5 公里
30 路	市六中–落路口	12 台	5 分钟	12 公里
31 路	北站–三闾小区	8 台	5 分钟	6.5 公里
32 路	阳光花城–文理学院艺术楼	10 台	5 分钟	9 公里

续上表

编号	起　讫　站　点	车辆台数（台）	间隔时间	里程（公里）
33 路	文理学院西院－文理学院东院	12 台	5 分钟	8 公里
35 路	文化宫－苏家渡（海利化工）	10 台	6 分钟	13 公里
38 路	东方嘉园－柳叶湖	16 台	5 分钟	15 公里
40 路	三岔路－火车站大市场	12 台	7 分钟	10 公里
42 路	火车站大市场－华南	15 台	7 分钟	12 公里
46 路	芦山乡政府－三岔路	12 台	7 分钟	13 公里
47 路	鼎城进修学校－火车站大市场	23 台	7 分钟	14 公里
48 路	汇美家具广场－鼎城进修学校	18 台	7 分钟	20 公里
51 路	北站－丹阳路停车场	4 台	8 分钟	4 公里
101	新世纪汽车城－文化宫	10 台	10 分钟	15 公里
102 路	常南汽车总站－桥南副食城	4 台	2 分钟	4 公里
合计：共有 37 条线路，营运车辆 522 台				

第二节　城市出租汽车管理

20 世纪 90 年代初期，常德市德海贸易公司购置一批奥拓牌小汽车和微型面包车投入市城区公共客运。常德市城区出租汽车行业由此发轫。

1994 年 9 月，市政府颁布《常德市城区出租汽车管理暂行办法》，要求市城管办对城区出租汽车实行计划调控，并对其经营权证（牌照）采取公开拍卖方式发放。是月，市城管办主持常德市第一次出租汽车经营权证公开拍卖，共拍卖出让市城区出租汽车经营权证 379 个（台），每台出让价 1.83 万元。

是时，市城区尚有近千台人力“慢慢游”（载客人力三轮车）、数百台机动“慢慢游”（载客机动三轮车）运行。这些人力和机动“慢慢游”近半数属无证营运，载客价格低廉，肆意争抢客源。无序竞争之下，“慢慢游”随意乱停乱靠，违反交通法规、随意争抢客源现象十分严重。

1995 年 6 月，市政府召开加强城区客运车辆管理专题会议。会议明确规定：

一、及时取缔无证无牌从事营运车辆，整顿不按时交纳税费车辆；

二、依法严肃处罚出租汽车乱停乱行及其经营者乱收费行为。

三、积极维护出租汽车经营者合法权益，不断优化其经营环境，各有关部门要严格按照市政府及物价部门规定收取规费。

会议要求各有关部门要密切配合、各负其责、依法管理。市城管办要切实负责城区出租汽车额度控制及管理综合协调和检查督导，严肃查处私自转让经营权证行为；市交警支队要切实加强经常性管理，牵头维护好城区交通秩序；市交通运管处要进一步搞好行业管理；市城建处要充分发挥出租汽车经营者协会作用，及时反映广大出租汽车经营者正当要求和呼声，同时加强对广大出租汽车经营者职业道德、规范化服务教育；市技术监督局要认真管好打表计程；物价部门要严格管理出租汽车票价和部门收费；工商部门要全面配合其他部门加强对出租汽车日常管理。

会议还对城区其他客运车辆管理提出要求：

一、市城管办要根据市政府要求对城区各类客运车辆实行总量控制。具体要求：人力慢慢游控制在600台以内；机动慢慢游控制在115台以内（武陵区100台、鼎城区武陵镇15台）；城区客运中巴车总量及线路牌由市城管办会同有关部门在认真调查基础上提出并报经市政府审批。审批后，对城区客运中巴车经营权和线路经营权逐步实行有偿使用。残疾人车辆管理问题由市城管办会同交警、残联等部门，根据全国残联、建设部、公安部有关精神和常德实际，拟定具体办法，报市政府审批后实施。

二、加强日常管理，依法查处违法行为。整顿交通秩序，依法处罚违章。各有关部门对无牌无证营运各类车辆，对各类违法事件和行为，都要从严执法。

三、加快硬件建设步伐。市交通局负责筹建413队货运市场必须在8月底前投入使用；丹阳路停车场力争在年底前形成毛路；城建处负责高山街口停车场（绿化块）要在8月底前完工；湘运公司和市人汽公司停车场、站、棚等建设和改造工程都要力争8月底最迟年底前完成。

是年7月，市城管办主持常德市第二次出租汽车经营权证公开拍卖，共拍卖出让市城区出租汽车经营权277个（台），每台出让价1.98万元。

1996年1月，为组织湖南省“八运会”和全国“八运会”皮划艇预选赛在常德举办，市城管办主持常德市第三次出租汽车经营权证公开拍卖，共拍卖出让市城区出租汽车经营权证153个（台），每台出让价：公司3.28万元，个人3.18万元。是时，常德市城区出租汽车总量达809台。是年4月，市城管办印发《常德市城区出租汽车经营权证管理规定》，切实加强城区出租汽车额度管理。该管理规定对市城区出租汽车经营权证和专用牌照发放和管理、申领、转让、换发、转户、遗失补证、车辆更新改型，都做出明确规定。6月，市城管办为城区115台从事营运的正三轮摩托车办理经营权证。对未取得经营权证而又在城区营运的车辆，市城管办会同公安、巡警、交警、运输管理办、工商、市政等部门，开展联合执法。

翌年，市城管办会同市交警支队、市交通运输管理处、市政公用事业管理处等单位开展联合行动，向广大出租汽车车主深入宣传贯彻《常德市城区出租汽车管理暂行办法》和道路交通安全法规，教育广大驾驶员文明驾驶、文明经营，巩固和维护湖南省“八运会”期间文明创建取得的行业管理成果和文明形象；坚持严格执法，全年扣留并联合处罚无牌无证无照营运出租汽车 17 台，正三轮摩托车 436 台，收缴并销毁人力三轮车 1429 台。通过打击非法营运，维护城区客运秩序，保护合法经营。

1998 年初，市城区人力“慢慢游”和机动“慢慢游”分别发展到 2000 多台和 1500 多台。这些“慢慢游”散布在城区大街小巷游弋拉客，严重扰乱城区客运市场，严重妨碍城市交通秩序，构成常德市城区一大畸形景观，激起出租汽车车主和广大市民强烈不满。5 月 23 日，市政府发布《关于取缔市城区客运人力三轮车的通告》，公布常德市城区人力三轮车经营期限至 1998 年 6 月 11 日 24 时止。6 月 12 日零时，市政府组织市区城管、公安、交警、工商、交通部门 500 多名执法人员、1000 多名机关干部和城市创建工作队员，在城区大街小巷和各个出入城口，站岗守卡取缔城区人力“慢慢游”，取缔行动一举成功。7 月 8 日，市政府制订《城区取缔客运机动三轮车实施意见》。9 月 30 日，市公安局发布《关于禁止营运机动三轮车在城区通行的通告》，10 月 15 日零时起执行。10 月 15 日，市政府组织市区 500 多名执法人员和 1500 多名党政机关干部和城市创建工作队员，零时起上街值勤守卡，禁止机动“慢慢游”在城区载客营运。取缔行动一举成功。

1999 年，市城管办联合市创建办、市文明办、市运管处等单位，在城区出租汽车行业广泛开展文明行业和文明驾驶员创建活动。是年 9 月，第八届亚洲皮划艇锦标赛暨第二届亚洲青年皮划艇锦标赛在常德市举行，亚洲 14 个国家和地区 305 名运动员参加比赛。比赛期间，广大出租汽车驾驶员文明行驶、礼貌载客、拾金不昧、助人为乐，成为常德市城区一道美丽风景。常德市出租汽车行业管理自此进入全省先进行列。

市城区自 1994 年 9 月首次以公开拍卖形式有偿出让出租汽车经营权证以来，至 1999 年已拍卖 6 次，共计拍卖出租汽车经营权证 992 个。历次出让时间、数量和价格分别：

第一次：1994 年 9 月，出让经营权 379 个（台），每台出让价 1.83 万元。

第二次：1995 年 7 月，出让经营权 277 个（台），每台出让价 1.98 万元。

第三次：1996 年 1 月，出让经营权 153 个（台），每台出让价：公司 3.28 万元；个人 3.18 万元。

第四次：1997 年 1 月，出让经营权 60 个（台），每台出让价：公司 4.3 万元；个人 4.2 万元。

第五次：1998 年 3 月，出让经营权 23 个（台），每台出让价 4.38 万元。

第六次：1999 年 2 月，出让经营权 100 个（台），每台出让价 5.38 万元。

2001 年，常德市城市管理局成立，市城管局内设城区营运车辆管理督导科（加挂常德市城区营运车辆管理办公室牌子），牵头管理城区客运，负责城区载客营运车辆总量控制，合理配置和使用新增额度，审批和管理经营权证。负责城区货运出租汽车计划调控，发放城区货运出租汽车运力额度计划批单；负责组织有关部门拟订城区客运线路设计方案，报市政府审批并组织实施，协调解决城区客运管理矛盾。市城市管理部门成为市政府工作部门，管理城市出租汽车行业职能更趋完善。

2002 年，市城管局深入城区出租汽车行业，努力解决出租汽车行业反映突出的问题。一是出租汽车车主对经营权到期重新拍卖反应强烈。1994 年至 2012 年，市城管部门组织出租汽车经营权拍卖 6 次，共计有偿出让出租汽车经营权 992 个，经营期均为 5 年，其中 849 台分别在 1999 年 9 月至 2002 年 4 月之间到期。根据为出租汽车行业减负和让利于民原则，市城管局报市政府批准后，是年内对已到期 849 台出租汽车车主续办出租汽车经营权证，占总数 85.58%，剩余 143 台到期如法续办。车主反映市公安局与管理部门进行年审时对城区出租汽车强制性收取 1200 元社保费（每车两人，每人 600 元）。调查证实，市交警部门按照市政府要求，对出租汽车进行年审时代征社保费合理合法；且到当时为止，每车仅只收取 1 人 600 元社保费。车主反映不属实，市城管局如实向市政府和社会澄清事实，并且协助市交警部门做通有关车主工作。当年市政府对沅水一、二桥通行车辆提高收费标准，市城管局提出申请后，已对城区出租汽车、中巴车通过沅水一、二桥减免车辆过桥费。

2003 年 10 月，市城管局组织城区出租汽车经营权第七次公开拍卖，共出让经营权证 108 个（台），每个（台）出让价 6.58 万元。自 1994 年 9 月至此，常德市城区共计公开拍卖出让出租汽车经营权证 1100 个（台）。经营权限均为 5 年，其中公司牌 265 台，个体牌 845 台（个体车牌亦全部挂靠公司）。有偿出让金由 1994 年 9 月首次 1.83 万元/每台到 2003 年 6.58 万元/每台，共拍卖所得 7271.4 万元，全部上交市财政统一管理使用。主要用于城区道路交通基础设施建设，具体支出比例是城市基础设施建设开支 35%;城市公用设施维护支出 30%;市政管理开支 20%;社区建设支付 15%。至 2003 年，城区出租汽车共 1110 台，这一总额此后一直控制到 2015 年未变。

是年，为保障出租汽车车主合法权益，遏制乱收费行为，常德市政府及各级行业主管部门进一步认真落实国务院及省政府有关规定，规范出租汽车各项收费，切实减轻出租汽车车主经济负担，11 月，市政府转发市政务中心、市物价局《关于进一步规范市城区客运出租汽车和公交车收费实施意见的通知》，每年每车减轻出租汽车车主经济负担 3000 多元，并统一制订“负担卡”，发放到经营户手中，各有关单位严格按市政务中心、市物价局核实的收费项目及标准执行。

至 2004 年，常德各县（市）也根据各自情况，采取公开拍卖等方式发放出租汽车经营权证，发展出租汽车行业。

汉寿县城管局 2004 年 3 月 15 日，经市政府批准，公开拍卖出租汽车经营权证 120 块，期限 5 年，取得出让金 525 万元。出让金用于城市道路改造 150 万元，环卫设施建设 120 万元，垃圾处理场建设 120 万元，投放“的士”回收旧车补助费 100 万元；其他开支 35 万元。

桃源县城管办 2003 年 12 月 16 日，经市政府批准，公开拍卖出租汽车经营权证 100 块；为解决原营运面包车出路问题，向面包车主定向投放 120 块；经营期限均为 6 年，共取得出让金 1276 万元，全部上交县财政，用于补偿取缔机动三轮车开支 500 万元，其余用于市政建设及维护。

临澧县城区出租汽车管理办 2001 年 12 月和 2003 年 1 月，经市政府同意，共拍卖出租汽车经营权证 120 块，经营期限均为 4 年，共取得出让金 612 万元，用于城市道路建设开支 405 万元，建设丁玲广场开支 175 万元，其他开支 32 万元。

澧县城管办 2001 年 8 月，经市政府批准，拍卖投放出租汽车经营权证 200 辆，取得出让金 1020 万元，出让金公用设施建设开支 30%，澧洲大道修建开支 70%。

石门县城管办 2004 年 6 月，经市政府批准，公开拍卖出租汽车经营权证 220 块，经营期限为 5 年，共取得出让金 880 万元，出让金城市道路建设资金开支 350 万元，红绿灯改造开支 70 万元，其他用于市政设施建设。

安乡县城管局 2004 年 12 月，经市政府批准，拍卖投放出租汽车经营权证 100 块，经营期限 5 年半，取得出让金 380 万元，出让金下水道疏浚开支 20 万元，排污设施治理开支 320 万元，路灯维修开支 20 万元，绿化培管开支 20 万元。

津市出租汽车管理办 2002 年 4 月开始，经市政府批准，分三次拍卖投放出租汽车经营权证 200 台，经营期限 6 年半，共取得出让金 800 万元，出让金用于城市道路维护 250 万元，垃圾清运车购置 60 万元，路灯改造 50 万元，洒水车购置 40 万元，九澧广场等建设 120 万元，三湖改造 180 万元，添置城管执法装备 100 万元。

2005 年，市城管局根据建设部、财政部、发改委《关于立即停止对出租汽车收取运输管理费和对城区运营出租汽车收取客运附加费的紧急通知》，会同有关部门认真贯彻。自是年元月 1 日起，取消城区运营出租汽车交通运管费和客运附加费，每车每年降低税费负担 5360 元。同时规定出租汽车检测减为全年 5 次，其中交通综合性能检测 1 次，二级维护检测 3 次，交警年检 1 次。至当年止，市城区出租汽车每车每年费用为 6280 元。同时，各县（市）也加强对各自城区客运出租汽车税费管理监督力度。安乡县优化办、县政府督查室、县监察局、县物价局、县财政局组成联合督查组，对出租汽车收费工作展开定期检查，到 2005 年为止，每车每年费用降为 4100 元；桃源县政府从 2004 年 11 月 1 日起，每车降低规费负担 2190 元，加上取消交通运管费和客运附加费，至 2005 年每车每年由过去 8900 元降为 3210 元；澧县也大幅降低出租汽车规费，由过去每年每车 12469 元降至 5000 元。津市、汉寿等县（市）也按照有关规定大幅降低规费标准。

是年 10 月 12 日，湖南省政府办公厅印发《关于常德市实施城市出租汽车经营权出让工作的通知》，同意常德市实施城市出租汽车经营权出让（续牌）工作。该《通知》要求，常德市应按照“发展大公共交通为主、出租汽车为辅”原则，对城区公共客运市场运力实行总量控制。2008 年底以前城区出租汽车总量应控制在 1110 台以内。该《通知》还明确：

一、出租汽车经营权出让应按照公开透明、公正有序、公平负担原则，以服务质量与企业责任承诺、企业信誉为主要条件进行招投标。严禁任何单位或个人私下转让或倒卖出租汽车经营权。在出租汽车经营权出让前，建设管理部门应按照《湖南省城市公共客运管理办法》（省政府令第159号）规定，对出租汽车企业进行资格审查。

二、出租汽车经营权出让底价，要根据当地经济发展水平和从业人员承受能力，召开价格听证会，听取社会各方面意见后确定。经营权使用期限不得超过国家规定车辆报废年限。

三、出租汽车经营权出让全部收入和转让费增值收益部分40%上缴同级财政，实行“收支两条线”管理。专项用于城市道路和城市公共客运交通场（厂）、站、点与城市公共客运管理办建设，不得挪作他用。

四、要继续清理涉及公共汽车、出租汽车各类收费，加强收费公示，凡未按照省财政、物价部门批准收费项目和收费标准执行的必须坚决纠正。

五、要进一步理顺本地区城市公共客运包括出租汽车等公共客运管理体制。加快城市公共客运交通规划实施，加快城市公共交通基础设施建设。加强对出租汽车公司监督管理，特别是对经营合同执行情况监管。要积极开展出租汽车企业创星级服务活动，提高行业服务水平。继续清理整顿城市公共客运市场，坚决打击非法营运。积极稳妥处理和化解各类矛盾，维护社会稳定，确保城市公共客运市场健康、有序发展。

2006年，市城管执法局、市客运处以文明行业创建为抓手，大力加强出租汽车行业管理，着力抓好行业行为规范和行业形象培养。以提升从业人员素质为突破口，以行业活动为载体，着力推进行业服务水平提高。举办从业人员培训班，学习政策法规、服务技能、营运知识、服务规范、行业常用英语、职业常识、旅游知识以及市委、市政府对城市创建工作要求，年参训达4000多人次。市客运处开展形式多样行业创建活动，提高行业服务质量，提升行业形象。是年，出租汽车行业开展“星级服务”“天安之星”“爱心送考”“满意车厢”“爱心晚报、诚信的哥”等系列创建活动，增强行业凝聚力，行业内形成一股争先创优热潮，一个个行业之“星”脱颖而出。“的哥”夏明涛，拾到14万元巨款，主动交还失主，其事迹被中央、省、市新闻部门报道，常德市委、市政府授予夏明涛为常德市首位“诚信市民”称号。“的哥”赵建免费将一名张家界受伤小朋友送到长沙，在公交行业传为佳话，被中央电视台以人物专访形式进行专题报道。其事迹感动行业，感动社会。当天晚上市城区上百名“的士”司机，无数群众纷纷到市广播电台为小患者捐款。中南大学湘雅医学院附属二医院为赵建事迹所感动，给伤者免去大部分医药费。城市客运行业已成为市民心中“文明行业”。

2008年，市客运处组织市城区出租汽车行业全力投入文明城市创建活动。市客运处对城区21家出租汽车公司实行责任包保，责任科室、责任人每天到包保公司进行车容车貌和经营行为督导；同时，每个企业既与客管处签订创建责任状，又与公司所有从业人员签订服务承诺；市客运处出租科对创建工作进行全面调度。创建期间，市客运管理处共投入20万元对所有出租汽车进行整车美容，组织350人次管理人员下企业、上路段对每台车进行明察暗访，实行全方位督导，查处不按窗口规范标准经营行为354起，查扣服务资格证173个。在春运、抗击冰雪灾害、全国交通模范城市复查、巩固国家卫生城市、北京奥运会期间及重要节日时段，市客运处加大行业管理和督促检查力度，采取多种措施维护稳定，提高服务质量。重点整治火车站、汽车总站等客源集散地运营秩序。继续开展出租汽车和出租汽车企业星级评定工作，年内评出545台符合一星级车辆条件出租汽车、3家三星级企业，9家二星级企业，6家一星级企业，促进出租汽车行业服务质量提升和行业自身发展。

是年11月5日，常德市政府根据《国务院办公厅关于进一步规范出租汽车行业管理有关问题的通知》《湖南省市政公用事业特许经营条例》等法律法规及相关政策，印发《常德市城区城市出租汽车特许经营权出让招投标实施方案》，决定由市城管执法局牵头，市客运处全权负责，将市城区1110台出租汽车经营权以服务质量、企业责任承诺、企业信誉为主要竞标条件邀请招标，出让给市城区符合条件的出租汽车实体企业。该《实施方案》要求邀标出让"分两步实施：对经合法性认定合格的企业车辆先行出让，其余车辆待条件成熟后再按规定出让。出让价格5.28万元/台（标）。出让期限5年，合同期满，经营权终止，经营权出让期限与车辆的使用年限不挂钩。"当年12月，根据授权，市客运处向中标人发出中标通知书，并与中标人分批次签订《常德市城区城市出租汽车特许经营合同》和履行合同条款。

本轮出租汽车经营权出让共收取出让金5860.8万元，全部上交市财政，并专项用于城市公共客运场站建设、城市道路建设、招投标工作与客运管理。

表2.2.1　常德市城区出租汽车公司一览表

公司名称	地点	投诉电话
湖南昌和公共交通有限公司	常德市洞庭大道东段58号	7918928
湖南华元运输有限公司	常德市洞庭大道东段58号	7918918
常德市华一交通有限公司	常德市洞庭大道东段58号	7918908
湖南金马亚飞汽车销售有限公司	常德市洞庭大道东段58号	7918958
湖南龙运公交有限公司	常德市洞庭大道东段58号	7918938
常德市永隆出租汽车有限责任公司	常德市武陵区体育路2号	7799188
常德市武林出租汽车公司	常德市育才中路西晴公寓旁	7201358
常德市五星投资有限公司	常德市洞庭大道美景大厦7楼	2516999
常德市裕安出租汽车有限公司	常德市人民西路199号	7189001

续上表

公司名称	地点	投诉电话
常德市新祥经营开发有限公司	常德市人民西路381号	7270094
常德市政德出租汽车有限公司	常德市洞庭大道东段336号	7729990
常德市迎宾出租汽车有限公司	常德市武陵区育才西路	7267115
常德市国兴出租汽车有限公司	常德市洞庭大道359号	7278625
常德市安骏出租汽车有限公司	常德市武陵区体育路2号	7224367
常德市阳光孤儿院	常德市武陵区育才西路	7263916

2009年，市客运处继续组织市城区出租汽车行业全力投入文明城市创建活动。重大节日、重大活动等特殊时期，市客运处严格专人值班制度，通过发通知、下企业、现场督导等方式加强出租汽车从业人员优质服务意识，保证广大市民在节日期间安全、便捷出行。加强现场监管，规范行业经营行为，全年共查处和纠正违法行为875台次，有效规范出租汽车驾驶员经营行为。市客运处还制订专门工作方案，协助各出租汽车企业抓好行业人员教育培训，严把服务资格证发放关，强化出租汽车监督考评机制。全年共完成3100余名驾驶员年度考核，发放470个服务资格证。市客运管理处克服时间紧任务重困难，加班加点完成新一轮出租汽车经营权出让后续工作，出租汽车运营证年初全部发放到位，组织专人衔接出租汽车改色换牌工作，建立车辆档案及相关基础台账，修改出租汽车管理程序，下大力处理和解决一批重点难点问题：一是协调处理原武林和新国线公司整合问题；二是调处阳光公司3台出租汽车经营权归属问题；三是通过接访和开协调会方式处理20余台车辆收购问题；四是完成孙敏等人到多部门上访接访工作。

是年8月1日，市城区1110辆出租汽车全部正式启用税控计价器。税控计价器票额实计实打，不仅有语音提示，还可以清楚打印出乘客打车时间、里程，是乘客遗失物品后找回的重要凭证。税控计价器启用后，可更加规范出租汽车服务行为。8月4日，为缓解燃油价格持续上涨给出租汽车等车辆经营者带来的影响，市客运处根据常德市“2009年度石油价格改革出租汽车用油财政补贴”有关规定，对出租汽车经营者发放燃油补贴款。补贴时间为2009年1月1日至2009年6月30日，实行一次性支付。即日起，对市城区每辆出租汽车发放燃油补贴1686元，具体发放标准为白班927元，晚班759元。

2010年3月，市城区公共客运管理处由市城管执法局成建制划归新组建市交通运输局管理，出租汽车行业管理一并移交。

第三章　城市公共自行车管理

第一节　城市步行和自行车交通系统规划设计

城市步行和自行车交通出行灵活、准时性高，在我国具有良好发展基础，是解决中短距离出行和与公共交通接驳换乘理想交通方式，是城市综合交通体系中不可缺少重要组成部分。2010 年 11 月，湖南省委书记周强在《新华内参》相关文章上做出批示，“城市公共自行车租赁方便、经济，成为民心工程”，要求省内有条件的城市推行城市公共自行车租赁服务。同年 12 月，省住建厅召集长沙、株洲、湘潭、常德、岳阳五市相关单位召开座谈会，探讨在湖南省开展城市公共自行车租赁服务试点工作。

2011 年 2 月，常德市城管执法局向市政府递交常德市开展市城区公共自行车租赁服务试点工作请示和《常德市城市公共自行车租赁系统建设工作方案》。该方案提出，“两型”社会建设基本内涵是实现资源节约和环境友好。常德要建成生态宜居城市，同时体现社会公平和对城市中弱势群体关爱，有必要建设舒适怡人、特征明显的步行和自行车交通系统。常德城市山水自然要素齐全，有丰富河流水系和内平外山地形地貌，城区 400 多公里道路平坦，拥有公共绿地 875 公顷，环柳叶湖、沅江风光带、穿紫河风光带已建成步行道路 43 公里，市城区步行距离 1 公里以下公交换乘点达到 67 个，并且所有道路都建有符合标准的人行道和非机动车道，能够满足步行和自行车出行基本条件。方案建议常德市先期开展市城区公共自行车租赁服务试点，采取部门监管、财政补贴、运营企业自负盈亏模式，市城区第一期工程概算投资 1400 万元，建设 100 个公共自行车租赁交换站点，投入 3000 辆公共自行车。该方案还建议，第一期城市公共自行车租赁系统建设分两阶段完成：第一阶段在城区主要街道建成 50 个公共自行车租赁交换站，提供 1500 辆公共自行车进行前期调试并投入试运行；对试运行进行效果评估后，第二阶段增加到 100 个交换站，公共自行车增至 3000 辆，基本形成市城区公共自行车租赁系统主要框架。

是年 3 月 21 日，市长陈文浩主持召开市政府常务会议，听取市城管执法局关于市城区开展城市公共自行车租赁服务系统建设情况汇报，会议原则同意市城管执法局《城市公共自行车租赁服务系统建设方案》，明确由市城管执法局负责，第一阶段先按 30 个公共自行车交换站、1000 辆公共自行车规模启动项目建设。会议要求，公共自行车租赁服务系统初期建设应充分考虑城市道路交通流量和承载能力，站点设置和线路设计要避开车流人流集中的城市中心区域，优先选择城市外围区域和具备条件城市道路。会议责成市城管执法局做好公开招标和政府采购相关工作，要选择实力较强、经验丰富建设运营企业和售后服务完善的自行车产品生产企业。会议强调，公共自行车租赁服务为公益性事业，市政府对系统建设和运营给予补贴，新增公益性岗位要优先选择市城区困难家庭和零就业家庭人员就业。与之同时，湖南省住建厅分别对长沙、株洲、湘潭、常德、岳阳等五个城市进行调研，认为常德、株洲具备开展此项工作条件，将两个城市列入湖南省开展城市步行和公共自行车交通系统示范项目工作试点城市，上报住房和城乡建设部。

同年 8 月，市政府组织市城管局、市城市办、市规划局、市财政局、市公用局、市交警支队及有关专家赴全国第一批试点城市杭州、昆山、济南等地考察学习开展城市步行和公共自行车交通系统示范项目工作经验。回到常德后，市政府成立常德市城市步行和自行车交通系统示范项目工作协调领导小组，由市委常委、市政府常务副市长刘小明任组长，市城市办、市城管执法局、市规划局、市公安局、市财政局、市人社局、市住建局、市物价局、市园林局、市交警支队、市公用事业局和武陵区政府、常德经济开发区管委会、柳叶湖旅游度假区管委会等单位负责人为成员，协调领导小组办公室设在市城管执法局，由市城管执法局分管副局长尹言正任办公室主任。协调领导小组办公室按照市政府要求，召开专题调度会，分解任务、确定各成员单位具体工作职责。

2011 年 10 月 27 日，住建部印发《关于做好第二批城市步行和自行车交通系统示范项目有关工作的通知》,常德市与深圳、厦门、株洲、三亚、寿光 6 个城市正式成为全国第二批开展城市步行和自行车交通系统示范项目城市。该通知明确，各示范项目要完成以下三方面内容：编制（或修编）城市步行、自行车交通系统专项规划；制订促进城市步行、自行车交通系统规划建设政策措施；2012 年内建成具有一定规模步行、自行车交通设施示范区域（或完善的公共自行车交通系统）。住建部于 2013 年 1 月底组织验收。通知要求，示范项目所在城市要成立由相关部门组成的示范项目工作领导小组，明确各单位职责分工，并建立必要的协调、信息共享和考核机制，制订具体实施政策和保障措施，确保示范项目顺利完成。示范项目所在城市可根据城市实际情况，充分发挥示范项目示范作用，创造性开展工作，改善整个城市步行、自行车交通出行条件，开展有关城市步行、自行车交通系统研究，做好政策储备，并加大宣传力度，倡导市民更多选择步行、自行车交通方式出行。

2012 年 1 月 3 日，市城管执法局制订《常德市建设城市步行和自行车交通系统示范项目实施方案》，计划该“示范项目”暨常德市第一期自行车专用道项目实施范围：柳叶大道以南、洞庭大道以北、皂果路以西、芙蓉路以东（含龙港中路、滨湖西路）区域，面积约 2 平方公里，道路总长度 8250 米。“示范项目” 即常德市第一期公共自行车租赁项目实施规模：设置 30 个公共自行车租赁交换站，投入 1000 辆公共自行车；概算资金 520 万元，其中系统基础设施 270 万元（包括公共自行车租赁交换站、公共自行车等），1 年运营费 250 万元。市城管执法局制订《示范项目实施方案》要求，2011 年 12 月底前市项目建设小组相关部门全面完成示范项目规划设计、项目建设指导意见，项目评审，招标等内容；2012 年 12 月底完成全部建设项目任务；2013 年 1 月底，接受住建部检查验收。

2012 年 2 月，协调小组办公室完成步行和自行车交通系统专项规划设计招标工作，中标单位为同济大学交通研究院。同济大学交通研究院随即着手编制规模 160 平方公里，服务 155 万人口规划，其中示范区域范围面积 2 平方公里，路权清楚，道路全长 8.25 千米，服务人口约 6 万人。自行车专用道施划设计由常德市规划设计院中标，市规划设计院中标后亦立即着手方案设计。

是年 7 月 12 日，市长陈文浩主持召开常德市城市规划管理委员会 2012 年度第二次会议。会议原则同意同济大学交通运输工程学院编制的《常德市城区步行和自行车交通系统规划》。陈文浩要求该规划与《常德市城市总体规划（2009—2030)》《常德市综合交通体系规划》等相关规划作好衔接，以促进城市交通节能减排为目的，更好推进城市步行和自行车交通系统建设。会议要求市城管执法局尽快启动市城区公共自行车租赁系统建设工作。

第二节 城市步行和自行车交通系统建设

2011 年 12 月、2012 年 5 月，常德市城管执法局两次委托长沙众益招标咨询有限公司，对公共自行车租赁系统建设及营运服务、市城区步行和自行车交通系统专项规划两个项目，进行国内公开招标采购。其中第一包要求投标企业必须是具有独立法人资格或其他组织并在常德市城区注册 2 年以上物流、服务企业；第二包投标供应商必须是国家“985 工程”高校交通院系，且具有建设行政主管部门颁发的规划设计甲级资质设计单位。

2012 年 2 月，长沙众益招标咨询有限公司公示评标结果，上海同济大学交通运输工程学院中标二包项目。常德市自行车交通系统专项规划编制项目，自此正式启动。6 月初，长沙众益招标咨询有限公司公示评标结果，常德市 777 运输服务有限公司中标一包项目。此举亦标志常德市公共自行车租赁系统建设项目，自此正式启动。根据市政府安排，至 2013 年，常德市将投入约 1600 万专项经费，分三期用于城市步行和自行车交通系统示范项目建设。按照《常德市城区步行和自行车交通系统专项规划》，公共自行车租赁交换站建设坚持外观式样统一、标志清晰一致、方便群众出行要求。在不影响城市整体容貌，与周边环境协调，不占用盲道、消防通道和机动车道情况下，在江北城区分两期投入 1050 万元共修建 67 个公共自行车租赁交换站和与之相配套的管理员工作亭，采购喜连发牌专用公共自行车 2000 辆。其中，有 400 辆系可快速调节座凳的自行车和 100 辆亲子车。第三期在鼎城区武陵镇和常德经济技术开发区投入 550 万元修建 35 个公共自行车租赁交换站，采购喜连发牌专用公共自行车 1000 辆。

是年 6 月 12 日，市政府召开专题会议，研究城市步行和自行车交通系统示范项目建设有关问题。会议议定，各级各有关部门要认真履责，密切配合，确保当年 10 月 20 日前完成自行车租赁服务系统网点建设调试工作，11 月 15 日前实现公共自行车租赁服务系统一期工程试运营，年底前全面完成城市步行和自行车交通系统示范项目建设。会议要求市城管执法局、市规划局要按便民利民、保障安全、合理用地、科学顺畅要求，督促有关单位在7月20日前编制完成《常德市城市步行和自行车交通示范系统专项规划》。会议还要求市城管执法局做好项目宣传引导和公示公告工作，从10月份开始，在市级主要媒体上集中宣传公共自行车租赁服务系统建设重要意义、运营方式、政策规定；注重收集市民对此项工作意见和建议。市交警支队要做好自行车交通安全和交通通畅性评估工作。市777运输服务公司要做好公共自行车租赁交换站员工选聘、培训和管理工作，提升服务水平。市城管执法局、市公用事业局要抓好自行车专用道建设，9月底前完成自行车专用道标识、标线、标图施划工作。市城管执法局、市财政局要抓好公共自行车采购工作。

是年7月12日，由同济大学交通运输工程学院编制的《常德市城区步行和自行车交通系统规划》，通过常德市城市规划管理委员会2012年度第二次会议审议同意。

是年9月10日，常德市政府办公室印发《关于加强城市公共自行车租赁服务系统建设和管理的通知》，要求武陵区、鼎城区人民政府，常德经济技术开发区、柳叶湖旅游度假区管委会和市直有关单位，坚持政府引导、企业运营、以人为本、服务群众原则，采取政府投资引导、扶持企业运营模式，选择具备一定经济技术实力企业依法签订建设运营服务合同，明确双方法律关系和权利义务，加快建设城市公共自行车租赁服务平台，为市民提供安全便捷、绿色健康的自行车公共服务。该通知明确，“按照先期试点、稳步扩容的建设要求，积极稳妥建成公共自行车租赁服务系统。其中，2012年10月底前，在武陵区、柳叶湖旅游度假区建设30个公共自行车租赁交换站、1000辆公共自行车的系统服务试点平台；以后年度根据实际情况调整和完善。”

该通知还要求市城管执法局应与公共自行车租赁服务运营企业签订服务合同，监督、指导运营企业规范经营：

（一）实行2小时内免费租赁服务模式，提倡快借快还用车理念，鼓励市民选择公共自行车出行。

（二）运营企业要为自行车使用人购买相关保险，明示运营企业和自行车使用人权利与义务，妥善处理发生的意外风险。

（三）运营过程中要公布服务公约、服务须知、服务指南和服务承诺；按照持有效身份证件办理租车卡要求，简化办卡、租车、还车手续，建立完善的查询系统和投诉处理系统。

（四）运营服务要优先招聘“4050”人员、零就业困难家庭人员，并保障其合法权益。同时认真开展岗前培训，加强职业道德教育，提升运营服务水平。

10月22日，市城管执法局、市财政局、市公安局联合印发《常德市公共自行车管理办法》，三部门公告，市城区年龄在16周岁至65周岁，具有相应民事行为能力、能够熟练骑自行车的个人，可凭本人有效证件，在常德市指定网点申请领用公共自行车便民卡，凭卡使用公共自行车，2 小时内免费，通城借还。常德市户口者凭有效二代居民身份证原件及复印件；常德市大中专在校学生凭有效二代居民身份证原件及复印件、学生证原件及复印件；驻地军人凭军人有效证件原件及复印件；非常德籍人士凭二代居民身份证原件或在常德的固定产业及固定工作单位证明。

该管理办法明确“用车须知”：

（一）为保障用车者人身安全，要求用车人身体状况不适或患有后述疾病（心脏病、高血压、暂时性眩晕、视力障碍、听觉障碍、残疾等），应停止使用公共自行车。

（二）用车人在使用常德公共自行车时，应认真对所用公共自行车进行检查，确认车辆各部件完整有效，熟悉自行车性能和安全装置。若发现问题，应及时与服务人员联系更换。

（三）用车者应爱护公共自行车、文明骑行，发生故障应及时处置或到就近服务点修复及调换。因非正常使用导致损坏，用车人应按公共自行车运营企业公示的损坏部件赔偿标准赔偿。

（四）在使用公共自行车的过程中，用车人有义务保障车辆正常使用及停放安全，及时还至服务网点，如用车过程中发生车辆遗失、被盗等情况，用车人须按照运营企业公示赔偿标准进行赔偿。

（五）在公共自行车骑驶过程中，用车人应遵守交通法规，因用车人过失或意外事故，造成第三者人身或财产损失的，由用车人和其相关权益人对第三者承担赔偿责任；用车人发生意外事故造成自身人身损害的，由用车人自行向致损人索赔，提供免费用车服务运营企业均不承担责任。

（六）常德公共自行车实行 2 小时内限时免费服务，为避免公共资源被个人长期占用，妨碍市民共享公共资源，单次用车超过 2 小时免费时限的，按每小时 1 元标准收取超时占用金，超时占用金每日最高限额 15 元封顶，单次用车超过 24 小时记一次不良用车记录，达到三次不良记录时，便民卡暂停使用，需持卡人到运营中心或指定网点办理解卡手续后，方可继续享受用车便民服务。对长期恶意占用（超过 72 小时拒不归还）公共自行车的将交由公安机关处理。

2012 年 10 月 28 日，常德市公共自行车租赁服务系统第一期工程顺利竣工，首批 33 个公共自行车租赁交换站和 1000 辆公共自行车登场亮相，公共自行车便民卡当天开始发放。市民只要到公共自行车租赁交换站，凭本人有效证件，交纳 200 元保证金和 100 元超时金，便可办理公共自行车“便民卡”，凭卡享受 2 小时内免费的自行车租赁服务，异地借还，一卡通行。首批公共自行车租赁交换站点全部采用全人工值守模式。即每个租赁交换站点安排 2 名管理人员值守，借车还车都采用 POS 机刷卡方式完成。

是日，市政府隆重举行常德市公共自行车租赁服务系统启动仪式。市长陈文浩、原市人大常委会副主任邹克忠等相关领导，偕同首批获得公共自行车便民卡的部分市民，从常德市火车站站前广场出发，沿主次干道上自行车专用道路骑行，拉开常德市公共自行车租赁服务系统便民服务大幕。

年末，常德市城市步行和自行车交通系统示范城建设被评为2012年度常德市十大新闻事件。

是年11月22日，依据首次公共自行车投放市场运行情况评估和市民对公共自行车租赁意见建议，市政府召开第二期公共自行车租赁服务项目专题会议，决定对示范项目工程进行扩容，再增加34个公共自行车租赁交换站点和增加1000辆公共自行车。首批公共自行车投入市场后，市民和社会各界对其表现出极大关注，纷纷提出建议与点子。第二批公共自行车投放市场时，市城管执法局即采纳市民意见，做出人性化改进。如在每个租赁交换站点投放几辆亲子车，配备开水供应，配备适量雨衣、地图，以便市民借用。翌年1月7日，第二期公共自行车租赁服务项目顺利完成。至此，常德市共建成67个公共自行车租赁交换站点、投入2000辆公共自行车实行租赁服务运营。

2012年11月12日，市777运输服务公司为市公共自行车租赁点调配新车。

2013年3月11日，市政府决定启动第三期公共自行车租赁服务，投入550万元在江南城区（常德经开区和鼎城区武陵镇）再次建设35个公共自行车租赁交换站点，投放1000辆公共自行车。

2014年2月12日，武陵区、鼎城区和经济技术开发区102个公共自行车租赁交换站点全部投入运营。至当日止，市城区共发售租赁服务卡近3万张，每天租还车辆达2万辆次。常德市777运输服务有限公司作为公共自行车服务系统建设和营运专营企业，每月不定期对公共自行车进行检修维护，确保公共自行车不“带病”上路，为市民安全骑行提供保障。至当日，全市公共自行车租赁服务未收到一起市民投诉，未丢失一辆公共自行车，未发生一起公共自行车交通事故，实现运营期间“零投诉、零丢失、零事故”，成为全国示范项目城市中成功范例。

至此，常德市城市步行和自行车交通系统示范项目全部竣工，共计建设公共自行车租赁交换站点102个，投入公共自行车3000辆；与示范城市建设项目同步，至2014年2月止，常德市共建成城市自行车专用道78千米。市自行车项目建设协调小组办公室选择白马湖周边约2.2平方公里区域作为自行车专用道示范区建设，示范区由柳叶大道、滨湖路、

市城区洞庭大道自行车专用车道

洞庭大道、芙蓉路、龙港路、皂果路 6 条主次干道构成。常德市政府投入 350 万专项经费，在示范区内修建长 16.5 千米，宽 1.5 米，共计 2.47 万平方米无缝连接的自行车专用道，专用道全部采用体育跑道专用特邦尔红色涂料铺设，防滑性能良好。专用道上施画醒目标识、标线、标图；专用道旁配有达标路灯 287 盏、遮阳行道树 1084 棵、休闲排椅 66 个。此外，在建设城市 BRT 快速公交系统同时，常德市注重建设慢行交通系统提质改造，共改建自行车专用道路 61.5 千米，为自行车提供安全、连续、畅通、舒适的行车环境。

2014 年 5 月 18 日，市编委发文，同意市城管执法局增设公共自行车管理科，加挂市城区公共自行车管理办公室牌子，为正科级内设机构，其主要职责：负责拟定城市步行和自行车交通系统发展规划并组织实施；负责组织、协调公共自行车交换站、城市步行和自行车专用通道建设、维护；负责对市城区公共自行车租赁服务运营企业相关业务进行指导、协调、监督；负责受理有关公共自行车租赁服务投诉、举报。

根据《常德市城区步行和自行车交通系统规划》和《常德市大气污染防止行动计划实施方案》，常德市计划实施第四期公共自行车租赁服务项目，投入 8000 万元对市城区公共自行车租赁系统进行改造升级，在人流量聚集点继续设立公共自行车租赁交换站点，增加到 400 个，投放 10000 辆公共自行车，提高绿色交通出行比例。同时，依据住建部《城市步行和自行车交通系统规划设计导则》要求，市政府计划在新老城区长约 170 千米 38 条主次干道上，因地制宜修建符合标准的自行车专用道。

第三篇《

环境卫生管理

第一章　清扫保洁

第一节　清扫作业

中华民国时期，常德县警察局负责管理城区环境卫生。民国 24 年（1935），常德县警察局组建城区清洁队，设警长 1 人、卫生警察 2 人，管理城区公共卫生；雇用清道夫 22 人，负责城区主要街道清扫作业。

民国 27 年（1938），长沙“文夕”（11 月 12 日）大火，10 余万难民涌入常德城内，城区垃圾遍布、粪便成灾，常德县政府组织城区公务人员和市民开展大规模卫生清扫活动。县警察局动员全部警力维持城市秩序，督导县清洁队日夜加班清扫街道，清运垃圾。民国 28 年至 29 年（1939—1940），两年内日军数千架次飞机轰炸常德，城内市民纷纷逃往乡下避难。城区遍地残垣断壁，垃圾成山。常德县政府制订《夏令卫生运动推行计划》，组织城区公务人员和留城市民，配合县清洁队开展卫生清扫活动。

民国 30 年（1941）11 月 4 日晨 6 时 50 分，侵华日军飞机在常德城区空投鼠疫杆菌，城内爆发鼠疫疫情。常德县政府组织全城防疫大扫除，组织捕杀疫鼠，设置隔离医院。县警察局组织清洁队配合卫生署医疗防疫总队和军政部防疫大队，紧急清除并集中焚烧日军空投含有鼠疫杆菌的米、麦、破布、纸张，配合封锁发现鼠疫患者的关庙街、鸡鹅巷、法院街、五铺街等疫区，协助防疫人员用来苏、漂白粉反复对街巷实施消毒。县慈善会亦组织义民义工清除沅江沿岸污物，协助县清洁队清扫大街小巷、公共场所。次年即民国 31 年（1942）8 月，城区鼠疫方始基本控制。

民国 32 年（1943）1 月，常德县政府召开改良环境卫生会议，县商会、县警察局及各乡镇负责人参加，议定颁行《决议整理市容案》：1.每保至少设置一个垃圾箱。2.城区设立三个垃圾倾倒点，一为公共体育场北区池塘，二为东门外岩桥荒山，三为大西门外千佛寺或米厂街后官堤。3.东西大街（今人民中路）、上下南门大街、关庙街、高山街、兴街口大街、法院街、石探花街等街道两旁，禁止摆设饮食摊担。2 月，常德县政府召开整理街道及疏通沟渠会议；9 月，订立《整理常德市容十一条》。

是年 11 月中旬至 12 月，中日常德会战爆发。城区垃圾成山，蚊蝇密布，满目疮痍。常德城市遭遇有史以来最为惨重破坏。

民国 34 年（1945），抗日战争胜利后，常德城区百废待兴。湖南省政府训令常德县政府整顿市容，常德县警察局制订《城区卫生实施办法十条》。翌年 4 月，常德县政府推行《湖南省政府整顿市容卫生训令》，城区组织大规模棚屋整治、垃圾整治、道路整治。县清洁队增加清扫班次，及时运走垃圾。民国 36 年（1947），常德县政府制订《城区三镇举行清洁行动计划》、《夏令环境卫生注意事项》。县警察局制订《警察局城区各队清洁大扫除实施办法》规定：督察室派员指挥清除各街巷垃圾，各所指派警员分途前往各街巷督导居民打扫门前垃圾；每星期日上午举行清洁大扫除，警察局督察室及各所队警员除勤务外一律参加。民国 37 年（1948）3 月，县警察局在城区东门沙河尾、西门渔父中学后、城区畔池街后共设置三座垃圾倾倒站，颁文严禁在城市街道倾倒垃圾。城区街巷环境卫生状况基本恢复。

中华人民共和国成立后，常德市公安局治安科接收原常德县警察局清洁队，组建常德市卫生队，人员调整为 25 人。卫生队队长兼指导员孙芳林带领卫生队员每天凌晨 5 时半上班，傍晚下班，清运城区积存垃圾。市城区环境卫生从战争时期混乱状况迅速恢复正常。1951 年，市卫生队由市公安局治安科移交给市政府卫生科管理。1952 年，市卫生队起早摸黑，全年清除残余垃圾 1.5 万吨，城区垃圾成山现象得以消灭。市卫生队在城区建立 23 个垃圾倾倒站，要求市民定时、定点倾倒垃圾，破除随时随地乱倒垃圾陋习，保持街道清洁。

其时，市卫生队主要任务是清运战争年代遗留的遍地垃圾，大街小巷则由居委会发动居民负责分段清扫。1957 年，市卫生队清扫工人增至 30 名，除清运垃圾外，开始实行分片分段清扫制度，承担市区主要街道清扫保洁。背街小巷则由居委会安排专人负责分片分段清扫，工资或为民办公助（受益户出一点、居委会拿一点、政府拨一点），或由辖区内商业店铺分摊。

1963 年 10 月，常德市环境卫生管理处成立，简称市环卫处，主管全市市容环境卫生工作，属全民所有制事业单位。1965 年 1 月，市环卫处制订《环卫处生产经营管理制度》，市城区主要街道环卫作业开始实施规范管理。1966 年至 1968 年，市环卫处机关正常管理工作受到“文化大革命”冲击，但全市环卫工人仍坚持每天清扫街道，清运垃圾，常德市城区环境卫生处于基本正常状态。

1975 年，市环卫处撤销专业卫生队，在城东街道、城西街道、中心城区（后改为城南街道）、德山街道成立四个环境卫生管理所，清扫人员增加到 55 人。市环卫处建立清扫作业岗位责任制，清扫时间调整为天亮前一轮大扫，上下午各一次小扫。其时，市环卫处负责清扫街道面积 16.7 万平方米，人均清扫 3040 平方米。1980 年 3 月，市环卫处由常德市卫生局管理改属常德市城市建设局管理。

1981 年，常德市在常德地区率先实行全日保洁制度，清扫作业除凌晨一次大扫外，另安排 2 至 4 人上街全天保洁，垃圾日产日清。市区各街道办事处分别组建民办街道保洁队伍，由街道办事处雇请闲散劳动力或退休工人担任专职清扫员，负责小街小巷清扫保洁工作，其报酬由各受益单位按清扫面积分摊，市财政局亦对各办事处小街小巷清扫作业给予资金补贴。是年，市城区街道清扫面积增加到 27.97 万平方米，市环卫处直属清扫人员增加到67人，人均清扫4174平方米，实行全日保洁制度。同年9月，从武汉购进一台洒水车，改装成冲、洒两用车，以冲为主，开始对主要街道实行冲水洗街，每天一冲二洒。1984年，市环卫处调整劳动结构，垃圾清运、粪便清运由直属车队统一管理，城东、城西、城南、德山四个环卫所专职负责街道清扫、垃圾容器和公厕保洁消毒工作。这种作业分工方式一直沿用至今。

1985年至1988年，常德市城市道路建设发展迅速，市环境卫生事业亦同步顺利发展。市武陵路（现名朗州路）扩街竣工、洞庭大道由45米拓宽到60米竣工通车、沅水大桥建成通车，共增加街道面积21.58万平方米；同时，原由民办保洁队清扫的11条干道人行道，移交给市环卫处统一负责清扫。是时，市环卫处完善城区清扫保洁质量承包责任制，所有责任区域、责任路段要求做到“四无三光一通”，即无漏扫花扫、无堆积垃圾、无积水、无淤泥，路面扫光、路槽铲光、垃圾运光，流水沟畅通。常德市连续4年（1985年至1988年）获全省城市环境卫生检查地辖市组第一名，涌现出”劳动模范”哈汉平、张孝珍（女）、陈金娥（女）等一批先进模范人物。清扫女工张孝珍从1970年到1986年，16年如一日，兢兢业业、吃苦耐劳，累计清扫街道2.88万平方公里，主动为2万多户居民收倒垃圾2600多吨，坚持为清扫区内孤寡老人挑水、劈柴、洗衣、买米。1986年12月，湖南省建委授予她”劳动模范”称号。1987年10月，市人民政府召开表彰大会，为从事环卫工作25 年的罗恩尧、郑志友等33名工人颁发“荣誉证书”。1988年，市环卫处推行岗位目标责任制，清扫班组实行劳动优化组合，五人一个班组，民主选举班长，实行班长津贴。环卫处和各班组签订承包书，把个人收入同出勤、工作质量挂钩，调动职工积极性和责任感，街道清扫质量普遍提高。至是年年底，市城区总清扫面积达到48.54万平方米，市环卫处清扫人员相应增加到117人，人均清扫面积4148平方米。

1989年，常德“撤区建市”，城市建设进一步迅速扩张，市环卫处街道清扫面积增至63万平方米。市环卫处进一步完善清扫保洁责任制，主次干道清扫时间调整为早上3:00至7:30进行清扫，上午8:30至10:00和下午2:00至4:30实行小扫保洁。1992年，市环卫处日清扫面积增加到82.82万平方米，时有清扫工人129人，洒水车5台，人均清扫面积6420平方米，清扫公厕187座，清洗垃圾容器797个，年冲洒水洗街3万多公里。至1994年，市环卫处日清扫面积增加到94.41万平方米，人均清扫面积为7323 平方米。1995年，市环卫处为落实市政府提出的3年创建卫生城市工作目标，对原有《部分工种工作质量考核细则》进行修改补充。按卫生城市标准，清扫工街道清扫质量要求做到：无烟头、纸屑、果皮、痰迹，路面无坑凹、破损，排水畅通，无污水溢流，无暴露垃圾，实现“四无四净”。是年，在湖南省城市卫生综合检查中获得优良成绩，常德市被省爱国卫生运动委员会授予“湖南省卫生城市”称号。

1996年，市环卫处在朗州路开展“文明卫生示范街”活动，环卫中心所与朗州路上的各临街单位、门面签订“门前卫生责任书”，各家门店必须自备垃圾容器，不得随地乱

1997 年 3 月，李明菊（右一）和市长张昌平（左一）出席第九届全国人民代表大会

倒垃圾。洒水车从车队调配跟班到所，市容监察队员调整为市容中队和中心所双重管理。“文明卫生示范街”取得显著成效，迅速推广到各所管辖的主次干道。是年，市环卫处街道清扫新增沅安路、武陵大道南北段、滨湖路、洞庭大道天桥等 8 处，新增面积 26.2 万平方米，日清扫总面积达到 120.2 万平方米。街道冲洒水新增武陵大道北段、朗州北路、滨湖路、芙蓉路、沅安路，日冲洒总长 51.7 公里。时有清扫职工 304 人，人均清扫 3947 平方米。市环卫处清扫女工李明菊，1980 年至 1995 年 15 年如一日，每天提前半小时上班，节假日不休息。用坏竹扫帚 4000 多把。1995 年被建设部授予“全国最佳城市美容师”称号；1996 年 5 月，又获“全国五一劳动奖章”，同时被湖南省人民政府授予“劳动模范”荣誉称号；1997 年当选为第九届全国人大代表。

1998 年，市环卫处以朗州路清扫承包为试点，在全城清扫路段推行清扫班组承包责任制。即清扫路段由原来各管理所指派班组清扫改为竞聘责任人应聘承包；该路段人员、任务、经费由责任人与管理所签订合同，预交风险抵押金，年终考核成功履约有奖，违约扣罚。应聘责任人和清扫班组同时承包该路段清扫保洁、垃圾清运、容器清掏清洗、市容监察、有偿服务收费五位一体工作任务。该承包模式推行后，职工踊跃承包，清扫质量跃上崭新台阶。

是年起，街道清扫作业时间由 2 班次 6 小时固定作业制改为 6 班次 16 小时流动作业制，从清晨 5 时到晚上 9 时，各班次清扫工人轮换坚守岗位。作业时间没有间隙，城区主次干道清洁率始终保持良好状态，赢得各级检查团组和领导群众交口称赞。是年，市政府投资 100 万元购置 2 台街道清扫车，开启常德道路机械化清扫新阶段，车行道机械清扫率达到 30%，居全省先进水平。

至 1999 年，常德市环卫处共有 34 个清扫班组，一线清扫工人 485 人，负责 14 条主次干道、1 座大桥、2 座人行天桥清扫保洁工作，日清扫总面积 149.3 万平方米，人均清扫面积为 3800 平方米，年清扫清运垃圾 19.02 万吨。主次干道基本实现 24 小时全天候保洁；街道冲洒水实行每日三次冲洒，日冲洗里程 65.4 公里。是年 6 月，湖南省爱卫会对全省城市按照《国家卫生城市检查标准》进行检查评比，常德市与岳阳市获得并列第一成绩。2000 年 9 月，常德市通过国家旅游局检查验收，获得“中国优秀旅游城市”称号。

2001 年，市环卫处依据《常德市城市市容和环境卫生管理暂行办法》，出台市环卫处

《市容长效管理实施办法》，按照国家卫生城市检查标准，将市容长效管理各项要求具体化、制度化，重新完善各工种评分办法和检查制度，提高所队争先意识。全年组织综合检查 12 次，职能科室检查 82 次。市环卫处扩大主次干道 24 小时清扫保洁区域，按照大街带小巷原则，全面推行全城 16 小时清扫保洁制度，重点控制好小街小巷、城乡接合部、居民区卫生保洁，整体提高城区环境卫生水平。是年，市环卫处实现环卫管理由主次干道向小街小巷延伸，由城市建成区向城郊接合部延伸。适时调整作业人员，同武陵区城管办一道深入郊区各乡（镇），以民办公助形式组建作业队伍，统一添置作业工具，江北城区西至新河，东、北至 207 国道，南至沅江环卫作业和管理网络基本落实。是年，市环卫处清扫保洁面积达 256 万平方米，清扫保洁合格率达到 95%以上，垃圾清运保持日产日清，全年清运垃圾 21.39 万吨，冲洒街道 10.2 万公里，全年清运粪肥 6600 吨，垃圾粪便清运处理率达 100%。

是年，市环卫处在进一步推行城区垃圾袋装化基础上，制订《上门收运袋装垃圾试点工作实施办法》，年初在西园小区和高山街圈试点上门收运袋装垃圾，两个试点获得成功，年内城区全面推广，较好解决垃圾污染源头。

2002 年常德市市容环境卫生工作跃上新的台阶。城区全部实行 16 小时清扫保洁制，主次干道、繁华区域实行 24 小时全天候清扫保洁制。全处日清扫保洁 332 万平方米。是年，市环卫处全面推广以块以片划分作业和管理区域新模式，实现大街与小巷、居委会与城中村、街巷与居民区三个结合，有效解决管理脱节矛盾，推进市容保洁长效管理。拓展作业服务新区域，年内先后接管棉纺厂区等德山 14 家企业生活区域清扫作业和保洁管理任务。继续推行上门收集袋装垃圾，以环卫所为单位，将上门收运责任划分到所、到班组、到责任人，将收运区域划分到小区、到楼栋单元、到居民户，将责任划分明细表绘制成地图，进入电脑实行微机管理，为常德市全面推行上门收集袋装垃圾工作奠定坚实基础。是年 12 月 31 日召开招标大会，完成德山环卫作业分七个标段招标工作，为实现环卫专业化管理、管干分离和市场化运作管理新机制迈出一大步。街道洒水和垃圾中转站管理参照垃圾清运模式实行单项成本核算，个人经济责任承包。职工的思想发生了很大变化，过去是“单位组织要他干”，现在是“职工自己抢着干”。

是年，常德市荣获全国爱卫会授予“国家卫生城市”称号，且连续第 3 年评为全省城市卫生检查第一名。市环卫处被建设部授予“全国城市市容环境卫生先进集体——时传祥奖”，市委、市政府授予“城管创建红旗单位”称号。

2003 年，市环卫处紧紧围绕巩固国家卫生城市成果，大力推行内部运行机制改革，落实市容长效管理措施，城区市容环卫管理水平跃上了一个新的台阶。全年城区日清扫保洁面积 377 万平方米，比上年增长 13. 8%，清扫保洁率 100%，合格率达到 96%以上；垃圾清运保持日产日清，中转站常年保持卫生整洁。生活垃圾无害化清运率 100%、无害化处理率 100%。是年，常德市环卫作业体制改革进一步加快，城区环卫作业各区域全部完成面向社会公开招标，各作业区域成为独立核算市场主体，权责明晰、绩效挂钩、长效管理的环卫作业机制初步形成。市容保洁管理全面推行包片管理责任制，将江北城区切块划分成45个责任片区，由3至5名队员组成责任片组，包保负责责任片区内市容保洁日常管理。

2004年，常德城市环境卫生保持良好发展势头，市环卫处制订《市容环境卫生长效管理实施办法》，完善管理体制和作业考核机制，对作业组织服务标准、考核制度、奖惩办法做出明确规定。抗击“非典”期间，各环卫所、队对辖区内所有垃圾中转站、公厕、果皮桶、环卫车辆及办公场所进行全方位清洁消毒，及时清理垃圾死角。运用高压洗路车对城区空气进行消毒。年内将改制企业清扫保洁管理纳入环卫管理体系（德山23家破产置换企业已全部接管)，整体提高城市管理水平。将市容监察管理权限下放到区域管理所，全城36个作业服务区域面向社会第二轮招标顺利完成。城区日清扫保洁面积达499.97万平方米，道路冲洗合格率100%，机械化作业率39%以上；全年清运垃圾18.3万吨，垃圾无害化清运率100%，无害化处理率100%；全市垃圾袋装化普及率85%以上。

是年，常德市连续第5年获得全省城市卫生检查第一名，圆满通过国家卫生城市复查验收，被中央电视台评为“中国魅力城市”。市环卫处被省建设厅授予“全省建设系统先进集体”称号，城南所清扫女工邓亚兰被授予建设部先进个人称号。

2005年，市城管执法局以构建和谐城管为目标，广泛开展以“满意执法、满意清扫、满意公厕、满意公交”为主要内容的创市民满意年活动。市环卫处荣获全省“城市市容环卫工作先进单位”称号，赵德波被建设部评为“全国城市市容环卫系统先进工作者”。是年，市环卫处围绕创“市民满意活动”，广泛推行服务承诺制度，对内强化督导检查，落实绩效挂钩，对外强化监察管理，落实街面控制，不断完善和落实《市容环境卫生长效管理实施办法》，城市清扫保洁始终保持良好状态。年初，顺利完成35个作业服务区域面向社会第三轮招标承包工作，加强对新增德山、武陵区置换企业移交社区后清扫保洁管理工作，置换企业社区清扫作业服务纳入市容长效管理统一服务标准。公厕管理充分利用区域清扫管理优势，将公厕每日三次检查，纳入区域清扫责任人考核范围。是年，日均清扫保洁面积达500万平方米，日清运垃圾500吨，全年垃圾清运18. 25万吨，垃圾清运率和无害化处理率均达100%。日冲（清）洗街道里程达217. 63公里。

2006年，市环卫处围绕精细化长效管理工作主线，深化环卫改革，创新工作方式，完善管理机制，各项工作有序推进。清扫保洁作业实行合同管理：清扫保洁（含机械化清扫)、街道冲洒水、垃圾清运、垃圾中转站及公厕管理落实新一年度经济责任合同。不断扩大和延伸环卫服务领域，先后接管柳叶西路（原常德大道)、皂果路、紫菱路、三星路、三间路、新河路等城区干道清扫保洁任务，新接管一批置换企业和无物业管理小区的清扫保洁任务，全年新增清扫保洁面积近60万平方米。添置4台后装式压缩收集车，设置垃圾方桶80处，定点定时进行近郊垃圾收运，收运范围已扩大到武陵区四乡一镇、德山镇、柳叶湖旅游度假区、鼎城区灌溪镇、白鹤山乡。城区日清扫保洁面积达706万平方米，日冲洒水面积227.96万平方米，机械化清扫面积51.95万平方米；日清运和处理生活垃圾512吨，无害化清运率、处理率继续保持100%。

是年，常德市连续第7年获全省城市卫生检查第一名，顺利通过国家卫生城市复查。

2007年，市环卫处以成本核算为基础的合同制管理得到全面实施。36个作业区完成新一轮竞标承包，机械化清扫、街道冲洒水、垃圾清运和中转站管理，均以合同形式落实新一年度目标管理责任，环卫作业实施精细化管理。一是全面落实环卫作业服务竞标承包和合同化管理。全处每天730万平方米街道清扫保洁、175座公厕管理和550余吨生活垃圾的清运、处理任务均以合同方式落实到相应作业人员身上，形成人人肩上有责任工作格局，促进环卫管理整体水平提高。二是全面落实网络化管理模式。按照“重心下移、条块结合”工作思路，把清扫保洁、上门收运垃圾、公厕管理、果桶清掏清洗、建筑工地管理与渣土抛洒的控制、洒水降尘、门面装修的监督、乱倒乱扔垃圾行为的查处等工作责任落实到区域管理单位，加强与办事处、居委会、社区联系，进一步完善双重管理机制，强化区域作业实体日常考核、定期考核、结算考核制度，明确作业质量标准和奖惩办法，做到奖有标准、罚有依据，确保城区环境卫生做到领导在与不在一个样，检查与不检查一个样，白天与晚上一个样，节假日与平时一个样，保证每天24小时干干净净，环境整洁优美。

是年，城区日清扫保洁面积735.2万平方米.日清运和处理生活垃圾554吨，连续第8次获得全省城市卫生检查第一名，顺利通过国家卫生城市复查暗访和省“八件实事”中垃圾无害化处理100%项目检查验收。

2008年，市环卫处扎实开展创建全国文明城市工作。市环卫处成立“一把手”负总责、分管领导和所队负责人负全责的创建国家文明城市工作机制，认真对照《全国文明城市测评体系》标准，各所队加大清扫保洁力度，对人流密集区域和重点时段增调清扫保洁力量，延长保洁时间，加强垃圾清扫、收集、清运等各个环节配合，同时加强机械化作业力度，加大环卫设施维护、维修和管理。全处清扫保洁突击加班12000多人次，每天增加冲洒水里程130多公里，对2200多个街道垃圾桶、202个集装箱（清运车用）、742辆板车、37座垃圾中转站行车设备进行“美容”“整容”，在社区投放移动式垃圾桶2200个，城区环卫设施、设备焕然一新。市环卫处以清理居住小区、农贸市场、城郊接合部、背街小巷环境卫生死角死面为重点，对城区大街小巷进行认真排查，共拆除敞口垃圾围520个，封闭楼房垃圾通道3095个，改造楼房垃圾口630个；帮助58个社区清理卫生死角，清运垃圾7600多吨。是年春节前夕，常德遭遇50年一遇冰雪灾害。全处紧急行动，组织开展“全城大扫雪”行动，出动除雪工具与车辆，上街清理积雪，不少清扫班组冒着鹅毛大雪从早上6时一直奋战到次日凌晨3时多，广大环卫工人不辞辛劳奋战在大街小巷，很多人手被冻得红肿，有的磨出豆大血泡，没有一人离开工作岗位。由于措施得力，反应及时，全城没有成堆垃圾积存，城区道路没有因积雪而封闭。同时，市环卫处出动力量，支援飞机场跑道和华油燃气公司输油管道成功实施融冰。

是年，城区日清扫保洁面积达 869 万平方米，其中机械化清扫面积达 160 万平方米，全年清运和无害化处理垃圾 21.04 万吨，顺利通过国家卫生城市复查和省“八件实事”垃圾无害化处理 100%项目检查验收。市环卫处被市委、市政府授予“抗冰救灾红旗单位”和“创建全国文明城市工作红旗单位”。

2009 年，常德市环卫处以建设生态宜居城市为目标，不断巩固完善环境卫生长效管理机制，城乡环境卫生质量得到稳步提升。市城区环卫作业服务全部实行竞标承包和合同化管理，并按照“重心下移，条块结合”工作思路，把生产作业、日常管理、监察执法和环卫有偿服务收费等工作责任“打捆”落实到区域管理单位。环卫处向社会推行五项工作承诺；对人流密集区域和重点时段增调清扫保清力量，延长保洁时间；加强垃圾清扫、收集、清运等各个环节配合；加强机械化作业和环卫设施维护、维修和管理力度；开展灭蝇灭蚊工作，着力整治垃圾中转站、垃圾填埋场卫生；建立管理处、管理所两级投诉处理平台，当年市民来电、来信、网络投诉、来访近百起，做到件件有回复。在市创建办组织民意测评中，广大市民群众对环卫工作满意率始终保持在优良水平。市环卫处完善《常德市环境卫生管理处管理、后勤岗位目标管理责任制考核办法》《市环卫处 2009 年目标管理岗位责任制考核和绩效工资兑现方案》等一系列制度，把绩效工资直接与工作岗位、工作质量挂钩，奖优罚劣，调动全处员工特别是一线清扫员工工作积极性。

年内，按照市政府《理顺城市管理体制改革实施方案》，市环卫处将德山开发区清扫保洁工作移交给德山开发区管委会进行管理。市环卫处负责日清扫保洁面积保持 843 万平方米，日冲洒水面积 275 万平方米，日机械化清扫面积 66.6 万平方米，市区繁华区域实行 24 小时保洁，日清运和处理生活垃圾 586 吨。

2010 年，常德市环卫处以新机制、新模式、新发展应对新形势、新任务、新要求，积极开拓环卫工作新局面。增加 5 辆洗扫车，扩大机械化清扫面积。市区繁华区域继续保持 24 小时保洁，其余街区实行 16 小时保洁，生活垃圾收运、无害化处理率 100%。为解决置换企业和老旧社区居民上厕难题，投入资金 400 万元，新建和改造无障碍公厕 53 座，同时对所有公厕进行全面维护，配备完善各类附属设施。为推行垃圾分类收集，在城区主要社区严格按标准设置分类回收垃圾桶 1500 个，对所有主次干道果皮箱的广告进行更换，共计 2700 幅；修复果皮箱 786 个，更换步行城及主干道公交站点果皮箱 148 个。各管理所定期深入破产企业、城中村、老居民区和由物业公司管理的封闭小区进行清扫保洁督导检查，协助社区开展环境卫生综合整治。是年，帮助社区、居委会清理卫生死角垃圾 6000 多立方米；及时做好市直改制企业解困工作，为原部粮机宿舍、建民巷社区进行化粪池清理，对常乐社区化粪池进行抽运，更换化粪池盖板 18 个；全面接管滨湖印刷厂宿舍小区卫生保洁任务。对无人管理的开放式居民区如南坪东风一组、紫桥 408 栋等处清扫保洁工作，做到无条件接管。常德市城市环卫工作贴心服务市民良好形象得到进一步巩固。是年，市城区日清扫保清面积达到 891 万平方米，日冲洒水面积 289 万平方米，日机械化清扫面积 84.9 万平方米。

2011 年，常德市环卫处调整各管理所作业区域，将原来以道路中心线划分作业区域做法改为以整条街道作为作业区域边线，解决以往同样一条街，保洁质量却街东、街西不一样，街南、街北也不一样，所谓“阴阳街”保洁老大难问题。建立市容卫生清扫保洁监控网络和预警机制。要求一线环卫员工和全体管理人员人人都是清扫保洁员，个个都是市容信息监察员，发现问题及时处理及时报告，信息传递通畅，预警能力全面增强，街道污染问题在萌芽状态即得到有效处理，市容长效管理得到基本保障。市环卫处转变机关作风，党员干部和机关工作人员率先垂范，主动下到指定作业班组，全处 36 个区域班组每个班组都有一名机关干部蹲点联系，并亲身参加清扫作业。市环卫处积极做好“十大明星班长”“十大生产标兵”先进典型评选和宣传推介，引导广大环卫清扫员工爱岗敬业、无私奉献。

2011 年 7 月 9 日，环卫工人顶着酷暑清洗主干道交通护栏

是年，市环卫处先后获得“创建全国文明城市工作红旗单位”“巩固国家卫生城市工作红旗单位”“城市管理工作红旗单位”“城市工作市民满意先进单位”等荣誉称号。

2012 年，市环卫处先后接管洞庭大道东沿线、常德大道、三闾路和金丹路，面积达 158 万平方米道路保洁任务。市环卫处强化环境卫生管理常态化工作，狠抓城乡环境卫生整治和环卫设施建设，取得明显成效。全力推行市容环境卫生绩效考核，采取日常考核、定期考核和结算考核相结合，考评结果与干部业绩、绩效工资挂钩。进一步细化文明服务、优质服务、上门服务工作标准，加大街道冲洒水力度，主次干道和繁华城区 24 小时保洁、其余街区 16 小时保洁效果得到巩固。开展垃圾死角专项清理行动，帮助社区、相关单位清理环境卫生死角死面 230 多处，清除生活垃圾建筑垃圾 800 多车。生活垃圾无害化清运和无害化处理继续保持 100%。

2013 年，市环卫处先后接管吉生路、柳明路、柳溪路、桃花源大桥等 12 条道路清扫保洁，市城区清扫保洁面积增加 57.85 万平方米。对尚在建设阶段道路、城郊接合部部分卫生死角，市环卫处多次进行集中清扫整治，先后出动车辆 350 多台次，清扫人员 1000 余人次，清除垃圾 1000 多吨。在大力推进机械化作业同时，实行人扫与机扫、大扫与小扫、晴天扫与雨雪天扫、重点地段清扫与一般地段保洁相结合清扫作业方式，既减轻一线环卫工人手工清扫劳动强度，又提高清扫保洁效率和水平。

2014 年 1 月 6 日，市长周德睿与环卫工人一道清扫街道

2014 年，市环卫处建立精细化作业标准化体系，完善清洗清扫作业规范和质量标准，初步实行保洁区域全覆盖，保洁时间全覆盖。对城区街道实行“人机结合”清洗保洁滚动作业机制，将洒水和冲洗作业列入日常工作，建立“机扫、普扫、高压冲刷、动态保洁、督导巡查”的“五位一体”精细化保洁制度，并以点带面，逐步全面推行。每天夜间 10 点至凌晨 6 点，出动各类环卫作业机械 50 余台，将城区道路分为三个等级，实现一级道路每天一冲洗，二级道路三天一冲洗，三级道路一周一冲洗，机械化作业面积达 356 万平方米，道路各类标志标线呈现本色，城市街道整洁如新，清扫保洁水平和效率整体提升。是年，常德市江北城区清扫保洁面积达 817.40 万平方米，其中道路清扫保洁 614.74 万平方米，绿化保洁 202.66 万平方米。

2015 年，市环卫处进一步改革清扫保洁作业模式，环卫作业水平和作业质量大幅提升。是年，制订新的《市城区环卫作业规范和质量标准》，改原来主次干道人工作业为机械化作业、改原来清扫为现在清洗、改原来白天作业为现在夜间作业。继续强化、完善城区街道“人机结合”清洗保洁滚动作业机制，建立普扫、机洗、机扫、动态保洁、督导巡查“五位一体”和定时、定量、定人、定点、定车“五定”精细化保洁制度，机械化作业面积达 500 万平方米，各类标志标线现本色，城市街道整洁如新。

是年，市环卫处在市城区全面推进清扫保洁作业市场化。2 月，鼎城区率先试水，在鼎城区范围内清扫保洁引入市场机制，以大湖路为界分东、西两个标段实施公开招标，分别由东莞家宝和深圳剑峰两家公司中标，城市环卫清扫作业实现由政府包揽向市场化运作转变。从 4 月 1 日正式运营以来，鼎城区环卫清扫保洁收到较好的效果；常德经开区、柳叶湖度假区年末已经完成招投标工作，稳步推进清扫保洁作业市场化。澧县、安乡、津市市同步推行清扫保洁市场化，都收到良好效果。

第二节　机械化作业

1966 年 8 月，常德市人委为市环卫处调进一辆报废消防汽车，改装成洒水车，开始在市区主要街道上洒水除尘，降低城区粉尘污染，减轻环卫工人清扫作业的灰尘伤害程度。是为市城区街道清扫保洁机械化作业之始。

1975 年，市环卫处试制装配一台扫街机，又从广州购回一台扫街机，是为市城区机械化清扫作业之始。但因城区道路坑洼不平等诸多原因，无法坚持正常使用，年内均告停用。是年 12 月，市环卫处第一台机械抽粪车投入使用。是为市城区粪便清运处理机械化作业之始。

1977 年，市环卫处组建车队运送生活垃圾，为市城区使用垃圾运输车机械化清运垃圾之始。

1981 年，市环卫处街道清扫面积增加到 27.9 万平方米，人员增加到 67 人，人均清扫 4174 平方米。是年 9 月，市环卫处从武汉购进一台洒水车，改装成冲、洒两用车，以冲为主，开始对主要街道冲水，每天一冲二洒，清扫效率大为提高，中心城区主要街道得以实行全日保洁制度。

1998 年，常德市政府投资 100 万元购置 2 台街道清扫车，实现常德城市道路机械化清扫零的突破，城区所有水泥路面和沥青路面街道全部安排为机械清扫作业。市环卫处对城区清扫班组实行路段承包责任制，清扫时间改在早上 6:00 至 8:00，作业模式采取人机结合，一次清扫，全日保洁。是年，城区车行道机械清扫率达到 30%，居全省先进水平。

2001 年，市环卫处投资 200 万元购置土方施工机械，包括 2 台推土机、1 台挖掘机、1 台装载机，用于垃圾填埋场工程建设。投资 40 多万元购置高压清洗车，城区道路冲洗清扫效果明显提升。购置办公电脑一批，建设内部局域网，实现全处信息网络化管理，办公自动化程度大大提高；2005 年，市环卫处添置 4 台后装式压缩收集车，设置垃圾方桶 80 处，对城郊垃圾实行定点定时收运，收运范围扩大到武陵区全部四乡一镇、德山乡、柳叶湖旅游度假区、鼎城区灌溪镇、白鹤山乡。

2006 年，市环卫处开展小型机械化清扫试点工作。是年 6 月，购置小扫车 1 台，电瓶环保式清扫车 5 台，在城南环卫所进行人行道和小街小巷机械化清扫保洁试点。环卫处购置垃圾压实机，硬化桃树岗生活垃圾填埋场道路 100 米，添置洗车机械，并对垃圾填埋场排气管装置进行改造，统一收集废气，进行燃烧处理。2007 年，添置 2 辆洒水车，加大城区主要街道冲洒水次数，有效地降低城区浮尘污染。

2009 年起，市环卫处机械化作业建设实施明显提速。是年，市环卫处每个环卫管理所均配备洒水车，城市街道增加冲洒水次数，既降低浮尘污染，改善城区空气质量，又提高清扫效率，减轻环卫工人作业强度和灰尘伤害程度。市环卫处还在城西环卫所开展机械化收集垃圾试点，解决垃圾中转站抛洒难题，减少二次污染。

2010 年，市环卫处添置更新清扫车 5 台、洒水车 4 台、小型收集车 3 台，扩大机械化清扫面积。实行“机械清扫、人工清扫、洒水降尘”三位一体作业模式，对城区主次干道坚持机械化清扫与人工清扫相结合，对主干道进行夜间冲洗；坚持“垃圾不落地”，落实临街门店上门收集垃圾服务；优化作业组织，落实主次干道和繁华商业街区 24 小时保洁长效管理机制，延长其他主要街道及夜市摊点、居民聚居地人流量大地段、开放式小区保洁时间；组织清理整治活动，对市区各建设工地周边道路安排专人专车负责冲洗降尘，保证清洗降尘质量。市城区日清扫保洁面积 891 万平方米，日冲洒水面积 289 万平方米，日机械化清扫面积 84.9 万平方米，市区主次干道和繁华区域实行 24 小时保洁，城市建成区全部实行 16 小时保洁。

2011 年，市环卫处将环卫车辆管理所集中管理的洒水车、清扫车等环卫作业车辆，全部分配给各环卫所独立管理使用，下放操作、驾驶人员和作业经费，对清扫、洒水、渣土运输实行集中管理，克服以往清扫、洒水、渣土管理各自为政，遇到问题互相推诿现象，增强各环卫所机械化清扫、洒水服务能力，最大限度实现"人机结合"，各环卫所综合管理与服务能力明显增强，环卫生产作业效率明显提高。

2012 年，市环卫处认真对照《全国文明城市测评评价体系》标准，进一步加大街道清扫保洁力度，投入资金 300 多万添置 3 台"扫地王"和两台洒水车，实现每个环卫所 1 台扫地王，1 台洒水车。各环卫所灵活调度，推行人扫与机扫、大扫与小扫、晴天扫与雨雪天扫、重点地段清扫与一般地段保洁相结合的清扫作业方式，大力推行"机吸+冲洗+洒水+人工捡拾"的工作模式，极大提高了道路保洁机械化作业率，减轻了环卫工人劳动强度，提高了保洁效率和水平。

2012 年，市环卫处引进一批多功能紧凑型城市清扫车

2013 年，市政府投入近 2000 万元，一次性购买 40 台中联重科最先进的环卫清扫设备，确立作业制度，全面实行道路机械化作业，夜间进行机械化冲洗、机扫，白天安排人员清扫保洁。每天晚上 10 时至次日凌晨 6 时，出动各类环卫作业机械 50 多台，跟车作业人员 400 多人，对城区主次干道进行全面清洗、清扫。市环卫处将城区道路分为 3 个等级，一级道路 1 天 1 冲洗，二级道路 3 天 1 冲洗，三级道路采取 1 周 1 冲洗，整个城区出现污染及时清扫冲洗。冲洗车作业时间为夏季 23:00 至 5:00，冬季 22:00 至 4:00，每天清洗人行道在 8 万平方米左右，常德市环卫作业机械化水平和清扫保洁水平进入全国先进行列。

至是年年末，市环卫处机械化作业设备设施保有量：

垃圾中转站 39 座，其中集装箱式中转站 19 座、压缩式中转站 20 座；

垃圾清运车 50 辆，其中拉臂车 6 辆、后压式清运车 20 辆、集装箱式清运车 17 辆、密闭式压缩式车 7 辆；

扫地车 33 辆、洒水车 33 辆、钩臂车 5 辆。

鼎城区机械化作业开展基本和江北城区同步。至 2013 年年末，区环卫所保有 13 吨洒水车 2 台，8 吨洒水车 1 台，5 吨扫地王 1 台，1.3 吨冲洗车 1 台，30 千瓦发电机组 1 组，市容监察车 2 台。

第二章　垃圾处置

第一节　生活垃圾处置

一、城市粪便清运处置

城市粪便经妥善清运处理，即成为农田优质肥料；处置稍有松懈，则造成严重环境污染。在常德市环境卫生行业，城市粪便清运处理曾经长期居第一工种重要位置。

清至中华民国初年，为资助补充慈善经费，常德城区粪便清掏运输由县衙、县政府交给城区育婴堂、孤儿院等慈善机构管理。城区各区域均有粪便清运销售包头，包头向育婴堂、孤儿院缴费后，可在承包地段向厕所所有人购买粪便，然后雇请清粪工人清运粪便。一般一日一清，由包头集中后销往本县及桃源、汉寿、益阳、沅江等地农村。清粪工人薪资由包头从粪肥销售利润中支付。

民国 26 年（1937），常德县政府组建常德肥料工会，将全城划为东关、西关、北关共 3 个地域，由各关包头向育婴堂、孤儿院承包。西围墙（今青年南路建设路口至人民路口）至东门外（今人民路东段）厕所属东关，小西门（今步行城四眼井处）至黄土坑（今工人文化宫）以北厕所属北关；西围墙至大西门外（今人民路西段）厕所属西关。是时，全城清粪工约 170 人，每人每天约清粪 7 担，每担重约 50 千克。清淘作业一般在早晨 5 至 8 时进行。清粪工人穿上育婴堂、孤儿院配发印有“粪夫”字样蓝色背心，带上包头缴纳经费后发给的凭据，在承包地段向拥有私厕店铺与居民购买粪便。其时，每 50 千克粪便约可换取 1 千克大米。拥有私厕的店铺、居民旺季卖钱，淡季请工挑走。常德地处洞庭湖滨，江河纵横交错，水上运输条件优越。粪肥销售旺季时，常德沿河三个卸粪码头遍布桃源、益阳、汉寿等外县运粪船只。常德解放前夕，全城粪便无人管理，来自桃源、汉寿、沅江、益阳等地农民成批涌入常德城，将粪肥运往外地销售。

新中国成立后，常德市人民政府将粪便管理纳入城市管理重要内容，实施规范化严格管理。1949 年 8 月，市公安局组建东、西、北关三个肥料局，接管全市粪肥管理。各关肥料局废除包头承包制，由市政府委派专职人员实施统一公共管理。其时，全城有粪便清运职工 126 人。粪便与垃圾清运时间均为上午 8 时前、下午 2 时后，均为一日一清。1950 年 7 月，市政府颁布《清除污物暂行规定》和《保护沅水水源清洁暂行办法》。1951 年 3 月，东、西、北三关肥料局同时移交市政府卫生科管理，更名为常德市肥料厂，下设东、西、北三个分厂。1954 年，大西门储粪池建成投入使用，容量 600000 千克，市城区西部即西关肥料分厂形成粪便贮存条件，粪便统一清运贮存和粪肥集中销售条件亦大为改善。翌年4月，常德市人民委员会卫生科制订《常德市卫生肥料暂行管理规定》，第一次以地方行政法规形式明确，市区机关、团体、学校、企业及居民厕所粪便，均由市肥料厂统一无偿清除；取缔粪肥交易自由市场，全市粪便由市肥料厂统一管理，统一价格、统一清运时间，不准单位及个人私自出售，也不准郊外农民随意进城收运粪肥。

1956年4月，市人委撤销常德市肥料厂，成立常德市肥料公司，隶属市人委建设科领导，卫生队划归市肥料公司管辖。是时，市肥料公司共有148名职工，内设财务、业务两个股室。是年5月，市政府再次发文规定：凡市区各机关、团体、部队、学校、企业、工厂及居民住宅内厕所与畜栏人畜粪便，均统一由市肥料公司无偿收运以供应农村生产，任何单位和个人不得借故阻止或私自出售；县区和市郊区农民积肥生产，不得擅自到市区自行收拾人畜粪便；确因生产需要，应先造具计划，送供销社统一向肥料公司订购。

是年，北门储粪池建成投入使用，容量250000千克。1957年，东门储粪池建成投入使用，容量500000千克。至此，城区西门、北门、东门三大区域储粪池均建成投入使用，雨季和农业淡季粪便无法及时清运困难得到解决。全城粪便统一储存后，进行集中厌氧消毒处理，杀灭寄生虫卵，同时促成发酵、提高肥效，农村使用粪肥更加安全，更为高效。

1958年2月，市人委组织群众性义务积肥支援农业，清扫、收集城区垃圾粪便1600吨送往郊区。1959年1月，受“大跃进”政策驱使，市人委解散常德市肥料公司，城区粪肥按地段就近划分给郊区人民公社管理；运粪船队解散，全市粪便与肥料工人交由市农业队管理，工人工资由农业队发给。各大队、生产队纷纷派出农民直接进城淘粪，直接担挑运走。是年，城区日产粪肥约50000千克，而每天进城抢挑农民即达千余人。城区粪肥管理出现混乱。至当年9月，市人委随即恢复市肥料公司建制，城区粪便清运、储存、运输、分配，遂很快恢复正常。是时，市城区吊楼厕所、露天粪坑基本废除，居民普遍使用马桶。粪便清除，均由环卫工人用人力车沿街摇铃收运。

1961年10月，市人委颁布《关于进一步加强粪便统一管理的通知》。是时，由于北门、西门两储粪池建在市区，对环境卫生有害，周边居民意见很大，市肥料公司先后征用常德市东郊公社、护城公社水田共0.18公顷，建成容量1700吨的战备桥、永红大队两个储粪池，将北门、西门储粪池迁往市郊。

1963年10月，市肥料公司更名为常德市环境卫生管理处，由集体所有制变更为全民所有制，纳入事业单位管理。市人委下文规定：常德城区人畜粪便统一由市环卫处管理、清除，任何单位及个人，不准转手买卖肥料，不准从事粪肥投机倒把活动。是年，市环卫处先后买回船只10余艘，开始运粪外销苏家渡、沅江等地。1964年，从20世纪50年代末期开始的由环卫工人收倒马桶惯例取消，要求居民就近在公共厕所粪池内自行倾倒马桶。

1973年，市环卫处第一台手压抽粪泵试制成功，抽粪泵工作比人力清淘工效可提高3倍。常德市区环卫工人清粪工具逐步由吸粪泵取代粪勺，劳动强度大为降低，淘粪这一特殊职业对工人身体伤害亦大为减轻。1975 年，购置手扶拖拉机改装机动抽粪车试验成功，随即正式投入粪便清运。至 1979 年，手扶拖拉机运粪车已达 10 台。同年，市政府从市水运公司连人带船抽调十余艘船只充实市环卫处运粪船队。

是时，常德农村大搞农田基本建设，耕地面积大幅扩增，常德城区粪便成为紧俏肥源，四乡农民大量进城抢购，争吵打架及厕所损毁事件时有发生。常德市为加强粪便管理，遂规定粪肥由市供销社纳入计划供应。近郊农村需要粪肥，须凭市供销社开具的发票采购粪肥，且销售面仅限常德市郊区。1978 年，市环卫处将城乡接壤区域公厕全部承包给郊区菜农清除。1979 年后，农村实行经济责任制，常德市郊区农民不再热心购买粪肥，市区粪肥销售供应开始转向周边各县。是时，市环卫处组建共有 23 艘运输船只的运粪船队，并先后购置清粪车辆 27 台，将 40%城区粪便由机动船队运往沅江县农村销售，40%粪便由机动车辆运往常德县农村销售，20%无偿赠送市郊农民。此举亦使市城区粪便清除机械化程度达到 80%以上，人力板车运送粪便历史宣告结束。市环卫处清粪车驾驶员、共产党员哈汉平，于 1977 年 3 月至 1982 年 10 月，出车 2130 天，行程 53250 公里，运粪 21500 吨，实现“人不伤皮，车不损漆”。他利用工厂泼掉的肥皂渣自制肥皂，分给其他工友洗衣洗手；从医院储污池挑出废纱布，洗净晒干扎住粪车接口，以免粪便流滴街道；多次进粪池为别人打捞失物，为老人倒尿罐、便桶，被群众誉为“宁愿一人脏，换来众人乐”好党员。1983 年，中共常德地委、常德行署授予其“劳动模范”称号。

至 1987 年，全市粪肥清除率达 90%以上。1988 年，市环卫处对粪便清运车组实行承包责任制，保证日产日清。1990 年，常德市环卫处基本实现粪便收运、处理一条龙作业，机械清运率达到 100%。是年，常德市环卫处进行垃圾、粪便无害化处理研究，起草制订《常德市粪便无害化处理规划和实施计划》，并将永红、东门粪库实施密闭储存，进行无害化处理，在保证城区粪便日产日清同时，当年城区粪便无害化处理率即达到 84.8%。

是时，市政府投资将城区市环卫处直管 112 座旱厕全部改为水厕，城区水厕率达 96.63%。粪肥收集随即呈逐年减少趋势。1989 年清运粪便 3.3 万吨，日清运粪便 90.41 吨，1992 年，年清运粪便即降为 1.4 万吨，日均 38.36 吨。1995 年清运粪便量降为 8010 吨，日清运量 21.95 吨，粪便处理率为 99.46%。1997 年，年清运粪便量为 7000 吨，日清运量为 19.17 吨，无害化处理率为 100%。1998 年，清运量减至 6539 吨，日清运量为 17.92 吨，无害化处理率为 100%。1999 年，除房产公司国有直管公房老旧小区尚有 32 座旱厕外，市区共有水冲公厕 112 座，水厕比率为 100%。是年，清运粪便量为 6521 吨，日清运量为 17.87 吨，无害化处理率均为 100%。至 2000 年，市环卫处粪便清运管理重点已经转移至落实岗位责任制，坚持日产日清，并防止清运过程撒漏污染街道。粪便清运这一长期以来环卫管理工作重点和核心项目，退居而为“次席”。

2001 年起，市政府每年拨出专款，改造老旧小区包括改制企业社区旱厕。至 2005 年，新一村、二村、三村等老旧小区 30 余座旱厕，原七一机械厂、常德棉纺厂等改制企业社区 152 座旱厕，全部改造成为高标准水冲式厕所。粪便清运这一工种和这一工作项目，遂在常德市城区成为历史。

二、生活垃圾清运

中华民国时期，常德城区仅有 3 家小型工厂和一些手工作坊，工业垃圾极少。城市垃圾基本属于生活垃圾。城区机关、单位、商家、居民的生活垃圾一部分由郊区农民收走，用作堆肥；大部由县清洁队收运，倾倒在东门外沿江大堤一带和西门外骡马甸（今朝阳路南段）一带低洼处。民国 31 年（1942），常德县卫生部门始沿街设置木质垃圾箱 30 余个，供居民直接倾倒生活垃圾，由县清洁队统一收集运走。民国 37 年（1948）3 月，常德县警察局实施县政府清洁行动计划，在城区东门沙河尾、西门渔父中学后、城区畔池街后共设置三个垃圾倾倒站，仍只供直接倾倒，未作填埋处理。

1949 年 8 月，常德市公安局接收原常德县警察局清洁队时，全市有垃圾箱 36 个，手推垃圾车 14 辆，木轮板车 1 辆，铁耙子 7 把，竹篓 13 个。为迅速改变城市卫生落后状况，市政府卫生科在城区主要街道和重点部位设置 100 块禁倒垃圾木牌，禁止在城区内乱倒垃圾。同时，市政府卫生科划定 23 处垃圾倾倒点，规定市卫生队收运的垃圾和居民自己收运的垃圾一律运往指定垃圾倾倒点。是时，市卫生队每天收运城市生活垃圾约 30 吨。

1950 年，城内沿街增设 47 个木质垃圾箱。至 1952 年，全城有木质垃圾箱 161 个，手推垃圾车 28 辆，马车一辆，马两匹。是年，全市开展爱国卫生运动，各街道办事处、居委会发动群众清扫环境，市卫生队专职负责垃圾收运。每天上午 6 时至 10 时，为卫生队收运垃圾时间。是时，每天收运城市生活垃圾约 34 吨。

1953 年，市卫生队实行分区分段收运。不管日晒雨淋、寒冬酷暑，卫生队员每天坚持走街串户收运垃圾。经过全市干部群众和市卫生队辛勤劳动，常德城区解放前遗留下来的垃圾堆、垃圾山逐年减少，市容环境卫生大为好转。

20 世纪 50 年代中期至 60 年代，城区主次干道临街单位、门店、居民将生活垃圾放入沿街摆放的木质垃圾箱内，由环卫工人运往垃圾倾倒点；或在环卫工人沿街摇铃收纳时，直接倒入木质胶轮垃圾车内。是时，市城区工业垃圾仍然不多，机关、学校、团体、企事业单位的生产、生活垃圾都自备垃圾箱，由市卫生队按时收运，或自行运往倾倒地点。70 年代，市爱卫会在小街小巷设置一批砖砌垃圾围子，供居民定点倾倒生活垃圾，由民办清扫员定时清运。1977 年，市环卫处从物质回收公司买回一台报废汽车，整修改装垃圾运输车，用于转运垃圾。是为常德市机械化清运垃圾之始。

是时，常德市由商业性消费城市逐步发展成为以卷烟、酿酒、轻纺、建材工业为主体、初具规模滨湖工业城市，机关、团体、学校、企事业单位生产、生活垃圾大量增加。1979 年 7 月，市公安局、市环保办、市城建局、市卫生局联合印发《关于加强城市垃圾管理的通知》，明文规定：驻市各单位生产、生活垃圾必须自行运往指定垃圾倾倒点；居民生活垃圾，由市环卫处或各民办卫生队收集运往指定垃圾倾倒站。任何单位和个人不得随便乱倒垃圾。

20世纪80年代，市环卫处开始在主要街道摆放圆形、方形铁制垃圾箱，供居民和环卫清扫工人倾倒垃圾。垃圾箱满后，由环卫车队叉车将垃圾倾入翻斗垃圾车内，送往垃圾处理场填埋。而小街小巷垃圾围子内垃圾和居民生活垃圾，则由各街道办事处民办卫生队负责拖运倒入市环卫处设置的垃圾箱内，由环卫工人负责运走。1982年5月，市环卫处购回两台翻斗垃圾车和1台叉车，专门用于沿街垃圾箱垃圾转运，常德城人力板车清运垃圾历史宣告结束。

1987年，市政府拨款10万元，在武陵路修建常德第一座垃圾中转站，安放垃圾斗，每斗容量3吨；配置多功能垃圾车，将中转站垃圾运往垃圾填埋场。常德垃圾清运工作开始形成垃圾箱——中转站——机械运输车——填埋场的机械化清运作业流程。

由此开始，市政府加大垃圾中转站投资建设。至1992年，市区已科学规划、布点修建5座垃圾中转站，其中集装箱式4座，机械提升式1座。是年，市环卫处撤除主次干道上所有垃圾箱，生产、生活垃圾由环卫工人清扫收运后直接运往中转站，再由密闭式集装箱运输车运往垃圾处理场填埋，彻底改变垃圾箱沿街摆放、垃圾满溢，运输车沿途撒漏、影响市容环境现象。1994年，为提高城市环卫基础设施档次，市政府拨款200多万元同时新建8座中转站。至1995年，市区垃圾中转站已达16座，基本满足城市建成区内生产、生活垃圾日产日清、贮存转运需求。小街小巷、居民小区、机关、单位院内砖砌垃圾围子也全部清除，由市环卫处密封活动式铁质手推垃圾车替代。

至1999年，市环卫处对主次干道生活垃圾实行清扫工人摇铃上门收运承诺制，每天3次定时收运：8时至10时、12时30分至14时30分、18时至20时沿街收集。收集时，清扫工人将沿街单位、居民自备容器内垃圾倒入两轮垃圾板车内，再运往垃圾中转站。是时，常德城区建有集装箱垃圾中转站29座，密封垃圾运输车34台，日清运垃圾628.6吨。2000年，常德市生活垃圾清运、处理无害化率达100%。

1988年常德“撤区建市”，鼎城区区治及区直机关迁往武陵镇。建镇之初，鼎城城区生活垃圾处理大多倾倒在城区附近低洼、坑塘地带，部分垃圾供农家作为肥料之用。1991年，鼎城区城区垃圾日清运量为28.74吨。清运工具为2台翻斗车，垃圾中转站人工上车。1992年日清运垃圾30吨。1993年新增2台多功能翻斗车，12部人力垃圾斗车，日清运垃圾35吨。1994年，清运工作实行多劳多得、有奖有罚制度，日清运量达40吨。1995年，年清运垃圾2万吨。添置多功能垃圾桶46个，设置小型垃圾桶44个。1996年，添置2台垃圾车，20部人力垃圾斗车，定时定点垃圾清运，年清运量3万吨。是年，区环卫处租赁武陵镇焦车场村0.67水塘作为垃圾处理场。1997年，日清运垃圾90吨，年清运垃圾近4万吨，新增2台果园牌自卸车。至此，区环卫处拥有机动车辆11台（8台垃圾车、2台洒水车、1台小车）。1998年，区政府兴建6座集装箱垃圾中转站，1999年全部投入使用，垃圾中转完全由人工上车局面由此改变。同时新添置6台清运自卸车，1台铲车。是年，日清运垃圾达110吨。1999年，在武陵镇三滴水村投资10万元建设10亩垃圾填埋场，进行卫生消毒黄土覆盖填埋，日清运处理垃圾120多吨，年清运垃圾4.3万吨。2000年后，市环卫处投资在江南城区先后新建6座中转站，中转站总数达到12座，2004年全部投入使用。从2000年6月份开始，江南城区生活垃圾全部运往常德市桃树岗生活垃圾填埋场。至此，江南城区生活垃圾全部和江北城区生活垃圾一起统一进行处理。2011年9月，常德市德山檀树坪生活垃圾焚烧厂正式启动，江南城区生活垃圾也和市城区垃圾一起运往该厂进行焚烧处理。2013年日清运生活垃圾量达到150吨，年清运垃圾5.4万多吨。

市城区后压式生活垃圾清运车

至2015年，常德市城区（鼎城区另计）保有垃圾桶3533个、垃圾箱314个、垃圾中转站39座（其中：集装箱式中转站19座、压缩式中转站20座）、垃圾清运车50辆（其中拉臂车6辆、后压式清运车20辆、集装箱式清运车17辆、密闭式压缩式车7辆），常德市城市生活垃圾清运、处理无害化率自2000年起，连续15年保持100%。

三、生活垃圾无害化处理

1949年8月，常德市一解放，市人民政府卫生科即选取23处离居民区较远水坑、洼地，设为垃圾倾倒点。市政府规定城区所有机关、团体、店铺和居民，垃圾都必须运往这些地点倾倒，市卫生科派出卫生防疫人员定时打药、消毒。每处收纳垃圾的水坑、洼地填平后，由市卫生队统一用泥土、炉渣对垃圾实行覆盖填埋。由于消毒措施及时、严格，市城区市容环境卫生大为改观，城区蚊、蝇、老鼠、蟑螂密度亦大为减少，战争时期流行性疫病得到及时有效控制。1956年，市肥料公司在东关、西关、北关建立三个垃圾堆肥点，部分垃圾集中堆肥处理，销往农村。

市城区生活垃圾选择低洼地填埋处理方式，延续到到20世纪70年代末期。每年生活垃圾处理均以填埋坑洼水塘为主，填埋地点由市爱卫办和市卫生局根据具体情况踏勘确定。至1979年7月，市公安局、市环保办、市城建局、市卫生局最后一次联合发文，确定市区8处低洼水塘为城区生活垃圾倾倒填埋点，分别是常德市六中操坪后面水塘、常德粮食机械厂职工宿舍旁边水塘、地区五交化公司修配厂对面水塘、市体育馆后面水塘、城区城门口两边水塘、市环卫处院内水塘、大西门外汽车北站东侧水塘、市人汽公司院内水塘。

20世纪80年代初期，市容环境保护特别是城市水源、水体保护得到市委、市政府重视。1982年4月，市委、市政府决定，禁止在城区内一切地域，包括水塘（含1979年7月确定的市区8处低洼水塘）、洼地、护城河、沅江沿岸倾倒垃圾。同时决定，安排专项资金，由市环卫处在城市东郊皇经阁村征用2.18公顷洼地，建设常德市第一座正规化垃圾填埋处理场，容积为20.6万立方米。翌年11月，市环卫处根据市政府决定，又在德山工业区征用1.33公顷丘陵洼地，建成常德市第二座垃圾填埋处理场，容积为36万立方米。全市生活垃圾统一运往这两座处理场作填埋处理。皇经阁和德山工业区两座垃圾场一直使用到20世纪90年代初期。

1990年，由于皇经阁和德山两座垃圾处理场处理量已经饱和，市政府在鼎城区肖伍铺桃树岗村征地2公顷建立常德市第三座垃圾填埋场，容量为29.97万立方米。次年，市政府又在德山益阳冲村征地2公顷，建成第四座垃圾填埋场，容量为20.6万立方米。同年，市环卫处设立垃圾处理场管理机构——常德市生活垃圾处理中心，专门负责两座新建垃圾填埋场日常管理工作。

1997年，市环卫处在桃树岗新增征地2.67公顷，投资150万元，对桃树岗垃圾填埋场进行扩建，修建积水池1000立方米，配套建设垃圾渗滤液污水处理系统。是年，桃树岗和德山益阳冲两座垃圾场收纳垃圾总填埋量为14.29万吨。至1998年，常德市城区产生的生活垃圾全部运往垃圾场消纳处理，清运率达100%。是年垃圾总填埋量达到16.90万吨。

1999年上半年，桃树岗垃圾处理场第一期填埋区建好沼气导排燃烧系统，第一期垃圾填埋场完成填埋，全部封场。桃树村垃圾处理场扩建工程即二期填埋区竣工，渗滤液处理系统正式投入运行。是时，常德桃树岗和益阳冲两座垃圾处理场总面积达7公顷，总容量80.6万立方米，日填埋垃圾628.6吨，无害化处理率达100%。

市环卫处建立垃圾处理场科学管理机制，实行专人承包方法，对垃圾进场和无害化处理实行专业承包，垃圾处理各项数据日有登记，月有报表。常德市垃圾填埋处理工艺规定为卫生填埋——渗滤液控制——有害气体处理——其他二次污染预防。

2001年，桃树岗生活垃圾处理场第三期即综合处理场扩建工程全面启动，该项目计划总投资6786万元，占地20公顷；设计使用14年。一期填埋区占地5.33公顷，当年进场道路建设完成投资200万元，土坝、场底平整完成投资200万元。至2002年，桃树岗生活垃圾处理场一期扩建工程基本完工，完成第一填埋区所有土石方工程及铺设HDPE防渗膜、地磅房、综合管理区土建工程，完成进场道路、场内急需临时道路、供电线路等工程，完成渗滤液处理设备安装及调试工作。

截至2003年，桃树岗生活垃圾综合处理场共完成投入4633万元：完成填埋一区水平防渗系统473.92万元；垃圾拦坝土方系统515.23万元；地下水及渗滤液导排系统、LFG

导排系统 212.02 万元；渗滤液处理区管理房土建工程、设备采购 130.37 万元；土建及国内车辆购置 444.80 万元；地磅计量 53.69 万元；道路工程 477.37 万元；供配电工程 50.36 万元；配套设施、待摊费 2275.31 万元。计划 2005 年开始二期填埋区建设，占地 5.33 公顷，辅设防渗膜 5 万平方米，投资 400 万元，使用期限 4 年。

至 2004 年，市环卫处严格按处理工艺要求，组织干部职工克服困难，加班加点，认真调试。年内如期实现进水开机，渗滤液经处理达到国家排放标准，在全省“八件实事”考核中一次通过。此举标志常德桃树岗生活垃圾处理场一期填埋区工程圆满竣工。

2005 年，市环卫处积极争取桃树岗生活垃圾综合处理场第二期填埋区建设资金到位，并按设计要求和处理工艺，组织相关职能科室对已经开机运行的渗滤液处理工程进行调试、监测，组织专家现场论证。2006 年，桃树岗生活垃圾处理场投入 100 万元，购置垃圾压实机一台，硬化场区道路，添置洗车机械一套，并对场区排气管装置进行改造，统一收集废气，进行燃烧处理。是年，市环卫处聘请湖南大学环境科学与工程技术学院专家，在桃树岗垃圾填埋场建立垃圾无害化处理科研、教学基地。租用垃圾处理场邻近乡村水面 200 亩，开展湿地保护措施研发，保证垃圾场最终水质达到一类排放标准。

2007 年，市环卫处进一步加大桃树岗垃圾综合处理场建设力度。投资 100 万元硬化垃圾填埋场场区道路 5588 平方米，栽植绿化行道树 450 株，绿化场区面积 700 平方米；投资 18.7 万元完成场区给水工程；投资 40 万元进行湿地污水改造；投资 20 万元，改进渗滤液处理系统，提高污水处理物化部分工艺水平；投资 5 万元，完善化验室设施，使检测功能进一步加强。2007 年桃树岗垃圾填埋场被建设部评为国家Ⅱ级填埋场。2008 年，桃树岗垃圾填埋场渗滤液物化处理扩建工程竣工验收，日处理污水能力由 50 吨/日提升到 100 吨/日。垃圾处理中心还在垃圾填埋场规划种植各种树木 800 多株，场内生态得以较快恢复。

2011 年 5 月 30 日，檀树坪垃圾发电厂 #1 机组一次并网成功

2009 年 6 月，常德市生活垃圾焚烧发电厂项目通过湖南省发改委核准，10 月正式开工。该项目设计通过锅炉高温焚烧产生余热，由余热锅炉产生蒸汽发电。焚烧产生的有害气体经烟汽处理设备处理后可达标排放。项目选址德山经济开发区檀树坪乡，占地 5.33 公顷，由常德中联环保电力有限公司建设，纳入常德市“十一五”发展规划重点管理，项目总投资 2.7928 亿元。按照设计，常德市檀树坪生活垃圾焚

烧发电厂建成后，每日焚烧处理生活垃圾900吨，年处理垃圾规模为32.85万吨，年发电量约1亿度。

2010年至2011年，市城管执法局和市环卫处积极做好德山生活垃圾焚烧发电厂建设各项协调配套工作。协助德山生活垃圾焚烧发电厂项目公司解决周边农户搬迁、环评、进厂道路和垃圾运送等问题，确保生活垃圾按要求运送进厂。2011年8月，垃圾焚烧发电厂机组投入试运行。市城区、武陵区、常德经开区所有乡镇、鼎城区武陵镇生活垃圾全部运往德山生活垃圾焚烧发电厂进行无害化处理。试运行至2012年9 月期间，处理生活垃圾16.62万吨，发电4793.85万千瓦时，输送国家电网3885.32万千瓦时。

至2015年，常德生活垃圾焚烧发电厂自点火启动以来累计处理生活垃圾101.6万吨，累计上网电量2.73亿千瓦时。发电厂每天进厂垃圾已达1000吨，超过项目一期900吨设计处理能力。市环卫处积极配合常德中联环保电力有限公司，展开生活垃圾焚烧发电厂续建工程，完成技改续建工程《可行性研究报告》和《环境影响报告书》编制，并得到湖南省建设厅和环保厅相关批复。

2013年11月6日，省住建厅、省发改委、省环保厅联合检查组到常德调研常德城镇生活垃圾无害化处理工作。调研组认真听取常德城镇生活垃圾无害化处理工作情况汇报。常德市自2012年以来启动为期三年的农村环境卫生集中整治行动，通过近两年治理，常德农村环境得到有效改善。全市城镇生活垃圾无害化处理率从2008年的29%提高到2012年的59%，到2013年年底，全市乡镇垃圾收运、处理覆盖率达到60%以上，城镇生活垃圾无害化处理率达到75%。检查组对常德城镇生活垃圾无害化处理工作给予充分肯定。

2014年，市本级（含武陵区、柳叶湖旅游度假区、常德经济技术开发区、鼎城区、西湖管理区、西洞庭管理区）年清运生活垃圾共26.03万吨，无害化处理生活垃圾26.03万吨，其中德山檀树坪生活垃圾焚烧发电厂处理生活垃圾24.39万吨，桃树岗生活垃圾卫生填埋场应急处理1.64万吨，生活垃圾无害化处理率达100%。汉寿县生活垃圾亦全部就近运往常德檀树坪生活垃圾焚烧发电厂焚烧发电；临澧县、澧县、安乡县、石门县、津市市均建成生活垃圾无害化填埋场处理生活垃圾；桃源县建成生活垃圾综合处理厂，桃花源管理区生活垃圾就近运往桃源县处理。

至2015年，市本级共有两座生活垃圾无害化处理设施：一是檀树坪生活垃圾焚烧发电厂，占地5.33公顷，项目总投资2.79亿元。一期项目设计能力为每日焚烧处理生活垃圾900吨，年处理垃圾规模为32.85万吨，年发电量约1亿千瓦时。至2014年，年焚烧生活垃圾24.39万吨，年发电7035.02万千瓦时。2015年3月，该项目启动技改续建工程，在常德市檀树坪生活垃圾焚烧发电厂内预留用地上，投资17967.67万元续建1台600t/d排焚烧炉。竣工后，常德市生活垃圾焚烧发电厂日焚烧处理能力达到1500砘。二是桃树岗生活垃圾卫生填埋场。该场是常德第一座生活垃圾无害化处理场，已使用多年，拟作封场处理，暂作应急备用场，在檀树坪生活垃圾焚烧发电厂检修或其他突发特殊情况下使用。2013年，桃树岗填埋场配备4台发电机组，总装机容量800千瓦，建成沼气发电工程当年并网发电，有效减少桃树岗填埋场温室气体排放，降低沼气集聚安全隐患，具有良好环境效益。至2015年，桃树岗填埋场垃圾渗滤液处理升级改造工程进入招投标阶段，包括处理工艺调整和厂区部分设施设备更换。提质改造后，桃树岗生活垃圾填埋场渗滤液处理系统处理标准将从《生活垃圾填埋场污染控制标准》（GB16889-2008）表2标准提升至表3标准，渗滤液处理规模达到100吨/天。

第二节　建筑渣土处置

1995年以前，常德市区建筑渣土作为特种垃圾，一直由建设施工单位自行处理。散装水泥、灰沙、卵石等建筑材料和煤炭、煤渣等类商品、物质运输，则由交通部门管理。

城市建设加速发展，城市渣土污染日渐突出。1995年9月，市政府颁布实施《常德市城市渣土管理办法》，明确市建委是城市渣土管理行政主管部门，明确规定建设施工单位在建设工程开工前7日内须向市渣土管理行政部门提出调剂、处理渣土申请，签订责任书，交纳管理费，取得渣土清运、处理许可证。建设施工单位要对建筑工地实施严格渣土管理：第一、建设工地（含旧房拆迁施工）周边一律用实体材料围挡，实行封闭作业。挡墙外不得堆放渣土，不得摆放施工机具，不准当街冲洗石料和搅拌混凝土；工地进出口道路必须先行硬化或采取其他有效措施，防止车轮带泥污染路面。第二、施工单位在渣土清运期间必须安排专人清扫保洁，及时清除施工造成的污染，保证工地周边干净整洁。建设工程竣工后，施工单位必须在15天内将渣土清运干净。

该管理办法还对渣土运输做出严格规定：第一、凡从事渣土运输的单位和个人，必须事先向市渣土管理办公室申报，领取渣土准运证后，方可运输。渣土准运，实行一车一证，随车携带，以便渣土管理人员查验。任何单位和个人不得伪造、涂改和转让渣土准运证。第二、车辆运输渣土，包括运输用于建设工程的沙、卵石、泥土、石灰，以及散装煤炭、煤渣，应当覆盖或密封，避免泄漏、遗撒。第三、渣土运输的时间和路线由市渣土管理办公室会商公安交警部门确定。

是年，根据《常德市城市渣土管理办法》要求，市环卫处与市城建处联合成立常德市渣土管理办公室，简称市渣土办。市渣土办主要职责：负责本市城区渣土调剂管理；制订和组织实施渣土管理具体措施；审批制发渣土清运、处理许可证和渣土准运证；监督渣土清运和消纳，依法查处违章行为。

1996年，市渣土办加强常德市城区渣土管理执法力度和密度，多次组织渣土管理监察执法人员严格执法检查，督促城区基建工地办好渣土处理审批手续，督促城区渣土运输车辆办理渣土准运证，监督车容、车况、渣土撒漏情况。城区渣土撒漏、污染现象有明显好转。

1997 年 4 月，市政府召开集中整治城市管理有关突出问题专题会议，会议议定，渣土问题源头由市公用事业管理局负责管理；制止沿途抛洒，由市环卫处负责实施。据此，由市环卫处独立负责的市渣土运输管理办公室改组成立，定编 12 人，与市环卫处市容监察中队实行两块牌子、一套人马，主要负责对城区渣土运输车辆监察，避免车辆在运输途中撒漏，控制运输车辆带泥进入城区道路污染市容，审核签发“渣土准运证”，征收渣土运输、处置管理费用。是年 5 月，湖南省环卫协会渣土管理专业委员会成立，市环卫处副主任丁旭庭成为该委员会副主任委员。

1997 年至 1998 年，市环卫处渣土办执法人员全面加强城区渣土运输管理工作，对临街建筑工地发送通知书，要求他们按规定围档作业，搞好施工场地周边环境卫生，并签订卫生责任书；对运输车辆采取严格审验制度，车况不好车辆坚决不予发放准运证；同时对污染严重的渣土业主进行宣传教育，定点设卡，流动监察，认真督导，严密控制城区渣土运输污染现象，取得较好效果，得到各级领导和广大市民好评。

1999 年，市环卫处渣土管理工作继续把基建工地和运输车辆管理作为工作重点。渣土办把建筑施工工地作为渣土污染源头严防死守。渣土管理监察人员到各个建筑工地主动上门宣传服务，施工前参与协调工作，帮助落实防污染措施；施工期间加强监察，对不听劝阻、执意违章施工单位实行严厉处罚，使全市建筑工地特别是临街施工工地基本按规定要求设置围栏，保证工地周边环境卫生。对于渣土运输车辆，执法人员坚持每天 16 小时昼夜轮班监察整治制度，对运输污染做到及时监察、查处、整改。由于管理工作扎实到位，市城区建筑工地、运输业主基本都能按时、自觉办理“渣土处置证”，自觉搞好工地、车辆防渣土污染措施。市城区建筑渣土管理工作走上运转有序的法治化轨道。当年，市渣土管理办公室共办理渣土准运证 1800 多个，查处违章运输车辆 400 多台次，处罚违章工地 10 多处，渣土污染新闻曝光 5 起。

2000 年 7 月，市政府印发《常德市城市渣土管理办法》，明确常德市城市渣土管理行政主管部门调整为市市容环境卫生行政管理部门。该管理办法对建筑渣土完善定义为“城市建设、企业生产中需要和产生的建筑垃圾（包括工程土石方、弃土、余泥等）、建筑材料（含沙、卵石、灰浆等）及散体物料（含散煤、煤渣等）。”将渣土管理原来强调建筑工地管理和运输过程管理拓宽定义为“运输、弃置、受纳渣土”，明确前述内容统称渣土处置。

该管理办法对渣土处置申报做出分类规定：“市政建设施工（含电力、电信、供水、排水、燃气、道路、园林绿化等）处置渣土，应事先向市渣土管理部门申报备案。其他各类建设工程产生和受纳渣土，建设单位或个人，必须在建设工程开工前三日内携带有关文件到市容环境卫生行政管理部门办理渣土处置手续。市容环境卫生行政管理部门经过审核，发给渣土处置证，并与之签订卫生责任书。”该办法对渣土运输车辆做出准入条件规定：第一、“经营渣土运输的单位和个人，应当经市市容环境卫生行政管理部门的资质条件审查，没有经过批准或无营业执照和道路运输许可证的，不得经营渣土运输业务。”第

二、“运输渣土的车辆，必须达到市市容环境卫生主管部门和公安交通管理部门规定的要求，车厢挡板加高 300 毫米，且不准超载。在运输过程中，必须用帆布覆盖，车轮不得带泥，沿途不得撒漏，并按照处置证规定的时间、路线行驶和指定的地点倾倒。”

2001 年，市城市管理局和市环卫处严格施行新颁布的《常德市城市渣土管理办法》，渣土管理和市容市貌管理效果进一步明显。是年，常德市以中区改造为中心的旧城改造全面启动，城市建设项目明显增多，其中大型工地即有 20 多处，每天产生 30 多万立方米渣土且出入城区。为加强城区渣土管理，市环卫处把分散在各所的市容监察力量全部集中，实行集中执法监察。派出专职法律法规宣传组，对建筑工地进行现场监控，由专人组成机动巡逻组对城区主次干道进行巡逻检查，确保街面洁净。执法监察坚持文明执法、严格执法、科学管理，按照《常德市城区渣土管理办法》，严格渣土运输证办证程序，对全市基建工地和渣土运输车辆进行全方位、24 小时全天候监察，在检查方式上采取突击查和回头查，把管理和服务有效地结合起来，坚持宣传教育为主，经济处罚为辅，在渣土管理中做到什么时候污染什么时候清理，使城区渣土管理和市容市貌管理步入法制化、规范化、科学化管理轨道，收到较好社会效益和环境效益。

2002 年，市城区全面推进旧城改造，建设工地持续增多且多属重点项目、大型项目，渣土量较上年又有成倍增长。根据新情况，市环卫处尝试对建筑渣土进行预测性管理，把可能出现的问题处理在萌芽状态。按照《常德市城区渣土管理办法》，严格渣土运输办证程序，对渣土运输实施更为严格的每日申报制，对全市基建工地和渣土运输车辆，施行线路科学配置、车辆科学调度，把管理和服务有效地结合起来，把渣土抛洒、污染控制在最低程度，施行 24 小时全天候监察，发现渣土泄漏抛洒，及时全面清除处置。渣土管理进一步科学规范。

2003 年，市城区施行渣土运输专营管理。是年 1 月，市政府出台《关于进一步加强城区渣土运输管理的通告》，明确在常德市建成区实施渣土专业化运输管理，该《通告》明确：

一、本市建城区内的各类渣土，包括工程土石方、弃土、弃料、余泥等建筑垃圾，沙、卵石、灰浆等建筑材料及散煤、煤渣等散体物料，一律实行专业化运输。

二、渣土由具备资质条件的渣土运输企业承运。从事渣土运输的企业应通过渣土管理部门的资质审查，取得交通、工商等部门核发的有关证件。

三、渣土运输车辆应具备密闭式加盖装置，统一车身颜色，无密闭装置的车辆不得从事渣土运输。车辆改装从事渣土运输的，应遵守国家有关道路交通管理、产品质量管理等方面的规定，经有关部门审验合格，取得有关证件。

四、需要运出、运入渣土的单位和个人，应报经市渣土管理部门批准，与渣土运输企业依法订立运输合同。

市城管局、市环卫处根据市政府《通告》精神，会同建设、公安、交通等部门制订实施细则，组织宣传车队进行为期 2 周广泛宣传，将《通告》和宣传资料上门送到建筑工地、渣土公司和渣土运输业主手中，共分发宣传资料 2 万多份，得到业主们理解和支持。当年，市城管局、市环卫处引进资金 2000 多万元，共组建 7 家渣土专营公司，城区渣土运输全部实行公司经营和密闭运输，渣土污染得到有效控制。

2005 年 3 月，建设部发布第 139 号令《城市建筑垃圾管理规定》，明确建筑垃圾处置实行减量化、资源化、无害化和谁产生、谁承担处置责任原则，对城市规划区内建筑垃圾的运输、倾倒、中转、回填、消纳、利用等处置活动做出明确规定。运用可持续发展思想，首次提出一系列建筑垃圾处置新观念和新举措："国家鼓励建筑垃圾综合利用，鼓励建设单位、施工单位优先采用建筑垃圾综合利用产品。""城市人民政府市容环境卫生主管部门应当根据城市内的工程施工情况，制订建筑垃圾处置计划，合理安排各类建设工程需要回填的建筑垃圾。"该规定要求把建筑垃圾消纳、综合利用等设施的设置，纳入城市市容环境卫生专业规划，建设可收纳并且有效利用建筑垃圾的建筑垃圾中转站和储运消纳场。同时严格规定"任何单位和个人不得将建筑垃圾混入生活垃圾，不得将危险废物混入建筑垃圾，不得擅自设立弃置场受纳建筑垃圾。""建筑垃圾储运消纳场不得受纳工业垃圾、生活垃圾和有毒有害垃圾。"

是年，市城管执法局和市环卫处全面贯彻落实建设部 139 号令精神，强化城区建筑垃圾管理，充分利用报纸和电视等媒体，对 139 号令进行广泛宣传并印发《市容环境卫生和渣土管理》有关法律法规资料汇编，组织建筑工地，渣土公司和各渣土运输车辆业主，集中进行专题学习。渣土管理工作收到明显效果，赢得建设单位和渣土运输公司好评。当年，实行日常管理和部门联合执法相结合方式，加大对渣土运输车辆管理。认真落实街面 24 小时全天候监控，加强街面控制，及时查处违章行为，强化对施工单位和渣土运输公司的服务措施，对渣土运输实行政策宣传上门、服务措施跟踪上门。

2006 年 5 月，市城管执法局召开渣土消纳处置场建设专题会议。市建设局、财政局、法制办、规划局、环卫处等部门应邀参会，会议议定，

一、要统筹规划，长远打算。渣土集中消纳要与国土储备中心土地开发计划相结合，本着便利、就近原则，从目前两个处置点发展到东西南北、德山多个渣土集中处置点。

二、坚持市场化运作。把渣土消纳处置和土地闲置管理结合起来；在起步阶段或开始启动时与基建工地土建需要填土结合起来；市财政安排适当前期启动资金，以后实行市场运作，销售渣土（余土）并通过渣土（余土）调剂、配置的经营收入，对渣土（余土）消纳处置场实行滚动投资建设，并在经营中收回投资，从而获取一定经济效益。

三、消纳渣土暂不收费。何时收费待相关行政许可和文件出台后启动实行。

四、由城管、规划、建设三个职能部门发布渣土集中处置的通告，经市法制办审核备案后具体组织实施。

2007 年，市环卫处东门建筑垃圾消纳处置场因储存饱和封场，市环卫处积极与金恒

房产协商，借用其待建的紫菱花园空地，建立新的临时建筑垃圾消纳处置场，及时为城区建筑垃圾安排倾倒场地。为了克服垃圾运输车辆无法通行小街小巷，小型农用车、手扶拖拉机进入城区运输建筑垃圾乱倒乱卸现象，市环卫处在城区投放20辆小型密闭渣土运输车，用于小街小巷和居民小区建筑垃圾、渣土专业化营运。同时，抽调力量，组成两个专项整治中队，在城区开展打击无证清运、乱倒乱卸渣土等违法行为的整治行动。市容环卫大队还组织夜间巡逻小组，确保对施工工地和渣土运输车辆实施24小时监察管理，有效净化渣土运输市场。

2008年，市城管执法局严格渣土管理行政执法。从治理源头入手，开展渣土专项整治行动，实行“一退三控”，即不符合密闭要求渣土运输车辆一律退出市场；城区施工工地实施24小时全天候渣土产生工地监控，在沙石场出口安装摄像头实施装载监控，在落路口和沅水二桥设卡实施路段监控。与此同时，市环卫处实行登门服务，将服务与督查结合起来。是年，城区施工工地多、降雨少、气候干燥，渣土运输容易造成扬尘污染。市环卫处对城区施工现场和渣土产生地逐一进行渣土消纳许可审批宣传，发放宣传资料，对重点地段和施工工地实行24 小时驻守和跟踪服务。在核发《渣土处置证》同时，市环卫处与施工单位签订卫生责任书，落实施工工地配套卫生服务；同时，市环卫处在执勤车辆上配备铁锹和扫帚等清扫工具，做到小问题及时自行处理；对施工现场围挡严密情况、进出口道路硬化状况和车辆冲洗情况进行严格检查，杜绝渣土运输车辆带泥上路、沿街撒漏等污染街道行为，扬尘污染得到有效控制。

2009年至2011年，市城管执法局和市环卫处进一步强化建筑渣土管理，严堵污染源头。成立环境卫生巡查小组，全天候在城区巡查，对城区工地和渣土运输行为实行全天候监控。继续按照监督管理与服务相结合思路，积极为建筑工地服务，与渣土运输公司座谈，规范渣土运输行为，实现“三指”即建筑垃圾按指定时间、指定路线、指定地点倾倒工作目标。与交警部门联合执法，加强对渣土运输车辆上路检查，渣土严重污染道路现象基本消除。建筑渣土管理进一步讲求科学。市城管执法局和市环卫处按照“抓两头、控途中”工作思路，重点抓好城区施工工地出入口管理，确保渣土运输“净车上路”；重点监控运输线路和禁行区域，及时制止和查处渣土车辆抛撒滴漏行为；重点监管渣土运输车辆准确进入建筑渣土消纳场或计划调控工地，严厉控制随意倾倒。

是时，市城管执法局和市环卫处不断强化建筑渣土源头管理。市城区渣土管理严格按照渣土运输公司专营、车辆密闭、净车上路要求，建立健全覆盖全城区渣土监管体系，实行数字化、网格化监控管理，区域包干、责任到人，及时发现、查处渣土运输途中污染路面案件，及时清除污染现场。加大沙砾场出入口管理，在城郊主要沙砾场出入口安排专门执法队员实行24小时无缝隙管理，保证车辆做到车貌整洁、密闭化运输上路，杜绝运输沙砾车辆超高超载运行。同时加大工地出入口与渣土处置地监管，每个工地有专人负责，杜绝带泥上路和随处乱倾倒现象。

但是，由于常德城市建设超常提速，2003 年形成的 7 家渣土专运公司 188 台车不能满足陡然增大业务量需求，导致城区无牌无照“黑车”大量上路，管理难度倍增；且原 188 台有牌有照车辆经过多年运营，车况越来越差，密封性不如从前，渣土抛洒随时都在发生，清除难度同样倍增。

2012 年 8 月，常德市政府印发《常德市城市建筑垃圾管理办法》，全面规范建筑垃圾处置运输管理，更好提升城市形象、改善人居环境、促进经济发展。该办法首次把建筑垃圾处置列为建设项目立项、报建、审批前置条件：“建设单位在编制建设工程概算、预算时，必须专门列支建筑垃圾处置所产生的相关费用。”“建设项目施工图设计文件应包含建筑垃圾处置等环卫设施施工设计。住房和城乡建设部门审查施工图设计文件时，应征求市市容环境卫生行政管理部门意见。”“建设单位与施工单位签订文明施工责任书，应将建筑垃圾处置纳入责任书内容，文明施工责任书应附有市市容环境卫生行政管理部门核发的建筑垃圾处置核准文件。有关部门在办理建设工程质量安全监督备案手续时，应审查是否具有市市容环境卫生行政管理部门核发的建筑垃圾处置核准文件。”

该办法明确规定，建筑垃圾必须交由经核准的运输单位承运，规定建筑垃圾运输单位和车辆必须具备一定的条件，实行市场制度，严格遵循市场法则，确保参与单位相互公平竞争、优胜劣汰。对工地管理、运输管理和建筑垃圾综合处置利用相关工作均做出严格规定：房屋建筑施工现场应沿工地四周设置连续封闭围挡，主干道围挡高度不低于 2.5 米，次干道围挡高度不低于 1.8 米；建筑施工现场应设置固定的出入口，出入口必须设置密闭式金属大门和值班室，配备专人值班，并设置建筑垃圾清运公示牌；施工现场的主要道路必须进行硬化处理，土方应集中堆放；建筑垃圾运输单位必须使用符合垃圾运输统一标准的车辆，不得使用无牌无证照车、套牌车、敞篷车等车辆参与建筑垃圾运输；从事建筑垃圾运输的车辆，必须随车携带建筑垃圾处置核准文件，按规定的路线、时间运输，倾倒在核定的消纳场地，不得超出核准范围承运建筑垃圾。建设建筑垃圾消纳场，应当符合城市总体规划和城市市容环境卫生专业规划的要求，通过环境保护主管部门的环境影响评价，并征求市市容环境卫生行政管理部门意见；不符合相关要求的，不得擅自受纳建筑垃圾。

2013 年 11 月 4 日晚，市环卫处工人连夜清除武陵桥建设工地建筑渣土

是年，市环卫处东江乡浮桥渣土处理场竣工投入使用。

表 2.2.1　　东江乡浮桥渣土处理场资金审核一览表

金额单位:元

序号	项目名称	预算金额	审定金额	审减金额	备　注
一	工程费合计	1097065	926497	170568	
1	场坪山砾石回填	132883.16	126225.91	6657.25	外购山砾石
2	场坪硬化	126652.33	115404	11248.33	
3	绿化护林带	32760.53	30827	1933.53	
4	场坪管网室外给水	18853.02	14430.00	4423.02	不含三级沉淀池
5	场坪管网室外排水	294316.08	205186.22	89129.86	
6	场坪管网室外电气	9812.07	9812.07	0	
7	砖砌围墙	390722.25	361387.45	29334.80	总长 962.4M,含电动栏杆机
8	活动板房建筑	55344.10	51930.40	3413.70	建筑面积 75.2M2 (含洗车池)
9	活动板房装饰	14609.82	11293.90	3315.92	
10	活动板房安装	21112.01	0.00	21112.01	已含在包干价内
二	不可预计费	32912	27795	5117	
合　计		1129977	954292	175685	

2013 年，市环卫处全面贯彻市政府《常德市城市建筑垃圾管理办法》，市城区建筑渣土管理工作成效显著。进一步加强施工工地管理。在工地办理施工手续时，市环卫处首先指定市容监察员驻守工地蹲点，实行 24 小时监控，对不符合开工条件的工地，坚决不许开工；对工地违反渣土管理的行为进行制止和处罚。市环卫处还将全处监察人员排班组成巡查小组，对渣土车乱倒垃圾、偷倒垃圾、不按指定地点、时间和行车路线超载、超速、未加盖行为严管重罚。对使用敞口车处置渣土的建设单位、公司下达《责令整改通知书》和《行政处罚告知书》，及时控制使用违规车辆运输渣土现象。通过耐心细致工作，城区多数建设和施工单位都主动完善各项管理措施和环节，重视工地现场管理，建立洗车平台，硬化运输通道，做到净车上路，城区渣土管理再次逐步步入良性发展轨道。

2014 年 12 月，市城管执法局成立市建筑渣土管理办公室，主要职责是负责统筹城市四区（武陵区、鼎城区、柳叶湖旅游度假区、常德经济技术开发区）建筑渣土运输、消纳、利用工作。

2015 年 4 月，市渣土办提出渣土管理“工地规范、公司重组、车辆升级、营运有序”工作总目标，组织开展市城区渣土管理专项整治，要求年内达到省内先进管理水平。同时

2015 年 5 月 9 日，新型智能环保渣土车在常德经济技术开发区率先投入运营

要求“四区”渣土管理部门在工作中“不依靠、不等待、不放过”，努力开创渣土管理工作新局面。是年，市建筑渣土管理办公室积极推进公司重组，车辆升级。全市享有运输资质渣土车共计 385 台，第一批新型智能环保车 196 台已经参运，2005 年以前 157 台黄标车已与各公司脱钩，市交警、交通部门已经取消运营资质，禁止参运，强制要求迅速退出渣土运输市场。鼓励 2005 年以后 178 台车，在司机自愿情况下年内完成“退一进一”升级换代。推进渣土公司重组，要求公司做到“三有”：有场地、有产权、有规章。通过整治，市城区渣土乱象明显改观。

是年 5 月 9 日，第一批新型智能环保渣土车在常德经济技术开发区投入使用。新型智能环保渣土车货箱使用前后平推式密闭顶盖，不易抛撒。最大特色在于统一安装纳入常德市城市管理指挥平台监控的车载北斗终端，可从车辆装备源头上解决超载超速、堆装撒漏、车身挂土积泥、乱倒渣土等问题。该车型顶盖具有自动强制密闭功能，在车辆载重情况下自动激活，重车时顶盖未密闭到位，则发出声光报警，车辆只能怠速移动；车辆设置规划线路控制功能，一旦行驶中离开指定线路，发出语音提示，行驶速度自动受限。

第三节 城乡垃圾一体化管理

城乡环卫一体化即高度重视农村环境卫生，将农村环卫工作与城市环卫工作放在同等重要位置。建设部要求，通过统一规划，统一安排，科学有序开展城乡环境卫生一体化工作，彻底解决农村环卫事业发展滞后、垃圾围村、环境脏乱差问题。实施“一体化”建设，首先是统筹城乡环境保护，实现城乡环境公平，加快以垃圾处理为重点的环境基础设施建设由城市向农村延伸。

至 2002 年，常德市江北城区有城中村 15 个、城乡接合部 24 处。市环卫处与当地村组联合管理，新增城中村（城乡接合部）管理作业服务区域 42 处，日增清扫保洁面积 54 万平方米。采取区域划块封闭管理，实行环卫作业服务的市场、调度、标准、考核“四统一”，按照大街与小巷、街道与居民区、居委会与城中村、陆地与水上“四个一样”清扫保洁标准，消除城乡接合部环卫工作死角死面，城市和近郊整体保持较高环卫作业水平。

2003 年，市环卫处将 207 国道以内新增城中村 17 万平方米、主要出城口及周边居住点 4 万平方米、亟待解决的郊区垃圾管理主要区域 7.5 万平方米，合计 28.5 万平方米面积纳入环卫一体化工作范围。市环卫处在武陵区、德山开发区、柳叶湖旅游度假区组建郊区环卫清扫队，聘用工人 211 人，垃圾收运范围扩大至武陵区全部四乡一镇、德山乡、柳叶湖旅游度假区、鼎城区灌溪镇、白鹤山乡，有效解决垃圾围城现象。2004 年至 2006 年，市环卫处继续加大“两个延伸”力度，进一步把城市环卫清扫保洁工作向远郊农村延伸、向开放式居民小区延伸。安排专项资金相继在护城、东郊、东江、南坪、德山和柳叶湖等乡 (镇)、区组建专职清扫保洁队伍，配备后压缩式垃圾车，修建密闭式垃圾围，常德市城乡环卫工作一体化逐步发展到城市远郊。

2007 年，市环卫处经过周密调研后，完成《常德市城乡生活垃圾治理网络建设方案》，得到省建设厅支持和市政府高度肯定。该方案根据湖南省委、省政府《关于加快小城镇建设统筹城乡协调发展的意见》中“垃圾处理等公共设施和社会公益设施建设，实现城乡一体化发展”要求，在湖南省首家提出实施城乡生活垃圾一体化治理工程。该方案设计：

第一期：2006 年启动沅水流域县、区城关地区的垃圾处理一体化工作，通过常德市桃树岗垃圾处理场扩容，解决沅水片鼎城区、汉寿县、桃源县和澧水片临澧县城关地区及市本级 6 乡 1 镇垃圾处理一体化工作；待德山垃圾焚烧发电厂投产后，汉寿、鼎城两县区生活垃圾就近投放处理

第二期：2009 年启动澧水流域县市垃圾一体化工作，通过津市市燕山垃圾填埋场扩容建设，津市市、安乡县、澧县城区生活垃圾可同时运抵津市市燕山垃圾场集中处理。

第三期：2010 年，全面启动各区、县（市）、镇及乡村的垃圾处理一体化工作。扩容建设石门县刘家湾垃圾填埋场，解决城关及周边乡镇和临澧县中部地区乡镇垃圾处理。石门县西部地区和桃源县西南部地区系边远山区，土质黏性较好，渗滤系数小，粉尘影响不大，对地下水污染小，对大气环流污染也小。根据其地质、环境条件，选择有利场地采用简易卫生填埋与结合沼气发展消纳山区垃圾，即因地制宜就地卫生处置。

该方案对全市乡镇生活垃圾治理一体化中转运输线路做出设计：以公路连镇为中转线路，根据各线运距、运量配置一定数量压缩式垃圾车，将上线垃圾经压缩后运至终端。拟定市级桃树岗集中处理区设置 14 路线，津市市燕山集中处理区设置 12 路线，石门县刘家湾集中处理区设置 7 路线，进行中转运输。三大集中处理区各中转线的交叉点，即为设置压缩式垃圾车中转最佳地点，可优化线路、减容增量。根据测算，桃树岗垃圾集中处理区范围内，在漆河镇、陬市镇、桃花源镇、谢家铺镇、太子庙镇设立镇级中转点；燕山垃圾集中处理区范围内，在大堰档、雷公塔镇、如东、保河堤镇、安福、下渔口镇、设立镇级中转点；刘家湾垃圾集中处理区范围内，在皂市镇、新铺镇、蒙泉镇等设立镇级中转点。每个镇级中转站配置 12 台压缩式垃圾运载车辆，完成区、县（市）、镇压缩中转与运输网络。各区、县（市）城关共配置 68 台压缩式垃圾车。

实施这一方案，新增压缩式垃圾车购置费 2516 万元，新增津市市燕山垃圾场扩容建

设资金2100万元，新增石门县刘家湾垃圾场扩容改造200万元，共投入资金4816万元。即使用一座中型垃圾填埋场建设费用，基本解决常德市除市本级外8个区县（市）垃圾无害化处理，经济效益（节省建设费用和日常处理经费）和垃圾处理环境效益都十分显著。至2010年，常德市全市203个建制镇中101个镇生活垃圾可实现卫生埋填和处理，占全市建制镇50%；全市年产生72万吨生活垃圾，处理率可达64.94%。

至2008年，市环卫处基本完成常德市德山生活垃圾焚烧发电项目前期工作；完成桃树岗生活垃圾填埋场三期工程填埋区建设和渗滤液升级改造。是年，常德市各区县均不再提出新建垃圾处理场计划；城乡垃圾一体化处理范围延伸到市郊各乡镇、西洞庭管理区、西湖管理区、鼎城区灌溪镇、蒿子港镇、石门桥镇。是年9月，湖南省建设厅将常德市确立为“全省城乡生活垃圾处理一体化试点市”。

2009年3月，市委、市政府成立常德市城乡生活垃圾处理一体化工作领导小组，印发《常德市生活垃圾无害化处理设施建设方案》，明确“全市统筹、总体规划、分期实施、分级负责”和分沅水片、澧水片两片集中处理生活垃圾一体化工作思路：

（一）沅水片

1.2009年开工建设德山檀树坪生活垃圾焚烧发电厂。项目一期处理能力为800吨/日①，2010年建成并投入使用，承担市城区、汉寿县龙阳镇、桃源县樟江镇及西湖管理区、西洞庭管理区等地的生活垃圾一体化处理；项目二期处理能力为1200吨/日②，2010年动工建设，2011年投入使用，承担沅水片有关乡镇的生活垃圾一体化处理。

2.2010年完成沅水片配套项目，包括城乡生活垃圾处理一体化规划、环卫车辆维修中心（含大型转运站）、渣土处置场、收费网络建设、桃树岗生活垃圾填埋场三期工程、鼎城区生活垃圾中转站（含运输配套系统）、汉寿县生活垃圾中转站（含运输配套系统）、桃源县生活垃圾中转站（含运输配套系统）、汉寿县生活垃圾填埋场（备用场）、桃源县生活垃圾填埋场（备用场）等项目。

（二）澧水片

1.2009年年底完成津市市生活垃圾处理场扩建工程。

2.2010年年底完成石门县、临澧县、澧县、津市市、安乡县等五县市生活垃圾填埋处理场项目。

3.2010年启动澧水片生活垃圾焚烧发电厂（或生物发电厂）的规划选点、选型、立项等工作。

市政府成立常德市城乡生活垃圾处理一体化工作领导小组，负责常德市生活垃圾无害化处理设施建设的组织协调工作，由常德市城乡生活垃圾处理一体化工作领导小组办公室聘请相应专业技术人员、管理人员组成工作班子，负责常德市生活垃圾处理设施建设日常工作，办公地点设市环卫处。全市城乡生活垃圾处理一体化建设工作全面推进。

是年，市环卫处进一步完善西洞庭、西湖管理区生活垃圾纳入市城区一体化收集处理，在武陵区郊区农村开展生活垃圾集中收集处理工作。武陵区在原有财政配套投入300多万元基础上，新增农村环境整治专项资金950万元，在各乡镇选聘农村清扫保洁员423人，配备垃圾清运车390辆，建起农村垃圾池610座，选点放置多功能垃圾桶108个，农村垃圾处理全部纳入城区环卫体系，实现垃圾收集处理城乡对接、管理一体。武陵区村容村貌发生根本改变。

是年，《常德市城乡环境卫生专业规划》编制完成，用于城乡生活垃圾处理一体化建设的国家农发行打捆贷款资金到位人民币6530万元；投资2.6亿元、日处理生活垃圾900吨的德山生活垃圾焚烧发电厂于10月23日开工建设；桃树岗生活垃圾填埋场第三期改造工程全部竣工。常德市环境卫生以城带乡、城乡同步发展的局面正在全市逐步展开。

2010年，全市生活垃圾处理一体化重点建设项目德山生活垃圾焚烧发电项目建设顺利推进。沅水片、澧水片运送德山焚烧发电厂垃圾收运配套项目，完成转运站规划选址、环评、可研批复及设备选型，进入征地和初步设计阶段。桃树岗生活垃圾填埋场渗滤液处理升级改造工程施工顺利完成。

2011年5月，市政府常务会决定，在全市农村开展卫生“大扫除”，用3年时间完成农村清洁工程，全面清除农村卫生环境“脏、乱、差”现象。市政府要求，全市建立农村保洁队伍，健全生活垃圾管理体系，达到环境整洁、容貌美观、生态良好、乡风文明目标。农村大面积环境清洁工程以开展水源清洁工程、田园清洁工程和家园清洁工程为重点。水源清洁工程方面，3年后，全市50%以上农村水源达到Ⅱ类标准，所有饮用水源保护地都达到Ⅱ类以上标准，全部消灭Ⅴ类水质。农村水体环境得到明显改善，全面消除水体黑臭、堵塞以及农药瓶、塑料垃圾漂浮物等问题。城乡环卫工作一体化工作要取得明显成效。

2012年，城乡生活垃圾处理一体化稳步推进。市城区、武陵区、常德经开区所有乡镇、鼎城区武陵镇生活垃圾全部运往德山生活垃圾焚烧发电厂进行无害化处理。生活垃圾无害化处理配套设施建设项目进展顺利。各县市区生活垃圾收运设施建设子项目贷款全部到位，津市市、石门县、临澧县生活垃圾填埋场顺利通过省住建厅评级检查，津市生活垃圾填埋场通过住建部Ⅰ级填埋场标准，澧县、安乡生活垃圾卫生填埋场和汉寿县生活垃圾压缩转运站通过省住建厅预验收检查，投入试运行。是年，市环卫处对全市9个县市区、5个管理区的农村垃圾清运处理情况进行季度考核检查，结果显示，农村垃圾无害化处理设施建设步伐明显加快，全市城镇生活垃圾无害化处理率从2008年29%提高到当年的59%，农村环境卫生实现品质跃升。2013年至2014年，市城管执法局、市环卫处稳步推进城乡垃圾一体化处理建设。积极做好县市区生活垃圾无害化处理设施建设工作的指导、督促和检查工作。以一体化办为平台，加强与省城镇生活垃圾无害化处理设施建设领导小组办公室沟通与联系，积极争取项目配套建设资金，及时汇报设施建设进展情况，并将各项政策及时传达到县、市、区，多次派检查组检查指导县市区生活垃圾填埋场建设情况，上下协调，确保工作顺利展开。

2013年，车辆维修中心项目完成招标程序，进入开工前准备阶段；渣土处置场项目已完工；区县（市）转运站项目基本完工，澧县日处理量为200吨的大型压缩式垃圾转运站前期项目建设进展顺利。鼎城区投资1147万元，在全区各乡镇场投放垃圾桶300多个，购置后压缩式垃圾车12台，日清运城乡生活垃圾100吨，全部运往德山垃圾发电厂焚烧处理。2014年11月，市城管执法局对市本级和区、县（市）城镇生活垃圾无害化处理工作组织年终考核验收，结果显示：2014年全市城镇生活垃圾清运量70.17万吨，无害化处理量68.96万吨，无害化处理率达98.28%，超额完成省里下达给常德工作任务（年初省里下达给常德指标为78.92%）。常德市生活垃圾处理一体化管理工作取得显著成效，圆满完成省住建厅试点工作任务和市委、市政府明确的城乡环卫管理一体化近期目标任务。当年，常德市辖各县（市）生活垃圾无害化处理率为97.5%。各县（市）完成情况：

2013年12月16日，常德市环卫处装备“扫地王”等一批新型环卫设备

一、汉寿县：生活垃圾清运量为5.4万吨，全部运往德山檀树坪生活垃圾焚烧发电厂处理，生活垃圾无害化处理率为100%。

二、临澧县：生活垃圾清运量为5.48万吨，全部运往临澧县城市生活垃圾卫生填埋场处理，无害化处理率为100%。

三、澧 县：生活垃圾清运量为8.06万吨，全部运往澧县城市生活垃圾卫生填埋场处理，无害化处理率为100%。

四、安乡县：生活垃圾清运量为6.14万吨，运往安乡县生活垃圾卫生填埋场处理4.94万吨，无害化处理率为80%。

五、津市市：生活垃圾清运量为5.52万吨，全部运往津市城市生活垃圾卫生填埋场处理，无害化处理率为100%。

六、石门县：生活垃圾清运量为4.23万吨，全部运往石门县刘家湾垃圾处理厂处理，无害化处理率为100%。

七、桃源县：生活垃圾清运量为8.83万吨，全部运往桃源县生活垃圾综合处理设施处理，无害化处理率为100%。

八、桃花源旅游度假管理区：生活垃圾清运量为0. 48万吨，全部运往桃源县生活垃圾综合处理设施处理，无害化处理率为100%。

市城区即武陵区、鼎城区、柳叶湖旅游度假区、常德经济技术开发区，包括西湖管理区、西洞庭管理区均纳入市本级垃圾无害化处理，实现无害化处理率100%。

2015年1月至10月,常德市县以上城镇生活垃圾清运量59.6964万吨，无害化处理量53.3264万吨，无害化处理率达99.38%。

① 800吨/日：常德市檀树坪垃圾发电厂一期工程建成后，实际处理能力为900吨/日。

② 1200砘/日：常德市檀树坪垃圾发电厂二期续建项目，实际设计处理能力为600吨/日，建成后全厂处理能力为1500吨/日。

第三章　环卫基础设施

第一节　公共厕所

中华民国初年，常德城区厕所均由各机关、单位、商铺和居民住户自备。厕所类型主要有三种：一是砖木结构、池厕，为大型机关商铺或巨商富豪所有，多建于单位、住宅后院，共2至4个蹲位，男厕设小便池，粪池为砖石砌筑，通风采光较好，入夜置马灯或蜡烛灯笼；二是木质结构、缸厕，为一般机关或大户人家所有，位于室后偏僻处，粪池为陶缸，上置木板蹲位，男厕无小便池，厕所四周系木板装钉，采光稍差；三为简易缸厕，为绝大多数市民住户所有，四周多用废旧木板、芦席或草席围装，男女共用。

民国10年（1921）左右，常德城区始建简易公厕，当街搭设棚屋粪坑。民国25年（1936年），常德县政府将城区街心棚屋厕所、粪坑一律拆除，在东门、上南门、大西门、小西门、北门、府坪各建砖木结构公厕一座，由各保甲派员打扫，撒布石灰。民国38年（1949），常德解放时，城区有公厕61座。

新中国建立后，常德城区陆续新建标准较高公厕。1950年，市政府责成市公安局通知各区新建32座砖木结构公厕，计一区13座，二区11座，三区8座，全部为砖木结构，大大改善了公厕条件。1951年，又在衣巷子、新村、楚皮堂、德山、老鸦池、苏家渡、南站码头，各修一座公厕，共7座。

1956年，常德市成立肥料公司，拆除一批简陋吊脚楼厕所和露天粪缸厕所，改造和新建公厕砖木结构64座，全市标准公厕达到138座，蹲位1134个。是时，常德城区公共厕所由清粪工人边清边扫，没有为公厕配备专业清扫保洁工人。粪池容积小的公厕，一日清洁一次；容积大的公厕2日至3日清洁一次，冲洗一次。每日保证粪池不满溢，卫生整洁。厕所粪池内存渣，要求月末一小清，半年一大清。逢节假日和外事活动，全市厕所粪池挑干、挖净，保持卫生整洁。

至20世纪60年代，常德城区简陋吊楼厕所和露天粪坑全部废弃拆除。砖木结构公厕逐步向砖混结构公厕过渡。是时，为公厕配备专职清扫保洁人员，多由年龄较大或身体较弱挑粪工人承担，每天清扫两次，要求达到无蛆、无蝇、无蛛网、无积水、无污物、无痰迹“六无”标准。

至20世纪80年代，常德城市公厕全部采用砖混结构建造。1982年，开始在各主要街道、公共场所、繁华商业地段设置钢制公厕指示牌。1984年至1987年，市环卫处对全市公厕进行几轮整修粉刷，全部安装印有男女头像标志和公厕卫生监督电话的指示牌。是时，常德市区公厕按其结构和规格划分为大、中、小三种类型：大型公厕建筑面积30平方米以上，蹲位10个以上，砖混结构，内有电灯照明，光线充足，空气流通，清扫、消毒、保洁制度严格；中型公厕建筑面积20平方米至30平方米，蹲位5个至10个，砖混结构，内有电灯照明，每天清扫保洁1次，定期消毒；小型公厕建筑面积20平方米以下，蹲位5个以下，砖木结构，每天清扫保洁一次，定期消毒。1985年，常德市有公厕193座，其中，大型公厕70座，中型公厕23座，小型公厕100座。

1986年至1987年，常德市城区先后在主干道两侧新建一批造型新颖、标准较高公厕，尤以武陵路（今朗州路中段）公厕和鼎城路（今武陵大道中段）公厕为胜，其造价分别为4.5万元和6万元，两座公厕均为花园式水冲厕所，墙壁、地面用白色瓷砖贴面，麻石粉刷，水电齐备，并配置穿衣镜、洗手池和烘手器；安排专人冲扫保洁管理。朗州路中段公厕100平方米，武陵大道中段公厕296平方米（其中花园70平方米）。这两座公厕格调别致，造型新颖，美观实用，内有假山水池、葡萄架、松树花竹、亭阁图画及宣传栏等。特别是武陵大道中段公厕，新颖、舒畅、宽大、整洁，进门是小型花园，内植松柏花草，左侧是一六角仿古亭，顶有六角、二层。檐角向上翘至弓状，周围栏板绘有各种画案、英雄美人和猛禽水族等等。中央是面积40平方米水池，池中双鹤戏水，金鲤跃波，绿荷含苞。屋顶全用绿色琉璃瓦铺成，顶上装饰着二龙戏珠塑像。如厕至此，市民无不感到气爽神清。两座高标准公厕建成，标志着常德市公厕建设开始向现代化迈进。至1987年年底，全市共有公厕193座，总蹲位1845个，建筑面积5070平方米，其中大型公厕70座，中型公厕23座，小型公厕100座。

1989年，合并撤除个别小型且位置不适宜公厕，是年年底全市保有公共厕所187座，其中旱厕170座，共2943平方米、893个蹲位；水厕17座，共1354平方米、234个蹲位；水厕比率按座数计占20%，按人口计每2381人一座。是年，市区公厕管理和清扫保洁卫生质量检查标准为“四定一保”“三有四无”。“四定”即定人，专人承包；定位，固定承包厕所的座数和蹲位；定标准，按部颁质量标准，达到清洁整齐，无蝇无蛹无臭气；定消耗，根据蹲位数量定费用消耗。“一保”是保证群众使用方便，同时实行编号管理、亮牌服务。“三有”是有专人清扫保洁，有专人定期消毒，有专人清除粪肥。“四无”是无来访投诉，无电话反映，无来信批评，无粪便满溢。

1990年，市政府要求市建委、市环卫处推进旱厕改水厕工作。市环卫处及时对旱厕改水厕进行摸底调查，当年改建18座。至1992年，市城区共有112座旱厕改造成为水厕，城区水厕比率达到96.6%。为了加强水冲公厕清扫保洁管理，市环卫处明确专职管理科室，明确公厕专职保洁人员，明确城区公共厕所管理制度。对所有公厕，按照“五无四净”（无尿碱、无蛛网、无恶臭、无蝇蛆、无垃圾，地面洁净、墙壁洁净、便池蹲坑洁净、厕所周围洁净）质量检查标准；实行分片包干，专人负责，确定85名公厕保洁管理员，建立公厕档案和管理制度，公厕保洁人员与考核结果责利挂钩，逐月检查验收，奖罚兑现。要求保洁员对公厕坚持每天勤冲洗、勤打扫，每周实施消毒灭虫，每月进行检查汇报，每半年进行考核小结，每年进行全面维修。对公厕实行有偿服务和群众监督制度，公厕实行收费管理，城市常住居民实行月票制，所得收入用于公厕维修和保洁人员奖金。是年，市环卫处将全市公厕统一编号，悬挂公厕标志牌，公布管理内容和监督电话。

1993 年，市环卫处继续推进“旱改水”工程，新建水巷口、光荣路 3 座公厕投入使用，协助滨湖公园完成两座公厕建设。公园公厕设计，注重与公园景点协调，既方便游人，改善公园如厕环境，又给公园增添新的景点。到 1993 年年底，全市大型公厕总数 93 座，面积 5100 平方米，1089 个蹲位，按常住人口计每 2728 人一座，每平方公里 3.8 座。是年，市区公厕开始实行一人一厕管理制度，管理所与管理员签订管理合同。收入较好的收费水厕，管理员向管理所缴纳一定数额押金，发现质量问题，在押金中扣除罚款；对收入较少的水厕，采取发放补贴办法加强管理，发现问题则扣除当月补贴。

1995 年，全市公厕总数 101 座，面积 5637 平方米，蹲位 1169 个，按常住人口计每 2723 人一座，水厕比率为 100%，每平方公里 3.49 座。

到 1998 年，全市城区公共厕所 105 座，面积为 5909 平方米，1213 个蹲位，其中二类水厕 10 座，面积 1061 平方米，151 个蹲位，三类集中自动冲水槽式水厕 62 座，3465 平方米，753 蹲位，室内高度及面积指标不够三类的集中自动冲水式水厕 33 座，1383 平方米，309 蹲位。二类水厕占公厕总数的 9.52%，三类自动冲水式水厕为 59.05%；其余自动冲水式水厕占 31.43%，平均密度为每平方公里 3.3 座，按常住人口计每 2901 人一座。

1999 年，市环卫处在江北城区迎宾路、临江路、武陵镇玉霞路和大湖路，各建设一座高标准水冲式公共厕所。至是年年底，城区环卫处直管公厕 109 座，计 6023 平方米，蹲位 1238 个，按部颁《GJJ14-87》标准，常德市公厕中二类水厕 10 座，1061 平方米，145 个蹲位；三类水厕 62 座，3465 平方米，753 个蹲位，其余水厕 37 座，1497 平方米，蹲位 340 个。另由集贸市场、公园景点、公共场所所在单位管理公厕 12 座。 平均密度为每平方公里 3.43 座，按常住人口每 3000 人/座。

2000 年，市环卫处总结多年管理经验，按照全国爱卫会《国家卫生城市检查验收标准》要求，制订施行常德市城区公厕管理和服务标准：

一、公厕管理质量标准及工作要求：1、每座公厕有管理制度，公厕必须有专人管理。2、必须按物价部门核定价格收取服务费，不准违价超标准收费。3、每座公厕水电设施应保持完好，公厕外花木应管理完好。4、公厕周围 3 米内应保持干净，无垃圾、无杂草杂物。5、公厕内地面、蹲位、 墙裙应冲洗干净，做到无烟头、无痰迹、无纸屑、无屎尿污水，墙面无乱贴乱画。6、尿池、粪槽应冲洗干净，无尿碱、无污物。7、公厕墙面、窗台干净，无蜘蛛网，管理房内整洁，门窗无灰尘。8、公厕内洗手盆、水池经常保持清洁，无污垢。9、公厕应及时消毒喷药，做到基本无蝇蛆蚊虫，基本无臭味。10、公厕如有化粪池满溢、下水道堵塞、室外水电设施损坏、公厕屋面渗漏等问题，应及时向有关部门报告，尽快维修排除。

二、公厕管理六不准：一不准随意提高收费价格；二不准将水电外接给他人使用；三不准随意拆除公厕内设施；四不准在公厕内堆放与管理无关物资；五不准管理员将公厕私自转让给他人管理；六不准管理员将公厕管理房私自出租。

三、公厕管理考核扣分标准：

（一）有专人管理：1.公厕无人管理，每座次扣 0.5 分；2.公厕无管理制度，每座次扣 0.1 分；3.不按物价标准收费，每座次扣 0.1 分。

（二）设施完好：1.水电设施有问题未及时修复，每座次扣 1 分；2.公厕化粪池满溢、下水道堵塞、室内外水电设施损坏，未及时向有关部门报告，造成较大影响的，每座次扣 1 分。

（三）公厕内外干净：1.公厕内地面、蹲位、墙裙不干净，每项各扣 0.2 分；2.公厕窗台不干净，墙面有蛛网，每项各扣 2 分；3.公厕周围 3 米内有垃圾，不整洁，每座次扣 0.5 分；4.管理房不整洁，有灰尘，每座次扣 0.5 分。

（四）粪槽、尿池、洗手盆干净：1.粪槽、尿池不干净，有尿碱，每项各扣 0.5 分；2.公厕内洗手盆、水池不干净，各扣 0.5 分。

（五）消毒效果好：公厕消毒不及时，有蛆、蝇，每座次扣 1 分。

2000 年，常德市成功创建成为中国优秀旅游城市，以创建国家卫生城市为龙头“四个城市一起创”活动进一步深入推进，常德市城区再次掀起厕所革命高潮，城区公厕建设进入快速发展时期。2001 年，市城管局、市环卫处与市旅游局积极衔接，学习外地旅游厕所建设经验，制订《常德市城区旅游公厕建设方案（草案）》报送市政府审批。方案提出鼓励社会资本参与旅游公厕建设管理，鼓励以承包经营、企业冠名、商业广告特许经营权、公私合营等方式推进旅游公厕建设管理；市政府对旅游公厕建设管理给予政策支持。

2002 年 1 月，市政府成立由副市长刘剑英任组长的常德市旅游公厕建设协调小组，印发《常德市城区旅游公厕建设方案》。该方案明确，旅游公厕建设由政府划定地块、土地有偿出让，实行“以商建厕”“以商养厕”。市政府在旅游公厕建设资金支持、用地审批、配套设施建设、用电、用水等方面给予政策倾斜。市环卫处随即成立旅游公厕置业公司，负责旅游公厕规划、建设、管理和实行公司化运作。当年，在市城区主要干道、商业贸易区、人流集中地段、公共汽车停靠点附近，改建、新建旅游公厕 10 座。丹阳路、劳动路、朗州路等处公厕外环境以园林造景，并配上花、草、树、竹、石做点缀，外形风格各异。旅游公厕内洗手池、梳妆镜、灭蚊灯、烘手器、飘香机、感应龙头等内部设施一应俱全。是年还新建完成鸿升小区、甘露寺大市场、师院东院、德山莲花池、苏家渡 5 座公厕，维修公厕 87 座。

2003 年，城区旅游公厕建设继续推行“以商建厕、以商养厕”举措，规划 10 宗地块，国土部门挂牌 8 宗，揭牌 5 宗，获得出让金 776 万元，全年改造完成 11 座旅游公厕。

公厕管理采取水电合同化、一人一厕式管理模式，公厕管理面貌焕然一新。是年6月15日起，城区公厕全部实现免费开放。2004年，“以商建厕，以商养厕”工作继续推进，旅游公厕建设土地出让挂牌2宗、揭牌2宗，筹得资金220万元，全年改建6座旅游公厕。至此，城区高标准旅游公厕已达27座。改造置换企业移交社区公厕7座。2005年，新建和改建置换企业移交社区公厕59座。“以商建厕，以商养厕”持续实施，建成旅游公厕8座。

2002年至2005年，常德市采取市场运作和政府投资相结合的办法，融资、投资2100多万元，在市城区洞庭大道、人民路、武陵大道、丹阳路、育才路、沅安路和步行城等城市主次干道、公共娱乐场所、旅游景点等地兴建旅游公厕共35座。每座旅游公厕都按照国家标准《旅游厕所质量等级的划分与评定》3星级标准建设，所有旅游公厕一律免费使用，且都建有方便残疾人如厕的无障碍通道。每座厕所旁边都有80平方米经营门面，用于以商养厕。常德市城区旅游公厕建设有力推进全市公厕快速发展，有效提升常德公厕整体水平，逐渐成为常德市城市文明、城市卫生领域亮丽名片。

武陵大道绿荫中公共厕所

2006年，市环卫处继续全力推进社区公厕改造。当年改造置换企业社区公厕17座，新建置换企业社区独立水冲式公厕8座，改造老旧居民区共21幢楼道公厕共387个蹲位。市城区置换企业社区下岗职工生活环境、居民生活质量得到改善。2007年，完成置换企业德山纺机社区公厕建设，灌溪、柳叶湖公厕建成投入使用；是年，旅游公厕建设优惠政策得到进一步落实，年内确定18座旅游公厕选址，建设方案进入审批程序。2008年，改制置换企业社区旱厕改造全面启动，城区125座公厕完成全面维修，公厕绿化完成全面改造；改造独立公厕19座，改造老旧小区共8栋楼楼道公厕，98个蹲位；新建3座旅游公厕。2009年，完成置换企业和国有直管公房公厕改造100余座，完成投资1672万元；新建和改造城区公厕13座，新建旅游公厕3座。

2010年，市环卫处投入资金400万元，新建和改造置换企业和老旧社区无障碍公厕53座，为置换企业原“部粮机”宿舍、建民巷社区进行化粪池清理、抽运，更换化粪池盖板；常德诗墙管理处对武陵阁、春申阁、排云阁3座公厕完成旅游公厕改造。2012年，投入资金150万元，新建和改建公厕5座，对城区公厕进行全面维护，配备完善各类附属设施。2013年，新建和改建公厕8座。至2014年年底，城区公共厕所共223座。

鼎城区武陵镇1989年建镇之初，城区仅有2座公共厕所：徐家巷公厕属水冲式公厕，劳动局旁厕所为旱厕。1991年，新建临沅路和隆阳路2座水冲式通槽公厕，1994年将劳动局旱厕改为水厕，同时对徐家巷公厕进行改造。1998年，新建4座公厕：玉霞路陶瓷市场1座、临沅路财校旁1座、大湖路彩印厂旁1座、仿古城1座，均为水冲式公厕，与垃圾中转站配套建设。改建隆阳路公厕，城区公厕总数达8座。至2013年，鼎城区城区高标准公厕共21座，全部为水冲式公厕。

第二节　果皮筒

20世纪50年代初期，市环卫部门曾在城区电线杆上悬挂果皮篓数十个。因无专人管理，收效不大，嗣后自行淘汰。50年代后期至70年代，市环卫处在主要街道设置一批木质、陶质果皮筒，供市民丢弃果皮、纸屑等小件垃圾。

1983年，市环卫处在主要街道分段设置26个瓷塑狮子头像式果皮筒；1985年，增设41个铁质果皮筒。这批果皮筒小巧精美，受到市民好评。1986年，再次增设163个铁制果皮筒。至1987年，全市主要街道、公共场所共有果皮筒230个。

1989年，市环卫处在主要街道、公共场所添置170个果皮筒。1990年，全市果皮筒增加到580个。1991年，总数达到780个。后续几年，市环卫处又先后添置一批果皮筒。1997年，为进一步美化市容，市环卫处购买25个造型新颖、美观大方、质地优良的不锈钢果皮筒，在市人民中路安装使用后，收到既可收纳果皮纸屑，又能美化市容的效果。到1999年底，市城区主要街道拥有737个果皮筒。各大机关、企业、学校、医院等单位，都在各自院内配置不锈钢金属套筒果皮筒。

2001年，市环卫处新购置278个不锈钢果皮筒投放新增街道。2003年，制订《关于加强城区果皮桶管理的通知》，将果皮桶维护管理责任落实到作业实体、落实到责任人，杜绝因管理不善导致损毁，城区果皮桶管理更加完善落实。2005年，在滨湖和紫桥2个小区投放分类收集密闭式果皮垃圾桶400个，作为生活垃圾分类收集试点，为全面推行生活垃圾分类收集、分类处理摸索经验。

2006年至2007年，市环卫处在城区主要街道均设置分类收集果皮垃圾桶，并对其进行美化装饰。市环卫处同时添置人力三轮水箱车，及时清洗垃圾桶，既方便广大市民，又美化城区街景。

2008年至2009年，市环卫处推行垃圾分类收集，把分类收集果皮垃圾桶设置延伸至居民小区和机关、企事业单位。是时，在城区主要社区严格按标准设置分类回收垃圾桶1996个。

2010年，对所有主次干道果皮箱广告进行更换，共计2700幅；修复坏损果皮箱786个，更换步行城及主干道公交站点果皮箱148个。继续推行垃圾分类收集，更换、添置果皮箱、环保垃圾桶 4800 余个，在城区主要社区设置分类回收垃圾桶 1500 个。

2013 年新设置的分类收集果皮筒

2013 年，根据常德市“三改四化（路改、水改、棚改，美化、亮化、绿化、数字化）”指挥部统一安排，市城管执法局、市环卫处在武陵大道、洞庭大道设置新设计制作的分类收集果皮桶 162 个。这批果皮桶以工字钢造型为主要结构，以喷漆、不锈钢花雕、圆弧为主要工艺，易批量制造，易施工。且以工字钢造型为主要结构，风格简洁明快，充分体现常德文化特色。至 2013 年年底，常德市城区果皮筒保有 4511 个。

2014 年，市城管执法局、市环卫处在武陵大道、洞庭大道等 12 条道路设置分类收集果皮筒 1806 个：武陵大道 160 个，洞庭大道 148 个，人民路 141 个，沅安路 80 个，柳叶大道 144 个，皂果路 80 个，常德大道 238 个，朗州路 247 个，滨湖路 135 个，长庚路 97 个，紫缘路 92 个，建设路 74 个，育才路 38 个，青年路 75 个，朝阳路 44 个，芙蓉路 13 个。至 2015 年年末，市城区共更换、设置分类收集式果皮筒 6000 余个。

鼎城区 1992 年以前城区果皮筒为 44 个。1993 年新增 25 个，均为熔铁铸造。1999 年，新购置 80 个不锈钢果皮箱。2000 年后，随着江南城区不断发展，熔铁铸造果皮筒被淘汰，全部换上不锈钢果皮筒。至 2012 年底，江南城区共安装分类收集果皮筒 492 个。至 2015 年，在城市“三改四化”进程中，江南城区更换、新设置安装高标准分类收集果皮筒共计 2200 个。

第三节　垃圾中转站

中华民国初年，常德城区生活垃圾多由县清洁队直接收运，倾倒在东门外沿江大堤和西门外骡马甸（今朝阳路南段）低洼处。民国 31 年（1942），常德县卫生部门始沿街设置木质垃圾箱 30 余个，供居民直接倾倒生活垃圾，由县清洁队统一收集运走。民国 37 年（1948）3 月，常德县警察局实施县政府清洁行动计划，在城区东门沙河尾闾、西门渔父中学后水塘、城区畔池街后水塘共设置三个垃圾倾倒站，供县清洁队和单位、居民倾倒。民国 38 年（1949），常德县城区东西大街设木质垃圾箱 36 个，供单位、居民倾倒垃圾，再由县清洁队运走。

1950年，市人民政府在正街（今人民路青年路口至朝阳路口路段）增设木质垃圾箱47个，亦作城区生活垃圾储存、中转之用。至1952年，全城木质垃圾箱达161个。70年代初期，市环卫处陆续在各街巷口设置砖砌垃圾围子用作生活垃圾储存、中转，这批垃圾围子长1.5米至2米，宽0.8米至1米，高0.5米左右。木质垃圾箱逐渐淘汰。

1982年，市环卫处自制长1.6米、宽0.86米、高0.8米铁质垃圾箱43个，置于城区主要街道及青阳阁、北站等农贸市场；并在东郊皇木关建成第一座垃圾填埋处理场。1985年，为提高垃圾清运、中转效率，市环卫处在市区主次干道分段设置容量为3吨的多功能垃圾斗11个。至1987年，全市共有可收纳、中转生活垃圾的垃圾箱、斗、围子244个，并在武陵中路修建垃圾中转站1座。1992年，市城区共建成垃圾中转站6座。至1995年年底，市城区建成投入使用集装箱式垃圾中转站共19座。到1998年，市城区已有23座垃圾中转站投入日常运转。

1999年，在滨湖小区投资40余万元，建成一座最新技术垃圾中转站。该站安装最新专利产品凸边组合门式垃圾集装箱，地坑防渗达到最佳效果。是年，沅安东路、西郊、鸡鹅巷三处垃圾中转站亦相继建成投入使用。至1999年年底，市城区建成垃圾中转站24座，垃圾中转无害化率达100%。

表3.3.1　1999年常德市城区垃圾中转站分布一览表

序号	地 址	类 型
1	引桥西路	集装箱
2	人民西路	集装箱
3	武陵中路	集装箱
4	临江路	集装箱
5	北站市场	集装箱
6	德山（德山区）	集装箱
7	甘露寺	集装箱
8	西二路	集装箱
9	衣巷子	集装箱
10	新二村	集装箱
11	四眼井（未启用）	集装箱
12	朗州中路	集装箱
13	市渔场	集装箱
14	富强	集装箱

续上表

序号	地 址	类 型
15	三间五组	集装箱
16	梅家垱	集装箱
17	新四村	集装箱
18	朗州北路	集装箱
19	洞庭东路	集装箱
20	青年路	集装箱
21	紫桥小区	集装箱
22	德山中路	集装箱
23	芙蓉路	集装箱
24	滨湖小区	集装箱

2001 年，市环卫处与长沙环卫机械厂共同研制压缩式垃圾中转站。年内，附带公厕的全省第一座压缩式垃圾中转站在武陵开发区建成投入使用。是年，市环卫处还全面维修垃圾中转站 25 座。2002 年新建完成鸿升小区、甘露寺大市场、常德师院（东院）、德山莲花池，苏家渡 5 座压缩式垃圾中转站及公厕。2003 年，新建和改建 8 座垃圾中转站。

2004 年，市环卫处改建 3 座压缩式垃圾中转站，城区压缩式垃圾中转站已达 7 座。在城区 36 个作业服务区域建立面向社会的招投标机制，完成城区全部垃圾中转站和维修车间招投标承包制，推动垃圾处理中心管理制度改革。2007 年，加强垃圾中转站维修保养，投资近 30 万元对垃圾中转站进行维修，确保设施完好率在 90%以上。2009 年，市环卫处在城区主要社区严格按标准设置分类回收垃圾桶 1996 个。2010 年，增加设置分类回收垃圾桶 1500 个，市城区垃圾收运基本实现密闭运输。

2013 年，市环卫处加快城区垃圾中转站建设。3 座垃圾中转站升级改造正动工建设，大中型垃圾中转站项目设备选型基本完成。至 2014 年，常德市城区标准垃圾中转站保有 79 座。

1998 年以前，鼎城区城区垃圾大部分分路段堆放在大街上，严重污染环境，影响市容市貌。1999 年，区政府新建 6 座集装箱式垃圾中转站及配套公厕，年内全部投放使用。至 2004 年，市环卫处先后投资在江南城区兴建中转站及配套公厕 6 座，2012 年水产市场和莱茵小镇中转站建成投入使用，江南城区垃圾中转站共 14 座。

第四节　垃圾处理场

一、垃圾填埋场

1949年8月，市人民政府卫生科选取23处离居民区较远水坑、洼地，设为垃圾倾倒点。市卫生科派出卫生防疫人员对倾倒垃圾定时打药、消毒。每处收纳垃圾的水坑、洼地填平后，由市卫生队统一用泥土、炉渣对垃圾实行覆盖填埋。由于消毒措施及时，常德市城区蚊、蝇、老鼠、蟑螂密度大为缩减，流行性疫病得到有效控制。是为新中国成立至20世纪70年代末期，常德市卫生填埋生活垃圾初期处理方式。

1982年4月，市政府决定，禁止在城区内一切水塘、洼地、护城河、沅江沿岸倾倒垃圾。同时安排专项资金，在城市东郊皇经阁村征用2.18公顷洼地，建设常德市第一座正规化垃圾填埋处理场，容积为20.6万立方米。翌年11月，在德山工业区再征用1.33公顷丘陵洼地，建成常德市第二座垃圾填埋处理场，容积为36万立方米。这两座圾场使用至20世纪80年代末容量饱和。是为常德市20世纪80年代卫生填埋生活垃圾处理方式。

1990年，市政府在鼎城区肖伍铺乡桃树岗村征地2公顷建立常德市第三座垃圾填埋场，容量为29.97万立方米。次年，在德山益阳冲村征地2公顷，建成第四座垃圾填埋场，容量为20.6万立方米。1997年，市环卫处扩征山地2.67公顷，投资150万元，扩建桃树岗垃圾填埋场；修建容积1000立方米积水池，配套建设垃圾渗滤液污水处理系统。是年，桃树岗和德山益阳冲两座垃圾场收纳垃圾年总填埋量达到14.29万吨。至1998年，常德市城区生活垃圾100%运往两座垃圾场消纳处理。是年垃圾年总填埋量达到16.9万吨。1999年，桃树岗垃圾场第一期填埋区建好沼气导排燃烧系统，第一期垃圾填埋场完成填埋，全部封场。桃树岗垃圾处理场扩建工程竣工，渗滤液处理系统正式投入运行。是时，常德市桃树岗和益阳冲两座垃圾处理场总面积达7公顷，总容量80.6万立方米，日填埋垃圾628.6吨，常德市城区生活垃圾无害化处理率实现100%。

常德市桃树岗垃圾处理场生活垃圾填埋处理工艺：

(一) 卫生填埋：垃圾填埋采用沟壑作业法进行，即垃圾运输车沿车道进入填埋区最底端，由下而上，逐层推进倾倒、压实、用土覆盖，再压实，再倾倒，循环往复，直至容量饱和，最后封场。每层垃圾厚度控制在2.5米左右。覆盖土层厚度为0.25米，压实密度为0.7吨/立方米。

(二) 渗滤液控制：为防止雨水进入填埋场地增加渗滤液产生量，在场地周围山坡修筑雨水分流沟排出雨水；并在下方修筑拦液坝，防止垃圾渗滤液溢出流向低洼处农田；垃圾填埋时产生的渗滤液体经由地下导流渠进入渗滤液收集池，加药杀菌、消毒净化，然后再用水泵将处理后渗滤液返回垃圾场地洒散，增加滞留时间使其蒸发。

(三) 有害气体处理：填埋场中固体废物分解产生的甲烷和二氧化碳等有害气体，根据气体性质分类处理：甲烷比空气轻，采用排气道废气燃烧器施行燃烧后排放；二氧化碳比空气重，易溶于水，通过渗滤液与其中和，进入渗滤液处理池综合处理。桃树岗垃圾填埋场排气道建设，采用200毫米×200毫米、长1.2米空心混凝土柱，建成排气道，成本低、制作简便，卵石间隙大，排气效果好；且两头浇注有凹凸接头，便于连接。

待填埋场垃圾填埋量达到一定规模，最终形成集中收集沼气—焚烧发电模式，桃树岗垃圾填埋场有害气体实现无害化处理。

(四) 其他二次污染预防：垃圾散发的臭气及蚊蝇、鼠类滋生、繁殖等，采取及时覆土、喷洒药剂加以控制。

2001年，桃树岗生活垃圾综合处理场第二期扩建工程全面启动，该项目计划总投资6786万元，占地20公顷；设计使用14年。第一填埋区占地5.33公顷，当年进场道路建设完成投资200万元，土坝、场底平整完成投资200万元。至2003年，桃树岗生活垃圾处理场二期扩建工程基本完工，完成第一填埋区所有土石方工程及铺设HDPE防渗膜、地磅房、综合管理区土建工程，完成进场道路、场内急需临时道路、供电线路等工程，完成渗滤液处理设备安装及调试工作。第二期扩建共计完成投入4633万元：填埋一区水平防渗系统473.92万元；垃圾拦坝土方系统515.23万元；地下水及渗滤液导排系统、LFG导排系统212.02万元；渗滤液处理区管理房土建工程、设备采购130.37万元；土建及国内车辆购置444.80万元；地磅计量53.69万元；道路工程477.37万元；供配电工程50.36万元；配套设施、待摊费2275.31万元。

至2004年，市环卫处严格按生活垃圾渗滤液处理工艺要求，组织安装、调试桃树岗生活垃圾处理场渗滤液处理系统。渗滤液处理采用SBR+混凝沉淀处理工艺。填埋场场底铺设HDPE膜进行防渗；HDPE膜下方铺设管网，对场区地下水进行导排；HDPE膜上方设置渗滤液收集管网，对渗滤液进行收集并送往渗滤液处理系统，处理后渗滤液水质达到国家标准。桃树岗填埋场渗滤液处理系统年内如期实现进水开机，渗滤液经处理达到国家排放标准，在全省“八件实事”考核中一次通过。此举标志常德桃树岗生活垃圾处理场第二期扩建工程圆满竣工。

2005年，市环卫处积极争取桃树岗生活垃圾处理场第三期建设资金到位，并按设计要求和处理工艺，组织相关职能科室对已经开机运行的渗滤液处理工程进行调试、监测，组织专家现场论证。2006年，桃树岗生活垃圾处理场投入100万元，购置垃圾压实机一台，硬化场区道路，添置洗车机械一套，并对场区排气管装置进行改造，统一收集废气，进行燃烧处理。是年，市环卫处聘请湖南大学环境科学与工程技术学院专家，在桃树岗垃圾填埋场建立垃圾无害化处理科研、教学基地，租用垃圾处理场邻近乡村水面13.33公顷建设氧化塘，开展湿地保护措施研发，以保证垃圾场最终水质达到一类排放标准。

2006年，桃树岗垃圾处理场建成全市医疗废物处置中心。是年4月，常德市医疗废物处置中心在全省率先点火投入运行，常德市境内市、县、乡三级医疗垃圾全部实现集中焚烧处置。

2007年，市环卫处进一步加大桃树岗垃圾填埋场第三期扩建工程力度。投资100万元硬化垃圾填埋场场区道路5588平方米，栽植绿化行道树450株，绿化场区面积700平方米；投资18.7万元完成场区给水工程；投资40万元进行湿地污水改造；投资20万元，改进渗滤液处理系统，提高污水处理物化部分工艺水平；投资5万元，完善化验室设施，使检测功能进一步加强。2007年被建设部评为国家Ⅱ级填埋场。

2009年，桃树岗填埋场第三期工程渗滤液处理设施升级改造项目动工建设，是次改造升级采用全方位防止二次污染措施，即两级厌氧好氧+超滤MBR+纳滤NF/反渗透RO。2011年上半年，渗滤液处理设施完成升级改造，投入运行，出水水质达到新的国家标准。2015年6月，桃树岗填埋场对使用年限已久的超滤膜MBR、纳滤膜NF、反渗透膜RO进行了更换，更换膜组件后的渗滤液处理效果更加稳定。

环境优美的桃树岗垃圾处理场渗滤液处理场区

2013年，常德新泉能源电力有限公司在桃树岗填埋场建设沼气发电工程，配备4台发电机组，总装机容量800千瓦，同年，沼气发电工程并网发电。桃树岗沼气发电厂成功点火运行，经测算每天可减少二氧化碳排放130万立方米，桃树岗垃圾综合处理场有害气体实现完全无害化处理，有效减少桃树岗填埋场温室气体排放，降低沼气集聚安全隐患，具有良好环境效益。

桃树岗生活垃圾填埋场无害化综合处理能力居全国一流水平。

二、垃圾焚烧发电厂

2005年，市城管执法局、市环卫处联合组建专门工作班子，研究引进先进技术、引进专项投资，建设生活垃圾焚烧发电处理项目。赴深圳、东莞多地考察后，2006年年初，市城管执法局向市政府提出引进中联环保集团建设垃圾发电项目的专题报告。

2006年5月18日，市政府常务副市长陈文浩召集市城管执法局、市发改委、市国土资源局、市规划局、市环卫处、德山开发区管委会等单位负责人，专题研究引进中联环保技术工程有限公司在市城区投资建设生活垃圾发电厂有关问题。市领导覃清香、刘剑英参加会议。会议认为，引进中联公司在常德市城区投资建设垃圾发电项目，符合循环经济建设和常德市“十一五”规划关于城市垃圾无害化处理要求，立项科学，可行性较强。会议议定;一、同意中联环保技术工程有限公司建设常德市生活垃圾焚烧发电厂，为市城区唯一城市生活垃圾发电企业，授予其特许经营权25年（自正式投产营运起）。二、同意常德市与该公司合作方式为BOT方式，即建设——运营——移交运作模式。三、明确市城管局为该项目牵头单位，相关单位要积极配合支持，确保项目引进成功。

中联环保技术工程有限公司随后在常德建立常德中联环保电力有限公司，与市城管局、市环卫处联合展开相关筹建工作。

2006年9月27日，市城管执法局授权常德市环境卫生管理处与常德中联环保电力有限公司签订《生活垃圾焚烧发电项目特许经营协议》。嗣后，常德中联环保电力有限公司于2008年2月获得省环境保护局关于常德市生活垃圾焚烧发电项目环境影响报告书批复文件，2009年5月获得省电力公司关于常德市生活垃圾焚烧发电项目（2×12MW机组）并网正式批复，2009年5月，获得发改委关于常德市生活垃圾焚烧发电项目正式核准，2009年11月，获得省住房和城乡建设厅关于常德市生活垃圾焚烧发电项目初步设计正式批复。

2009年12月，常德市生活垃圾焚烧发电厂一期工程开工建设。该项目由常德中联环保电力有限公司采用BOT模式负责建设和运营，常德生活垃圾焚烧发电项目一期工程厂址位于常德经济技术开发区德山镇檀树坪村，占地面积5.33公顷，建设总规模为1400吨/日，一期建设规模两台400吨/日循环流化床垃圾焚烧炉，配2×12兆瓦凝汽式汽轮发电机组，项目总投资2.79亿元，预留一条焚烧炉生产线扩建场地。项目设计通过锅炉高温焚烧产生余热，由余热锅炉产生蒸汽发电。焚烧产生的有害气体经烟汽处理设备处理后可达标排放。按照设计，檀树坪生活垃圾焚烧发电厂建成后，每日焚烧处理生活垃圾800吨，年处理垃圾规模为29.20万吨，年发电量1亿千瓦时。

2011年5月7日，檀树坪垃圾发电厂系统倒受电一次成功

项目一期工程自2011年5月建成投产、8月底正式运营，至2015年12月31日，累计焚烧处理生活垃圾119.78万吨，发电4.01亿千瓦时，有效解决常德市生活垃圾对城市污染问题，为常德市文明卫生城市创建和美丽乡村建设做出突出贡献，受到省、市各级领导充分肯定。

2011年5月7日，檀树坪垃圾发电厂系统倒受电一次成功至2015年，檀树坪垃圾发电厂日均进厂垃圾量达到 900 吨，超过该厂一期 800 吨/日设计处理能力。一期项目两台锅炉运行将近 5 年，焚烧处理能力随之降低，垃圾库经常出现满库及垃圾分流处置现象。2015 年 9 月，湖南省住建厅、省环保局先后通过常德市生活垃圾焚烧发电厂技改续建工程专业论证和环保批复，续建 1 台 600 吨/日机械炉排焚烧炉、投资 1.9 亿元技改增容项目顺利推进。续建工程竣工后，常德市生活垃圾发电厂处理能力达到 1500 吨/天。

表 3.4.2.1　常德檀树坪垃圾发电厂建设大事记

	时　间	项　　目
1	2006 年 9 月 27 日	签订常德垃圾发电厂《生活垃圾焚烧发电项目特许经营协议》
2	2008 年 2 月 25 日	省环保局批复常德垃圾焚烧发电项目环境影响报告书
3	2009 年 5 月 6 日	省电力公司批复常德市生活垃圾焚烧发电项目并网事宜
4	2009 年 5 月 7 日	省发改委核准常德市生活垃圾焚烧发电项目
5	2009 年 11 月 23 日	省住建厅批复常德市生活垃圾焚烧发电项目初步设计
6	2009 年 12 月 28 日	檀树坪垃圾发电厂一期工程正式开工建设
7	2010 年 6 月 17 日	两台锅炉汽包吊装到位
8	2011 年 5 月 7 日	系统倒送电一次成功
9	2011 年 5 月 30 日	#1 发电机组与系统一次并列成功
10	2011 年 6 月 23 日	#2 发电机组与系统一次并网成功
11	2011 年 7 月 18 日	通过市消防支队消防竣工验收合格
12	2011 年 8 月 20 日	第一车垃圾进厂
13	2011 年 8 月 25 日	正式开始焚烧处理垃圾，投入试生产
14	2011 年 9 月 2 日	通过常德市德山建设局验收合格
15	2011 年 12 月 9 日	通过常德市气象局防雷接地装置竣工验收
16	2012 年 2 月 28 日	国家电力监管委员会颁发" 电力业务许可证"
17	2013 年 10 月 21 日	通过湖南省环境保护局环保验收
18	2014 年 4 月 3 日	通过常德市发展和改革委员会竣工验收

第四篇《

综合执法和窗口单位管理

第一章 执法体制沿革

第一节 城市管理综合执法

1982 年 6 月，常德市城市管理委员会成立，下设办公室，简称市城管办，为市城市管理委员会常设机构。1984 年 9 月，组建常德市城市管理指挥部执法大队。1986 年 2 月，市城市管理指挥部执法大队更名为市城市管理监察大队，时有行政执法人员 55 人。

是时，市城管办实际承担城市管理领域综合执法职能，负责城市规划、城市交通、市容市貌、市政建设、城市绿化、城市环保以及流动商贩工商管理等方面行政执法。主要职责：

监督和保障《常德市城市总体规划》和各项具体规划实施；

发布城市管理布告，实行城市规划管理、交通管理；

监督检查各专业管理部门及下级城管部门工作，实施依法管城，以法治市，处理重大违章事件；

领导城市管理监察大队，对市容、市貌、农贸市场和环境卫生、公共秩序进行管理；

监督和管理违章建筑，对违章者执罚；

监督和协助建筑单位搞好文明施工，对违章者执罚，直至吊销其建筑承包许可证；

协助市建委搞好城市绿化工作管理，对破坏街畔行道树、绿化带、花坛、花园设施等行为者进行纠正、执罚；

协助市建委搞好市政设施管理，对违章占用街道（含人行道）、在街道上开挖、排放污水废水者，或虽经批准占用街道，但不按时清场、不按标准修复及损坏上下水道和路灯等城市基础设施者，进行处理；

对在街道及人行道和公共场所摆摊叫卖无证经营者，进行检查、执罚、没收、取缔；

协助交通管理部门维护交通秩序，对妨碍交通乱堆放物料、乱停放车辆、乱搭建偏棚或占地等行为，进行制止、执罚或拆除、没收；

协助公安部门维护社会治安及公共场所秩序；

协助环境保护部门对生活噪音、建筑工地噪音及运载污染城市的灰、砂、粉煤、渣物等车辆，进行检查、纠正和执罚。

上述执法体制延续至 1988 年。是年 6 月，常德“撤区建市”，城市管理体制形成市区两级分级管理格局。1989 年，原常德市城市管理监察大队由武陵区城管办移交给常德市建委管理，更名为常德市城市建设管理监察大队。

1991 年 8 月，市政府印发《关于明确市城市建设管理监察大队职责职权的通知》，明确“市城市建设管理监察大队是在市政府领导下负责执行有关城市建设管理法律、法规、规章和政策的行政执法队伍。”是时，市城建监察大队仍承担城市管理领域综合执法职能，与1982年原常德市政府明确原市城管办主要职责比较，减少城市交通和城市环保方面行政执法职能，增加城市户外广告和临时占道方面行政执法职能。其主要职责：

宣传贯彻和监督执行城市建设管理的法律、法规、规章和有关政策；

监督、检查城市总体规划的实施，依法查处违反城市建设总体规划的违法活动；

监督、检查经规划部门审批的建设项目开工前的定位和施工单位的文明施工，查处乱搭乱建、乱堆乱放等违章行为；

保护市政、公用和园林绿化设施，依法（章）查处侵占、损坏市政、公用和园林绿化设施的行为；

监督、检查和查处违反城市市容环境卫生管理规定的行为；

负责市区户外广告划区定位，协助有关部门做好户外广告的管理；

会同公安交警部门对城区临时占用（挖掘）道路进行管理，查处违章占道（挖掘）行为；

负责对城建系统内各专业监察中队的业务指导，必要时可进行统一调度；

负责完成市政府和上级主管部门交办的其他有关城市建设管理任务。

1994年12月，常德市城市管理委员会办公室成立。与1991年市政府明确市城建监察大队主要职责比较，新组建的市城管办承担市政府城市管理行政主管部门各项职能，仍负责城市管理领域综合执法。其主要职责：

制订城市管理、创建文明卫生城市工作总体规划和年度计划，提出各个阶段目标和任务，统筹安排并组织实施；

指导和考评全市城管、创建工作，对武陵区、鼎城区、德山开发区和市直各部门与城管、创建有关业务工作进行指导协调和检查督促，对城管创建责任部门目标管理责任制执行情况进行检查、考核、验收；

指导各县（市）城管及创建工作，负责对区县（市）双文明建设目标管理相关指标进行考核、验收；

调处城市综合管理和集中整治工作中出现的矛盾和问题；

督促和指导市容、环境卫生行业管理及市容、环卫等设施维护和更新改造；

负责城区经营占道管理，对占用城区主次干道临时市场（摊担区）设置进行宏观管理，组织有关部门联合审批；

对城市户外广告设置进行综合管理，组织有关部门联合审批，适时研究户外广告改进措施；

抓好城管法规建设，拟定城市管理规范性文件报市政府审定；

开展城市管理宣传教育，提高市民文明卫生素质；

监督管理城管综合执法队伍，开展综合执法，安排调度公安巡警支队城管执法工作，并进行监督、检查、考评；

主管城区载客营运车辆（含机动和非机动车）总量控制，合理配置和审批新增额度，审批经营权证；

负责征收、统筹安排、合理使用城市流动人口增容费；

承办市委、市人民政府交办的其他事项。

市城管办内设秘书科、综合宣传科、市容环境卫生督导科、城区客运车辆管理督导科（对外加挂市城区客运车辆管理办公室牌子）4 个机构。市容环境卫生督导科“负责督导环境卫生的行业管理，检查城区道路清扫保工作；督导整顿有损市容观瞻的问题。”城区客运车辆管理督导科“负责城区各类载客营运车辆的总量控制，审批经营权证；督导城区交通秩序执法整顿；督导客运市场行业管理。”

1996 年 1 月，市长张昌平召开会议专题研究城市管理执法体制和执法队伍组建。会议议定，市公安巡警支队加挂市城市管理监察支队牌子，为城管综合执法队伍；两块牌子一套人马，实行公安局、城管办双重管理体制。其执法依据：《湖南省城市人民警察巡逻条例》和市政府有关城市管理法规性文件。会议明确相关部门执法职责划分为建委系统主要负责城市规划建设（合居民小区）专业执法。工商部门主要负责城区工农贸市场以及市政府划定临时摊担区、夜市区管理和市场（摊担区、夜市区）门前或线外 15 米范围内市容、秩序管理。武陵区、鼎城区政府和德山开发区管委会切实抓好“门前三包”。市巡警（城管）支队负责上述规定外城市管理领域其他方面行政执法。

市公安局巡警支队加挂市城市管理监察支队牌子负责城市管理综合执法的执法体制，年内即停止实施。是年 12 月，市城建监察大队由市建委成建制划归市城管办管理，成为城市管理专业执法队伍。市城市建设管理监察大队同时更名为常德市城市管理监察大队。

1997 年 3 月，常德市政府根据国务院《城市市容和环境卫生管理条例》和《湖南省实施〈城市市容和环境卫生管理条例〉办法》规定，结合常德市实际，以市政府 7 号令形式颁发《常德市城市市容和环境卫生管理暂行办法》，成为常德市城市管理行政部门在城市市容和环境卫生领域实施综合管理的政府规范性文件依据，使用至 2015 年，仍未见修订动议。该办法明确市城管部门是常德市行政区内城市市容环境卫生行政管理部门，负责城区城市市容和环境卫生管理工作。办法共 4 章 34 条，以政府规范性文件形式对城市市容管理和城市环境卫生管理共 17 个方面行政管理职责做出明确规定，对破坏市容市貌、环境卫生行为，规定包括罚款、没收、责令改正、限期清除、限令拆除、强制拆除等各种处罚共 6 个方面罚则；并规定，“侮辱、殴打市容和环卫工作人员或阻挠其执行公务的，依照《中华人民共和国治安管理处罚条例》的规定处罚构成犯罪的，依法追究刑事责任。”

2001 年 8 月，常德市城市管理局成立，简称市城管局。市委、市政府明确：市城管局是负责综合协调城市管理、组织实施城管综合执法和主管城市市容和环境卫生的市人民政府工作部门，第一次将“组织实施城管综合执法”作为城市管理行政机关职能定义，第一次将其明确列入城市管理行政机关第一职责。市城管局设办公室、人事科（监察室与其合署办公）、市容环境卫生督导科、城区营运车辆管理督导科（加挂常德市城区营运车辆管理办公室牌子）共4个职能科（室），管理市环境卫生管理处、市城市管理监察支队；管理市城区临时占道管理办公室（简称市临时占道办，加挂市城区户外广告管理办公室牌子）。

与1994年市政府明确市城管办主要职责比较，市城管局职能“进一步强化城市管理监察工作，并按照中央、省关于行政执法体制改革的意见，经批准，组织实施城市管理综合执法工作”；进一步强化城区经营占道、公益活动占道监管和控制；增加城市渣土处置行政许可、监督执法职能，增加城市创建工作综合协调调度的市创建办工作职能。

市城管局主要职责：

负责制订城市管理工作总体规划和年度计划，提出各个阶段工作目标和任务，并组织实施；负责对武陵区、鼎城区、德山经济科技开发区、柳叶湖旅游度假区和市直各部门与城市管理有关业务工作进行指导协调和检查督促，对城市管理责任部门目标管理责任制执行情况进行检查、考核、验收；

负责市容和环境卫生行政管理；负责组织实施城区城管综合执法，研究解决综合执法中出现的矛盾和问题；

负责拟定城区临时市场（摊担区）设置宏观规划，组织有关部门联合审批；

负责对举办庆典、促销、展览、宣传咨询、演出等活动占用道路审批和管理工作，制止违章占道行为；

负责城区户外广告设置管理。编制户外广告设置规划并组织实施；受理户外广告设置申请，组织有关部门审批、定位并督促、协调有关监督检查工作；

负责城区渣土管理。对城区渣土进行调配、处理；负责经营渣土运输单位和个人资质条件审查；规范、监督渣土运输；

牵头管理城区客运，负责城区载客营运车辆总量控制，合理配置和使用新增额度，审批和管理经营权证。负责城区货运出租汽车计划调控，发放城区货运出租汽车运力额度计划批单； 负责组织有关部门拟订城区客运线路设计方案，报市政府审批并组织实施，协调解决城区客运管理矛盾。

市城管局同时负责市城市创建工作领导小组办公室即市创建办日常工作。

2002年，市城管局通过委托形式，将城市渣土处置行政许可、监督执法日常工作委托给市环卫处渣土管理办公室负责。

常德市城市管理这种综合执法体制延续至2004年12月。

第二节　相对集中行政处罚权

2000年9月，国务院办公厅印发《关于继续做好相对集中行政处罚权试点工作的通知》，要求各地根据《国务院关于全面推进依法行政的决定》中关于“继续积极推进相对集中行政处罚权的试点工作，并在总结试点经验的基础上，扩大试点范围”精神，积极稳妥地推进相对集中行政处罚权试点工作，解决行政管理中长期存在的多头执法、职权交叉重复和行政执法机构膨胀等问题，提高行政执法水平和效率，降低行政执法成本，建立“精简、统一、效能”的行政管理体制。

2001 年 11 月，市政府常务副市长杨光宏、副市长刘剑英召开会议，专题研究城市管理实行相对集中行政处罚权问题。会议议定，

一、加强对城管综合执法工作领导。成立城管综合执法前期筹备工作领导小组，由常务副市长杨光宏任组长，副市长张元英、刘剑英任副组长，蔡建和、张新民、张家安、罗英碧、曾再农、万善志、傅少祥、彭培南、覃正元、张圣友为成员。领导小组办公室设市政府法制办，承办推行综合执法具体工作。

二、积极、稳妥推行城管综合执法体制建立。一要扎扎实实搞好报批工作。按照国务院文件要求和国务院法制办有关规定，迅速拟定报批方案，在领导小组确认后，报省政府和国务院法制办。二要统一认识。待国家和省里批复后，采取多种形式，统一各级各部门思想，为城管综合执法顺利实施创造条件。三要对照批复制订详细、切实可行实施方案，报经市委常委会议研究后具体实施。

三、前期筹备工作领导小组及其办公室要抓紧工作，积极推行，市编制办、市人事局、市财政局等市直有关部门要积极配合支持，确保常德市城管综合执法顺利实施。

是次会议后，市城管局积极配合市法制办起草开展相对集中行政处罚权试点工作方案，报省政府法制办。省政府研究同意后，迅速对国务院法制办公室报送《湖南省人民政府关于在常德市开展相对集中行政处罚权试点工作的函》(湘政函〔2002〕1 号)。

2002 年 6 月，国务院法制办对湖南省人民政府印发《关于在湖南省常德市开展相对集中行政处罚权试点工作的复函》。该复函明确：

一、湖南省人民政府可以在常德市开展相对集中行政处罚权试点工作。

二、集中行使行政处罚权的行政机关可以行使下列具体职权：（一）行使市容环境卫生管理方面法律、法规、规章规定的行政处罚权，强制拆除不符合城市容貌标准、环境卫生标准的建筑物或者设施；（二）行使城市规划管理方面法律、法规、规章规定的行政处罚权；（三）行使城市绿化管理方面法律、法规、规章规定的行政处罚权；（四）行使市政管理方面法律、法规、规章规定的行政处罚权；（五）行使环境保护管理方面法律、法规、规章规定的对社会生活噪声污染、建筑施工噪声污染的行政处罚权，对饮食服务业油烟污染的行政处罚权，对向大气排放粉尘、恶臭气体或者其他含有有毒物质气体的行政处罚奴，对在人口集中地区焚烧产生有毒有害烟尘和恶臭气体的物质的行政处罚权，对未采取密闭措施或者其他防护措施运输、装卸、贮存能够散发有毒有害气体或者粉尘的物质的行政处罚权，对向城区河道、水面倾倒工业废渣、城市垃圾和其他废弃物的行政处罚权；

(六) 行使工商行政管理方面法律、法规、规章规定的对无照商贩的行政处罚权；（七）行使公安交通管理方面法律、法规、规章规定的对侵占道路行为的行政处罚权；（八）履行省、市人民政府规定的其他职责。

三、行政处罚权相对集中后，有关部门不得再行使已经统一由一个行政机关行使的行政处罚权；仍然行使的，做出的行政处罚决定一律无效。对集中行使行政处罚权的行政机关依法履行职责的活动，有关部门应当予以支持、配合。

四、集中行使行政处罚权的行政机关所需经费列入本机关的预算，由政府财政全额拨款，不得以收费、罚没收入作为经费来源；罚款、没收违法所得或者没收非法财物拍卖的款项，必须按照规定金额上缴国库。

五、集中行使行政处罚权的行政机关要严格依照行政处罚法和有关法律、法规规定的程序，实施行政处罚。对常德市人民政府设立的集中行使行政处罚权的行政机关做出的行政处罚决定不服提出的行政复议申请，由常德市人民政府依法受理。

六、常德市人民政府要建立健全行政执法责任制和评议考核制等行政执法监督制度。集中行使行政处罚权的行政机关，要加强对本机关执法人员的思想政治教育、职业道德教育和遵纪守法教育，加强领导、严格管理，不断提高执法人员的政治素质和业务素质，严格执法、文明执法。

该复函要求省政府和常德市政府按照《国务院办公厅关于继续做好相对集中行政处罚权试点工作的通知》要求认真组织实施试点工作。

是月 25 日，省政府对常德市政府印发《关于在常德市开展相对集中行政处罚权试点工作的通知》，要求常德市政府根据国务院法制办公室复函和省政府的授权，在城市管理领域开展相对集中行政处罚权试点工作。常德市与长沙市成为全省第一批获得国务院法制办和省政府批准，在城市管理领域实施相对集中行政处罚权试点的城市。

2005 年 1 月，常德市城市管理行政执法局成立，简称市城管执法局。市政府按照国务院法制办、省政府批复，在城市管理领域实行相对集中行政处罚权，撤销原市城管监察支队，组建城市管理行政执法局，市城市管理局合署办公。市城管执法局内设办公室、人事教育科、监察室 (加挂执法监督科牌子，与纪检组合署办公)、财务装备科、法规科、市容环卫管理科、户外广告科 (加挂市城区户外广告管理办公室牌子)、占道管理科、违章处罚中心共 9 个职能科 (室)，下设机动大队、城东大队、城西大队、步行城大队、德山大队和市容环卫大队共 6 个执法大队。

与 2001 年市政府明确市城管局主要职责比较，市城管执法局职能与其机构名称相配套，除依然行使市政府 7 号令即《常德市城市市容和环境卫生管理暂行办法》规定的市容环境卫生管理方面的行政处罚权外，根据法律受权，增加城市规划管理方面、城市绿化管理方面、市政管理方面、环境保护管理方面、工商行政管理方面、公安交通管理方面、公共客运管理方面共 7 个方面的全部或部分行政处罚权。同时保留行政管理职能，即“市城市管理局合署办公”，负责市容环境卫生方面的行政管理，管理市环境卫生管理处；负责城区公共客运的行政管理，管理市城区公共客运管理处；负责市商业步行城的市容环境卫生行政管理，管理市商业步行城管理办公室；负责城区户外广告设置的行政管理；负责城区经营占道、公益活动占道管理。

翌年7月，常德市政府第10号令颁行《常德市城市管理相对集中行政处罚权实施办法》。该实施办法规定，市城管执法局主要行政执法职能：

一、行使市容环境卫生管理方面法律、法规、规章规定的行政处罚权，强制拆除不符合城市容貌标准、环境卫生标准的建筑物或者设施。

二、行使城市规划管理方面法律、法规、规章规定的未取得“规划工程许可证”建设项目的行政处罚权。

三、行使城市绿化管理方面法律、法规、规章规定的行政处罚权。

四、行使市政管理方面法律、法规、规章规定的挖掘、占用、损害城市道路行为的行政处罚权。

五、行使环境保护管理方面法律、法规、规章规定的对社会生活噪声污染、建筑施工噪声污染的行政处罚权；对在人口集中地区焚烧产生有毒有害烟尘和恶臭气体的物质的行政处罚权；对未采取密闭措施或者其他防护措施运输、装卸、贮存能够散发有毒有害气体或者粉尘的物质的行政处罚权；对向城区河道、水面倾倒工业废渣、城市垃圾和其他废弃物的行政处罚权。

六、行使工商行政管理方面法律、法规、规章规定的对无照商贩的行政处罚权。

七、行使公安交通管理方面法律、法规、规章规定的对侵占人行道路行为的行政处罚权。

八、行使公共客运管理方面法律、法规、规章规定的行政处罚权。

与2002年6月国务院法制办《关于在湖南省常德市开展相对集中行政处罚权试点工作的复函》文本对照，是次体制改革并未完全符合国务院法制办关于开展相对集中行政处罚权试点工作的设计初衷：复函要求集中“行使城市规划管理方面法律、法规、规章规定的行政处罚权”，是次权变为集中“行使城市规划管理方面法律、法规、规章规定的未取得“规划工程许可证”建设项目的行政处罚权”；复函要求集中“行使市政管理方面法律、法规、规章规定的行政处罚权”，是次权变为集中“行使市政管理方面法律、法规、规章规定的挖掘、占用、损害城市道路行为的行政处罚权”；复函要求集中“行使公安交通管理方面法律、法规、规章规定的对侵占道路行为的行政处罚权”，是次权变为集中“行使公安交通管理方面法律、法规、规章规定的对侵占人行道路行为的行政处罚权”。换言之，是次体制改革尚不彻底。

2009年6月，市编委印发《关于市城市管理体制改革有关机构编制事项的通知》，明确市城管执法局城东大队、城西大队、步行城大队成建制改组为市城管执法局武陵分局，德山大队成建制改组为市城管执法局德山分局，柳叶湖大队成建制改组为市城管执法局柳叶湖分局。市城管执法局机动大队更名为直属大队。市公安局武陵分局、德山分局、柳叶湖分局分别设立公安城管执法大队，实行公安、城管双重管理。7 月，市委、市政府印发《关于进一步理顺城市管理体制的意见》，明确城市管理重心下移，确定区级政府在城市管理中责任主体地位；明确进一步深化城市管理相对集中行政处罚权工作。市政府印发《理顺城市管理体制改革实施方案》，理顺城市管理体制，分离城市管理行政处罚权与审批许可权、监督检查权，进一步深化城市管理相对集中行政处罚权工作。

与 2005 年市政府明确市城管执法局主要职责比较，是次改革使常德市城市管理行政执法体制发生两方面根本变化：第一，在城市四区设立城管执法分局，按照“重心下移、费随事转”原则，区级城市管理责任主体地位得以强化；第二，按照分离行政处罚权与审批许可权、监督检查权原则，市容环境卫生管理方面、城市规划管理方面、城市绿化管理方面、市政管理方面法律、法规、规章规定的行政处罚权，按照国务院和省政府 2002 年复函精神，全部由城市管理执法机关集中行使；环境保护管理方面、工商行政管理方面和公安交通管理方面法律、法规、规章规定的部分行政处罚权，亦按照国务院和省政府 2002 年复函精神，由城市管理执法机关集中行使。常德市城市管理综合执法体制至此方始初步建成。

常德市城市管理领域相对集中行政处罚权工作，至此方始步入国务院法制办是项体制设计正轨。

该实施方案明确市城管执法局集中行使如下行政处罚职能：

一、行使市容环境卫生管理方面法律、法规、规章规定的行政处罚权，强制拆除不符合城市容貌标准、环境卫生标准的建筑物或者设施。

二、行使城市规划管理方面法律、法规、规章规定的行政处罚权。

三、行使城市绿化管理方面法律、法规、规章规定的行政处罚权。

四、行使市政管理方面法律、法规、规章规定的行政处罚权。

五、行使环境保护管理方面法律、法规、规章规定的涉及社会生活噪声污染、建筑施工噪声污染，饮食服务业油烟污染，向大气排放粉尘、恶臭气体或者其他含有有毒物质气体，在人口集中地区焚烧产生有毒有害烟尘和恶臭气体的物质，未采取密闭措施或者其他防护措施运输、装卸、贮存能够散发有毒有害气体或者粉尘的物质，向城区河道、水面倾倒工业废渣、城市垃圾和其他废弃物等方面的行政处罚权。

六、行使工商行政管理方面法律、法规、规章规定的对无照商贩的行政处罚权。

七、行使公安交通管理方面法律、法规、规章规定的对侵占道路行为的行政处罚权。

八、行使公共客运管理方面法律、法规、规章规定的行政处罚权。

随后，市政府办以（常政办函〔2009〕55 号）形式印发市城管执法局《理顺城市管理体制改革实施方案》，明确行政处罚权相对集中后即向城管执法部门移交行政处罚权后，市城市规划、园林、市政、环保、工商、公安交通管理部门不得在上述集中范围内继续实施行政处罚；仍然行使的，做出的行政处罚决定一律无效。“市城管行政执法局对发现的违反城市管理规定的行为实施行政处罚前，必须分别告知市城市规划、园林、市政、环保、工商、公安交通管理部门。属行政处理范畴的，由市城市规划、园林、市政、 环保、工商、公安交通管理部门负责。需要做出行政处罚的，市城市规划、园林、市政、环保、工商、公安交通管理部门提出处罚建议，由市城管行政执法局实施行政处罚”。具体运作模式：

一、市城市规划、园林、市政、环保、工商、公安交通管理部门发现违法行为后，应依法予以制止纠正。需要实施行政处罚的，应及时移送市城管执法局，并提出处罚建议，提供相关资料和证据。

二、市城管执法局对移送的处罚事项，应依法立案；充分利用已有的依据和证据，充分考虑市城市规划、园林、市政、环保、工商、公安交通管理部门的处罚建议，调查、取证或听证；依法下达行政处罚决定书，并执行到位。

翌年 12 月，市政府印发是次体制改革后《常德市城市管理行政执法局主要职责内设机构和人员编制规定》，该“三定方案”明确：

2012 年 11 月 9 日，市城管执法局召开全市城管执法案卷公开评议讲评会

市城管执法局主要职责:负责贯彻执行国家、省有关市容环境卫生方面法律、法规和政策；负责拟订市容环境卫生方面地方规范性文件，并组织实施。承担城市市容环境卫生监管责任。负责市容环境卫生、 户外广告设置、城区经营占道和公益活动占道管理；负责行使市容环境卫生管理方面行政处罚权，强制拆除不符合城市容貌标准、环境卫生标准建筑物或者设施。负责行使城市规划管理方面法律、法规、规章规定行政处罚权。负责行使城市绿化管理方面法律、法规、规章规定行政处罚权。负责行使市政管理方面法律、法规、规章规定行政处罚权。负责行使环境保护管理方面法律、法规、规章规定的部分行政处罚权。负责行使工商行政管理方面法律、法规、规章规定对无照商贩的行政处罚权。

该“三定方案”同时明确市城管执法局加挂市城市管理局牌子，管理市环境卫生管理处、常德火车站广场管理处。市城区公共客运管理处由市城管执法局管理调整为市交通运输局管理，指导城区公共客运管理的职责划入市交通运输局。

2014 年 8 月，市委、市政府印发《关于进一步深化城市管理体制改革的意见》明确：

坚持“重心下移、权责清晰，职能归并、效能整合，因地制宜、积极稳妥”原则，重新明确各级各有关部门职责，再次调整市区城市管理的职权和事权，理顺城市管理行政执法体制、环境卫生管理体制、城市市政公用事业管理体制、城市园林绿化管理体制、城区渣土管理体制、城区户外广告管理体制、城区控违拆违管理体制、城区市场管理体制。次月，市城市管理行政执法局武陵分局、柳叶湖旅游度假区分局和常德经济技术开发区分局人、财、物成建制下放到区，分别组建常德市武陵区城市管理和行政执法局、柳叶湖旅游度假区城市管理行政执法局、常德经开区城市管理行政执法局。各区级城市管理行政执法局负责组织实施各辖区城市管理相对集中行政处罚权工作。

市政府同时印发《常德市深化城市管理体制改革事权下放清单》，明确将部分城市管理事权下放武陵区、柳叶湖旅游度假区和常德经济技术开发区区政府（管委会）承担，“自 2014 年 9 月 1 日起开始执行”，下放的管理事权如下：

辖区内按属地管理原则由区政府承担的城市管理行政执法工作；辖区内渣土的处置许可、收费和行政执法，辖区内消纳场建设、渣土调剂、储备和市场化，以及建设工地渣土进出的现场管理等；辖区内违法建设的日常监管和违章建筑的处罚、拆除；辖区内环境卫生清扫保洁和环卫设施维护；辖区内小街小巷市政设施维护；辖区内小街小巷、社区绿化管养；辖区内小区维护改造（含解决社区“三不问题”）；辖区内住宅小区（单位院落）物业管理、二级以上物业服务企业资质初审、物业服务企业新办、晋级初审等有关事权；辖区内城区禁放烟花爆竹管理；辖区内城区收购储存废旧物品管理；辖区内城区制煤场管理；辖区内临街门面装修、小区物业装修管理；辖区内限时夜市、马路市场、摊担的布点、准入、考核；辖区内“门前三包”管理；辖区内农贸市场的环卫保洁、经营秩序管理、社会治理；辖区内城区行人和非机动车辆的交通秩序管理。

原属市城管执法局管理的市商业步行城亦下放给武陵区政府管理。

9 月 17 日，市政府“打包”印发《常德市城市容貌规定》《常德市智慧城管系统运行办法》《常德市城区建筑垃圾管理办法》《常德市城区户外广告设置管理办法》《常德市户外广告位使用权拍卖办法》《常德市城区“门前三包”管理办法》《常德市城区早、夜市管理办法》《常德市城区烟花爆竹燃放管理办法》《常德市城区农贸市场市容环境卫生管理办法》等 18 个城市管理方面规范性文件。至此，常德市城市管理方面地方性法规体系基本建成。

与 2009 年城管体制改革比较，是次改革重心下移真正到位，权责配置真正明晰。改革重点在于，在 2009 年确定区级政府在城市管理中责任主体地位基础上，把原属市级行政机关负责的有关行政执法工作，包括行政审批事权和行政处罚权，全部下移给区级政府；同时将城市管理局各区分局成建制移交给区级政府，组建区级城管执法局，具体行使下移的各项城市管理事权和行政处罚权。

2015 年 11 月，市政府印发进一步深化城市管理体制改革后《常德市城市管理和行政执法局主要职责内设机构和人员编制规定》，市城市管理行政执法局（与市城市管理局合署办公，简称市城管执法局）更名为市城市管理和行政执法局（仍简称市城管执法局）；市城管执法局增设建筑垃圾管理办公室1个内设机构，原公共自行车管理科（市城区公共自行车管理办公室）更名为公共设施管理科，原市城管执法局直属大队更名为市城市管理行政执法支队（机构级别不变）。

调整后，市城管执法局设办公室、人事科、法制宣传科、财务科、行政许可办公室、市容环卫管理科（市城区户外广告管理办公室）、公共设施管理科、考核评价科、建筑垃圾管理办公室、城市管理监督指挥中心共10个内设机构，设市城管执法支队1个行政执法机构；按有关规定设立机关党委和纪检（监察）机构。市城管执法局管理市环卫处、常德火车站广场管理处、市灯饰管理处3个直属单位。

市城管执法局主要职责：

一、负责贯彻执行国家、省有关城市管理方面的法律、法规和政策；负责拟订有关城市管理领域政策及规范性文件，并组织实施；负责市城市管理委员会办公室日常工作。

二、承担城市市容环境卫生监管责任。按权限负责城区市容市貌、环境卫生、户外广告设置、经营性占道、公益占道、建筑垃圾、生活垃圾、公共自行车交通系统的管理；负责行使市城区户外广告、经营占道、公益活动占道和餐厨垃圾的行政处罚权。

三、按权限负责行使城市绿化、市政管理方面法律、法规、规章规定的行政处罚权。

四、按权限负责行使下列环境保护管理方面法律、法规、规章规定的行政处罚权：对社会生活噪声污染、建筑施工噪声污染的行政处罚权；对饮食服务业油烟污染的行政处罚权；对向大气排放粉尘、恶臭气体或者其他含有有毒物质气体的行政处罚权；对在人口集中地区焚烧产生有毒有害烟尘和恶臭气体的物质的行政处罚权；对未采取密闭措施或者其他防护措施运输、装卸、贮存能够散发有毒有害气体或者粉尘的物质的行政处罚权；对向城区河道、水面倾倒工业废渣、城市垃圾和其他废弃物的行政处罚权。

五、按权限负责行使工商行政管理方面法律、法规、规章规定的对无照商贩的行政处罚权。

六、负责数字化城市管理平台的规划、建设和管理。

七、负责市城区灯饰、照明的统一规划、管理和监督。

八、负责全市城市管理工作的考核、协调；负责城市管理行政执法队伍建设；负责区县市城市管理和行政执法工作的业务指导。

九、承办市委、市人民政府交办的其他事项。

至此，常德市在城市管理领域推进相对集中行政处罚权工作，解决多头执法、职权交叉重复问题，提高行政执法水平和效率，降低行政执法成本，建立“精简、统一、效能”行政执法体制的目标基本实现。

第二章　城市规划行政执法

在城市管理工作领域实施城市规划方面行政执法，主要工作项目是依据城市规划，制止和拆除违法、违章建筑。

常德市城市管理工作部门实施城市规划行政执法，大致经历四个阶段：第一阶段，1982 年至 1997 年，根据常德市政府文件授权，“监督和保障《常德市城市总体规划》和各项具体规划实施”，对违反城市规划建筑实施行政执法；第二阶段，1998 年至 2004 年，根据市创建工作领导小组要求，以市创建办为载体，牵头组织对城市违法建筑实施行政拆除；第三阶段，2005 年至 2009 年，根据《常德市城市管理行政执法局职能配置、内设机构和人员编制规定》，市城管局负责“城市规划管理方面法律、法规、规章规定的对未取得“规划工程许可证”建设项目的违法建筑实施行政执法；第四阶段，2009 年起，根据常德市政府《理顺城市管理体制改革实施方案》，对“城市规划管理方面法律、法规、规章规定的”所有违法行为实施行政执法。

第一节　城市创建“拆违创无”

20 世纪 80 年代初期，常德市委、市政府以创建文明卫生城市为目标，组织开展“拆违创无”（拆除违章建筑，创无违章建筑单位）行动，整治城市市容环境。

1982 年 6 月，市政府组建以市长陈德铨任主任、各分管市领导任副主任、市直相关部门主要负责人为成员的常德市城市管理委员会，下设办公室，为市城市管理委员会常设机构，统筹协调市城区文明卫生城市创建工作。

市城管办直属常德市城市管理监察大队，由城管队员 35 人、交警 20 人共 55 名行政执法人员组成。是时，市城管办受市政府授权，实际承担城市管理领域综合执法职能，在城市规划方面行政执法职责：“监督和保障《常德市城市总体规划》和各项具体规划实施；发布城市管理布告，实行城市规划管理”“监督和管理违章建筑，对违章者执罚”。

《常德市城市建设暂行规定》规定，市区内一切新建、扩建工程均须服从城市规划管理，不准乱搭乱建，市规划办有权对违章者发出“停止违章工程通知书”，并停止拨款、供电、供水。对违章者，除下达“停止违章建筑通知书”责令停工外，还处以工程总造价 0.5%罚款。1984 年 1 月，国务院颁布《城市规划条例》，该条例第 50 条规定，“对违反本条例规定进行建设的，责令停止违章建设行为，吊销其建设许可证，或者责令其拆除违章建筑物、构筑物，并可给予警告或者罚款。”当年 5 月，湖南省建设厅发出通知，要求各县市以国务院规划条例为依据进行规划管理。自此，常德市城市规划执法得以强化。次年 3 月，常德市政府印发《常德市城市规划管理实施细则》。1986 年，市城管办对城区 138 家单位违章建筑组织拆除。1987 年 2 月，颁布《常德市规划管理条例》，规定建设单位申请选址后，规划部门 15 天内发出选点通知书，建设单位凭通知书办理征地手续，再至规划部门填报建设许可证申请表，最后由市建委工程质量监督站核发施工许可证。城市居民改建、新建房屋须征得四邻同意，并经所在居委会、办事处签署意见后，方可向城建部门申请。批准后，房主按建设面积每平方米 10 元标准交纳保证金。当年，全市划定建筑红线 510 处，处理建设许可证 120 份，查处违章建筑 40 起，规划控制率达 95%。

1988 年常德“撤区建市”。1990 年 5 月，原武陵区城管大队机构、编制、职能，由武陵区政府移交给市建委负责管理。8 月，更名为常德市城市建设管理监察大队，简称市城建监察大队。翌年 8 月，市政府印发《关于明确市城市建设管理监察大队职责职权的通知》，明确市城建监察大队是“市政府领导下负责执行有关城市建设管理法律、法规、规章和政策的行政执法队伍。”市城建监察大队在城市规划方面行政执法主要职责：“监督、检查城市总体规划的实施，依法查处违反城市建设总体规划违法活动；监督、检查经规划部门审批建设项目开工前定位和施工单位文明施工，查处乱搭乱建、乱堆乱放等违章行为”。 1992 年，在城市卫生和城市环境综合整治行动中，市城建管理监察大队依法拆除临街违章建筑 28 处。1993 年至 1995 年，市江北城区拆除违章建筑行动达 100 多次，拆除违章建筑 10 万多平方米。

1996 年 12 月，市城建监察大队从市建委成建制划归市城管办管理。市城建监察大队同时更名为市城市管理监察大队，简称市城管监察大队，在市城管办领导下，依据有关法律法规，对市城区城市市容和环境卫生管理工作实行监察执法。由市城管办根据市政府授权，对违章、违法建筑实施处罚的行政执法体制执行至 1997 年。

1998 年年初，市委、市政府提出“四个城市一起创（全国文明城市、国家卫生城市、国家园林城市、中国优秀旅游城市）”工作目标，成立市创建工作领导小组，同时组建市城市创建办。市城管部门以市创建办为载体，组织城市规划、建设部门和各街道办事处创建工作队、城区所有有独立院落单位，开展声势浩大的城市“拆违创无”（拆违章建筑，创无违章建设单位）活动。1998 年当年，集中拆除高山街、烈士街及和平东街违章占道雨阳棚等违法建筑，拆除违法建筑 400 多处。1999 年，拆除占道棚亭 300 多处。

2000 年 3 月，常德市委、市政府召开全市“拆违创无”动员大会，成立常德市“拆违创无”领导小组，迅速组织市城区大规模“拆违创无”行动。仅 4 月一个月内，全市城区即拆除违法建筑面积 14353 平方米，其中江北城区拆除违法面积 11877 平方米，武陵镇拆除违法面积 1300 平方米，德山开发区拆除违法面积 1176 平方米。

2001 年，常德市城市管理局成立，同时负责市创建办日常工作。是年，武陵区政府承担“以块为主”拆违创无工作责任，牵头组织市直 6 个部门执法人员，对城郊 4 个近郊乡镇违法建筑物实行强制拆除，共拆除违法建筑 500 多处近 8000 平方米，确保城乡市容市貌一个样。同年，市城管局组织拆除207国道沿线南坪路和几个出城口违法建筑300多处，搬迁违法竹木市场50处，搬运木材3000 立方，搬迁洗灰场8个。当年查处违法建设952起，涉及面积4.6万平方米，强行拆除2.1万平方米。

2002年，市城管局配合旧城改造工作，牵头治理常德军分区机关营院围墙四周乱搭乱建、违规建房问题；拆除丹阳路等小街小巷乱搭乱建房屋50余间，棚亭300多个。武陵区城管部门继续推进“以块为主”拆违创无工作，投入大量人力、物力，开展全城大拆违。年内拆除人民路、青年路、建设路、党校路等处乱搭乱建违法建筑600多处、11万余平方米。配合市规划局拆除违法建筑32处，面积563平方米。

2003年，武陵区政府制订《集中拆除违法搭建的工作方案》，拆除近郊乡镇违法建筑51宗，近6000平方米；拆除207国道、1804线沿路广告牌1200多块，拆除违法建筑12处；搬迁沿途竹木经营户38户。全年拆除违法建筑8000余平方米。市城管局组织对常德大道和207国道绕城线两侧村民违法建房实施拆除行动，拆除乱搭乱建建筑物、构筑物200多宗、1万多平方米；配合市规划局，查处违法建设近700宗，涉及违法建筑面积15万平方米，拆除违法建设330宗，拆除违法建筑面积2.3万平方米。

2004年，市城管局联合市规划局组织百人执法队伍开展强拆行动，对常德大道两侧控制区内南坪乡沙港村6户1000多平方米违法建设实施强拆，对滨湖公园周边旧城改造规划控制区内12户和皂果路7户三间门面计15000平方米违法建设实施强制。始终坚持依法行政，采取加强日常巡查、及时重点整治、加大拆除违法建设力度等有效措施，坚决制止和打击违法建设行为。

由市城管部门以城市创建工作为目标、为依托，根据市委、市政府要求，对城市违法、违法建筑牵头实施行政拆除的行政执法体制，执行至2005年年初常德市城管执法局成立。

第二节　城市规划行政处罚

2005年1月，常德市城市管理行政执法局成立，简称市城管执法局。市城管执法局“三定方案”明确，市城管执法局“负责行使城市规划管理方面法律、法规、规章规定的未取得“规划工程许可证”建设项目的行政处罚权”。

是年5月10日，副市长刘剑英主持召开会议，就规划行政处罚职能部分剥离划转工作进行专题研究，会议议定，

一、对未取得建设工程规划许可证件的违法建设，由市城管执法局行使行政处罚权，市规划局予以配合；对违反建设工程规划许可证件规定的违法建设，仍由市规划局行使处罚权。

二、市城管执法局成立规划大队，从市规划局执法监察大队连人带编划转2名业务骨

干，其余人员由市城管执法局内调解决；市城管执法局规划大队具体编制数，由市城管执法局提出意见，报市编办研究确定。城区内原由市规划局聘用的规划协管员划归市城管执法局管理。

三、为保证市城管执法局充分行使职能，其执法经费视工作量由财政预算安排。

2006年1月6日，市城管执法局、市规划局签订职能移交协议，将未取得建设工程规划许可证的违法建设行政处罚权，由市规划局移交给市城管执法局负责；市城管执法局成立规划执法大队，从市规划局连人带编划转2名业务骨干，其余人员由市城管局内部调剂；市规划局聘用的56名规划协管员连同其工资预算，划归市城管执法局管理。

2007年，市城管执法局对违法建设共立案1449宗，日常执法制止违法建筑面积达7.1万平方米，强拆734宗，强拆违法建筑10万多平方米。是年8月1日，市委书记武吉海主持召开2007年度第17次市委常委扩大会议。会议决定，用一年时间，集中抓好依法拆除城区违法建筑专项整治行动。是日，市政府《常德市城市规划区内拆除违法建设暂行办法（试行）》，《常德市城市规划区违法建设监督管理办法》和《常德市城市规划区内私人住宅建设管理办法（试行）》，通过市委常委会议讨论，开始施行。9月12日，市委、市政府召开拆违专题大会。代市长卿渐伟要求，即日起到10月中旬，全面摸清违法建筑情况；组织宣传教育阶段，把政策交给群众，鼓励群众自拆；次年4月1日后，进入强拆阶段；违法建筑拆除之后，按照属地管理原则实行目标管理，责任到人，坚决杜绝新的违法建设行为发生。卿渐伟要求，集中拆违必须坚持属地管理和谁主管、谁负责原则，依法依规原则，“先官后民”“先点后面”“先多房后少房”“先明后暗”“先礼后兵”的“五先五后”原则，党政机关工作人员带头原则，集中拆违整治与跟进美化建设相结合原则，争取最大限度自拆，把强拆面降到最小范围。卿渐伟强调，以本次动员大会为起点，坚决遏止各类新的违法建设行为，发现一起坚决制止一起，拆除一起；对已经产生的违法建筑，用一年左右时间基本完成拆除任务。

是年，城区拆违工作强大攻势迅速形成，市城管执法局调整拆违思路，成功组织全市统一拆违行动，联合城市四区政府（管委会）和市规划、国土等部门开展联合执法，规划执法力度进一步加大。重点查处长家山社区、唐家溶4组共11户影响较大违法建设案，震慑当地和周边地域违法建设之风，较好遏制住城区违法建设势头。常德大道、柳叶大道、滨湖路、芙蓉路等主干道沿线违法建设得到有效遏制，一批有影响的违法建筑得到拆除。针对国庆节、春节等长假期间违法建设抢搭抢建特点，国庆节期间，执法人员加班加点，立案查处违法建设案件42宗，强拆6600多平方米；春节前夕，市城管执法局联合相关职能部门组织节前强拆专项行动，收效明显。城区实现长假期间违法建设零投诉。

2008年，市城管执法局组织召开城市规划方面执法协调会2次，组织召开听证会3次，依法查处武陵区南坪乡东风村二组贵立鹏等10人、207国道远东土菜馆、芙蓉北路徐孝峰未经审批违法建房案，常德市第一建筑公司水榭花城项目部占道施工案、滨湖路龟博士汽修厂占道修车损坏人行道板案以及千禧龙广告公司未经批准设置户外广告案等一批有较大影响的件，获得良好社会效果。

4月7日，市委书记武吉海、市长卿渐伟暨武陵、鼎城、德山、柳叶湖政府（管委会）及市直相关部门负责人，对市城区11处自拆、强拆及尚未拆除的违法建筑进行现场考察。是日随即召开市委市政府市城区依法拆违督办会。武吉海要求，要坚定不移推动城区依法拆违工作，如期完成市委、市政府确定工作任务，7月底前拆除21万平方米违法建筑，要通过依法拆违坚决刹住新上违法建筑，要边集中治理，边研究完善城市建筑长效管理机制。是年，市城管执法局安排150名执法人员， 分东、西、北三片组成3支拆违队伍，分别由3名副局长带领，大力推进违法建筑强拆行动。市城管执法局与规划、国土、公安等职能部门紧密配合.组织实施强拆行动103次，强制拆除南坪东风二组、三闾社区徐某等一批典型违法建筑，把依法集中拆违行动推向高潮。成功实施行政强拆293户、66534.77平方米，发动群众自拆480户、84133.42平方米，完成拆违任务总目标67.2%。倍受社会广泛关注的南坪东风二组严重违法建筑，在市城管执法局精心组织下，于5月15日一举顺利实施强制拆除，引起广泛、强烈社会反响，促使依法集中拆违工作得到稳步推进。

2008年5月15日，市城管、规划联合执法队伍，强制拆除违法建筑

是年，市城管执法局还联合市规划、国土部门对市城市规划区内已经过行政执法部门行政处罚的违法建筑进行全面摸底。近10年来，市规划、国土、城管部门共实施违法建设罚款处罚案件1657件，其中，市规划局710件，国土局672件，城管执法局275件。市规划、国土、城管三部门共同研究，在反复征求市法制办意见基础上，提出：一、影响城市规划实施的，予以拆除；二、影响近期市政工程、近期开发和他人生活居住的，予以拆除；三、属于两处或多处违法建房的，予以拆除。除前述三种情形外，暂缓拆除。符合补办手续条件的，允许其补办手续，不符合补办手续条件的，由相关部门做出行政处理。

自2005年1月起，市城管执法局负责行使城市规划管理方面法律、法规、规章规定的未取得“规划工程许可证”建设项目的行政处罚权执法体制，执行至2009年5月。

2009年6月，市编委印发《关于市城市管理体制改革有关机构编制事项的通知》，明确市城管执法局城东大队、城西大队、步行城大队成建制改组为市城管执法局武陵分局，德山大队成建制改组为市城管执法局德山分局，柳叶湖大队成建制改组为市城管执法局柳叶湖分局。7月，市政府印发《理顺城市管理体制改革实施方案》，理顺城市管理体制，分离城市管理行政处罚权与审批许可权、监督检查权，进一步深化城市管理相对集中行政处罚权工作，明确市城管执法局“负责行使城市规划管理方面法律、法规、规章规定的行政处罚权”。

是年9月20日，市城市办主任张国政主持协调会，专题协商城市规划管理方面行政处罚职能集中有关问题。市城管执法局与市规划局签署城市规划管理方面行政处罚权移交备忘录：

一、市规划局与市城管执法局在日常工作中应认真履行职责、狠抓工作落实。坚持信息（资源）共享、互信合作的原则，不断提高工作效率，通过经常召开联席会议等方式，共同做好城区规划执法与日常监察工作。

二、市规划局负责对城市规划区内的建设活动进行日常管理与监督检查，对发现的违法建设行为依法予以制止，及时提出处理建议并将案件及相关资料和证据移交市城管执法局，由市城管执法局按照有关程序实施行政处罚。

三、市城管执法局依法行使城市规划管理方面的行政处罚权。依照法定程序对违法建筑进行处罚，需要强制拆除的坚决依法拆除。市城管执法局对发现的违反城市规划管理规定的行为，应及时告知市规划局。

同时，双方对沟通信息、实行信息共享，规范程序、建立办案通道，相互送达、完善备案制度等事项亦签署约定。

自此，市城管执法局进入全面依法实施城市规划管理方面行政处罚的行政执法阶段。

当年，市城管执法局依法查处丁丽华违法建房案、大润发违法占道搭台促销案、鸿升小学擅自砍伐树木案以及柳叶路热土地酒店擅自占用并损坏市政设施案等一批有较大影响案件。武陵分局立案78宗，组织强拆25起，面积达4400平方米。在市城管执法局“三馆三中心”征地拆迁强拆行动中，武陵分局在市城管执法局领导下，通过行政强制手段，配合征地拆迁部门完成5户“钉子户”房屋拆迁。柳叶湖分局强力推进依法执行控违拆违工作，辖区内共查处违法建设284宗，违法建筑面积达33008平方米，其中新建155宗、扩建81宗、翻建48宗，强制拆除违法建筑28宗，面积达4950平方米；在集中拆违过程中，有效制止违法建设69户。德山开发区分局拆除违法建筑24户4300多平方米。

2010年5月，市委办、市政府办印发《关于建立城市规划区制止违法建设行为和拆除违法建筑工作长效机制的意见》，明确坚持“四大原则”，即坚持属地管理，以区为主；依法行政，文明执法；严格考核，注重实绩；实事求是，有利工作原则，制订、完善制止违法建设行为和拆除违法建筑工作机制与办法，强化疏堵结合，化解各类矛盾，妥善处理各类历史遗留问题，确保制止违法建设行为和拆除违法建筑工作步入良性发展轨道。该意见明确城市各区人民政府（管委会）是制止违法建设行为和拆除违法建筑工作的责任主体和工作主体，对本辖区内制止违法建设行为和拆除违法建筑工作负全面责任。区人民政府（管委会）主要领导为第一责任人，分管领导为直接责任人。市直主要责任部门是制止违法建设行为和拆除违法建筑工作的执法主体，严格按照法律、法规和规章规定的职能，履行制止违法建设行为和拆除违法建筑工作职责。规划、国土部门均应按照城管的模式实行执法力量重心下移，配合、协同各区人民政府（管委会）开展制止违法建设行为和拆除违法建筑工作。

是年，城市规划控制范围内新发生违法建筑 821 宗，拆除 273 宗，控制 345 宗，拆除存量违法建筑 1.5 万多平方米。市城管执法局和市规划局建立联合巡查制度，做到资源共享，对市规划局已审批的每处建设项目，均明确一名城管队员和规划执法人员负责监督检查；二是建立联合执法制度，做到执法力量互补，对强搭强建违法建设案件，市城管执法局直属大队和市规划局执法大队组织不定期联合执法。一年来，共组织联合执法行动 50 余次，对美景房产、西城水恋、中旺置业等一批未按审批方案施工违法建设项目进行制止、拆除；三是建立行政处罚会商制度，做到责任共担，对一般性违法建设案件处罚，两个大队经过现场勘察，共同会商，充分听取和尊重规划方面处理意见和建议，根据《城乡规划法》提出处罚建议，报法制科和局领导审批，重大违法建设案件处理及时向两局主要领导汇报；四是建立行政处罚保障制度，即每宗违法建设案件，市城管执法局做出处理决定，当事人须接受城管部门处罚后，方可通过规划验收；两局相互配合，确保市城管执法局行政处罚案件执行到位。年内直属大队共立案查处违法建设案件 30 宗，其中罚款 10 宗，拆除 11 宗，责令整改、恢复原状 9 宗。

是年，拆违控违工作成为各区、管委会及乡街全年主要工作，共开展集中拆违行动 160 场次。市城管执法局武陵分局坚持属地管理、以城管中队为主原则，督导各中队开展为期共计 100 天的拆违控违大行动，共组织强拆 96 户，面积达 8783.58 平方米；控制 33 户，面积达 4596.77 平方米，存量违法建筑明显减少。柳叶湖分局通过巡查和群众举报发现违法建设 256 宗，面积达 30845 平方米，其中街道办 151 宗，面积 18252 平方米；白鹤山乡 105 宗，面积 12593 平方米，组织相关职能部门拆除、平整控制在萌芽状态 166 宗，面积达 25003 平方米；组织集中强拆 6 次，拆除 25 宗，面积达 2240 平方米，由街道办和乡政府组织城管规划中队拆除行动 63 次，285 户次，全区违法建设得到有效遏制。

2011 年，城市规划区违法建筑有效拆除 307 处、面积 9.6 万平方米，有效制止违法建筑 509 处、面积 10 多万平方米，拆除新增违法建筑 221 宗、面积 3 万平方米。市城管执法局直属大队认真贯彻关于加强城管、规划两局执法大队联动的工作机制，年内共组织联合执法行动 50 余次，对恒华建设有限公司、金恒装饰有限公司、柳叶湖龙吟水榭别墅群等一批未按审批方案施工的违法建设项目进行制止、拆除。是年，直属大队共立案查处违法建设案件 29 宗，其中罚款 10 宗，拆除 5 宗，责令整改、恢复原状 5 宗，补办手续 2 宗，罚款总额 161.18 万元，拆除违法建筑 6000 余平方米。白马湖区域违法建设行为集中治理中，为了保障“三馆三中心”建设、洞庭大道西延、常德大道改扩建等重点项目，市城管执法局组织完成120户拆迁户自行拆迁，依法拆除违法建设6892平方米。

是年，市城管执法局武陵分局拆除各类违法建设7.9万平方米。其中，新的违法建设2.89万平方米，存量违法建筑3.92万平方米，偏棚1.06万平方米。柳叶湖分局立案49宗，面积达6093平方米，组织相关职能部门拆除、平整控制在萌芽状态40宗，面积达3876平方米；全区组织集中强拆行动15次，由柳叶湖街道办和白鹤山乡政府组织拆除行动32次；常德经开区分局共立案查处36宗，立案率100%。其中，4宗案件经确认，责令当事人到国土、规划部门补办审批手续；其余32处违法建设，面积2533.5平方米，组织拆除23 处，面积1464.5 平方米，责令停工9处，案件办结率100%。

2012年，市城管执法局进一步强化拆违控违日常督导、检查和考核工作。直属大队共立案查处违法建设案件28宗，其中罚款16宗，罚款106.84万元；拆除3宗，拆除违法建筑1800多平方米。对各类性质严重、处置不及时或处置不到位事项及案件，均以文字督办形式对各区（管委会）进行交办或督办。共发放督办件155件，编发简（通）报43期，向四区交办违法建设案件793宗，面积达14.1万平方米，其中拆除违法建筑169宗。

是年，武陵区分局稳妥强拆，以拆促控，共立案76宗。其中烟厂易地搬迁20户，建设东路扩建10户，东鹏陶瓷8户、丁玲公园5户、汽贸城5户、商业广场28户。下达限期拆除决定书50份，强拆公告40起，组织行政强拆5起，协助司法强拆2起，拆除违法建筑7处。柳叶湖分局年开展常德大道、朗州北路两厢违法建设整治行动，拆除道路两厢违法建设16宗，面积达1200平方米；开展为期50天控违拆违整治行动，拆除违法建设23宗，面积近2000平方米。年内市控违拆违办督办案件103宗，与2011年督办208宗相比减少100%。常德经开区分局1至6月即组织拆除违法建筑30处，拆除面积达965平方米，违法建设立案率、案件办结率均为100%。

2013年，武陵分局坚持做到“三个一定拆除”，即规划立案的一定要拆除、重点项目中违法建设一定要拆除、纪委督办违法建筑一定要拆除。1—6月，开展大型拆违行动14场次，出动人员3050人次，共拆除违法建筑42宗，拆除面积7267平方米。各中队组织自查自拆60次，拆除违法建筑182宗，拆除面积9777平方米，从而确保“三个零”目标实现，即新增违法建筑“零增长”、拆除行动中“零事故、零上访”。柳叶湖分局年内发现违法建设101宗，面积达13461.5平方米。组织相关职能部门和乡、街政府进行集中强拆，拆除违法建筑97宗，面积达11224平方米；其他违法建筑通过补办手续、自拆等形式得到有效控制。常德经开区分局坚持“堵源头、截过程、拆违建”，早期发现、成功制止违法建设65处，做到第一时间发现，第一时间制止。年内共查处违法建筑26宗，违法建设面积2991.73平方米。组织强拆10次，拆除违法建设18处，拆除面积2349.76平方米；自拆并恢复原状9处，面积1959平方米；部分拆除并有效控制7处，面积758平方米。

2014年8月，常德市进一步深化城市管理体制改革。是次改革再次调整市区城市管理职权和事权，理顺城市管理行政执法体制、环境卫生管理体制、城市市政公用事业管理体制、城市园林绿化管理体制、城区渣土管理体制、城区户外广告管理体制、城区控违拆违管理体制、城区市场管理体制。坚持“重心下移、权责清晰，职能归并、效能整合，因地制宜、积极稳妥”原则，重新明确各级各有关部门职责。次月，市城市管理行政执法局武陵分局、柳叶湖分局和常德经开区分局人、财、物成建制下放到区，分别组建常德市武陵区城市管理和行政执法局、柳叶湖旅游度假区城市管理行政执法局、常德经济技术开发区城市管理行政执法局。各区政府（管委会）负责组织实施各辖区城市管理相对集中行政处罚权工作。城区控违拆违管理职责、职能一并交由各区政府（管委会）负责。

是年，城市“四区”共发生规划违法建设案件476宗，违法面积99339.6平方米：武陵区315宗，违法面积48597.6平方米。1月至6月拆除36宗， 拆除面积4188.7平方米；7月至12月处置246宗。鼎城区113宗，违法面积46539平方米。拆除39宗，拆除面积6678平方米；7月至12月处置11宗。柳叶湖旅游度假区36宗，违法面积3602平方米。拆除9宗，拆除面积851平方米；7月至12月处置11宗。常德经开区12宗，违法面积601平方米，拆除4宗，拆除面积157平方米；7月至12月处置3宗。

第三节　规划执法典型案例

2014年5月初，常德市武陵区征地拆迁安置办公室在对武陵区南坪岗乡竹根潭村实施土地征收时，调查发现该村7组村民张某位于征地拆迁范围内房屋系违章建筑。南坪岗乡政府随即提出要求拆除行政申请，武陵区征地拆迁安置办公室接到申请后研究决定启动行政强拆程序，遂于2014年5月6日以行政强拆工作交办函形式通知常德市城管执法局武陵分局。同月16日，市规划局武陵分局对该处房屋性质实施勘察，认定为违法建筑，向市城管执法局武陵分局及当事人张某出具确认函。同月28日，市国土资源局武陵区分局调查认定张某所建钢架棚占地为集体土地，未办理用地手续，属违法用地，向市城管执法局武陵分局及当事人张某出具认证函。

2014年5月30日，市城管执法局对张某违法建设一案予以立案。城管行政执法人员对张某违法建设与违法占地情况进行实地调查，制作现场检查勘验记录，确认违法建筑面积为620平方米。6月5日，城管行政执法人员对张某进行调查询问，制作证据提取记录、质证笔录；并于当日告知张某拟给予限期拆除处罚，告知张某3日内可向该局进行陈述和申辩；同时告知其依法享有要求举行听证的权利，如要求听证，应在3日内提出申请，逾期不申请，视为自动放弃听证权利。事后，张某未申请举行听证。2014年6月11日至次月2日，市城管执法局对张某违法建设案进行内部审批，于7月21日做出常城管限拆字（2014）第311035号《违法建筑物限期拆除决定书》，限张某自收到决定书次日起3日内，自行拆除违法建筑物；逾期不拆除将组织相关部门强制拆除。

市城管执法局于做出限期拆除决定当日即7月21日向张某送达决定书。张某不服该决定，向常德市人民政府申请行政复议。常德市人民政府于10月13日做出（常政复决字[2014] 48号）《行政复议决定书》，维持市城管执法局限拆决定，并于同月24日向张某送达行政复议决定书。

张某不服市政府复议决定，次月5日向常德市武陵区人民法院提起行政诉讼，认为市城管执法局做出的限拆决定违法，请求依法撤销被告做出的《违法建筑物限期拆除决定书》（常城管限拆字2014第311035号）。原告诉讼理由主要是，其一、市城管执法局做出限拆决定，目的是配合常德市政府房屋拆迁，并非正常执法。原告房屋已建成近十年，用于正常生产经营和居住，被告在此之前从未要求原告办理有关规划许可手续，本质上是对原告建房行为的默许，原告没有办理规划手续，被告亦负有相应责任。被告之所以对原告下发限拆决定，是对原告不配合房屋拆迁的报复性执法。其二、我国大部分地区农民自建房未办理规划许可，很多属历史原因造成，不能一概认定为违法建筑限期拆除。《国务院办公厅关于认真做好城镇房屋拆迁工作维护社会稳定的紧急通知》指出，对拆迁范围内由于历史原因造成的手续不全房屋，应依据现行有关法律法规补办手续。对政策不明确但确属合理要求的，要抓紧制订相应的政策；限期处理解决；一时难以解决的，要耐心细致地做好解释工作，并积极创造条件，争取早日解决。所以，在因拆迁问题需要对房屋产权进行认定时，应充分保障被拆迁人的合法权益，综合房屋建成年份、实际使用状况、对规划的影响程度等方面因素来对房屋予以认定。被告仅以原告房屋未办理建设工程规划许可证为由下发限拆决定，应属认定事实不清，主要证据不足，应予依法撤销。

武陵区人民法院2014年11月11日受理此案，依法组成合议庭，于2015年1月26日公开开庭审理。原告张某及其委托代理人陈某、张某，被告市城管执法局委托代理人李仁德、孙群利到庭参加诉讼。

市城管执法局在法庭规定举证期限内向法院提供做出被诉具体行政行为的系列证据、依据：

1.国务院法制办（国法函 [2012] 172号）《关于在湖南省常德市开展相对集中行政处罚权试点工作的复函》；2.湖南省人民政府办公厅（湘政办函 [2002] 88号）《关于在常德市开展相对集中行政处罚权试点工作的通知》；3.常德市人民政府（常政办函 [2009] 55号）关于印发常德市城市管理行政执法局等单位《理顺城市管理体制改革实施方案》的通知；4.常德市人民政府办公室（常政办发 [2010] 44号）关于印发《常德市城市管理行政执法局主要职责内设机构和人民编制规定》的通知。以上证据拟证明被告具有城乡规划法律法规规章规定的行政处罚权。5.行政强拆工作交办函，拟证明该案系武陵征拆指挥部交办事实。6.当事人张某常住人口登记卡复印件，拟证明原告身份情况。7.常德市武陵区南坪岗乡人民政府出具的证明，拟证明张某与张某系父子关系。8.张某身份证复印件，拟证明张某基本情况。9.见证人刘某、钱某身份证复印件，拟证明见证人刘某、钱某身份情况。10.城乡居民违法建设与违法占地情况调查表，　拟证明原告违法建筑物基本情况。11.现场检查勘验记录，拟证明原告违法建筑物位置及占地面积。12.被告工作人员于2014年6月5日对张某调查询问笔录，拟证明原告2006年所修建房屋未办理相关审批手续以及建筑物面积事实。13.被告工作人员于2014年6月23日对张某调查询问笔录，拟证明原告张某与张某关系。14.行政处罚案件证据提取记录及违法建筑物现场照片，拟证明原告违法建筑物规模及外貌情况。15.常德市国土资源局武陵分局出具的《关于张某建房用地的认证函》，拟证明原告建房所用土地性质为集体土地，且建房时未办理用地手续，属于违法用地事实。16.常德市规划局武陵分局出具的《关于对张某（张某）所建房屋性质的确认函》，拟证明原告所建房屋未取得《建设工程规划许可证》，属于违法建筑，且该建筑严重影响城市规划实施和竹根潭汽贸城二期项目建设事实。17.常德市城市管理行政执法立案审批表，拟证明查处原告违法建房案已办理立案手续。18.行政处罚告知书，拟证明被告在对原告修建的违法建筑做出决定前履行处罚告知情况。19.违法建设案件听证告知书，拟证明被告在原告修建的违法建筑做出决定前履行听证告知情况。20.行政执法文书送达回执，拟证明被告向原告送达行政处罚告知书、违法建设案件听证告知书情况。21.质证笔录，拟证明被告据以认定原告违法事实的证据已由原告进行质证。22.违法建设案件一般程序处理呈报表，拟证明对原告违法建筑物做出的处理决定已履行内部审批程序。23.违法建筑物限期拆除决定书，拟证明被告对原告修建违法建筑物做出限期拆除处理决定。24.行政执法文书送达回证，拟证明向原告送达违法建筑物限期拆除决定书情况。25.《中华人民共和国城乡规划法》第四十条第一款、第六十四条、第六十八条规定；26.《中华人民共和国行政处罚法》第三十一条、　第四十二条规定。以上依据拟证明被告的法律适用正确。

原告张某诉称；原告系常德市武陵区南坪岗乡竹根潭村村民，因常德市城乡增减挂钩地块A项目用地需要，原告房屋被划入征迁范围。原告认为此次征地程序违法、补偿安置不合理，未能与有关部门签订补偿安置协议。2014年7月21日，被告向原告下发《违法建筑物限期拆除决定书（常城管限拆字2014第311035号)》。原告不服此决定，向常德市人民政府申请复议。2014年10月24日，原告收到维持限拆决定的行政复议决定书。原告不服复议决定，认为被告做出的限拆决定违法，故诉至法院，请求依法撤销被告做出的《违法建筑物限期拆除决定书》。

原告在举证期限内向法院提交有关证据：1.原告身份证、户口簿复印件，拟证明原告符合法定起诉主体资格。2.《违法建筑物限期拆除决定书》（常城管限拆字2014年311035号）；　3.常德市人民政府的《行政复议决定书》。以上拟证明被告做出该决定书内容无事实根据和法律依据。4.原告营业执照，　拟证明原告对涉诉地块拥有合法使用权，符合用途。5.集体土地使用权证，拟证明原告对涉案土地拥有合法使用权。

法庭质证、调查围绕诉辩双方争论三个焦点展开：第一，被告做出限拆决定是否超越职权；第二，本案行政处罚是否超过法定期限；其三，对违法建筑的面积应如何确定。法庭调查认定：

关于焦点一，根据《行政处罚法》第十六条规定，国务院或者经国务院授权的省、自治区、直辖市人民政府可以决定一个行政机关行使有关行政机关的行政处罚权。2002 年 6 月 5 日，国务院法制办以（国法函 [2002] 172 号）《关于在湖南省常德市开展相对集中行政处罚权试点工作的复函》授权湖南省人民政府在常德市开展相对集中行政处罚权试点工作，湖南省人民政府同意由常德市城市管理行政执法局集中行使《复函》批准行使的法律、法规、规章规定的市容环境卫生管理、城市规划管理等方面的行政处罚权。由此，被告依法获得城市规划管理方面行政处罚权，其在此权限内对原告违法建筑做出限拆决定，属正当行使职权，并未超越职权。

关于焦点二，原告违法建设行为虽然发生在 2006 年，但其违法状态处于持续之中，至被告查处时，仍未办理相关行政许可手续。根据《行政处罚法》第二十九条第二款规定，处罚时效应从行为终了之日起计算，不受“2 年内未被发现”限制，故本案行政处罚未超过法定期限。

关于焦点三，被告执法人员于 2014 年 5 月 30 日对原告违法建设与违法占地情况进行调查，制作现场检查勘验记录，测量违法面积为 620 平方米。原告在 2014 年 6 月 5 日回答被告执法人员询问时亦陈述修建砖木、钢架结构房屋约 600 多平方米，故违法建筑面积为 620 平方米可以确定。原告在诉讼中提出被告对违法建筑面积测量有误，但未提供相应证据，其理由不能成立。

原告委托代理人庭审时还提出，被告市城管执法局未按湖南省相关规定主动组织听证，程序缺失。法庭调查认定：《行政处罚法》第四十二条规定，行政机关做出责令停产停业、吊销许可证或执照、较大数额罚款等行政处罚决定之前，应当告知当事人有要求举行听证的权利；当事人要求听证的，行政机关应当组织听证。原告委托代理人主张本案适用《湖南省实施<中华人民共和国城乡规划法>办法》第五十五条第二款关于行政机关应主动组织听证规定，因《行政处罚法》与湖南省上述规定相比较属于上位法，在两者规定不一致时，人民法院应当依据上位法审查被诉具体行政行为合法性。本案中，被告在做出限拆决定前，已明确告知原告享有要求举行听证的权利，如要求听证，应在 3 日内提出申请，逾期不申请，视为自动放弃听证权利。原告在 3 日内未申请听证，被告在期限届满后做出限拆决定，符合《行政处罚法》关于听证程序规定。

原告委托代理人庭审时还提出，原告未办理建房审批手续系历史原因造成。法庭调查认定：原告建房在 2006 年，而《城市规划法》已于 1989 年颁布实施，且其建房所在地从 1997 年起开始征地拆迁，早已纳入城市建设规划用地范围，明显不符合《国务院办公厅关于认真做好城镇房屋拆迁工作维护社会稳定的紧急通知》中关于由于历史原因造成手续不全房屋情形。关于原告所提被告拆违是为了配合拆迁，非正常执法。法庭调查认定：现实中确实存在拆迁过程伴随拆违情况，这并不违反法律规定。违法建筑物在其修建之时即注定要随时面临被限期自行拆除或强制拆除的结果，至于何时被拆除，在于何时被发现。原告所提上述主张不能成立，法院不予采信。

2015 年 2 月 5 日，武陵区人民法院依法做出判决，被告市城管执法局做出限拆决定，认定事实清楚，证据确实、充分，程序合法，对原告要求予以撤销的诉讼请求，法院不予支持。依照《中华人民共和国行政诉讼法》第五十四条第（一）项之规定，维持被告常德市城市管理行政执法局做出的常城管限拆字 [2014] 第 311035 号违法建筑物限期拆除决定。

张某不服常德市武陵区人民法院判决，向常德市中级人民法院提起上诉。市中级法院受理后，依法组成合议庭，于 2015 年 4 月 13 日公开开庭审理。上诉人张某及其委托代理人陈某、张某，被上诉人市城管执法局委托代理人李仁德、黄智麟到庭参加诉讼。

同年 5 月 11 日，市中级法院审理终结，宣布常德市中级人民法院 ([2015] 常行终字第 23 号) 行政判决书：

"张某不服一审判决向本院上诉称，一审法院认定事实不清，适用法律有误；市城管局做出的限期拆除决定不属于行政处罚，不应适用《中华人民共和国行政处罚法》的有关规定；市城管局无权做出限期拆除决定；市城管局认定其违章建筑面积 620 平方米未提供证据证明；市城管局做出限期拆除决定超过了处罚时效；市城管局做出限期拆除决定前，未主动组织听证，程序违法；市城管局对其做出限期拆除决定是报复性执法行为。综上，张某请求二审法院撤销一审判决，撤销市城管局对其做出的限期拆除违法建筑决定。

市城管局辩称：其具备做出限期拆除违法建筑决定的主体资格；其做出的限期拆除违法建筑决定程序合法、证据充分；原审法院认定事实清楚，适用法律正确。综上，市城管局请求二审人民法院维持原判。"

该判决书宣布，市城管局具备做出限期拆除违法建筑决定的主体资格。市城管局认定涉案违法建筑面积 620 平方米证据充分。市城管局做出的限期拆除违法建筑决定未超过处罚时效。市城管局做出限期拆除违法建筑决定的程序合法。"市城管局做出的常城管限拆字（2014) 第 311035 号违法建筑限期拆除决定事实清楚、程序合法。原审法院认定事实清楚，适用法律正确，审理程序合法，原审判决应予维持。上诉人张某的上诉理由不能成立，本院不予支持。据此，依照《中华人民共和国行政诉讼法》第八十九第（一）项之规定，判决如下：驳回上诉，维持原判。"

常德市中级人民法院终审判决后，市城管执法局遂对张某 620 平方米违法建筑依法组织行政强制拆除。

第三章　城市公共客运行政执法

常德市城市管理行政部门 1994 年起负责城市公共客运管理方面行政执法。是年 12 月，市城管办成立。市政府明确，市城管办负责“主管城区载客营运车辆（含机动和非机动车）总量控制，合理配置和审批新增额度，审批经营权证”。

2001 年 8 月，市城市管理局成立。市城管局城市公共客运管理方面行政执法职能进一步调整为“牵头管理城区客运，负责城区载客营运车辆的总量控制，合理配置和使用新增额度，审批和管理经营权证。负责城区货运出租汽车的计划调控，发放城区货运出租汽车运力额度计划批单；负责组织有关部门拟订城区客运线路设计方案，报市政府审批并组织实施，协调解决城区客运管理中的矛盾”。

2005 年 1 月，市城市管理行政执法局成立。市政府按照国务院法制办、省政府批复，在城市管理领域实行相对集中行政处罚权。市城管执法局“负责城区公共客运的行政管理，管理市城区公共客运管理处”，负责“行使公共客运管理方面法律、法规、规章规定的行政处罚权”。根据《湖南省城市公共客运管理办法》规定，市城管执法局依法行使城市公共客运管理领域两大职能：

一、行政许可、监督管理职能：

（一）对市城区公共客运市场运力容量进行科学测算，并根据测算结果提出城区公共交通总体规划、营运线路设置计划、公交站点设置建设计划、城区客运车辆总量控制方案报市政府，由市政府组织相关职能部门会审确定。

（二）实施城区公共客运管理领域行政许可，负责公共客运企业（含出租汽车运营企业）经营资质的审核、运营证件发放。

（三）对公共客运企业行业服务进行监督管理。加强对公共客运企业及从业人员经营行为监督管理，提高公共客运行业服务质量，加强对公共客运基础设施及公共客运车辆维护、管理，保障公共客运行业安全、有序发展。

二、行政处罚、监察执法职能。对以下行为实施处罚：

（一）未取得城市公共客运营运证件经营城市公共客运业务的；

（二）擅自占用城市公共客运用地或者候车站、停车场、调度房等设施，或者将城市公共客运设施移作他用的；

（三）擅自在城市公共客运站、场交通安全保护范围内修建建筑物、构筑物或者进行其他妨碍公共客运交通活动的；

（四）污损或者毁坏城市公共客运交通工具、设施的；

（五）城市公共客运交通工具、设施不按规定设置统一标志、标牌的；

（六）擅自中断营运或者改变营运线路，或者越线、越站营运的；

（七）随意丢站、拒载、甩客，违反乘客意愿中途将乘客移交他人运送或者服务态度恶劣的；

（八）城市公共客运企业未经报告停业、歇业，造成城市公共客运秩序混乱的。

2010年4月，根据《常德市人民政府机构改革工作方案》，市城管执法局公共客运管理方面行政执法职责职能及市城区公共客运管理处，一并由市城管执法局划归市交通运输局管理。

第一节　取缔载客“慢慢游”

20世纪80年代末期，常德市近郊农民和城区下岗职工，在轻便载货三轮车上安装三合板（或五合板）车身，用于遮阳避雨；安装简易坐凳便于乘坐，在城区载客营运。此类人力三轮车辆，可载客1~2人，穿行于大街小巷，价格3~5元不等。营运时，此类车辆无固定运行线路，亦无固定停车场所，由车主脚踏驱动在街道上慢慢游动，遇客招呼上车，市民形象称呼为“慢慢游”。经营“慢慢游”投入低微，车主入行基本没有“门槛”；且乘坐价格便宜，易被乘客接受，在常德市城区很快发展到近千辆。常德周围各县不少青壮农民弃农进城，以此种“慢慢游”为业。

20世纪90年代初期，部分残疾人用其代步用三轮机动车，在城区开始载客营运。他们和人力三轮车“慢慢游”一样，在城区大街小巷游弋载客。市民称呼为机动“慢慢游”。至20世纪90年代中期，常德市城区人力“慢慢游”和机动“慢慢游”迅速发展，成为城区扰乱公共客运秩序、严重影响城市交通秩序、破坏城市市容市貌环境的一种畸形景观。

1995年6月，市政府召开会议，专题研究加强城区客运车辆管理问题。会议要求：市城管办根据市政府要求对城区各类客运车辆实行总量控制。具体要求：人力“慢慢游”必须控制在600台以内；机动“慢慢游”坚决控制在115台以内（武陵区100台、鼎城区武陵镇15台）；残疾人代步车辆管理问题由市城管办会同交警、残联等部门，根据建设部、公安部、全国残疾人联合会有关精神和常德实际，拟定具体办法，报市政府审批后组织实施。

此次会议后，市城管办按照总量控制原则，对城区载客营运人力“慢慢游”进行逐车逐人审验。市公安局组建“慢慢游”管理公司，对经过市城管办审验同意继续运营的人力“慢慢游”施行统一管理。

1996年6月，市政府颁行《关于征收城区人力“慢慢游”经营权有偿使用费的通知》，首先在江北城区采取经济措施，限制人力“慢慢游”畸形发展。该通知明确，为限制江北建城区人力“慢慢游”发展，决定对江北建城区载客运营人力“慢慢游”征收经营权有偿使用费。该通知规定：

一、凡 1995 年度经批准在市城区从事营运的人力“慢慢游”，必须在 1996 年 7 月 15 日以前按每车/2000 元标准，一次性交纳 1996 年度经营权有偿使用费，经市城管办审核批准后，由市公安局“慢慢游”管理公司颁发市城区人力“慢慢游”准运证。

二、从 1996 年 7 月 15 日起，凡未取得准运证的人力“慢慢游”，有关部门不予办理经营证照，不准载客营运，违者将根据国家有关规定予以处罚。

三、任何单位和个人不得减免人力“慢慢游”经营有偿使用费。市城区人力“慢慢游”经营权有偿使用费由市公安局“慢慢游”管理公司在年检年审中与其他项目费一并收取，及时全额上缴市财政，专项用于城市建设和管理。

是年 9 月，市政府颁行《关于启用出租机动三轮车专用牌号和征收出租机动三轮车经营权有偿使用费的通知》，在当年 6 月开征城区人力“慢慢游”经营权有偿使用费基础上，启用机动“慢慢游”即出租机动三轮车专用牌号，开征出租机动三轮车经营权有偿使用费，采取经济手段限制机动“慢慢游”无序发展。该通知明确，“为加强城区出租机动三轮车的管理，市政府决定启用出租机动三轮车专用牌号和征收市城区出租机动三轮车经营权有偿使用费”，通知规定：

一、凡经批准核发常德出租汽车牌并且办齐营运手续的市城区出租机动三轮车，必须在 1996 年 10 月 15 日以前换挂全省公安交警部门统一制作的出租机动三轮车专用牌号。换牌号程序：车主首先向市城管办提出申请，按每台 1 万元标准一次性交纳经营权有偿使用费，办理“常德市城区出租汽车经营权证”，然后到市交警支队办理换牌手续。机动三轮车“常德市城区出租汽车经营权证”有效期三年。

二、从 1996 年 10 月 15 日起，凡未取得“常德市城区出租汽车经营权证”和未换挂专用牌号的市城区出租机动三轮车，有关部门一律不得办理经营证照，不准载客营运，违者将根据国家有关规定予以处罚。

三、任何单位和个人不得减免出租机动三轮车经营权有偿使用费。市城管办所收出租机动三轮车经营权有偿使用费及时全额上缴市财政，专项用于城市建设和管理。

该通知同时明确，常德市城区出租机动三轮车实行“一家为主，多家配合”管理方式，即运营经营权证由市城管办管理基础上，由市交警支队组织专门管理机构实行综合管理，其他有关部门协同管理。出租机动三轮车所交规费由综合管理机构统一收取，上缴财政。

到 1997 年，市城区人力“慢慢游”发展到近两千辆，机动“慢慢游”亦发展至 500 余辆，其中鼎城区武陵镇人力“慢慢游”发展到 460 台，机动“慢慢游”发展到 70 余辆。“慢慢游”在大街小巷相互之间抢客争道，亦与出租汽车抢客争道，横冲直撞，乱停乱靠，既影响市容秩序，又造成交通堵塞，形成人车伤亡事故极大隐患。“慢慢游”业已由公共交通适当补充逆向发展成为常德市区一大公害。不少人大代表、政协委员，各界市民纷纷要求市政府清除这一公害。

1998 年 5 月，市政府为规范城市公共客运市场，整顿城市交通秩序，创建文明卫生城市市容环境，印发《关于取缔城区人力三轮车的通告》。市城管办与城市四区政府（管委会）、各街道办事处城市创建工作队联合，深入人力“慢慢游”车主居住地，向“慢慢游”车主组织宣传教育，施行酌情妥善安置。对车主中真正城市无业人员，给予就业安排；对周边各县、城市近郊弃农进城经营人员，令其返乡务农；或为其策划另谋他业，转行经营。6月12日零时，市城管办牵头，组织市公安局、市工商局、市交警支队500名执法人员，1000名党政机关干部和创建工作队员，在人力“慢慢游”车主居住地、各主次干道出入口、车站、码头、酒店、宾馆等客源集中地域，设岗守卡，近2000辆人力“慢慢游”取缔行动一举成功。

是年10月14日，市政府在深入、细致工作基础上，颁布取缔机动三轮车（“机动慢慢游”）决定。次日零时，市城管办牵头组织取缔行动，近500辆载客营运“机动慢慢游”取缔行动一举成功。

第二节　打击非法营运行为

1994年9月，市政府颁布《常德市城区出租汽车管理暂行办法》，规定市城市管理部门对营运车辆实行“出租汽车经营权证”制度，经营权证采取公开拍卖方式发放。12月，市城管办设立城区客运车辆管理督导科，主管城区载客营运车辆（含机动和非机动车）总量控制，合理配置和调配新增额度；审批经营权证。

至1996年1月，市城管办共组织市城区出租汽车经营权3次拍卖，发放经营权证809个（台）。是年4月，市城管办颁行《常德市城区出租汽车经营权证管理规定》。该规定明确，经营客运出租汽车业务的单位和个人必须持有与车主、车牌、车型相符合的“常德市城区出租汽车经营权证”。一次获得“出租汽车经营权证”者可享有连续五年的出租汽车营运经营权。经营权证过期自行作废。明确规定凡没有“常德市城区出租汽车经营权证”在城区营运出租汽车一律作非法营运处理。“出租汽车经营权证”私自转让或车辆换牌、改型没有经市城管办批准换发“出租汽车经营权证”的，车主、车牌、车型与证件不相符的，或私自涂改权证的，由市城管办缴销“出租汽车经营权证”，并按有关规定予以处罚。该规定颁行之日起，市城管部门要求出租汽车营运做到“五有”，即有“TAXI”和“出租”标志顶灯、有计价器、有服务卡、有建设部印制的营运证、车身印有服务监督电话、使用税务监章的统一发票，开始对无照营运的城区客运车辆施行行政执法。

1999年1月，常德欣运集团鑫龙公司未经批准，擅自开通107路城区公交线路；6月又擅自开通108路线，先后投入10余台中巴车挤占市城区公交线路营运，城区公共客运市场出现混乱。6月2日、6月18日，市人汽公司职工和鑫龙公司职工因此两次发生冲突，双方动用多人打架砸车。市城管办多次约集两家公司负责人调解处理，鑫龙公司108路车停止营运。9月8日，市政府对38路线（北引桥至柳叶湖）公开拍卖，鑫龙公司以

100 万元价格，以抽签方式买下 38 路 5 年经营权。城区客运市场渐趋稳定。

2001 年，市城管局成立，城市公共客运管理方面行政执法职能更加完备，查处、取缔非法营运工作力度进一步加大。2002 年，市城管局牵头，组织淘汰城区中巴车 171 台，新上大巴车 140 台，营运车况车貌、城区交通秩序和城区公共客运管理秩序年内大为改善，中巴车由此退出城区公共客运市场。是年，非法营运摩托车、人力三轮车在城区死灰复燃。通过规范处罚程序，市城管局联合市交通运管、市交警支队打击非法营运，共收缴非法营运摩托车、人力三轮车 268 台次，组织集中销毁 2 次，共销毁摩托车 41 台，人力三轮车 63 台，有力规范城区营运市场。

2003 年 12 月，市政府决定，市城区公共客运管理职能职责由市城管局移交给市交通局负责。2004 年 12 月，市委、市政府研究决定成立市城区公交管理协调小组。市委副书记周用金任组长，副市长刘剑英、宋冬春任副组长；协调小组下设办公室，市城管局局长彭培南兼任办公室主任，办公地点设市城管局内。协调办主要职责：审定城区公共交通总体规划，审定城区客运线路设置计划，审定城区公交站点设置建设计划，总量控制城区客运、货运车辆，组织相关部门打击城区非法营运，协调解决城区客运管理中的矛盾和问题。

2005 年 4 月，副市长刘剑英、宋冬春主持召开会议，专题研究市城区公共客运管理工作有关问题，会议决定市城区公共客运归口市城管执法局管理，相关职能部门依法予以配合。市城区公共客运管理工作实行政府宏观调控，城管执法局主管，相关职能部门配合的管理体制。市城管执法局负责城区公共客运的行政管理和监察执法工作。会议要求，尽快建立市城区规范、统一的公共客运市场，打击非法营运和违规经营行为。由市城管执法局牵头，公安、交警、工商等部门配合，组织联合执法队伍，打击城区拉客、宰客等违规经营行为和公共客运车辆、黑的、黑摩等非法经营行为，清理整顿出租汽车市场，维护公共客运市场秩序。次月，市运管处客运管理所机构、编制、人员成建制由市交通局运管处移交市城管执法局管理，更名为市城区公共客运管理处，简称市客运处。

当年，市客运处迅速完成移交、整章建制工作，出色完成公共客运行业整顿、满意公交创建和打击非法营运等各项工作任务，为成功创建全国交通管理模范城市和国际花园城市，提升城市品牌形象，做出积极贡献。市城管执法局成立市城区打击非法营运领导班子，抽调专门人员在市城区大街小巷、城郊接合部展开调查，对非法营运车牌号码等基本情况进行详细登记。广泛开展强势宣传教育活动，实施针对性规劝教育工作，印发致市城区非法营运摩托车驾驶员公开信 1500 余份，提醒广大市民远离“黑车”宣传单 5000 余份，宣传乘坐“黑车”危害。同时还利用《客运简报》内刊进行广泛宣传。从 7 月 22 日开始到 10 月底，历时 3 个月，重点整治城区公共客运市场秩序。在三岔路、火车站、北站、武陵阁、紫桥、丹阳路、甘露寺、步行街等地段，共查扣“黑的”31 台次，查扣非法营运两轮摩托 285 台次，有效扼制非法营运势头。

与市本级同步，各县（市）加大打击非法营运力度。汉寿县年内共取缔非法营运残疾人三轮车 32 台，暂扣非法营运“黑的”、两轮摩托车 86 台；桃源县交通、城管、交警部门组成联合执法队伍，共查扣非法营运“慢慢游”120 台次，非法营运面包车 96 台次，非法营运两轮摩托车 538 台次；临澧县成立政府牵头，城管、交警、公安、工商等部门组成的联合执法队伍，开展 6 次大规模打击非法营运行动，共查处非法营运“黑的”18 台，非法营运面包车 12 台，两轮摩托车 310 多台。澧县、安乡、石门、津市等县（市）均成立打击非法营运专门机构，将打击非法营运作为维护出租汽车行业正常秩序一项长期性工作，持之以恒、常抓不懈。

2006 年 7 月 18 日，市长陈君文召集市直有关部门和武陵、鼎城区政府负责人，专题研究处理残疾人营运“黑的”问题。会议指出，残疾人营运无牌无照“黑的”，是严重违法行为，必须坚决予以取缔。而残疾人确属弱势特殊群体，因而取缔工作必须十分坚决而又十分谨慎，稳妥组织。市直相关部门和武陵、鼎城区政府要明确职责，加强配合，齐抓共管，加大取缔力度。会议要求：迅速处置残疾人从事非法营运的车辆。由市城管执法局负责，市残联配合，从 7 月 18 日开始，在两天之内将残疾人从事非法营运车辆全部收集到位，经评估后由政府作价收购，收购价要体现人文关怀，保证残疾人合理利益，收购资金在 7 月 21 日前发放到车主手中。此次收购之后如再出现非法营运车辆，一律收缴；切实解决残疾人的实际困难。市劳动、市民政、市教育等部门要积极协助武陵区、鼎城区落实残疾人相关优惠政策，对符合条件的退出非法营运残疾人，帮助安排好就业岗位，落实低保待遇，减免子女学杂费。民政部门对家庭确有特殊困难残疾人要逐个走访慰问，并给予相应救助；坚持不懈抓好打击“黑的”“黑摩”非法营运行为工作。市城管、市交警和市残联等部门要旗帜鲜明地表明政府打击非法营运行为态度和决心，向残疾人耐心细致宣讲政策法律，做好思想稳定工作；新闻媒体要加大宣传力度，为打击非法营运行为创造有利的舆论氛围；市城管局要规范执法，不得以罚代管，要建立打击非法营运长效管理机制，防止各类非法营运行为再度发生，确保城区客运市场有序发展。

会议之后两天，即当年 7 月 20 日，市城管执法局、市客运处即将城区非法营运 38 台残疾人“黑的”归集到位。市城管执法局、市财政局、市交警支队组织专家迅速对 38 台车辆“适当从高”作价评估，迅速组织资金收购，并将收购款项迅速发放到残疾人车主手中。然后，组织新闻单位、市民代表参加非法营运车辆公开销毁。取缔活动迅速、平稳、高效。是年，常德市城区打击非法营运工作亦由此形成新突破口。市城管执法局不断加大打击非法营运力度，联合公安、工商、交警、运管等部门力量，下半年组织 10 次大规模集中整治行动，共查扣非法营运“黑的”73 台次、非法营运“黑摩”561 台次。

是年 10 月 20 日，市客运处召开行政处罚案件听证会，对 7 名在市城区从事非法营运车主施行行政处罚举行公开听证。7 名车主未取得合法出租汽车营运资格，使用假、套出租汽车车牌，在市城区从事非法营运。听证会上，市政府法制办、市交警支队、各出租汽车公司、市民代表踊跃发言，对非法营运行为进行严肃批评，对行政处罚展开认真讨论。

市客运管理处依据国家相关法律法规，对 7 名车主分别做出罚款 1.5 万元决定，获得听证会一致通过。听证会同时要求车主对现有车体颜色进行更改，拆除非法出租汽车标识，达到报废年限的进行强制报废。

2007 年,市城管执法局、市客运处采取长效管理和专项整治相结合强硬手段，打击非法营运，联合公安、工商、交通等相关部门集中开展 20 多次专项行动，取缔多处“黑摩”成群待租的非法营运待租市场，维护客运市场正常秩序。在武陵阁、家润多、火车站和各公交站点等违法高发区，安排执法人员进行现场监管，对违法出租汽车进行有效查处。查扣非法营运“黑的”50 余台次，非法营运“两摩”360 余台次，有效净化城区公共客运市场，保障合法经营者利益。

2008 年，市城管执法局组织城区公共客运行业积极参加创建全国文明城市活动，对从事非法营运业主发放告知书 3000 份，规劝其退出市场。全年查扣非法营运“黑摩”500 余台次，非法营运“黑的”50 余台次。是年，市客运处根据打击非法营运工作线长面广、机动性大特点，建立举报奖励制度，鼓励出租汽车从业人员积极举报非法经营行为；制订统一的处罚标准，公正、公平、公开，严格自律，杜绝说情风；建立健全打击非法营运“黑的”“黑摩”长效机制，制订宣传与查扣相结合、打击与处罚相结合有效措施；根据“黑的”“黑摩”活动规律，打破常规作息制度，流动巡查，蹲点守候，坚持双休日、夜晚执法，不让非法经营者有机可乘；联合公安、交警等部门联合执法，共同参与，齐抓共管。同时积极研究探索打击非法经营新方法、新手段。通过媒体宣传相关法规，提醒市民拒乘“黑车”，取得较好效果。

2009 年，继续坚持严格执法，为创建全国文明城市增光添彩。市客运处充分利用公交车和出租汽车广告资源，利用出租汽车显示屏、车载 GPS、公交车声讯设备和液晶电视，定制 2000 条以文明创建、取缔非法营运为主要内容的宣传标语，持续不间断地进行滚动宣传。市城管执法局客运大队与交警、城管、公安等部门开展联合执法，严厉打击摩托车非法营运、擅自改装和乱停乱靠行为。同时，加强经常性规劝和打击相结合，年内共进行专项整治行动 3 次，查扣非法营运“黑的”8 台次，“黑摩”近 200 台次，“黑摩”营运伞具 500 多把，有效遏制非法营运行为。

2010 年，市客运处由市城管执法局管理成建制划归市交通运输局管理；市城管执法局公共客运管理方面行政执法职能职责一并移交给市交通运输局负责。

第四章　其他相关方面行政执法

2005年起，常德市城市管理行政执法局负责市容环境卫生管理方面、城市规划管理方面和城市公共交通管理方面行政处罚权之外，还负责行使城市绿化管理方面法律、法规、规章规定的行政处罚权；市政管理方面法律、法规、规章规定的挖掘、占用、损害城市道路行为的行政处罚权；环境保护管理方面法律、法规、规章规定的对社会生活噪声污染、建筑施工噪声污染的行政处罚权；对在人口集中地区焚烧产生有毒有害烟尘和恶臭气体的物质的行政处罚权；对未采取密闭措施或者其他防护措施运输、装卸、贮存能够散发有毒有害气体或者粉尘的物质的行政处罚权；对向城区河道、水面倾倒工业废渣、城市垃圾和其他废弃物的行政处罚权；工商行政管理方面法律、法规、规章规定的对无照商贩的行政处罚权；公安交通管理方面法律、法规、规章规定的对侵占人行道路行为的行政处罚权。

2009年7月，市政府印发《理顺城市管理体制改革实施方案》，纠正2005年首次实施相对集中行政处罚权时，对行使城市规划管理方面、市政管理方面、公安交通管理方面法律、法规、规章规定的行政处罚权做出的变通处理，按照2002年6月国务院法制办《关于在湖南省常德市开展相对集中行政处罚权试点工作的复函》做出重新规定。

这次调整后，市城管执法局“行使城市规划管理方面法律、法规、规章规定的未取得”规划工程许可证”建设项目的行政处罚权”纠正为“行使城市规划管理方面法律、法规、规章规定的行政处罚权”；“行使市政管理方面法律、法规、规章规定的挖掘、占用、损害城市道路行为的行政处罚权”纠正为“行使市政管理方面法律、法规、规章规定的行政处罚权”；“行使公安交通管理方面法律、法规、规章规定的对侵占人行道路行为的行政处罚权”纠正为“行使公安交通管理方面法律、法规、规章规定的对侵占道路行为的行政处罚权”。

随后，市政府办以（常政办函〔2009〕55号）形式印发常德市城市管理行政执法局《理顺城市管理体制改革实施方案》，明确有关部门向城管执法部门移交行政处罚权实施程序：

一、市城市规划、园林、市政、环保、工商、公安交通管理部门发现违法行为后，应依法予以制止纠正。需要实施行政处罚的，应及时移送市城市管理行政执法局，并提出处罚建议，提供相关资料和证据。

二、市城管行政执法局对移送的处罚事项，应依法立案；充分利用已有的依据和证据，充分考虑市城市规划、园林、市政、环保、工商、公安交通管理部门的处罚建议，调查、取证或听证；依法下达行政处罚决定书，并执行到位。

第一节 城市绿化和市政建设管理方面

城市绿化管理方面。2006 年 3 月，市政府法制办主任于汉卿主持，市城管执法局、市园林局签订移交园林绿化管理方面行政处罚职能协议时，对市城管执法局负责“行使城市绿化管理方面法律、法规、规章规定的行政处罚权”做出变通处理，实施部分移交：城市园林绿化方面行政处罚权由市园林局移交市城管执法局实施，“对被损毁绿地及花草树木的赔偿或补偿费的收取和恢复工作仍由市园林局负责”。

2007 年，市城管执法局 110 特勤中队加大园林绿化巡察力度，并保证 24 小时受理市民群众投诉举报，共受理市园林局移交损绿、毁绿案 51 宗，均在第一时间及时进行妥善处理。2008 年，受理市民群众投诉举报（含市园林局移交）损绿、毁绿案 531 宗，均施行妥善处理。

2009 年 7 月，市政府印发《理顺城市管理体制改革实施方案》，纠正 2006 年 3 月移交城市绿化管理方面行政处罚权时变通处理，规定市城管执法局行使城市绿化管理方面法律、法规、规章规定的全部行政处罚权（包括对被损毁绿地及花草树木做出罚款处罚，责令赔偿或补偿）。

相对集中行政处罚权执行的城市绿化管理方面法律、法规、规章，包括国务院及国家建设行政主管部门颁发的《城市绿化条例》《风景名胜区管理处罚规定》《城市动物园管理规定》《游乐园管理规定》《城市绿线管理办法》《城市湿地公园管理办法》《风景名胜区条例》《城市古树名木保护管理办法》，以及湖南省政府及省有关行政主管部门颁发的《湖南省实施〈城市绿化条例〉办法》《湖南省风景名胜区管理条例》《关于城市园林绿化补偿费标准问题的批复》等十余部法律、法规、规章。

是年 11 月，市城管执法局与市风景园林管理局再次签署协议，在 2006 年双方已经移交行政处罚权基础上，双方就具体办案程序等事项补充明确：

一、及时沟通信息，实行行政许可与行政处罚信息共享。市园林局按规定做出的相关行政许可事项，应在做出许可决定后 5 个工作日内将许可决定复印件移送市城管执法局。对市园林局移送的案件市城管执法局应在做出处罚决定后 5 个工作日内将结果抄送市园林局。

二、市城管执法局对违法案件做出处罚决定之前，认为有必要对违法事实、性质等进行进一步的技术鉴定或者认定的，市城管执法局应向市园林局提出书面函告，并提供违法案件卷宗。市园林局在收到市城管执法局的函告和违法案件卷宗后，应及时组织专人进行技术鉴定或认定，并在 5 个工作日内将结果书面告知市城管执法局。

三、市园林局在日常监督检查过程中发现违法行为，要依法做出责令补办手续或者采取改正措施等行政处理决定，同时将案件移送给市城管执法局依法实施行政处罚。除行政处罚外，必要时市园林局还可依法做出征收绿化补（赔）偿的行政处理行为。

四、建立重大、疑难案件会审、会商制度。市城管执法局、市园林局认为违法性质严重、情节恶劣、案件复杂的，可以相互提出会审、会商建议，由市城市办主持会审、会商。

五、建立城市园林绿化管理与行政处罚工作中衔接、配合备案制度。市园林局、市城管执法局相互移交（送）、告知的相关事项，一律以书面形式送达，并进行签收备案。

自此，市城管执法局城市绿化管理方面行政执法机制渐趋完备。

市政建设管理方面。2002 年 6 月，国务院法制办印发《关于在湖南省常德市开展相对集中行政处罚权试点工作的复函》；同月，湖南省政府印发《关于在常德市开展相对集中行政处罚权试点工作的通知》。国务院法制办复函和湖南省政府通知明确：常德市城市管理行政执法局"行使市政管理方面法律、法规、规章规定的行政处罚权。"

2006 年 7 月，市政府印发《常德市城市管理相对集中行政处罚权实施办法》规定，市城管执法局"行使市政管理方面法律、法规、规章规定的挖掘、占用、损害城市道路行为的行政处罚权。"

因部门之间衔接失调，2006 年《常德市城市管理相对集中行政处罚权实施办法》颁布后，市政管理方面法律、法规、规章规定的挖掘、占用、损害城市道路行为的行政处罚权，未由常德市市政公用事业管理局移交给市城管执法局实施。

2009 年 7 月，市政府《理顺城市管理体制改革实施方案》再次明确常德市城市管理行政执法局"行使市政管理方面法律、法规、规章规定的行政处罚权。"

相对集中性处罚权执行的城市市政管理方面法律、法规、规章，包括国务院及国家建设行政主管部门颁发的《城市道路管理条例》《城市供水条例》《城市道路照明设施管理规定》《城市桥梁检测和养护维修管理办法》《城镇燃气管理条例》《城市燃气安全管理规定》《市政公用事业特许经营管理办法》《城市供水水质管理规定》，湖南省政府及省级行政主管部门颁发的《湖南省城市市政公用设施管理办法》《湖南省燃气经营许可管理办法》《湖南省城市二次供水管理办法》，以及常德市政府颁发的《常德市城市桥梁管理办法》《常德市城市供水管理办法》《常德市地下水资源管理办法》《常德市城区排水许可管理实施办法》《常德市城市二次供水管理办法》等 10 余部法律、法规、规章。

是年 10 月 13 日，市城市管理行政执法局和市市政公用事业管理局签署《城市市政公用管理方面行政处罚职能移交备忘录》，备忘录明确：

一、市政公用事业管理局负责对城区内的市政公用设施进行日常管理与监督检查，对发现的违法行为依法予以制止，及时将案件及相关资料和证据移交市城管执法局，由市城管执法局按照有关程序实施行政处罚。

二、市城管执法局对发现的市政公用管理方面的违法行为，应告知市政公用事业管理局。需要做出行政处罚的，市市政公用事业管理局应提出处罚建议，由市城管行政执法局实施行政处罚。

三、市城管执法局依法行使城市市政公用管理方面的行政处罚权，依照法定程序对市政公用违法行为进行处罚。

四、及时沟通信息，实行行政许可与行政处罚信息共享。市政公用事业管理局按规定做出的相关行政许可事项，应在做出许可决定后5个工作日内将许可决定复印件移送市城管执法局。对市政公用事业管理局移送的案件市城管执法局应在做出处罚决定后5个工作日内将结果抄送市政公用事业管理局。

五、市城管执法局对违法案件做出处罚决定之前，认为有必要对违法事实、性质等进行进一步的技术鉴定或者认定的，市城管执法局应向市政公用事业管理局提出书面函告，并提供违法案件卷宗。市政公用事业管理局在收到市城管执法局的函告和违法案件卷宗后，应及时组织专人进行技术鉴定或认定，并在5个工作日内将结果书面告知市城管执法局。

六、市政公用事业管理局在日常监督检查过程中发现的违法行为，认为依法可以做出责令补办手续或者采取改正措施，同时又符合处罚条件的，应将案卷移送市城管执法局同步实施行政处罚。

双方还就建立重大、疑难案件会审、会商制度，行政管理与行政处罚衔接、配合备案制度等事项，签署约定。

自此，市城管执法局开始依法行使市政管理方面法律、法规、规章规定的全部行政处罚权。

第二节　环境保护管理方面

1982年6月，市城管办成立，下设市城管监察大队，按照市政府授权，负责城市环境保护管理方面一部分行政执法职能，主要是“协助环境保护部门对生活噪音、建筑工地噪音及运载污染城市的灰、砂、粉煤、渣物等车辆，进行检查、纠正和执罚”。这种体制持续至1988年。常德“撤区建市”后，市政府设立环境保护专门机构，城市环境保护管理方面行政执法职能全部归集至环保部门。

嗣后，市城管部门在城市创建工作体制中，在多个城市环保行政执法项目方面，依据市政府授权或工作调度，承担牵头职责职能。

1995年，市城管办牵头组织实施市政府《关于禁止在常德市城区燃放烟花爆竹的规定》，在武陵区沅江以北，三闾路以西（含有电线厂、高专）、穿紫河以南、新河以东；德山开发区沅江以南、枉水与善卷路以东，桃林路以北，东风河以西；鼎城区武陵镇德安路以东，双潭路以西，迎宾路以北，沅江以南区域的“禁止燃放区”内，3月至4月组织拉网式巡查，禁止所有单位和个人无论何种事由，燃放烟花爆竹；“禁止燃放区”内所有商家店铺不准销售烟花爆竹，柜面仓库不得摆放、存放烟花爆竹。当年5月1日，市城区“禁炮”一举成功。常德市城区二氧化硫、一氧化氮、二氧化氮等有害气体造成的大气污染，高分贝噪声污染，弥漫空气中的粉尘污染，以及烟花爆竹碎屑造成的环境卫生污染，都大为降低。

1999 年 9 月，市政府颁行《关于禁止常德市城区机动车辆鸣放喇叭的决定》。市城管办牵头开展常德市江北城区机动车禁鸣喇叭，组织多批执法监察行动，配合市交警部门对违禁鸣放机动车高音喇叭驾驶员实施教育，直至处罚。嗣后，机动车禁鸣喇叭发展到江南城区一并施行。城区交通噪声污染明显减少。

2000 年至 2001 年，市城管部门牵头参加市人大组织的“环保世纪行”活动，组织多路执法队伍配合市环保局实施《常德城区大气环境保护圈建设管理暂行办法》，关闭保护圈内 27 家砖瓦厂，减少废气排放量 2.63 亿立方米，烟尘排放量 1380 吨，二氧化硫排放量 1670 吨。关停城区 1 蒸吨以下燃煤锅炉 42 台。市城区空气质量持续向好。至 2003 年，全市关闭 1 吨以下燃煤锅炉 84 台，关闭城市近郊砖瓦厂 20 多家，酸雨发生率比 20 世纪 90 年代最高年份的 100%下降 30%。

2003 年年初，市城管执法局在城市建成区施行渣土运输专营管理。是年 1 月，市政府出台《关于进一步加强城区渣土运输管理的通告》，明确建城区内各类渣土，包括工程土石方、弃土、弃料、余泥等建筑垃圾，沙、卵石、灰浆等建筑材料及散煤、煤渣等散体物料，一律实行专业化运输。规定渣土运输车辆须具备密闭式加盖装置，统一车身颜色，无密闭装置的车辆不得从事渣土运输。车辆改装从事渣土运输的，应遵守国家有关道路交通管理、产品质量管理等方面的规定，经有关部门审验合格，取得有关证件。市城管执法局会同建设、公安、环保等部门制订实施细则，组织宣传车队进行为期 2 周广泛宣传，将《通告》和宣传资料上门送到建筑工地、渣土公司和渣土运输业主手中，共分发宣传资料 2 万多份，得到业主们理解和支持。市城管执法局、市环卫处引进资金 2000 多万元，共组建 7 家渣土专营公司，城区渣土运输全部实行公司经营和密闭运输。组织全天候巡回监察执法，对不执行专营管理、不实行密闭运输，造成城区污染的经营者实施严格处罚。城市建成区渣土运输造成的粉尘污染和市容环境污染得到有效控制。

市城管部门以整顿市容市貌、整治城市环境卫生为主题，以市政府 7 号令〔1997〕《常德市城市市容和环境卫生管理暂行办法》为依据的城市环境执法行动，为策应市环保部门成功治理城市环境，为成功创建国家卫生城市、全国文明城市、国家环保模范城市等重大城市创建项目，奠定良好环境基础。

2005 年，常德市实施相对集中行政处罚权，市城管执法局负责“行使环境保护管理方面法律、法规、规章规定的涉及社会生活噪声污染、建筑施工噪声污染，饮食服务业油烟污染，向大气排放粉尘、恶臭气体或者其他含有有毒物质气体，在人口集中地区焚烧产生有毒有害烟尘和恶臭气体的物质，未采取密闭措施或者其他防护措施运输、装卸、贮存能够散发有毒有害气体或者粉尘的物质，向城区河道、水面倾倒工业废渣、城市垃圾和其他废弃物等方面的行政处罚权。”

是年 12 月 15 日，市政府法制办主任于汉卿主持市环保局向市城管执法局移交相关行政处罚权交接仪式，市城管执法局和市环保局双方签署交接协议书。是次交接协议书对常德市政府《常德市城市管理相对集中行政处罚权实施办法》规定做出变通，交接行政处罚项目未包括“饮食服务业油烟污染”和“向大气排放粉尘、恶臭气体或者其他含有有毒物质气体”两方面行政处罚权，界定市环保局向市城管局移交的环境保护法律、法规、规章规定的部分行政处罚职能仅包括：

一、对社会生活噪声污染、建筑施工噪声污染的行政处罚权；

二、对在人口集中地区焚烧产生有毒有害烟尘和恶臭气体的物质的行政处罚权；

三、对未采取密闭措施或者其他防护措施运输、装卸、贮存能够散发有毒有害气体或者粉尘的物质的行政处罚权；

四、对向城区河道、水面倾倒工业废渣、城市垃圾和其他废弃物的行政处罚权。

翌年 3 月 1 日，市环保局向市城管执法局移交相关行政处罚权协议书生效。2007 年，城管 110 特勤中队针对噪声扰民制订工作方案，实行 24 小时值班制度，对建筑工地、娱乐场所等易产生高噪声污染行业进行监控。同步实行 24 小时值班制度，及时受理市民投诉，年内受理噪音和夜市扰民案件 530 宗，都在第一时间进行妥善处理。

2009 年 7 月，市政府印发《理顺城市管理体制改革实施方案》精神，将 2002 年 6 月国务院法制办和省政府批复的城市管理领域相对集中行政处罚权职能重新确认，并严格集中到位。市城管执法局在城市环境保护方面负责行使的行政处罚权再次界定为，

“行使环境保护管理方面法律、法规、规章规定的涉及社会生活噪声污染、建筑施工噪声污染，饮食服务业油烟污染，向大气排放粉尘、恶臭气体或者其他含有有毒物质气体，在人口集中地区焚烧产生有毒有害烟尘和恶臭气体的物质，未采取密闭措施或者其他防护措施运输、装卸、贮存能够散发有毒有害气体或者粉尘的物质，向城区河道、水面倾倒工业废渣、城市垃圾和其他废弃物等方面的行政处罚权。”

是年 10 月 15 日，市环保局和市城管执法局再次签署《城市环境保护方面行政处罚职能移交备忘录》，《备忘录》明确：在规定移交的行政执法事项中，市环保局负责日常管理与监督检查，对发现的违法行为依法予以制止，及时将案件及相关资料和证据移交市城管执法局，由市城管执法局按照有关程序实施行政处罚。城管执法局依法行使城市环境保护管理方面的行政处罚权，依照法定程序对环境保护

2012 年 7 月 9 日，武陵城管分局组织执法记录仪使用培训

违法行为进行处罚。

备忘录约定，双方建立及时沟通信息、实行行政许可与行政处罚信息共享制度，建立重大、疑难案件会审、会商制度，建立城市环境保护管理与行政处罚工作衔接、配合备案制度。

2014 年 9 月，市委、市政府再次调整市区城市管理的职权和事权，市城管执法局武陵分局、柳叶湖分局和常德经开区分局人、财、物成建制下放到区（管委会），分别组建常德市武陵区城市管理和行政执法局、柳叶湖旅游度假区城市管理行政执法局、常德经开区城市管理行政执法局。各区级城市管理行政执法局负责组织实施各辖区城市管理相对集中行政处罚权工作，城市环境保护方面相关行政处罚权一并由各区级城市管理行政执法局负责。

第三节　工商和公安交通管理方面

常德市城管部门成立之初，城市工商管理方面和公安交通管理方面一部分行政执法职能，即由市政府授权给市城管部门负责施行。市城管部门在市容秩序和城市容貌管理工作中，对影响和损害市容的无证经营流动商贩、乱停乱靠影响交通违法行为，依据城市管理方面法律、法规、规章，实施严格执法。

1982 年 6 月，市城管办成立，下设市城管监察大队，市政府将工商管理方面和公安交通管理方面经营占道、交通占道、基建占道行为，纳入城市管理领域市容秩序管理方面行政执法范畴：

一、工商管理方面："对在街道及人行道和公共场所摆摊行卖无证经营者，进行检查、执罚、没收、取缔"。

二、公安交通管理方面："协助交通管理部门维护交通秩序，对妨碍交通乱堆放物料、乱停放车辆、乱搭建偏棚或占地等行为，进行制止、执罚或拆除、没收"。

上述体制执行至 1988 年常德"撤区建市"。1989 年，原常德市城管大队归口常德市建委管理，更名为常德市城市建设管理监察大队。市政府《关于明确市城市建设管理监察大队职责职权的通知》明确市城市建设管理监察大队"会同公安交警部门对城区临时占用（挖掘）道路进行管理，查处违法占道（挖掘）行为"，查处流动摊担和车辆乱停乱靠，仍然纳入市容秩序管理，由市城建管理监察大队负责。

1997 年 3 月，常德市政府颁行 7 号令《常德市城市市容和环境卫生管理暂行办法》，第 13、14 条规定：

"第十三条　主次干道（含人行道）、公共场所、公用通道和学校门前，严禁摆摊设点、出店经营、搭建棚亭和进行各类游艺活动。确需占有道路举办庆典、促销、展览以及在市政府规定的临时摊担区内从事经营活动的，须经城市市容环境卫生行政主管部门批准，并办理临时占道许可证。挖掘城市道路的，或因施工确需占用城市道路，须报经城建部门和交警部门批准。”

“第十四条 各类交通运输车辆，应保持外形整洁、美观，必须按规定路线和时间行驶，严禁乱停乱放；严禁客运中巴、大客车在非指定地点停靠拉客；严禁货运车辆在非指定地点停靠接洽业务。禁止各类车辆的司乘人员和乘客向车外抛弃、倾扫废弃物；货运车辆运输液体或散装物品，应密封包扎、覆盖严实，避免抛、撒、滴、漏；严禁拖拉机白天进城（晚 8 时至次日上午 7 时以前可在规定路线行驶）；严禁板车在非指定地点停靠；严禁畜力车在禁行区内行驶。”

上述规定成为常德市城市管理行政部门将无照流动摊担和经营占道、基建占道包括车辆乱停乱靠占用道路管理，继续纳入市容秩序管理方面行政执法的法律依据。

2001 年 8 月，市城管局成立。市委、市政府进一步强化市城管局城区经营占道、公益活动占道监管和控制职能，明确市城管局“负责拟定城区临时市场（摊担区）设置的宏观规划，组织有关部门联合审批，”“负责对举办庆典、促销、展览、宣传咨询、演出等活动占用道路的审批和管理工作，制止违法占道行为”。这种执法体制延续至 2004 年 12 月。

2004 年 12 月 29 日，市政府印发《常德市人民政府关于规范市城区临街人行道管理的通告》规定自 2005 年 1 月 1 日起，

一、禁止市城区临街单位和门店出店经营、占道经营和摆摊设点，禁止占道洗车、占道修车。

二、严格控制在人行道上进行各种宣传游艺活动，确需占用人行道举办庆典、促销、展览等活动的，须经市城市管理行政部门批准。

三、禁止机动车、非机动车在人行道上行驶。摩托车、自行车和人力三轮车必须入栏定点停放。

四、市城市管理行政部门会同建设、交警部门根据街道情况与实际需要，在行人通道宽度超过 4 米的地方可以划定停车泊位，并统一组织建设，供小型客运车辆停放。禁止货运车辆和大型客运车辆在人行道停车泊位停放。

五、禁止所有车辆在未划定停车区的人行道停放。

六、凡造成人行道及公用设施损坏的，当事人必须依法予以赔偿。

七、违反本通告规定的，由市城市管理行政部门依法处理。

2005 年 1 月，市城管执法局成立。2006 年 7 月，市政府依据 2002 年国务院法制办和省政府关于常德市开展城市管理相对集中行政处罚权批复，颁行市政府第 10 号令即《常德市城市管理相对集中行政处罚权实施办法》。该实施办法规定，市城管执法局负责行使工商行政管理方面法律、法规、规章规定的对无照商贩的行政处罚权，行使公安交通管理方面法律、法规、规章规定的对侵占人行道路行为的行政处罚权。

因常德市城市管理部门自成立之日起，即 1982 年开始，即实质上一直对无照商贩和

经营占道行为实施行政执法，故是次改革市政府法制办未组织工商部门与城管部门实施职能移交。市工商行政管理部门和市城管执法部门口头达成协议，按以往既定体制，无照商贩流动经营行为仍由市城管部门实施行政处罚。这种体制一直执行至2015年12月未变。

是次《常德市城市管理相对集中行政处罚权实施办法》，将国务院法制办和省政府批复中“行使公安交通管理方面法律、法规、规章规定的对侵占道路行为的行政处罚权”，权变为“行使公安交通管理方面法律、法规、规章规定的对侵占人行道路行为的行政处罚权”。

2005年3月2日，副市长刘剑英召开会议，专题研究规范市城区临街人行道管理有关问题。会议决定，根据市政府2004年《关于规范市城区临街人行道管理的通告》精神，城区临街人行道基建占道规范管理由市公用事业局负责，其他占道由市城管执法局负责。会议要求，市物价局注销市公用事业局收费许可证中城市道路占用费其他项目收费许可，保留建设项目收费许可，将城市道路占用费中其他项目收费许可调整为市城管执法局。市非税收入管理局提供收费及罚没票据，按收支两条线办法进行严格管理。

2006年，市城管执法局会同市规划部门、交警部门对市城区主次干道人行道展开全面勘测，制订人行道停车泊位建设施划规划方案，报经市政府审批。当年施划人行道停车泊位近百个。

2007年，一方面严格开业庆典、商品促销、门店装修等占道活动审批，严格控制活动地点和活动时间，规范经营占道行为，一方面展开人行道车辆占道管理，清除不规范停车泊位400多个，施划经申请批准的汽车停车泊位120多个。开展人行道停车占道执法，坚持每天对违法停放车辆进行抄牌送单，对汽车美容洗车、茶楼、酒店等严重侵占城区人行道路行为进行专项整治。是年，市城管执法局和市中级人民法院联手，成立城市管理非诉案件执行办公室，对到期不接受处罚的汽车占道行为通过法院强制执行。执法机制创新，一方面改变动辄锁车的强硬做法，避免执法矛盾，一方面强化对人行道机动车占道执法手段，提高管理权威。至12月底，主动缴纳罚款的车主达到3200多人，城区人行道上车辆乱行乱停现象发生很大改观。

2008年，市城管执法局不断强化城区人行道停车占道管理和执法，新增停车泊位125个，城区人行道停车泊位达338个。共抄牌取证违法车辆9000多台次，当事人主动接受处罚达3000余台次；由市中级人民法院城管非诉案件执行办立案31件，执行到位9件。局执法监督科针对占道停车处罚随意性大、罚款额度不统一问题，开展专门督导检查。检查发现，同样占道停车行为在有的大队罚款200元，在另一大队可能只罚款100元，引起广大车主不满。城管执法局召集占道管理科和法规科进行专门研究，明确规定对违法占道停放的车辆按照制度一律处罚100元，对确有特殊情况依法可以免除处罚的，由相对人提出申请，报局长批准后方可免除。各大队严格按照这一规定实施处罚。执法人员普遍感到一方面统一处罚标准，规范执法行为；另一方面有效防止执法腐败，体现处罚的公正公平，更赢得广大市民和车主认同、理解和支持。

2010年，市城管局针对机动车、非机动车在人行道上乱停乱靠行为，采取三项措施。一是宣传，组织执法队员发放给临街经营门店业主、车辆驾驶员“温馨提示”等宣传单2000余份。二是规范，对人行道上的自行车、摩托车严格按照两车入栏要求停放整齐。三是设障，投入资金26万元，在市城区人民路等四条主干道的人行道进出口设置物理隔离球和隔离柱600余个。直属大队对城区主次干道经营门店上门登记宣传，督促落实门前三包，规范停车秩序。对机动车驾驶员发放规范停车宣传资料5000余份，对违法停靠车辆下达《行政处罚告知书》7000余份，锁车3200余台，拖离不听劝阻、严重影响行人通行车辆62台。

是年9月10日，副市长沈习森召开会议，议定，从当年9月12日起，市城区人行道汽车停车管理职能由市城管执法局划归市公安交警支队统一管理。

第五章　窗口单位管理

第一节　常德火车站广场管理

常德火车站广场管理处是市城管执法局直属具有行政职能副处级事业单位，内设办公室、财务科、设施维护科、市容管理科 4 个职能科室，机构级别均为副科级；下设 1 个执法大队，机构级别为正科级；主要负责常德火车站广场区域综合管理。其主要职责：

一、负责常德火车站广场区域交通秩序、环境卫生、园林绿化综合管理工作。

二、负责常德火车站广场区域各项设施和设备使用、维修和日常管理，以及园林绿化维护。

三、受常德市城市管理行政执法局委托，负责穿紫河以北、石长铁路以南、丹阳路以西、朝阳路以东区域及常德汽车总站区域城市管理行政执法工作，履行上述区域相对集中行政处罚权。

常德火车站广场管理处前身是常德汇元经济开发总公司。1994 年 5 月，为配合石长（湖南石门—湖南长沙）铁路建设，常德市政府决定成立常德汇元经济开发总公司，负责常德火车站广场建设和周边区域开发。汇元公司与常德火车站建设指挥部合署办公，为副处级事业单位，归口市政府办管理。常德汇元公司内设综合部、工程技术部、开发经营部、计划财务部 4 个二层机构，均为正科级。从市直行政事业单位抽调事业编制人员 10 名。公司独立核算、自负盈亏，实行企业化管理。2000 年 2 月，市政府决定，常德汇元经济开发总公司由市政府办划归市建委管理，加挂常德火车站广场管理处牌子。隶属关系调整后，其机构性质、职能、级别不变。

2001 年，常德火车站广场建成投入使用。根据市委、市政府安排，常德火车站站前广场实行封闭式管理，常德汇元经济开发总公司暨火车站广场管理处随即成立城管中队（12 人）、环卫队（10 人）、公安派出所执勤室（2 人）、绿化队（2 人）、水电管理组（3 人），广场管理工作基本步入制度化轨道。汇元公司主要职责由建设开发为主转为广场管理为主。首先，加强广场设施维护保养。广场面积近 8 万平方米，且系开放式设计，时为全省唯一兼交通、休闲、娱乐为一体大型火车站广场，设施维护项目多、任务重。管理处及时组建专业维修队伍，保证全年维修保养及时到位，各项设施功能正常发挥。其次，强化广场环境保洁。针对火车站人车流量大，日常保洁任务重实际情况，管理处结合文明卫生城市创建要求，定制度、定标准、实行量化考核。其三，推进广场绿化美化。当年先后两次调整广场绿化方案，四次普种移栽草木花卉，共种植树木 326 棵，草皮 6000 多平方米及大量花卉，火车站广场基本达到花木茂盛，四季常青。其四，加强广场喷泉和各类亮化美化灯具配置、维修和养护，除坚持每季小修、每半年大修外，对易损设施随时修整更换。是年，火车站广场接待上级和外地领导检查、参观百余批次，均对火车站广场净化、亮化、美化工作予以充分肯定，成为常德市城区新的亮丽景观。

2002 年 5 月 23 日，市委副书记莫道宏召集市城管局、市经贸委、市建设局、市卫生局、市城管支队、市交警支队、市环卫处、市运管处、市汇元公司、市园林局、火车站及火车站派出所等单位负责人，就进一步加强火车站市容环境卫生和交通秩序管理，树立窗口单位良好形象召开协调会。会议强调，按照条块结合、以块为主工作原则，火车站区域（北到月台围墙，南至 207 国道，东至么路铺村简易公路，西至朝阳路）环境卫生、市容和交通秩序管理由汇元公司暨广场管理处负总责，市委、市政府对广场管理处赋予对各有关单位和部门协调、调度、督导权。各职能部门即城管、环卫、交警、运管、火车站及火车站派出所等单位，应在其统筹协调下，充分履行各自职责，通力协作，24 小时值班，共同搞好火车站管理。

会议决定，市城管支队火车站中队负责火车站广场和站台市容秩序监察任务，按照城市管理要求和国家卫生城市创建标准，实行全天候管理；火车站站台和广场环境卫生由汇元公司负责清扫保洁，其责任范围从 207 国道至站房“滴水”；207 国道以外（含 207 国道）由市环卫处负责；站房“滴水”以内至月台和路轨卫生由火车站负责，要按照国家卫生城市标准做到 24 小时保洁，并合理设置卫生设施；火车站广场和站房产生的垃圾由市环卫处负责及时清运；在垃圾中转站建成前，汇元公司清扫人员应将垃圾倒入专用垃圾箱内，以便环卫处及时清运。市交警支队 6 月 1 日起对火车站广场实行交通管制，禁止所有大车和营运车辆（含出租汽车）驶入火车站站台。汇元公司负责在广场区域标示停车标志，划定停车泊位。市交警支队、市城管支队 6 月 1 日起实行联合执法和委托执法相结合方式，加大对停放广场内所有车辆管理力度。严厉整治火车站广场客运环境，净化客运市场秩序，对“两摩”载客和民牌车非法营运现象，由市运管处负责取缔。

是年，市汇元公司暨广场管理处围绕火车站广场创建和工程项目建设两大中心任务，群策群力，确保达标。在火车站广场创建工作中，加强力量，全体动员，切实整改，确保在国家卫生城市创建检查中达到标准、不失一分，使常德这一窗口形象工程在“国检”中为常德增光添彩。

2003 年，市汇元公司暨广场管理处与市城管支队研究，决定火车站广场城管中队由市城管支队管理调整为市城管支队和火车站广场管理处双重管理、以火车站广场管理为主。调整后，火车站广场城管中队体制更顺，责任更加落实。结合开展“新城管、新形象”主题活动，城管中队通过设置“便民服务台”，开展送茶送水、乘车指南、扶老携幼等系列活动，队伍形象焕然一新，多次受到上级领导肯定表扬和电视、报纸等多家新闻媒体宣传报道。广场各种车辆停靠有序，整体容貌明显改观，在国家卫生城市复检等多项检查中均取得良好成效。是年，广场接待各种会议参观20多批次，视察、参观达2000余人次。

2004年，火车站广场城市创建成果得以巩固扩展。为配合创建国际花园城市考察，投资17.5万元，对火车站广场绿化再次改造提升。完成宿根花卉种植2000平方米，移植乔木140株、木本花卉30平方米、草本花卉420平方米、灌木植物500株。积极参加城区“繁花耀武陵”金秋花展活动。投资16万元，完成“大象”植物雕塑，摆设各类盆景、草花8000多盆，荣获花展二等奖。年末获得城区园林绿化“先进单位”荣誉称号。广场城管中队积极参加市城管局“城管形象年”活动，把严格管理与热情服务有机结合起来，城管队伍素质得以提高，广场管理工做出现新的面貌，端茶送水、扶老携幼、拾金不昧，助人为乐，并开展与经营业主结对子保清洁等活动，广场管理工作开展得有声有色，成效显著。全年被各类媒体表扬新闻报道达12篇（次），并2次接受常德电视台“常德新闻”栏目专题采访。

常德火车站广场一角

2005年12月6日，副市长刘剑英召开会议，专题研究综合整治火车站广场管理秩序有关问题。会议原则同意《关于开展火车站广场综合整治的工作方案》，议定，理顺火车站广场管理体制，由市编办、市财政局和市城管执法局负责提出方案；组建火车站广场站前派出所，负责火车站广场及周边区域治安管理，人员由市公安局内部调剂解决；出台广场管理规定。由市政府法制办牵头，市城管执法局、市公安局、市交警支队等单位配合，制订《常德火车站广场管理办法》，明确管理范围、内容和处罚职能，界定城管、公安、交警、运管等部门职责，划分管理区域，切实做好广场维护和管理；实行广场车辆分流，由市城管执法局、市交警支队、市运管处等部门负责，春节前将出租汽车候客点上移至火车站站前平台，并在南面设置由东至西出租汽车专用循环单行车道；对公交车辆和社会车辆分别在广场东、西两侧设置停车区，划分各自行驶专线；完善广场设施，组建火车站广场管理处负责做好火车站广场设施全面检修和绿化工作；建立并完善长效管理机制，火车站广场管理处成立后和有关部门单位要不断探索，总结经验，既要各负其责，又要密切配合；既要治标，又要治本。市政府督查室和市长热线要不定期进行督查，对不作为或失职的单位和个人要予以责任追究。

2006年7月21日，市编委印发《关于调整常德火车站广场管理处管理体制的通知》明确，市委、市政府决定将常德汇元开发总公司暨火车站广场管理处由市建设局管理调整为市城管执法局管理。管理关系调整后，常德火车站广场管理处仍加挂常德汇元经济开发总公司牌子，其机构性质、机构规格、人员编制等仍维持不变。牟利民首任常德火车站广场管理处主任兼汇元公司总经理，沈英鹏任党支部书记。

2007 年 1 月，市编委发文通知，鉴于常德火车站广场管理处工作职能已由原负责火车站广场建设开发调整为负责火车站广场交通秩序、环境卫生和公共设施等方面维护及综合管理，市委、市政府同意将常德火车站广场管理处经费形式由自收自支调整为全额拨款，人员编制确认为 24 名。8 月，刘振华任常德火车站广场管理处党支部书记，沈英鹏调任市纪委派驻市城管执法局纪检组长。9 月，市编委印发《常德火车站广场管理处职能配置、内设机构和人员编制规定》。该“三定方案”明确，常德火车站广场管理处是市城市管理行政执法局管理的具有行政职能副处级事业单位，主要负责常德火车站广场及周边区域综合管理。管理处内设办公室、财务科、市容管理科、设施维护科共 4 个职能科室，机构级别均为副科级；下设市城市管理行政执法局火车站广场大队 1 个执法大队，机构级别为正科级。常德火车站管理处主要职责：

负责常德火车站广场区域交通秩序、环境卫生、园林绿化综合管理工作；负责常德火车站广场区域各项设施和设备使用、维修和日常管理，以及园林绿化维护；受市城管执法局委托，负责穿紫河以北、石长铁路以南、丹阳路以西、朝阳路以东区域及常德汽车总站区域城市管理行政执法工作，履行上述区域相对集中行政处罚权；负责处理常德汇元经济开发总公司债权债务遗留问题。

是年，常德火车站广场管理处工作重心由房地产开发、建设为主转变为火车站广场行政管理为主，单位性质从企业化管理事业单位转变为具有行政职能拥有执法权的事业单位，经费形式也由自收自支调整为全额拨款。体制变革为实现火车站广场长效管理奠定良好基础。广场城管大队合理布置，周密安排，教育为主，处罚为辅，切实加强广场进出车辆管理。广场交通秩序井然，非法营运车辆数目大为减少。是年 6 月，火车站广场管理处投资 200 万元对广场实施设施改造。11 月广场绿化改造工程完工，12 月完成广场亮化改造工程。市政府主要领导来广场视察时，对改造后广场新面貌赞不绝口。同时在广场安装红外线探头 12 个，将火车站广场纳入全市城管系统监控网络建设之中，采用高科技手段对广场实现 24 小时全方位管理。

是年，常德火车站广场管理处顺利完成“蓬莱.有约”住宅小区开发建设。该项目占地 1.67 公顷，坐落柳叶湖畔，毗邻常德大道，南靠姻缘河，拥有住宅 210 套，总投资约 3750 万元。其中 50%以上住宅面向市城管系统干部职工成本价销售，解决市城管系统干部职工住房困难。该项目当年 3 月 30 日通过招拍挂取得土地开发权，6 月 20 日开工，至 10 月 8 日封顶，历时仅 111 天。工程部在确保总体工期目标兼顾经济成本前提下，将整个工程分为 5 个施工区，各施工区平行施工，以期达到最短施工周期，将劳动力投入和周转材料调配到最合理状态。“蓬莱.有约”住宅小区 9 月 15 日开始预售，当年销售 190 余套，回收资金约3100万元。次年7月顺利向业主交房。该项目商品房销售达到95%，回收资金3828.5万元，工程款支付达80%以上。

2008年1月，常德火车站广管理处中层骨干职位竞争上岗顺利完成，一批通过竞争上岗优秀中层干部全部到岗到位，市城管执法局任命的城管大队长也到岗履职，全年工作顺利开局。3月，市城管执法局召开行政职能委托会议，委托常德火车站广场管理处城管大队自2008年4月1日起在管辖区域内行使相对集中行政处罚权。此举标志常德汇元经济开发总公司向常德火车站广场管理处体制转化圆满实现，工作重心由开发建设顺利转移到城市管理方面。

为适应职能转变，常德火车站广场管理处重新制订完善各项规章制度，包括党风廉政建设责任制、行政效能监察责任制、各科室（城管大队）工作职责、工作人员工作职责等，为完成各项工作任务提供可靠制度保障。管理处将2008年定为行政法律法规学习年，将每个星期五下午定为学习时间，每月最后一周周一下午为考试时间。通过一年学习，全处干部职工自身素质和工作能力得到很大提高。管理处城管大队通过开展“思想作风纪律”三大整训活动，提高队伍依法履职自觉意识。全处动员，全员参与，积极参加全国文明城市创建，取得可喜成绩。管理处投入资金38万元，改造维护广场设施，制作宣传横幅、盾牌、标识标牌、宣传橱窗。继续投入资金79万元对广场亮化进行改造，提升广场形象。

2009年，常德火车站广场管理处认真贯彻落实推进新型城市化各项举措，明确工作目标，突出工作重点，强化工作措施，创新工作方式，确保国家卫生城市复评顺利过关，确保各项日常工作顺利有序开展。管理处积极响应市委市政府号召，全力参与测评迎检工作。设施维护科加强火车站广场设施设备维修和改造；财务科抓紧维修资金到位；市容管理科加强督导巡查；城管大队加大宣传及城管整治力度。9月，投资53万元对火车站站房实施亮化改造；投资6万元，建设广场国庆园林景观造型；投资11万元，进行站房霓虹灯修理、自来水管修复改造、地下通道设施修理等日常设施维护修理；使火车站广场以崭新形象迎接国庆60周年。

根据市委学习实践活动领导小组要求，常德火车站广场管理处按照党员干部受教育、科学发展上水平、人民群众得实惠要求，结合管理处工作实际，求真务实地开展学习实践科学发展观各项活动。管理处成立学习活动组织领导机构，制订《常德火车站广场管理处学习实践科学发展观活动实施方案》，领导班子成员充分发挥示范作用，带头深入学习，深入基层调研，撰写心得体会和调研报告，带头开展解放思想大讨论活动，为学习实践活动扎实开展提供组织保证。

在学习实践活动中，为实现市城管局“管理工作标准化，执法工作规范化，队伍管理军事化，行政问责制度化”目标，常德火车站广场管理处根据市城管局工作安排，结合自身实际情况，决定以文明执法为契机，全面提升城管执法水平。一是大力推进“文明执法”试点工作。是年市城管局将火车站广场和步行城作为“文明执法”试点单位。管理处以“文明执法”工作试点带动“四化”工作全面开展，全处上下统一思想，全力投入试点工作。城管大队把试点工作做为全年工作重心，狠抓落实。二是提高服务水平，树立城管新形象。城管大队提高便民服务亭服务水平，完善便民服务亭工作机制，选派得力工作人员在便民服务亭开展服务工作，将火车站广场便民服务亭打造成树立城管和谐新形象窗口。充分发挥广场管理系统功能，配备得力人员，及时发现指挥处理城市管理问题，有力保障广场设施安全运行，不断提高广场综合管理科技水平。三是坚持管理标准化，提高市容管理水平。制订科学、具体、系统、切实可行操作标准和考核标准，细化量化目标管理考核体系和队伍考核体系。对重点难点问题，加强调度，打破常规工作方法，创新工作思路。积极开展清理“牛皮癣”小广告、打击非法营运、规范占道经营等专项整治工作。采取日常管理和专项整治相结合工作方式加强市容秩序管理。城管大队全年共办理各类案件616宗，均达到依法办案、依程序办案、处罚适当，适用法律准确目标。四是明确责任，坚持行政问责。强化敬业意识，建立和完善责任追究制度，对不作为、缓作为、乱作为等违纪违规行为，实行行政问责。严格执行奖惩制度，根据处市容管理科每月对市容管理情况考核结果，对工作措施到位，工作效果明显个人予以奖励，充分调动一线工作人员工作积极性；对工作散漫，管理措施不到位个人进行行政问责，促使他们改变工作方法，端正工作态度。

是年11月，曾国赋任常德火车站广场管理处主任；牟立明调任德山经济技术开发区管委会委员、德源开发公司总经理。

2010年，常德火车站广场管理处全力推行队伍规范化建设，注重外树队伍形象，内强队伍素质，着力打造“政治合格、作风过硬、业务熟练、纪律严明、保障有力、人民满意”行政执法队伍，在队伍组织建设、行政执法、队伍管理、执法保障等方面收到良好效果。一是加强队伍素质教育。管理处组织干部职工参加创先争优活动、《廉政准则》学教活动、中共十七大四中全会精神学习等活动，使全处干部职工思想始终与党中央保持高度一致。二是加强制度建设。健全内部管理制度，先后出台管理处《招投标制度》《工程项目竣工验收制度》，用制度约束人，用制度规范人，用制度管理人，效果良好，受到各级各部门好评。三是开展创先争优活动。处党支部积极组织全处党员参加创先争优活动，通过调查研究、公开承诺、领导点评、群众评议等过程，进一步提高党支部战斗堡垒作用和共产党员先锋模范作用。

是年，常德火车站广场管理处积极响应市委、市政府号召，全力参与创建文明城市工作。管理处完成交通标线施划、人行道板改造、花岗岩地面整修、无障碍设施设立等工程，确保创文迎检工作顺利开展；完成喷泉、高杆灯、旅游公厕3个新建项目和地下通道维修，全面提升火车站广场整体形象。加强督导巡查密度，加大广场清扫保洁力度，确保广场干净整洁；加强进出广场车辆停靠管理，使各类车辆在广场有序停放。开展非法小广告“牛皮癣”专项整治。在整治工作中，城管队员对经常出现小广告和“牛皮癣”重点区域进行布控和盯守。对非法小广告“牛皮癣”随现随清，防止出现二次污染。加强信息收集，发动群众参与，全年没收违法宣传品1000多套，没收小广告4000多张，覆盖“牛皮癣”100余平方米，有效遏制火车站广场视觉污染，多次受到市领导赞扬。城管大队还多次与市客运处开展联合执法，严厉打击“黑的”“黑摩”，维护“的士”司机和旅客正当权益，规范辖区内运营秩序。

2011年，常德火车站广场管理处继续全力推进队伍规范化建设，继续全力推进所辖区域“创文迎检”活动。管理处对原有内部管理制度进行全面修订完善，新制订管理处《国有资产管理办法（暂行）》《工程预验收制度》《工程预决算制度》《财务管理制度》，加大用制度管人管事力度。坚持规范执法程序。广场城管大队在执法过程中，一切以事实为依据，以法律为准绳，严格按程序办事，杜绝出现办人情案、随意案现象。继续在火车站广场推行城管执法分区域分时段重点值守制度，安排执法队员疏导、指挥社会车辆在指定地点停靠，指挥“的士”排队在等候区载客；积极协调交警、交通、运管、客运等职能部门，加大对火车站广场非法营运车辆打击，确保客运秩序正常有序。年内共教育处罚广场内乱停乱靠车辆300多台次，规劝、处罚“黑的”“黑摩”120余台次，使广场车辆停靠秩序大为改观。加强对广场经营门面管理，与广场经营门店签订“门前三包、门内达标”责任状15份，督导经营业主抓好“门前三包”工作。加大市容秩序管理，确保在广场范围内无乱吊乱挂、乱堆乱码现象；无流动商贩、占道擦鞋等违法行为，高标准覆盖、涂抹小广告“牛皮癣”200多平方米。

常德火车站广场管理处干部职工打扫广场卫生

是年，常德火车站广场管理处投资300万元对火车站广场市政设施进行维修和改造。投入23万元，建设旅游公厕1座投入使用；投入104万元改建地下通道，建设改建面积近1700 平方米， 9月初建成投入使用；投入资金60万元进行喷泉、高杆灯维修；投入资金3万元对广场内建筑3400 平方米外墙进行全面清洁；投入资金11万元对广场道路、排水、路灯井盖、自来水进行全面维修；投入资金2万元，在火车站广场增设垃圾桶14个，并在人行道上安放花岗岩隔离墩14个；投入资金5万元，补栽广场绿化带500多平方米，补栽更换树木20多株；同时投入资金30多万元对广场其他设施设备进行维修和改造；维修水泥混凝土路面220平方米。

2012 年，常德火车站广场管理处先后两次召开全处干部职工创文迎检动员大会，传达市委、市政府关于创建工作有关精神，并向各科室和城管大队布置工作任务。创文期间每周召开一次创文调度会，针对工作中存在问题及时整改。及时发布火车站广场创文工作动态，在市文明办《创文简讯》上发表 3 篇，在常德日报、常德晚报、常德民生报发表新闻稿件 12 篇，常德新闻频道播报新闻 2 则。

是年，常德火车站广场管理处文明城市创建工作成绩喜人。一是拓展便民服务内容。投入资金 12 万元，在火车站公交坪建设高标准广场服务亭，为广大市民和来往旅客提供服务。利用电子显示屏和广播系统宣传时事政治、中心工作和常德市情；组建志愿服务队伍为旅客提供车次和乘车咨询、免费提供急需药品、茶水和旅客休息处、帮助老弱病残等服务；提供失物集中和认领服务。从 7 月份广场服务亭正式启动以来，年内为旅客市民提供宣传、帮助、咨询服务约 11000 人次。二是日常维护精细化。根据广场各种设施设备运行情况，管理处坚持每天巡查制度，根据巡查结果，制订设施维护计划，提高日常维护效果，对损毁绿化带、花草、树木进行及时补栽，确保整体绿化效果。投入资金 3 万元对广场内建筑外墙进行全面清洁；投入资金 11 万元对广场道路、排水、路灯井盖、自来水管进行全面维修；投入资金 5 万多元，补栽广场绿化带 500 多平方米，补栽更换树木 20 多株。实行清扫保洁区域负责制，定员定岗，对广场进行彻底清扫，做到卫生不留死角；加强公厕管理，确保公厕 24 小时干净整洁、无异味，为来往旅客和广大市民提供卫生舒适如厕环境。增加流动保洁力度，及时清理广场暴露垃圾。三是广场执法规范化。在火车站广场实行城管执法分区域分时段重点值守制度，安排执法队员在车流人流密集时疏导、指挥社会车辆在指定地点停靠，指挥“的士”排队在等候区载客；积极协调交警、交通、运管、客运等职能部门，加大火车站广场非法营运车辆打击，确保客运秩序正常有序。加强广场经营门面管理，与广场经营门店签订“门前三包、门内达标”责任状，督导经营业主抓好“门前三包”工作。加大市容秩序管理，确保在广场范围内无乱吊乱挂、乱堆乱码现象；无流动商贩、占道擦鞋等违法行为，高标准覆盖、涂抹小广告“牛皮癣”。每天安排执法队员在火车到站时间引导旅客乘车，热情为旅客排忧解难。

2013 年，常德火车站广场管理处立足服务“新常德、新创业”，创新工作理念与思路，找准工作切入点、着力点，努力打造广场管理升级版，牢固树立综合管理、常态管理、用心服务管理理念，在广场管理提质、处置历史遗留问题、资产管理保质增值、建设服务团队等方面着力，求真务实，广场管理取得新成效。

一是利用广场服务亭，为来往旅客和广大市民提供真情服务。尽心竭力为旅客提供车次和乘车咨询、免费提供急需药品、茶水和旅客休息处、给老弱病残孕者提供帮助；为流浪人员联系救助。年内为旅客市民提供宣传、帮助、咨询服务约 3 万多人次，旅客留下感谢留言 100 多条。

二是建立广场设施维护人员每天巡查制度，对损坏的设施设备及时做到维修更换。年内，再次投入资金 30 万元对广场花岗岩地面、排水、路灯、井盖、自来水管等进行全面维修；投入资金 10 万多元，补栽广场绿化带 3000 多平方米，更换苗木 8000 多株。对广场给水管进行局部改造，每月节约水费近 3000 元。定时清洗地下通道 12 个出入口顶棚玻璃，及时更换地下通道损坏灯具，为行人提供安全出行通道。

三是在火车站广场实行城管执法分区域分时段重点值守、徒步执法与执法车辆巡逻相结合制度。在广场西边建立“城管执勤室”，增添城管执法巡逻车。积极协调配合交警、客运等职能部门，共教育处罚广场内乱停乱靠车辆 1500 多台次，规劝、处罚“黑的”“黑摩”100 余台次，广场车辆营运秩序和停靠秩序大为改观。加强对广场经营门面的管理，督导经营业主抓好“门前三包”工作。加大市容秩序管理，确保在广场范围内无乱吊乱挂、乱堆乱码现象；无流动商贩、占道擦鞋等违法行为，高标准覆盖、涂抹小广告牛皮癣。每天安排执法队员在火车到站时间引导旅客乘车，热情为旅客排忧解难。

四是勇挑重担，“创文迎检”零失误。是年，在全国文明程度指数测评工作中，火车站广场被列为文明城市重点迎检单位。领导班子带头，严格按照市委、市政府工作要求，坚守在广场一线。完成“中国梦”公益广告宣传任务：制作宣传展板 60 块，遵德守礼提示牌 12 块、公益立柱广告 4 处，电子屏幕宣传 1 处、宣传栏 1 处。组织全体干部冲洗广场、铲除地面口香糖、清理广场绿化带内垃圾及广场污渍污垢，劝导不文明行为、维护广场秩序、引导来往旅客搭乘公交车。全处上下拧成一股绳，确保在创文迎检过程中未出现任何失误。

2014 年，常德火车站广场管理提质升级，秩序管理更加有序，基础设施更加完善，广场环境更加优美，内部管理更加科学，整体形象进一步提升。

常德火车站广场城管大队以全市交通市容秩序两项整治为契机，做好广场市容秩序管理“四个结合”，即突出重点时段与重点路段相结合，集中整治与日常管理相结合，定员定岗与流动巡查相结合，教育劝导与行政处罚相结合。全年，火车站广场城管大队劝阻违法停车 2800 余辆次，处罚违法停车案件 384 起，劝导流动商贩占道经营 200 多次，清除小广告 870 处，纠正门店、报刊亭出店经营 100 多次，拆除店外悬挂条幅 80 多处，收缴散发广告宣传单 20 公斤，驱赶占道擦鞋 700 余次，维护中心坪广场舞秩序 100 多次，使火车站广场市容秩序大为改观。

管理处加强基础设施维修，提升硬件水平。是年，更换广场东西两侧休闲区域健身器材 10 台，维修 40 多台；广场天桥顶棚和东西长廊、候车棚进行防水处理和翻新粉刷共 3000 多平米；清理广场明沟淤泥 2500 多米，地下通道铝板吊顶 400 平方米，清洗通道玻璃顶棚 12 座；更换老化的音乐喷泉大型配件 20 多个，确保广场设施正常运行。在广场中心台阶两侧各增设宽 60 厘米行李坡道，方便旅客出行。重新施划广场交通标识标线，标示牌重新设置，广场车流更为科学、合理、规范。

广场环卫保洁、园林绿化、公厕及地下通道管理按精细化标准作业、实行市场化运作，管干分离。做到广场内无零星垃圾、设施干净整洁、卫生不留死角；苗木种植及时，绿篱修剪美观，灌木株型丰满；公厕及地下通道保洁及时、设施完好、干净无异味。整个火车站广场洁净、靓丽、舒适，环境优美。投资 20 多万元，完成火车站广场监控系统全面升级改造，火车站广场区域和地下通道均装置高清摄像头，监控室内 6 个大型液晶显示屏实时显示广场各个区域的监测画面，并与市智慧城管监控指挥系统对接。

2015 年，常德火车站广场管理处按照“服务至上、执法文明、管理科学、争创一流”工作总要求，深化广场精细化管理，加大设施硬件投入，规范广场交通秩序，窗口形象更加亮丽。

年内，常德火车站广场管理处进一步完善精细化管理工作标准和考核办法，坚持和落实考评小组日巡查、周讲评、月通报制度。火车站广场城管大队执法车辆流动巡逻与执法人员定岗定责相结合，重点路段和时段重点职守；充分利用广场智慧城管监控平台，及时处理广场车辆违停、流动摊贩占道经营、“牛皮癣”小广告等现象。广场设施维护坚持日常维护与集中维护相结合，确保广场设施设备完好。广场环境卫生、绿化养管、公厕和地下通道管理通过市场化运作模式，按照精细化作业标准考核，广场管理水平明显提升，精细化管理基本实现常态化、长效化。

继续加大广场硬件投入。年内完成火车站广场亮化改造。投入资金近 10 万元，更换维修广场高杆灯具 30 套、庭院灯 90 套、广场柱廊 LED 轮廓灯 500 米；更换火车站站房投光灯 73 盏、铺设电缆 400 米。完成广场公厕改造、花岗岩地面维修。投入资金 8 万元改造公厕排水系统、更换蹲便器 13 套、铺设防滑地面砖 80 平方米、内外墙重新喷漆 150 平方米。完成地下通道维修及顶棚清洗。投入资金约 8 万元，将广场地下通道旧楼梯扶手拆除，重新安装烤漆榉木扶手 478 米。投入资金 2 万元，更换损坏玻璃、维修地下通道灯具、清洗地下通道玻璃顶棚面积 2381 平方米。加强无障碍设施建设。在社会车辆停车场增设 2 个无障碍停车位，广场人行道板增设 850 米盲道及 6 个无障碍出入口，在广场天桥中央台阶两侧增设 0.6 米宽行李坡道。

广场交通秩序管理更加有序。根据市委书记、市长批示，出台新的广场交通组织方案，重新施划广场交通标线，设置对应标志标牌，增设广场出租汽车专用通道，改造出租汽车待客区，重新布局广场交通监控探头，将广场数字城管平台与智能交通平台资源共享，完成火车站广场硬件配套设施建设，为广场新的交通组织运行打下坚实基础。公交车不进火车站广场、造成旅客搭乘不便问题有效解决，火车站广场交通秩序管理得以规范，广场交通拥堵问题亦得到根本解决。

是年 10 月，刘振华调任市城管执法局副局长。

第二节 常德市商业步行城管理

常德市商业步行城管理办公室是市城管执法局直属全额拨款事业单位，内设综合科、行政许可办公室、公共设施维护科 3 个科室和行政执法一中队、二中队 2 个执法机构，编制 22 人。其主要职责：

一、负责拟制商业步行城发展、建设规划和管理方案；

二、负责商业步行城日常事务管理、协调解决管理中出现的矛盾和问题；

三、负责商业步行城区域内户外广告（含门店招牌）规划和管理；

四、负责商业步行城区域内公共资源管理及市政基础设施维护管理；

五、协调督导城管、环卫和治安工作。

常德市商业步行城前身是常德市商业步行街。1997 年 6 月，市政府决定对市城区人民路中段实施封闭式管理，定名为常德市商业步行街。成立常德市商业步行街建设管理领导小组办公室，简称市步行街管理办，隶属市政府财贸办公室管理。

1999 年 2 月 6 日，常德市商业步行街隆重开街开市。其时，步行街全长 570 米、路宽 30 米，沿街建有商场大楼 11 座，经营门面 1000 余个，其中精品门店 120 个，总营业面积 9 万平方米，从业人员 5000 余人。市建设部门用花岗岩隔离球封闭道路两端及各条横向街巷出入口，在行道中央铺设花岗石，两侧人行道铺设广场砖，全路段装置全天候红外线监控系统；街内新栽种二排共 96 棵桂花树，各种庭院灯、树景灯、礼花灯、轮廓灯、射灯等灯火亮化设施错落分布，夜景富丽堂皇；配套建设公共厕所、停车场、休闲椅等辅助设施。

2001 年 9 月，市步行街管理办由市财贸办划归市城管局管理，曹道彩首任市步行街管理办主任。步行街管理办制订《步行街市容环境卫生长效管理实施办法》《办公室卫生责任制度》《财务审批制度》《步行街城管中队工作职责》《清扫员职责》《市容监督员职责》《治安队员职责》《工商行政管理人员职责》《办公室管理人员职责》等各种制度规范，狠抓市容市貌和环境卫生管理，确保街内秩序井然有序，街景整洁亮丽。市城管支队组建步行街中队，专门负责对乱丢、乱扔、乱吐、乱倒、乱泼等违法行为实施处罚，对乱贴、乱画、乱挂（吊）行为进行规劝教育，并及时予以清理。年内共处罚违法行为 800 余起。加大执法力度，加强车辆通行停靠管理。根据《商业步行街交通管制规定》规定，坚持文明执法，打不还手，骂不还口。当年共发生恶性抗拒执法事件 50 余起，执法队员被打达 20 多人次，步行街中队始终坚持严格执法，冷静处理，深受市民好评。集中整治小街小巷，堵住流动小商小贩源头。对小街小巷采取 4 次集中整治行动，共取缔违法搭建亭棚 10 多个，拆除违法建筑 5 处，取得良好整治效果。步行街管理办定岗位、定人员、定责任，对街内环卫清扫工作分段包干作业：一是将步行街由东向西划分成若干区段，每

1999 年常德步行街开市时街景鸟瞰

个区段明确一名责任人，实行区段包干责任制，年终测评对优胜者予以重奖，大大提高环卫工人责任感与工作积极性；二是调整清扫人员，加大清扫力度。环卫清扫人员每天分为三班，坚持全天清扫，确保街面 24 小时保洁。11 月，步行街管理办公室召开商业步行街顾问团成立大会，聘请周方勇、严若君、陈明旺、曾腊梅、陈志强、石菊初、陈希平、张楚杰、汪建国、高建辉 10 位经营大户为商业顾问，制订《商业步行街顾问团章程》，充分调动步行街经营者参与步行街管理积极性，为步行街建设、管理与发展献计献策。

是年，商业步行街成为常德城区商业网点最密集，建设标准最高，美化亮化最好路段。投入运行以后，日平均人流量很快达 6 万至 8 万人，节日高峰时达 20 万人之多，迅速成为常德城区旅游景点和商业文化亮点。

常德市商业步行街各项管理工作跃上新的台阶。2001 年，商业步行街先后被中央宣传部、中央文明办等有关部、委授予“全国百城万店无假货示范街”，被国家质量技术监督总局授予“全国购物放心一条街”荣誉称号。全年共接待省内外参观检查团体 65 批。全国政协副主席毛致用、湖南省委书记杨正午、省长周伯华都曾率团视察常德商业步行街。

2002 年 5 月，市编委印发《关于设立市商业步行街管理办公室的批复》，明确根据市委常委 2002 年第 6 次会议精神，同意设立市商业步行街管理办公室，为市城市管理局管理正科级事业单位。其主要职责：负责拟定商业步行街建设和管理发展规划；负责商业步行街市容环境卫生、户外广告、交通秩序监督管理；负责商业步行街市政基础设施维护管理；负责综合协调、督促驻街相关职能部门有关工作。核定自收自支事业编制 4 名，其中：主任 1 名，副主任 1 名；其他工作人员 2 名。张超任市商业步行街管理办公室主任。

是年，市步行街管理办投入 40 余万元对步行街建筑物进行全面亮化，投入 10 余万元对路面进行全面维修。继续把落实市容秩序和清扫保洁放在首位，常抓不懈。步行街在成功吸引经营者和市民涌入街内投资兴业和休闲购物同时，也成为各类违法经营者抢占阵地的“风水宝地”。摆摊设点，游商浮贩，严重影响街内正常秩序；乱丢乱扔，乱贴乱画，严重破坏步行街整体形象。步行街城管中队合理部署力量，狠抓日常管理。坚持每天 14 小时工作制度，采取分岗布哨，街内巡查、重点打击等方法认真做好日常管理工作。每天早 8 时至晚 10 时，步行街东西两端均设有固定岗哨，控制机动车辆及板车、三轮车、自行车驶入；组织小分队搞好街内巡查，清理各类流动摊贩，整顿出店经营，清除乱贴乱画、乱吊乱挂，查处乱吐乱倒，乱丢乱扔等违法行为。城管中队把严格管理和深入细致宣传教育结合起来，挨家挨户上门做工作，纠违法，使街内95%以上经营户都积极支持城管工作，不但自觉遵守有关规定，还主动帮助城管队员说服教育违法者。把清除“牛皮癣”小广告和口香糖污迹列为重点战役，始终维护步行街良好形象。是时，金钻广场一期工程投入使用，办公室适时扩大管理范围，先后十多次与金钻广场负责人联系协商，组织力量维护步行街整体形象。广大环卫工人兢兢业业、任劳任怨做好清扫保洁工作。步行街24小时保洁效果受到各级领导一致好评。

是年，市商业步行街共接待各级领导和省内外各地团体到步行街参观、考察40多批次，常德商业步行街品牌已初步形成。7月初，浙江温州组成40人考察团到步行街考察，步行街管理办联系辖区内内原有温州籍经营业主，共同做好接待工作，全面系统介绍步行街规模、经营方式、特点，使温州客人对常德步行街产生浓厚兴趣。考察期间即成立常德温州商会，活跃常德、温州两地商业文化交流，更多吸引温州人士到步行街投资兴业，年内落户步行街温州籍经营户增至30多户。

2003年，步行街管理办筹措资金，对南北两侧人行道进行三次大型维修，组织拆除大中型广告招牌20多块，高标准改造门店招牌20块。步行街户外广告位千金难求，是各大型厂商企业和各广告商家竞争主战场。是年步行街金钻广场开街营业，户外广告竞争更加激烈，管理局面更为复杂。步行街管理办积极主动和市城管局广告办联系，出台步行街户外广告设置规划，完善步行街户外广告设置许可程序。嗣后，与局广告办一起，和广告经营商沟通，和金健置业公司沟通，组织学习《中华人民共和国广告法》《常德市城区户外广告管理办法》等法律法规，取得理解、支持、配合，步行街户外广告管理逐步走向规范和有序轨道。

是年，常德步行街共接待各级领导和各界团体到步行街参观、考察团达40多批次，市委、市政府包括市级机关和市直有关单位在步行街开展大型公益活动20多场次，步行街管理办给予最大配合与支持，取得较好社会效益。市步行街管理办强化经营理念，做活经营文章。利用步行街商业文化品牌，吸纳社会各团体、各企业在步行街举办各种高规格、高品位有偿商业文化活动，既活跃步行街商业氛围，又创造较好经济效益，盘活步行街无形资产，大幅度增加管理收入。

2004年，市政府同意商业步行街扩展为商业步行城，将市城区朗州路以西、武陵大道以东、建设路以南和沅安路以北，共19条街巷、约3.5公顷区域统一划定为商业步行城，和原人民路步行街一并纳入统一管理。7月，市人民政府办公室行文通知，成立常德市商业步行城管理委员会，副市长刘剑英任管委会主任，委员会办公室设市城管局，市城管局局长彭培南兼任办公室主任。

是年9月，市政府印发《常德市商业步行城管理办法》，明确市商业步行城管理委员会主要职责：一、审议商业步行城发展和建设规划；二、审定商业步行城建设、维护和管理方案；三、协调商业步行城建设、管理中矛盾。市商业步行城管理委员会办公室主要职责：一、负责拟制商业步行城发展、建设规划和管理方案；二、负责商业步行城日常事务管理，协调解决管理中出现矛盾和问题；三、负责商业步行城区域内户外广告（含门店招牌）规划和管理；四、负责商业步行城区域内公共资源管理；五、协调督导城管、环卫和治安工作。该管理办法对商业步行城物业管理、市容市貌管理、清扫保洁管理、公共安全和交通秩序管理、经营活动管理、市政公共设施管理、环境保护和其他事务管理，都做出明确规定。

2005 年 4 月，副市长、商业步行城管理委员会主任刘剑英主持召开会议，专题研究步行城日常管理问题。会议要求金健置业公司尽快拉通步行城内尚未完工街巷，确保步行城各道路路口、街巷口畅通。和平西路拉通后，尽快开通公交线路，增设步行城公交车停靠站。尽快启用步行城内设停车场，有序组织、引导机动车辆进入场内停放。会议要求在步行街内增设绿荫藤架，金钻广场摆放一批高档次盆景，以美化环境，营造商业文化氛围，方便市民休闲、娱乐，吸引游客。步行城管理办与市广告办衔接统筹考虑，尽快编制出步行城户外广告整体设置规划，加大管理力度，严格规范管理步行城户外广告牌设置。充分利用现有电子商务屏将商业宣传与公益广告结合起来，加强对步行城商业品牌宣传，提高形象水平。市文明委、市创建办、步行城管理办公室、武陵区政府、城南街道办事处以及相关社区要组织步行城内商家、经营业主开展以打造“常德市商业步行城”这一品牌，构建和谐常德为主题诚信服务活动，对社会公开做出诚信服务承诺，以吸引游客、消费者，宣传步行城品牌形象，营造浓厚商业氛围。

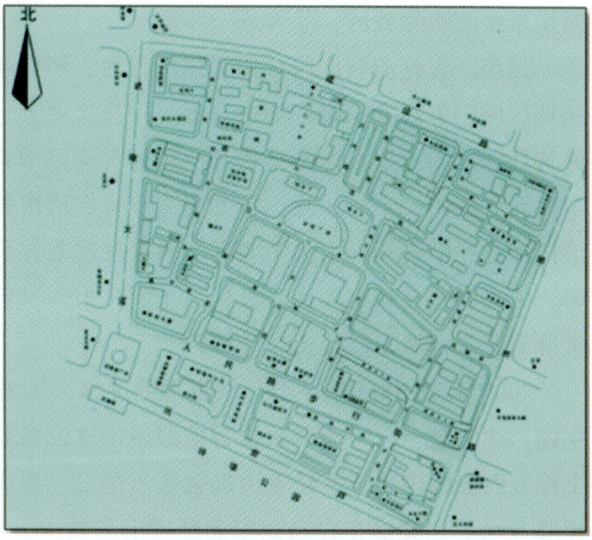

常德市商业步行城区域示意图

是年，步行城管理办按照争创“市民满意年”部署，深入产权单位和商家门面进行调查，现场解决商家现实困难，得到广大商家好评。加大管理力度，步行城范围内各条道路街巷市容秩序和卫生状况始终保持良好状态。始终抓紧安全生产教育和巡查，全年未发生任何安全生产事故和车辆交通事故。首次与市禁毒委联合在步行街举行禁毒宣传一条街活动，并与青阳阁社区签订“创无毒社区”责任状，使综治工作得以进一步落实。

2006 年，步行城管理办紧紧围绕“创人性化管理，建设和谐常德”目标，突出在管理服务水平、质量、高效、商家满意率上狠下功夫，在进一步优化经营环境上出新策。办公室摆正管理和服务关系，在管理中突出服务，在服务中加强管理，把促进商业步行城繁荣和发展，提升商业步行城在全省乃至全国知名度，作为奋斗目标。管理办公室多次召开步行城顾问委员、个协会长和业主代表参加的座谈会，广泛听取他们意见和建议。办公室切实改变工作作风，“想业主之所想，急业主之所急”，接待热忱礼貌、认真负责，做到一请、二敬、三问、四理。凡遇到自己不能回答或解决不了的问题，都报告领导或相互通气，决不推诿或敷衍了事，直到业主或顾客满意为止。经过全体工作人员和广大经营者不懈努力，商业步行城成为经营秩序更加规范、市容环境更加优美、氛围更加平安和谐的休闲娱乐旅游购物城区，品牌进一步擦亮。

是年，为打击制售假冒伪劣违法行为、切实推进商贸企业诚信建设，步行城管理办组织辖区内广大商家积极参加中宣部、中央文明办、国家发改委等部门举行的“百城万店无假货”活动，“以真诚赢得信誉、用信誉保证效益”活动主题深入人心，受到广大商家和市民真心拥护。当年3月，常德商业步行街再次被评为“全国百城万店无假货”活动先进单位，受到中宣部、中央文明办、国家发改委、国家工商总局、国家质监总局等八部门表彰，中央电视台和《人民日报》《光明日报》《经济日报》等中央媒体和地方媒体先后对常德商业步行城予以报道。

2007年至2009年，步行城管理办突出“满意城管、法制城管、科技城管”三大创建主题，在塑造全国一流商业步行城即城市建设精品、城市管理品牌、城市经营亮点等多项工作方面苦练内功。一是着力加强队伍建设、提高管理服务水平。步行城管理办为提高管理服务水平，突出在提高商家满意度上下功夫。发放《步行城管理服务质量意见卡》，广泛征求商家对管理办公室工作程序、管理服务态度和工作水平意见建议；定期召开管理服务形势分析会，各业务科室查找不足并提出改进的可行办法，对查找出来问题限时整改。2007年5月，湖南日报对常德步行街文明创建工作对各商家业主进行实地采访，在湖南日报为步行街规范有序催生商业繁荣给予系列专题报道。是年6月，省直7家新闻媒体以文明创建工作为主题，再次对步行街进行一次全方位、多角度、立体式全面解读和宣传，增加常德步行街知名度，扩大常德步行街影响力。二是加大基础建设力度，顺应建设一流窗口形象要求。步行城管理办坚持每年对步行城区域内建筑物外墙进行清洗，各类广告按照标准规范上架，对户外广告进行美化，及时更换整修街道破损地面砖，对步行街内

2008年5月，市委书记武吉海，市委常委、副市长欧运崇陪同全国市长联谊会代表考察常德步行街

休闲座椅、绿化藤架、垃圾箱随时维护；2009 年拆除街中 27 个促销棚亭；高标准清除覆盖区域内 19 条街巷小广告“牛皮癣”；新设置大型公益广告 4 块，覆盖大型空白广告位 8 块；使步行街公共基础设施长年保持一流水平。步行城管理办每年都要配合市各职能部门举办数十场次各类主题大型公益活动。

2010 年 3 月，常德商业步行城管理办由自收自支事业单位转变为全额拨款事业单位。此举为步行城发展从根本上解决既要管理出精品、又要“以街养街”抓创收两难局面，队伍凝聚力进一步增强。4 月，李建林调任步行城管理办主任，张超调任常德火车站广场管理处副主任。

是年，步行城管理办筹资 100 万元全面维护翻修步行城公共基础设施，全面翻修区域内 1000 余平方米破损路面，区域内无障碍设施修缮一新，路灯杆、电力变压器箱全部油漆一新，街内休闲座椅全部维修到位，并新建多个休闲座椅供市民使用；区域内 48 个垃圾箱全部更换一新；区域内花坛全部安装立石、栽培地被植物；疏浚步行城区域排水沟、下水井；在步行街两端入口、华龙商贸、金得利大厦、金钻广场等处调整广告位，发布 3000 多平方米公益广告。同时全面提升步行城车辆停靠消纳能力，一是区域内新增停车泊位 90 多个，二是切实督导金泰物业将 2 个地下停车场全面对外开放。管理办公室成立 30 名队员组成的 3 个城市管理行政执法中队，将办公室大部分人员充实到执法一线工作，办、队合一管理，步行城综合管理水平进一步提升。

2011 年，步行城管理办坚持以“巩卫创文”（巩固卫生城市创建成果，创建全国文明城市）为主线，推动全办工作再上新台阶。管理办发起并报市委宣传部批准，联合多个职能部门在商业步行城全面开展“百城万店无假货”活动，通过一系列联合执法检查和争创“百城万店无假货”示范店活动，营造良好创文氛围和优质商业环境。在执法中队实施网格化管理，通过对重点区域定点定岗值守、一般区域流动巡查，真正做到发现问题在现场、处理问题在现场、督察督办在现场、检查考评在现场，达到精细化管理和精细化执法效果，维护步行城良好市容秩序。

是年，步行城管理办继续抓紧基础设施维护和公共设施日常管理，提升常德市商业中心公共区域基础设施档次。一是全面落实广场地面和街巷地面修护及公共设施维护，确保“创文”迎检时达到 100%完好率；二是实施街景改造，步行城主街人民路新增东西两端标识性构筑物和电子显示屏，街心改造 7 根灯柱，使景观部分和亮化效果得到提升；三是对金钻广场及大兴街、和平街以及四条小巷进行路灯改造，改造后亮化率达到 100%；四是进行组织长年绿化养护。进一步加大市容秩序管控力度。步行城管理办、步行城大队和金泰物业、新一佳超市等企业协调会商，出台商业活动管理标准，明确开展活动范围。规范鸡鹅巷内露天餐饮，关闭迁移四眼井马路菜市场，对经营门店装饰和开业庆典进行现场管理，大力整治大兴街内流动摊担。全年接待中央有关部委，省委、省政府以及外省市领导 60 多批次视察、考察，均获得高度赞誉。

2012年，步行城管理办继续把自身当做“巩卫创文”主战场，全年把“巩卫创文”工作贯穿始终，毫不松懈，为常德争光。一是进一步加大公共服务设施建设力度，提升市民群众满意度。是年，管理办注重从市民群众关注的小事抓起，在步行街新建两个“城管便民服务亭”，内设饮水机、一次性水杯、医药急救箱、针线包等便民设施及物品，自建立以来，每天免费为上百人次提供饮水服务，夏季向公众开放接受群众入内避暑。在东西入口各建设一个带有“禁止车辆通行”提示活动门，提示并阻止车辆在步行街内肆意穿行，维护步行街良好秩序，保障步行街内通行市民群众人身安全。对区域内破损广场砖、花岗岩、行道板和休闲座椅再次进行彻底维护翻修，确保迎检时达到100%完好率，创文迎检工作不扣分。

步行城管理办启动市容秩序专项整治及执法队伍集中整顿活动，建立内部评比考核制度和奖惩制度，每周点评兑现，有效激发执法队伍争先创优热情。同时通过对重点区域定点定岗值守、一般区域流动巡查，成立督察队伍不定时督察方式，维护步行城良好市容秩序，各项经营活动开展有序，执法队伍形象有明显好转。办公室年内对区域内所有户外广告进行清查治理，对于超标准、超期限发布的要求限期拆除，同时严格发布审批，大力提升区域内户外广告整体水平，使户外广告不仅成为商业文化优质载体，而且成为步行城建筑、构筑物优秀作品，为城市景观增添色彩。

2013年，步行城管理办全力投入城市“三改四化”工作，以精细化管理、人性化服务为目标，始终坚持“文明执法，热情服务”工作方针，努力提高工作人员素质，努力树立城管队伍良好形象；继续把“创文”迎检工作贯穿始终，毫不松懈，确保迎检工作为常德争光。办公室加强与街道、社区基层组织联系，做到思想一致，行动一致，形成合力。积极协调处理各个职能部门工作，认真负责，相互不推诿扯皮，确保迎检工作落到实处，不挂空挡，不留死角；牢牢抓住公共设施维护这个整体形象“牛鼻子”，保持长年对区域内广场砖、花岗岩、行道板等进行全面维护，确保随时随地百分百完好率；保证人民路22把休闲椅随时完好无损，是年又在大兴街新设置休闲椅12把；长年协调电信、路灯、市政、电力、绿化等部门对破损公共设施进行更新、维护；为各部门公益活动提供保障。步行城所辖区域为全市商业中心区域，人流物流密集，是城市窗口，也是各级各单位举办公益活动最佳阵地。是年，步行城管理办协助有关单位在步行城举办年博会、国土日、禁毒日、环保日等各类公益活动50余场次，均实现市容卫生保洁良好、市容秩序维护良好，同时确保交通秩序良好，消防通道畅通安全，确保这些活动安全文明开展。进一步优化户外广告管理效果。管理办在规范户外广告审批流程基础上，加大公益广告发布力度，全年共审批户外广告7960.88平方米，其中发布公益广告2219.54平方米；多次督导、协调，金泰物业等广告位产权单位及广告公司清理整改户外广告1350平方米。

是年8月1日，为实施“三改四化”沅安路“路改”工程，市政府决定步行城人民中路路段即步行城主街暂时性通车。步行城管理办年初起即沿街沿户对步行城主街经营门店经营品种、从业人员、负责人等信息进行摸底登记，全面宣传步行街暂时性通车意义，耐心做好经营业主宣传解释工作，确保步行街范围内社会稳定，保证步行城区域内“三改四化”工作顺利开展。8月1日步行街通车后，办公室及时调整隔离设施，保护人车安全，面对大量涌入的流动商贩，办公室调整作息时间，加大执法力度，在充分做好沿街商家工作基础上，确保市政府决策准时、顺利实施。

2014年，市城区“三改四化”步行城美化提质改造项目正式实施。是年8月28日，市政府公示步行城美化提质方案。30天公示期满后，按程序分两期组织现场施工，计划2015年春节前完成一期，即大兴街及人民路（武陵大道—朗州路）欧式风格区域改造任务，嗣后完成二期工程。

2014年步行城升级改造后武陵阁入口处景观

该美化提质方案将常德商业步行城管辖范围由市城区朗州路以西、武陵大道以东、建设路以南和沅安路以北，约0.35平方千米区域，调整为武陵大道、人民路（武陵大道—青年路）、朗州路、四眼井街围合区域及人民路（武陵大道—青年路）两侧，占地规模约0.2平方千米，建筑立面面积11.712万平方米，街巷路面面积6.91万平方米。按照方案，武陵阁步行城将对现有业态进行整合升级，打造武陵潮流区、国际名片空间、数码动感地带、炫动风情区、美食天地、综合零售区、现代配饰中心、儿童世界—教培中心等8大业态分区。打造功能分区明晰、业态分布合理、交通组织完善、城市景观丰富的集游、购、吃、玩、学于一体现代城市“购物公园”。公示方案提出，将人民路、大兴街及周边主要街区设置为步行区域，已暂时性通车的人民中路（步行街）届时恢复步行。同时，在武陵大道、四眼井街、朗州路、沅安路实行双向通行，步行城内部部分街巷允许指定方向单行，实现区域人流环行。

是年9月1日，暂时性通车1年零1月后，步行城主街即人民路中段重新封闭。

是月，根据市政府《关于进一步深化城市管理体制改革的意见》“重心下移、权责清晰，职能归并、效能整合，因地制宜、积极稳妥”要求，市商业步行城更名为常德市武陵阁商业步行城，由市城管执法局移交给武陵区城管执法局管理。黄国华任常德市武陵阁商业步行城管理办公室主任，庹学平任党支部书记。

2015年，武陵阁商业步行城管理办进一步增强品牌意识，一心一意抓辖区内市容长效管理。全面推行精细化管理，实行包片管理模式，有效推行片长负责制。要求从地面人行道板破损、占道经营到户外广告、楼顶违建到夜市摊担，从禁播音响到制止“牛皮癣”

张贴各种违法行为，实施24小时全天候细致管理，明确“去横幅、禁噪声、罚车辆、铲广告、早值守、着装齐、不空档”21字工作守则。

是年，步行城管理办处理小街小巷乱晾晒衣物800多次，清除乱涂乱张贴“牛皮癣”上万处，清除乱堆放1300多处，纠正车辆违法3000多台次，处罚其他违法行为1000多起，步行城实现规范化、常态化管理。学习和借鉴大都市设计和管理理念，按国际化标准规范设计与管理人民路步行街和大兴街两条主街门店招牌，为步行城美化锦上添花。

市商业步行城（武陵阁商业步行城）管理办公室成立以来，依法行政，精心建设，严格管理，商业步行城成为常德城市管理和行政执法的示范阵地，成为常德物质文明建设和精神文明建设的亮丽窗口，成为常德城市建设和城市发展的精美名片，获得一系列荣誉：

2001年3月，被中央宣传部、中央文明办、国家工商管理总局等六部委命名为全国“百城万店无假货”活动示范街；

2001年3月被国家质量技术监督总局命名为全国“购物放心一条街”；

2005年3月，被省委宣传部、省商务厅等部门命名为湖南省“百城万店无假货”活动示范街；

2005年12月，被湖南省文明委命名为“湖南省文明街道”；

2006年3月，常德市商业步行街再次评选为全国“百城万店无假货”活动先进单位，受到中央宣传部、中央文明办、国家发改委、国家工商行政管理总局等八部委表彰，中央电视台、《人民日报》《光明日报》《经济日报》等中央媒体及地方媒体先后予以报道；

2006年12月，被湖南省文明委授予“创建湖南信用单位先进集体”。

第五篇《

数字化城管与考核体系建设

第一章　数字化城市管理平台建设

第一节　第一代平台城市管理监控系统建设

2003年6月，常德市政府常务副市长陈文浩、副市长刘剑英分别在《常德市城市管理局关于建设城区城市管理电视监控系统的请示》上签字，同意建设常德市城市管理电视监控系统。市城管局随后组织专业人员深入研究建设部数字化城市管理系统部颁标准，派出专门班子赴北京市东城区城市管理监督指挥中心学习考察，根据建设部部颁标准高标准起草常德市城市管理电视监控系统建设方案。

2003年8月，市发改委以（常计招〔2003〕356号）文件批准同意市城市管理监控系统建设项目组织国内招标。嗣后，市城管局委托湖南省招标十处对该项目进行国内公开招标。2005年7月，市城管局与中标单位深圳金晟安智能系统有限公司签署常德市城区城市管理电视监控系统建设合同。

2006年5月，市城管执法局召开局长办公会议，就大力推进数字化城市管理系统工程有关工作进行专题研究。会议议定，鉴于数字化城管监控技术已经成熟，将原设计电视监控系统方案升级修改为数字化管理监控系统；决定与深圳金晟安智能系统有限公司签订修改升级建设方案后补充协议，并在补充协议中明确质量保证金和管理费交付方法和额度。

会议决定聘请省建设厅、市信息化办、湖南文理学院等单位专家组成项目专家小组，该专家组一是负责尽快对工程设计方案进行评审以利于尽快开工建设；二是负责项目竣工验收，以确保工程建设符合建设部部颁标准，达到国内一流水平。会议还决定聘请建设部资深专家担任工程顾问。国内公开招标，聘请具有相应资质的监理公司对工程质量实施全程监理。

是年12月，市城管执法局召开数字化监控工程建设办公会议，对设计方案和工程建设再次进行专题研究，会议议定：

一、进一步优化设计方案，确保工程质量。按照常务副市长陈文浩要求对设计方案进行再次优化。一是要预留街面公安监控端口，兼容交警监控画面，实现数字化资源共享；二是在整个工程建设资金不突破600万元前提下，压缩非核心技术，降低装修成本，增加现场监控能力。在江北城区、武陵镇和德山城区设置8个固定监控点，对火车站广场、步行城、柳叶湖和城郊接合部等窗口区域和重点部位实行24小时监控，同时，增加配置手持式“城管通”数量，依靠无线传输手段，增强执法人员在工作一线现场采集信息和现场处理事件能力。

二、尽快通过方案评审，启动工程建设。方案优化后，尽快提交市信息化办组织评审，以便启动工程建设。

是月，市城管执法局组织完成技术方案设计会审，下达工程开工通知书，正式开工建设该项目。

常德市数字化城市综合管理信息系统根据建设部《城市市政综合监管信息系统单元网格划分与编码规则》（CJ/T213）标准、《城市市政综合监管信息系统管理部件和事件分类、编码及数据要求》（CJ/T214）标准、《城市市政综合监管信息系统地理编码》（CJ/T215）标准，综合利用 GIS、GPS、RS 等多种技术和各类业务平台，推行万米单元网格和城市部件管理法，实现城市管理工作由粗放型到集约型、精确敏捷型转变。

常德市数字化城市综合管理指挥中心建成数字化监控和指挥平台，分离城市日常管理与监督事权，建立管理信息采集和监督新机制，建立新的日常管理和监督评价机制。整合并发挥多个政府部门管理职能，提高政府施政效率，面向市民提供有效综合服务。落实区政府、街道办事处、居委会、网格区域四个层次的责任。建立系统统一指挥，统筹协调分散在城管、市政、公用、国土、房产、环保、园林、市容、环卫、建筑等专业管理部门的管理资源和执法力量，共同履行城市管理、维护安全等职责，为市民提供快速、优质服务。

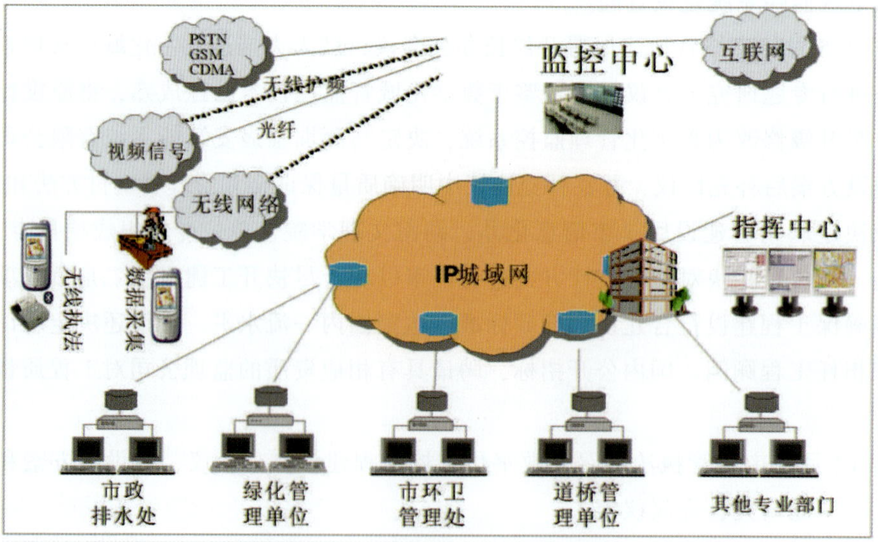

常德市数字化城市综合管理信息系统总体框架拓扑图

常德市数字化城市综合管理信息系统建立 8 个分系统：

一、接处警系统

提供报警受理、处理服务功能，完成指挥调度、语音服务和传真服务、全过程数字语音录音、过程监控、信息查询等功能，根据城管业务应用需要，该部分系统还提供 Internet 接入以及网上受理功能；此外，该系统利用计算机网络通信技术，实现有线语音与无线集群系统有效融合，应用于城管接处警、指挥执法、统一电话调度等。

二、GIS 地理信息系统

提供报警受理定位、处理指挥定位功能，提供基本的地理信息查询，包括道路、园林、各种城管设施等地理信息查询功能。特别是结合网格化管理，GIS 应用为实现及时、精确定位和及时、高效处置提供可靠应用技术支撑。

三、无线数据采集系统（城管通）

“城管通”采用无线移动通信技术、无线移动定位技术、嵌入式地理信息发布技术、高可靠性数据压缩和加密技术以及多媒体信息采集技术等业内领先先进技术,形成科学的数据采集和更新机制，为城市管理提供实时高效的多媒体信息采集手段。城市管理信息采集器通过实时无线通信技术政务信息共享平台进行连接，实现各信息数据的实时交换与共享，从而达到信息综合利用，高效信息采集和传输目的。在第一时间为城市管理提供翔实准确的现场资料。

四、无线接入服务系统

在中心设置服务器与移动（或联通）相连接，接收无线采集终端发回的图像、声音或文字信息及定位信息，提供无线采集终端定期更新和任务发布、通知等功能。

五、大屏显示系统

由 8 块 DLP 显示屏组成 2×4 显示大屏幕。画面可进行任意分割，以显示常德市电子地图、上报信息、接处警信息、图像信息等。该屏幕显示系统具有高分辨率、高亮度、高对比度，图像无失真、无错位现象，支持视频信号、计算机信号显示，所有信号均可放大至全屏显示。

六、无线执法系统

利用具有蓝牙功能的无线手机和便携式打印机，使执法人员在现场随时可对违法人员进行处罚单打印，同时将处罚情况及时上报中心备案，以便随时检查执法人员执法情况，防止出现非法执法情况发生。

七、视频会议系统

指挥监控中心会议系统利用现代宽带网络，采用高清晰度的视频编码标准（MPEG2），使用组播方式传送音视频数据流，利用 IP 地址管理视频流充分发挥网络交换能力。同时，系统中高度智能的网络控制单元 NCU 管理全网视频数据流，在视频通信中智能分析用户要求，动态分配需要带宽，将全网视频数据负荷平衡在合理的基数上，为网络维持可靠、高效服务提供保证。

八、指挥调度系统

指挥调度系统包括三大方面：数据处理、辅助决策和综合办公。数据处理是整个虚拟指挥中心系统核心。辅助决策分为领导层（决策层）和管理层辅助决策二个层次。领导层辅助决策主要解决全局性的重大决策项目，管理层辅助决策针对各专业职能管理，提供实时、快速的决策查询或处理。

2009 年 5 月，常德市数字化城市综合监控管理信息系统建成并投入试运行。建成项目包括：

一、监督指挥中心：包括监督指挥中心装修、会议广播系统、空调设备、会议桌椅；

二、监督指挥系统：包括电视墙、操作控制台（15 个席位）、监视器（18 台）、投影仪、控制矩阵、视频分配器、控制码分配器、一机双屏电脑（14 台）、防火墙、路由器、硬盘录像机、服务器（5 台）、接入光缆链路等设施、设备；

三、室外视频监控系统项目：纳入“平安城市”资源共享的监控器 28 个，全部安装完毕并投入使用，在常德火车站广场建设分监控室；

四、操作系统和数据库：包括 WindowsServer、Windows Xp、WEBGIS 引擎平台、Oracle 数据库等。

五、城管 12319 举报受理系统：包括电话交换机硬件设备和自动应答系统软件。

六、运行软件：包括开发安装数字城管应用软件、GIS 应用软件和“城管通”系统软件。

七、数据采集和整理：完成江北城区 38 平方公里城市建成区部件的数据采集和地图修补测绘，按照国家标准划分万米单元网格 786 个，测绘城市部件 101422 件，并对所有数据进行整理，完成数据库建设。

八、建成以市城管执法局机房为中心的市城管系统城域网；购置数据采集器“城管通”90 台和巡查自行车 60 辆。

2010 年 8 月 3 日，市电子政务办组织专家对市城管执法局综合监控管理信息系统工程验收。验收意见认为：

常德市城市管理数字化综合监控管理系统工程由原城区城市管理电视监控系统项目调整变更后施工建设项目，根据《常德市数字化城市管理信息系统》建设总体目标及任务要求，项目建成分为 14 个部分；数据库建设和 13 个子系统建设，包括无线数据采集子系统、呼叫中心受理子系统、协调工作子系统、城市部件在线更新子系统、地理编码子系统、大屏幕监督指挥子系统、综合评价子系统、构建与监控子系统、基础数据资源管理子系统、数据交换子系统、视频监控子系统、专项普查子系统、数字化城市管理和市民服务监督指挥中心门户网站。同时，在市城管执法局 6 楼按国家有关计算机机房装修标准，建成指挥中心系统，包括 12319 城管呼叫中心系统以及火车站广场区域分控中心。

工程各项试验、检测均达到技术要求规定，系统功能符合国家有关规定。按期完成合同所约定的全部工作量，无遗留质量缺陷。工程合同总额为 9232491.00 元，决算后总金额为 5837577.00 元。

2011 年 10 月，市财政评审中心完成该系统工程决算评审。

2012 年 3 月，湖南省政府经济研究信息中心组成专家评估会，对常德市数字城管系统项目施行评估，评估结论为常德数字城管现有硬件设施完好，软件系统功能比较齐全，有利于向二级平台扩充。是年 7 月，市城管执法局为城管队员配发执法记录仪。11 月，市城管执法局采取公开招考方式，招聘监控指挥中心座席人员 10 名，系统维护员及网络管理员各 1 名。通过对现有设备进行全面检修、维护和组织新晋人员系统上岗培训后，2012 年年末，常德市数字城管系统全面启动。

第二节 第二代平台智慧城管信息系统建设

2013 年 6 月，常德市委、市政府研究决定，在城市管理领域加快推进“一改四化”：即改革城市管理体制，推进运营市场化、管理网格化、作业精细化、考核标准化。

运营市场化就是将清扫保洁、园林绿化等推向市场。通过招投标，组建清扫保洁公司，环卫处加大清扫保洁督查考核力度，确保提高作业标准和水平。

管理网格化就是建设全覆盖管理网络。分区域、分地段包干到责任人，定人、定点、定岗、定责、定标准，市容市貌管理、卫生保洁监管、户外广告设置监管、环境保护、规划违法的监管一并包干到责任人，减少职能交叉。建立责任到网格、处置到网格、监管到网格、奖罚到网格的运行机制。

作业精细化就是注重规范化管理城市。以落实“门前五包”责任制为抓手，切实加强日常巡查监管，按照“一日四扫、巡回捡拾、全日保洁、一周一洗”要求，实行错时制、全覆盖管理，高质量保洁城区道路和公共区域，提高城市环卫保洁质量。扩大洒水范围，达到城区主要道路洒水工作一天两次全覆盖。

考核标准化就是严格按照考核体系进行科学考核。一是建设市区两级联动管理的数字化城市管理信息系统，一是进一步健全城管目标管理绩效考核制度，特别是考核标准、实施细则，进行日常监督检查和考核评比，建立健全城管工作运行机制，实行日检查、周通报、月考核、季讲评、年总结制度，推进城市管理考核工作科学化、标准化。

是年 6 月 28 日，市政府召开专题会议，议定加快常德市数字化城市管理信息系统建设。会议要求，市城管执法局要组织专门班子，7 月 20 日前制订数字化城市管理信息系统建设运行方案，7 月底前上报市政府研究会审，8 月初组织公开招标，9 月份开工建设，年底建成试运行；同时，要进一步推动城市管理体制体制改革，抓好城管体制重心下移和市场化运作。

是年 7 月，市城管执法局组建专门筹建班子，赴郴州、长沙学习调研数字化城管建设经验。根据住房和城乡建设部《数字化城市管理模式建设导则》要求，深入研究《城市市政综合监管信息系统 单元网格划分与编码规则》（CJ/T213）《城市市政综合监管信息系统 管理部件和事件分类、编码及数据要求》（CJ/T214）《城市市政综合监管信息系统 地理编码》（CJ/T215）《城市市政综合监管信息系统 绩效评价》（CJ/T292）《城市市政综合监管信息系统 监管数据无线采集设备》（CJ/T293）《城市市政综合监管信息系统

2013年8月8日，常德市政府信息化办召开智慧城管系统项目设计方案技术评审会

城市管理部件事件立案、处置和结案》(CJ/T315)《城市市政综合监管信息系统技术规范》(CJJ/T106)一系列数字化城市管理系统建设的部颁标准，在常德市数字化城市管理信息系统第一期平台建设基础上，精心编制第二代常德市数字化城市管理信息系统（简称智慧城管系统）项目建设方案。

是月29日，市城管执法局、市电子政务办召开第一次“四区”智慧城管建设调度会。讨论研究“四区”区级平台建设经费问题、办公用房问题、建立联络员问题与网格划分问题，明确提出“统一设计、统一招标、统一建设、统一管理”的“四个统一”指导思想。

8月8日，市政府邀请省政府信息中心、国防科大信息中心、湖南文理学院、株洲市城管局等多方的专家和领导，组成以省政府信息中心杨志新教授为专家组组长的专业评审组，在市城管执法局召开智慧城管系统设计方案技术评审会，对项目建设方案进行专业技术评审。

是年8月29日，市智慧城管系统项目建设方案分别通过市电子政务办及市财政局预算评审，系统总预算3544万元。根据系统建设特性分为4个标段，分别是软件平台（A包）、数据建设（B包）、系统集成（C包）、系统监理（D包）。

是年9月，市级智慧城管系统指挥中心完成软件平台（A包）、数据建设（B包）、系统集成（C包）、系统监理（D包）招标，完成市级智慧城管系统指挥中心基建工程项目环境影响评测。是月28日，智慧城管系统市级指挥中心基建工程正式开工。

当年，市智慧城管系统指挥中心升级改造项目于12月25日封顶，春节前完成内、外墙处理，进入装修环节。

武陵区指挥中心选址武陵区城市办办公楼一楼，面积约380平方米。鼎城区指挥中心位于鼎城区城管局院内，面积约130平方米。经开区级指挥中心平台位于新城管大楼一楼南部大厅，面积约130平方米。柳叶湖区级指挥中心平台位于柳叶湖规划分局会议室，面积约100平方米。武陵、鼎城、德山、柳叶湖区级指挥中心12月8日进场装修，次年元月分别完成装修、大屏、机房等全部设备安装与调试。

软件平台建设进展顺利。根据建设方案，软件平台包括三个部分，一是九个部颁标准子系统即无线数据采集、监督受理、协同工作、综合评价、监督指挥、应用维护、数据交换、基础数据资源管理统及地理编码等子系统，年底前均完成开发，进入测试。二是十二个拓展子系统已完成九个即移动督办、移动处置、多维分析、空间分析、视频监控、电子监察、业务短信、12319 呼叫中心、“城管互动”移动终端等子系统开发，进入测试。三是十个业务子系统已完成七个即环卫作业车辆、渣土运输车辆、餐厨垃圾运输车辆、生活垃圾运输车辆、路灯工程车辆、门前三包、违法建筑等子系统开发。数字园林、城市亮化、城市排水子系统分别与园林局、路灯管理处及公用事业局进入需求分析、调研。数字园林、数字执法、门户网站安排在春节后完成，软件平台其他子系统 1 月 20 日完成系统联调。

数据采集进展顺利。市智慧城管系统覆盖范围为市城区北到太阳山、南到桃花源机场、东到白鹤山小镇、西到常张高速入口的建成区，需完成面积约 90 平方公里数据普查及和 100 平方公里实景影像。武陵区范围为东起双拥路、常德大道，西抵桃花源路，南起沅安路，北达石长铁路线（东西跨度为双拥路至桃花源路，南北跨度为沅江至石长铁路线），约 44 平方公里。鼎城区范围为南起金霞大道、北至沅水大堤的合围区域，以及善卷路至德山沿线的王家铺社区、三滴水社区、商贸城、桥南工业园区域；另将桃花源机场区域（机场居委会、桃花源路）和灌溪工业园区域（岗市、五里、铁山、大垱、富贵、汤家坪、溪园）一并纳入监管区域，约 11 平方公里。常德经开区范围为沅江以南、高速公路以北、海德路以西、枉水以东，面积约 25 平方公里。柳叶湖旅游度假区范围为柳叶湖街道城市建成区、北部新城、太阳山景区、白鹤山乡、柳叶湖和沾天湖环湖路，面积约 8.8 平方公里。2013 年当年完成 90.8 平方公里部件普查外业采集，共采集部件数约 27 万个。实景影像采集完成常德大道约 4 公里实景采集及 8 个单点全景数据采集。

系统集成亦进展顺利。年底前完成服务器、存贮等设备及视频监控、车载 GPS 等平台安装与调试；“智慧城管网”网络环境搭建基本完成；安装摄像头 175 个；安装路灯控制设备 300 多套；车载 GPS 定位设备 20 套；完成武陵区、常德经开区、柳叶湖度假区三区综合布线等工作及市电子政务机房到四区指挥中心的光纤预埋工作。

2014 年 1 月 10 日上午，市委常委、常务副市长赵应云在市政府常务会议室主持召开市长办公会议，专题研究部署常德市智慧城管系统建设工作，武陵区、鼎城区、常德经济技术开发区、柳叶湖旅游度假区和市直有关单位主要负责人参加会议。会议听取市城管局关于常德市智慧城管系统建设的情况汇报，讨论并原则通过《常德市智慧城管系统运行办法》（试行稿）和《常德市智慧城管系统指挥手册》（试行稿），要求进一步修订完善后颁行。

是年 3 月 31 日，常德市城市管理委员会印发《常德市智慧城管系统运行办法（试行）和《常德市智慧城管系统指挥手册（试行)》。

《常德市智慧城管系统运行办法》明确，市智慧城管系统运用现代信息技术，量化城市管理对象，创建城市管理监督指挥管理体制，建立统一的城市管理基础平台，再造城市管理流程，从而实现精确敏捷、高效有序、全时段、全方位、全覆盖、全评价的数字化城市管理新模式。

市委常委、常务副市长赵应云考察智慧城管指挥大厅施工现场

市智慧城管系统采用万米单元网格管理法和城市部件、事件管理法相结合的方式，将城市管理对象定位到万米单元网格中，使城市管理问题准确定位，实现对城市部件和事件的标准化、精细化管理。

市智慧城管系统采用“二级监督、二级指挥、三级管理、四级处置”的城市管理模式。在市级设置智慧城管市级平台，成立市城市管理监督指挥中心。在区级设置智慧城管二级平台，成立区城市管理监督指挥中心。形成市级监督指挥中心主要是受理群众来电来信、重大部件事件、跨区域部件事件、全区域网格监管的一级监督和区级监督指挥中心主要是受理区属网格的部件事件的二级监督，市、区指挥中心为二级指挥，市、区、街道办事处（乡镇）为三级管理，市、区、街道办事处（乡镇）、社区（村）四级处置的管理体系和各专业管理部门各负其责的运行模式。

该运行办法要求：市、区政府（管委会）应逐步加大对智慧城市管理系统的投入，并列入年度财政预算，保障智慧城管信息系统的运行、维护、数据及时更新和系统拓展所需经费。市、区政府（管委会）及其城市管理相关部门应加强城市管理政策研究，大胆创新，突破城市管理瓶颈。同时，加强对智慧城管系统的宣传，采取物质与精神奖励相结合的机制，引导市民积极参与城市管理，共同打造整洁、有序、文明、和谐的城市环境。

《常德市智慧城管系统指挥手册》对市区两级智慧城管系统操作、运行程序、适用对象做出明确规定。通用程序分为信息采集、立案、派遣、处理、反馈、结案、评价、分析8个流程：

一、信息采集。城市管理信息采集实行分类采集、分别受理、分级处置方式，按照区级以信息采集员巡视采集为主，市级以监管采集、专项采集、重大事项采集、12319热线、媒体曝光及有关政府部门转办为主原则进行，所有信息均进入市监督中心。

二、立案。市区两级监督指挥中心将采集到信息，分别即时登记，并根据《常德市智慧城管系统指挥手册》规定，进行事件、部件立案审核，决定立案后，批转至派遣。

三、派遣。市区两级监督指挥中心根据《常德市智慧城管系统指挥手册》中事件、部件处置标准和时限，将案件派遣至相关终端单位处理。市指挥中心根据案件权属分别派遣。区指挥中心对属于自身责任范围案件，按规定直接派遣；对市属单位责任范围案件及时批转到市监督指挥中心，由市监督指挥中心及时批转至市属责任单位。

四、处理。相关终端单位按照市区两级监督指挥中心指令，根据《常德市智慧城管系统指挥手册》规定，对部件进行维护，对事件进行处理，并将处理结果信息对应反馈到市区指挥中心。

五、反馈。市区两级监督指挥中心根据相关终端单位反馈问题处理结果信息，发送核查任务到相应责任网格内信息采集员，要求对问题处理情况进行现场核查，信息采集员通过“城管通”上报处理核查信息。

六、结案。市区两级监督指挥中心根据信息采集员上报处理核查信息，决定是否进行结案处理。

七、评价。针对信息采集质量、责任主体处置效能、区域综合处理结果进行评价分析，出具综合评价图表和数据。评价包括区域评价、部门评价和岗位评价等。

八、分析。根据海量案卷数据，对城市管理问题进行趋势分析。自定义城市管理相关方面，通过数据挖掘和数据提取，得到城市部件损坏趋势数据和城市事件易发趋势数据，为城市管理工作者提供决策依据。

该《指挥手册》将城市管理适用对象按部颁标准分为部件和事件两大类。部件类问题细分为公共设施类、道路交通类、市容环境类、园林绿化类、房屋土地类、其他设施类和扩展部件类共 7 个大类、总数 38 万个部件。《指挥手册》分别对立案条件、处置标准、管理流程和完成时限做出明确规定。事件类问题细分为市容环境类、宣传广告类、施工管理类、突发事件类、街面秩序类 5 个大类。《指挥手册》分别对立案条件、处置标准、管理流程和完成时限做出明确规定。

表 5.1.2.1　　　　公共设施类别中消防设施出现毁损的处置标准表

部件类别	公共设施	类别代码	01
小类名称	消防设施	小类代码	13
拓扑类型	点	设施符号	
设施说明	消防和扑救火灾的专用设备。含消火栓、消防井盖、消防龙头		
立案条件	消防栓缺失、破损、明显倾斜、严重锈蚀；消防栓跑、冒、滴、漏水；设施缺件影响正常使用；已经废弃不再使用的消防设施。		
主管单位	市公安局		
责任单位	市消防支队		
设施照片 1		设施照片 2	

管理流程	1、明显破损、漏（渗）水，设施缺件影响正常使用的 2 工作日修复。 2、对于盖板缺失的，在条件允许的情况下，采集员应在窨井四周设置警示标志的，应留守直至维修工程人员到达。 3、相关责任部门自接到通知后 2 小时内派专人到现场采取安全应急措施。 4、原则上，不需采取工程性措施的，应在 2 工作日内解决。需采取工程性措施的，上报处置中心再根据决定处置时间。		
结案标准	无破损、无缺失、无沉降、无弹跳处理后结案：废弃井盖已作填平处理的结案。核查时井盖周边已按标准在时限内做好安全维护的，可申请适当延期解决（一般不超过三天），结案则按正式标准。		
备　注	1、远景须有明显的背景，如建筑物；2、近景须拍清楚消火栓编号，并在备注写明编号，没有编号须在备注中写明；3、一般为红色。		

表 5.1.2.2　　　　突发事件类别中道路出现塌陷的处置标准表

事件类别	突发事件	类别代码	04
小类名称	路面塌隐	小类代码	01
立案条件	路面及其边坡出现塌陷、明显坑洞等具有安全隐患的问题		
责任单位	市公用事业局、区住建局		
主管单位	市公用局、“四区”政府（管委会）		
照片			

管理流程	1、相关责任主体自接到通知后，应在 2 小时内迅速组织人员到现场处理。 2、要求在 4 小时以内临时性修复：5 工作日内完全恢复。需采取工程性措施的，根据主管单位确认方案及时修复，并将处理情况报数字城市管理中心。		
结案标准	道路修复、平整、安全隐患已消除，可结案。核查时路面塌陷周边已按标准在时限内做好安全维护的，也视作结案，但将作为新的问题再立案，并适当延期解决，结案则按正式标准。		
备　注			

是年 4 月 15 日至 22 日，市城管执法局分别在武陵区、鼎城区、常德经济技术开发区、柳叶湖旅游度假区开展智慧城管系统业务培训工作。按照《常德市智慧城管系统培训方案》的要求，培训对象为各区主要领导、终端单位主要技术人员、采集员、坐席员，培训内容为智慧城管基本概念、万米单元网格概念、系统平台基本操作。是月 30 日，市智慧城管系统开始试运行。

是年 9 月 15 日，常德市智慧城管系统正式运行。至正式运行时止，常德市智慧城管

常德市本级监督指挥中心大门

系统总投资4200万元，包括城市管理应用平台、实景三维影像和部件数据库、智能管控设施、城市管理网络和市区两级监督指挥中心建设。应用平台包括9个部颁标准子系统、12个拓展子系统和10个业务子系统；实景三维影像和部件数据库包括常德市城区100平方公里城市实景三维影像、城区92平方公里约42万个城市部件；智能管控设施包括各类监控330套、路灯控制1056套、机埠水位监测30套、专用车辆GPS和视频监控154套、工地噪音监测50套等设施；城市管理网络包括市区两级监督指挥中心网络和链接156家市区两级责任单位的网络；市区两级指挥中心包括常德市城市管理监督指挥中心和武陵区、鼎城区、常德开发区、柳叶湖度假区的四个区级监督指挥中心。

至正式运行时，市城管执法局结合常德实际，先后颁行《常德市智慧城管系统运行办法》《常德市智慧城管系统指挥手册》《常德市智慧城管系统信息采集员管理办法》《常德市智慧城管系统座席员考核办法》《常德市智慧城管系统车载设备管理办法》《关于对市民群众举报城市管理进行奖励的通告》《常德市智慧城管系统考核评比办法》等一系列配套规章制度，确保常德市智慧城管系统规范运行，管理有章可循、有法可依。

当年4月30日试运行至12月22日，市城管监督指挥中心共受理案件116050件，结案率达95%以上，系统经受住庞大数据考验；市区两级智慧城管系统运行状态良好，平台稳定、网络顺畅、数据安全。系统综合评价数据直接服务于全市城市管理长效考核工作，服务于市区两级有关领导城市工作决策。

至2014年年底，鼎城区城市管理监督指挥中心建成视频监控采集点18个，相关确权终端单位43个。系统覆盖范围为金霞大道以北至沅水大堤合围区域，善卷路至德山沿线王家铺社区、三滴水社区、商贸城、桥南工业园区域，桃花源机场区域以及灌溪工业园区域，覆盖中心城区面积15.71平方公里，共划分24个责任网格，2188个单元网格，普查城市部件39287个。4月份试运行至年末，鼎城区指挥中心共巡查、立案 12624件，处置完成12370件，处置率98%。

常德经开区城市管理监督指挥中心连接街镇、部门和单位，实现实时在线派遣，处理问题限时完成，城市管理工作形成一个完整闭环连接，最大限度发挥系统功效，实现动态信息实时接受、问题处理实时监控、管理对象实时反馈、绩效管理实时监督，各终端单位团结协作，数字化城市管理建设逐步走上正常化、规范化，管理效率明显提高。至12月

6 日，共收到城管信息采集 11695 件，应处置 11695 件，已处置 10654 件。及时处置率 96.97%，结案率 100%。

柳叶湖度假区积极开展智慧城管工作，辖区内实行网格管理，制订《路段管理责任制》《市容标准管理考评细则》，把城区分成 10 个网格，安装 12 个全天候摄像头，招聘 28 名信息采集员和监督指挥中心工作人员，每个网格根据管理难易程度由 3 至 5 人实行管理，接入智慧管理终端系统 14 处，辖区内基本实现全天候、全覆盖管理。

2015 年 12 月 29 日，市城管执法局副局长宋立明宣讲十八届五中全会精神和智慧常德建设

2015 年，市智慧城管系统项目完成第三方检测招投标及检测工作、项目的决算评审工作和市级验收。市智慧城管系统进入正常运行。市智慧城管系统采取“两级监督、两级指挥”管理模式，市区两级共安排座席员 59 人、信息采集员 110 人，将市城区 100 平方公里区域划分成 7862 个单元网格，根据工作需要，将 7862 个万米单元网格整合成 132 个责任网格，共采集城市部件 42 万个，30 个单点全景，将市容市貌、环境卫生、城管执法、工地管理、市政管理、园林绿化、户外广告、违法建筑等与城市管理相关的活动全部整合到管理平台上，系统联网市区两级责任单位 156 家。

2015 年，全年系统共受理城市管理上报案件 239220 件，立案 223155 件，立案率 93.3%，处置案件 197607 件，处置率 88.6%。接受并处理公众举报案卷 2514 件。同时，依托 12319 服务平台，开发并整合短信、微信、市民通等公众参与城市管理的渠道，公众随时随地可以通过各种方式参与城市管理工作，实现多样化服务。

是年，武陵区城管执法局扎实推进网格化管理水平，逐步实现“以考评促发展”目标。坚持“小事不出路段，大事不出片区，人人有岗位，事事有责任人”总体思路，全面建成以网格化路段包片管理为主要内容的运作模式。通过实施分块管理、包片到人、责任到人的方式，建立标准明确、责任细化、考核公平、奖罚分明的路段包片目标管理体系，变被动为主动、变定性为定量，形成覆盖全市的城市执法路段包片管理模式，不断提高城市管理精细化水平。

表 1.2.1　　常德智慧城管系统建设大事记

序号	时　间	项　　目
	2013 年	
1	6 月 28 日	市政府召开专题会议，要求智慧城管系统 7 月 20 日前制订建设运行方案，7 月底前上报会审，年底竣工
2	7 月 5 日	市城管执法局组织赴郴州、长沙调研数字化城管建设先进经验
3	7 月 18 日	市城管执法局召开智慧城管系统项目建设方案汇报研究会
4	7 月 29 日	市电子政务办召开第一次“四区”智慧城管系统建设调度会
5	7 月 31 日	常务副市长赵应云召开会议，初步确定智慧城管系统设计方案
6	8 月 8 日	市城管执法局召开智慧城管系统项目设计方案技术评审会
7	8 月 14 日	市电子政务办召开第二次“四区”智慧城管系统建设调度会
8	8 月 16 日	常德市市级智慧城管指挥中心基建工程正式挂网招标
9	8 月 29 日	市财政局印发《关于“智慧城管系统项目”预算审核的报告》
10	8 月 27 日	常德市智慧城管系统项目正式进行挂网招标
11	9 月 6 日	市环保局签批《申请受理书与环境影响登记表》
12	9 月 17 日	公示常德智慧城管系统采购 B 包（数据普查与实景影像）、C 包（系统集成）、D 包（工程监理）中标公告
13	9 月 18 日	常务副市长赵应云考察市智慧城管项目市级指挥中心施工现场
14	9 月 22 日	常德市智慧城管市级指挥中心基建项目完成招标
15	9 月 28 日	常德市智慧城管市级指挥中心基建项目正式施工
16	10 月 14 日	市城管执法局分别与 B 包（数据普查与实景影像）、D 包（工程监理）中标公司武汉立得空间信息技术股份有限公司、湖南天道信息技术监理有限公司签订合同
17	10 月 15 日	A 包（软件开发与应用平台）公示中标结果
18	10 月 24 日	市城管执法局与中国电信公司签署 C 包（系统集成）合同
19	11 月 7 日	市城管执法局与北京数字政通科技股份有限公司签订 A 包（软件开发与应用平台）合同
20	11 月 7 日	市城管执法局召开各承建公司、监理公司三方碰头会
21	11 月 11 日	市智慧城管系统项目主要负责人率相关人员赴宜昌学习调研
22	11 月 13 日	市智慧城管系统指挥中心办理临时施工许可证，完成桩基测试
23	11 月 18 日	市城管执法局与市国土局就使用数据底图签署保密协议
24	11 月 27 日	市智慧城管系统项目第一批设备采购入场,室外监控点开挖动工
25	12 月 3 日	市智慧城管系统项目召开数字亮化、数字排水、数字园林子系统建设专题协调会
26	12 月 13 日	市智慧城管系统项目召开系统集成工程专题调度会

续上表

序号	时 间	项 目
27	12月18日	市城管执法局召开《常德市智慧城市管理系统运行实施办法》专题讨论会
28	12月23日	市智慧城管系统项目“四区”区级指挥中心办公家具招标挂网
29	12月26日	市智慧城管系统项目接受市城市办与市电子政务办现场督导
	2014年	
30	1月3日	常德市智慧城管项目市级城管监督指挥中心四楼建模封顶
31	1月10日	常务副市长赵应云主持召开市长办公会议，专题研究部署常德市智慧城管系统建设工作，审议《常德市智慧城管系统运行办法》《常德市智慧城管系统指挥手册》
32	1月17日	常德市智慧城管区级指挥中心装修项目完成招标
33	1月27日	市城管执法局召开智慧城管系统项目建设年底工作调度会
34	2月8日	市城管执法局召开智慧城管系统项目建设年后工作调度会
35	3月4日	市城管执法局召开智慧城管热线12319专题会议，形成语音、短信、彩信综合功能解决方案
36	3月25日	市智慧城管系统召开确权终端单位讨论会，33家市直及各区级终端单位确定终端分配方案
37	3月28日	完成鼎城区区级平台整体建设与移交
38	3月31日	印发《常德市智慧城管系统运行办法（试行）》和《常德市智慧城管系统指挥手册（试行）》
39	4月3日	完成市级平台指挥中心DLP大屏和LED电子屏、音响系统安装调试，完成座席操作台组装，完成网络设备安装和网线对接接入
40	4月10日	常德市智慧城管市级城管监督指挥中心大楼竣工，正式迁入办公
41	4月17日	完成武陵区区级平台建设和移交
42	4月15日至22日	分别在鼎城区、常德经济技术开发区、柳叶湖旅游度假区开展常德市智慧城管系统主要技术人员、采集员、坐席员业务培训工作
43	4月25日	完成武陵区、鼎城区、经开区、柳叶湖度假区智慧城管系统项目办公设备移交
44	5月7日	常务副市长赵应云考察常德市智慧城管市级城管监督指挥大厅
45	5月21日	常务副市长赵应云在智慧城管市级指挥中心二楼会议室主持召开市长专题会议，研究常德市智慧城管系统人员招聘、机构设置、技术连接与运行经费问题
46	9月15日	常德智慧城管系统正式运行

第二章　城市管理考核体系建设

第一节　城市创建工作考核体系

20世纪90年代至21世纪10年代，常德市实现高效率城市管理的有效做法是，把城市管理工作各项目标要求与城市创建工作目标紧密结合，用城市创建工作推进城市管理水平不断提升，用高效率城市管理、高水平城市形象改善城市投资环境、促进社会协调发展、推进“民心工程”建设。1992年至1996年，市委、市政府提出创建全国文明卫生城市；1997年至2003年，市委、市政府开展文明城、卫生城、园林城、旅游城“四个城市一起创”；2004年至2008年，市委、市政府提出交通城、环保城、人居环境城和国际花园城“新一轮四个城市一起创”。全市“上下左右一盘棋，全民共唱创建戏”，形成长抓不懈、持之以恒创建态势，也形成“纵向到底、横向到边”的城市创建工作即城市管理工作目标管理考核体系和考核机制。

城市管理和城市创建工作是社会工程和系统工程。常德市充分整合城市资源优势和社会力量，以创建工作为载体，开创生动活泼、深入持久、不断创新的城市管理工作局面。通过文明城市创建，积极贯彻《公民道德建设实施纲要》，强力推进“文明单位”“文明行业”“文明示范窗口”等系列创建活动，有效提高市民素质和单位管理水平。通过国家卫生城市创建，有效提升市容市貌水平、环境卫生水平，综合提升城市建设、环保、绿化和公共卫生水平，综合改善城市环境。通过园林城市创建，用绿化消灭“脏乱差”，以门前绿化根治出店经营、占道经营，以庭院绿化提高单位卫生水平，消灭院内卫生死角，以小区绿化改善居民生活环境，使“净化”向“美化”延伸。通过优秀旅游城市创建，城区旅游景区功能得到进一步完善，商店、娱乐场所、社会旅馆实行定点管理，全市旅游服务行业整体水平大大提高。通过创建交通管理模范城，全面开展机动车、行人、非机动车交通秩序整治，推进交通智能管理，进一步改善城市道路交通秩序。

城市创建工作目标管理考核体系、考核机制随之建立健全。在考核体系中，市直城管、公安、工商、文化、环保、卫生、建设、规划、市政、园林等27家市直职能部门，都有规定的城管创建工作责任及其相配套的工作职能。其中城管、工商、卫生、规划、市政、园林等职能部门都与办事处对应，在办事处建立专门工作中队或派出专职工作人员；城市四区党委和政府（管委会）对辖区单位、居住区和各个项目分片负责；市直部门对所辖单位分线包干，形成强有力调度和指挥体系，形成纵到底、横到边考核机制。

每年年初，市城管部门和市创建办制订四区、各部门、各单位目标管理责任制，纳入市委、市政府双文明目标管理考核体系。日常城管创建工作由市、区、办事处三级考核，市创建领导小组一季度一检查，一季度一结账。在区县（市）双文明百分制目标管理考核体系中，武陵区城管创建责任分为19分，鼎城区、德山开发区和柳叶湖度假区为14分，和计划生育、综合治理项目一样，城管创建工作项目成为区县市双文明百分制目标管理考核实质上“一票否决”项目。通过严格的考核制度，在创建工作中形成奖罚分明的激励机制和约束机制，有力提高全民参与创建工作积极性和责任感。

2004年，常德市城市创建工作领导小组《巩固国家卫生城市创建成果工作方案》明确，常德市巩固国家卫生城市创建成果工作在市城市创建工作领导小组统一领导下开展，市城管局负责日常工作。该方案把城市管理各方面工作目标、工作任务和当年城市创建中心工作紧密结合，用当年巩固国家卫生城市创建成果目标任务，明确各城管职能部门“工作目标及任务”：

一、加强爱国卫生组织管理，此项工作由市爱卫办负责、“四区”政府（管委会）配合负责。工作重点：健全爱卫会组织；设立爱卫会机构；解决爱卫办工作条件；组织开展爱国卫生工作；健全法制建设。

二、加强健康教育，此项工作由市卫生局负责、“四区”政府（管委会）和相关部门配合负责。工作重点：健康教育有机构、有设备、有教材（此项工作由市卫生局负责）；社区健康教育健康知识知晓率达70%，健康行为形成率达60%以上（此项工作由“四区”政府 [管委会] 负责）；医院健康教育知识知晓率达80%以上，有健教咨询台和健康教育处方，有健康教育专栏（此项工作由市卫生局负责）；行业健康教育健康知识达70%以上，公务员达80%以上，报纸、电台、电视台开设健康教育专栏，积极开展控烟健康教育（此项工作由市防疫站和各新闻宣传单位负责）。

三、加强市容环境卫生管理，此项工作由市城管局、市环卫处、市城管支队、市公用局、市园林局、市内贸办、市工商局、市运管处、市交警支队分别负责。工作重点：

（一）垃圾、粪便卫生管理和无害化处理达国标（由市环卫处负责）；

（二）城区公共厕所管理良好、各项指标达国标（由市环卫处负责）；

（三）市容环境卫生管理规范（由市环卫处、市城管支队负责）；

（四）行道树、绿化带管理规范、整洁卫生（由市园林局负责）；

（五）有效治理城市乱贴乱画等城市“牛皮癣”（由市城管支队负责）；

（六）集贸市场划行归市、环境卫生管理规范（由市内贸办和市工商局按各自管辖范围负责）；

（七）施工场地管理规范（由市建设局负责）；

（八）市容整齐美观，无占道经营、乱搭乱建、乱吊乱挂、乱扔乱吐、无乱堆乱放现象（由市城管支队负责）；

（九）打击非法营运，特别是“两摩”非法营运（由市运管处负责）；

（十）路面整洁，下水道通畅（由市公用局负责）。

四、加强环境保护工作，此项工作由市环保局负责、“四区”政府（管委会）配合负责。工作重点：环境质量指标、污染控制指标、环境建设指标等达国标。

五、加强公共场所、饮用水和窗口单位卫生工作，此项工作由市卫生局、市文化局、市交通局、市公用局、市经贸委和“四区”政府（管委会）负责。工作重点：

（一）旅店业、理发美容店和公共浴室等公共场所设施完善、管理规范（由市卫生局负责）；

（二）歌舞厅和电影院等公共场所设施完善、管理规范（由市文化局负责）；

（三）饮用水水质达标，二次供水管理规范（由市公用局负责）；

（四）窗口单位卫生重点是火车站、汽车站、机场和港口卫生管理达标（由市经贸委、市交通局按各自管辖范围负责）。

六、加强食品卫生工作，此项工作由市卫生局负责、“四区”政府（管委会）配合负责。工作重点：食品卫生监督、监测覆盖率和传染病调离率达国标；食品生产经营单位特别是小饮食店和单位食堂要强化规范管理。

七、加强传染病防治工作，此项工作由市卫生局负责、“四区”政府（管委会）配合负责。工作重点：传染病管理规范，防治措施到位；肠道门诊、发热门诊、预防接种等按要求设置，管理规范。

八、加强城区除四害工作，此项工作由市爱卫办牵头、“四区”政府（管委会）负责。工作重点：抓住有利时机，组织“四害”灭杀活动，降低鼠、蚊、蝇、蟑四害的密度，灭鼠、灭蝇、灭蟑复查达标。

九、加强学校卫生工作，此项工作由市教育局负责。工作重点：积极开展学校健康教育活动，加强校内食品卫生管理和校园环境卫生管理，特别是学生宿舍等区域的管理要规范有序，

十、加强单位和居民区卫生工作，此项工作由“四区”政府（管委会） 负责，市建设局、市规划局、市城管局、市公用局等配合负责。工作重点：城区各有独立院落的单位环境整洁，道路平整，无坑洼、无积水、无违法建筑，单位食堂卫生管理规范；加强居民区卫生管理， 彻底解决乱设摊点、乱搭乱建、乱堆乱放、乱贴乱画和下水道不通的问题，积极开展社区卫生服务工作，为市民创造良好的生活环境。

十一、加强出租汽车治安管理和违法饲养犬只管理，此项工作由市公安局负责。工作重点：出租汽车无恶性治安案件发生，在市城区内主要街道无当街打牌赌博、无违法饲养犬只现象，加强对流浪乞讨人员和封建迷信活动的管理和查禁烟花爆竹。

十二、加强城郊接合部和城中村环境卫生管理，此项工作由“四区”政府（管委会）负责。工作重点：城郊接合部特别是207 国道沿线无暴露垃圾、无有碍观瞻的乱搭乱建，做到秩序良好，道路畅通。

该方案要求，各级各单位要按照巩固国家卫生城市工作方案，迅速制订各自职能职责工作的实施方案，要有组织有专人抓好巩固国家卫生城市的各项工作；在市创建领导小组的统一调度下，紧密配合，齐心协力，确保各项工作落到实处。

是年，常德市城市创建工作领导小组同时印发《2004 年度巩固国家卫生城市工作综合考核实施办法》，由市城管局、市创建办负责组织实施。该实施办法明确当年“考核范围”：

一、市委、市政府和市创建领导小组确定的与巩固国家卫生城市创建成果工作直接相关的 22 个目标管理责任单位。即：武陵区政府、鼎城区政府、德山开发区管委会、柳叶湖旅游度假区管委会、市经贸委、市公安局、市教育局、市卫生局、市建设局、市交通局、市规划局、市环保局、市文化局、市工商局、市内贸办、市环卫处、市城管支队、市交警支队、市公用局、市园林局、市房产局、市运管处。

二、市城区副处级以上有独立院落的行政事业单位。

三、市城区各街道办事处（镇)、居委会。

该实施办法明确当年严格按照《2004 年市城区巩固国家卫生城市工作目标管理考核计分表》《2004 年市城区副处级以上有独立院落行政事业单位巩固国家卫生城市工作考核计分表》《2004 年市城区街道办事处（镇)、居委会巩固国家卫生城市工作检查考核计分表》施行考核。

该实施办法规定“考核办法”：

一、目标管理责任单位分两类进行考核。即“四区”政府、管委会为甲类：武陵区政府、鼎城区政府、德山开发区管委会、柳叶湖旅游度假区管委会。18 家市直职能部门为乙类：市经贸委、市公安局、市教育局、市卫生局、市建设局、市交通局、市规划局、市环保局、市文化局、市工商局、市内贸办、市环卫处、市城管支队、市交警支队、市公用局、市园林局、市房产局、市运管处。每季度对巩固国家卫生城市工作履行职责情况检查评比一次，年终汇总评比。

二、市城区副处级以上行政事业单位实施“门前三包、门内达标”的工作情况，委托城市“四区”政府（管委会）组织，每季度检查评比一次，年终汇总评比。

三、市城区各街道办事处（镇)、居委会落实巩固国家卫生城市工作责任制情况，委托城市“四区”政府（管委会）组织，每季度检查评比一次，年终汇总评比。

《2004 年度巩固国家卫生城市工作综合考核实施办法》中“奖惩办法”规定：

一、22 家目标管理责任单位按 2 分制考核全年成绩，甲类得分前 2 名、乙类得分前 5 名为先进单位，分别予以 10000 元奖励；其余得分 1.6 分（含 1.6 分）以上单位为达标单位，分别予以 5000 元奖励。得分在 1.6 分 (不含 1.6 分) 以下者为目标管理不合格单位，予以通报批评，并以 1000 元为罚款基数，每少 0.1 分增罚 100 元。

二、市城区副处级以上行政事业单位实施“门前三包、门内达标”工作情况，按 100 分制考核，并根据年终汇总成绩评选出“城市管理工作十佳明星单位”，分别给予 5000 元奖励。

三、市城区各街道办事处（镇）、居委会落实巩固国家卫生城市工作责任制工作情况，按100分制考核，根据年终汇总成绩，对前两名街道办事处（镇）授予“城市管理工作先进办事处（镇）”荣誉称号，分别给予20000元奖励；对前十名居委会授予“城市管理工作十佳居委会”荣誉称号，分别授予10000元奖励；年终汇总成绩得分在80分（不含80分）以下者为目标管理不合格单位，予以通报批评，并以1000元为罚款基数，每少1分增罚100 元。

四、根据全年工作重点，设置若干单项奖，对获奖单位予以适当奖励。

五、以上考核结果，计入市直单位量化目标管理考核成绩和城市“四区”目标管理考核成绩。

城市创建和城市管理目标管理考核体系推进城市四区、市区相关职能部门和所有驻城区单位参与城市创建、城市管理工作责任心和积极性。城市四区、各职能部门和城区各单位亦根据自身目标任务，相应建立城市创建和城市管理目标管理考核制度。

如武陵区2001年《社区城市管理工作考核办法》规定考核对象为武陵区辖区内各街道办事处，各居委会（含家属居委会、武陵开发区和穿紫河以北居委会）。规定“考核内容和计分标准”：

一、以考核门前三包工作为主，包括“门前三包”网络建设和“门前三包”实际工作效果两大方面。

二、确定市级检查和区级检查各自得分的权重，每月检查综合评分后得出各办事处、居委会的月考核分；年度考核即为全年考核结果的加总平均。

三、考核办法：

（一）市级考核由市城管局市容科具体组织。

（二）区级考核在各办事处、居委会责任范围内随机抽样进行，考核情况由考核人员记录在案。

（三）月考核以现场计分为主，下列情况实行倒扣分：

1.市级领导提出批评后三天内没有解决的问题；

2.市创建办、城管局暗访督察明确指出后三天内没有解决的问题；

3.新闻单位曝光、市民群众举报后三天内没有解决的问题。

四、奖惩办法：

考核结果与城管工作经费挂钩，每季度通报一次月考核加总平均得分且奖惩兑现；每季度得分加总平均即为年度总分，年终总评与评先、奖惩挂钩。

日常城市管理工作和年度城市创建中心工作相结合的综合考核体制和考评办法，自20世纪90年代末开始施行，不同阶段略有调整但基本精神和基本方法不变，一直延续至2009年。

第二节　城市长效管理考核体系

2009年12月，常德市委、市政府印发《关于建立创建全国文明城市工作五项机制的意见》指出，2008年，市委、市政府做出争创全国文明城市决定。为进一步巩固创建工作成果，提高创建工作水平，促进创建文明城市工作常态化、长效化，力争实现2011年跻身全国文明城市行列的目标，决定建立创建全国文明城市工作长效管理、长效考评、长效调度、长效监督、长效投入五项机制。该文件强调，必须建立“牛皮癣”治理、集贸市场管理、交通秩序管理、“五小门店”管理和社区管理的长效管理机制，必须科学制订考核细则，加强目标管理考核，定期开展公共文明指数测评，组织评比竞赛活动，强化考评结果运用，建立长效考评机制。

2010年1月，市委常委欧运祟，市委常委、副市长宋冬春召集市城市办、市建设局、市城管执法局、市规划局、市国土局、市财政局、市卫生局、市水利局、市粮食局、市房管局、市文物局、市公用事业局、市园林局、市民族宗教局、市环卫处、市国土储备中心、市征地拆迁事务处、常德电业局、市人汽公司、市自来水公司和武陵区政府、鼎城区政府、德山开发区管委会、柳叶湖旅游度假区管委会等单位负责人，专题研究城市长效管理和考评机制建设工作。会议议定，

一、将城市长效管理工作纳入市直和县市区单位目标管理考核。武陵区、鼎城区、德山开发区、柳叶湖旅游度假区每季度考核一次，市直单位每半年考核一次，其他县市区每年考核一次。

二、完善考核内容。将城市管理工作群众满意度、禁放烟花爆竹、农贸市场管理、控违拆违、征地拆迁等工作列入城市长效管理考核内容。相关责任单位分别与市政府签订城市管理、控违拆违、征地拆迁工作责任状。

三、建立奖惩机制。每年市财政预算安排200万元，武陵区、鼎城区、德山开发区、柳叶湖旅游度假区各预交100万元，共600万元作为城市长效管理奖励基金，对“四区”季度考核前2名单位给予奖励，奖金额度经过测算后确定。对连续2次考核末位单位，新闻单位予以公示，主要领导向市委、市政府说明原因。

是年8月10日，市委、市政府颁行《常德市城市管理工作考核评比办法（试行）》。该考核评比办法明确，成立市长陈文浩为顾问，市领导欧运祟、宋冬春任主任的常德市城市管理工作考评委员会，负责制订全市城市管理考核标准，组织实施全市城市管理考核评比。市考评委下设办公室（以下简称市考评委办公室），负责日常考核的组织协调、受理群众投诉和督察督办等工作，办公地点设市城管执法局。各区县（市）委和人民政府，德山开发区、柳叶湖旅游度假区和西湖、西洞庭管理区党委（工委）、管委会成立相应的考评机构。

《常德市城市管理工作考核评比办法》把考评对象列为甲乙丙三类，甲类为武陵、鼎城区人民政府和德山开发区、柳叶湖旅游度假区管委会，即城市“四区”；乙类为20家量化目标管理考核单位；丙类为市辖其他7个县（市）人民政府和西湖、西洞庭管理区管委会。考评内容则列为组织参与全市性城市管理活动情况、城市市容市貌（含烟花爆竹燃放、农贸市场、犬只管理等）管理情况、城市环境卫生管理情况、城市管理行政执法工作情况、城市控违拆违管理情况、环卫市政园林等城市公共基础设施管理情况、城市环境保护情况、“五小”行业等经营性公共场所管理情况、城市交通秩序管理情况、城区除“四害”管理情况、城市管理举报整改情况及群众满意度测评情况共12个大类。

考评方式按甲乙丙三类对象区别安排：对甲类考评对象采取日巡查、周暗检、季讲评，每季度集中考评一次方式。对乙类考评对象采取日常工作备案，每半年集中考评一次方式。对丙类考评对象采取不定期抽查，每年集中考评一次方式。

该版《考核评比办法》首次明确设立600万元城市管理考核资金。资金来源：市财政在每年年底和城市“四区”结算时，由城市“四区”各上解100万元，加上市人民政府安排的200万元，合计600万元作为下一年度的城市管理考核资金，考核资金由市财政设立专户管理，专款专用。奖励资金专项用于城市管理工作方面投入和奖励城市管理工作先进单位和个人。各区所获奖金不能抵扣城市管理工作预算资金。市考评委和市财政部门定期对奖励资金使用情况进行检查。

奖励对象和奖励标准确定为对城市“四区”中每季度得分排名第一的奖励10万元，另补助城市管理工作经费70万元；排名第二的奖励5万元，另补助城市管理工作经费40万元。余下100万元用于全市城市管理考核工作和全市城市管理年度总结表彰。同时，每年评选一次“城市管理工作先进区县（市）”“城市管理工作先进单位”“城市管理工作先进街道（乡镇）”“城市管理工作先进社区”“城市管理工作先进个人”和“优秀城市美容师”，并在每年全市区县（市）绩效评估总结大会或全市城市管理工作大会上予以表彰奖励。

《考核评比办法》还规定，城市“四区”季度考评成绩排名以文字形式报市委、市政府主要领导及相关领导。同时，在市级新闻媒体上公布排名情况和人民政府（管委会）第一责任人、直接责任人的姓名与职务。城市“四区”季度考评结果连续两次排末名的，区政府（管委会）主要领导书面向市委、市政府说明原因，并通过新闻媒体向全体市民说明原因。各区县（市），德山开发区、柳叶湖旅游度假区和西湖、西洞庭管理区城市管理工作考评结果纳入全市绩效评估考评体系。

2011年12月，市城管考评委根据2010版《常德市城市管理工作考核评比办法》，对甲类考评对象武陵区、鼎城区、常德经济技术开发区、柳叶湖旅游度假区，乙类对象市经信委、市公安局等20家市直责任单位，城区14个街道办事处（近郊乡镇）城市长效管理工作组织考评。其中，甲类对象考评采取平时考评、集中考评、督办考评和市民满意度测评相结合方式进行；乙类对象考评采取平时考评与集中考评相结合方式进行；街道（乡镇）由市考评办与四区城市管理部门联合进行。考评结果：

一、甲类对象：

第一名，常德经济技术开发区 91.95 分，其中平时考评成绩 34.80 分，集中考评成绩 27.24 分，市民满意度测评成绩 29.91 分，督办考评未扣分。

第二名，武陵区 90.95 分，其中平时考评成绩 35.75 分，集中考评成绩 27.75 分，市民满意度测评成绩 27.45 分，督办考评未扣分。

第三名，柳叶湖旅游度假区 90.67 分，其中平时考评成绩 34.27 分，集中考评成绩 26.61 分，市民满意度测评成绩 29.79 分，督办考评未扣分。

第四名，鼎城区 89.01 分，其中平时考评成绩 35.04 分，集中考评成绩 26.61 分，市民满意度测评成绩 27.36 分，督办考评未扣分。

二、乙类对象：

一类单位：市公安局、市城管局、市工商局、市交警支队、市教育局、市园林局、市公用事业管理局、市环保局、市环卫处

二类单位：市住建局、市国土局、市规划局、市食品药品监督管理局、市房管局、市交通局、市城区客运管理处、市卫生局、市文广新局、市经信委、市商务局

三、街道（乡镇）：

一类单位：城北街道办事处、柳叶湖街道办事处、城西街道办事处、护城乡政府、武陵镇政府

二类单位：河洑镇政府、德山镇政府、德山街道办事处、东郊乡政府、东江乡政府、三岔路街道办事处

三类单位：城南街道办事处、城东街道办事处、南坪乡政府

是次考评，奖励第一名常德经济技术开发区 80 万元；奖励第二名武陵区 45 万元。奖

表 2.2.1　　2011 年第四季度“四区”城市管理工作考评季度总成绩汇总表

被考核单位	季度平时考评成绩	季度集中考评成绩	季度满意度测评成绩	督办扣分舆论扣份	合计得份	名次
常德经开区	34.80	27.24	29.91	0	91.95	1
武陵区	35.75	27.75	27.45	0	90.95	2
柳叶湖度假区	34.27	26.61	29.79	0	90.67	3
鼎城区	35.04	26.61	27.36	0	89.01	4

2011 年市城区 20 家城市管理市直责任单位下半年考评结果

类别	单　位
1 类	市公安局、市城管执法局、市工商局、市交警支队、市教育局、市园林局、市公用事业管理局、市环保局、市环卫处
2 类	市住建局、市国土局、市规划局、市食品药品监督管理局、市房管局、市交通局、市城区客运管理处、市卫生局、市文广新局、市经信委、市商务局

2011 年第四季度“四区”城市管理工作集中考评成绩汇总表

被考核单位	市容市貌管理（15）	环境卫生管理（15）	公共基础设施管理（10）	控违拆违管理（30）	行政执法管理（10）	除四害管理（5）	五小行业管理（10）	兴报整改（5）	合计得分	名次
武陵区	12.50	14.40	9.5	27.6	9.4	4.80	9.30	5	92.5	1
鼎城区	12.50	13.30	9.5	25.5	9.5	5.00	8.40	5	88.7	3
常德经开区	11.90	14.40	9.5	27	9.5	4.70	8.80	5	90.8	2
柳叶湖度假区	11.90	13.30	10	25.5	9.3	4.90	8.80	5	88.7	3

2011 年第四季度“四区”城市管理工作平时考评成绩汇总表

被考核单位	10 月份考评成绩	11 月份考评成绩	12 月份考评成绩	合计得分	名次
武陵区	85.4	92.2	90.5	35.75	1
鼎城区	83.9	86.7	92.2	35.04	2
常德经开区	87.9	81.7	91.4	34.80	3
柳叶湖度假区	87.7	76.1	93.2	34.27	4

2011 年第四季度“四区”市民满意度测评成绩汇总表

被考核单位	城调队测评得分	折算得分	合计得分	名次
武陵区	91.50	27.45	27.45	3
鼎城区	91.20	27.36	27.36	4
常德经开区	99.70	29.91	29.91	1
柳叶湖度假区	99.30	29.79	29.79	2

金由市财政直接划转。甲类对象排名情况及第一责任人、第二责任人姓名、职务和乙类对象分类排名情况、城区街道乡镇分类排名情况分别在常德日报、常德晚报、常德政府网站和常德电视台刊发公示。甲类对象考评成绩按比例计入全市年终绩效评估成绩，乙类对象考评成绩按比例计入市直单位年终量化目标管理考核成绩。

2012 年，市城管执法局严格按照《常德市城市管理工作考评办法》，采取平时考评、督办考评、集中考评及市民满意度测评方式，顺利完成四个季度城市“四区”、14 个乡街、87 个社区、22 个市直单位的考核评价工作。认真落实市政府将城市管理考核延伸到街道、社区、门店要求，制订并出台《常德市乡镇街道城市管理工作考核标准》《常德市社区城市管理考核标准》《常德市临街门店“门前三包”工作考核标准》。

是年第四季度考核结果：

一、城市“四区”：

第一名：常德经济技术开发区。季度总成绩 96.104 分，其中平时测评考评成绩 23.156 分，集中测评考评成绩 27.896 分，市民满意度测评成绩 26.052 分，公共文明测评成绩 19.00 分。

第二名：鼎城区。季度总成绩 95.204 分，其中平时考评成绩 20.00 分，集中测评考评成绩 27.443 分，市民满意度测评成绩 28.881 分，公共文明测评成绩 18.88 分。

第三名：武陵区。季度总成绩 93.155 分，其中平时考评成绩 17.144 分，集中测评考评成绩 27.611 分，市民满意度测评成绩 29.40 分，公共文明测评成绩 19.00 分。

第四名：柳叶湖旅游度假区。季度总成绩 91.478 分，其中平时考评成绩 18.668 分，集中测评考评成绩 27.458 分，市民满意度测评成绩 26.952 分，公共文明测评成绩 18.40 分。

二、市直职能部门：

一类单位：市食品药品监督管理局、市教育局、市文广新局、市环保局、市卫生局、市规划局、市交警支队、市园林局、市城区客运管理处、市文化市场综合执法局

二类单位：市公安局、市工商局、市住建局、市公用事业局、市交通运输局、市国土资源局、市房地产管理局、市城管执法局、市环卫处、市商业步行城管理办公室、市商务局、市经信委

三、街道（乡镇）：

一类街道（乡镇）：城北街道办事处、东郊乡政府、河洑镇政府、护城乡政府

二类街道（乡镇）：武陵镇政府、城东街道办事处、城南街道办事处、德山街道办事处、东江乡政府、南坪岗乡政府、德山镇政府、柳叶湖街道办事处

三类街道（乡镇）：城西街道办事处、三岔路街道办事处

四、社区：

一类社区（10 个）：

武陵区（5 个）：芷兰社区、惠家坪社区、半边街社区、四眼井社区、朝阳路社区

鼎城区（2个）：花船庙社区、德安社区

常德经开区（2个）：樟木桥社区、苏家渡社区

柳叶湖旅游度假区（1个）：柳叶湖社区

二类、三类社区（略）

该季度奖励补助第一名常德经济技术开发区80万元、第二名鼎城区45万元。奖励补助一类街道8万元、一类社区4万元。奖金由市财政直接划转。

2013年，市城管执法局按照市委、市政府要求，与市文明办联合完成城市长效管理考评与市文明创建办城市公共文明程度指数测评两项考核合并统一，颁行《常德市城区城市文明程度指数和城市长效管理测评考评工作规范》。

该版《考评工作规范》要求对武陵区、鼎城区、常德经开区和柳叶湖旅游度假区等城市“四区”，施行市容市貌、环境卫生、公共基础设施、行政执法、控违拆违、五小门店、除四害、公共文明、市民满意度等9大方面测评考评，并分门别类规定各个工作项目的细化考核标准、考核办法、计分标准及考核评分办法。

如第一大类市容市貌工作情况，该《考评工作规范》规定对其按主次干道、小街小巷、单位院落、居民小区、城乡接合部、农贸市场6个区域小类进行测评考评。市容市貌测评考评规范（100分计分后按15分折算）：

一、主次干道（随机抽选2条主次干道，观察2公里或全路段）：分值20分

测评考评内容：

（一）是否有出店经营、占道经营（分值2.85分，2处和2处以上记0分，2处以下记满分）。

（二）是否有盯人散发小广告（分值2.85分，1处以上记0分，没有记满分）。

（三）是否有乱搭乱建各类建筑物、构筑物（分值2.85分，1处以上记0分，没有记满分）。

（四）人行道自行车、摩托车停放管理是否规范（分值2.85分，5处或5处以上记0分，5处以下记满分）。

（五）是否有报刊亭乱披挂、乱出摊现象（分值2.85分，1处以上记0分，没有记满分）。

（六）是否有临街乱堆乱码现象（分值2.85分，2处或2处以上记0分，2处以下记满分）。

（七）是否有临街吊挂物品和晾晒衣被现象（分值2.85分，1处以上记0分，没有记满分）。

二、小街小巷（随机抽选2条小街小巷，观察1公里或全路段）：分值20分

测评考评内容：

（一）是否有出店经营、占道经营（分值2.90分，3处和3处以上记0分，3处以下记满分）。

（二）是否有乱搭乱建各类建筑物、构筑物（分值 2.85 分，2 处或 2 处以上记 0 分，2 处以下记满分）。

（三）是否有报刊亭乱披挂、乱出摊现象（分值 2.85 分，1 处以上记 0 分，没有记满分）。

（四）是否有临街乱堆乱码现象（分值 2.85 分，2 处或 2 处以上记 0 分，2 处以下记满分）。

（五）是否有“牛皮癣”小广告（分值 2.85 分，2 处和 2 处以上记 0 分，2 处以下记满分）。

（六）是否有临街吊挂物品和晾晒衣被现象（分值 2.85 分，2 处或 2 处以上记 0 分，2 处以下记满分）。

（七）是否有人行道、武陵区负责的绿化带和公共场地种菜、饲养或圈养家禽家畜（分值 2.85 分，1 处以上记 0 分，没有记满分）。

三、单位院落（随机抽选区直单位院落 2 个）：分值 15 分

测评考评内容：

（一）单位门前三包：是否有出店占道经营；是否有暴露垃圾；是否有乱泼污水；是否有乱吊乱挂和乱堆乱码物品；是否有乱搭建；是否有乱贴乱画及牛皮癣小广告。分值 5 分，6 项符合计满分，一项不符合记 0 分。

（二）院落卫生：是否有专人保洁和暴露垃圾；是否有足够的垃圾容器；是否有牛皮癣小广告；厕所是否整洁卫生；办公室、会议室是否整洁卫生。分值 5 分，5 项符合计满分，一项不符合记 0 分。

（三）院落秩序：车辆停放是否有序；是否有违法乱搭乱建各类建筑物、构筑物；宿舍楼道和办公楼楼道是否堆放杂物，路灯是否完好；路面是否破损；园林绿化是否定时修剪，是否有缺株死株现象。分值 5 分，5 项符合计满分，一项不符合记 0 分。

四、居民小区（随机抽选 2 个社区，每个社区抽选 1 个居民小区）：分值 15 分

测评考评内容：

（一）小区门前三包：小区范围内店面是否出店、占道经营；是否有暴露垃圾；是否有乱泼污水；是否有乱吊乱挂和乱堆乱码物品；是否有乱贴乱画及牛皮癣小广告。分值 3.75 分，6 项符合计满分，一项不符合记 0 分。

（二）小区卫生：是否有专人保洁；是否有暴露垃圾；是否有足够的垃圾容器；是否有牛皮癣小广告。分值 3.75 分，4 项符合计满分，一项不符合记 0 分。

（四）小区秩序：小区内是否有以赌博为主的茶馆；小区内车辆停放是否有序；居民宿舍楼道是否堆放杂物，路灯是否完好。分值 3.75 分，3 项符合计满分，一项不符合记 0 分。

（五）小区环境：小区内路面是否破损；街道是否有路灯；是否有明显积水；是否有违规燃放烟花爆竹现象；是否有违法乱搭乱建的各类建筑物、构筑物；园林绿化是否定时修剪，是否有缺株、死株现象；是否有饲养家禽家畜现象；是否有圈地种菜现象。分值

3.75 分，8 项符合计满分，一项不符合记 0 分。

五、城乡接合部（随机抽选 1 个城乡接合部，查出入城口道路沿线和附近一个居民点）：分值 15 分

测评考评内容：

（一）出入城口道路沿线临街门店是否有出店、占道经营（分值 2.5 分，3 处和 3 处以上记 0 分，3 处以下记满分）。

（二）是否有乱贴乱画牛皮癣小广告（分值 2.5 分，3 处和 3 处以上记 0 分，3 处以下记满分）。

（三）可视范围内是否有违法搭建物（分值 2.5 分，1 处以上记 0 分，没有记满分）。

（四）公用设施、绿化树上是否有乱拉绳索管线吊挂、晾晒衣物和其他物品（分值 2.5 分，2 处和 2 处以上记 0 分，2 处以下记满分）。

（五）是否有放养、圈养家禽、家畜现象（分值 2.5 分，1 处以上记 0 分，没有记满分）。

（六）是否有侵占交通道路乱堆乱码物品（分值 2.5 分，1 处以上记 0 分，没有记满分）。

六、农贸市场（随机抽查 2 个农贸市场）：分值 15 分

测评考评内容：

（一）清扫保洁是否及时，有无暴露垃圾（分值 1.875 分，3 处和 3 处以上记 0 分，3 处以下记满分）。

（二）地面是否有明显积水（分值 1.875 分，2 处和 2 处以上记 0 分，2 处以下记满分）。

（三）是否亮证经营（分值 1.875 分，1 处以上记 0 分，没有记满分）。

（四）是否有出店经营和流动摊贩（分值 1.875 分，3 处和 3 处以上记 0 分，3 处以下记满分）。

（五）是否有乱搭乱建（分值 1.875 分，1 处以上记 0 分，没有记满分）。

（六）各种车辆停放是否规范整齐，有无乱停乱放现象（分值 1.875 分，2 处和 2 处以上记 0 分，2 处以下记满分）。

（七）市场设置是否划行分区，物品摆放规范整齐（分值 1.875 分，1 处以上记 0 分，没有记满分）。

（八）市场周边是否有场外场和马路市场（分值 1.875 分，1 处以上记 0 分，没有记满分）。

该规范对城市四区第二大类环境卫生工作情况，按主次干道、小街小巷、垃圾运输、建筑工地、渣土管理、单位院落、居民小区（开放式）、公共厕所、垃圾中装站、城乡接合部共 10 个小类施行测评考评；第三大类公共基础设施管理情况按环卫基础设施管理、市政基础设施管理、公共设施管理共 3 个小类施行测评考评；第四大类行政执法工作情况按工作纪律与制度、依法行政、文明执法共 3 个小类施行测评考评；第五大类控违拆违工作情况按《关于建立城市规划区制止违法建设行为和拆除违法建筑工作长效机制的意见》施行测评考评；第六大类五小门店管理情况按餐饮店、副食店、美容美发店、旅店、洗浴

场所共5个小类施行测评考评；第七大类除四害工作情况按灭鼠、灭蚊、灭蝇、灭蟑共4个小类施行测评考评；第八大类公共文明管理情况按校园周边、网吧、政务窗口、医院、交通路口、汽车站、广场共7个小类施行测评考评；第九大类市民满意度测评采用入户问卷调查和实地现场随机问卷调查两种方式施行。

第十大类对市环卫处、市住建局、市城管局、市环保局、市房管局、市交通运输局、市公用事业局、市园林局、市商务局、市文广新局、市教育局、市卫生局、市工商局、市公安局、市交警支队、市城区客管处、市国土局、市规划局、市食品药品监督管理局、市文化市场综合执法局、市商业步行城管理办公室等21家市直职能部门履行职责情况和自身“门前三包”“门内达标”工作情况的测评考评，做出项目标准、计分扣分规定。

是年，市城管执法局联合市文明办严格按照《常德市城区城市文明程度指数和城市长效管理测评考评工作规范》，对城市“四区”、21家市直职能部门、城区14个街道乡镇和88个社区文明创建和城市长效管理工作进行测评考评。第三季度测评考评结果：

一、城市“四区”：

第一名：柳叶湖旅游度假区。季度总成绩106.593分，其中平时测评考评成绩35.556分，集中测评考评成绩25.638分，市民满意度测评成绩29.199分，公共文明测评成绩16.2分。

第二名：武陵区。季度总成绩100.687分，其中平时测评考评成绩27.692分，集中测评考评成绩25.769分，市民满意度测评成绩29.226分，公共文明测评成绩18分。

第三名：常德经济技术开发区。季度总成绩100.585分，其中平时测评考评成绩30分，集中测评考评成绩24.534分，市民满意度测评成绩29.451分，公共文明测评成绩16.6分。

第四名：鼎城区。季度总成绩100.011分，其中平时测评考评成绩32分，集中测评考评成绩25.043分，市民满意度测评成绩28.968分，公共文明测评成绩14分。

二、市直职能部门：

一类单位（9个）：市食品药品监督管理局、市文广新局、市交通运输局、市公安局、市园林局、市城管执法局、市商务局、市公用事业局、市规划局

二类单位（10个）：市工商局、市卫生局、市教育局、市国土资源局、市住建局、市环卫处、市环保局、市房地产管理局、市交警支队、市城区客运管理处

三类单位（2个）：市商业步行城管理办公室、市文化市场综合执法局

三、街道（乡镇）：

一类街道（乡镇）：三岔路街道办事处、城北街道办事处、德山街道办事处、东江乡政府

二类街道（乡镇）：武陵镇政府、城西街道办事处、城南街道办事处、城东街道办事处、柳叶湖街道办事处、护城乡政府、河洑镇政府、东郊乡政府、南坪岗乡政府

三类街道（乡镇）：德山镇政府

四、社区：

一类社区（10个）

武陵区（6个）：红卫社区、高山街社区、光明巷社区、长乐社区、富强社区、长庚路社区

鼎城区（2个）：鼎城社区、渡口社区

常德经开区（1个）：罗家岗社区

柳叶湖旅游度假区（1个）：柳叶湖社区

二类社区、三类社区（略）。

该季度，奖励补助第一名柳叶湖旅游度假区80万元、第二名武陵区45万元。奖励补助一类街道8万元、一类社区4万元。奖补资金由市财政直接划转。

2014年9月17日，市政府“打包”印发《常德市城市容貌规定》等18个城市管理文件，为城市管理工作实施和工作效果考评制订精细标准。

表 2.2.2 常德市城市管理系列文件

序号	文　件
1	常德市城市容貌规定
2	常德市智慧城管系统运行办法
3	常德市城区建筑垃圾管理办法
4	常德市城区户外广告设置管理办法
5	常德市户外广告位使用权拍卖办法
6	常德市城区"门前三包"管理办法
7	常德市城区早、夜市管理办法
8	常德市城区烟花爆竹燃放管理办法
9	常德市城区农贸市场市容环境卫生管理办法
10	常德市建设工程文明施工管理办法
11	常德市城市道路照明及景观灯饰管理办法
12	常德市市政公用设施管理办法
13	常德市临时占道建设工程围挡管理办法
14	常德市病媒生物预防控制管理办法

续上表

序号	文　件
15	常德市城区环境噪声污染防治管理办法
16	常德市城区饮食娱乐服务业环境污染防治管理办法
17	常德市城区门店招牌设置规范
18	关于依法严肃查处影响城市市容秩序和环境卫生违法行为的通告

9月23日，市政府修订印发《常德市城市管理工作考核评比办法》。

该版考核评比办法与2010年版比较，将考评内容调整为组织参与全市性城市管理活动情况、城市市容秩序管理情况、城市环境卫生管理情况、城市管理行政执法工作、城市园林绿化维护与管理、市政设施养护与管理、数字化城管工作、爱卫管理工作、文明创建工作、城市管理举报整改情况共10大类，分类更为科学。检查评比密度更大，考评方式由2010年版“对甲类考评对象采取日巡查、周暗检、季讲评，每季度集中考评一次的方式。对乙类考评对象采取日常工作备案，每半年集中考评一次的方式。对丙类考评对象采取不定期抽查，每年集中考评一次的方式”，作出较大调整：

甲类考评对象一月一评比，一季度一讲评。乙类考评对象中的市公安局、市民政局、市环保局、市住建局、市交通运输局、市商务局、市卫生局、市城管执法局、市药监局、市文化市场综合执法局、市房管局、市交警支队、市公用事业局、市园林局、市环卫处、市城区客运处、市工商局等17家单位（以下简称乙类月评单位）一月一评比，一季度一讲评。其他乙类考评对象一年一评比。丙类考评对象一年一评比。

考评计分办法调整：

一、甲类单位月总成绩=暗检成绩×50%+明检成绩×50%–督办扣分–媒体监督扣分。

二、乙类月评单位月总成绩=暗检成绩×40%+明检成绩×60% –督办扣分–媒体监督扣分。

乙类其他单位年总成绩=暗检成绩×40%+明检成绩×60%–督办扣分–媒体监督扣分。

三、丙类单位年总成绩=暗检成绩×40%+明检成绩× 60% –督办扣分–媒体监督扣分。

奖罚办法相应做出大幅调整：考核评比奖励资金由每年600万元增加至2000万元。其中市政府出资800万元，“四区”政府（管委会）各出资300万元，由市财政设立专户管理，专款专用。“四区”政府（管委会）对城市管理考核资金要列入当年财政预算或调整预算足额安排。明确奖金使用方式为：

一、“四区”政府（管委会）奖励经费的50%用于城市管理工作方面投入，50%用于奖励城市管理工作先进单位和个人。各区所获奖补经费不能抵扣城市管理工作经费预算，市城管办和市财政局每月对上月奖补经费使用情况进行检查。

二、乙类月评单位的奖励经费50%用于城市管理工作方面投入，50%用于奖励城市管理工作先进个人。

三、年度总结奖励经费全额用于奖励城市管理先进个人。

奖罚额度相应大幅调整：

一、每月甲类单位排名第一的奖励100万元，排名第二的奖励50万元，排名第三的不予奖罚，排末名的罚30万元。

二、乙类月评单位被评为一类单位（5个）的，奖励5万元；被评为三类单位（2个）的罚3万元。

三、每年评选“城市管理最佳城区”1个、“城市管理先进县城”2个、“城市管理先进管理区”1个、“城市管理先进单位”10个、“城市管理先进街道”4个、“城市管理先进社区”10个、“城市管理好市民”10个，在每年全市城市管理工作大会上予以表彰和奖励。

四、每年被评为“城市管理最佳城区”的城区党政主要负责人各奖励5万元，被评为“城市管理先进县城”的县（市）党政主要负责人各奖励2万元，被评为“城市管理先进管理区”的管理区党政主要负责人各奖励1万元。

五、连续两次排末名的“四区”政府（管委会）主要负责人和连续两次被评为三类单位的乙类月评单位主要负责人，在市级媒体上说明原因。

六、连续三次排末名的“四区”政府（管委会）党政主要负责人和连续三次被评为三类单位的乙类月评单位主要负责人，市委主要领导进行约谈，约谈由市委组织部组织。

《常德市城市容貌规定》等18个城市管理文件和《常德市城市管理工作考核评比办法》颁行，根据“上下结合”“明暗结合”“城乡结合”“奖罚结合”原则，城市四区和市直城市管理职能部门城市管理工作方面职责更加明晰，动能更加强劲。市城管执法局在此基础上，制订《2014年第四季度“四区”城市管理工作考核评比实施细则》、《市容秩序管理考评计分细则》等8个城市管理工作考评系列文件，建立“日检查、周反馈、月评比、季讲评、年总结”城市管理考评体系。精心挑选考评人员，认真开展教育培训，每月对武陵、鼎城、德山和柳叶湖“四区”进行考评，充分发挥考核考评“镜子、鞭子、票子、面子、帽子”“五子登科”作用，大大提高城市“四区”、市直各单位对城市管理工作重视度和参与度。

2015年1月，市城管执法局以市城管办名义印发《2015年“四区”城市管理工作考核评比实施细则（试行）》（常城管办〔2015〕1号），文件共有8个附件，包括市容秩序、环境卫生、智慧城管、建筑垃圾、城市公园、城市绿地、市政公用设施、城管行政执法8个评分细则。7月份，为落实全市城镇化重点工作推进会议精神，对“四区”城市管理考评工作进行调整，以市城管办名义印发《关于调整四区考核评比工作的意见》，文件对暗检、明检内容和方式做出部分调整，对智慧城管、建筑垃圾、市政设施和行政执法4个项目评分细则进行适当调整。市本级成立常德市城市管理委员会及其办公室，总揽城市

2015年6月10日下午，市城管执法局局长刘兴华到鼎城区城管局调研工作

管理考核评比工作。市城管局设立考核评价科，具体负责考核评比工作组织实施。市环卫处、市园林局、市公用局也分别设置考核机构，专职负责其对应项目的考核。城市四区对应成立区级城管委和城管办，设立考评办，建立区级对区直单位、街道办事处（乡镇）和社区的考核评比体系。

当年，市城管执法局共组织16个暗检组对城市“四区”城市管理工作进行暗检。市容秩序、环境卫生、渣土管理方面暗检组实现全日制检查，节假日不休息。明检安排在每月末进行。市城管执法局组建8个项目组，每月月末集中2天时间（每个区半天）对四区城市管理工作进行集中检查，截至11月底，共计组织开展12次明检工作（其中9月份2次），12次明检均当场打分、当场讲评、当场播放取证影像资料。

表2.2.3　　2015年1—12月考评结果表

考评单位	1月	2月	3月	4月	5月	6月	7月	8月	9月	10月	11月	12月
武陵区	4	1	3	3	1	4	3	4	1	2	4	2
鼎城区	2	3	2	4	2	1	1	2	4	3	3	3
经开区	1	2	4	1	3	2	4	3	3	1	1	4
柳叶湖	3	4	1	2	4	3	2	1	2	4	2	1

如表所见，12个月中，常德经开区获得4个第一名、2个第二名、3个第三名、3个第四名，获得奖补资金410万元；柳叶湖度假区获得3个第一名、4个第二名、2个第三名、3个第四名，获得奖补资金410万元；鼎城区得到2个第一名、4个第二名、4个第三名、2个第四名，获得奖补资金340万元；武陵区获得3个第一名、2个第二名、3个第三名、4个第四名，获得奖补资金280万元。

是年12月，城市四区考评结果是，柳叶湖旅游度假区综合得分97.454分，排名第一；武陵区综合得分97.2542分，排名第二；鼎城区综合得分97.1371分，排名第三；常德经济技术开发区综合得分96.9942分，排名第四。

根据考核结果，2015年12月，奖励补助第一名柳叶湖旅游度假区100万元、第二名武陵区50万元，扣罚常德经济技术开发区30万元。

第六篇《

城市创建和城市美化工作

第一章　城市创建工作

第一节　创建国家卫生城市

1991 年 5 月 3 日，常德市委、市政府印发《关于加强城市管理 创建卫生城市的决定》，明确提出：全市创建卫生城市奋斗目标是，从 1991 年开始，三年内把常德建成全省卫生城市；在此基础上，再通过三至五年努力，把常德建成国家卫生城市。市委、市政府决定，成立常德市创建文明卫生城市委员会，简称市文明委，由市长蔡长松任主任，五大家分管领导及有关部、委、办、局领导参加，主要职责是代表市委、市政府全权处理城市管理、城市创建工作，具体职责是制订城市管理、城市创建工作规划，部署城管创建工作，协调部门矛盾，开展督促检查，处理突出问题。

是日，市政府批转市爱卫会《创建国家卫生城市规划》。该规划明确：全市创建卫生城市活动，大体分三阶段进行：

第一阶段（1991 年）为打基础阶段。主要任务是制订规划，分解任务，搞好宣传发动和基础设施建设，为创建卫生城市打下坚实基础。第二阶段（1992 年）为上水平阶段。主要任务是对照国家卫生城市检查考核标准，全面抓达标。同时，申请并通过省爱卫会考核。第三阶段（1993 年—1995 年）为巩固提高阶段。主要任务是总结经验，找出差距，巩固成绩，克服不足，使全市城市卫生工作进入全国先进行列。

是年 6 月 7 日，市委、市政府决定，将原常德市精神文明建设领导小组、常德市城市管理委员会、常德市创建国家卫生城市和迎接全国城市卫生检查领导小组合并，成立综合性的常德市创建文明卫生城市委员会，简称市创建委，由市长蔡长松任主任，副主任由市领导吴定宪、彭孟芝、李丰茂、刘昌进、杨万柱、马桂迟、张家界担任；委员会下设办公室，市政府办顾问袁松阶首任市创建办主任。

6 月 9 日，市长蔡长松、市委副书记吴定宪主持召开市创建委第一次全会。会议议定如下事项：

一、市创建办即日起开始办公，办公地点设武陵区武装部招待所，工作人员从市城管办、市爱卫办、市文明办和市文化局抽调，开办经费由市财政局解决。

二、联合执法队办公地点设武陵区武装部招待所，执法人员从各有关单位抽调，名单报创建办审查同意后，尽快集中培训，经费由市财政局先按 1990 年标准划拨。

三、武陵、鼎城两区街道办事处、居委会各增加一名专管社会治安和城管卫生工作专干。

四、“七一”前夕，城区组织几次大规模爱国卫生活动，动员城区全体干部群众清除单位和城区卫生死角。各单位要认真组织好这次活动，市区组织检查评比，通报有关情况。

6月11日上午，副市长杨万柱、市创建办主任袁松阶主持召开市创建办第一次主任办公会议，会议议定，市创建办工作人员从以下单位抽调：市文明办1人、市爱卫办2人、市城管办2人、市文化局1人；联合执法队执法人员从以下单位专业执法人员中抽调：市公安局2人、市交警支队13人、市城建监察大队14人、市工商局10人、市卫生系统5人、市税务局2人。会议要求，各单位务必保证人员素质，尽快集中开展工作。

是年8月19日，市创建办批转市工商局市城区《整顿马路市场方案》；批转市交通警察支队市城区《整顿城区道路交通秩序方案》，启动常德市城区整顿马路市场、占道经营和整顿城区道路交通秩序、保障城区道路交通安全畅通两大创建战役。9月5日，批转市建委《整顿城区市容卫生和违法建筑方案》；9月20日，批转市卫生局《整顿城区食品卫生方案》。市城区整治市容环境卫生"脏乱差"总体战役全面启动。

是年9月9日，市创建委印发1号文件《关于对创建文明卫生城市工作实行领导包片、部门包段工作责任制的通知》，建立市委、市人大常委会、市政府、市政协、常德军分区"五大家"主要领导和分管领导参加的领导包片、部门包段责任制。"包片""包段"的市领导和机关主要工作职责是，指导城市管理职能部门和街道办事处（镇）贯彻落实市委、市政府《关于加强城市管理 创建卫生城市的决定》 和《常德市城市管理暂行规定》，督促协助街道办事处、居委会落实"门前三包"责任制和大力开展群众性除"四害"工作，检查、督促驻片、驻段单位贯彻执行关于加强城市管理、创建文明卫生城市的有关规定，完成各项任务，指导、协助街道办事处搞好本路段城乡接合部的综合治理工作，根据市创建委统一部署，负责完成所包路段卫生大清扫任务。该通知安排：

武陵区城东片：市委机关，市委书记庞道沐，市委副书记吴定宪，市委常委、宣传部部长彭孟芝包片负责；

武陵区城南片：市政府机关，市长蔡长松、副市长杨万柱、市政府顾问赵树立包片负责；

武陵区城西片：市人大常委会机关，市人大常委会主任罗寅阶、副主任李丰茂、吴愈俊包片负责；

武陵区城北片：市政协机关，市政协主席王大元、副主席杨功裕、马桂迟包片负责；

武陵区三岔路片：常德军分区、市政法委机关，军分区司令员方子珍，副司令员张家界，市委常委、市政法委书记韩林安包片负责；

德山开发区：市委、市纪委机关，市委副书记周阳生、市纪委书记熊奇生包片负责；

鼎城区武陵镇：市政府机关，副市长李江、刘昌进包片负责。

9月21日，市委书记庞道沐、市长蔡长松主持召开市委、市政府联合办公会议，专题研究创建工作。会议议定如下事项：

一、大力充实和加强基层创建工作。加强街道办事处（镇）创建工作力量：（一）从市联合执法大队抽调18人，组成6个执法小组分别下派武陵区各街道办事处，承担所在区域市容秩序及环境卫生管理，协助街道办事处抓好“门前三包”工作。执法小组日常工作服从街道办事处统一安排，业务归口职能部门和联合执法大队管理。（二）从市直包路段机关单位抽调21名干部组成7个创建工作组下派街道办事处（镇），协助开展创建工作，主要负责与市级领导包片联络工作，督促包路段单位落实创建任务，全面了解情况，协调解决矛盾。（三）从市直包路段单位抽调百名干部，实行包段专人负责与兼职轮流负责相结合的值班制度， 在有关街道办事处统一领导下，具体落实包段五条工作职责。

二、明确市区两级创建工作责任划分。市创建办是市委、市政府创建文明卫生城市工作机构，担负创建工作情况综合和组织协调，具体指导、检查、督促武陵区、鼎城区及市直各部门和单位创建工作。武陵、鼎城两区政府是创建工作主体，按照市委“分级负责，条块结合，以块为主”原则，市直单位在创建工作中，应服从两区政府统一安排和部署，并发挥模范带头作用，支持两区工作，落实各项任务。

三、切实推进五项专项整顿。整顿马路市场、交通秩序、食品卫生、市容卫生和违法建筑是创建工作关键所在，是建成文明卫生城市有效措施。市创建办要紧紧依靠执法部门，对照各项方案要求，与职能部门建立严格责任制，逐条逐项抓落实。各职能部门要尽快转入执法整治阶段，采取切实有力措施实施五项整顿方案。

四、认真组织灭鼠和卫生大清扫工作。会议同意市爱卫会灭鼠方案，决定将9月28日定为全市灭鼠日。经过努力，尽快建成无鼠害城市。9月28日同时也是创建活动月大扫除日，要广泛动员城区机关、企事业单位干部职工、学校师生、驻常部队指战员参加全城第四次卫生大清扫活动，包片市级领导要深入包片区参加清扫活动，以实际行动迎接国庆节。

是年，市环卫处组织开展“学雷锋，树新风，创优岗”活动，在元旦、五一、国庆等节假日期间，组织4次卫生突击活动，参加全市市容治理整顿7次，参加市建委拆除违法建筑行动5次，全年清除不卫生死角30多处，清除暴露垃圾1600多吨，成立垃圾无害化处理办公室，市区日产垃圾全部实行卫生填埋，垃圾场无害化处理率达到95.76%，城区市容卫生环境进一步好转。市卫生局积极整顿城区食品卫生，市城区餐饮行业食品卫生限期达到“六有”“六无”：有足够营业面积，有上下水管道，有防蝇、防尘、防鼠、防腐措施，有消毒保洁措施，有三证（卫生许可证、健康合格证、培训合格证），有垃圾容器；无鼠、无蝇、无变质食品、无污渍，门前无垃圾、无污水。当年，市城区餐饮行业“六有”“六无”达100%;卫生检查分在90分以上者占所检单位85%。

1992年6月，市创建文明卫生城市联合执法大队更名为常德市城建、公安、工商、卫生联合执法大队，即在市城建监察大队基础上，抽调公安、交警、工商、卫生等部门执法骨干参加，挂常德市城管监察大队和联合执法大队两块牌子，实施城市管理综合执法。

是月28日，国务院第101号令发布《城市市容和环境卫生管理条例》。根据国务院101号令，市政府制订《城市卫生和城市环境综合整治方案》。市电视台主办“创建与市民”专题节目，《常德日报》开展创建新闻大赛，市委、市政府开展爱卫月活动，组织广大市民积极参与创建活动。全年共组织8次大型市容卫生整顿，出动人员达12万多人次，市环卫部门组织拆除违法建筑3处，扫清路障2起，处罚违法780次，突击清除城乡接合部卫生死角32处，清除暴露垃圾894吨；同时举办国务院101号令宣传窗，印刷《条例》宣传布告3000份、《条例》和《城市容貌》手册5000册广泛进行宣传，在常德日报开辟《条例》宣传专栏；此外，还组织专门力量、制做宣传彩车到市区主要街道巡回宣传《条例》内容，提高市民市容和环境卫生意识，收到较好效果。当年，在全省城市卫生检查中，获总分92.63分，在全省地级市组排名第三，常德市迈进申报国家卫生城市“门槛”。

1993年，市委、市政府向全市各级各单位、全市人民群众发出创建全国卫生城市号召，全市上下掀起创建高潮。市环卫处建立健全承包责任制，实行“四定一包”（定指标、定人员、定任务、定质量、经费包干），城区清扫保洁和清运质量不断提高，配套建设2座标准生活垃圾处理场，城市生活垃圾无害化处理率达96.93%；粪便无害化处理率为95.3%；城市公共厕所水厕比率达100%。加强城市道路建设，龙港路全部完工，洞庭大道延建工程、武陵大道北端至火车站路段、朗州北路、玉霞路等主干道建设，进展顺利。完成三水厂扩建工程，并着手筹建四水厂。与此同时，对市政工程进行全面维修。城区道路优良率和路灯亮灯率均达98%以上，建成区排水管道普及率达84.5%，自来水水质检验合格率达99.44%，各类排水设施完好率达100%。

是年，城区“脏乱差”整治收到明显成效。市城建监察大队全年共拆除各类违法建筑2600多平方米，清除废旧标语、过期广告上千条（幅）。取缔无证、无照摊点3500多个，拆除违法搭棚210多处。以清理整顿营运“慢慢游”为重点，共查处各类违法车辆2000多台，纠正违法营运2万多人次；桥南圆盘路段等主要路口路段交通治理取得重点突破。组织大型市容整顿10次，处罚各类违法2000多次，清理卫生死角53处，清运暴露垃圾1500余吨。全面深入开展“门前三包”“门内达标”活动。城区2350个临街单位，全部与办事处、居委会签订“门前三包”责任制，实现“六有六无”，即有“门前三包”牌、有责任人、有三包员、有卫生制度、有卫生设施、有保洁工具；无摊担乱摆乱设、车辆无乱停乱靠、果皮纸屑废弃物无乱丢乱扔、广告标语无乱张乱贴、杂物无乱堆乱放、垃圾污水无乱倒乱泼。

1994年，常德市顺利通过全省城市卫生检查，总评分为93.84分。省爱卫会授予常德市“湖南卫生城市”称号。11月23日，全省城市卫生检查团评价：常德市公共场所卫生设施建设符合部颁标准，投入大、起点高，具有较高水平。窗口单位、公共场所汽车站、轮船客运站卫生管理制度健全，并能较好落实。卫生设施基本齐全，室内清洁卫生，秩序井然，从业人员持健康证上岗。二水厂水质监测资料齐全，管网末梢水水质“五大指标”总合格率为100%。

是年，市环卫部门狠抓环卫基础设施建设，新建8座垃圾中转站，维修环卫车辆42

台，购置运输车5台，修复公厕水箱41个，配置垃圾容器855个，其中多功能斗14个、垃圾箱61个、果皮箱780个；两座垃圾填埋场完成配套建设，生活垃圾无害化处理率达到97.53%。市城区全面深入开展“门前三包”“门内达标”活动。多方筹措资金，新建一批城市基础设施。沅安中路、德山中路、丹阳路、芙蓉路建设全面动工；武陵大道南段拆迁工作完成80%以上；朗州北路水泥路面全线建成通车。城市道路完好率和路灯亮灯率均达98%以上，建成区排水管道普及率达83%，各类排水设备完好率达100%，均达到或超过建设部城市综合整治标准。

是年，市城建监察大队继续加大市容整顿力度。全年共拆除各类违章建筑5万多平方米，清除各类废旧标语广告2000多条（幅）。全年取缔无证、无照摊点700多个，同时加强集贸市场内部管理，市场卫生管理水平明显提高，龙港巷和桥南市场创建成为国家级文明市场。对城区重点地段（如北站交通堵塞、上南门占道经营）和难点问题（如娱乐城一带饮食夜市占道经营等）进行重点整顿。收缴无证摩托车150多台，查处城区乱贴广告10余起、2000多份，拆除违法棚亭690多个；对乱占道、乱停车、乱摆摊担、乱倒垃圾、乱搭棚、乱堆物等现象进行综合治理，处理各类违法1376起，处理不卫生死角34处，清运暴露垃圾1000 多吨。

1995年1月14日，市政府代市长张昌平主持召开市城管委第一次全体会议，对1995年城管创建工作进行全面部署。会议决定：1995年城管创建工作明确“一个目标，十大任务，五条措施”。一个目标，就是真抓实干，奋力拼搏，力争全省城市卫生检查进入前三名，并跻身全国文明卫生城市行列。十大任务就是提高市民素质，搞好市容环境卫生，加强食品卫生管理，城区灭鼠、灭蟑达标，严格摊担管理，加强窗口单位和公共场所卫生管理，整顿交通秩序，搞好学校卫生工作，环保工作上新台阶，加快相关硬件建设。上述十个方面工作，重点是垃圾管理、摊担管理、灭鼠和食品卫生、交通秩序、基础设施建设；必须始终把这五个方面工作摆在突出位置。五条措施分别是突出重点，分步实施，把各项任务落到实处，抓出成效；切实落实好“门前三包”“门内达标”责任制；严格执法，强化管理；改进检查方法，强化督导措施；加强领导，落实责任。

是年，市城管办、市创建办共联合组织4次全市性卫生大扫除，参加人员达12万人次，清除垃圾2000多吨。市环卫部门组织市容市貌整顿行动12次，挖掉临街土码头32处，纠正处罚违法2700多次，清理垃圾死角70多处，运走暴露垃圾3500 多吨。全年修复公厕水箱45个，疏通粪池57次，油漆垃圾容器797个，维修环卫车辆35台，制作各类管理牌350 块，维修垃圾中转站15座，粉刷公厕117座，新建5座垃圾中转站和5座水厕，环卫基础设施进一步完善，市容市貌明显改观。

1996年，市委、市政府提出“学习张家港，建设新常德”，建设全省一流城市目标。是年，常德在全省城市卫生检查中继续保持“灭鼠先进市”荣誉，且通过省爱卫办验收，达到“灭蟑先进市”标准；全省城市卫生检查得分95.27分，跻身全省城市卫生甲级市行列。是年，市环卫部门加强工种质量管理，严肃劳动纪律，调整作业时间，对环卫基础设施进行全面检测维修，组织机关干部职工治理卫生死角，处理违法作业，督促卫生质量。全年治理垃圾死角50多处，清运暴露垃圾700多吨， 处理各类违法15000多起，保持城区市容市貌常年整洁，受到省“八运会”各代表团和省城市卫生检查团一致好评。

1997年8月13日，市委、市政府印发《关于在全市开展“讲文明、树新风、创建全国文明卫生城”活动的实施意见》，明确按照党的十四届六中全会提出的优美环境、优良秩序、优质服务，提高公民素质的总体要求，突出“学习张家港，建设新常德，创建全国文明卫生城”这一主题，着重解决文明言行、环境卫生、服务质量、交通秩序四个方面存在的突出问题，集中精力办好作用大、影响大、让群众满意的实事，推动全市群众性精神文明创建活动更加扎实深入地开展，切实改善广大群众的日常生活环境和生活质量，提高公民的社会公德、职业道德水平，树立常德环境美、秩序好、服务优、人品高的良好形象，以实际行动迎接党的十五大召开，为常德改革开放和经济建设创造良好环境。该《实施意见》号召，全市各级各单位、全市人民群众“向不文明言行告别，向脏乱差现象宣战”，以公共场所、服务窗口、居民小区及城乡接合部为重点部位，以舆论宣传、道德教育、综合整治和文明创建为主要手段，重点抓好公民行为规范教育、整顿环境秩序和市容卫生、深化文明优质服务活动三项工作。市委、市政府明确要求：

抓好市容整治。由城管、工商、 规划、巡警、交警、城建、环卫、爱卫等部门集中力量，在规范市场临时摊担区和夜市管理基础上，突出清理拆除违法棚亭、遮阳篷罩，清理整顿马路市场、广告招牌，取缔占道经营、出店经营，制止乱挖乱占城市道路等违法行为，落实全日保洁、定时收集垃圾和推行居民小区垃圾袋装化、洁菜进城等措施；武陵区、鼎城区和德山开发区要进一步落实“门前三包”责任，动员人民群众广泛开展爱国卫生运动，清除卫生死角，消除“四害”孳生场所。

抓好食品卫生整治。由卫生部门组织力量，有关部门配合，在加强食品卫生监察，严格“三证”（卫生许可证、健康证、培训证）管理基础上，依法整顿不合格和取缔无证食品生产经销单位、饮食门店和露天饮食摊担。

抓好交通秩序整治。由交警部门牵头，交通、城建、城管、工商、巡警联合行动，在继续优化交通组织，完善标志标线，规范行、停秩序基础上，重点抓好各类营运车辆管理。禁止拖拉机、畜力车、板车进城，逐步取缔人力车和船形车；加强客运市场管理，坚持“联合检查、部门处罚”形式，持续不断打击无牌无证营运行为，确保城区道路畅通、安全有序。

抓好小区整治。由市建委牵头，武陵区和有关方面配合，组建物业公司，对居民小区实施综合管理，重点整治乱倒垃圾和乱搭亭棚等突出问题，发动群众积极创建安全文明卫生小区。

1998年1月，市文明委印发《关于确保今年常德市创建全国卫生城市的几点意见》，明确提出当年创建全国卫生城市指导思想是“以党的十四届六中全会和党的十五大精神为指针，通过建立‘条块结合，以块为主，二级政府，三级管理，四级落实’管理体制，广泛开展部门配合，群创群建，全民参与的创建活动，着重解决文明言行，环境卫生，服务质量，交通秩序等方面突出问题。”力争当年创建成为全国卫生城市，并通过三年努力创建成为国家卫生城市。

是年 2 月，市委、市政府成立常德市城区创建工作领导小组，市委副书记莫道宏任组长，市委副书记彭孟芝任顾问，市领导杨万柱、杨光宏、周用金、向启国、马桂迟、郑景阳任副组长。市城区创建工作领导小组下设办公室，彭培南任市创建办主任。4 月，市城区创建工作领导小组决定，以市区行政督查队伍为基础，抽调职能部门人员新建 7 个城区创建工作队，协助各区、办事处开展城市创建工作，李长春任城东工作队队长、李远协任城南工作队队长、杨金融任城北工作队队长、余运秋任城西工作队队长、蔡宪枝任三岔路工作队队长，彭定世任鼎城工作队队长、任修喜任鼎城工作队指导员，赵永鹏任德山工作队队长、刘万兴任德山工作队指导员。7 个工作队共抽调 112 名市直党政机关干部担任工作队员：城东 17 人，城南 18 人，城西 31 人，城北 18 人，三岔路 17 人，鼎城 7 人，德山 4 人。

市创建领导小组提出，国家有关部委组织的文明城市、卫生城市、园林城市和旅游城市创建项目，对城市的文明、卫生、绿化、美化、序化和服务优化的要求是一致的、标准也是相通的，你中有我、我中有你、互为衬托、相互促进。必须将几大创建项目紧密结合，坚持文明城市、卫生城市、园林城市和旅游城市“四个城市一起创”，充分发挥创建资源、创建力量的整合优势，从整体上促进城市综合素质上档次、上水平。

是年，因全国多地暴发洪灾，全国爱卫会暂停全国城市卫生检查。但常德创建全国卫生城市力度不减，常德城大灾之年始终保持良好城市秩序和良好市容环境卫生。各创建工作队根据市创建领导小组统一部署，与办事处及各职能执法部门紧密配合，齐心协力，大胆探索、勤奋工作，在实施一把手工程、网络工程、细胞工程、民心工程、攻坚工程、素质工程等创建工作重大举措中，充分发挥组织、协调、督促、指导作用，为城区创建工作水平不断提高做出积极贡献。各工作队抓重点、抓难点，一批重大项目取得明显成效。德山工作队集中力量抓城郊接合部暴露垃圾清除，出动手扶拖拉机 80 余台次、推土机 10 余台次，清除掩埋垃圾 2000 多立方米；城东工作队组织 18 家单位清运穿紫河沿岸暴露垃圾 400 多吨；城北工作队组织修复垃圾围 60 多个，消除垃圾死角 30 多处；城西工作队现场整治乱倒垃圾 600 多次，处罚门店 47 个，为垃圾治理长效管理奠定坚实基础。江北城区组织维修人行道板 3 万多平方米，一批水不通、路不平、灯不明的事关群众生活环境质量实际问题，以现场办公方式得到根治。各片（区）创建工作队都把整治出店经营和流动摊担、拆除违法搭建、清除乱贴乱画等难题项目作为攻坚重点，通过规劝经营业主、督促产权单位直接整顿治理，组织联合执法等多种形式和手段，组织拆除违法搭建（包括彩条布棚、遮阳棚亭）1500多处。城东工作队通过精心组织、坚决整治，解决大桥零号孔、体育路等路段乱搭乱建、占道经营问题。根据市创建领导小组关于推进“细胞工程”指导思想，各工作队坚持不懈地抓辖区单位、特别是各类经营门店“门前三包”责任制落实。城南工作队制订“门前三包”监察员工作职责，与产权单位签订门前三包责任状1000余份；城西工作队专门就迎检达标，组织居委会与产权单位签订责任状。

1999年，常德市城市创建工作主要围绕创建卫生城市迎“国检”展开。市城管环卫部门、各片（区）创建工作队抓紧市容环境卫生整治、城区占道经营整顿、城区客运交通市场整顿、城区扩大“禁炮”范围、城区户外广告设置整顿等重大整治行动，促进城市管理水平发生根本改变。3月15日，组织召开全市城管创建工作总结表彰及迎“国检”动员大会，组织城市“四区”和22个城管创建单位向市委、市政府递交创建卫生城市工作《责任状》。会后，市城管办、市创建办多次组织全市各单位大力开展创建卫生城市活动，彻底整治“脏、乱、差”死角；号召所有居民开展“搬家式”家庭卫生大扫除；实行家庭生活垃圾“袋装化”；投药灭蝇、灭蟑、灭鼠，推进城市除四害；对临街单位督促落实“门前三包”；严厉整顿临街商店和摊贩出店占道经营；市环卫处落实街道“全日保洁”。通过严厉整顿，常德城市市容市貌和环境卫生发生由量变到质变的飞跃。5月下旬，全国城市卫生预检团对常德创建卫生城市工作情况进行全面检查，常德市和岳阳市获得湖南省城市卫生检查并列第一名。是为常德首次获得全省城市卫生检查地级市第一名。

常德卫生城市创建并未因为获得全省第一就此止步。当年6月至9月，市城管、创建部门狠抓城区占道经营整治，组织大力度拆除违法建筑，整顿夜市占道经营，取缔北引桥马路服装市场。10月至12月，大力整治城区非机动车和行人交通违规、露天食品烧烤、城区户外广告乱贴乱设，打击客运市场非法营运车辆，禁止城区汽车行驶鸣叫喇叭；市城管监察大队依法整治城区各类违法现象，全年共发出“整改通知”8700多份，规劝教育违规人员10800多人次，纠正乱堆乱放3800多处、乱挂乱吊4600多处，清除乱贴乱画3500多处，制止出店经营5000多户次，取缔乱搭乱建3500多处，纠正和取缔乱摆和流动摊担18000多处。市环卫处购置2台“扫地王”清扫车，开始人力清扫向机械清扫转变；完成桃树岗垃圾处理场扩建工程中污水处理系统和沼气导排燃烧系统，当年垃圾无害处理率达100%，垃圾处理由初级向高级转变；坚持16小时全日保洁制度，城区149.3万平方米主次干道实现“四无四净”；109座公厕管理保洁率达到100%；生活垃圾实行封闭式清运；协同城管、卫生、工商等部门联合整治市容行动100余次，纠正违法2000余起。

2000年，市创建、城管部门巩固卫生城市创建成果，继续高强度推进城区占道经营整治、组织违法建筑拆除、整顿夜市占道经营，大力整治城区交通秩序和客运市场非法营运、整治城区户外广告乱贴乱画。在全省开展的“食品卫生整治大行动”中，市创建、城管、卫生、防疫部门在常德城区开展对餐饮、冷饮、露天夜市、烧烤、学生食堂及保健品等一系列专项整治行动，取得明显成效。是年，为改善中小型饮食店餐具消毒工作，常德市成立餐具消毒中心。武陵区卫生防疫部门先后制订《武陵区食品卫生整顿方案》《餐饮业食品卫生管理办法》《武陵区传染病监督计划》《武陵区救灾防病工作预案》《武陵区生物制品管理办法》《武陵区小型饮食店基本卫生要求》《武陵区糕点加工销售基本卫生要求》《武陵区米粉厂基本卫生要求》《武陵区副食店基本卫生要求》等10多项食品卫生规范性制度，制订食品生产经营单位各项卫生岗位责任制，大力规范食品生产经营单位食品卫生工作。积极开展米粉行业专项整治。共出动食品卫生监察员300余人次，对辖区米粉加工厂进行严格监督。

2001年，常德市“四个城市一起创”工作取得重大进展，在全省率先实现三个第一、三个零的突破。即第一个通过创建国家园林城市国家专家组验收，第一个获得创建交通管理模范城市优秀等次，第一个取得申报国家卫生城市资格。在卫生城市创建方面，市容管理、城郊接合部、单位居民区卫生、食品卫生、除“四害”、市场管理水平不断提高。是年2月，副市长龚建明从北京领回“中国优秀旅游城市”证书和“中国优秀旅游城市”马踏飞燕奖座。

中国优秀旅游城市“马踏飞燕”奖座

是年6月，常德市通过湖南省爱卫会组织的初审，获得申报国家卫生城市“入场券”，并经省爱卫会推荐，正式向全国爱卫会提出国家卫生城市申报。是年9月，常德市创建国家园林城市工作通过国家专家组的验收。在园林城市创建方面.常德通过大抓道路绿化、广场绿化、出城口绿化、单位和居民区绿化，培植出诗墙公园、穿紫河风光带、柳叶湖环湖风光带、抗战纪念公墓等一批亮丽风景园林景观，城市整体容貌和城市环境质量得到根本提高。是年12月，常德经过国家专家组复查，城市畅通工程工作确定为优秀等级，顺利进入全国“优秀城市”行列。是年9月，省委、省政府在常德召开湖南省第一次城市工作座谈会，省委书记杨正午、代省长张云川及各厅局、各市州与会领导对常德城市创建工作成就给予充分肯定。

2002年3月17日至19日，全国爱卫办专家组一行6人，对常德市创建国家卫生城市工作进行可行性调研。调研组专家通报认为，近几年来，常德市委、市政府立足于城市环境根本改善，坚持一把手工程，组织体系健全有力，城市功能日趋完善，城市管理不断加强，取得可喜成绩。各部门、各单位、各区街领导非常重视创建国家卫生城市工作，坚持以人为本，以“创卫”为龙头，把其他几个城市创建结合在一起，互为依托，互相促进，创造了很好的经验，走上健康的创建之路。一是在城市基础设施建设上有大投入、大气魄、大手笔。二是城市园林绿化有特色，水平高。三是环境保护9项指标，大气总量原微粒年日平值、饮用水源水质达标率、区域环境噪声平均值、烟尘控制区覆盖率、城市生活污水处理率、工业固体废物综合利用率和环境保护投资指数等8项指标都已经符合标准要求。四是市容面貌发生根本变化。调研组一致认为，常德市创建国家卫生城市工作经过多年努力，为群众办了实事，城市卫生水平有了很大提高，为实现国家卫生城市的目标奠定良好基础，希望在较短时间内成为名副其实国家卫生城市，为湖南省和中西部乃至全国国家卫生城市创建工作带个好头，做出表率。调研组同时指出，常德市创建国家卫生城市尚有鼎城区创建工作发展不平衡、卫生基础设施建设尚待加强、行业卫生特别是食品卫生管理存在薄弱环节、工业污染源防治尚需进一步努力等4个方面问题需要解决。

市委、市政府和市创建工作领导小组针对调研组专家通报的优点和不足，组织各部门认真研究学习《国家卫生城市标准》，围绕4个方面不足组织攻坚突破。所有迎检项目，都根据专家意见，找准差距，逐项制订工作规程和规范，推进全面达标；对城区所有企业事业单位、院落、小区、市场、门店、道路、街巷、绿地、水体，等等，即城市建设和管理工作所有对象全面排查、盘底、登记，建立电子资料库，确保整个城区全面创建，真抓创建，不留空白，不留死角，彻底整治脏乱差。整治工作以提高鼎城区创建工作整体水平为突破口，促进武陵区、鼎城区、德山开发区和柳叶湖度假区创建工作和城市化进程平衡发展。4、5、6三个月每月组织一次模拟检查；每月组织一次全城搬家式大扫除。市委、市政府要求，要进一步科学决策，加大投入，优先解决达标项目建设资金，如垃圾处理场二期工程、城区旱厕改造，进一步配套完善城市基础设施建设。

3月下旬至4月，市城管局、市创建办组织规划、公安、法院、交警、防暴、园林等部门大力开展“拆违创无”活动，对138条城市主次干道、街巷，15个新建居民住宅小区、100多个居委会、200多个机关和单位院落，150多平方公里建成区和城乡接合部，开展78次拆违行动，共拆除违法建筑面积6.7万平方米。市城区两次启动市民学校，5万多个居民家庭、10万多人次接受创建基本规范教育。组织三次全城搬家式卫生大扫除，一些历年积存垃圾死角得到有效清理。为提高创建效率，5月初，市创建办聘请7名省内外从事市容管理、环卫、除四害等方面专家，举行10多场创建专题报告会和业务骨干培训班。4月至5月，组织创建职能部门负责人200多人次到惠州、中山、无锡、肇庆等地对口学习考察，进一步增强对相关国家标准的理解。7月至8月，开展整治“六小”（小饮食店、小街小巷、居民小区、小广告、小锅炉、小理发店）专项整治行动。连续50天整治行动中，先后开展5次强制执法，共整治小餐馆1126家，销毁小炉灶200多个，安置转产300多家。对城区半边街、方家巷、西园路、北正街、高管巷等10多条小街小巷进行美化改造，对老居民区1、2、3、4、 5、6村采取市直战线包小区整治办法，拆除违法棚亭、种植花草树木，使小区更加亮丽。坚持平时检查考核与集中检查考核相结合，每天进行一次督查，一月进行一次抽检，一季进行一次普检，并通报情况，大会结账。3月下旬至9月半年时间内，组织相关部门成立9个创建督导组，一天一督导，一周一调度，现场解决问题，收到极好效果。

是年10月21日至23日，全国爱卫办检查组对常德市创建国家卫生城市工作组织考核鉴定。10月23日，全国爱卫办检查组宣布考核鉴定意见。考核鉴定组一致认为，常德市委、市政府高度重视创建工作，10年来坚持不懈，组织动员全社会各方面力量，以抓创建国家卫生城市，推动投资环境、社会发展和民心工程等项工作，创卫取得显著成绩，深受人民群众欢迎。10年来常德市城市面貌焕然一新，公共事业迅速发展，绿化美化街道花园，人民群众工作和生活环境得到改善，有力促进当地经济发展和城市建设。目前，城市综合能力得到加强，投资环境不断提高。在创建工作中，常德市坚持“以人为本”思想，注重大环境改造和城市基础设施建设，为城市可持续发展奠定良好基础，充分体现江总书记“三个代表”重要思想。特别是在2002年3月全国爱卫办调研后，加大整改力度，组织有关部门进行专业知识培训，熟悉《国家卫生城市标准》，创卫工作跃上新的台阶。根据爱卫组织管理、健康教育、市容环卫工作、环保指标完成情况，公共场所、生活饮用水及窗口单位卫生，食品卫生，传染病防治，城区除四害等7个方面现场检查和民意测验，考核鉴定组认为，常德市达到《国家卫生城市标准》基本要求。建议全国爱卫会命名常德市为国家卫生城市。

当年11月，常德市被全国爱卫会授予“国家卫生城市”称号。12月16日，在全国纪念爱国卫生运动50周年总结表彰大会上，全国爱卫会正式授予常德市“国家卫生城市”奖牌。常德成功地实现湖南省和中国中部地区卫生城市零的突破。

是年，常德市城市创建还取得一系列重大成果：10月中旬，常德市被中央文明委授予“全国文明城市”光荣称号；12月下旬，被建设部授予“国家园林城市”称号，成为全省第一家国家园林城市。加上2000年创建成功中国优秀旅游城市，市委、市政府1998年提出的“四个城市一起创”城市创建阶段性目标，至此画上圆满句号。

2003年至2005年，常德市在巩固国家卫生城市创建成果工作中，突出“创新、提质、长效”主题，进一步夯实创建基础，强化基层网络。武陵区抽调7名区级领导，组成区创建工作领导小组，明确一名副书记专门负责，并以区创建领导小组为核心，以区创建办、区城管局、区爱卫办为主体，街道办事处城管创建办和驻办事处“四队一所”（“门前三包”监察中队、城市管理监察中队、除四害药物投放队、健康教育宣传队、环境卫生管理所）为主力，组成强有力创建工作体系。以社区居委会为基础，制订“居规民约”，发动广大市民自我监督、自我约束、自我管理，向不文明卫生行为和习惯作斗争，采取单位包社区、促创建、保达标措施，开展创建活动。

国家卫生城市创建成功后，常德市把城市保洁向郊区延伸，以城市带郊区，让郊区农村居民共享城市创建成果。组织进一步整治“六小”（小街小巷、居民小区、小饮食店、小广告、小锅炉、小理发店）工程，实施临街建筑“穿衣戴帽”工程，城市创建水平不断提高。在2003年常德市第四次党员代表大会和人民代表大会上，新一届市委、市政府，分别郑重宣告，力争在任期内实现创建全国交通管理模范城市、国家环境保护模范城市、中国最佳人居环境城市和国际花园城市新一轮“四个城市一起创”奋斗目标。

至2005年，常德市获得“国家卫生城市”“全国创建文明城市工作先进市”“中国优秀旅游城市”“国家园林城市”“全国交通管理模范城市”“国际花园城市”“中国最佳人居环境城市”三个范例奖和“中国魅力城市”等荣誉称号。是年11月，常德市顺利通过“国家卫生城市”三年一度大复查，全省卫生大检查连续第六年获得全省第一名成绩。

至2008年，常德市巩固国家卫生城市创建工作取得新的突破，市本级继续保持“国家卫生城市”荣誉称号，全市创建工作不断向行业创建延伸、向县乡创建延伸，全市文明卫生单位创建工作取得位居全省第一好成绩：共成功创建22个省级文明卫生单位、20个市级文明卫生单位。各区县（市）呈现你追我赶喜人创建局面。石门县、澧县顺利通过国家卫生县城3年一次复审，继续保持国家卫生县城荣誉称号；安乡县成功创建成为国家卫生县城；汉寿县成功创建成为省级卫生县城；津市市顺利通过全省县级市城市卫生检查，继续保持“省级卫生城市”荣誉称号；临澧县、桃源县均已做好创建国家卫生县城的前期准备工作。

市容监督员对市民宣传城市创建工作。

2011年3月，常德市委、市政府明确市城管执法局继续牵头负责巩固国家卫生城市工作。市城管执法局迅速成立巩固国家卫生城市工作领导小组，抽调专门工作人员成立领导小组办公室，指挥、协调、统揽全市卫生城市巩固工作，协调解决全市巩卫工作中重点、难点问题，全力迎接国家卫生城市复审。市城管执法局各工作小组对照新版《国家卫生城市标准》10个大项67个小项和国家暗访调研通报的问题，把整改任务分解到城市“四区”和市直有关职能单位，明确整改完成时间，确保整改落实到位。为确保迎检复审工作取得成功，市城管执法局建立逢单日工作调度制、每天工作进度专报制和每周督查通报制三项制度。及时成立二个工作督察组、六个专业督察组对市区实行全方位、全天候，一丝不苟的督察，不留死角，不留空档，及时通报阶段性工作完成情况，督查工作中发现的问题、复审迎检工作中好的做法和经验等情况，推进全市复审迎检工作顺利进行。市城管执法局先后13次召开巩固国家卫生城市工作调度会，进行2次模拟检查，开展3次全市卫生大扫除。经过全市上下艰苦努力，常德顺利通过5月23日至25日的省级复审。当年9月6日至8日，常德市顺利通过全国爱卫会组织专家组对常德市巩固国家卫生城市工作暗访复查。全国爱卫会专家组认为常德市巩卫工作领导重视、措施得力、效果明显、整改到位。11 月 24 日，全国爱卫会再次明确常德市保持“国家卫生城市”荣誉称号。

2015 年，常德市再次迎来国家卫生城市复检年度。全国爱卫会按照新修订的《国家卫生城市标准》，对全国所有国家卫生城市进行复检，复检标准更加严格、程序更加规范。是年，市城管执法局统筹协调各区履行城市管理职责，以考核评价为手段推动市城区城市管理工作常态长效；积极开展渣土管理专项整治，不断完善智慧城管系统建设，城市管理信息化水平明显提高；推行环卫作业市场化改革，市城区鼎城区、常德经开区、柳叶湖旅游度假区均实施环卫作业市场化；积极实施街景美化、夜景亮化，城市品位明显提升。市城管执法局制订新的《市城区环卫作业规范和质量标准》，改主次干道人工作业为机械化作业、改清扫保洁为清洗保洁、改白天作业为夜间作业。城区街道实行“人机结合”清洗保洁滚动作业机制，建立普扫、机洗、机扫、动态保洁、督导巡查“五位一体”和定时、定量、定人、定点、定车“五定”精细化保洁制度，实现一级道路每天一冲洗，二级道路三天一冲洗，三级道路一周一冲洗，机械化作业面积达 500 万平方米，城市街道整洁如新。市城管执法局制订更加科学可行的《城市管理考核评比办法》，制订《城市管理工作考核评比实施细则》《市容秩序管理考评计分细则》等八个城市管理工作考评系列文件，设立每年 2000 万城市管理考核评比奖励基金，每月对城市“四区”城市管理工作进行考核排名，排第一名奖励 100 万，排第二名奖励 50 万，第三名不奖不罚，排第四名罚款 30 万，充分发挥考核考评激励鞭策、奖优罚劣的作用。通过考评考核，城市管理工作进步明显，常态长效态势逐步呈现。市城管执法局大力推进城市美化工程，城市品位全面提升。一是重塑临街建筑物。2015 年完成洞庭大道 99 栋和沅安路 52 栋建筑物的临街立面和屋顶的美化工作。二是规范门店招牌。2015 年拆除、更换沅安路门店招牌 175 块。三是整治户外广告。完成武陵大道、沅安路、人民路、洞庭大道 4 条道路和国际旅游节参观沿线道路的户外广告牌整治工作，共拆除各类户外广告牌 4677 块。四是规范整顿“四亭二牌一栏”。2015 年，共拆除临街占道报刊亭 100 座，彩票亭 21 座，售货亭 3 座，公用电话亭 57 座。

是年 5 月，常德市顺利通过湖南省爱卫会组织的复检；9 月，顺利通过全国爱卫会组织的暗访复查。当年 12 月，全国爱卫会确认常德市保持国家卫生城市称号。至此，常德市自 2002 年成功创建成为国家卫生城市后，已连续 13 年成功保持这一崇高荣誉。

第二节 创建全国文明城市

1988 年“撤区建市”后，常德市委、市政府高起点提出创建文明卫生城市战略目标，坚持市委、市人大常委、市政府、市政协“四大家”领导分工协作，把创建文明卫生城市作为整体推进全市物质文明、精神文明建设的龙头工程，持之以恒，常抓不懈，带动全市各项工作全面跨越和整体提升。

1991年6月，市委、市政府成立常德市创建文明卫生城市委员会，市长蔡长松任市创建文明卫生城市委员会主任。翌年3月24日，市长蔡长松签署常德市政府第1号令，颁布《常德市民守则》和《常德市民公共生活行为规范》。

《常德市民守则》：

"爱我中华，爱我常德；遵守法纪，倡导公德；爱岗创业，恪职尽责；见义勇为，扶正祛邪；破除迷信，崇尚科学；移风易俗，勤俭节约；尊老爱幼，邻里团结；优生优育，家庭和谐；美化环境，治脏保洁；讲究文明，言行守则。"

《常德市民公共生活行为规范》：

"一、文明仪表：（一）着装整洁，在公共场所不袒胸露背。（二）讲究仪容，注意端庄。（三）待人热情诚恳，礼貌和气。（四）讲究卫生，不随地吐痰，不乱扔杂物。

二、文明言谈：（一）说话和气，谈吐得体。（二）自觉使用文明语言（"您好""请""谢谢""对不起""再见"），戒污言秽语，不恶语伤人。（三）不在公共场所大声喧哗。

三、文明饮食：（一）维护食堂、餐馆秩序，不喧嚷，不拥挤，不抢先。（二）不边走边吃边扔，不酗酒闹事。（三）不浪费粮食。（四）爱护桌椅、餐具，损坏主动赔偿。

四、文明居住：（一）邻里互相关照、体谅，控制声响，不影响他人工作和休息；堆物、晾衣、泼水、倒垃圾等，不妨碍他人生活。（二）邻里互相尊重，不拨弄是非，发生矛盾协商解决。（三）爱护公共生活设施，节约用水用电。（四）共同维护环境卫生，提倡相互照料，共同搞好治安防范。

五、文明行路：（一）自觉遵守交通规则，行人、车辆各行其道，交叉路口，不闯红灯；横过马路，要走人行横道；骑车拐弯，伸手示意，不违法带人、载物。（二）不并行挡道，不搂腰搭背，不追赶嬉戏，不靠、不坐、不踏、不跨隔离墩、隔离栏杆等交通标志物。（三）若遇一般碰撞，肇事者应主动道歉，被撞者要大度宽容。（四）爱护街道公共设施，爱惜路旁花草、树木。

八、文明乘车（船）：（一）维护乘车（船）秩序，自觉排队购票，依次上下车（船），不挤车，不爬车。（二）礼让老、弱、病、残、孕、幼旅客优先购票、上下，主动让座。（三）尊重司乘人员劳动，服从安排。乘公共汽车应主动购票。（四）注意安全，不带易燃、易爆危险品上车（船），不催促司机开快车。（五）维护车站（码头）和车（船）内卫生，不蹬踩座椅，不在车（船）内吸烟，不向车外乱扔物品。

七、文明购物：（一）遵守市场规定，不挤购，不抢购，不强买。（二）尊重售货人员的劳动，不刁难，不无理取闹。（三）损坏商品和市场设施，主动照价赔偿。

八、文明就医：（一）遵守就诊制度，排队挂号，依次就诊。（二）尊重医务人员，不提不合理的诊疗要求，不侮辱医务人员。（三）病友间互助友爱，和睦相处。（四）保持医院安静，不高声喧哗。（五）自觉维护医疗环境卫生，不乱泼脏水、乱扔杂物。

九、文明娱乐：自觉遵守娱乐场所规定，凭票入场，对号入座，不拥挤，不闹事。

市政府1号令颁布后，全市各级各单位组织干部职工，城市街道办事处、居委会组织居民群众，认真学习、宣传实践常德《市民守则》和《公共生活行为规范》，讲文明、树新风，迅速掀起人人为创建出力、家家为常德争光的创建文明卫生城市热潮。

1993年，市委、市政府继续坚持把文明卫生城市创建工作作为城区大事，坚持两个文明一起抓，经济建设、城市卫生同步推进，创建工作一步一个脚印。是年，市城区在强化城市管理同时，狠抓城市基础设施建设，城市容貌发生根本改变。沅安路、沿江绿化带、诗墙建设顺利启动。龙港路、洞庭大道延建工程、武陵大道北端至火车站路段、朗州北路、玉霞路等主干道建设，年内同步推进，抓紧施工。市创建委组织义务植树近7万个工日，植树23000多株。继滨湖公园之后，新辟临江公园、德山公园、河洑公园，均已向游人开放。城区机关绿化面积达286.01公顷，15个单位建成省级园林式单位，46个单位成为市级园林式单位。当年，市城区绿化覆盖率达23.3%，绿地率达19.14%，人均公共绿地面积为2.94平方米。把汽车站、港口作为城市窗口单位，优先发力，带头创建，窗口形象又有新的进展。汽车北站投资50万元改造食堂、浴室，整修停车坪，设置停车栏杆。常轮客运站投资5万元，重新粉刷客运站房，新添100套卧具和一批卫生设施。

1994年，常德市采取综合措施推进文明卫生城市创建。是年，市政府、市创建委颁行《常德市城区“门前三包”责任制办法》《常德市城区出租汽车管理暂行办法》《关于加强全市卫生监督管理工作的意见》《常德市城区社会噪声管理办法》《城区出租人力三轮车管理办法》《关于坚决取缔城区违法占道的通告》等10多个规范性文件，为依法管理城市、推进城市创建奠定基础。是年，常德市全面铺开沅安中路建设，埋设下水管网，形成黄色路面；德山中路、丹阳路、芙蓉路建设全面动工；武陵大道南段拆迁工作完成80%以上，滨湖东路基本完成路基铺设；朗州北路水泥路面全线建成通车。城区主要街道标志标线全部完善配套，新建朗州路与洞庭大道交叉路口交通岗。市场建设方面，重点改造龙港巷和甘露寺市场。当年一季度发动和组织驻市单位7.3万多人，义务植树10万多株，成活率达93.4%。顺利完成临江公园东大门建设、穿紫河绿地和城区龙港路、朗州路、武陵大道以及朗州北路路旁绿化工程。

1995年8月，全国爱卫会组织第三次全国城市卫生检查评比，参检城市共610余座，常德市位列湖南省第七名。面对城市环境卫生状况落后的严重局面，常德市委、市政府当年即全面启动“常德形象工程”建设活动，以提高市民素质为核心，以“树立良好常德形象”为主题，加大力度，全方位开展文明卫生城市创建活动。翌年11月2日至5日，湖南省城市卫生检查团检查常德市城区创建文明卫生城市情况。常德市综合得分95.27，跻身全省城市卫生工作甲级城市行列，彻底扭转全省城市卫生检查1989年倒数第一、1995年位列第七的落后形象。

1997年6月，中央文明委在全国开展“讲文明树新风”活动。8月，市委、市政府出台《关于在全市开展讲文明树新风、创建全国文明卫生城市活动的实施意见》，全面开展讲文明、树新风，创建全国文明卫生城市活动。

是年，常德市组织“常德市走向21世纪发展战略研讨”活动，各领域专家及市县领导发布80多篇论文，涵盖两个文明建设各个领域。承办全国部分城市管理理论研讨会，邀请国内50多位知名学者专家参加，共商城市建设、城市管理大计。1998年，常德市承办全国旅游研讨会，参会国内外学者达180多人。组织“常德形象”“常德精神”大讨论，涌现见义勇为英雄徐超明、抗洪英雄李建国等一大批体现常德精神的时代典型。市委学习中心组1997、1998两年多次组织集中培训，施行党性党风教育，开展常德精神全民实践活动。市文明委狠抓文明市民教育，增强市民文明意识，培养市民文明行为。以城市中、小学为依托，成立37所中、小学联办的市民文明学校总校，城区10多万人次参加学习培训。制订《常德市市容卫生公约》《常德市人民政府对有损城市容貌的行为实施处罚的规定》《常德市文明用语和服务忌语》，以市政府通告形式颁布执行。编印《常德市文明市民读本》，印刷10万册发至干部、职工、学生和居民。

市纪委、市监察局聘请1000多名行风评议代表和特约监督员，对市、区45个执纪执法、经济管理、窗口行业、公用事业单位开展经常性行风评议，发现问题边评边纠，重大问题建卡查处。此举得到国务院“纠风办”充分肯定，常德市在西安召开的全国职业道德建设经验交流会上作典型发言。全市各级各部门、广大干部群众以打好治乱、扫障、打假三大战役为突破口，对投资、建设、生产、经营、交通运输、财税征管、旅游休闲、文明卫生、社会治安、经济人才成长等十大环境进行全面整治和优化。经过学习和整顿，全市社会风气明显好转，文明新风逐渐形成。涌现出获全省卫生系统“四满意”活动奖的常德市第一、第四医院，获全省“建筑市场整顿治理工作先进单位”的市建工局，获公交系统“青年文明线路”的三条无人售票线路等先进典型。武陵区红卫居委会被中央文明委确定为全国文明示范小区，市城区一批单位被省文明委列为全省文明窗口示范单位。

在抓好精神文明建设同时，常德市物质文明建设亦取得显著成效。1996年以来，国内生产总值年均增长11.5%；经济总量多年居全省第二。上缴国家生产税净额每年保持40亿元以上，居全省第二。1998年全社会固定资产总额累计385亿元，居全省第二。城市建设总投资30多亿元，年均4亿元，投资比重增出率居全省第二。城市人均道路面积达8.3平方米，居全省第一。人均公共绿地面积5.28平方米，居全省第二。程控电话和移动电话用户居全省第二。新建日处理能力15万吨、居全省地级城市领先水平的污水处理场，建成全省首家空混装置管道燃气工程。常德成为除省会长沙外第一个同时拥有机场、铁路、高速公路、水运和海关、商检等设施机构的地级城市。

1998年，常德市被评为全国城市环境综合整治优秀城市。城市主干道武陵大道评为全省“最美一条街”。教育在全省首批实现“两基”达标，职业技术教育获得全省唯一目标管理先进称号。初级卫生保健全部达标。计划生育连续9年保持全国红旗单位称号，居全省之冠。体育竞技项目位列全省前茅，“八运会”夺得奖牌总数和金牌总数两个第一。社会治安综合整治评为全国优秀城市。拥有全省第一，规模大、功能齐、配套全的体育中心，水上赛场及专业场馆等体育建筑集群，已承办省级综合运动会和国际专项大赛。拥有全省一流的电视覆盖网，电视微波传输网。拥有领先全省地级市的万平方米博物馆和全国文明图书馆，拥有长达4公里，被誉为“中华一绝”中国常德诗墙。

1999年年初，长沙、常德、岳阳、郴州、衡阳、株洲6个城市正式向湖南省委、省政府申报国家级文明城市。4月12日至15日，省文明委授权省文明办组团对省委、省政府明确当年申报的长沙、岳阳、常德三个预选城市进行全面考察。在考察报告中，省考察团向省委、省政府报告，三个城市创建全国文明城市工作情况考察结果，综合评价常德排名第一，岳阳次之，长沙第三。省文明委正式建议省委、省政府当年9月在常德召开全省文明城市创建工作现场会议。省文明办通报考察情况后，常德市委、市政府随即召开创建文明城市工作专题会议。明确提出，创建国家级文明城市是全市当年中心工作，除发生重大洪涝灾害外，其余各项工作都要服从服务于这个中心。市创建办、市城管办、市文明办要协同工作，确保调动各级各部门和各种社会力量，抓住6、7、8、9三个多月有限工作时机，排除一切障碍，巩固前段成果，一举进入首批国家级文明城市行列。市委、市政府要求，制订“两个确保”即确保当年建成全国文明城市和确保圆满承办全省会议的工作方案。重点项目：一、七大绿化工程和门前绿化、庭院绿化项目；二、主次干道及临街建筑亮化工程；三、取缔占道经营、拆除违法搭建集中整治战役。

是年9月13至15日，全省创建文明城市工作现场会议在常德举行，全面推介常德创建文明城市做法和经验。常德市被省委、省政府授予“湖南省文明城市”称号，成为全省首批三个省级文明城市之一。

2001年，常德市商业步行街被中宣部、国家工商总局、中央文明办、国家质量技术监督总局、国家经贸委和共青团中央等六部委表彰为湖南省唯一的“全国百城万店无假货示范街”，被国家质量技术监督总局命名为全国“购物放心一条街”。

2002 年10月，常德市顺利通过中央文明委对常德市创建全国文明城市工作的检查验收。10月29日，中央精神文明建设指导委员会在人民大会堂召开全国精神文明创建工作先进单位表彰大会，常德市被命名为“全国创建文明城市工作先进城市”，成为第二批受中央文明委表彰的文明城市。

是年，市文明委对全市历年评定的300多个市级文明单位进行复查审定，对存在问题的25个单位给予黄牌警告，对23个整改不到位单位给予撤销荣誉处理。全市当年新建成全国文明单位1个，省级文明标兵单位1个，省级文明单位13个，省级文明村镇3个。市文明委评选表彰37 个文明单位和文明村镇。11月，石门县城被中宣部、中央文明办、建设部、国家环保局表彰为“全国文明城镇”。

2003年，常德市以“讲文明、讲卫生、讲科学、树新风”为主题，扎实推进群众性精神文明创建活动。根据抗击“非典”严峻形势和实际需要，市城管局、市创建办、市卫生局牵头组织开展健康教育、环境整治、卫生防疫等重大战役行动，一些脏乱差死角得到治理，一批相关行业生产、经营问题得到解决。市城区确定每周末为全民清扫日，各社区广泛开展爱国卫生运动，城市环境卫生水平得到提升。社会风气和城乡面貌不断改善，文明健康生活方式渐次形成，抗击“非典”取得圆满胜利。是年，市文明委将每年3月定为“弘扬雷锋精神公民道德实践活动月”。嗣后，又将每月最后一周周末定为全市“公民道德建设实践日”。3月4日，市文明委在市体育中心举行实践活动月启动仪式，全市干部群众近5000人参加启动式。随后，组织“清除沅江河岸垃圾，保护母亲河”清扫行动，全市机关干部、学生、部队官兵、市民群众8000多人参加。

2004年，常德市作为湖南省唯一入围城市，与全国600多个城市同台角逐中国魅力城市评选。为做好评选推介，在广泛发动群众基础上，市委宣传部、市城管局、市创建办精心组织参选方案制订，相关文案撰写，电视专题制作、魅力形象大使和城市推荐人挑选、训练，全力推进城市环境创建准备。是年9月24日，中央电视台在黄金时段对常德“魅力城市”进行展播，通过魅力形象大使、城市推荐人、城市瑰宝、城市管理者、城市名片、城市形象宣传片等多个环节，向全国全面展示常德城市的魅力风采和文化内涵。常德市成功入选“2004年中国‘十佳’魅力城市”，副市长刘剑英赴京领取“中国魅力城市”奖牌。10月22日，中央电视台以“魅力城市风”专题，再次对常德魅力城市进行宣传推介。

2005年，常德市荣获“国际花园城市”金奖。是年11月3日至8日，以市城管执法局局长彭培南、市政府城市办副主任张国政为正副团长的常德市政府代表团，在西班牙拉科鲁尼亚市参加2005年度国际花园城市竞赛评选。国际花园城市评选竞赛由联合国环境计划署备案的国际公园与康乐设施管理协会主办。该协会主要职能是通过世界各国公园、康乐、游憩、文化、休闲和其他相关专业团体之间的接触与交往，保持国际合作与交流，正式会员有400多个，分布于40多个国家和地区，旨在推动全球共同关注环境和遗产保护，重视景观和人居条件改善。20多年来，得到世界各国政府和各类城市的积极响应。此前，中国已有广州、深圳、杭州等城市获得“国际花园城市”称号。当年竞赛评选在各地区各国初赛入围的36个城市间进行。经过5天紧张的陈述、演讲、展示、答辩角逐后，15座城市荣获金奖。按照城市人口数量将参赛城市分5个等级，5个方面进行分类评选(五个类别：1万人以下规模城市A类；1万至5万人规模城市为B类；5万至30万人规模城市为c类；30万至100万人规模城市为D类；100万人以上规模城市为E类)。每个等级每届评出2至3个国际花园城市，另评出未来规划奖、遗产管理奖、景观改善奖、公众参与奖、环境敏感实践奖等5个单项奖。11月8日早晨6：50分(西班牙时间11月7日23：50分)，常德市参加2005年度国际花园城市评选竞赛代表团，在西班牙滨海城市拉科鲁尼亚登上领奖台，成功捧回国际花园城市金奖证书和奖杯。

2006年，常德市1999年获得的“湖南省文明城市”称号届满到期。市委按照省文明城市创建管理相关规定，向省委重新申报争创省级文明城市。经过艰苦努力，常德市市本级和石门县、澧县县城全部通过检查验收，津市市通过届期内复查：常德市保持省级文明城市光荣称号，石门县、澧县县城保持省级文明县城光荣称号，津市市保持省级文明城市光荣称号。常德市文明城市创建工作取得系列突出成果，受到省委、省政府领导表扬。翌年12月，中宣部、中央文明办把常德市作为创建文明城市工作重大典型予以推介。《人民日报》、新华社等中央11家主流新闻媒体对常德市文明城市创建工作进行为期两天集中宣传报道。

2008年，常德市2002年获得的“全国创建文明城市工作先进城市”届满到期。5月4日，市委常委会议做出继续争创全国文明城市创建工作先进城市的决定。5月14日，市委、市政府召开动员大会，对创建全国文明城市工作进行安排部署。6月26日，市委常委会进一步做出争创全国文明城市的决定，成立由市委书记武吉海、市长卿渐伟任组长的常德市创建全国文明城市工作领导小组。是年9月，常德先后顺利通过省测评组和中央测评组的检查，12月28日被中央文明委列入全国创建文明城市工作先进城市（城区）候选名单，予以全国公示。

2008年3月13日，市城管执法局和胜利路小学举办“小手牵大手，保护母亲河”公益活动

2009年1月20日，中央文明委再次授予常德市“全国创建文明城市工作先进城市”荣誉。市国税局、常德移动公司2个“全国文明单位”，市地税局等6个“全国精神文明建设工作先进单位”，石门县城、临澧县新安镇2个“全国文明镇”，鼎城区灌溪镇等3个“全国创建文明村镇工作先进村镇”，同时受到表彰。常德市委书记卿渐伟，市委常委、宣传部部长覃清香进京参加表彰大会。

是年，市委、市政府出台《常德市创建全国文明城市2009—2011年工作规划》《关于建立创建全国文明城市工作五项机制的意见》，明确提出争创第三届全国文明城市奋斗目标。市城管执法局作为创建文明城市和巩固卫生城市主创单位，按照“创文”“巩卫”工作标准，狠抓市容秩序管理。在强化日常管理基础上，科学安排，突除重点，集中开展“六项”专项整治。整治牛皮癣小广告。出动城管队员1200多人次，清除小广告50000余张（条），覆盖面积2000多平方米；停机处理经查证属实的“牛皮癣小广告”号码电话168台次，组建6支夜查小分队，发现、制止多起制造牛皮癣现场，收缴印刷品、张贴物10000余张。整治占道出店经营。以临街建筑物墙面为基准对门店实施标准化管理，印发宣传单、资料40000多份，持续不断对流动摊担进行规劝。组织执法队伍连续奋战3昼夜，搬迁常德大道沿线乱堆乱码建筑材料5000多立方米，沿线市容秩序得到根本改观。整治步行城周边市容秩序。拆除街中27个促销棚亭；维修地面砖、休闲椅、垃圾箱等基础设施；高标准清除覆盖区域内19条街巷小广告牛皮癣；新设置大型公益广告4块、覆盖大型空白广告位8块；对步行城辖区街面进行全面彻底清洗，街容街貌焕然一新。整治户外广告。完成城区内烟草广告牌覆盖工作；拆除各种违规设置的路牌广告、门头店招、落地指示牌320多块；整改城区内存在安全隐患广告位12个。整治人行道停车。在加大宣传、规劝力度同时，采取拖车等强制措施，共拖扣违停车辆30多台次，起到极大震慑作用，人行道乱停现象得到有效遏制。整治非法营运“两黑”（黑的、黑摩）。组织市公安局、市公共客运管理处、市交警支队等单位成立联合执法队伍，共查扣处理“黑的”3台、“黑摩”160多台，进一步净化城区公共客运市场。

当年10月11日，新华社受权发布2009年全国城市公共文明指数测评结果。常德在参加测评的77个地级市中排名第二，在地级市创建全国文明城市工作先进市中排名第一。常德市创建第三届全国文明城市工作取得良好开局。

2010年，市城管执法局继续全力投入全国城市公共文明指数测评迎检工作。市城管执法局全局动员，全员上阵，周密部署，科学调度，狠抓落实，高标准、高质量圆满完成市委市政府交给该局各项迎检任务。在全市总结表彰大会上，市城管执法局被市委、市政府授予“迎检工作红旗单位”称号，同时获评常德市文明单位。

是年，市城管执法局设立综合调度组、督导检查组、机关创建和后勤保障组、广告占道管理组、市容秩序整治组、环境卫生整治组、渣土管理整治组、控违拆违整治组、窗口单位组9个工作小组，每组由一名局级领导负责，专职抓一个方面迎检工作。7、8、9三个月时间，市城管执法局集中开展市容秩序、环境卫生、渣土管理和控违拆违为主要内容的“四项整治行动”。“牛皮癣”小广告集中整治。组织两家专业清洗公司采取涂料调色覆盖、油漆覆盖和整体成型覆盖三种方式，对城区主次干道、居民小区范围内实行高标准清除覆盖，并建立日常巡查网络。依法打击制“癣”人员。组建公安城管大队，现场抓获牛皮癣制造者9人。停机处理。联合各通信部门对150余个查证属实的“牛皮癣”小广告电话号码实施停机处理。开展出店占道经营集中整治。重点加大对城区占道经营、出店经营、流动摊担、占道烧烤、早市夜市等违法行为整治力度，迎检期间，共出动执法队员5000余人次，平均每天规劝和动手纠正违法行为500多起。开展人行道车辆乱停乱靠集中整治。投入资金对城区自行车围栏进行全面维护，加大人行道自行车、摩托车停放管理；加大机动车人行道停放管理，印发《关于整治人行道违法停车行为的通知》等宣传资料 7000 余份，在人民路、建设路、朗州路、武陵大道 4 条主干道设置隔离球、隔离栏，加强对乱停乱靠机动车规劝、锁车、抄单、拖车处理。迎检期间，共拖车 61 台次、锁车处罚 560 余台次、下达行政处罚决定书 1200 余份，联合交通频道曝光违法车辆 247 台，劝阻违法停车 2000 余次。城区环境卫生综合整治、窗口单位周边环境综合整治和户外广告综合整治行动也都取得明显成效。

是年 9 月，新华社受权发布 2010 年全国城市公共文明指数测评结果。常德在全国 79 个参评地级市中排名第四，在全国未成年人思想道德建设工作测评中排名第一。

2011 年 12 月 26 日，常德市召开创建文明城市表彰大会

2011 年 2 月 17 日，市委、市政府印发《加强文明城市创建与长效管理的意见》，明确要求，以建立文明城市创建与长效管理机制为核心，以加强督查考核和奖惩问责为保障，强化工作举措，巩固创建成果，提高创建水平，努力实现文明城市创建工作常态化、长效化，着力打造廉洁高效的政务环境、民主公正的法治环境、规范守信的市场环境、健康向上的人文环境、有利于青少年健康成长的社会文化环境、舒适便利的生活环境、可持续发展的生态环境，力争在全省率先建成全国文明城市。该意见强调，必须坚持标本兼治，重在长效的原则。改变突击管理方式，建立长效管理体制机制，扎实推进长效管理；坚持责任明确、履责有为原则。进一步明确市、区的职责与权限，合理划分条块的作用，建立“属地管理、条块结合、以块为主、社会支持、全民参与”新格局；坚持量化考核、奖惩激励原则。细化考核标准、完善考核体系，建立严格的考核问责机制。

市城管执法局提出“全局总动员、全员齐动手、奋战 200 天、确保不丢分”工作目标，开展市城区建设工地渣土管理、市容环境卫生、户外广告和门店招牌、两车入栏、市容市貌等 5 项专项整治。户外广告步入规范化轨道。修订颁行《常德市户外广告设置管理办法》和《常德市户外广告公共场地和设施占用费试行标准》，通过一系列措施改变户外广告设置乱、档次低、无标准、难管理现象。控违拆违工作有序推进。当年城市规划区违法建筑被有效拆除 307 处、面积 9.6 万平方米，有效制止违法建筑 509 处、面积 10 万余平方米，拆除新增加的违法建筑 221 宗、面积 3 万平方米。环卫基础设施建设进一步配套完善。总投资 2.71 亿元德山生活垃圾焚烧发电项目，是年 8 月投入运行；完成桃树岗垃圾处理场渗滤液处理系统升级改造工程。新建和改造 6 座无障碍公厕，对 190 座公厕进行全面维护，更换、添置果皮箱、环保垃圾桶 4800 余个。清扫保洁力度进一步加大。落实主要街道 24 小时保洁机制，城区清扫保洁实现日产日清。渣土管理工作进一步加大力度。重点抓好城区施工工地出入口管理，严格落实管理标准和禁行区域，对城区建筑工地实行 24 小时不间断监控，及时制止和查处渣土车辆抛撒漏行为。

是年 12 月 20 日，常德从全国 79 个参评城市中，以地级市第二名的好成绩脱颖而出。是日，在全国精神文明建设工作表彰大会上，常德市被授予第三批“全国文明城市”荣誉称号，成为湖南省唯一的地级市“全国文明城市”。

12 月 26 日，常德市创建文明城市表彰大会隆重召开。省委常委、省委宣传部部长路建平，常德市委书记卿渐伟、市长陈文浩等省市领导，分别给常德市创建全国文明城市先进集体和先进个人颁奖。城管系统 5 家单位即市城管执法局、市环卫处、武陵分局、德山分局、柳叶湖分局被市委、市政府授予创建全国文明城市红旗单位称号，市城管执法局系统 4 人即考核评价科科长孙志远、市城管执法局武陵分局局长张波，市城管执法局德山分局局长刘开国、鼎城区环卫处主任周和生，名列创建工作“十大功臣”榜单。

2015 年 2 月 28 日，全国精神文明建设工作表彰暨学雷锋志愿服务大会在北京召开。经中央文明委评定，常德市继续保持“全国文明城市”称号。按中央文明委相关评选要求，对获得“全国文明城市”称号的城市实行动态抽检、3 年复评制。2012 年至 2014 年，常德市大力培育和践行社会主义核心价值观，在更高更新起点上谋划文明城市建设管理，推出工作巡查、专项整治等 10 项工作常态化举措，助推全国文明城市不断提质升级。在中央文明委的多轮巡视考评后，常德继续保持“全国文明城市”这一殊荣。

第二章 城市美化工作

第一节 “穿衣戴帽”工程

1998年，常德市委、市政府组织城市“四区”和市直有关部门负责人赴张家港、濮阳、大连等地参观学习，提出“南学张家港，北学濮阳市”口号，掀起“四个城市一起创”（创建全国文明城市、国家卫生城市、中国优秀旅游城市、国家园林城市）高潮。在不断强化市容环境卫生综合治理基础上，常德市加大力度实施街景容貌整治。每年五一节、国庆节、元旦和春节期间，市城管局、市创建办都组织城区单位举办花卉展览。各参赛单位按照划定区域位置，在商业步行街、武陵阁广场、体育中心广场、穿紫河绿地、宏达园盘、青年路路口、桥南大圆盘等处布置“孔雀开屏”“二龙戏珠”等各个主题景点；未集中参赛的其他单位亦在本单位门前陈列花钵、盆景，展示常德古城文明风貌。为实现资源共享，市创建办积极推动城区拆围透绿工作，市政府办、市农业局、北正街小学、区法院、市人民银行、市一中、市中医院等数十家临街单位主动拆掉院落商业门店和围墙，修建透视栏杆，使庭院美景呈现在广大市民眼前。

在街景整治基础上，市城区组织“杆线入地”工程，在城市天际线范围内，所有主次干道、居民小区、机关企事业单位内输电、通信、广电线路全部进入地下管道，以前蛛网密布的城市天空开始洁净清朗。组织城市夜景亮化工程，城市干道按照一街一景要求，改造城市主次干道路灯，特别是武陵大道九火华灯设置，与武陵阁广场彩色喷泉交相辉映，夜景亮丽迷人；主次干道上重要建筑物按照个性设计，分别采用泛光灯、高压钠灯、轮廓灯装饰，城市夜景富丽辉煌。

常德市城区在净化基础上的美化、绿化、亮化项目渐次铺开，优美城市环境越来越赢得国家和省级相关部门高度评价，特别是越来越受到广大市民和各地游客的称赞支持。2002年，常德市创建全国文明城市、国家卫生城市、中国优秀旅游城市、国家园林城市“四个城市一起创”目标圆满实现，城市市容市貌跃升至全省领先水平，进一步美化城市容貌、营造城市优美街景的客观条件基本成熟。

2003年年初，常德市政府借用近现代建筑学派关于对现代建筑屋顶、挑檐部位做成仿木斗拱、外加彩绘、顶部加盖琉璃屋顶，谓之“穿衣戴帽”的概念，推进美化临街建筑物，进一步美化街景。2月12日，副市长刘剑英召集市政府办、市城管局、市规划局、市建设局、市计委、市财政局、市国土资源局、市环保局、市水利局、市公用事业局、市园林局、市旧城改造指挥部、武陵区政府、武陵区城管局等单位负责人，就市城区临街建筑“穿衣戴帽”工程有关问题进行专题研究。会议议定：

(一) 市城区临街建筑“穿衣戴帽”工程要与街景综合设计、改造相结合，适当扩展到街区周边，与景观景点的改造建设同时设计，同步推进。市财政当年安排1000万元用于此项工程，其他相关街景改造视情况另行安排资金。

(二) 2003年完成武陵大道、朗州路、建设路和沅安路“穿衣戴帽”及其附属工程。

是年3月26日，市政府印发《市城区主要街道街景整治暨“穿衣戴帽”工作实施方案》要求，以巩固和提高国家卫生城市、全国文明城市创建成果，创建最佳人居环境城市为目标，按照城市建设管理出精品，在省内外创一流的要求，以临街建筑物“穿衣戴帽”为重点，对主要街道街景进行综合整治，实行政府牵头，部门参与，条块结合，各方配合，专业施工的整体运作机制，坚持高起点规划设计，高标准建设，大力度整治，力争在较短时间里使城市主要街道景观达到整洁清晰，美观亮丽，色彩宜人，面貌一新整体效果。该实施方案明确临街建筑容貌整治暨“穿衣戴帽”工程标准：

(一) 拆除临街建筑物立面、天台乱搭乱建，拆除改造不规范防盗网、雨阳蓬罩，对网蓬拆除后留下的锈迹污垢进行清除和修补，恢复建筑物原貌。如确需设置防盗网的，必须采用内置式（安装在玻璃窗内），设计有活动安全出口，并采用不锈钢材料。

(二) 对外墙瓷砖陈旧、马赛克破损等严重影响市容景观墙面进行改造维修、涂料粉饰、门窗油漆，使其面貌焕然一新。改造、装修、 粉饰油漆，应符合国家产品质量标准和环境要求，采用新工艺新材料，确保3年内不出现严重变色、脱落现象。

(三) 对临街建筑物外墙瓷砖、水刷石、玻璃幕墙等脏污立面进行清洗，对阳台、天台上乱堆放、乱吊挂垃圾和杂物进行清除，确保建筑容貌干净、整洁。

(四) 对部分建筑物按照与周围环境相协调原则，对影响市容景观屋顶（或女儿墙）进行天台绿化或“平改坡”或檐口造型改造。平改坡改造要求采用轻质钢材和彩板。

(五) 对临街建筑一层门店卷闸门采取透视玻璃、落地橱窗形式进行改造，不宜改造的进行清洗和油饰。

(六) 按统一规范要求，拆除和整顿零乱陈旧破损招牌广告。商招、店招应设置在商店门楣上方，同一条街道或同一幢房屋商招店招规格、风格与主体建筑相协调，色彩淡雅清晰。拆除附墙广告招牌和其他各类吊挂布幅广告。

实施方案部署在实施“穿衣戴帽”工程同时，同步抓好其他5个项目街景美化：(一) 灯光夜景建筑改造，结合整顿，对大型建筑、公共建筑进行夜景灯饰，搞好道路照明、环境照明等亮化美化。(二) 人行道路整治，包括人行道板、垃圾箱、电话亭、休息座椅、无障碍设施、围栏、栏杆等改造。(三) 街道开放空间改造治理，包括街头广场、绿地游园和滨水地带。(四) 街道绿化改造治理，包括行道树、分隔带、沿河绿带绿化美化。(五) 广告招牌整顿，包括公共场所、大型广告招牌、路牌、指示牌清理整顿。

实施方案对项目资金做出安排，规定按照“市政项目政府负责，单位项目单位负责，特困单位政府补贴”基本原则多渠道筹集资金，采取政府、单位、业主（住户）各出一点办法，分类分项目负责：

（一）产权单位（业主）负责的费用：临街各行政、事业机关、学校、工商企业、房产开发建设和管理单位、个体私营业主所需整治工程费用一律由各单位（业主）自行解决；特困单位和居民户建筑墙面粉刷、维修、屋面改造等整治工程由专业施工队伍统一施工，由市政府给予补贴。

（二）市政府2003年安排1000万元经费，在市会计核算中心设立专户专账，严格使用审批程序，严格资金管理监督。市政府资金用于：

1.按照街景综合整治总体方案，属于道路、绿带、街头游园、公共亮化等市政公用设施改造项目所需资金。

2.网罩拆除奖励费用。凡在规定时间里自行拆除不规范防盗网、雨阳罩的单位（住户），给予适当奖励；规定时间里未自行拆除的，组织强制拆除，由单位（住户）承担拆除费用，政府不予奖励。

网罩拆除奖励费用，经协调办分片分路段检查验收和核实后统一拨付街道办事处，由办事处拨发到相关单位。

3.特困户工程补贴费用。凡特困纯居民户、特困企业（市政府认定进入破产程序的）临街建筑“穿衣戴帽”工程费用。

4.维修改造奖励费用。凡在规定时间里完成“穿衣戴帽”维修改造工程单位，给予适当奖励；未完成或不达标的，督促完成达标，不予奖励。

5.强制拆除所需机械、人工费用。对极少数不自行拆除网罩、招牌和其他违法建筑的，组织人力和机械强制拆除。

3月27日，市政府召开街景整治暨“穿衣戴帽”动员大会，同时发布市人民政府《关于临街建筑容貌整治的通告》，公告2013年对市城区武陵大道、朗州路、建设路、沿安路临街建筑物容貌进行综合整治。通告要求：

（一）上述道路临街建筑物必须符合规划、消防、市容景观要求，并遵守以下规定：

1.造型、色彩必须符合国家规定的城市容貌标准，与环境相协调。

2.需要设置防盗网的必须采取“内置”式安装，并在同一栋楼用相近的材料、色彩和样式，同时要制作成活动式或留有可供人员安全疏散活动口。

3.不得安装雨阳罩。

4.底层商业店铺门面必须统一安装透视玻璃落地橱窗。

5.封闭同一栋楼阳台或外走廊要采用相近材料和色彩。

6.设置在同一栋楼广告牌，要保持规格、形式、色彩基本一致。

（二）现有临街建筑物容貌景观不符合上述规定的，应按下列要求进行整治：

1.窗外设置的防盗网、雨阳罩，要在2003年5月31日前自行拆除或改造。

2.门店招牌和广告牌不符合规范要求的，要在2003年7月31日前自行整改。

3.建筑物外墙装饰色彩陈旧、脏污严重的，要进行全面清洗。涂料粉刷或油漆墙面（含卷闸门）要按统一规划设计要求进行全面粉饰油饰，建筑物平屋顶要改造成为屋顶花园绿化美化，或改造为坡屋顶，或进行檐口装饰。临街建筑必须按统一规范设计要求和标准，在2003年内完成外墙清洗、维修、粉饰和屋顶改造。

（三）临街新建、扩建、改建楼宇需要设置防盗网和广告牌位的，要与主体工程统一设计、统一施工、统一验收。

（四）凡违反通告规定设置的防盗网、雨阳罩和门店招牌、广告牌，逾期不自行拆除或改造的，由市城管、规划等部门依法强制拆除；依法应给予行政处罚的，依法给予行政处罚。

全市动员大会后，市政府成立城区街景整治暨“穿衣戴帽”工作协调小组，由副市长刘剑英任组长，有关部门负责人为成员。协调小组下设办公室，简称市协调办，由市城管局局长彭培南任主任，协调办设市城管局，负责统一规划设计、组织调度、综合协调和检查督导工作。市城管局迅速组建“穿衣戴帽”工程建设专门班子，按照市政府提出的标准，对重点街道建筑物容貌存在的问题进行全线实地勘察、全面调查登记。会同市规划设计部门聘请省内外城市设计专业单位按照点、线、面相结合，色彩、造型、功能、环境相统一要求，对4条重点街道逐条进行高起点、高水平整体规划设计，报市政府审定。

是年4月14日，市长陈君文主持召开市政府常务会议，决定2003年“穿衣戴帽”资金增加至1500万元，当年施工街道增加人民中路步行街路段，即当年对城区武陵大道、朗州路、沅安路、建设路、步行街5条道路街景进行综合整治。

是年5月底前，中标签约单位湖南千府规划设计公司和市建筑勘测设计院相继完成武陵大道、朗州路、建设路、沅安路和步行街5条街道设计方案，报市政府审批同意后，市城管局迅速组织实施。武陵区政府及所属街道办事处相应设立领导机构和区级领导牵头负责，街道办事处、市委创建工作队具体负责的工作班子，负责所辖区域相关整治工作。临街单位有建筑物“穿衣戴帽”任务的，由单位创建工作班子负责本单位整治工作。4月至5月，当年重点整治的5条街道所有临街产权（建设）单位，包括行政、事业机关、学校、工商企业、个体私营业主都与街道办事处签订责任状，按照统一规划设计要求，各负其责，自行完成拆除防盗网、雨阳蓬罩和门店招牌、广告和建筑物“穿衣戴帽”整治任务。凡属于开发建设的商居楼，由开发建设单位（有物业管理的为物业公司）负责，国有直管公房由市房产管理部门负责。

至6月底，市城管局在各街道办事处支持配合下，顺利拆除5条道路临街建筑物防盗网和雨阳罩；共拆除和改造防盗网5400多个，计27000多平方米；拆除雨阳罩4287个，计13000余平方米。所有拆除和改造工作都在自愿和自行拆除情况下完成，没有组织执法队伍强制拆除，亦未发生拆除纠纷和群体上访事件。7月底顺利拆除阳台花架和晾衣架，

12月底完成临街建筑4000余台空调外挂机主机装饰整治、2100家门店招牌整治、4500多扇卷闸门油漆喷绘、清洗和粉饰500余栋建筑物外墙。对沅安路、朗州路、丹阳路以及金钻广场、华天酒楼、市政府、建设局、武陵阁、文化宫等建筑物周边所有平顶屋顶进行“平改坡”或种植屋顶花园的“戴帽”改造。

通过街景整治，5条主要街道临街建筑物变得更加清爽亮丽，城市品位明显提升。通过“穿衣戴帽”街景整治，城区市容景观明显改观，市容市貌长效管理基础条件进一步优化。

2004年，市城管局按照市政府统一部署，投入1000万元资金对城区洞庭大道、育才路、人民路、青年路、滨湖路5条道路进行“穿衣戴帽”整治。是年，继续坚持以块为主、条块结合原则，实行区级领导包片，办事处、工作队包路段、包单位，居委会包门店。各办事处、工作队、居委会和产权单位在整治工作中想尽千方百计，克服各种困难，勤奋工作，勇于创新，联系各自实际，采取不同办法，推出许多切实有效措施开展整治。继续坚持重点突破、以点带面原则。实际工作中，抓住那些对城市创建“穿衣戴帽”工作认识较高、行动积极、措施得力的单位和业主，采取先易后难、以点带面、重点突破、全面推进办法，率先开展各项整治工作。通过抓重点路段、重点单位、重点楼栋整治，推出一批行动积极典型，起到良好典范带动作用，有力推进“穿衣戴帽”顺利开展。继续坚持以奖代投、大力筹集社会资金原则。市城管局根据有关政策制订奖励标准和办法，凡在市政府确定范围和期限内自行完成整治任务的，分别按标准给予奖励，并明确规定，未在规定范围和期限内完成整治任务的，责令相关单位限期完成，政府不仅不予奖励，还要追究相关责任。与此同时，各工作队、办事处、居委会分片分单位包院落、包楼栋、包业主，上门做工作，动员他们积极筹措资金，配合和参与整治工作。继续坚持群众路线为主、强制推行为辅的原则。2004年，街景整治工作再次铺满5条主次干道，涉及单位和住户1000余家，没有出现重大纠纷，没有出现群体上访事件。

是年，洞庭大道、育才路、人民路、青年路、滨湖路5条道路临街建筑物上4000多个防盗网、雨阳罩全部拆除，4000余台外墙空调主机全部装饰整治，其中一楼1000余台空调主机全部抬高两米，用公益广告予以装饰；对3000余家门店招牌按照统一设计、统一标准、统一制作要求重新制作整改；完成231栋共20万平方米临街建筑物外墙进行清洗，完成210栋19万平方米临街建筑物外墙粉刷改造；完成8栋建筑物屋顶改造。同时，市城区以武陵阁景点为龙头向全市城市以“1圆盘，2广场，3块绿地和5条道路”形式全面铺开，共增加16个街头景点。武陵阁景点以“繁花耀武陵”音乐篇章形式分“盛世春韵”“芬芳家园”“夏日倾情”“喜庆金秋”“大地飞花”5篇精彩演绎，参观者一致叫好。是年11月30日，市长陈君文主持召开会议，专题研究城建工作。会议充分肯定两年“穿衣戴帽”工作成就，议定，要进一步加快工作进度，整个“穿衣戴帽”工作2005年底前全部完成。要认真搞好商业步行城街景整治，高水平设计，突出风格，同时又要和金钻广场特色相协调。屋顶改造资金问题要认真研究激励政策，充分调动社会参与积极性。

据统计，2003 年、2004 年两年，“穿衣戴帽”工程实际投入 8000 多万元，其中市财政投入 2500 万元，其余 6000 万元都是社会资金。

2005 年，市财政继续安排“穿衣戴帽”工程资金 1500 万元，全面完成洞庭大道、育才路、人民路、青年路、滨湖路 5 条道路街景整治和“穿衣戴帽”。是年，完成 132 栋建筑物外墙清洗和 123 栋建筑物墙面粉饰，完成华达房产、金碧辉煌、市一中等 11 栋建筑屋顶绿化，完成工业学校、汽配公司、商业机械厂、东汉房产等 18 栋建筑屋面构架，包括凯利大厦、都市豪情、大中佳苑等 10 栋建筑屋顶平改坡。城区户外广告改造也配套完成，规范、整改 80 多块违法大型户外广告；一大批霓虹灯广告、射灯亮化广告取代招贴宣传广告、布幅布条广告和简陋木板广告，实现常德市户外广告管理水平跨越式提升。城区道路景观形象明显改观，市容市貌长效管理的基础条件进一步优化。国家卫生城市复查时得到全国爱卫会检查团专家一致好评，继续保持市容市貌、户外广告和门店招牌管理全省领先水平。是年年末，为期 3 年的街景整治暨“穿衣戴帽”工程顺利完成。

表 2.1.1　　2005 年“穿衣戴帽”工程资金结算审核表　　单位：元

序号	项目名称	送审金额	审定金额	审减金额	政府出资金额
1	屋顶改造	8745272	5619227	3126045	4912198
(1)	屋顶构架改造	2425076	1137056	1288020	1127056
(2)	平改坡改造	5272018	3590349	1681669	3174764
(3)	屋顶绿化	1048178	891822	156356	610378
2	防盗网、雨阳罩	712860	578928	133932	578928
3	门店招牌	383570	163580	219990	163580
4	空调整治	398240	276349	121891	276349
5	外墙粉饰	7000856	3013189	3987667	2304047
(1)	2004 年度第二批外墙粉饰	5679661	2136905	3542756	1434042
(2)	2005 年度外墙粉饰	1321195	876284	444911	870005
6	外墙清洗	448693	448693	0	276996
(1)	2004 年度第二批墙面清洗	331428	331428	0	181475
(2)	2005 年度墙面清洗	117265	117265	0	95521
7	设计监理费	250000	250000	0	250000
8	广告牌拆除奖励	24000	24000	0	24000

续上表

序号	项目名称	送审金额	审定金额	审减金额	政府出资金额
9	强拆机械人工费	27340	27340	0	27340
10	区工作经费	200000	200000	0	200000
11	协调办工作经费	500000	500000	0	500000
	合　计	18690831	11101306	7589525	9513438

第二节　城市美化工程

2013年，常德市委、市政府在城市建设领域推进“三改四化（路改、水改、棚改，美化、亮化、绿化、数字化）”工程。路改，对市城区需要改造的主次干道和小街小巷进行综合改造，包括沥青摊铺，管线入地和综合管网配套，“城市家具”全面配置；水改，对城市水系（包括沅江、穿紫河、护城河、新河等）进行综合整治，包括雨污分流、清淤截污、防洪排渍、水系连通、滨水慢行系统、文化创意等工程，建造市民亲水风光带，建造亲水平台，达到水安、水净、水流、水亲、水游、水城的治水目标；棚改，改造城市棚户区、城中村和城市节点房屋；包括整体搬迁改造、外观破旧改造、完善功能、环境改善等工作。美化，对城市建筑立面实施整治改造，包括屋顶改造、空调规范、防盗网拆除、墙面清洗和粉饰、主要地段建筑改造重塑等；绿化，提质改造、立体绿化、水系生态绿化、拆违透绿和见缝插绿，实现“300米见绿、500米见园”目标；亮化，通过功能分区，将风格、色彩等元素与城市建筑物有机结合，营造美好的城区夜景景观；数字化，建设数字化城市管理系统，建成数字城管、智能交通、安全防控三大系统，并实现多部门的数据共享。

根据市“三改四化”指挥部统一安排，市城管执法局在城市提质工程中，负责“路改”中“城市家具”（广告牌、路牌、垃圾箱、配电箱、报刊亭、街道座椅、消防栓、公交站亭、公厕等各种公共配套设施）全面配置；“四化”中美化、亮化、数字化三项，即街景美化（户外广告改造、临街建筑物美化）、街景和重要建筑物亮化、城市管理数字化，共四项工程项目。

根据市“三改四化”指挥部工程方案，是年7月起，市城管执法局展开城市家具一期项目，负责在武陵大道、洞庭大道设置公交站台站牌（38座）、休闲座椅（82把）、垃圾桶（162个）、的士招呼站（12块）、路名指示牌（81块）、公共厕所指示牌（7块）、负责牵头督促业主单位改造变电厢外体52座（移位15座）、弱电光交厢外体62座（移位19座）。展开街景美化一期项目，主要是武陵大道两侧建筑物提质重塑85栋；武陵大道更换门店招牌300块；在武陵大道拆除各类户外广告牌834处（块），完成武陵大道、洞庭大

2013 年 8 月 3 日，青年路、朗州路道路设计暨部分道路“城市家具”设计联合审查会

道 23 座报刊亭和 18 块阅报栏移位；市城区亮化建筑物 103 栋，其中武陵大道两侧临街建筑物 33 栋，白马湖文化公园周边临街建筑物 65 栋，柳叶湖周边建筑物 5 栋。8 月 3 日，市政府召开青年路、朗州路道路设计暨部分道路“城市家具”设计联合审查会。为提高审查效率，启动联合审查制，青年路、朗州路道路设计方案评审会、初步设计审查会和部分道路“城市家具”设计方案评审会三会合一，会议取得预期效果。设计方案完成评审后，市城管执法局迅速组织专门班子，启动城市家具建设和街景美化整治两项施工。

9 月 3 日，市规划局公示由常德市规划建筑设计院设计的当年城市家具设计效果图，向社会各界、广大市民征求意见。第一批实施改造城市家具包括公交站台、出租汽车招呼站、街道休闲座椅、街道变电箱、电话亭、垃圾桶、公交线路专用车道交通指示标志、地点确定标志、道路限制高度、速度交通禁令标志、公交站牌、公共厕所指示牌、街道指示牌、路名牌。该批次“城市家具”均以桃花花瓣弧形元素作为主要造型，贯穿各个单体中。弧形象征美好、平和、自然，给人以舒适感，融入城市中使得环境优美贴近自然。该方案以工字钢造型为主要结构，以喷漆、不锈钢花雕、工字钢为主要工艺。简单，易批量制造，易施工。

武陵大道休闲座椅

在武陵大道、朗州路设置到位的这一批改造后的公交站台、站牌、电话亭、公园座椅等城市家具，大量体现弧形元素，大量采用桃花花纹镂空不锈钢花雕；且以工字钢造型为主要结构，风格简洁明快，充分体现常德文化特色。改造后的街道两旁休闲座椅以工字钢喷漆为主要骨架，统一采用桃木色弧形防腐木条和镂空不锈钢花雕。

是年 11 月中旬，市城管执法局选取武陵大道东侧华达大厦至肯德基路段为试点路段，对城市家具和门店招牌单个部件以试点形式进行设置，达到美化效果后，以点带面逐步推广。11 月 26 日，试点路段材料进场，开始施工，11 月底完成城市家具配置试点。12 月 2 日，市城管执法局邀请市财政局、市规划局、市规划设计院负责人、专家到现场进行评审验收。试点样板获得一致认可，市城管执法局迅速组织施工。12 月 12 日，市城管执法局完成城市家具采购招标，15 日组织施工单位进场开挖基坑，安装预埋件。施工期间，根据公交站台流量调查测算和地理位置精确选点，公交站点设置相应做出调整，武陵大道站点由 25 个减少为 17 个，洞庭大道站点则由 16 个增加到 21 个。为确保施工工期，确保工程质量和施工安全，强化工程监理到位，市城管执法局副局长龚霞波、熊泽义多次召开碰头会、现场会，每天组织专人巡查工程质量和文明施工，及时协调处理现场问题，全力推进城市家具工程全面、顺利施工。

是年 7 月，市城管执法局制订户外广告和门店招牌整治方案，作为当年街景美化工程第一期战役强力推进。7 月中旬起，市城管执法局先后 10 余次组织召开有关单位、广告公司和经营户参加的户外广告拆除工作部署会，组织城管执法队员到各个临街门面发放资料、登门宣传。10 月中旬开始，按照先试点再铺开原则，在武陵大道东侧建设路至沅安路路段对门店招牌单个部件以试点形式进行设置，达到美化效果之后，以点带面全面推广。至 12 月末，843 块户外广告牌全部拆除；至 2014 年 1 月 18 日，300 块精心设计、精良制作的门店招牌全部更换安装到位；数十座报刊亭和阅报栏经过深入细致耐心工作，也全部从主干道移位到相关社区。

2014 年 1 月 18 日，第一期城市家具工程和第一期街景美化及亮化工程同步顺利竣工。1 月 20 日，市委、市政府组织验收：武陵大道、洞庭大道设置 38 座公交站台、82 把街道休闲座椅、160 个垃圾桶、12 块的士招呼站牌、81 块路名指示牌、150 块公厕指示牌、改造 114 座（移位 34 座）变电厢的城市家具工程，武陵大道及两侧临街 85 栋单体建

城区夜景一角

筑物实施清洗、提质、重塑，改造部分防盗网、空调架、卷闸门，更换300块门店招牌，拆除各类户外广告牌843处（块），23座报刊亭和18块阅报栏实施移位的街景美化工程，包括与其配套的路灯、公交站台照明、绿化照明、线路布置、亮化增容等亮化工程建设项目，全部圆满完成。2014年春节期间，武陵大道、洞庭大道两条城市主干道街景、包括夜景和全城容貌整体升级，赢得市民交口赞誉。

是年，鼎城区城区整治广告招牌3500平方米,新建公交站台9座，设置休闲座椅10把、的士招呼站牌22个、路名标牌4个、公厕指示牌2个。

2014年，市城管执法局在洞庭大道、人民路、沅安路、柳叶大道、皂果路、常德大道、朗州路、滨湖路、长庚路、柳泉路、紫缘路等12条道路展开第二期城市家具设置项目，共设置公交站台198个、垃圾箱1419 个、休闲座椅617把、路名牌426块、的士招呼牌661块、垃圾箱554个、公厕指示牌157块。

与之同步，市城管执法局在洞庭大道、人民路、沅安路全面铺开街景美化二期工程。

一是门店招牌整治。完成洞庭大道、人民路两条道路门店招牌整治工作，共拆除更换门店招牌697块，其中洞庭大道322块，人民路375块。

二是临街建筑物重塑、提质和清洗。洞庭大道街景美化范围是，从新河渠到紫缘路与洞庭大道交叉口共103栋建筑物重塑、提质和清洗，其中提质100栋、重塑3栋。沅安路街景美化范围是，从九重天到海事局共52栋房屋重塑、提质和清洗，其中提质31栋、重塑21栋。具体美化内容：清洗立面、统一室外空调机位、增设彩铝空调格栅、更换陈旧空调支架、拆除沿街外置防盗网和外置晾衣架、原外置防盗网改为内置防盗网，将原有商业门面全部改造为玻璃门；修补外墙脱落瓷砖以及损坏的窗户玻璃；沅安路有多栋建筑需要建设骑廊。

三是户外广告整治。当年完成沅安路、人民路、 洞庭大道3条道路和新型城镇化会议参观路线沿线道路户外广告牌整治工作， 共拆除各类广告户外广告牌3834块，共覆盖公益广告1600多平方米。

是年11月，洞庭大道、沅安路街景美化工程开始施工。该期工程中洞庭大道西起新河渠，东至紫缘路交叉口，全长5.5公里，整治对象房屋155栋，其中重塑6栋，提质91栋，清洗29栋，棚改22栋。此次美化以路段自然划分，改造以米黄、米白为基调，以提质为主，打造清新、宜居商住生活区。通过增设隔栅，规整空调外挂机、店招位、防盗网，统一色系，对街区重要交通路口建筑（紫缘路口，丹阳天桥等）进行重点装饰改造，结合本身建筑形态，增设骑楼、幕墙和屋顶构架，坡改平等各种建筑手法，重塑街区天际线，营造出典雅居住氛围。全段建筑大部分以清洗、提质为主，重塑为辅。

该期工程沅安路西起九重天商住小区，东至海事局办公楼，全长4.3公里，整治对象房屋52栋，其中重塑21栋，提质14栋，清洗17栋，棚改12栋。沅安路美化根据路段自然划分为5块，其中武陵阁至武陵大桥段3块区域位置重要，为重点整治范围。区域内大部分为多层商住建筑，年代较为久远，道路退线也参差不齐。结合具体建筑形态，通过增设骑楼、平改坡屋顶、增加构架以打破天际线等各种建筑提质手法，以浅驼色、浅灰色为主色调，营造完整、协调的沿江街景氛围。

市城管执法局总体思路：全面提升沅安路（重点是武陵大道至青年路路段）临街经营门店层次和品位。在取消骑廊建设基础上，对临街门店改造升级；统一采用玻璃橱窗、大理石门柱、标准规格的风雨挑檐装修，彻底改换目前沅安路一线经营门店粗浅、低端、凌乱印象；消除乱吊乱挂、乱堆乱码、乱贴乱画、乱搭乱建现象，使紧邻步行城的沅安路一线逐步呈现集消费、旅游、休闲一体的城市景观风格。

2015 年，市城管执法局完成洞庭大道 99 栋和沅安路 52 栋建筑物临街立面和屋顶美化工作。变更规划设计，实施沅安路门面改造工程；拆除、更换沅安路门店招牌 175 块。完成洞庭大道东延线、建设路等 10 条道路城市家具后期配置工作：公交站台 77 座，的士招呼牌 8 块，休闲座椅 113 把，设置垃圾桶 387 个，路名牌 111 座。完成人民路 375 块门店招牌整治工作；完成武陵大道、沅安路、洞庭大道和国际旅游节参观沿线道路户外广告牌整治工作，共拆除各类户外广告牌 4677 块；拆除湖南日报报刊亭 64 座，邮政报刊亭 36 座，彩票亭 21 座，售货亭 3 座，公用电话亭 57 座。完成全省旅游节柳叶湖主会场庭院灯和文化宫、老体育中心庭院灯改造建设。柳叶湖安装双火庭院灯 135 盏，采用 2×30 瓦 LED 节能光源；文化宫、体育中心新建改造庭院灯 37 基，配 150 瓦金卤灯，共计敷设各种电缆 1800 多米；顺利组织建设路等 11 条道路 83 座公交站台广告牌三年期使用权拍卖工作，拍卖收入共计 415 万元。是年，鼎城区城区新设公交站台 37 座、的士招呼站牌 48 个、路名牌 43 个。

改造后人民中路步行街街景

第七篇《

县市区城市管理工作

第一章 汉寿县

第一节 机构设置

2006年3月，经湖南省人民政府（湘政函〔2005〕204号）文件批准，汉寿县城市管理行政执法局成立。县城管执法局系财政全额拨款的独立行政执法单位，机构级别为正科级。县城管执法局内设办公室、财务室、政工股、法制股、督查股、广告办、市容市貌执法一大队、二大队，规划监督执法大队、规划测量大队、渣土办、太子庙执法大队，控违拆违办公室共13个内设机构，直属管理汉寿县环境卫生管理所。县城管执法局现有工作人员182人，其中公务员16人、行政执法编制64人、事业编32人、人事代理8人、协管员57人。

汉寿县城管执法局现任领导班子

姓名	职务	任现职时间	备注
唐定宏	党组书记	2012.11	
邓丕德	局　长	2012.12	
袁定保	副局长、环卫所长	2005.04	
邹革强	副局长	2012.12	
高益华	副局长	2014.01	

根据湖南省人民政府《关于〈汉寿县开展相对集中行政处罚权工作〉的批复》（湘政函〔2005〕204号）、汉寿县人民政府《汉寿县城市管理行政执法局职能配置、内设机构和人员编制方案》（汉政办发〔2011〕13号）精神，汉寿县城管执法局在城市管理领域实行相对集中行政处罚权，主要职能：

行政管理方面。负责贯彻执行国家、省、市有关城市管理方面的法律、法规和政策，负责拟定有关城市管理领域政策及规范性文件，并组织实施。负责大型户外广告设置审批，临时占用街道两侧和公共场地许可；负责城市环境卫生方面的行政管理职责：城市建筑垃圾处置核准，城市生活垃圾经营性清扫、收集、运输、处理服务审批，关闭、闲置、拆除存放生活垃圾的设施、场所核准。

行政处罚方面。按权限负责行使市容环境卫生管理方面法律、法规、规章规定的行政处罚权，强制拆除不符合城市市容标准、环境卫生标准的建筑物或者设施；行使城市规划管理方面法律、法规、规章规定的行政处罚权；行使城市园林绿化管理方面法律、法规、规章规定的行政处罚权；行使市政管理方面法律、法规、规章规定的行政处罚权；行使环境保护管理方面法律、法规、规章规定的对生活噪音污染、建筑施工噪音的行政处罚权，对饮食服务业油烟污染的行政处罚权，对向大气排放粉尘、恶臭气体或者其他含有有毒气体的行政处罚权，对在人口集中地区焚烧产生有毒烟尘和恶臭气体的物质的行政处罚权，对未采取密闭措施或者其他防护措施运输、装卸、储存能够散发有毒有害气体或者粉尘的物质的行政处罚权，对向城区河道、水面倾倒工业废渣、城市垃圾和其他废物的行政处罚权；行使水利管理方面法律、法规、规章规定的部分行政处罚权；行使城市公安交通管理方面法律、法规、规章规定的对乱停乱靠车辆、当路摆摊设点、堆物作业等侵占城市道路行为的行政处罚权；行使市场和质量监督管理方面的法律、法规、规章规定的对无照商贩以及有照但不按执照规定场地经营而进行店外经营、店外作业的商贩的行政处罚权，行使对自产蔬菜和农副产品未进入政府指定地点销售的行政处罚权，行使对违规设置户外广告行为的行政处罚权，行使对破损或者残缺等影响市容的广告行为的行政处罚权。

第二节　主要特色工作

市容市貌管理。高标准建立市容市貌网格化管理模式。汉寿县城管执法局以城区主街道为界，把城区分为20个网格单元，每个网格定员、定时、定岗、定责，开展不间断的集中整治，实施优化管理。县城管执法局根据市场导向，将城区“牛皮癣”清除工作外包，严格质量标准，定时清除城区“牛皮癣”顽疾。2011年至2015年，县城管执法局组织各类市容环境整治行动1000余次，扣缴各类违法占道物品4万多件，扣缴违法板车、三轮车1200多台，扣缴违法悬挂横幅500多条、充气拱门轻飘1000多个、高音喇叭600多个、各类棚、伞6000多件，桌、椅、灶2000多件。同时，取缔违法占道固定摊位60多个、流动摊贩400余个，规范设置报刊亭10个。

规划监察执法。对未经审批擅自开工建设项目，县城管执法局严格实行“拖土就问，开挖就填，砌墙就推”。县城管执法局坚持每天两巡查，节假日、双休日不休息。对城区违法建设进行全面调查摸底。2011年至2015年，县城管执法局组织集中拆违行动72次，整体拆除各类违章建筑144处，共拆除违法违章建筑21万余平方米，拆除顶瓦5000多平方米，铲除现浇水泥混凝土15000平方米，拆除混凝土立柱千余根，收缴大量违法违章建设工具、器材、物料。县域内各类违法开发、违法联建、土地非法交易违法建设工地得到有效控停。

渣土运输管理。县城管执法局始终坚持“堵住源头、打击中途、规范末端”工作措施，采取定点检查与流动巡查相结合的方式，在太子庙汉寿大道入口设置检查站，与交警联合执法 24 小时执勤。每天晚上安排执法队员在工地附近蹲守，防止渣土偷运、撒落。2014 年至 2015 年，查处违规渣土运输车辆 8000 多台次，查处渣土运输车辆违规作业和带泥上路工地 90 余处。

环卫清扫保洁。县环卫所每天保证 19 小时清扫保洁，合理安排保洁人员、延长保洁时间，每天 5 次巡回清扫保洁，每天夜间清扫、清洗一次；城区道路机械化冲洗、洗扫每天在 3 次以上，成立机械化洗扫应急小组，安排 1 台洒水车、1 台扫地王全天候待命。同时，为提高城区垃圾收集处理能力，投入 1150 万元在城区规划建成 23 座垃圾中转站。启动城乡垃圾一体化管理，投入资金 200 余万元，为全县各乡镇配备垃圾运输车辆，全县乡镇生活垃圾基本实现一体化管理。

户外广告管理。2011 年至 2015 年，县城管执法局对城区违规设置户外广告牌、指示牌、墙体喷绘广告进行专项整治，拆除各类指示牌 30 多块，屋顶广告牌、墙体喷绘广告 1 万多平方米；清理各类小广告 10 万余处，同时对乱贴、乱画行为进行重点打击，查处违法张贴“牛皮癣”14 人次。

城区“禁炮”工作。2011 年至 2015 年，县城管执法局联合公安、工商管理等相关单位，组织城市社区开展城区禁鸣烟花爆竹专项整治，规劝、教育违规燃放烟花爆竹 1 万余人次，在汉寿县电视台公开检查曝光 30 余人次，治安拘留 6 人。

乡镇集镇管理。县城管执法局加强对太子庙镇、蒋家嘴镇等乡镇市容市貌和环境卫生管理工作指导督查。2011 年至 2015 年，各乡镇执法大队拆除违法设置宣传横幅 2650 条、广告牌 740 块、灯箱广告 430 个、喷绘广告 3500 多块，取缔占道摊点 1350 个，拆除遮荫棚 168 个，拆除违章建筑 24 处共计 12530 平方米、模板 13400 多平方米。

汉寿县城市管理和行政执法工作获得一系列表彰奖励：2013 年获汉寿县基层组织工作先进单位、建议提案办理先进单位、控违拆违工作先进单位表彰；2014 年获县纪检监察工作先进单位、工会工作目标管理先进单位、人口和计划生育工作先进单位、“7.18 特大洪水”抗洪救灾先进单位表彰；2015 年获建议提案办理工作先进单位表彰。

第二章　桃源县

第一节　机构设置

桃源县城市管理和行政执法局成立于2006年，属县人民政府独立行政执法部门，列入县人民政府工作部门序列，机构级别为正科级。核定行政专项编制94名，其中城管执法局机关28名、县城市管理行政执法大队66名，机关后勤服务全额拨款事业编制1名，共95名；实有人员115名，包括行政专项编制人员83名（其中一线执法人员59名）、军转就业安置人员1名、借调乡镇编制人员31名，招聘协管员30名。县城管执法局内设办公室、人事教育股、政策法规股、财务装备股、市容环卫管理股、行政许可办公室6个股室，直属管理市容执法大队、交通执法大队、规划执法大队、禁鸣烟花爆竹执法大队、夜间管理大队5个二层机构，直属管理桃源县环境卫生管理处。

桃源县城管执法局现任领导班子

姓 名	职 务	任现职时间	备注
姚方平	党组书记、局长	2013.10	
刘亚伯	副局长	2010.08	
覃文军	副局长	2012.01	
唐章耀	副局长	2012.01	
佘　波	副局长、环卫处主任	2016.01	
蒯俊杰	副局长	2016.01	
邹如松	党组成员、纪检组长	2008.01	

根据湖南省人民政府关于桃源县实施城市管理相对集中行政处罚权相关批复和《桃源县实施城市管理相对集中行政处罚权暂行办法》（桃政发〔2006〕11号）规定，县城管执法局负责贯彻执行国家、省、市有关城市管理方面的法律、法规和政策，负责拟定有关城市管理领域政策及规范性文件，并组织实施；负责城市市容环境卫生方面的行政管理职责；实施城市管理领域相关行政处罚权：

行使市容环境卫生管理方面法律、法规、规章规定的行政处罚权，强制拆除不符合城市容貌标准、环境卫生标准的违法建筑或者设施。行使城市规划管理方面法律、法规、规章规定的部分行政处罚权。行使城市园林绿化管理方面法律、法规、规章规定的行政处罚权。行使市政管理方面法律、法规、规章规定的行政处罚权。行使环境保护管理方面法律、法规、规章规定的部分行政处罚权。行使城市燃气、供水方面法律、法规、规章规定的未取得相应资质而进行燃气、供水工程施工以及经营燃气和供水行为的行政处罚权。行使城市公安交通管理方面法律、法规、规章规定的对乱停放车辆、当路摆摊设点、堆物作业等侵占城市道路行为的行政处罚权。行使烟花爆竹管理方面法律、法规、规章规定的部分行政处罚权。行使工商行政管理方面法律、法规、规章规定的对无照商贩，以及有照但不按执照规定场地经营而进行店外经营、店外作业的商贩的行政处罚权；行使对自产蔬菜和农副产品未进入政府指定地点销售的行政处罚权；行使对违规设置户外广告的行政处罚权；行使对破损或者残缺等影响市容的广告行为的行政处罚权。行使城市公共客运管理方面法律、法规、规章规定的部分行政处罚权。行使城市殡葬管理方面法律、法规、规章规定的对涉及城区内擅自占道搭灵棚、出殡沿途燃放鞭炮、抛撒冥纸、冥钞以及未经允许制造、销售丧葬用品等行为的行政处罚权。

第二节　主要特色工作

2011 年至 2015 年，桃源县城管执法局以改善县城人居环境、提高居民生活质量为宗旨，苦练系统内功，落实部门职责，调动全民参与，桃源县城区市容市貌显著改善、桃源城市形象有效提升。

抓设施建设，夯实管理基础。2011 年至 2015 年，县城管执法局投入资金 500 多万元，配备各类环卫专用车辆 203 台，其中垃圾清运多功能车 3 台、密封翻斗式垃圾车 5 台、收集车 1 台、大型洒水压尘车 5 台、监察车 5 台、自卸车 2 台、生活给养车 1 台、装载车 1 台、垃圾收集手推板车 180 台；县城建成区内建成垃圾中转站 32 座，其中高标准地坑挤压式垃圾中转站 15 座，行吊式垃圾中转站 10 座，地坑液压式垃圾中转站 3 座，简易垃圾房 4 座；县城区布放垃圾大板桶 112 个、分类果皮箱 650 个、专用塑料制废物桶 500 个；城区建成 24 小时开放并直属环卫处管理公厕 29 座。

抓内部管理，提升服务水平。县城管执法局建立健全各项规章制度，制订考核严明的岗位责任制，坚持进行严格考核。不断完善工作督查机制，成立督查办，每天对城管日常管理工作进行不间断督查 2 次，针对发现的问题现场交办，现场整改，收到较好效果；创新管理制度，除日常管理制度外，还制订推行末位淘汰、竞争上岗、绩酬挂钩等制度，调动干部职工积极性、强化工作责任；加强干部职工学习教育，以提高干部职工文化素质、业务素质为宗旨，每年利用一周以上时间对全局执法人员进行集中法制培训，以法说法，明确每周周五下午为学习时间，每季度不少于 1 次执法案卷评查，整理归档，全面提高执法人员法制素质和日常行政执法水平。

抓宣传教育，提高居民素质。县城管执法局以新闻媒体为传播载体，在桃源电视台长期开辟《桃城与市民》专栏；以墙报、墙刊为载体，组织独立院落单位和社区居委会利用墙报、墙刊宣传城管创建和健康教育知识，内容每季度更新 1 次；以广告宣传为载体，利用审批户外广告契机，要求城区大型商业广告必须相应安排社会公益宣传内容。同时每次组织大型整治行动之前，都精心组织不同形式宣传活动，2011 年至 2015 年，县城管执法局印发宣传资料 30 余万份（册），出动宣传车 1500 台次以上，上门说服教育达 2 万人次以上。

抓专项治理，突破管理瓶颈。2010 年至 2015 年，县城管执法局坚持分步推进、重点突破原则，解决一系列城市管理老大难问题，其中影响最大、效果明显的主要有：2010 年取缔桃三线、黄花井汽车站等 5 个十字路口占道经营水果摊点，取缔豪兴农贸市场、漳江农贸市场、新河桥农贸市场、东街果蔬批发市场、南圆盘、东圆盘、人民医院、黄花井汽车站等处占道经营水果摊、烧烤摊和菜摊。2010 年，出台城区禁鸣烟花爆竹管理考核细则； 2014 年，借鉴外县市先进管理经验，出台《桃源县城市容貌管理规定》；2015 年，出台《桃源县城区渣土管理办法》《桃源县城区户外广告专项规划》等管理规定。先后成功取缔城内违法设置过街横幅，取缔沿街随意搭台唱戏，取缔沿街设置充气拱门、气飘等户外促销活动，取缔婚丧嫁娶违规燃放烟花爆竹现象。2014 年，县城管执法局顺利投放 40 台营运公共汽车，新增公交线路 4 条，极大缓解居民出行难问题。2010 年至 2015 年，县城管执法局着重治理市容秩序、卫生秩序、交通秩序、经营秩序、规划建设秩序、夜间烧烤秩序，开展集中整治行动 500 次以上，查处市容违法违规案件 12359 起，教育规劝 92400 人次；查处规划违法建筑案件 311 起，强拆和处罚违法建筑面积 30000 多平方米；查处渣土撒漏 198 起，查处交通违法案件 655 起。城区市容秩序明显好转，宜居环境明显改善。

抓“门店三包”工作，健全管理体系。县城管执法局始终把“门前三包”、门内达标工作和单位包路段作为“条块”结合管理体系重要形式，每年与漳江镇联合召开 1 次大规模动员大会。县城管执法局与城区各社区签订工作责任状，明确对“门前三包”工作实行定期考核、定期讲评、定期通报，将考核结果作为年终考核得分直接依据。2011 年至 2015 年，共组织考核 20 次，出公布榜 20 期，召开讲评会 5 次。通过强化“门前三包”、门内达标、单位包路段工作，桃源县“大城管”工作格局初步形成。

抓办节办会，服务中心工作。2011 年至 2015 年，县城管执法局把为各种县域节日、会议、检查、来访、验收工作服务，开展市容市貌整治，营造优质城市环境，作为城管部门重要任务。县城管执法局按照统一规划，督促县直临街单位安装楼宇景观灯，每年春节安装“满天星”灯饰 50000 多米，桃源县城呈现亮丽夜景。县城管执法局、环境卫生管理处落实县城 24 小时保洁制度，安排专人对重点地段市容秩序和环境卫生实行严防死守。

每逢重大节日和重要会议，县城管执法局都开展专项整治行动，以确保良好交通秩序和规范经营秩序、卫生秩序。每年县人民代表大会、政协大会和县委经济工作会三大会议期间，城管系统全体干部职工均打破常规，日夜坚守在管理一线，为营造良好城市环境和会务环境加班加点，努力工作。

2011年至2015年，桃源县城管执法局在困难中求突破，在管理上求创新，城市管理和行政执法整体水平不断提升，县城管执法局连续四年评为全市城管系统红旗单位，县环卫处连续5年评为全县“城管创建工作先进单位”；2014年，桃源县被评为“创建省级文明县城先进单位”，顺利通过国家卫生城市复检和省级文明城市创建；2015年，桃源县省级文明城市复检在全市5个区县市成绩列第一。

第三章　临澧县

第一节　机构设置

1995 年 9 月，临澧县城市管理委员会成立，下设办公室（简称县城管办）。县城管办属正科级议事协调机构，负责城市市容环境卫生管理工作。县城管办内设办公室、财务室、市容市貌管理股，下设城市管理监察大队。2002 年 3 月，县城管办与县建设局、县环境保护局合并组建临澧县建设和环境保护局，加挂县城市管理委员会办公室牌子。2005 年 7 月，省人民政府批复成立临澧县城市管理行政执法局，为县人民政府独立行政执法部门，主管城市市容环境卫生工作，在城市管理领域行使相对集中行政处罚权。2015 年机构改革，成立临澧县城市管理和行政执法局，简称县城管执法局，为县人民政府工作部门。县城管执法局内设办公室、政工人事股、财务装备股、政策法规股、公用事业股、直属执法大队共 6 个股室（队），直属管理县环境卫生管理处（副科级）、县生活垃圾处理场（股级）2 个事业单位。

临澧县人民政府办公室（临政办发〔2011〕29 号）文件明确，县城管执法局主要职能职责：贯彻执行国家、省、市有关市容环境卫生方针、政策、法律、法规，拟订市容环境卫生地方规范性文件，并组织实施。承担城市市容环境卫生监管责任。负责市容环境卫生管理、户外广告设置、城区经营占道管理；负责行使市容环境卫生管理行政处罚权，强制拆除不符合城市容貌标准、环境卫生标准的建筑物或者设施。负责城区渣土管理。对城区渣土进行调配、处理，负责经营渣土运输单位和个人的资质条件审查，规范、监督渣土运输。负责县城市创建工作指挥部办公室的日常工作。承办县委、县政府交办的其他事项。

临澧县城管执法局现任领导班子

姓 名	职 务	任现职时间	备注
李　扬	党组书记、局长	2016.01	
汤　英	党组副书记、副局长	2012.03	
孙圣科	副局长	2015.12	
胡　政	副局长、纪检组长	2016.01	

第二节 主要特色工作

2010年至2015年，临澧县城市管理工作紧跟临澧县委、县政府推进新型城镇化建设工作部署，以巩固省级卫生县城成果、创建国家卫生县城为目标，加强城市基础设施建设，加大城市创建宣传力度，严格市容环境卫生管理，县城市容市貌、环境卫生、经营秩序得到明显改善，城市管理工作步入规范化轨道。

基础设施建设取得重大进展。环卫基础设施配套建设。县城管执法局投资2344万元新建配套环卫基础设施：建成一批高标准生活垃圾收集站。利用城乡生活垃圾处理一体化项目资金1644万元在县城区新建、改造“站厕一体”压缩式垃圾收集站26座。购置一批环卫机械化作业设备。投入400万元配置街道清扫车1台、街道清洗车1台、洒水车1台、钩臂式垃圾运输车2台、大型封闭式垃圾运输车1台。配置一批生活垃圾收集设施。投入300万元配置阻燃式垃圾收集桶1800个、环保果皮箱950个、垃圾收集方桶220个、钩臂车吊桶50余个。通过设施配套建设，县城区建成高标准压缩式垃圾收集站26座、水冲式公厕39座；配置垃圾收集桶、果皮箱等设施3000余个。投资6695万元新建临澧县生活垃圾无害化处理场，项目占地面积17.87公顷，使用期限20年，库容153万立方米，日处理城乡生活垃圾170吨。2012年月1月1日建成投入使用。

城市管理基础设施配套建设。2010年至2015年，县城管执法局合理规划城区摩托车、非机动车车辆停靠区域。结合县城区街道实际，在主要街道划制自行车、三轮车、摩托车停靠车位1000余个，极大缓解乱停乱靠现象。规范设置夜市经营场地。县城管执法局将县城区灵泉路规划为夜市烧烤一条街，配套完善水、电、垃圾桶、标志线等基础设施，为广大夜市烧烤业主提供经营便利。配套设置广告张贴设施。在县城区部分街道及社区设置小广告张贴栏35块、墙体张贴栏50块，有效缓解乱贴乱画问题。规范整顿临时经营区域。在部分街道规范设置流动摊担经营点5处、擦鞋摊点10处、修鞋摊点1处、瓜果临时经营点3处。

城市市容秩序得到明显改善。县城管执法局严管市容市貌秩序，临澧县城市容市貌水平大幅提升。突出加强县城市容整治。取消城区占道经营许可及部分收费项目，缓解临时占道影响市容秩序问题。定期开展执法整治行动，对屡教不改、屡禁不止的占道经营、流动经营物品依法进行登记保存，依法取缔主要街道占道、流动经营摊担。联合交警、交通、市场中心等职能部门对县城区农贸市场四周经营秩序和交通秩序开展集中整治行动，成功取缔安福西路、文化街马路市场，朝阳市场、一市场四周秩序得到重点整治、规范，城区农贸市场经营秩序明显好转。加强城区夜间市容卫生管理，对城区所有占道夜市烧烤下达责令整改通知，牵头组织县药监、工商、卫生、公安等部门开展集中整治行动，取缔无门店占道经营夜市、烧烤，实行无门店夜市、烧烤归市经营。严格广告设置。加大对县城区各家广告公司的广告设置管理，签订管理协议，明确管理要求，依法拆除违规设置广告牌300余块，清理乱拉乱挂宣传横幅、条幅5000余条。开展气球拱门横幅条幅广告禁止设置行动，印发“禁设”通告发放至县城区机关企事业单位、临街门店、社区（村）及周边乡镇，严格开展“禁设”执法检查、整治规范，城区主要街道已无违规擅自设置现象。根据城市建设“三改四化”要求，拆除县城区公交站台广告牌、灯杆广告设施、绿化带内灯箱广告，拆除城区部分亮化街道临街门店店招店牌。建立完善“牛皮癣”广告市场化清理机制，将清理工作以每年20万元购买服务形式对外承包，严格实行监督考核，设置一批小广告张贴栏，主要街道基本无乱贴乱画现象，“牛皮癣”清理工作收到较好效果。规范停车秩序。开展主要街道摩托车、自行车乱停乱靠集中整治，停车秩序逐步好转。积极控违拆违。根据城市规划与建设要求，组织拆除富民市场、西排沟上建筑物及相关附属设施。强力拆除违规搭建、有碍观瞻、阻碍交通的一批占道摊棚及板房。同时，积极配合、参与县控违拆违办多次拆违行动。加强渣土管理。明确专人专职加强城区各处建筑工地渣土处置管理，新建县城建筑垃圾消纳场，完善相关管理规定与措施，严格查处各类违规倾倒建筑垃圾行为。定期对城乡接合部及临岗公路沿线、道水河县城规划区段违规倾倒的建筑垃圾进行清理、转运、平整、覆盖。

环境卫生管理跨入先进行列。全面落实环境卫生责任制，县域环境卫生管理进入全省先进行列。2011年至2015年，县环卫处对环卫保洁、垃圾处理等作业模式进行改革创新，做到区域、责任、时限、考核到班组、到人头。县环卫处将县城区主次街道120.4万平方米清扫面积划分为57个责任路段，将经开区40.9万平方米清扫面积实行分片划段，做到清扫保洁人员固定到人，实行路段责任制，确保全天候（早5:00—晚10:30）清扫保洁到位，县城主要街道清扫保洁率达100%。严格实行精细管理。严格清扫保洁、洒水压尘等工作考核，实行每日检查考核，每月评比通报，及时兑现奖惩，环卫作业逐步规范化、常态化。加强垃圾清运监督管理，对垃圾箱及中转站生活垃圾及时进行清理、收集、转运，生活垃圾基本实现“日产日清”。对主要街道实行每天机械化清扫1次、每周清洗2~3次，落实“一日三次”洒水压尘，提高主要街道卫生质量。开展城乡环卫一体化治理。积极开展城乡接合部环境卫生整治行动，对城乡接合部及县城几大入口建筑垃圾、生活垃圾进行清理、转运、处理。配合农村环境卫生整治行动，参与制订检查、考核细则，积极参与环境卫生考核、评比迎检工作。推进环卫作业社会化服务。按市场运行、严格管理要求，对城区垃圾清运、洒水压尘、垃圾站及公厕管护、垃圾处理场库区垃圾填埋、渗滤液处理、城区牛皮癣清理等六项工作实行社会化服务，取得明显工作效果。规范垃圾达标处理。严格按照住建部《生活垃圾卫生填埋技术规范》和《生活垃圾填埋场污染控制标准》开展生活垃圾无害化处理，以购买服务形式，将垃圾渗滤液处理工作承包给湖南迪亚环境工程有限公司，将生活垃圾填埋库区垃圾平整、压实、覆盖等工作对外公开招标，实行市场化运行，垃圾处理场区基本实现无臭味、无蚊蝇、无飘浮物、无水质污染，生活垃圾实行无害化达标处理。至2015年，日处理城乡生活垃圾150吨，累计处理县城及太平、修梅、佘市、四新岗、新安、合口、停弦、烽火等乡镇（区）生活垃圾约25万吨，无害化处理率达100%。临澧县生活垃圾无害化处理场被评为国家级一级垃圾处理场。

城市创建工作取得显著成效。2013年起，临澧县委、县政府把争创国家卫生县城作为提升县城品位、改善人居环境重要抓手，强力推进创建工作落实，取得显著成效。2015年6月，国家卫生县城创建工作顺利通过市级预检；2015年12月通过湖南省爱卫办组织的省级调研检查，成功进入国家卫生县城申报程序。县城管执法局坚持整体联动，凝聚合力创国卫。按照“三年创建国家卫生县城”目标，县城管执法局承担主创责任，局党组充实强化创建工作领导班子，完善长效机制、营造创建氛围、健全监督机制、注重活动引导，充分调动各方力量支持和参与创建，形成“单位齐上阵，干部当示范，居民共参与”的创建格局。深化专项整治，规范城市管理。县城管执法局深入开展环境卫生整治，全面提高城区环境卫生质量。深入开展农贸市场整治。对农贸市场实行划行归市，分类管理，统一经营，配套完善市场内部基础设施，提高管理效果。坚持开展联合整治，重点取缔马路市场、临时占道经营现象。深入开展交通秩序整治。完善城市交通基础设施，坚持常年开展整治行动，县城交通秩序大有好转。深入开展市容市貌整治。取缔沿街叫卖流动摊贩，规范临街门店出店经营行为，清理乱设乱挂行为，严查违规运输处置渣土行为。深入开展生态环境整治。强化县城区建设与管控，完善环境监测能力，环境质量不断改善，2013至2015年，临澧县域没有发生重大污染事故。倡导健康生活，积极开展各类宣传教育活动，严格落实防疫防病工作，加大食品安全监管力度，加强公共场所卫生监管，强化“五小行业”监管，扎实防治病媒生物，增强全民健康卫生知识，着力提高城乡居民健康意识。

执法队伍素质明显得到提升。2010年至2015年，县城管执法局始终把加强自身队伍建设作为工作重中之重。狠抓制度建设。制订完善目标管理考核岗位责任制、队容风纪管理、上班指纹打卡、填写工作日志等一系列管理规章制度，使干部职工行为有规范、工作有标准、监督有措施。狠抓队伍培训。建立完善学习培训机制，定期开展政治理论学习和业务知识培训，并将培训学习情况纳入个人年度评优评先及民主测评范围，激励广大干部职工学习知识、提升自我，队伍依法行政能力和政策理论水平明显提高。狠抓作风建设。严格执行县委、县政府作风建设“双十禁令”，深入开展作风建设活动，干部职工作风明显改善，执行能力明显增强。严格目标管理、岗位责任、上班打卡、工作日志填写、政治业务学习、执法案件办理、规范着装等考评考核，定期进行通报，及时兑现奖惩。狠抓依法行政。制订完善行政审批程序、行政执法程序、行政执法文书，严格按程序与规定办事，行政审批与行政执法工作逐步规范。严格执行执法人员行为规范，实行亮证执法、文明执法。定期开展城管行政执法案卷评查活动，对评出的优秀案卷和办案个人给予通报表彰和物质奖励。

县城管执法局2011年起获得一系列表彰奖励：2011年，被评为常德市城市管理工作先进单位;2012年，获常德市城管执法案卷评议三等奖、评为临澧县重点项目开发建设先进单位、评为临澧县“两案”办理先进单位、评为临澧县创先争优先进基层党组织、评为临澧县城镇建设工作先进单位；2014年，评为临澧县无偿献血先进单位、评为临澧县综治维稳（平安建设）及信访工作先进单位；2015年度被评为临澧县新型城镇化建设先进单位。

第四章　石门县

第一节　机构设置

石门县城市管理行政执法局于2008年4月11日挂牌成立，简称县城管执法局，属独立行政执法机构，为县人民政府正科级工作部门。根据湖南省人民政府（湘政〔2005〕205号）《关于石门县开展相对集中行政处罚权工作的批复》和市编制办（常编办〔2006〕17号）《关于组建石门县城市管理行政执法局的批复》精神，石门县城管执法局负责综合协调城市管理，组织实施城市管理综合行政执法和主管城市市容环境卫生。

2008年县城管执法局核定执法专项编制66名、机关后勤服务全额拨款事业编制1名，共67个人员编制；2012年，增加全额拨款事业编制23名；2013年县政府批准录用协管员38人；2015年增加全额拨款事业编制8名，增加录用协管员20人。2015年执法人员在编98名，协管员在岗58名，合计156名。局级领导职数5个，即局长1名、副局长4名。

2011年，石门县人民政府印发（石政办发〔2011〕40号）《石门县城市管理行政执法局主要职责内设机构和人员编制规定》，对县城管执法局职能职责做出调整：将指导城市公共客运管理的职责划入县交通运输局；将县城区内犬只管理工作职责划入县公安局；扩大县城周边乡镇生活垃圾清运范围；对乡、镇小城镇管理和行政执法进行指导和考核；加强城区清扫保洁，实行城区一体化管理；加强城区相关单位“门前六包”责任落实，负责对城区相关单位落实“门前六包”责任进行督导和考核。

县城管执法局内设办公室（信访室、信息中心）、政工人事股（督查室）、法制办、财务装备股、综合管理股五个股室，直属管理拆违办、行政执法大队、火车北站广场管理处、环境卫生管理处、垃圾处理厂五个二层机构。2014年起，石门县城管执法大队下辖楚江镇、宝峰开发区、永兴街道办、二都街道办、易家渡镇、新关镇、夹山镇、蒙泉镇、皂市镇、罗坪乡、太平镇、磨市镇、壶瓶山镇共13个城管执法乡镇中队。

石门县城管执法局现任领导班子

姓 名	职 务	任现职时间	备注
梅建平	党组书记、局长	2010.01	
覃春平	党组副书记、副局长	2011.02	

续上表

姓 名	职 务	任现职时间	备注
覃道社	副局长	2011.02	
徐超建	副局长	2011.02	
蔡书文	副局长	2015.03	

第二节　主要特色工作

大力开展集中整治，精细化管理实现新突破。

坚持疏堵结合、标本兼治路子，注重提高市容市貌质量。大力整治市容市貌。2011年至2015年，县城管执法局共查处流动摊贩经营5800余人次，收缴各类流动经营工具2800余件；取缔“马路市场”12个，规范农资市场5处；查处乱摆乱放店招灯箱1500余个；强制割除澧阳大道、永兴大道、梯云路等重要街道乱立乱竖广告牌500余块，责令限期改正违章经营行为1700余起，集中清理东站至三江口沿线乱堆乱放、占道经营的业主350余家；通过电视、报刊、网络等媒体曝光影响市容市貌违章行为220余起，查处破坏道路、公用设施及破坏绿化个案35起，查处撒漏矽砂、散装货物车辆、渣土运输车辆512台次。加强火车北站广场管理，抓好文明劝导，坚持秩序维护，组织开展综合整顿行动13次，对北站广场被损害的公共基础设施进行大型维修，坚持抓好日常小型维修。大力开展禁鸣烟花爆竹宣传，向市民发放资料7万余份，依法处理170多起违规燃放烟花鞭炮行为，治安拘留6人；以高考、学考期间噪声专项整治为重点，及时制止和纠正噪声污染行为，共查处噪声污染18起。

突出特色，规范管理户外广告。全面开展户外广告标语整治，2011年至2015年，共规范户外广告1200余处，拆除违法设置户外广告500余处，清理条幅广告及其他软体广告5000余处。规范广告管理。2015年，以澧阳路升级改造工程为契机，县城管执法局投资700多万，对城区主干道两侧商铺的店招店牌统一拆除，然后统一规格、统一材质，进行统一安排、统一制作、统一安装；取消流动广告车辆，在城区内合理设置10处公共信息张贴栏，对小广告张贴进行疏导，清理“牛皮癣”2.1万多处，查处46起。

坚持以控为主、以拆为辅，坚决加大规划执法力度。2011年至2015年，县城管执法局共立案查处违法建设4500余起，强制拆除违法建筑2100余起，督促自行拆除1000余起，控制在建违法建设600余处；2011年至2015年五年内，县建成区没有新增一处违法建房，违法违章建设得到有效控制。

全力以赴迎接各项检查，圆满完成各项创建任务。2011年至2015年，县城管执法局相继开展各种专项活动，集中整治废品收购市场，规范门店建材市场，启动摩托车、自行车停靠栏设置，取缔城区马路市场，整治中小学校周边环境，清理破旧、残缺广告，查处乱停乱靠，五年内城区市容市貌确保规范有序、环境卫生整洁干净，圆满完成创建文明城市、卫生城市各项迎检工作任务，得到各级领导好评。

坚持以人为本理念，城乡环卫一体化有序推进。

县城管执法局和县环卫处精心编制规划，积极争取项目，确定石门县城乡环卫一体化项目预算总投资额为2.85亿元，包括投资6500万元建设刘家湾生活垃圾无害化处理场，投资8000万元建设垃圾焚烧处理项目，投资6000万元建设垃圾收运系统第一期项目，投资8000万元建设垃圾收运系统第二期项目。2015年，石门县通过市场化运作，在湖南省率先实施国家重点功能区县垃圾收运体系（城乡环卫一体化）PPP项目，预算总投资1.08亿，完成工程投资5392万元,完善城乡环卫基础设施，至2015年年底，石门城乡生活垃圾实现日产日清200吨，城乡面貌和人居环境得到有效改善，探索出城乡环境卫生治理的“湖南石门模式”。

石门县垃圾收运体系（城乡环卫一体化）PPP项目采用“压缩式收集站+区域中转站+海螺水泥窑协同处置”工艺模式，实现城乡生活垃圾末端无害化处理、资源化利用。建设垃圾收转运基础设施。2015年，在9个偏远乡镇区布局新建垃圾转运站15座，升级改造近郊10个乡镇原有的垃圾转运站。新建刘家湾大型垃圾水平式压缩转运站，并将其打造成为压缩减量中转、样板展示、互联网监控中心“三位一体”示范工程。提升城乡环卫作业水平。2015年，增加城区保洁车辆53辆，使城区保洁覆盖面积达218万平方米，清扫保洁率达95%，机械化清扫保洁率达80%。新增配置垃圾收运车辆73辆、各式垃圾收集容器3377个，逐步将前段垃圾收集部分延伸至村（居），实现垃圾“日产日清”。完善基于物联网的垃圾收运车/站信息化管理系统，实现对环卫作业全程监控。实行垃圾收运全封闭作业，确保垃圾收运全程无滴漏、无抛撒、无二次污染。促进垃圾资源综合利用。利用石门海螺水泥公司水泥窑协同处理生活垃圾日均达200吨，垃圾焚烧热能用于发电，废渣用作水泥生产原料，整个处理过程无二次污染。

固本强基，执法为民，队伍建设取得新的突破。

抓制度建设，提升工作效能。县城管执法局实行“制度管人，从我做起”，明确由督察室负责利用绩效考核办法推进制度落实。绩效考核一月一兑现，半年一小结，年终结总账。注重教育培训，提高综合素质。通过上党课、集中培训、民主生活会等多种教育活动，强化理想信念，提高办案水平，规范执法行为。制订《内部管理制度》《绩效考核制度》，加大岗位目标考核力度，奖勤罚懒、奖优罚劣，严格按岗位目标进行考核。由督察室负责利用绩效考核办法推进制度落实。绩效考核一月一兑现，半年一小结，年终结总账。严格兑现绩效考核，2011年至2015年，全局罚懒、罚劣罚款达8.9万元，全部用于点村救济和年底慰问特困干部职工；歇岗学习2人，免股级干部1人。实行“准军事化”

日常管理。制订考勤、着装、车辆管理、人事管理、财务管理、物资管理、会议管理及各成员单位业务考核细则等一系列专项考核制度，成立专门督查领导小组，强化督查责任制，严格执行督查考核管理制度，实行制度考核与个人绩效工资挂钩方式进行管理。

抓队伍建设，提高执法水平。县城管执法局以建设“高素质、高水平、高效能”城管执法队伍为标准，不断加强队伍内部素质建设。坚持每年不定期邀请市、县法制办相关专家、领导对执法人员进行业务知识培训及法律知识培训，邀请湖南知名心理专家对执法人员进行心理辅导；坚持每年对新进工作人员包括协管员，以开设培训班方式进行为期一到两个月全方位军事化培训，包括业务知识、法律知识、局容局纪、跟队实践、军训会操、结业考试、演讲比赛、知识抢答赛等。全局牢固树立“和谐诚管”理念，按照“依法执法、文明执法、严格执法、公正执法、廉洁执法”总体要求，内强素质，外树形象，不断提高执法队伍的思想业务水平和法制意识。抓“五风”整治，强化廉洁自律。2011 年至 2015 年，县城管执法局狠刹“五风”，全局上下改变工作作风、刹住“吃喝玩乐”风、堵住赌博风、纠正邪气歪风、整顿行风，培育 “三不怕”干部队伍：一不怕苦累，二不怕打骂，三不怕委屈。

自觉接受人大监督和指导，不断改进执法工作。2011 年至 2015 年，县城管执法局举行重要行政工作会议，开展重大专项活动均邀请县人大常委会有关领导出席指导；定期召开人大代表座谈会、上门走访以及发函征求意见等形式征询人大代表对城管执法局工作的意见与建议，不断拓宽与代表的联系渠道。坚决贯彻落实县人大常委会各项决议，促进依法行政。认真贯彻执行县人大常委会决议，狠抓监督检查。五年内，县城管执法局共查处 821 起各类案件，未发生一件错案，仅 3 起行政复议和诉讼案件。对于县人大常委会交办的人大代表建议和意见，或批转的信访件，县城管执法局都做到高度重视，坚持由一把手负总责，对每一个议案、意见，都做到限期办结，按期反馈，并将办理结果及时以书面形式上报县政府联络组和县人大常委会，做到件件有答复，事事有着落。五年内，县城管执法局负责办理的人大建议全部办理到位，办复率和代表满意率达 100%。

2008 年至 2013 年，石门县城管执法局连续五年荣获常德市城市管理工作红旗单位，2011 年至 2012 年被授予“全省依法办事示范窗口单位”。

第五章 澧 县

第一节 机构设置

澧县城市管理和行政执法局（简称澧县城管执法局）系正科级独立行政执法机构，为县人民政府工作部门。

澧县城管执法局是澧县市容和环境卫生行政主管部门。按照国务院和湖南省人民政府相关规定，澧县城管执法局负责在城市管理领域实施相对集中行政处罚权。主要职能职责：贯彻执行国家、省、市有关城市管理方面的法律、法规和政策；负责拟订有关城市管理领域政策及规范性文件，并组织实施。承担城市市容环境卫生监管责任；负责县城区市容市貌、环境卫生、经营性占道、公益占道、建筑垃圾和生活垃圾的管理，行使相关违法违规行为的行政处罚权；负责县城规划区户外广告设置的管理，行使相关违法违规行为的行政处罚权。负责行使城市公安交通管理和市政管理方面法律、法规、规章规定的对乱停乱放车辆、当路摆摊设点、堆物作业等侵占城市道路行为的行政处罚权。负责行使工商行政管理方面法律、法规、规章规定的对无照商贩，以及有照但不按执照规定场地经营而进行店外经营、店外作业的商贩的行政处罚权。负责行使城市规划管理方面法律、法规、规章规定的对未取得《建设工程规划许可证》进行建设行为的行政处罚权，对擅自改变《建设工程规划许可证》核准范围进行建设行为的行政处罚权。负责行使公安、安全生产管理方面法律、法规、规章规定的对县城范围内违反烟花爆竹管理规定的行政处罚权。负责数字化城市管理平台的规划、建设和管理工作。负责城市管理行政执法队伍建设工作；负责各镇城市管理和行政执法工作的业务指导。

澧县城管执法局现任领导班子

姓 名	职 务	任现职时间	备注
唐定宏	党组书记	2012.11	
邓丕德	局 长	2012.12	
袁定保	副局长、环卫所长	2005.04	
邹革强	副局长	2012.12	
高益华	副局长	2014.01	

澧县城管执法局内设办公室、法制股（违章处罚中心）、财务股、人事股、管理股（行政审批办公室）5个二层机构，均为正股级；直属管理澧县城市管理行政执法大队和澧县环境卫生管理处2个独立单位。

第二节　主要特色工作

2011年至2015年，澧县城管执法局坚持以规划为蓝本，以项目为龙头，着力推进“一基三化五专”（基础设施建设，环卫市场化、队伍军事化、管理数字化，户外广告专项整治、渣土污染专项整治、市容秩序专项整治、“两违”建设专项整治、车辆停靠专项整治）项目，城市面貌根本改观，城市形象大幅提升。

坚持管理规范化，着力加强城管队伍建设。

澧县城管执法局注重培养执法人员基本素质，切实加强学习培训。坚持以考促学，建立学习培训机制，把执法人员教育培训纳入制度化管理，坚持每月组织一次政治理论学习、每年组织法制培训考试2至3次。坚持开展执法卷宗评比活动，定期对各类执法卷宗进行抽样评比和考核结账。强化制度建设。先后出台《行政执法责任制考评办法》《行政执法过错责任追究制度》《行政执法人员奖惩制度》《考勤制度》《城管局机关工作人员形象十条要求》《考核管理制度》《城管局工作人员“五严禁令”》，建立健全《三重一大”事项集体决策制度》《党组贯彻执行民主集中制制度》《厉行节约反对浪费管理规定》《公务接待制度》《城市管理监督考核责任追究办法》等17项制度，并对每一项制度明确监督责任和责任人。

澧县城管执法局对执法队伍队伍实行军事化管理。坚持点名讲评制度。队伍下放之前，坚持每日例行点到讲评1次；队伍下放之后，坚持每周例行点到讲评1次。定期开展军事训练。每年组织队列训练1至2次，参加抗洪抢险、维稳处突演习2~3次。加大装备投入力度。配置执法车辆、摄像机、对讲机等装备到各中队，对执法人员按要求统一服装和标识，并严格队容风貌管理。加强法制工作管理。出台《行政执法案卷评比考核办法》，用严厉考核措施强力推进法制工作，开创新局面，实现法制工作新跨越。

澧县城管执法局不断完善监督机制。严格执纪问责。落实领导干部“一岗双责”，加大对各类违规违纪案例的查处力度，先后对48名违反工作作风规定、劳动纪律中层骨干及工作人员启动问责程序。建立局党组成员带班巡查督导制度，局党组成员每周轮流带班督导局系统各项工作落实情况、行政执法查漏补缺，巡查督导记录台账纳入各单位季度岗位责任制考核内容。建立社会监督机制，聘请25名人大代表、政协委员为城管执法行风监督员，不定期沟通交流，邀请行风监督员参与重大个案查处。

坚持设备设施现代化，有序推进环卫设施建设

高标准建设垃圾填埋场。澧县垃圾填埋场位于张公庙镇彭山村，项目于2009年1月

12 日立项，2010 年开工建设，2012 年 1 月试运行投入使用，2012 年 9 月通过湖南省住建厅预验收，2014 年 3 月通过常德市环保局环评验收。澧县垃圾填埋场总投资 9700 万元，占地面积 23.4 公顷，总库容 350 万立方米，服务期限 20 年，日处理能力 400 吨，主要承担县城规划区及周边部分乡镇生活垃圾填埋与处理。

完成固废流转中心建设。澧县固废流转中心项目位于群星村，2009 年由常德市发改委批准立项，占地面积 14600 平方米，日转运生活垃圾 200 吨，总投资 2094 万元，于 2013 年动工建设，2015 年全线竣工并投入使用。

启动压缩式垃圾中转站建设。按照县城区每平方公里建一座的标准，至 2015 年年底已建成 20 座并全部投入使用，另有 1 座已完成主体工程建设，总投资 2100 万元。

加大环卫配套设施建设力度。2011 年至 2015 年，澧县城管执法局累计投入 850 多万元，配建街道果皮箱 1650 个，添置密闭式垃圾箱 201 个，购置多功能垃圾运输车、执法车 6 台，更换垃圾板桶 40 个，对 337 辆手推板车进行加盖处理，完成 15 座公厕和 125 个垃圾收集站维修、改造。

坚持环卫运营市场化，改革创新体制机制

澧县城管执法局在城区推行社区与市场化相结合治理“牛皮癣”机制。城区主要街道 28.2 公里路段“牛皮癣”由保洁公司负责逐日清除；背街小巷、居民区“牛皮癣”由社区负责不定期清除；城管执法大队负责违规张贴“牛皮癣”管理相对人查处；县创建办不定期对“牛皮癣”治理工作进行抽检督查。为疏导小广告发布，城区主要街道设置大型便民广告栏 6 个，各社区居委会分别设置 1 到 2 块便民广告栏。

推行城区水域垃圾治理责任包干制。澧县城管执法局将城区所有水域垃圾清理、打捞和常态监管工作包干给县城防处，组建专业队伍、调剂专项资金，实行综合治理。

实现环卫“三清”市场化运营。2013 年 11 月，县环卫处通过公开招标，县城区环卫“三清”（清扫、清运、清洗）由深圳升阳升和株洲宏利德两家清洁公司中标承担。实行市场化管理后，环境卫生“三清”责任完全覆盖县城 32 平方公里控制区 280 万平方米大街小巷；年度“三清”费用 1840 万元，增加近 1000 万元；清扫保洁人员 796 人，增加 397 人；垃圾运输车辆 36 台，增加 11 台。

实行渗滤液处理全托营运管理。2013 年 10 月，通过招投标，湖南迪亚环境工程责任有限公司获得澧县垃圾卫生填埋场污水处理全托营运管理权，负责技术力量、工艺处理、化工原料、运行管理、设备维修等污水处理全部项目，年度承包费 155 万元。

坚持城市管理法治化，强力推进城市综合治理 理顺城市管理工作机制。县政府确定城区街道办事处为辖区城市管理工作主体。街道办事处设置城市管理机构，明确 1 名班子成员专职分管，负责组织本辖区城管执法工作。县城管执法局城管执法队伍下放街道办事处。县城管大队将 8 个市容中队、4 个规划中队共 121 名队员下放到四个街道办事处。每个街道办事处下放 1 个规划中队、1 至 3 个市容中队，安排一名城管大队班子成员带队。

建立联合执法工作机制。由县城市办牵头，明确各职能部门职责，加强对“两违”建设、占道经营、渣土污染等违法违规行为打击的统一调度。

调整市容管理工作方式。澧县城管执法大队推行徒步执法，改走马观花为下马看花，在菜市场、医院、学校等重点路段安排专人值守，对涉及违规占道的经营户，执法人员主动上门进行宣传，下发整改通知，帮助规范到位。推行错时延时上班制度。在上下班人流高峰期、节假日、重大庆典期间，安排各中队错时提前上岗；在中午 12:00 至下午上班之前、晚上下班后至 22：00 点，机动中队正常上班，确保管理无缝隙衔接。推行轻微违法免罚制度。对下岗职工、困难市民和菜农、果农等流动摊贩以及其他管理相对人，凡属轻微违法的，一律免于罚款。推行堵疏结合管理。瓜果旺季，在交通压力不大的街道，设置为期 3 至 4 个月的瓜果销售点，免费为瓜、果农提供批零兼营摊位，由城管队员全天候监管。推行市容环境卫生协管机制。组建市容环境卫生监督队伍， 60 名市民志愿者监督员 5 人一组，全天候在解放路、澧州路、人民路、翊武路和澧阳路 5 条中心街道查处“六乱”行为，城管大队为每组志愿者配置 1 名城管队员，提供执法保障。对门店业主全面落实“包卫生、包绿化、包秩序”管理，严格兑现奖惩。

加大违法整治力度。澧县城管执法局切实加强市容秩序专项整治。采取集中整治与常规管控相结合方式，加强对违规占道经营、违规燃放、“六乱”行为（乱泼乱倒、乱丢乱扔、乱摆乱放、乱吊乱挂、乱停乱放、乱贴乱画）整治力度，2011 年至 2015 年查处、规范各类违规行为 8.5 万余起。加强户外广告专项整治。完成《澧县县城户外广告专项规划》编制，制订户外广告分期整治方案，抓拆除、抓规范、抓提质，共拆除各类违规广告和广告设施 3.5 万多处。启动澧州大道门头招牌提质改造工程，投入 690 万元，对 1300 多个门头招牌统一规划、统一设计、统一材质、统一设置技术规范、统一设置。加强渣土污染专项整治。加强源头管理，成立四家渣土公司，将县城区 200 多台渣土运输车纳入公司化运营。强化途中执法，与交警联合，加大对违规运输行为打击力度，立案查处或教育整改各类违规行为 7200 余起。加强违法、违规“两违”建设专项整治。建立社区、部门联动控管“两违”建设管理机制，强化查违、控违、拆违责任，做到早发现、早报告、早管控，2011 年至 2015 年查处违法建设 3500 多处，强制拆除 2300 余处 14.5 万平方米。加强车辆停靠专项整治。指导车辆有序停放，规范违规摆放行为 6.8 万余起。

2011 年至 2015 年，澧县城管执法局先后获得“省级文明卫生单位”“常德市推进新型城镇化工作先进单位”“常德市城市管理先进单位”“常德市文明卫生单位”“常德市平安单位”“全县重大项目建设工作先进单位”“全县城市提质工作先进单位”“全县政法稳定信访和社会综合治理工作先进单位”等荣誉称号；连续三年被评为“全县重点工作综合先进县直单位”，行政服务窗口被县人民政府评为“满意窗口”，行政处罚案卷质量评议多年居全市前二名。

第六章　安乡县

第一节　机构设置

1994 年 12 月，在安乡县城关镇综合治理办公室基础上，成立安乡县城建监察大队。1997 年 1 月，县城建监察大队更名为县城市管理监察大队。2003 年 1 月，组建安乡县城市管理局，直属管理县城市管理监察大队、县环卫所、县市政园林所 3 个二层单位。2006 年 5 月，经湖南省人民政府批准，成立安乡县城市管理行政执法局，下设城市管理监察股(加挂城区公共客运管理办公室)、环卫所、园林路灯管理所、渣土办 4 个二层单位。2013 年 3 月,安乡县实行城市管理体制改革。县园林路灯所从城管执法局划出，归口县住房与建设局管理。同年 11 月，县公共客运管理职责划入县交通运输局管理。2015 年 9 月 2 日，根据《安乡县人民政府职能转变和机构改革方案》，县城管执法局调整为安乡县城市管理和行政执法局，简称县城管执法局，为安乡县人民政府正科级独立行政执法部门。

依据《安乡县城市管理和行政执法局主要职责内设机构和人员编制规定》（安政办发〔2016〕4 号)，县城管执法局是县政府主管城市管理职能部门，承担城市市容环境卫生管理责任，在城市管理领域行使相对集中行政处罚权。

行政管理主要职责：负责贯彻执行国家、省、市有关市容环境卫生方面的法律、法规和政策;负责拟订市容环境卫生方面地方规范性文件,并组织实施。承担城市市容环境卫生监管责任。负责市容环境卫生、户外广告设置、城区经营占道和公益活动占道等方面管理。

行政执法主要职责：负责行使市容环境卫生管理方面的行政处罚权,强制拆除不符合城市容貌标准、环境卫生标准的建筑物或设施。负责行使城市规划管理方面法律、法规、规章规定的行政处罚权。负责行使城市绿化管理方面法律、法规、规章规定的行政处罚权。负责行使市政管理方面法律、法规、规章规定的行政处罚权。负责行使环境保护管理方面法律、法规、规章规定的对社会生活噪声污染、建筑施工噪声污染的行政处罚权，对饮食服务业油烟污染的行政处罚权，对向大气排放粉尘、恶臭气体或者其他含有有毒物质气体的行政处罚权，对在人口集中地区焚烧产生有毒有害烟尘和恶臭气体的物质的行政处罚权，对未采取密闭措施或者其他防护措施运输、装卸、贮存能够散发有毒有害气体或者粉尘的物质的行政处罚权。负责行使工商行政管理方面法律、法规、规章规定的行政处罚权。

安乡县城管执法局现任领导班子

姓 名	职 务	任现职时间	备注
张　烨	党组书记、局长	2014.03	
张　勇	党组副书记、副局长	2010.12	
王柏强	副局长	2012.05	
陈义军	纪检组长	2015.04	

第二节　主要特色工作

2011 年至 2015 年，安乡县城管执法局以综合执法为载体，坚持以人为本，狠抓队伍建设，不断加大执法力度，健全城市长效管理机制，推进城市精细化管理，城市管理各项工作取得明显成效。

坚持不懈把宣传教育放在首位，市民文明素质不断提高。

加强卫生宣传力度，积极引导群众革除陋习，自觉参与城市管理，努力营造共建共享的城市氛围。2012 年起，县城管执法局精心制作各类宣传资料，面向城区广大经营商户逐户发放《门店经营规范告知书》和《户外广告牌及店招店牌制作须知》，与临街门店逐户签订《门前三包责任书》，面对面开展城市市容管理法律法规宣传活动。多种形式开展执法宣传。在不影响市民工作和休息情况下，县城管执法局通过车载喇叭，在城区街道和居民小区巡回宣讲卫生管理、禁炮禁噪等整治通告，提醒市民遵守城市管理各项规定。通过广播、电视网络等媒体进行宣传教育。适时更新城管局门户网站，及时发布城市管理各项信息，2011 年至 2015 年，在县电视台、手机报以及市级报刊上发表各类稿件 200 余篇。通过宣传，广大市民城市意识、法律意识、卫生意识大为增强。

坚持不懈规范店牌广告，全县主干道乱设乱挂广告牌现象得到有效控制。

2012 年起，县城管执法局以生态县建设为契机，强势出击，清理整治全县户外广告、店招店牌，实现户外广告和店招店牌出新、出景的效果。抓好全县户外广告清理。2015 年，县城管执法局对全县县道、省道、国道沿线以及城区户外广告组织大规模清理，对违规设置的大型广告牌、墙面广告、落地灯箱组织依法强制拆除，共拆除大型广告牌 1146 块，大型墙面喷绘 657 幅，小型广告牌 1832 个，为城市“洗脸”，确保城市清洁、美观，为高标准规划设计户外广告、打造城市亮点创造有利条件。加强店招店牌规范管理。2013 年至 2015 年，县城管执法局切实加强店招店牌规范管理，严格按照“上下一条线、前后一个面、上不盖窗、下不遮门”的标准实施科学规划、严格控制，城区门店招牌设置实现

“三统一”，即统一平面、统一规格、统一材质。2015 年，对和平休闲街、潺陵路、深柳大道 3 条示范街道店面招牌进行标准化改造，街景容貌焕然一新。切实加强户外广告设置日常管理。由县城管执法局广告管理股牵头，各城管大队具体负责户外广告日常巡查督导机制，凡未经审批、擅自设置的广告、店牌店招，一经发现，一律拆除。2011 年至 2015 年，县城管执法局共规范审批 395 个店牌店招，查处违规广告招牌 158 起，依法拆除店招店牌 128 个。强化城区“城市牛皮癣”科学治理力度。启用违法广告语音告知行政处罚系统，违法广告“牛皮癣”张贴情况得到缓解。系统试运行一年，即有效控制违法小广告联系电话 300 多个，主动到城管局接受处理小广告制作张贴者 45 人，清理小广告 3 万余张，县城区主次干道上“牛皮癣”症状得到有效控制。

坚持不懈创新市容管理方式，县城市容市貌不断改善。

2011 年至 2015 年，县城管执法局认真落实市容管理措施，延伸管理区域，对重点地段、重点地区实行有效管控，维护良好市容秩序。不断加大县城市容市貌的整治力度。对县城主次街道占道经营、超门店摆放、乱悬乱挂、乱停乱放等行为进行大力整治，使主次街道畅通有序，临时摊点入市经营。2011 年至 2015 年，县城管执法局累计取缔非法占道经营摊点 4200 多个（次），规范各类摊点 5640 多处（次）。加强城区“禁炮”禁噪管理。2012 年，县城管执法局在城区彻底取缔搭台唱戏、拱门汽球宣传，对沿街高音喇叭叫卖进行专项整治。2013 年起，在城区实施烟花爆竹“禁改限”。在“限放”（限制燃放烟花爆竹）期间，加大烟花爆竹销售、燃放巡查力度，有效制止违规燃放烟花爆竹 453 起。2014 年 12 月起，开展步行街广场噪音整治，取缔各类噪音扰民和危害行人的娱乐活动，降低广场跳舞的音响分贝，规定对外音响播放时间。加强人行道车辆停放秩序管理。2015 年 3 月起，县城管执法局在城区主要路段规划设置摩托车和自行车停放点 58 处，制作温馨提示牌 15 块，要求执法人员按照头朝外、一条线摆放的标准，每天对县城区主次街道 4000 多台车辆进行规范停放，基本做到整齐划一。开展城郊接合部、小街小巷市容环境专项整治。2015 年，县城管执法局组织拆除沿河路 63 个雨阳棚、罩乱接乱搭，为新建沿河路扫清障碍；拆除子龙车站违规搭建棚亭，规范车站临时摊担。

坚持不懈加强环卫保洁，不断提升卫生保洁水平。

按照“保洁全天候，清扫无缝隙，责任全覆盖”要求，县环卫处对清扫保洁实行市场化运作。全县 340 多名环卫工人，实行 20 小时轮班滚动作业，日均清扫路面 144.8 万平方米，确保城市和环卫设施干净整洁。推行渣土管理市场化。2014 年 6 月，县城管执法局通过县公共资源交易中心网上公开招标，确定顺强、恒达、荣华、永晟 4 家渣土密闭运输公司特许经营，每家公司 30 台密闭渣土车，当年 7 月 1 日全部上路运营。县城管执法局对渣土覆盖运输、超载控制、渣土撒漏控制制订考评细则，分别与 4 家公司签订责任状，每个公司交纳 10 万元责任保证金，规范各家公司渣土运输行为，有效遏制建筑渣土违规运营、渣土抛洒滴漏现象。推行环卫市场化。2014 年 10 月，环卫市场化运营通过公共资源交易中心公开、公平、公正招投标，县城区（含大鲸港）144万平方米面积分别由广州侨银和东莞家宝两家公司中标负责清扫清运，合同标的为900万，当年11月1日正式市场化运行。县城管执法局加强对两家保洁公司督导考核，严格实行24小时保洁到位，垃圾日产日清，确保城区街道干净卫生。推进垃圾分类工作试点。为建设“低碳、环保、宜居”安乡，2015年10月份，县城管执法局安排专项资金，在江南水乡小区推行垃圾分类收集工作试点。按照“环卫所负总责、居委会直接抓、物业单位协助抓”的原则，以优先推进垃圾源头减量为重点，县环卫所为江南水乡小区添置垃圾分类容器500个，向居民发放垃圾分类宣传册1000余份，发放垃圾袋25000个，上门跟踪指导居民户垃圾分类收集，该居民小区垃圾分类试点工作顺利完成，小区环境质量明显改善，小区居民参与垃圾分类热情超出预期。

安乡县城管执法局获得一系列表彰奖励：2008年,安乡县被命名为“全国卫生县城”；2009年，安乡县城管执法局被常德市人民政府办公室评为2008年度园林绿化工作先进单位;2015年，评为全市区县市城市管理工作检查评比第一名。

第七章 津市市

第一节 机构设置

2007 年 12 月，根据常德市编制办《关于组建津市市城市管理行政执法局的批复》和津市市编制委员会《关于印发<津市市城市管理行政执法局职能配置、内设机构和人员编制规定>的通知》文件精神，经津市市委、市人民政府研究决定，同意成立津市市城市管理行政执法局。津市市城管执法局于 2008 年 11 月正式挂牌成立，为津市市人民政府正科级独立行政执法部门，属市政府工作部门。市城管执法局内设办公室、政工人事股、法规监察股、计财股、城市市容市貌管理执法大队共 5 个二层机构；直属管理津市市澧水大桥管理处、津市市环境卫生管理处两个二级单位。

2016 年，根据津市市委、市人民政府《关于印发<津市市人民政府职能转变和机构改革方案实施意见>的通知》和《关于津市市人民政府机构设置的通知》，设立津市市城市管理和行政执法局（简称市城管执法局），为市人民政府工作部门。内设局办公室、考核办、计财股、审批办、市容执法大队 5 个二层机构，直属管理津市市澧水大桥管理所、津市市环境卫生管理处两个二级机构。市城管执法局核定人员编制 72 名（含机关行政编制 6 名），其中：局长 1 名，副局长 2 名，纪检组长 1 名；股级领导职数 5 名及其他工作人员编制 61 名，津市市澧水大桥管理所编制 10 名。

津市市城管执法局现任领导班子

姓 名	职 务	任现职时间	备注
龚 龙	党组书记、局长	2013.11	
雷凤彩	副局长	2010.01	
游运璇	副局长	2016.02	
李志昊	纪检组长	2016.02	

津市市城管执法局行政管理方面主要职能是，负责城市经营临时占用街道两侧和公共场所许可；负责城市生活垃圾经营性清扫、收集、运输、处理服务和城市建筑垃圾处置审批；负责城市生活垃圾处理费征收工作；负责关闭、闲置、拆除存放生活垃圾设施、场所审批；负责城市大型户外广告设置审批和管理。

行政处罚方面主要职能是，行使城市市容环境卫生管理方面法律、法规、规章规定的行政处罚权；行使环境保护管理方面法律、法规、规章规定对市城区流动噪音污染的行政处罚权；行使工商行政管理方面法律、法规、规章规定的对无照商贩，以及有照但不按执照规定场所经营而进行店外经营、店外作业的商贩的行政处罚权；行使对违规设置户外广告和户外乱贴乱画广告行为行政处罚权，行使对破损或残缺等影响市容广告行为的行政处罚权；行使城市公安交通管理方面法律、法规、规章规定的对人行道上车辆乱停乱放、当路摆摊设点、堆物作业等侵占城市道路行为的行政处罚权；行使公安管理方面法律、法规、规章规定的对城区违反烟花爆竹管理规定的行政处罚权。

第二节　主要特色工作

强化宣传引导，城管执法环境逐步优化。

2010 年至 2015 年，津市市城管执法局把宣传工作作为城市管理工作的基础和切入点，通过网站、报刊、电视等媒体平台及时反映城管动态，在电视台开设曝光台，每天对城市管理方面违规行为进行曝光；利用执法车辆深入街道、社区，对城市法律法规进行流动宣传；紧紧围绕国家宪法日等各种纪念日开展爱卫宣传活动；在重要地段设置大型公益广告；通过多方位宣传引导，城管执法环境不断得到优化。2011 年至 2015 年累计在政府网站、常德日报、常德晚报上稿 170 余篇，发送电视曝光图片 520 余幅，累计设置更换公益广告牌 320 余块；累计发放宣传资料 20000 份。

坚持重点突破，城区市容市貌根本改观。

整治市容市貌。积极开展集中整治行动。市城管执法局根据城市管理实际情况，每年组织力量有计划、有步骤、有重点地对擅自摆摊设点、占道经营、乱搭乱建、违规设置广告牌、流动摊贩等违法行为进行大规模集中整治。截至 2015 年，共查处、取缔违规占道行为 2300 余起，取缔、规范流动摊点 2180 余起，下达整改通知书 1300 余份；拆除万寿路、澧水大桥下报刊亭 5 处，拆除违章搭建物、构筑物、棚阁及其他临时占道设施等 365 处。大力开展路段包保。2014 年开始，津市市城管执法局组织全市市直和驻津单位全面参与路段包保工作。市城管执法局安排专人对责任路段进行全天候值守，对责任路段的出店经营、乱停乱靠、摆摊设点等行为进行集中治理，确保责任路段市容市貌规范有序。强力取缔马路市场。2015 年 8 月，针对农贸市场周边流动摊点集中，市容秩序混乱的状况，市城管执法局对君之林、绿荷池、三眼桥等六个马路市场组织取缔和规范。打造“市容严管街”。以“精细管理、打造亮点”为思路，市城管执法局将车胤大道建设银行到凤凰路路段确定为严管示范路段；对九澧大道临津桥到九澧广场路段全力打造全市样板街。深入推进“两禁（禁止违规燃放烟花爆竹、禁止违规抛撒冥纸）”。2014 年起，市城管执法局在全市大力开展“两禁”工作，不断加大巡查力度，严罚违禁者，城区燃放烟花爆竹、抛撒冥纸现象已基本杜绝。

规范户外广告。2010 年至 2015 年，市城管执法局按照市委、市政府“三改四化”总体要求，以“减量提质”为原则，对原有大型户外广告进行全面清理，取缔各类违章广告牌，其他临时广告做到“四个一律”：即城区内所有汽球、拱门、横幅一律取缔；人行道违规设置的广告牌、标识牌一律切割；原用于悬挂横幅标语的旗杆一律清除；影响城市观瞻的“牛皮癣”一律清理。同时，根据“尺寸统一、材质合格”原则，规范主次干道临街门店的店牌店招。此外，通过引入市场化运营机制、严罚乱贴乱画行为等措施，牛皮癣得到及时清理，违规行为者受到重罚，有效破解城市“牛皮癣”难题。截至 2015 年 12 月，累计拆除不合格广告牌（含标示牌、横幅、招牌）1100 余块。2012 年，市城市管理执法局与德源公司签订城区“牛皮癣”清理合同。合同期限为五年，德源公司负责对市城区“牛皮癣”进行清除，市城管执法局负责对清理工作进行监督考核。截至 2015 年 12 月，清理城市“牛皮癣”11 万多处。城区户外广告品位整体提升。2013 年共设置不锈钢龙骨结构店牌 195 块，投资 50 万元高标准设立 LED 电子广告屏 1 块。

强化渣土管理。2010 年至 2015 年，市城管执法局对渣土运输一直保持高压管理。加强源头管控。安排专人对码头、矿山、工地进行值守，对不按要求进行运输活动的车辆坚决要求返场。推行密闭运输。要求所有渣土车辆必须密闭运输，使用苫布密闭的，渣土装置量应低于车辆挡板上沿，并平厢装载，对私自改装的改装部分，一经发现当场进行切割。严罚违规行为。采取设卡守点和联合整治方式，对沿途撒落、带泥上路等污染城市道路运输车辆进行重罚。截至 2015 年 12 月，共查处渣土洒落行为 1200 余车次。

规范车辆停靠。为营造整洁有序的市容环境，市城管执法局安排专人对市城区主次干道进行全天候巡查，发现违规停靠机动车辆和非机动车辆，及时进行劝导或规整，对不听劝导或无司机在场的坚决予以抄牌。完成主干道人行道摩托车停车泊位线施划工作以及次干道施划工作。2010 年至 2015 年，累计抄牌 2700 余台次。

深化精细管理，环卫服务水平大幅提升。

清扫保洁、垃圾填埋实现市场化运营。2010 年至 2015 年，市城管执法局和市环卫处积极探索清扫保洁、垃圾处理新模式，厘清清扫保洁运营、监管关系，理顺垃圾填埋场管理、经营体系，区分运行、考核主体，引入市场机制，实现清扫保洁、垃圾填埋市场化运作，为社会公众提供更加优质的公共服务。加大环卫设施管护力度。对城区垃圾筒、果皮箱等设施定期进行清洗、维护，对公厕、垃圾中转站等公用设施坚持每日清扫、定期进行维修。以城市管理提质为契机，选择 5 座公厕、2 座垃圾中转站打造样板示范点，以点带面，推动环卫公用设施“精品化”管理，从细微处提升城市形象。

2011 年，津市市在全省率先启动有机垃圾无害化处理工程，建设高标准站房 6 处，30 台有机垃圾处理设备正式运行，无害化处理率 100%。2012 年，添置 2 台钩臂式垃圾转运车、1 台洒水车、148 个烤漆果皮箱、91 个钩臂垃圾桶、1100 个阻燃垃圾桶等环卫基础设施；2014年，对餐厨垃圾处理站房进行更新维修，年进料达806.4吨，投放菌种108包，收集肥料15.96吨。2012年至2015年，新建压缩式中转站、公厕11座，升级改造10座。2013年10月，东莞家宝公司正式承接城区347.04万平米的清扫保洁业务，标志环卫清扫保洁市场化正式运行。

积极探索创新，城管机制不断突破。

推行门前三包制度。2010年至2015年，市城管执法局与城区主次干道临街门店经营业主每年签订市容环境管理“门前三包”责任状，要求商家、店铺履行包环境卫生、包绿化美化、包市容秩序的承诺，大大提高城市管理的参与度。建立城管进社区机制。围绕“大城管”理念，市城管执法局积极探索城市管理重心下移课题，根据属地管理原则，厘清城管与街道社区的职能职责，将城市管理职能下放到社区，加强对街道社区城市管理业务指导，强化工作考核，提升日常管理效果。“城管进社区”不仅改变群众对城管的偏见，而且进一步整合城管资源，逐步形成齐抓共管的大城管格局。城管城乡一体化机制。为紧跟新农村、城乡一体化建设，截至2015年，市城管执法局与全市各乡镇签订城管执法授权委托书，将城市管理延伸到乡镇。定期对乡镇执法人员进行业务培训，提高乡镇执法人员业务水平，促使乡镇管理上一个新台阶。此外，不断加强农村乡镇环卫基础设施建设，在各乡镇建设垃圾中转站，村、组配备垃圾收集点和容器，形成村收集、镇运输、市处理的城乡环境卫生一体化处理模式。

着力队伍建设，城管执法形象显著提升。

强力整合队伍，优化机构设置。至2015年，市城管执法局科学合理地完成局内部机构设置和人员定岗，实行审批权、执法权、监督考核权“三权”分立。将执法一线人员调整充实到52人，改变执法一线力量不够集中的状况。通过机构精简队伍整合，全局上下团结奋进氛围更加浓厚，工作运转机制更加顺畅。强化教育培训，提高队伍素质。2010年至2015年，市城管执法局每年采取“请进来教、走出去学”方式对干部职工进行教育培训。同时，采取法规讲座、案件专题讨论等多种形式，对执法中疑点、难点问题进行梳理与解答，进一步提高执法队员综合素质和业务能力。

扎实推进重点，中心工作取得实效。

狠抓党风建设。2010年至2015年，市城管执法局每年制订全局干部职工政治学习方案，定期组织政治学习，积极开展党的群众路线教育实践活动回头看，严格落实整改问题。按照市委部署，全局按时完成“两学一做”一、二、三、四专题讨论学习以及“三会一课”学习任务。

全力为民办事。至2015年，市城管执法局真心诚意服务联点部门，每年按要求到创建联点社区、新农村建设联系点村及对口服务企业，为村（居）建设、企业发展献计献策，出钱出力。2013年，完成津市一中、德雅中学、福民菜市场等12个餐厨垃圾无害化处理站点建设，装置设备30台，餐厨垃圾无害化处理基本达到全城覆盖。对新洲镇复兴村、药山镇奇龙村 5 户困难户实行精准扶贫，筹集专门资金为邓某、朱某等特困户进行疾病治疗，并帮助逐步实施后续脱贫计划。

搞好澧水大桥维护。市澧水大桥自 1989 年 12 月通车以来，已运行二十余年。由于大桥运行时间较长，设计载荷偏低及车辆超载等现象，大桥受损情况较为严重。2014 年 9 月,市城管执法局聘请湖南省交通规划勘察设计院对澧水大桥进行外观检测和静动荷载试验。针对检测结果进行维修加固处理，对澧水大桥桥面、人行道、护栏、路灯进行大型维修，通行安全得到保障。

2010 年至 2015 年，津市市城管执法局获得一系列荣誉。2012 年，评为市人大代表建议政协委员提案办理工作先进单位；2012 年评为平安建设先进单位，2013 年评为市安全生产监督管理工作先进单位；2013 年，获“两城”创建工作一等奖、“控违拆违”先进单位、维护社会稳定工作先进单位表彰； 2012 年、2013 年连续获得森林防火成员先进单位奖励；2011 年至 2015 年，连续五年获得常德市城市管理先进单位表彰。

第八章　桃花源管理区

第一节　机构设置

2011 年 4 月，桃花源旅游管理区成立景区管理委员会，下设景区管理组，属正科级机构，负责桃花源景区建设管理和安全生产监督及城市市容市貌环境卫生管理工作。桃花源管理区景区管理组内设办公室、财务室、安全生产监督办公室、景区管理大队、市容环境卫生管理大队、市貌秩序管理大队 6 个二层机构。2015 年 10 月，桃花源旅游管理区在景区管理组基础上，成立景区和城镇管理局、综合执法大队两个正科级平级单位，对桃花源旅游管理区区域内城市建设实行综合管理。

桃花源管理区景区和城镇管理局主要职责职能：贯彻执行国家、省、市有关风景名胜区管理和城市管理的法律、法规、方针、政策，负责桃花源旅游管理区的控违拆违工作，承担城市市容环境卫生和农村环境卫生的监管责任，对城区渣土进行调配处理，负责城市创建工作指挥部办公室的日常工作。

桃花源管理区城管执法局现任领导班子

姓 名	职 务	任现职时间	备注
黄爱中	党组书记、局长	2016.01	
周建平	副局长	2016.01	
佘红英	副局长	2016.01	

桃花源管理区综合执法大队主要职能职责：贯彻执行国家、省、市有关市容环境等涉法方面的法律、法规、方针、政策，拟定市容市貌环境卫生和经营秩序等方面的地方规范性文件并组织实施，负责户外广告门店招牌设置，城区占道管理，负责行使市容市貌环境卫生管理行政处罚权，强制拆除不符合城市容貌标准、环境卫生标准的建筑物或者设施，负责城区的渣土管理，承办区工委和管委交办的其他事项。

桃花源管理区综合执法大队现任领导班子

姓 名	职 务	任现职时间	备注
李　钊	大队长	2016.01	
徐　沭	副大队长	2016.01	

第二节 主要特色工作

2011年至2015年，桃花源旅游管理区城市管理工作按照区工委打造全域旅游新区的工作部署，以创AAAAA级旅游区为标准，以打造世界旅游目的地为目标，加强城市基础设施建设，加大城市创建宣传力度，严格市容卫生管理，使市容市貌、环境卫生、经营秩序等城市管理工作步入规范化轨道。

加强市政基础设施建设。桃花源旅游管理区坚持以旅游立区，对基础设施建设特别是环卫基础设施要求十分严格。2011年至2015年，桃花源旅游管理区建成一批高标准垃圾中转站和垃圾收集点，购置垃圾清扫车一台，洒水车三台，垃圾清运车四台；并投资3000多万元建设旅游管理区垃圾处理场，生活垃圾实现日产日清，无害化处理率实现100%。同步加大城市管理基础设施投入，配置皮卡执法车3辆，电动执法车2辆；引资建成一座经营面积达5000平方米的高标准综合市场。

强化市容市貌规范管理。2011年至2015年，景区和城镇管理局、综合执法大队在城市管理方面协同努力，突出加强城区集镇整治，市容市貌水平大幅提升。管理区多次开展市容环境秩序集中整治行动，同时针对个别业主不理解、不配合情况，执法队员耐心做好解释说服工作，讲明利弊关系，指出其存在的违规问题，做到文明执法，劝导规范。通过执法队员逐门入户“地毯式”清理整治，市容环境得到明显改观，共整治出店经营500余处、纠正占道经营300余处，拆除乱搭乱建30余处，清除堆积场30余处，清理违规广告牌80余个。强化宣传和巡查。为推进市容市貌环境秩序的整治，防止占道和出店经营、乱堆乱放、乱设广告牌等现象反弹，管理区本着“市容环境整治，宣传教育先行”原则，不断加大宣传教育力度，及时录制宣传市容环境整治相关法律、法规，利用车载广播对城镇重点路段进行全覆盖、不间断流动宣传，使广大经营者充分了解相关法律、法规，杜绝违法行为。执法队员还上门发放《关于加强城区市容和环境卫生、户外广告设置秩序管理的通知》等宣传资料，告知集中整治有关事项，与业主及摊贩进行及时交流，做通思想工作，积极争取业主、摊主支持。对多次宣教规劝无果的违规业主下达《整改通知书》，帮助他们权衡利弊，自觉配合整治。2011年至2015年，管理区出动宣传车100余台次，发放宣传资料1800余份，面对面宣教3000余人次，使城镇业主和居民参与意识和城市管理工作的认知度大幅提升。同时加大日常巡查力度，健全管理长效机制，不断提升执法队伍水平，让桃花源管理区市容市貌呈现崭新面貌。强化市容环境卫生和垃圾处理，管理区市容环境卫生和生活垃圾处理均实行政府购买服务，由专业公司管理区域内市容环境卫生，管理区进行不定时巡查，实行月考核，考核结果与购买服务费挂勾，真正做到环卫作业社会化、规范化、常态化；生活垃圾实现日产日清，无害化处理率实现100%。

努力加强城管队伍建设。桃花源管理区始终把加强城市管理队伍建设作为工作的重中之重。2011年至2015年，管理区坚持狠抓制度建设，制定完善目标管理考核岗位责任制、队容风纪管理、作息制度、请销假制度等一系列管理规章制度，使全体干部、队员行为有规范、工作有标准、监督有措施。坚持狠抓作风建设，严格执行各级党委有关规定，深入开展作风建设活动，对违纪违规事例公开教育，作出严肃处理。坚持狠抓队伍培训，建立完善学习培训机制，定期开展政治理论学习和业务知识培训，并将培训学习情况纳入年终考核。坚持狠抓依法行政，制定完善行政审批程序、行政执法程序和行政执法文书，严格按程序和规定办事，行政审批与行政执法工作逐步规范，实行规范执法，文明执法。景区和城镇管理局、综合执法大队的干部、执法队员依法行政、勤政为民水平大幅提升。

第九章 西湖管理区

第一节 机构设置

1987年，原西湖农场成立城管大队，负责农场区域内市容秩序管理。1990年，成立西湖农场建设局城建站，下设城管大队、环卫所两个直属机构，主要负责贯彻执行国家和省市制订的市容环境卫生管理法律法规，处理违章建筑，管理临街占道。2000年9月，西湖农场改制为常德市西湖管理区。2003年，成立西湖管理区城镇管理办公室，隶属区国土规划建设局管理，下设区城管大队、区环卫所。区城管办主要职责是取缔无证摊贩，整顿市容卫生、拆除违章搭建、清除违章户外广告。2008年5月，成立集城管、市政、园林、环卫等职能于一身的西湖城管监察大队，副科级单位，隶属区城建局和市城管执法局双重领导，受市城管执法局委托执法。西湖城管监察大队主要职能是负责有关城管法规的实施，协调有关部门的执法，做好镇区内日常执法管理工作。西湖城管监察大队下设城管中队和环卫所。

2016年1月，西湖城管监察大队升级为西湖城管行政执法局，正科级独立单位，受常德市城管执法局委托执法。主要职能职责：

负责全区城市综合执法工作，拟订城市有关综合管理制度规定，经批准后组织实施。负责本区规划区内城市管理的执法监察工作（违章建筑物拆除），依法行使行政处罚权。负责全区市容市貌管理工作，拟定管理办法，并组织实施。负责全区城市环境卫生的行业管理，研究制订本区市容市貌标准、环境卫生质量标准，并组织监督检查和考评。负责城市户外广告及招牌的设置审批及监督管理。负责城市夜景照明等及市政设施的维护、管理；负责破占道路管理、审批，非机动车辆停占道路管理。负责城市园林绿化的规划、建设、维护、管理和监督。

西湖管理区城管执法局现任领导班子

姓 名	职 务	任现职时间	备注
彭先道	党组书记、局长	2016.01	
戴建宏	副局长	2003.09	
邓高辉	副局长	2008.05	

第二节　主要特色工作

环卫基础设施建设进展顺利。2010年至2015年，西湖城管执法局投资130万元资金，购置1台垃圾压缩车、1台垃圾压缩机、30个垃圾箱、235个果皮箱，全区环卫基础设施全面改善。2012年，常德市和管理区两级政府（管委会）明确指示，把西湖管理区城镇垃圾无害化处理列为重点民生工程抓紧实施。西湖管理区城镇垃圾中转站项目位于西湖管理区西州乡西汉路以南，2014年4月1日正式开工，是年8月27日正式投入使用。项目用地面积956.88平方米，建筑面积820平方米，项目总投资300余万元，资金来源为市财政拨款。建成垃圾中转站1栋，配套工作用房1栋，配套建设操作区、洗车台、绿地等配套设施；同步配置分离式垃圾压缩转运站设备1台、大型勾臂转运车2台，日处理垃圾量60吨，能够满足西湖管理区生活垃圾处理需求，西湖管理区生活垃圾实现无害化处理率100%目标。此举同时标志西湖管理区城乡环卫从清扫保洁到垃圾收集、压缩、转运处置科学一体化建设体系全面完成，全区城乡环卫工作实现一体化全覆盖。截至2015年年底，管理区保有轻型勾臂垃圾收集车3台、大型勾臂转运车2台、洒水车2台、大扫地王1台、小扫地王2台、吸污车1台；针对城区路改网改期间灰尘偏多的情况，增加街道洒水频率，每天洒水6次，最大限度减轻灰尘污染。全区清扫保洁机械化水平整体提升，全区市容管理水平整体提升。

园林绿化和公共设施管理有所加强。2015年西湖管理区绿化建设整体推进。是年年初，完成西湖大道和教育路东沿线及西黄路绿化项目；10月，联系市园林局设计部门对城市规划区西湖大道沿线主排渠、S205连接线人行道两侧、黄珠大堤南坡和东西湖湖畔进行景观建设设计；11月，完成街道树木防冻防虫工作；12月，完成劳动路冬季绿化项目。市政设施建设同步推进。针对“网改”“路改”对原有路灯管线和检查井损伤严重情况，区城管执法局组织护管人员日夜抢修，重新铺设管线近6000米，修复检查井170余口，迅速恢复道路路灯正常照明。初步完成城区残旧果皮箱撤除，一批新果皮箱安装到位。区城管执法局组织对城区公厕进行实地摸底调查，汇同规划部门和社区形成初步布点方案。已制定19座旱厕改造计划，拟在西湖镇城市规划区改造或新建公厕8至10座，全面建成水冲式城区公厕。

市容秩序和城市形象明显改观。2015年，区城管执法局颁行西湖管理区《违建防控管理办法》《关于禁止违法建设行为和拆除违法建筑通告》《违建防控责任追究办法》等规范性文件，管理区范围内违法建设得到有效管控。是年，区城管执法局牵头组织相关部门联合执法，对东湖路居民夏某一处违法建筑进行强制拆除；组织对城区原食品厂家属区彭某及甜叶菊厂家属区刘某、东湖居委会教育路张某、园艺村居民刘某、原建材厂内私营企业业主汪某等14处违法建筑进行制止和强制拆除。区城管执法局颁行西湖管理区《城区渣土管理办法》，严格实施渣土运输公司化经营模式，对渣土运输过程进行严格管理，督促各建筑工地文明施工、围挡作业，设置冲洗场地和设备，杜绝渣土撒落、车辆带泥，市容环境卫生得到保障。

2013 年，区城管执法局获得西湖管理区维护社会稳定工作先进单位表彰；2014 年获得“常德市五一劳动奖章”奖励。

第十章 西洞庭管理区

第一节 机构设置

1991年，西洞庭农场成立祝丰镇街道管理办公室，主要职责是维护市场摊点秩序，并聘请数名清运工人，将城镇垃圾集中倾倒在祝丰电排水沟中。1995年，街道办与公路段合并，在编人员增加到18人，其中5人负责城管执法。同时成立环卫所，负责祝丰镇环境卫生，聘请环卫工人13名。1996年，街道办从公路段分离，更名为西洞庭城镇管理办公室（简称城镇办），下设城管中队。2000年9月，西洞庭农场改制为常德市西洞庭管理区。2001年，祝丰镇成为常德市建制镇，撤销城管办，成立西洞庭城管监察大队，归口国土规划建设局管理，时有在编城管队员8人，聘用制环卫工人14人。城管监察大队基本职能是维护街道秩序、规范车辆停靠、负责区域内环境卫生、街道绿化管理，负责卫生费收取。2006年4月，西洞庭管理区成立城管规划建设局，直属管理城管大队和环卫处。2012年7月，西洞庭管理区成立城管行政执法局，为管理区独立工作机构，正科级，受常德市城管执法局委托执法。管理区城管行政执法局主要职能职责：

负责全区城市综合执法工作，拟订城市有关综合管理制度规定，经批准后组织实施。负责本区规划区内城市管理的执法监察工作（违章建筑物拆除），依法行使行政处罚权。负责全区市容市貌管理工作，拟定管理办法，并组织实施。负责全区城市环境卫生的行业管理，研究制订本区市容市貌标准、环境卫生质量标准，并组织监督检查和考评。负责城市户外广告及街道路牌、店牌和招牌的设置审批及监督管理，研究制订城市户外广告管理的有关规章制度，并组织实施。负责城市污水管理、夜景照明等及市政设施的维护、管理；负责破占道路管理、审批，非机动车辆停占道路管理。负责城市园林绿化的规划、建设、维护、管理和监督，参与城市风景园林单位的资质管理和园林绿化工程的招投标工作。

西洞庭湖管理区城管执法局现任领导班子

姓名	职务	任现职时间	备注
戴尚云	党组书记、局长	2016.01	
黄冬建	副局长	2012.07	
刘加良	副局长	2012.07	

第二节　主要特色工作

环卫基础设施建设进展顺利。2006 年，管理区成立城管规划建设局。当年投资 10 万元新添执法皮卡车 1 台，投资 15 万元购置洒水车 1 台。2012 年，西洞庭管理区城管行政执法局成立，环卫基础设施建设进入良性发展、顺利推进阶段。是年，常德市政府和西洞庭管委会明确指示，把西洞庭管理区城镇垃圾中转站建设列为民生工程重点，抓紧推进。2013 年 8 月 1 日，区城镇垃圾中转站顺利建成，正式投入使用。项目位于西洞庭管理区祝丰镇人民东路以南，东临嘉盛佳园小区。项目用地面积 715.58 平方米，总建筑面积 560 平方米，总投资 449 万元，资金来源为市财政拨款。项目建设有垃圾中转站 1 栋，工程为框架结构，共两层，建筑高度为 7.8 米，配备有操作区、洗车台、绿化等配套设施；同步购置分离式垃圾压缩转运站设备 2 台、可卸式垃圾收集车 4 台、封闭式垃圾箱 40 个，设计日处理垃圾量 60 吨。垃圾中转站建成后，管理区生活垃圾无害化处理率实现 100%。

餐厨垃圾无害化处理成效显著。2014 年 6 月，西洞庭管理区餐厨垃圾处理项目开工建设，历时 18 个月，建成垃圾中转站旁、一中处理站旁、完小处理站旁 3 座餐厨垃圾处理站，2015 年 11 月正式投入运行。同步建成汇美农业科技有限公司处理站 1 座，耗资 530 万元，配置餐厨垃圾处理设备 30 台，每处理 1 吨餐厨垃圾可以产出 0.1 吨有机肥，年产生物有机肥 120 吨。项目建成彻底改变原有餐厨垃圾处理方式，杜绝随意倾倒和私人收购现象，改变管理区餐厨垃圾流向，根治“潲水油”危害。同时大大减少餐厨垃圾产生二次污染，保护生态环境。

上述项目建成也标志管理区城乡环卫从清扫保洁到垃圾收集、压缩、转运处置科学一体化建设体系全面完成，全区城乡环卫一体化工作已经实现全覆盖。

市容环境卫生水平大幅跃升。推进城区清扫保洁市场化。2007 年，按照事企分离、管干分离的原则，管理区决定对城镇区域内清扫保洁作业引入竞争机制，实行市场化运作管理，对城镇区域内 18.9 万平方米道路清扫权实行买断，对外实行公开拍卖。是年，西洞庭众心保洁公司中标，清扫保洁市场化机制于 2008 年 6 月正式投入运行。截至 2015 年年底，管理区保有轻型勾臂垃圾收集车 4 台、重型液压清运车 2 台、洒水车 2 台、扫路王 1 台、清污车 1 台，道路清扫保洁市场化与机械化水平整体提升，市容环境卫生质量同步整体提升。

积极推进夜市摊点整治。2015 年 8 月，区城管执法局牵头成立夜市整治联合执法队，对城管规划区内露天烧烤和夜市摊点进行规范整治，成功取缔人民路（含迎风路）违章饮食夜市，清退违规占道 1000 余米。活动历时 4 个月，共取缔烧烤、大排档占道经营 32 户，暂扣各类器具 40 余件。与集中整治同步，区城管执法局同时做好疏导工作，引导 20 余户经营户进入时代广场美食城合法规范经营。人民路（含迎风路）夜市疏堵结合，成功取缔，经营户合法经营需求和市民饮食休闲需求得到保障，市民反映强烈的大排档扰民现象得到治理。

2013 年，区城管执法局党支部获得西洞庭管理区“先进党支部”称号；2015 年，区城管执法局被评为西洞庭管理区“优秀行政事业单位”。

附　录

附 录

目 录

一、常德市城市市容和环境卫生管理暂行办法

1997年3月13日 常德市政府7号令

第一章 总 则

第一条 根据国务院《城市市容和环境卫生管理条例》和《湖南省实施〈城市市容和环境卫生管理条例〉办法》的规定，结合我市实际，制定本办法。

第二条 本办法适用于本市武陵区、鼎城区武陵镇和德山开发区的城市建成区（以下简称城区）。

第三条 市城市管理委员会办公室是本市行政区域内的城市市容环境卫生行政管理部门，负责城区的城市市容和环境卫生管理工作。

市规划、城建、园林、交通、公安、工商、卫生等部门，按照各自的职责，配合市城市管理委员会办公室搞好城市市容和环境卫生管理工作。

第四条 新闻宣传、教育、文化等部门，应加强城市市容和环境卫生管理的宣传教育工作，增强市民市容和环境卫生意识，提高公共道德水平。

任何单位和个人都有维护和改善城市市容和环境卫生的义务。

第五条 对在维护、改善和管理城市市容和环境卫生工作中做出显著成绩的单位和个人，由市、区人民政府或有关部门给予表彰、奖励。

第二章　城市市容管理

第六条　各类建筑物和设施，均应保持外形完好、整洁、美观、协调。新建、扩建、改建的建筑物造型、装饰，应符合国家规定的容貌标准，与环境相协调。临街建筑应定期粉刷、油饰和清洗；残破的要及时修整或拆除。

第七条　临街建筑物的阳台、窗外、门外，不准吊挂、堆放有碍市容观瞻的物品，主要街道两侧的封闭式围墙，要逐步改造成透景栏栅。

第八条　任何单位和个人不得在电杆、树木、护栏、雕塑等公用设施和临待建筑物上张贴、涂写、刻画。广告、宣传品必须设置或者张贴在指定位置，不得擅自设置或者散发。

第九条　经批准设置的张贴栏、广告栏、宣传栏、标语牌、招牌、标志牌、橱窗、横幅、条幅等，应当符合观瞻要求，并做到内容健康，文字规范，用语准确。设置固定户外广告，须征得城市市容环境卫生行政主管部门的同意后，按照有关规定办法审批手续。

第十条　新建、扩建、改建商贸、娱乐场所、宾馆、招待所和居民小区等项目，应设置相应的停车场所。有条件的街道应设置停车泊位。

第十一条　道路、供水、排水、供气、供热、环卫、交通、照明、人防、电力、电信、消防、消防、勘测、防洪等公用设施，应符合国家规定的容貌标准，保持完好、整洁、美观、协调。出现破损、残缺、塌陷，由管理单位在规定的期限内修复、更换。

第十二条　街道的树木、绿篱、花坛、草坪应当经常修剪、维护，保持整洁、美观。任何单位和个人不得随意挖砍树木、损坏花草；不得在树旁高温作业；不准在树上牵绳挂物；不准毁绿经商；不准在绿化带和花坛内乱扔杂物，倾倒垃圾；不准损坏园林绿化设施。

第十三条　主次干道（含人行道）、公共场所、公用通道和学校门前，严禁摆摊设点、出店经营、搭建棚亭和进行各类游艺活动。

确需占有道路举办庆典、促销、展览以及在市政府规定的临时摊担区内从事经营活动的，须经城市市容环境卫生行政主管部门批准，并办理临时占道许可证。挖掘城市道路，或因施工确需占用城市道路，须报经城建部门和交警部门批准。

第十四条　各类交通运输车辆，应保持外形整洁、美观，必须按规定路线和时间行驶，严禁乱停乱放；严禁客运中巴、大客车在非指定地点停靠拉客；严禁货运车辆在非指定地点停靠接洽业务。禁止各类车辆的司乘人员和乘客向车外抛弃、倾扫废弃物；货运车辆运输液体或散装物品，应密封包扎、覆盖严实，避免抛、撒、滴、漏；严禁拖拉机白天进城（晚8点至次日上午7时以前可在规定路线行驶）；严禁板车在非指定地点停靠；严禁畜力车在禁行区内行驶。

第十五条　各类施工现场的材料、机具应堆放整齐；施工场地应围挡作业，围挡必须符合国家要求；施工车辆应按照指定的路线和时间行驶；渣土、泥污应及时清运；停工场地应及时整理；竣工工程的场地应及时清理，通沟平地，修复被损市公用设施。施工泥浆水必须经沉淀后排入下水道。

第三章 城市环境卫生管理

第十六条 城市环境卫生设施，应当统一规划，合理布局，符合国家规定的城市环境卫生设施设置标准，并与主体工程同时设计、同时施工、同时交付使用，所需经费应当纳入建设工程概算。

第十七条 市容环境卫生行政主管部门应当根据城市市容卫生管理需要和城市总体规划，负责组织或支持有关单位建设、改造公共厕所、垃圾中转站，设置小街小巷和城乡接合部的环境卫生设施。房产开发单位在开发新区和改造旧城时，应按规划建设、改造公厕、垃圾中转站等环境设施。

环境卫生设施应当经常保持清洁，按照谁建设谁管理的原则，由产权单位进行维修、改造、管理和保洁。经批准建设的环境卫生设施，任何单位和个人不得破坏或者擅自拆除。

第十八条 主次干道、广场和公共水域的环境卫生，由城市市容环境卫生专业单位负责清扫保洁；小街小巷、居民住宅区、城乡接合部的环境卫生由街道办事处、居民委员会组织专人清扫保洁；集贸市场（含临时摊担区）由工商行政管理部门负责组织专人清扫保洁；飞机场、火车站、汽车站、港口、码头、停车场、文化娱乐场、商场和体育场（馆）等场所由经营管理单位负责清扫保洁；公园、绿化带、花坛、草坪由园林绿化部门或产权单位负责清扫保洁；各类开发区、风景名胜区由其管理机构负责清扫保拮；机关、学校、部队、团体、企事业单位的环境卫生各自负责清扫保洁。

凡委托环境卫生专业单位清扫、收集、运输和处理废弃物的，应当按规定交纳服务费。

第十九条 公民应当爱护公共环境卫生。禁止乱倒垃圾、粪便；禁止乱排污水；禁止随地便溺、吐痰；禁止乱扔果皮、纸屑、烟头等杂物；禁止燃放烟花爆竹和抛撒冥纸。

第二十条 临街单位和住户，必须严格执行“门前三包”（包卫生、包秩序、包绿化）、“门内达标”责任制度和卫生责任区制度。

第二十一条 不准饲养家禽家畜。豢养小型观赏犬或因工作需要豢养特种犬只的，须经公安部门批准。

第二十二条 工厂、屠宰场、医院、教学、科研等单位产生的有害、有毒废弃物，必须按照有关规定进行无害化处理，严禁任意排放、倾倒。禁止擅自设置屠宰点。

第四章 罚 则

第二十三条 随地吐痰、便溺、乱扔果皮、纸屑和烟头等废弃物的，除令其清除外，并处罚款5—10元。

第二十四条 有下列行为之一者，除责令改正外，可并处5元以上100元以下罚款：

1.在建筑物、设施以及树木上涂写、刻画或者未经批准张挂、张贴宣传品等和在城区散发广告、宣传品、抛撒冥纸的；

2.在临街建筑物的阳台和窗外堆放、吊挂有碍市容的物品的；

3.不按规定的时间、地点、方式倾倒垃圾、粪便或乱排（泼）污水的；

4.不履行卫生责任区清扫保洁义务的；

5.运输液体、散装货物不作密封、包扎、覆盖、造成泄漏、遗撒的；

6.临街工地不设置护栏或者不作遮挡，停工场地不及时整理并作必要覆盖或者竣工后不及时清理和平整场地，建筑材料堆放在护栏围挡外影响市容和环境卫生的；

7.乱停乱放交通运输工具影响市容的。

第二十五条 饲养家禽家畜影响市容和环境卫生的，由城市市容环境卫生行政主管部门责令限期处理或者予以没收，并处50元以上200元以下罚款。违法饲养犬只的，由公安部门按有关规定处置。

第二十六条 损坏各类环境卫生设施及其附属设施的，除责令恢复原状外，可并处50元以上1000元以下罚款；不能恢复原状的，按照被损坏设施的实际造价赔偿。盗窃、损坏各类环境卫生设施及其附属设施的，由公安部门按照《治安管理处罚条例》的规定处罚；构成犯罪的，依法追究刑事责任。

第二十七条 有下列行为之一者，除责令其停止违法行为，限期清理、拆除或者采取其他补救措施外，可并处100元以上1000元以下罚款：

1.未经市容环境卫生行政主管部门批准，擅自设置固定户外广告影响市容的；

2.未经批准，擅自拆除环境卫生设施或者不按批准的拆迁方案拆迁的；

3.未经市容环境卫生行政主管部门批准，擅自在街道两侧和公共场地堆放物料，搭建建筑物、构筑物或者其他设施，影响市容和环境卫生的。

第二十八条 有下列行为之一者，除责令其改正外，并处100元以上3000元以下罚款：

1.擅自在城区道路（含人行道）摆摊设点、出店经营的；

2.向车外抛弃、倾扫废弃物，影响市容和环境卫生的；

3.施工场地的施工车辆不按指定的路线、时间行驶的，不按指定地点倾倒渣土或者渣土、砂石等沿途撒落影响市容和环境卫生的；

4.施工场地的泥浆水未经沉淀排入下水道的；

5.擅自设置屠宰点影响市容和环境卫生的。

第二十九条 凡不符合城市容貌标准、环境卫生标准的建筑物或者设施，由市容环境卫生行政主管部门会同城市规划行政主管部门，责令有关单位和个人限期改造或者拆除；逾期未改造或者未拆除的，经市人民政府批准，由市容环境卫生行政主管部门或城市规划行政主管部门组织强制拆除，可并处1000元以上10000元以下罚款。

第三十条 侮辱、殴打市容和环卫工作人员或阻挠其执行公务的，依照《中华人民共和国治安管理处罚条例》的规定处罚；构成犯罪的，依法追究刑事责任。

第三十一条 当事人对行政处罚决定不服的，可以自接到处罚通知之日起十五日内，向做出处罚决定机关的上一级机关申请复议；对复议决定不服的，可以自接到复议决定书之日起十五日内向人民法院起诉。当事人也可以自接到处罚通知之日起十五日内直接向人民法院起诉；期满不申请复议，也不向人民法院起诉，又不履行行政处罚决定的，由做出处罚决定的机关申请人民法院强制执行。

第三十二条 城市市容环境卫生行政主管部门工作人员玩忽职守、滥用职权、徇私舞弊的，由其所在单位或者上级主管机关给予行政处分；构成犯罪的，依法追究刑事责任。

第三十三条 本办法由市城市管理委员会办公室组织督导实施。

第三十四条 本办法自发布之日起施行。

二、在常德市开展相对集中行政处罚权试点工作的复函

2002年6月5日 国务院法制办公室（国法函〔2002〕172号）

湖南省人民政府：

《湖南省人民政府关于在常德市开展相对集中行政处罚权试点工作的函》（湘政函〔2002〕1号）收悉。根据国务院领导批准的开展相对集中行政处罚权试点工作方案的原则和《国务院办公厅关于继续做好相对集中行政处罚权试点工作的通知》（国办发〔2000〕63号）的有关规定，现函复如下：

一、湖南省人民政府可以在常德市开展相对集中行政处罚权试点工作。

二、集中行使行政处罚权的行政机关可以行使下列具体职权：

（一）行使市容环境卫生管理方面法律、法规、规章规定的行政处罚权，强制拆除不符合城市容貌标准、环境卫生标准的建筑物或者设施；

（二）行使城市规划管理方面法律、法规、规章规定的行政处罚权；

（三）行使城市绿化管理方面法律、法规、规章规定的行政处罚权；

（四）行使市政管理方面法律、法规、规章规定的行政处罚权；

（五）行使环境保护管理方面法律、法规、规章规定的对社会生活噪声污染、建筑施工噪声污染的行政处罚权，对饮食服务业油烟污染的行政处罚权，对向大气排放粉尘、恶臭气体或者其他含有有毒物质气体的行政处罚权，对在人口集中地区焚烧产生有毒有害烟尘和恶臭气体的物质的行政处罚权，对未采取密闭措施或者其他防护措施运输、装卸、贮存能够散发有毒有害气体或者粉尘的物质的行政处罚权，对向城区河道、水面倾倒工业废渣、城市垃圾和其他废弃物的行政处罚权；

（六）行使工商行政管理方面法律、法规、规章规定的对无照商贩的行政处罚权；

（七）行使公安交通管理方面法律、法规、规章规定的对侵占道路行为的行政处罚权；

（八）履行省、市人民政府规定的其他职责。

三、行政处罚权相对集中后，有关部门不得再行使已经统一由一个行政机关行使的行政处罚权；仍然行使的，做出的行政处罚决定一律无效。对集中行使行政处罚权的行政机关依法履行职责的活动，有关部门应当予以支持、配合。

四、集中行使行政处罚权的行政机关所需经费列入本机关的预算，由政府财政全额拨款，不得以收费、罚没收入作为经费来源；罚款、没收违法所得或者没收非法财物拍卖的款项，必须按照规定全额上缴国库。

五、集中行使行政处罚权的行政机关要严格依照行政处罚法和有关法律、法规规定的程序，实施行政处罚。对常德市人民政府设立的集中行使行政处罚权的行政机关做出的行政处罚决定不服提出的行政复议申请，由常德市人民政府依法受理。

六、常德市人民政府要建立健全行政执法责任制和评议考核制等行政执法监督制度。集中行使行政处罚权的行政机关，要加强对本机关执法人员的思想政治教育、职业道德教育和遵纪守法教育，加强领导、严格管理，不断提高执法人员的政治素质和业务素质，严格执法、文明执法。

请你们接到本复函后，按照《国务院办公厅关于继续做好相对集中行政处罚权试点工作的通知》和本复函的要求认真组织实施试点工作。试点工作中有关重要情况和问题，请及时报告国务院法制办公室。

三、常德市城市管理相对集中行政处罚权实施办法

2006年7月31日 常德市政府第10号令

第一章 总 则

第一条 为推进城市管理相对集中行政处罚权工作，提高城市管理行政执法效能，根据《中华人民共和国行政处罚法》《国务院关于进一步推进相对集中行政处罚权工作的决定》（国发〔2002〕17号）《湖南省人民政府关于进一步推进相对集中行政处罚权工作的通知》（湘政发〔2003〕8号）精神，制订本办法。

第二条 本办法适用于本市规划建成区（不含鼎城区武陵镇）内城市管理相对集中行政处罚权实施工作。

第三条 相对集中后的行政处罚由市城市管理行政执法局组织实施。城市规划、市政建设、城市园林绿化、环境保护、工商和公安交通等有关行政管理部门，应当配合城市管理行政执法局做好城市管理行政处罚工作。

第二章 职 责

第四条 城市管理行政执法局集中行使下列城市管理行政处罚权：

（一）市容环境卫生管理方面法律、法规、规章规定的行政处罚权，强制拆除不符合城市容貌标准、环境卫生标准的建筑物、构筑物或者设施；

（二）城市绿化管理方面法律、法规、规章规定的行政处罚权；

（三）市政管理方面法律、法规、规章规定的对挖掘、占用、损害城市道路行为的行政处罚权；

（四）城市规划管理方面法律、法规、规章规定的对未取得“规划工程许可证”建设项目的行政处罚权；

（五）环境保护管理方面法律、法规、规章规定的对社会生活噪声污染、建筑施工噪声污染的行政处罚权，对在人口集中地区焚烧产生有毒有害烟尘和恶臭气体物质的行政处罚权，对未采取密闭措施运输、装卸、贮存能够散发有毒有害气体或者粉尘物质的行政处罚权，对向城区河道、水面倾倒工业废渣、城市垃圾和其他废弃物的行政处罚权；

（六）工商行政管理方面法律、法规、规章规定的对无照商贩的行政处罚权；

（七）公安交通管理方面法律、法规、规章规定的对侵占城市道路行为的行政处罚权；

（八）城市公共客运管理方面法律、法规、规章规定的行政处罚权；

（九）省、市人民政府规定的其他职责。

第五条　本办法第四条规定的行政处罚权相对集中后，有关部门不得再行使已由城市管理行政执法局行使的行政处罚权；继续行使的，做出的行政处罚决定无效。

第六条　城市管理行政处罚权相对集中行使后，本办法第四条所列事项的行政许可与管理等仍由法律、法规、规章规定的部门负责。

第七条　城市管理行政执法局与有关部门履行职责发生分歧时，由市人民政府法制机构协调、处理。

第八条　城市管理行政执法局执行公务时，可以采取下列措施：

（一）依照法律、法规、规章的规定进行检查、调查；

（二）依法查阅、调阅或者复制被检查单位与检查事项有关的资料；

（三）依法取得有关证据；

（四）依法对违法行为所涉及的工具、物品实施证据登记保存；

（五）法律、法规、规章规定的其他措施。

第三章　工作配合

第九条　城市管理行政执法局和有关部门应当密切配合，相互监督，建立协调、有序的工作制度。

第十条　城市管理行政执法局查处的违法案件，对违法行为需要进行技术鉴定的，应当通知有关部门。有关部门自收到通知之后起应在法律规定的时限内进行技术鉴定，并书面告知城市管理行政执法局。

第十一条　有关部门依法行使城市管理行政审批的事项，应当将行政许可文件在法律规定的时限内抄送城市管理行政执法局。

第十二条　城市管理行政执法局查处违法案件时，对法律、法规、规章规定行政处罚后可以补办审批手续的，应当及时通知有关部门。

第十三条　公安部门要积极协助城市管理行政执法局的行政执法工作，及时查处暴力抗法、妨碍执行公务等违法行为。

第十四条 城市管理行政执法局对违法案件做出重大行政处罚决定前，应当征求有关部门意见。有关部门对城市管理行政执法局做出的不当行政处罚决定，应当及时反馈意见。

第四章 执法程序

第十五条 城市管理行政执法人员执行公务时，应当出示有效的行政执法证件。

第十六条 城市管理行政执法局在做出行政处罚决定之前， 应当告知当事人做出行政处罚决定的事实、理由、依据及当事人依法享有的权利。

第十七条 对城市管理行政执法人员不出示执法证件或者不依法说明事实、理由和依据的，当事人有权拒绝处罚。

第十八条 城市管理行政执法人员应当听取当事人的陈述和申辩。对当事人提出的事实、理由和依据，应当进行复核。当事人提出的事实、理由或者证据成立的，应当采纳，不得因当事人申辩而加重处罚。

第十九条 城市管理行政执法人员对公民处以50元以下、对法人或者其他组织处以1000元以下罚款的，应当当场填写统一制作、加盖城市管理行政执法局公章的处罚决定书，做出行政处罚。

依法给予20元以下罚款或者不当场收缴罚款事后难以执行的，执法人员可以当场收缴罚款，并按规定出具有效票据，及时上缴国库。

执法人员做出的行政处罚决定，必须报市城管行政执法局备案。

第二十条 除本办法第十九条规定可以当场做出的行政处罚外，实施的其他行政处罚，应当全面、客观、公正地调查、取证。调查、取证终结，由城市管理行政执法局法制工作机构对调查结果进行审查，确应给予行政处罚的，经负责人批准后做出行政处罚决定。城市管理行政执法局应建立重大行政处罚案件集体会审制度，对情节复杂或者重大违法行为应当给予较重的行政处罚的，应当集体讨论决定。

第二十一条 城市管理行政执法局在实施法定听证范围内的行政处罚决定之前，应当告知当事人有要求听证的权利；当事人要求听证的，应当依法组织听证。

第二十二条 城市管理行政执法局依法实施强制措施时，必须遵守下列规定：

（一）依法实施先行证据登记保存时，应当制作清单，写明财物的名称、种类、规格、数量和完好程度等，由承办人和当事人签名或者盖章。清单由执行单位和当事人各执一份。证据登记保存不得超过法定期限；

（二）违法建筑物、构筑物和设施需要依法强制拆除的，应当向当事人发出限期拆除通知书；逾期不拆除的，依法予以强制拆除。

第五章 执法监督

第二十三条 当事人对市城市管理行政执法局做出的行政处罚决定不服，可以依法向市人民政府申请行政复议，也可以直接向人民法院提起行政诉讼。

第二十四条 城市管理行政执法局及其执法人员的执法活动，应当自觉接受监察部门、相关行政执法部门和社会的监督。

任何单位和个人有权对执法活动中的违法行为进行投诉或者检举，有关部门应当依据职责权限及时处理。

第二十五条 城市管理行政执法局实行行政执法责任制，建立内部监察机制，对执法人员的违法违纪行为进行严肃查处。

第六章 法律责任

第二十六条 有下列情况之一的，对城市管理行政执法局直接负责的主管人员和其他直接责任人员依法给予行政处分：

（一）行政处罚没有法定依据的；

（二）擅自改变行政处罚种类、幅度的；

（三）违反规定的行政处罚程序的；

（四）截留、私分或者变相私分罚款、没收的违法所得或者非法财物的；

有前款第（四）项情形的，由财政部门或者有关部门予以追缴，构成犯罪的，依法追究刑事责任。

第二十七条 有下列情形之一的，对城市管理行政执法人员依法给予行政处分；构成犯罪的，依法追究刑事责任：

（一）索取或者收受他人财物的；

（二）收缴罚款据为己有的；

（三）玩忽职守，对应当予以制止或处罚的违法行为不制止、不处罚，致使公民、法人或者其他组织的合法权益、公共利益和社会秩序遭受损害的。

第七章 附 则

第二十八条 本办法自2006年8月1日起施行。

四、关于进一步理顺城市管理体制的意见

2009年7月 常德市委、市政府（常发〔2009〕9号）

为了不断提高城市管理水平，完善城市服务功能，加快我市城市化进程，现就进一步理顺城市管理体制提出如下意见。

一、理顺城市管理体制的总体要求

（一）指导思想

深入贯彻落实科学发展观，针对常德实际，注重创新制度、完善机制，进一步理顺城市管理体制，深化相对集中行政处罚权工作，明确市、区（武陵区、鼎城区、德山开发区、柳叶湖旅游度假区，下同）城市管理职责与权限，逐步形成城市管理以区为主、市级宏观统筹的格局，不断增强城市的吸引力、辐射力和带动力，为建设富裕文明和谐常德创

造良好的城市环境。

（二）基本原则

1.实事求是、扬长避短原则。立足常德实际，客观分析我市城市管理体制现状，不照搬外地模式，不回避突出矛盾。继续坚持以往的好办法和好模式，突出解决焦点难点问题。

2.重心下移、费随事转原则。明确区级在城市管理中的责任主体地位，合理界定区级职责与任务，根据承担的事权赋予相应的财权，最大限度调动区级的积极性和主动性。

3.依法行政、管罚分离原则。坚持严格执法、文明执法，自觉接受社会和公众监督。深化相对集中行政处罚权工作。制订和落实行政执法责任制和过错追究制，提高执法效率和水平。

4.市场运作、管养分离原则。积极推进城市维护作业物业化、公司化、招投标化，降低成本，提高效率，形成“政府主导、企业经营、市场运作”新机制。

二、深化城市管理相对集中行政处罚权工作

（一）调整行政处罚权相对集中的范围。按照国法函〔2002〕172号、湘政办函〔2002〕88号文件规定，调整城市管理行政处罚权相对集中的范围。市城市管理行政执法局集中行使如下行政处罚职能：

1.行使市容环境卫生管理方面法律、法规、规章规定的行政处罚权，强制拆除不符合城市容貌标准、环境卫生标准的建筑物或者设施。

2.行使城市规划管理方面法律、法规、规章规定的行政处罚权。

3.行使城市绿化管理方面法律、法规、规章规定的行政处罚权。

4.行使市政管理方面法律、法规、规章规定的行政处罚权。

5.行使环境保护管理方面法律、法规、规章规定的涉及社会生活噪声污染、建筑施工噪声污染，饮食服务业油烟污染，向大气排放粉尘、恶臭气体或者其他含有有毒物质气体，在人口集中地区焚烧产生有毒有害烟尘和恶臭气体的物质，未采取密闭措施或者其他防护措施运输、装卸、贮存能够散发有毒有害气体或者粉尘的物质，向城区河道、水面倾倒工业废渣、城市垃圾和其他废弃物等方面的行政处罚权。

6.行使工商行政管理方面法律、法规、规章规定的对无照商贩的行政处罚权。

7.行使公安交通管理方面法律、法规、规章规定的对侵占道路行为的行政处罚权。

8.行使公共客运管理方面法律、法规、规章规定的行政处罚权。

9.履行省、市人民政府规定的其他职责。

（二）完善行政处罚三项制度

1.联席会议制度。建立由城管行政执法、规划、市政、园林、环卫、工商、环保、公安、国土等有关行政主管部门组成的联席会议制度，定期研究解决城市管理中的突出问题。

2.信息通报制度。城管行政执法机关和有关行政机关要建立健全行政许可和行政处罚的信息共享机制，互相通报有关行政管理信息。行政许可机关做出行政许可后，三天内，须将行政许可决定和相关资料告知城管行政执法机关。有关行政许可机关发现违法行为，应及时告知城管行政执法机关。城管行政执法机关发现违法行为，应及时告知有关行政许可机关。

3.执法联动制度。违法行为出现后，城管行政执法机关与规划、市政、园林、工商、环保、公安等部门应开展联合执法，有关行政执法机关应积极支持和配合城管行政执法机关相对集中行使行政处罚权，实行整体联动。

三、强化区级城市管理责任主体地位

按照“重心下移、费随事转”的原则，合理界定市、区之间的事权、财权、人事权。

（一）德山开发区：城市管理职能职责全部下放，实行新的城市管理体制和运行模式。

1.机构设置和人员编制

（1）以市城管行政执法局德山城管执法大队为基础，组建市城管行政执法局德山分局(以下简称“德山城管分局”)。德山城管分局实行双重管理体制，其主要负责人由市城管行政执法局征求德山开发区意见后任命；双方意见不统一时，由市委组织部负责协调解决。其他班子成员由德山开发区征求市城管行政执法局意见后确定，由有关部门按干部管理权限任命。德山城管分局按德山开发区工作机构对待，日常工作调度、党团关系管理、工作任务考核由德山开发区负责。

（2）市环卫处德山环卫所、德山公共绿化管理处、孤峰公园管理处均实行双重管理，日常工作调度、党团关系管理、工作任务考核由德山开发区负责。相关机构主要负责人由市环卫处和市园林局征求德山开发区意见后任命；双方意见不统一时，由市委组织部负责协调解决。其他班子成员由德山开发区征求市环卫处和市园林局意见后确定，由有关部门按干部管理权限任命。

（3）按照“老人老办法、新人新制度”的要求，德山城管执法大队、市环卫处德山环卫所、德山公共绿化管理处、孤峰公园管理处原有人员编制关系不变。今后，上述机构自然减员留出的编制，改由德山开发区管理。

（4）市政设施（管网除外）管理任务由德山开发区明确相关机构承担，不新成立机构、不新增人员编制。维护作业逐步实行市场化运作。

2.事权界定

（1）赋予环卫保洁的职责与职能。

（2）赋予市政设施（管网除外）维护管理的职责与职能。

（3）赋予主次干道、小街小巷、社区公共绿地的绿化维护职责与职能。

（4）赋予城区经营占道、公益活动占道管理的职责与职能。

（5）赋予廉租住房建设与管理的职责与职能。

（6）赋予征地拆迁（不含用地报批）的职责与职能。

（7）赋予违法建设控制和拆除的职责与职能。

(8) 赋予被征地农民公寓楼安置除规划外的职责与职能。

(9) 赋予农民集中定点建房管理的职责与职能。

(10) 赋予建设环境保障的职责与职能。

(11) 赋予环境治理与保护的职责与职能。

(12) 赋予打击非法小广告、犬只管理、限制性燃放烟花鞭炮的职责与职能。

(13) 赋予“除四害”和餐饮卫生、文化市场、娱乐休闲场所等“五小”门店管理职责与职能。

(14) 承办市委、市政府交办的其他事项。

3.财权界定

(1) 德山开发区承担市下放事权所需经费（包括德山城管分局、环卫所、公共绿化管理处、孤峰公园管理处人员经费、公用经费和专项经费），按2009年市级部门预算确定的标准计算，由市财政根据“以费养事”的原则，核定补助基数，切块下达，包干使用，具体事宜在财政体制改革中予以统筹考虑。

(2) 廉租房建设专项经费。根据年度建设计划和建设完成情况，拨付省下拨的建设补助资金。过渡期内，由市财政给予适当补助。

（二）柳叶湖旅游度假区：坚持能放尽放的原则，除主次干道、大型公共设施、重点公共场所或部位的市政维护、绿化养护等工作由市级负责外，其他城市管理职能职责全部下放。

1.机构设置和人员编制

(1) 以市城管行政执法局柳叶湖城管执法大队为基础，组建市城管行政执法局柳叶湖分局（以下简称“柳叶湖城管分局”)。柳叶湖城管分局实行双重管理体制，其主要负责人由市城管行政执法局征求柳叶湖旅游度假区意见后任命；双方意见不统一时，由市委组织部负责协调解决。其他班子成员由柳叶湖旅游度假区征求市城管行政执法局意见后确定，由有关部门按干部管理权限任命。柳叶湖城管分局按柳叶湖旅游度假区工作机构对待，日常工作调度、党团关系管理、工作任务考核由柳叶湖旅游度假区负责。

(2) 按照“老人老办法、新人新制度”的要求，柳叶湖城管执法大队原有人员编制关系不变。今后，自然减员留出的编制，改由柳叶湖旅游度假区管理。

3）市政设施（管网除外）、园林绿化、环卫保洁管理任务由柳叶湖旅游度假区明确相关机构承担，不新成立机构、不新增人员编制。维护作业逐步实行市场化运作。

2.事权界定

(1) 赋予环卫保洁的职责与职能。

(2) 赋予20米以下支路、小街小巷市政设施（管网除外）维护管理的职责与职能。

(3) 赋予支路、小街小巷、社区公共绿地的绿化维护职责与职能。

(4) 赋予经营占道、公益活动占道管理的职责与职能。

（5）赋予廉租住房建设与管理的职责与职能。

（6）赋予征地拆迁（不含用地报批）的职责与职能。

（7）赋予违法建设控制和拆除的职责与职能。

（8）赋予被征地农民公寓楼安置除规划、建设外的职责与职能。

（9）赋予农民集中定点建房管理的职责与职能。

（10）赋予建设环境保障的职责与职能。

（11）赋予环境治理与保护的职责与职能。

（12）赋予打击非法小广告、犬只管理、限制性燃放烟花鞭炮的职责与职能。

（13）赋予"除四害"和餐饮卫生、文化市场、娱乐休闲场所等"五小"门店管理职责与职能。

（14）承办市委、市政府交办的其他事项。

3.财权界定

（1）柳叶湖旅游度假区承担市下放事权所需经费（包括柳叶湖城管分局的人员经费、公用经费和专项经费），按2009年市级部门预算确定的标准计算，由市财政根据"以费养事"的原则，核定补助基数，切块下达，包干使用，具体事宜在财政体制改革中予以统筹考虑。

（2）廉租房建设专项经费。根据年度建设计划和建设完成情况，拨付省下拨的建设补助资金。过渡期内，由市财政给予适当补助。

（3）拆除违法建筑专项经费。原有拆违计划内的拆违专项经费，按常财办发〔2007〕68号文件执行。新增违法建筑拆违经费，由柳叶湖旅游度假区负责。

（三）武陵区：老城区以划定事权为主，除主次干道、大型公共设施、重点公共场所或部位的环境卫生、市政维护、绿化养护等工作由市级负责外，其余均由武陵区负责。对于新扩城区，其城市管理职责职能全部下放。

1.机构设置和人员编制

（1）调整市城管行政执法局城东、城西、步行城城管执法大队，组建市城管行政执法局武陵分局（以下简称"武陵城管分局"）。

（2）武陵城管分局实行双重管理体制，其主要负责人由市城管行政执法局征求武陵区意见后任命；双方意见不统一时，由市委组织部负责协调解决。其他班子成员由武陵区征求市城管行政执法局意见后确定，由有关部门按干部管理权限任命。

（3）武陵城管分局按武陵区工作机构对待，日常工作调度、党团关系管理、工作任务考核由武陵区负责。

（4）按照"老人老办法、新人新制度"的要求，城东、城西、步行城城管执法大队原有人员编制关系不变。今后，自然减员留出的编制，改由武陵区管理。

（5）郊区环卫所维持现行体制不变。

（6）市政设施（管网除外）、园林绿化管理任务由武陵区明确相关机构承担，不新成立机构、不新增人员编制。维护作业逐步实行市场化运作。

2.事权界定

老城区赋予如下事权：

（1）赋予20米以下支路、小街小巷环卫保洁的职责与职能。

（2）赋予支路、小街小巷市政设施（管网除外）维护管理的职责与职能。

（3）赋予支路、小街小巷、社区公共绿地的绿化维护职责与职能。

（4）赋予支路、小街小巷经营占道、公益活动占道管理的职责与职能。

（5）赋予廉租住房建设与管理的职责与职能。

（6）赋予征地拆迁（不含用地报批）的职责与职能。

（7）赋予违法建设控制和拆除的职责与职能。

（8）赋予被征地农民公寓楼安置除规划、建设外的职责与职能。

（9）赋予农民集中定点建房管理的职责与职能。

（10）赋予建设环境保障的职责与职能。

（11）赋予环境治理与保护的职责与职能。

（12）赋予打击非法小广告、犬只管理、限制性燃放烟花鞭炮等辖区内市容秩序管理的职责与职能。

（13）赋予“除四害”和餐饮卫生、文化市场、娱乐休闲场所等“五小”门店管理职责与职能。

（14）承办市委、市政府交办的其他事项。

新扩城区赋予的事权按照德山开发区模式（其中，赋予被征地农民公寓楼安置除规划和建设外的职责与职能）。

3.财权界定

（1）武陵区承担市下放事权所需经费（包括武陵城管分局的人员经费、公用经费、专项经费和市政设施维护、园林绿化、环卫保洁经费），按2009年市级部门预算确定标准计算，由市财政根据“以费养事”的原则，核定补助基数，切块下达，包干使用，一定四年。

（2）廉租房建设专项经费。根据年度建设计划和建设完成情况，拨付省下拨的建设补助资金。过渡期内，由市财政给予适当补助。

（3）拆除违法建筑专项经费。原有拆违计划内的拆违专项经费，按常财办发〔2007〕68号文件执行。新增违法建筑拆违经费，由武陵区负责。

（四）鼎城区：城乡规划职责职能由市级统一管理；市容、环卫、市政、园林部门职责职能均由鼎城区负责；撤销市江南公共绿化管理处，其人员由市风景园林绿化管理局另行安排。

四、加强城市管理行政执法保障

1.武陵区、德山开发区、柳叶湖旅游度假区分别成立区公安城管执法大队，由区公安、城管部门双重管理，以区公安部门为主，同时接受市城管行政执法局的业务指导。主要履行打击非法小广告、限制性燃放烟花鞭炮、犬只管理和执法环境保障等职责职能。

2.明确市、区城管行政执法机构的工作职责。市城管行政执法局主要负责城市管理行政执法工作的指导、协调、监督、考核和重大活动的指挥。武陵、德山、柳叶湖城管分局主要是将城市管理工作目标任务分解到区级职能部门和街道，落实责任，监督实施；协调区内各职能部门和街道的工作关系；对城市管理中的重点问题和重点区域进行集中整治；搞好辖区城市管理综合执法。

五、强化理顺城市管理体制工作的领导和协调

（一）加强组织领导。成立常德市理顺城市管理体制工作领导小组，由市委副书记、市人民政府市长陈文浩任组长，市委常委、市人民政府副市长宋冬春任副组长，市人民政府副秘书长甘志敏、张国政，市直相关部门和武陵区、鼎城区、德山开发区、柳叶湖旅游度假区主要负责人为成员，领导小组下设办公室。各区、各部门也要成立相应的工作机构，具体负责各项工作的推进实施。

（二）加强配合协调。各级各相关部门要依法履职，主动靠前，加强配合，有效衔接，形成工作合力。市城管行政执法、建设、规划、环保、卫生、文化、新闻出版、园林、市政、环卫和编制、财政等相关部门，要就城管体制改革中具体的事权、财权及人事权调整和划分问题，研究制订出具体的细化方案，尽快组织实施。要加强社区建设，将城市管理职责与任务落实到街道、社区和每一个居民家庭，构建“市级统筹管理、区级主抓主责、部门各负其责、市民积极参与”的城市管理长效机制。

（三）加强信息共享。以现有的数字化城管技术平台为支撑，整合各相关部门的信息管理资源，构筑市区共享、上下联动、左右沟通、全面覆盖的城市管理网络体系，实现数字化、网络化、扁平化管理，切实提高城市管理的效率和水平。

（四）加强考核奖惩。要建立完善的城市管理工作目标责任制，把城市管理工作纳入对各区和市直部门目标管理考核的重点内容，与领导干部的政绩考核挂钩。完善城市管理层级考核制度，对各区实行绩效挂钩奖惩制和效能监察问责制，确保城市管理各项工作的落实。

五、常德市城市管理行政处罚自由裁量权实施基准

2013 年 6 月 9 日 常德市城管执法局（常城管〔2013〕15 号）

第一章 总 则

第一条 为了规范行政执法行为，保障城市管理行政处罚自由裁量权的正确行使，保护公民、法人或者其他组织的合法权益，根据《中华人民共和国行政处罚法》、《湖南省

行政程序规定》以及《湖南省规范行政裁量权办法》的规定，结合城市管理行政执法工作实际，制订本基准。

第二条 局属各分局、大队实施行政处罚适用本基准。各县市区城管执法机构实施行政处罚，可参照本基准执行。

第三条 实施行政处罚必须以事实为依据，坚持处罚与教育相结合的原则。在充分考虑违法行为的事实、性质、情节以及社会危害程度的基础上，结合所适用法律的立法目的，做出客观、公平、公正的处罚。

第四条 对违法行为实施行政处罚前，应当责令当事人改正违法行为。

第二章 市容环境卫生管理

第五条 有下列行为之一，初次违反的，责令纠正违法行为，采取补救措施，记录在案，免予处罚；第二次违反的，处20元罚款；违反三次或者三次以上的处50元以上100元以下罚款：

（一）随地吐痰、便溺、乱扔果皮纸屑和烟头等废弃物的；

（二）在城市建筑物、设施以及树木上涂写、刻画或者未经批准张挂、张贴宣传品等的；

（三）在城市人民政府规定的街道的临街建筑物的阳台和窗外，堆放、吊挂有碍市容的物品的；

（四）不按规定的时间、地点、方式倾倒垃圾、粪便的；

（五）不履行卫生责任区清扫保洁义务或者不按规定清运、处理垃圾和粪便的；

（六）运输液体、散装货物不作密封、包扎、覆盖，造成泄露、遗撒的；

（七）临街工地不设置护栏或者不作遮挡，停工场地不及时整理并作必要覆盖或者竣工后不及时清理和平整场地，影响市容和环境卫生的。

第六条 未经批准擅自饲养家畜家禽影响市容和环境卫生，饲养2只以下的，责令限期处理，免予处罚；饲养2只以上5只以下予以没收，并处50元以上100元以下罚款；饲养5只以上予以没收，并处100元以上200元以下罚款。

第七条 未经批准擅自设置户外广告影响市容，广告设施与标识任一边长4米以下或者面积10平方米以下，主动改正的，责令停止违法行为,限期清理、拆除或采取补救措施，免予处罚；广告设施与标识任一边长4米以上10米以下或者面积10平方米以上50平方米以下，责令后改正的，处100元以上500元以下罚款；广告设施与标识任一边长10米以上或者面积50平方米以上的，处500元以上1000元以下罚款。

第八条 未经批准擅自在街道两侧和公共场所堆放物料，搭建建筑物、构筑物或者其他设施，影响市容，占地面积3 平方米以下，主动改正的，免予处罚；占地面积3 平方米以下，责令后改正的，处100元罚款；占地面积3平方米以上5平方米以下，责令后改正的，处300元罚款；占地面积5 平方米以上或拒不改正的，处500元以上1000元以下罚款。

第九条 未经批准擅自拆除环境卫生设施或者未按批准的拆迁方案进行拆迁的，责令停止违法行为,限期清理、拆除或采取补救措施，在规定期限内改正的，免于处罚。

未经批准拆除的，处 500 元以上 1000 元以下罚款；未按批准的拆迁方案拆迁的，处 100 元以上 500 元以下罚款。

第十条 凡不符合城市容貌标准，环境卫生标准的建筑物或者设施，在主干道上的，责令限期改造或者拆除；逾期未拆除或改造的，组织强制拆除，并处 5000 元以上 1 万元以下罚款；次干道上的，责令限期改造或者拆除；逾期未拆除或改造的，组织强制拆除，并处 1000 元以上 5000 元以下罚款。

第十一条 损坏各类环境卫生设施及其附属设施，能够恢复原状的，责令其恢复原状或采取补救措施，免予处罚；不能恢复原状的，处 500 元以上 1000 元以下罚款，并责令赔偿。

第十二条 在城市次干道有下列（一）至（六）项行为之一的，责令恢复原状或采取补救措施，处 50 元以下罚款；在城市主干道、广场、车站或者人群密集区域有下列（一）至（六）项行为之一的，责令恢复原状或采取补救措施，处 50 元以上 100 元以下罚款；有第（七）项行为，经劝说教育后再次违反的，责令恢复原状或采取补救措施，处 100 元以上 500 元以下罚款；严重影响城市市容环境卫生，影响城市道路通行的，处 500 元以上 3000 元以下罚款；有下列（八）至（十一）项行为之一，首次违反的，责令恢复原状或采取补救措施，处 200 元以上 500 元以下罚款，违反两次以上或者严重影响城市市容环境卫生的，责令恢复原状或采取补救措施，处 500 元以上 3000 元以下罚款：

（一）擅自在电线杆上张贴、涂写、刻画和张挂物品的；

（二）擅自在市区散发广告、宣传品，影响市容和环境卫生的；

（三）建筑材料等堆放在护栏围挡外的；

（四）在市区乱倒垃圾、粪便、污水或者沿途燃放鞭炮、抛撒冥纸的；

（五）在街道、广场等公共场所焚烧树叶、枯草的；

（六）乱停、乱放交通运输工具，影响城市市容的；

（七）擅自摆设摊点，影响市容和环境卫生的；

（八）向车外抛弃、倾倒废弃物，影响市容和环境卫生的；

（九）施工场地的施工车辆不按指定的路线、时间行驶，不按指定地点倾倒渣土、沙石，或渣土、沙石等沿途撒落，影响市容和环境卫生的；

（十）施工场地的泥浆水未沉淀排入下水道的；

（十一）在市城区内擅自设置屠宰点，影响市容和环境卫生的。

第十三条 单位有下列第（一）（二）项行为之一，未造成影响的，责令限期改正，处 1000 元以上 2000 元以下罚款；造成影响的，责令改正，处 3000 元罚款；个人有下列第（一）（二）项行为之一，未造成影响的，责令限期改正，处 100 元罚款；造成影响的，处200元罚款；单位有第（三）项行为，未造成影响的，责令限期改正，处5000元罚款；造成影响的，处1万元罚款；个人有第（三）项行为，未造成影响的，责令限期改正，处1000元以上2000元以下罚款；造成影响的，处3000元罚款：

（一）将建筑垃圾混入生活垃圾的；

（二）将危险废物混入建筑垃圾的；

（三）擅自设立弃置场受纳建筑垃圾的。

第十四条 建筑垃圾储运消纳场受纳生活垃圾的，责令限期改正，处5000元罚款。

建筑垃圾储运消纳场受纳工业垃圾的，责令限期改正，处5000元以上8000元以下罚款。

建筑垃圾储运消纳场受纳有毒有害垃圾的，责令限期改正，处8000元以上1万元以下罚款。

第十五条 施工单位未及时清运工程施工过程中产生的建筑垃圾，污染面积10平方米以下的，立即清除的，免于处罚；未在规定期限内清除或者清除不符合要求的，处5000元罚款；污染面积10平方米以上100平方米以下，责令限期改正，处1万元以上2万元以下罚款；污染面积100平方米以上或拒不改正的，处2万元以上5万元以下罚款。

施工单位将建筑垃圾交给个人或者未经核准从事建筑垃圾运输的单位处置，在规定期限内改正的，处1万元罚款；拒不改正的，处2万元以上10万元以下罚款。

第十六条 处置建筑垃圾的单位在运输建筑垃圾过程中沿途丢弃、遗撒建筑垃圾，污染面积10平方米以下，立即清除的，免于处罚；未在规定期限内清除或者清除不符合要求的，处5000元罚款；污染面积10平方米以上100平方米以下的，责令限期清除，处1万元以上3万元以下罚款；污染面积100平方米以上或拒不清除的，责令限期清除，处3万元以上5万元以下罚款。

第十七条 涂改、出租、出借城市建筑垃圾处置核准文件，责令后改正的，处5000元罚款。

倒卖、非法转让城市建筑垃圾处置核准文件的，责令后改正的，处1万元罚款。

涂改、出租、出借、倒卖、非法转让城市建筑垃圾处置核准文件，拒不改正的，处2万元罚款。

第十八条 有下列行为之一，处置建筑垃圾10立方米以下，责令后改正的，给予施工单位1万元以上2万元以下罚款，给予建设单位、运输单位5000元罚款；10立方米以上50立方米以下，责令限期改正，给予施工单位2万元以上5万元以下罚款，给予建设单位、运输单位1万元以上2万元以下罚款；50立方米以上或拒不改正的，责令限期改正，给予施工单位7万元以上10万元以下罚款，给予建设单位、运输单位2万元以上3万元以下罚款：

（一）未经核准擅自处置建筑垃圾的；

（二）处置超出核准范围的建筑垃圾的。

第十九条 随意倾倒、抛撒或者堆放建筑垃圾1立方米以下，责令后清除的，免于处罚；不清除的，对单位处5000元罚款，对个人处100元罚款；1立方米以上5立方米以下，责令改正，对单位处2万元罚款，对个人处150元罚款；5立方米以上或拒不改正的，对单位处5万元罚款，对个人处200元罚款。

第二十条 单位和个人未按规定缴纳城市生活垃圾处理费，在规定期限内补缴的，免于处罚；未在规定期限内补缴，且未造成影响的，对单位处应交城市生活垃圾处理费两倍以下且不超过1万元的罚款，对个人处应交城市生活垃圾处理费两倍以下且不超过500元的罚款；造成影响的，对单位处应交城市生活垃圾处理费两倍以上三倍以下且不超过3万元的罚款，对个人处应交城市生活垃圾处理费两倍以上三倍以下不超过1000元的罚款。

第二十一条 违反《城市生活垃圾管理办法》第十条规定，未按照城市生活垃圾治理规划和环境卫生设施标准配套建设城市生活垃圾收集设施的，责令限期改正，未造成影响的，处5000元以下罚款；造成影响的，处5000元以上1万元以下的罚款。

第二十二条 违反《城市生活垃圾管理办法》第十二条规定，城市生活垃圾处置设施未经验收或者验收不合格投入使用，主动改正，且未造成损害后果的，免予处罚；主动改正违法行为，但造成轻微损害后果的，处工程合同价款2%的罚款；造成较大损害后果的，处工程合同价款3%的罚款；造成严重损害后果或者拒不改正的，处工程合同价款4%的罚款。造成损失的，依法承担赔偿责任。

第二十三条 违反《城市生活垃圾管理办法》第十三条规定，未经批准擅自关闭、闲置或者拆除城市生活垃圾处置设施、场所，主动改正，且未造成损害后果或者不良影响的，免予处罚；造成轻微危害后果或者不良影响的，责令停止违法行为，限期改正，处1万元以上2万元以下罚款；造成较重危害后果或者较重不良影响的，责令停止违法行为，限期改正，处2万元以上5万元以下罚款；造成严重危害后果或者严重不良影响的，责令停止违法行为，限期改正，处5万元以上10万元以下罚款。

第二十四条 违反《城市生活垃圾管理办法》第十六条规定，随意倾倒、抛洒、堆放城市生活垃圾，主动改正，且未造成不良影响的，免予处罚；造成轻微不良影响的，责令停止违法行为，限期改正，对单位处5000元以上1万元以下的罚款；个人有以上行为的，处100元罚款；造成严重不良影响的，责令停止违法行为，限期改正，对单位处1万元以上5万元以下罚款；个人有以上行为的，处200元罚款。

第二十五条 违反《城市生活垃圾管理办法》第十七条、第二十五条规定，未经批准从事城市生活垃圾经营性清扫、收集、运输的，责令停止违法行为，处2万元罚款；未经批准从事城市生活垃圾经营性处置的，责令停止违法行为，处3万元罚款。

第二十六条 违反《城市生活垃圾管理办法》规定，从事城市生活垃圾经营性清扫、收集、运输的企业在运输过程中沿途丢弃、遗撒生活垃圾，及时清除，且未造成危害后果的，免于处罚；影响环境卫生，造成危害后果的，责令停止违法行为，限期改正，处以

5000元以上2万元以下的罚款；影响环境卫生，造成严重危害后果的，责令停止违法行为，限期改正，处以2万元以上5万元以下的罚款。

第二十七条 从事生活垃圾经营性清扫、收集、运输的企业不履行《城市生活垃圾管理办法》第二十条规定义务，主动改正违法行为，未造成不良影响的，批评教育，免于处罚；造成不良影响的，责令限期改正，处5000元以上1万元以下罚款；造成严重不良影响的，责令限期改正，处1万元以上3万元以下罚款。

城市生活垃圾经营性处置企业不履行《城市生活垃圾管理办法》第二十八条规定义务，主动改正违法行为，未造成不良影响的，批评教育，免于处罚；造成不良影响的，责令限期改正，处3万元以上5万元以下罚款；造成严重不良影响的，责令限期改正，处5万元以上10万元以下罚款。造成损失的，依法承担赔偿责任。

第二十八条 违反《城市生活垃圾管理办法》规定，从事城市生活垃圾经营性清扫、收集、运输的企业，未经批准擅自停业、歇业，及时改正，未造成危害后果的，批评教育，免于处罚；造成危害后果的，责令限期改正，处1万元以上2万元以下罚款；造成严重危害后果的，责令限期改正，处2万元以上3万元以下罚款。

从事城市生活垃圾经营性处置的企业，未经批准擅自停业、歇业，及时改正，未造成危害后果的，批评教育，免于处罚；造成危害后果的，责令限期改正，处5万元以上7万元以下罚款；造成严重危害后果的，责令限期改正，处7万元以上10万元以下罚款。造成损失的，依法承担赔偿责任。

第三章　城市规划管理

第二十九条 城乡规划编制单位超越资质等级承揽城乡规划编制工作，已订立合同并开展编制工作的；或者违反国家有关标准编制城乡规划，对城乡规划实施造成一定影响的，责令停业整顿。

城乡规划编制单位超越资质等级承揽城乡规划编制工作，已完成编制工作且情节较为严重的；或者违反国家有关标准编制城乡规划，致使城乡规划难以实施的，降低资质等级。

城乡规划编制单位超越资质等级承揽城乡规划编制工作，已完成编制工作且情节非常严重的；违反国家有关标准编制城乡规划，致使城乡规划无法实施或实施后造成严重社会影响的；以欺骗手段取得资质证书承揽城乡规划编制工作的，吊销资质证书。

第三十条 甲、乙级城市规划编制单位跨省、自治区、直辖市取得城市规划编制任务，未办理备案手续的，给予警告，责令补办手续，并处1万元罚款。

甲、乙级城市规划编制单位跨省、自治区、直辖市取得城市规划编制任务，经指出仍不改正，再次未办理备案手续的，给予警告，责令补办手续，并处1万元以上2万元以下的罚款。

甲、乙级城市规划编制单位跨省、自治区、直辖市取得城市规划编制任务，经指出拒不改正，有三次以上未办理备案手续的，给予警告，责令补办手续，并处2万元以上3万元以下罚款。

第三十一条 涂改、转让、出卖、出租、出借“资质证书”，未获利且未造成严重后果的，责令限期整改，处以1万元罚款；发证部门公告“资质证书”作废，收回“资质证书”。

涂改、转让、出卖、出租、出借“资质证书”，获利但未造成严重后果的；转包除城市总体规划以外规划编制任务的，责令限期整改，处1万元以上2万元以下罚款；发证部门公告“资质证书”作废，收回“资质证书”。

涂改、转让、出卖、出租、出借“资质证书”，获利且造成严重后果的；转包城市总体规划编制任务的；弄虚作假骗取“资质证书”的；伪造资质证书的，责令限期整改，处2万元以上3万元以下罚款；发证部门公告“资质证书”作废，收回“资质证书”。

第三十二条 未取得建设工程规划许可证或者未按照建设工程规划许可证的规定进行建设，尚可采取改正措施消除对规划实施影响的，按以下规定处理：

（一）以书面形式责令停止建设；不停止建设的，依法查封施工现场；

（二）以书面形式责令限期改正；对尚未取得建设工程规划许可证即开工建设的，同时责令其及时取得建设工程规划许可证；

（三）对按期改正违法建设部分的，处建设工程造价5%的罚款；对逾期不改正的，依法采取强制拆除等措施，并处建设工程造价10%的罚款。

违法行为轻微并及时自行纠正，没有造成危害后果的，不予行政处罚。

第三十三条 未取得建设工程规划许可证或者未按照建设工程规划许可证的规定进行建设，无法采取改正措施消除对规划实施影响的，按以下规定处理：

（一）以书面形式责令停止建设；不停止建设的，依法查封施工现场；

（二）对存在违反城乡规划事实的建筑物、构筑物单体，依法下发限期拆除决定书；

（三）对按期拆除的，不予罚款；对逾期不拆除的，依法强制拆除，并处建设工程造价10%的罚款；

（四）对不能拆除的，没收实物或者违法收入，可并处建设工程造价10%以下的罚款。

第三十四条 未按照临时建设规划审批手续的规定进行临时建设，可以给予罚款处罚的，按照下列规定予以处罚：

（一）建筑面积超过规划审批面积20%以下的，处临时建设工程造价30%罚款；

（二）建筑面积超过规划审批面积20%以上50%以下的，处临时建设工程造价0.5倍罚款；

（三）建筑面积超过规划审批面积50%以上的，处临时建设工程造价1倍罚款。

第三十五条 临时建筑物、构筑物超过批准期限不拆除，经催告后仍未在规定期限内拆除的，依法强制拆除，并处工程造价1倍的罚款。

第四章 城市园林绿化管理

第三十六条 损坏城市树木花草，情节轻微并主动改正违法行为的，责令停止侵害，免予处罚；造成损失的，负责赔偿；未造成树木花草死亡的，责令赔偿损失，处300元罚款；造成树木花草死亡的，责令赔偿损失，处800元罚款。

第三十七条 擅自修剪城市树木1株，未造成树木伤害的，责令停止侵害，免予处罚；造成损失的，负责赔偿；修剪2株以上5株以下未造成树木伤害的，处1000元罚款；砍伐城市树木1株以上5株以下，责令赔偿损失，并处2000元罚款；砍伐城市树木5株以上或修剪树木造成树木较大伤害或者死亡的，责令赔偿损失，并处3000元罚款。

第三十八条 砍伐古树名木的，责令停止侵害，处3万元罚款。造成损失的，依法承担赔偿责任。

擅自迁移古树名木的，责令停止侵害，造成损失的，负责赔偿，并处1万元罚款。

养护不善致使古树名木受到损伤的，处1万元罚款。

养护不善致使古树名木死亡的，处2万元罚款。

第三十九条 损坏城市绿化设施，情节轻微并主动改正违法行为，未造成损害后果的，责令停止侵害，免予处罚。

损坏城市绿化设施，主动改正但已造成损害后果的，责令停止侵害，赔偿损失，并处1000元罚款。

损坏城市绿化设施，造成设施严重损坏的，责令停止侵害，赔偿损失，并处3000元罚款。

第四十条 未经同意擅自占用城市绿化用地，占用面积5平方米以下，责令后改正且未造成损失的，免予处罚。造成损失的，依法承担赔偿责任。

占用面积5平方米以上10平方米以下，责令后改正的，处500元每平方米罚款。造成损失的，依法承担赔偿责任。

占用面积10 平方米以上或拒不改正的，处1000元每平方米罚款，最高不超过3万元。造成损失的，依法承担赔偿责任。

第四十一条 未经同意擅自在城市公共绿地内开设商业、服务摊点，经批评指正后改正违法行为且未造成损害的，责令限期迁出或者拆除，不予处罚。

经批评指正后改正违法行为但已造成损害，或者两次以上违反的，处每日每平方米5元最高不超过3万元罚款。

第四十二条 城市公共绿地内商业、服务摊点不服从公共绿化管理单位管理，经批评指正后改正违法行为，且未造成损害的，免予处罚。

经批评指正后改正违法行为但已造成损害，或者两次以上违反的，责令限期迁出或者拆除，处500元以上1500元以下罚款。

第四十三条 在城市绿地范围内拦河截溪坝长度10米以下，取土采石50立方米以下，排放污水10立方米以下的，责令改正，处1万元罚款。

在城市绿地范围内拦河截溪坝长度10米以上20米以下，取土采石50立方米以上

100 立方米以下，排放污水 10 立方米以上 20 立方米以下的，责令改正，处 1 万元以上至 2 万元以下罚款。

在城市绿地范围内拦河截溪坝长度 20 米以上，取土采石 100 立方米及以上，排放污水 20 立方米以上的，责令改正，处 2 万元以上至 3 万元以下罚款。

在城市绿地范围内，设置垃圾堆场的，责令改正，处 1 万元罚款；堆放垃圾造成绿地损毁的，责令改正违法行为，清除垃圾，赔偿损失，并处 3 万元罚款。

第五章　市政公用管理

第四十四条　未取得设计、施工资格承担城市道路的设计、施工任务的，责令停止设计、施工、限期改正，处 2 万元以上 3 万元以下罚款。

未按照资质等级承担城市道路的设计、施工任务的，责令停止设计、施工，限期改正，吊销设计施工资格证书，处 1 万元以上 2 万元以下罚款。

第四十五条　未按照城市道路设计、施工技术规范设计、施工的，责令停止设计、施工，限期改正，未造成损害后果的，处 1 万元以上 2 万元以下罚款；造成损害后果的，吊销设计施工资格证书，并处 2 万元罚款。

第四十六条　未按照城市道路设计图纸施工的，责令停止设计、施工，限期改正，未造成损害后果的，处 5000 元罚款；造成损害后果的，吊销设计施工资格证书，并处 2 万元罚款；擅自修改图纸的，责令停止设计、施工，限期改正，未造成损害后果的，吊销设计施工资格证书，处 3000 元罚款，造成损害后果的，吊销设计施工资格证书，处 1 万元罚款。

第四十七条　未对设在城市道路上的各种管线的检查井、箱盖或者城市道路附属设施的缺损及时补缺或者修复，在规定期限内改正的，每处罚款 100 元，最高不超过 2 万元。造成损失的，依法承担赔偿责任。

在规定期限内未改正或者改正不符合要求的，每处罚款 200 元，最高不超过 2 万元。造成损失的，依法承担赔偿责任。

第四十八条　未在城市道路施工现场设置明显标志和安全防围设施，在规定期限内改正的，处 1000 元以上 2000 元以下罚款。

在规定期限内未改正或者改正不符合要求的，处 2000 元以上 5000 元以下罚款。

第四十九条　擅自占用城市道路，面积在 4 平方米以下，未对城市道路造成损坏，且能主动改正违法行为的，免予处罚；造成城市道路损坏的，责令恢复原状，处 500 元以上 1000 元以下罚款。

擅自挖掘城市道路，面积 1 平方米以下，对城市道路造成轻微损坏，且能积极改正，主动修复，恢复原状的，责令改正，处 2000 元罚款。

擅自挖掘城市道路 1 平方米以上 4 平方米以下，且对城市道路造成损坏的，责令改正违法行为，恢复原状，处 3000 元以上 1 万元以下罚款。

擅自占用、挖掘城市道路 4 平方米以上，且对城市道路造成损坏，严重影响行人、车辆通行或在 10 小时内不能恢复道路原状的，责令改正违法行为，恢复原状，处 1 万元以上 2 万元以下罚款。

第五十条 擅自使用未经验收或者验收不合格的城市道路，未造成道路损坏，能积极采取补救措施，主动改正违法行为的，批评教育，免予处罚。

对道路造成轻微损害，且能通过采取补救措施予以修复的，责令停止使用，恢复原状，并处工程造价 0.5%的罚款。

对道路造成严重损害，在规定期限内未改正或者改正不符合要求的，责令立即停止使用，恢复原状，并处工程造价 1.5%罚款。

对道路造成特别严重破坏，无法修复，或者拒不改正违法行为继续使用的，责令改正违法行为，赔偿损失，并处工程造价 2%罚款。

第五十一条 履带车、铁轮车或者超重、超高、超长车辆擅自在城市道路上行驶，没有对城市道路造成损坏，且能主动改正违法行为的，批评教育，免予处罚。

对城市道路造成轻微损坏，且能主动改正违法行为的，处 1000 元罚款。

对城市道路造成损坏，能恢复原状的，责令恢复道路原状，并处 8000 元以上 1.5 万元以下罚款。

对城市道路造成严重损坏，影响道路功能的发挥及行人、车辆通行的，责令恢复道路原状，并处 1.5 万以上 2 万元以下元罚款。

第五十二条 擅自在城市道路上建设建筑物、构筑物，建筑物、构筑物面积 5 平方米以下，没有对城市道路造成损坏，且能及时拆除整改的，批评教育，免予处罚。

建筑物、构筑物占道面积 5 平方米以上 10 平方米以下，对城市道路造成损坏，能及时拆除整改的，责令改正，恢复道路原状，并处 1000 元以上 4000 元以下罚款。

建筑物、构筑物面积在 10 平方米以上 30 平方米以下，对城市道路造成严重损坏，使城市道路功能受到严重影响的，责令改正违法行为，恢复原状，处 5000 元以上 1.5 万元以下罚款。

建筑物、构筑物面积 30 平方米以上，且对城市道路造成严重损坏，使城市道路不能正常发挥通行功能，不能恢复原状的，责令赔偿损失，并处 1.5 万元以上 2 万元以下罚款。

第五十三条 占用城市道路期满或者挖掘城市道路后，不及时清理现场，占用或者挖掘面积 2 平方米以下，施工地点在次干道上，没有对行人及车辆通行构成障碍，且在规定期限内清理，积极整改的，批评教育，免予处罚。

占用或者挖掘面积 2 平方米以上，施工地点在次干道上，对行人及车辆的通行构成一定障碍，在规定期限内清理整改的，责令改正违法行为，处 1000 元以上 3000 元以下罚款。

占用或者挖掘面积 5 平方米以上，施工地点在城市主干道或人口集中区域，阻碍行人、车辆通行，污染城市环境的，责令改正违法行为，处 4000 元以上 1.2 万元以下罚款。

占用或者挖掘面积 10 平方米以上，施工地点在城市主干道上，严重阻碍行人、车辆通行，严重污染城市环境，且未能在 24 小时内进行清理整改的，责令改正违法行为，处 1.2 万元以上 2 万元以下罚款。

第五十四条 紧急抢修埋设在城市道路下的管线，不按规定补办手续，挖掘面积 1 平方米以下，施工时间在 3 个小时以下，施工后能及时清理现场，恢复原状的，批评教育，免予处罚。

挖掘面积 1 平方米以上 5 平方米以下，施工时间 12 小时以下，施工后能及时清理现场，恢复道路原状的，处 500 元以上 1500 元以下罚款。

挖掘面积 5 平方米以上 10 平方米以下，施工时间 12 个小时以下，施工后不能及时清理现场，恢复原状的，处 2000 元以上 1 万元以下罚款。

挖掘面积 10 平方米以上，施工时间 12 个小时以上，施工后没有及时清理施工现场恢复原状，污染城市环境或者阻碍行人、车辆通行的，处 1 万元以上 2 万元以下罚款。

第五十五条 依附于城市道路建设各种管线、杆线等设施，不按照规定办理批准手续，未对道路造成损坏，且在规定期限内补办的，批评教育，免予处罚。

在规定期限内不补办手续，或者对城市道路造成损坏的，责令改正违法行为，恢复原状，并处 2000 元以上 5000 元以下罚款。

对城市道路造成严重损坏，影响行人、车辆通行的，责令改正违法行为，恢复原状，并处 2000 元以上 5000 元以下罚款。

第五十六条 未按照批准的位置、面积、期限占用城市道路，在规定期限内改正的，免于处罚。造成损失的，依法承担赔偿责任。

在规定期限内未改正或者改正不符合要求，超过批准面积占用城市道路，造成道路损坏或者影响行人、车辆通行的，责令限期改正，恢复原状，处超出面积每平方米 500 元最高不超过 2 万元罚款；不按批准位置占用城市道路的，造成道路损坏或者影响行人、车辆通行的，责令改正违法行为，恢复原状，并处 2000 元以上 1 万元以下罚款；超过批准期限占用城市道路的，造成道路损坏或者影响行人、车辆通行的，责令改正违法行为，每超期一日处 500 元以上 1000 以下最高不超过 2 万元罚款。不足一日按一日处罚。

第五十七条 未按照批准的位置、面积、期限挖掘城市道路，在规定期限内改正的，处 500 元以上 2000 元以下罚款。造成损失的，依法承担赔偿责任。

在规定期限内未改正或者改正不符合要求，超过批准面积挖掘城市道路的，对城市道路造成损坏或者影响行人、车辆通行的，责令限期改正违法行为，恢复原状，处超出面积每平方米 500 元罚款，最高不超过 2 万元；不按批准位置挖掘城市道路的，对城市道路造成损坏或者影响行人、车辆通行的，责令限期改正违法行为，恢复原状，并处 2000 元以上 1 万元以下罚款；超过批准期限挖掘城市道路的，对城市道路造成损坏或者影响行人、车辆通行的，责令限期改正违法行为，恢复原状，每超期一日给予 500 元以上 1000 元以下罚款，最高不超过2万元，不足一日按一日处罚。

第五十八条 占用或者挖掘城市道路虽经批准，但在批准的基础上移动位置、扩大面积、延长时间，未提前办理变更审批手续，在规定期限补办的，免予处罚；未在规定期限内补办手续，或者仍未按补办手续的要求占用或者挖掘的，处5000元以上1万元以下罚款。

第五十九条 未经审批同意，擅自进行涉及市政公用设施施工，没有对市政公用设施造成损坏，且能及时整改的，批评教育，免予处罚。

对市政公用设施造成轻微损坏，能积极赔偿，且主动补办相关审批手续，非经营性的，对单位处200元罚款，对个人处50元罚款；经营性的，对单位处1000元罚款，对个人处100元罚款。

对市政公用设施造成严重损坏，且未在规定期限内改正违法行为，或者没有在规定期限内补办相关审批手续，责令改正违法行为，赔偿损失，非经营性的，对单位处500元罚款，对个人处100元罚款；经营性的，对单位处5000以上8000元以下罚款，对个人处200元罚款。

对市政公用设施造成特别严重破坏，且未在规定期限内改正违法行为，或者没有在规定期限内补办相关审批手续，责令改正违法行为，赔偿损失，非经营性的，对单位处800元以上1000元以下罚款，对个人处200元罚款；经营性的，对单位处8000元以上1万元以下罚款，对个人处500元罚款。

第六十条 侵占、拆毁、损坏市政公用设施,对市政公用设施的功能影响不大，在规定期限内改正违法行为恢复原状，主动赔偿损失的,批评教育，免予处罚。

对市政公用设施造成损坏，未影响市政公用设施的正常使用，未在规定期限内改正违法行为的，责令恢复原状，赔偿损失，非经营性的，对单位处200元罚款，对个人处50元罚款；经营性的，对单位处1000元罚款，对个人处100元罚款。

对市政设施造成严重损坏，影响市政公用设施正常使用，未在规定期限内改正违法行为的，责令改正违法行为，恢复原状，赔偿损失，非经营性的，对单位处500元罚款，对个人处100元罚款；经营性的，对单位处5000元以上8000元以下罚款，对个人处200元罚款。

对市政公用设施造成特别严重损坏，使设施功能丧失，未在规定期限内改正违法行为的，责令改正违法行为，恢复原状，赔偿损失，非经营性的，对单位处800元以上1000元以下罚款，对个人处200元罚款；经营性的，对单位处8000元以上1万元以下罚款，对个人处500元罚款。

第六十一条 在市政公用设施范围内倾倒垃圾、废物，擅自堆放物品或者敷设、架设管线以及装置其他设施，没有损坏市政公用设施，没有对设施的安全构成威胁，且在规定期限内改正违法行为，恢复原状的，批评教育，免予处罚。

对市政设施造成损坏，在规定期限内改正违法行为，恢复原状，且能主动赔偿损失的，非经营性的，对单位处200元罚款，对个人处50元罚款；经营性的，对单位处1000

元罚款，对个人处 100 元罚款。

对市政设施造成严重损坏，严重影响设施功能的正常发挥，对市政设施的安全构成严重威胁，在规定期限内没有改正违法行为，非经营性的，对单位处 500 元罚款，对个人处 100 元罚款；经营性的，对单位处 5000 元以上 8000 元以下罚款，对个人处 200 元罚款。

对市政设施造成特别严重损坏，导致设施无法正常使用，并严重影响市民生产生活，未在规定期限内改正违法行为，非经营性的，责令恢复原状，赔偿损失，对单位处 800 元以上 1000 元以下罚款，对个人处 200 元罚款；经营性的，责令恢复原状，赔偿损失，对单位处 8000 元以上 1 万元以下罚款，对个人处 500 元罚款。

第六十二条　在市政公用设施范围内擅自摆摊、搭棚、盖房或者修建其他建（构）筑物，挖砂、取土、采石以及进行其他有损市政公用设施安全的行为，没有损坏市政公用设施，没有对设施的安全构成威胁，在规定期限内改正违法行为，消除影响的，批评教育，免予处罚。

对市政设施造成损坏，但不影响设施正常使用，且在规定期限内改正违法行为，主动赔偿损失恢复原状的，非经营性的，对单位处 200 元罚款，对个人处 50 元罚款；经营性的，对单位处 1000 元罚款，对个人处 100 元罚款。

对市政设施造成严重损坏，影响设施功能的正常发挥，对市政设施安全构成严重威胁，在规定期限内未改正违法行为，责令改正违法行为，赔偿损失，恢复原状，非经营性的，对单位处 500 元罚款，对个人处 100 元罚款；经营性的，对单位处 5000 元以上 8000 元以下罚款，对个人处 200 元罚款。

对市政设施造成特别严重损坏，导致设施不能正常使用，严重影响市民生产生活，且未在规定期限内改正违法行为的，责令改正违法行为，赔偿损失，恢复原状，非经营性的，对单位处 1000 元以上 2000 元以下罚款，对个人处 200 元罚款；经营性的，对单位处 8000 元以上 1 万元以下罚款，对个人处 500 元罚款。

第六十三条　供水水质达不到国家有关标准规定；城市供水单位、二次供水管理单位未按规定进行水质检测或者委托检测；能够按照规定对供水水质进行经常性的检测，仅在偶然的一次检测中水质不达标，但不影响市民生产生活，不影响市民身体健康或对市民健康造成潜在危害，且能立即整改的，批评教育，免予处罚。

能够按照规定对水质进行经常性的检测，由于管理不善造成水质不达标，没有对市民的生活生产造成影响，不会对市民身体健康造成现实或者潜在的危害，且能立即采取补救措施的，处 1000 元以上 1 万元以下罚款。

未经常性对供水设施进行检测检修，或者未按规定对水质进行检测，造成水质不合格，对市民的生产生活造成影响，但尚未对市民身体健康构成危害的，责令改正，处 1 万元以上 2 万元以下罚款。

未对水质及供水设施进行检测检修，造成水质严重不合格，对市民生产生活造成影响，并有可能对市民的身体健康构成现实或潜在危害的，责令改正，处2万元以上3万元以下罚款。

第六十四条 对于实施生产许可证管理的净水剂及与制水有关的材料等，选用未获证企业产品的；城市供水单位使用未经检验或者检验不合格的净水剂及有关制水材料的；使用未经检验或者检验不合格的城市供水设备、管网，没有对供水水质造成影响，且主动接受批评教育，立即整改的，批评教育，免予处罚。

使用明知是无证生产、未经检验或检验不合格产品，没有对供水水质造成影响，并能立即整改的，处3000元以上1万元以下罚款。

使用明知是无证生产、未经检验或检验不合格产品，导致水质不达标，且未在规定期限内整改的，责令改正，处1万元以上2万元以下罚款。

使用明知是无证生产、未经检验或检验不合格产品，导致水质严重不达标，对市民生产生活造成严重影响的，责令改正，处2万元以上3万元以下罚款。

第六十五条 二次供水管理单位，未按规定对各类储水设施进行清洗消毒；供水单位、二次供水管理单位隐瞒、缓报、谎报水质突发事件或者水质信息，没有影响水质，且能立即整改的，批评教育，免予处罚。

未按规定对储水设施进行清洗消毒，致水质不达标，且未在规定期限内改正的，责令改正，处5000元以上1万元以下罚款。

未按规定对储水设施进行清洗消毒，致水质不达标，导致停止供水24小时以上，对居民生活造成影响的，责令改正，处1万元以上2万元以下罚款。

未按规定对储水设施进行清洗消毒，水质严重不达标，对居民生活造成严重影响，且停止供水48小时以上的，责令改正，处2万元以上3万元以下罚款。

在水质突发事件发生后2小时内没有向上级主管部门上报的，责令改正，处1万元以上2万元以下罚款。

在水质突发事件发生后五小时内未上报行政主管部门，或者隐瞒、谎报水质突发事件或者水质信息的，责令改正，处2万元以上3万元以下罚款。

第六十六条 城市供水单位未制订供水水质突发事件应急预案，责令改正，处5000元以上2万元以下罚款。

第六十七条 城市供水单位未按规定上报水质报表，没有造成不良后果的，批评教育，责令整改，免予处罚。

未按规定上报水质报表，造成不良后果的，责令改正，采取措施消除影响，处5000元罚款。

未按规定上报水质报表，使主管部门不能对水质进行有效监测，并由此导致水质突发事件发生的，责令改正，采取措施消除影响，处1.5万元以上2万元以下罚款。

第六十八条 在城市排水管网及附属设施覆盖范围内，排水户未将污水排入城市管网及其附属设施，没有造成环境污染及其他不良后果，并能立即改正的，批评教育，免予处罚。

未将污水排入城市管网及其附属设施，在规定期限内整改，采取措施消除影响的，处5000元罚款。

未将污水排入城市管网及其附属设施，严重污染周边环境，影响城市卫生，或者阻碍行人及车辆通行、损坏市政设施，且未在规定期限内整改的，处5000元以上1.5万元以下罚款。

未将污水排入城市管网及其附属设施，对周边环境卫生造成严重污染，或者使市政设施受到严重损坏，且未在规定期限内整改的，处1.5万元以上2万元以下罚款，并责令赔偿。

第六十九条 未取得城市排水许可证书，向城市排水管网及其附属设施排放污水，对排水管网及其附属设施没有造成损坏，且在规定期限内补办排水许可证的，批评教育，免予处罚。

对排水管网及其附属设施造成损坏，在规定期限内补办排水许可证，并能主动赔偿损失的，处1万元以上1.5万元以下罚款。

造成排水管网及其附属设施损坏，严重影响设施正常使用，且没有在规定期限内补办排水许可证的，责令改正违法行为，处1.5万元以上2.5万元以下罚款。

对排水管网及其附属设施造成严重损坏，致设施无法使用，且未在规定期限内补办排水许可证的，责令改正违法行为，处2.5万元以上3万元以下罚款。

第七十条 超过城市排水许可证书有效期限向城市排水管网及其附属排放污水，没有对城市管网及其附属设施造成堵塞、损坏，且在规定期限内改正违法行为，办理延期许可手续的，批评教育，免予处罚。

排放的污水对排水管网造成堵塞，对附属设施造成损坏，在规定期限内改正违法行为，办理延期许可手续的，处1万元以上1.5万元以下罚款，赔偿损失。

排放的污水造成管网堵塞及附属设施损坏，影响管网正常使用，且未在规定期限内办理延期许可手续的，责令改正违法行为，恢复原状，赔偿损失，并处1.5万元以上2.5万元以下罚款。

排放的污水造成管网严重堵塞及附属设施严重损坏，未在规定期限内改正违法行为，且未办理延期许可手续的，责令改正违法行为，恢复原状，赔偿损失， 处2.5万元以上3万元以下罚款。

第七十一条 违反城市排水许可证书规定的内容，向城市排水管网及其附属设施排放污水，没有对市政设施以及公共安全造成危害，在规定期限内改正的，批评教育，免予处罚。

向城市排水管网及其附属设施排放、倾倒垃圾、渣土、施工泥浆等容易造成排水管网堵塞和损坏的物质的，责令改正违法行为，恢复原状，赔偿损失，并处1.5万元以上2.5万元以下罚款。

向城市排水管网及其附属设施排放剧毒物质、易燃易爆物质和有害气体，对管网及其附属设施造成损坏，对公共安全构成危害的，责令改正违法行为，采取措施消除危害，赔偿损失，并处2.5万元以上3万元以下罚款。

第七十二条 擅自占压排水管网，没有对管网及其附属设施造成损坏，责令改正违法行为，批评教育，免予处罚。

擅自占压排水管网及其附属设施，对管网及其附属设施造成损坏的，责令改正违法行为，赔偿损失，处1万元以上1.5万元以下罚款。

擅自拆卸、移动城市排水管网及其附属设施，导致管网及其附属设施严重损坏，影响排水功能的，责令改正违法行为，赔偿损失，并处1.5万元以上2.5万元以下罚款。

擅自穿凿城市排水管网及其附属设施，严重破坏管网及其附属设施，导致无法正常排水的，责令改正违法行为，造成损失的予以赔偿，并处2.5万元以上3万元以下罚款。

第七十三条 擅自向城市排水管网及其附属设施加压排放污水，没有对管网及其附属设造成损坏，且及时改正违法行为的，批评教育，免予处罚。

加压排放对城市排水管网及其附属设施造成损坏，不影响排水功能，责令改正违法行为，恢复原状，处1万元以上1.5万元以下罚款。

加压排放对管网及其附属设施造成严重损坏，并严重影响排水功能的，责令改正违法行为，赔偿损失，并处1.5万元以上2.5万元以下罚款。

城市排水管网因加压排放受到严重损坏，排水功能丧失，并导致其他排水户不能正常排放污水的，责令改正违法行为，采取措施消除影响，赔偿损失，并处2.5万元以上3万元以下罚款。

第七十四条 毁坏、涂改或者擅自拆除、迁移燃气设施安全警示标志，及时主动修复，恢复原状，没有造成不良后果的，批评教育，免予处罚。

故意毁坏、涂改燃气设施安全警示标志，尚未造成不良后果的，责令改正违法行为，恢复原状，处500元罚款。

故意毁坏、涂改或者擅自拆除、迁移燃气设施安全警示标志，造成不良后果，形成安全隐患的 ，责令改正违法行为，消除隐患，处1000元罚款。

故意毁坏、涂改或者擅自拆除、迁移燃气设施安全警示标志，形成严重安全隐患，且拒不修复、恢复的，责令改正违法行为，恢复原状，处2000元罚款。

第七十五条 毁坏或者擅自迁移、拆除公用燃气设施，没有造成不良后果，并能立即修复的，责令修复，免予处罚。

造成不良后果，但能立即修复，恢复原状的，责令修复，处5000元以上1万元以下罚款。

造成设施严重损坏，致停止供气12小时以上，责令改正违法行为，恢复原状，赔偿损失，处1万元以上1.5万元以下罚款。

造成燃气设施严重损坏，致停止供气24小时以上，责令改正违法行为，恢复原状，赔偿损失，处 1.5 万元以上 2 万元以下罚款。

第七十六条 擅自关闭或者开启公共管道燃气阀门，未导致设备损坏，未给燃气用户带来影响的，责令改正违法行为，批评教育，免予处罚。

对用户的生产生活造成影响的，责令改正违法行为，消除影响，处 5000 元以上 1 万元以下罚款。

造成公共燃气设施、用户燃气用具损坏，导致停止供气未超过 12 小时的，责令改正违法行为，赔偿损失，处 1 万元以上 1.5 万元以下罚款。

造成公共燃气设施、用户燃气具严重损坏，导致停止供气 12 小时以上的，责令改正违法行为，赔偿损失，处 1.5 万元以上 2 万元以下罚款。

第七十七条 违反国家燃气设施运行、维修抢修等安全技术规程，或者未按照国家有关规范和标准定期检测、检修、更新燃气设施，未造成不利影响，未损坏设施，且能积极整改的，批评教育，免予处罚。

导致设备损坏，未构成安全隐患，未对用户造成影响的，责令改正违法行为，赔偿损失，处 5000 元以上 1.5 万元以下罚款。

导致设备严重损坏，构成安全隐患，停止供气未超过 12 小时，责令停止违法行为，消除影响，赔偿损失，处 1.5 万元以上 2.5 万元以下罚款。

导致设备严重损坏，构成严重安全隐患，且停止供气 12 小时以上的，责令停止违法行为，消除影响，赔偿损失，处 2.5 万元以上 4 万元以下罚款。

第七十八条 无正当理由停止供气，未对用户用气造成影响和损失，且能立即改正的，责令改正，批评教育，免予处罚。

停止供气对用户生产生活造成影响的，责令改正，消除影响，处 5000 元以上 1.5 万元以下罚款。

停止供气对用户生产生活造成严重影响的，责令改正，消除影响，处 1.5 万元以上 2.5 万元以下罚款。

停止供气对用户生产生活造成严重影响，且造成财产损失的，责令改正，消除影响，处 2.5 万元以上 4 万元以下罚款。

第七十九条 盗用管道燃气 5 立方米以下，未造成公共燃气设施损坏，且能主动改正违法行为，补缴燃气费的，批评教育，免予处罚。

盗用 5 立方米以上 10 立方米以下，未造成公共燃气设施损坏，改正违法行为，主动补缴燃气费的，处 200 元以上 1500 元以下罚款。

盗用 10 立方米以上，或者造成公共燃气设施损坏，导致停止供气未超过 24 小时的，责令改正违法行为，补缴燃气费，赔偿损失，处 1500 元以上 3000 元以下罚款。

盗用燃气造成公共燃气设施严重损坏，导致停止供气 24 小时以上的，责令改正违法行为，补缴燃气费，赔偿损失，处 3000 元以上 5000 元以下罚款。

第八十条 擅自安装、改装、拆迁管道燃气设施或者改换气瓶检验标记，未造成设施损坏，未带来不良后果，且属于初次违反的，批评教育，免予处罚。

造成设施损坏，或者可能导致安全隐患的，责令改正违法行为，消除影响，处 1500 元以上 3000 元以下罚款。

造成设施严重损坏，产生严重后果的，责令改正违法行为，处 3000 元以上 5000 元以下罚款。

第八十一条 倒灌瓶装燃气，擅自倾倒瓶装燃气残液，初次违反，没有造成危害后果，且能立即改正的，批评教育，免予处罚。

初次违反，但造成轻微危害后果，责令改正，采取补救措施，处 200 元以上 1000 元以下罚款。

倒灌瓶装燃气、倾倒瓶装燃气残液，造成安全隐患，污染周边环境，影响居民生产生活的，责令改正，采取补救措施消除影响，处 1500 元以上 3000 元以下罚款。

倒灌瓶装燃气、倾倒瓶装燃气残液，造成严重安全隐患，严重污染周边环境，影响居民生产生活的，责令改正，采取补救措施消除影响，处 3000 元以上 5000 元以下罚款。

第八十二条 进行危害燃气设施安全的装饰装修，初次违反，未对设施造成损坏，且能立即整改的，批评教育，免予处罚。

初次违反，对设施造成轻微损坏，但能主动赔偿，立即改正消除影响的，处 200 元以上 1500 元以下罚款。

对设施造成损坏，带来安全隐患，且未按要求整改的，责令改正违法行为，赔偿损失，处 1500 元以上 3000 元以下罚款。

对设施造成严重损坏，造成严重危害后果，或者未按要求整改的，责令改正违法行为，赔偿损失，处 3000 元以上 5000 元以下罚款。

第八十三条 未取得设计、施工资质或者未按照资质等级承担城市燃气工程的设计、施工任务，未按照有关技术标准和规范设计、施工，初次违反，未造成不良后果，能立即整改的，批评教育，免予处罚。

造成不良后果的，责令停工，消除影响，并处 1 万元罚款。

技术参数不符合要求，工程质量不合格，造成损失的，责令停工整改，赔偿损失，处 1 万元以上 2 万元以下罚款，吊销设计、施工资质证书。

技术参数不符合要求，工程质量不合格，构成严重安全隐患的，责令停工整改，造成损失的予以赔偿，处 2 万元以上 3 万元以下罚款，吊销设计、施工资质证书。

第八十四条 未经县以上城市规划行政主管部门和城市建设行政主管部门批准擅自改动燃气设施；燃气工程竣工后，未经建设行政主管部门组织有关部门验收或者验收不合格，即投入使用，初次违反，未造成不良后果的，批评教育，责令改正，免予处罚。

造成危害后果的，责令停止使用，消除危害，并处 1 万元罚款。

给公共安全以及人民群众生命、财产安全造成较重危害后果的，责令停止使用，消除危害，并处1万元以上2万元以下罚款。

给公共安全以及人民群众生命、财产安全造成特别严重的危害后果的，责令停止使用，消除危害，并处2万元以上3万元以下罚款。

第八十五条 燃气供应企业没有经过资质审查合格、没有经工商行政管理机关登记注册，从事燃气经营，能立即停止经营活动，并办理资质审查和工商登记手续的，批评教育，免予处罚。

未按照要求停止经营活动的，责令立即停止经营活动，处1万元罚款。

未在规定期限内补办资质审查和工商登记手续的，责令补办，处1万元以上2万元以下罚款。

未按要求停止经营活动，也未在规定期限内补办资质审查和工商登记手续的，责令停止经营，补办手续，并处2万元以上3万元以下罚款。

第八十六条 未经城市建设行政主管部门资质审核合格，擅自从事燃气具的安装、维修业务，初次违反，未造成危害后果的，批评教育，责令停止违法行为，免予处罚。

造成危害后果的，责令停止违法行为，消除危害，处1万元罚款。

造成燃气具损坏，构成安全隐患或者造成危害后果的，责令停止违法行为，消除危害，处1万元以上2万元以下罚款。

造成严重后果，构成严重安全隐患，或者未按要求停止业务活动的，责令停止违法行为，采取补救措施消除隐患，处2万元以上3万元以下罚款。

第八十七条 燃气气质和压力不符合国家规定的标准，不能保证安全稳定供气，未对用户的生产生活用气造成影响的，批评教育，责令改正，免予处罚。

对用户的生产生活用气造成影响，或是停止供气未超过3小时，尚未构成安全隐患的，责令改正，消除影响，处1万元罚款。

对用户的生产生活用气造成影响，或是停止供气未超过6小时，且因气质和压力标准不够构成安全隐患的，责令改正，责令消除影响，处1万元以上2万元以下罚款。

对用户的生产生活用气造成严重影响，或是停止供气6小时以上，且因气质和压力标准不够构成严重安全隐患的，责令改正，消除影响，处2万元以上3万元以下罚款。

第八十八条 擅自销售没有取得销售地建设行政主管部门准销证的燃气具，销售10台以下，未产生危害后果，且在规定时间内全数召回已销售的产品，补办许可手续的，批评教育，免予处罚。

销售10台以上20台以下，未产生危害后果，且在规定时间内召回已销售产品，补办销售许可手续的，责令停止销售，并处5000元以上1万元以下罚款。

销售20台以上，或者发生危害后果的，责令停止销售，消除危害，并处1万元以上2万元以下罚款。

销售 50 台以上，或者发生严重危害后果的，责令停止销售，消除危害，并处 2 万元以上 3 万元以下罚款。

第八十九条 向无《城市燃气企业资质证书》的单位提供经营性气源，气量 2 立方米以下，未造成危害后果，且能立即停止违法行为的，批评教育，免予处罚。

提供气源两次以上，或者气量 5 立方米（5 瓶）以下，未造成危害后果，能立即停止违法行为的，处 1 万元罚款。

提供气源 10 次以上，或者气量 10 立方米（10 瓶）以上，或者不停止违法行为的，责令改正违法行为，处 1 万元以上 2 万元以下罚款。

提供气源 20 次以上，或者气量 50 立方米（20 瓶）以上，责令停止违法行为，处 2 万元以上 3 万元以下罚款。

第九十条 强制用户到指定地点购买指定燃气具，尚未销售出燃气具，未造成危害后果，且能立即改正违法行为的，批评教育，免予处罚。

销售燃气具 10 台以下，未造成危害后果的，责令停止销售，处 1 万元罚款。

销售燃气具 10 台以上，或者造成危害后果的，责令停止销售，消除危害，处 1 万元以上 2 万元以下罚款。

销售燃气具 50 台以上，或者造成严重危害后果，责令停止销售，消除危害，处 2 万元以上 3 万元以下罚款。

第九十一条 使用超过检验期限或检验不合格的气瓶，未造成危害后果，并能立即改正的，批评教育，免予处罚。

未造成危害后果，但未在规定时间内整改的，责令整改，处 1 万元罚款。

构成安全隐患的，责令整改，处 1 万元以上 2 万元以下罚款。

构成严重安全隐患的，责令整改，处 2 万元以上 3 万元以下罚款。

第九十二条 用槽车直接向钢瓶充装液化石油气，初次违反，未造成危害后果，且能立即改正的，批评教育，免予处罚。

未造成危害后果，但未按要求整改的，责令改正，处 1 万元罚款。

两次违反或不按要求改正违法行为的，责令改正，处 1 万元以上 2 万元以下罚款。

两次以上违反或者造成危害后果的，责令改正，消除危害，处 2 万元以上 3 万元以下罚款。

第九十三条 在燃气设施的地面和地下规定的安全保护范围内修建建筑物、构筑物，堆放物品和挖坑取土等危害供气设施安全，初次违反，未造成危害后果，且能立即停止违法行为，恢复原状的，批评教育，免予处罚。

对设施造成损坏，尚未构成安全隐患，且按要求整改，恢复原状的，处 500 元以上 2000 元以下罚款。

对设施造成损坏，构成安全隐患，或者未按要求整改，恢复原状的，责令停止违法行为，恢复原状，处2000元以上1.5万元以下罚款。

对设施造成严重损坏，构成较大安全隐患，或者导致不能正常供气的，责令停止违法行为，消除隐患，处1.5万元以上3万元以下罚款。

第九十四条　无正当理由，阻挠经批准的公共管道燃气工程项目的施工，未造成危害后果，且能立即改正违法行为的，批评教育，免予处罚。

阻挠施工24小时以上，或者造成危害后果的，责令停止违法行为，消除危害，处500元以上2000元以下罚款。

阻挠施工48小时以上，或者影响用户生产生活用气的，责令停止违法行为，消除影响，处2000元以上1.5万元以下罚款。

阻挠施工72小时以上，或者对用户生产生活造成严重影响的，责令停止违法行为，消除影响，处1.5万元以上3万元以下罚款。

第九十五条　未经燃气供应企业批准，擅自接通管道燃气或者改变燃气使用性质、变更位置和名称，未造成危害后果，且能主动进行整改的，批评教育，免予处罚。

造成危害后果，或者未能在接到整改通知书后12小时内整改的，责令整改，处2000元以上1.5万元以下罚款。

造成严重危害后果，或者未能在接到整改通知书后24小时内整改的，责令整改，处1.5万元以上3万元以下罚款。

第九十六条　擅自拆卸、安装、改装燃气计量器具和燃气设施，初次违反，且能立即改正的，批评教育，免予处罚。

造成设施损坏，或者未能在接到整改通知后12小时内改正违法行为，恢复原状的，处2000元以上1.5万元以下罚款。

造成设施严重损坏，或者通过改装计量器具偷盗燃气的，责令改正违法行为，恢复原状，造成损失的予以赔偿，处1.5万元以上3万元以下罚款。

第九十七条　伪造、涂改、出租、借用、转让或者出卖“资质证书”，初次违反，未造成危害后果，且能立即改正的，批评教育，免予处罚。

以获利为目的，出租、借用“资质证书”，但未造成危害后果的，责令改正，并处1万元罚款。

以获利为目的，转让、出租、借用证书或者涂改证书日期，造成危害后果的，处1万元以上2万元以下罚款，吊销“资质证书”。

伪造、出卖、涂改“资质证书”，出租、借用或以获利为目的转让证书，并造成严重危害后果的，处2万元以上3万元以下罚款，吊销“资质证书”。

第九十八条　由于燃气燃烧器具安装、维修原因发生燃气事故，未造成人身伤害、财产损失，且能积极采取补救措施的，批评教育，免予处罚。

造成轻微人身伤害、财产损失，且能积极采取补救措施的，处1万元罚款。

造成较大人身伤害、财产损失，责令采取补救措施减少损失，处 1 万元以上 2 万元以下罚款。

造成严重人身伤害、财产损失，责令采取补救措施减少损失，处 2 万元以上 3 万元以下罚款，吊销安装、维修资质证书。

第九十九条 燃气燃烧器具安装、维修企业没有在规定的时间内或者用户给定的时间内安装、维修，未对用户的生产、生活造成影响的，批评教育，免予处罚。

对用户生产生活带来影响，未造成损失的，处 1000 元罚款。

对用户生产生活带来较大影响，造成损失的，处 2000 元罚款。

对用户生产生活带来严重影响，造成较大损失的，处 3000 元罚款。

第一百条 以个人名义承揽燃气燃烧器具安装、维修业务，未造成危害后果的，批评教育，责令停止违法行为，免予处罚。

对用户的人身、财产安全造成损害的，责令停止违法行为，处 2000 元罚款。

对用户的人身、财产安全造成严重损害的，责令停止违法行为，处 3000 元罚款。

第一百〇一条 未按照规定编制城市桥梁养护维修的中长期规划和年度计划，或者未经批准即实施，未造成影响，且能立即整改的，批评教育，免予处罚。

造成严重影响，或者造成较大损失的，责令改正，消除影响，赔偿损失，并处 2000 元以上 3000 元以下罚款。

造成重大损失的，责令改正，消除影响，赔偿损失，处 3000 元以上 5000 元以下罚款。

第一百〇二条 未按照规定设置相应标志，并保持其完好、清晰，未造成危害后果，立即整改的，批评教育，免予处罚。

造成危害后果（如交通堵塞），但未对桥梁的安全稳固构成影响，能立即整改的，责令改正，消除危害，处 1000 元以上 2000 元以下罚款。

造成严重后果（如车辆、船只的碰撞事故），责令改正，消除危害，处 2000 元以上 3000 元以下罚款。

造成特别严重后果（如人员伤亡），或者使桥梁的安全稳固受到影响的，责令改正，消除危害，处 3000 元以上 5000 元以下罚款。

第一百〇三条 未按照规定制订桥梁安全抢险预备方案或者未按照规定委托具有相应资格的机构对城市桥梁进行检测评估，没有造成危害后果，且能立即整改的，批评教育，免予处罚。

造成轻微危害后果，责令改正违法行为，处 1000 元以上 2000 元以下罚款。

造成较大危害后果，影响桥梁安全，但能采取补救措施消除影响的，责令改正违法行为，处 2000 元以上 3000 元以下罚款。

造成严重危害后果，对桥梁安全构成较大影响，但能采取补救措施，消除影响的，处 3000 元以上 5000 元以下罚款。

第一百〇四条 未按照规定对城市桥梁进行养护维修，没有造成危害后果，且能立即整改的，批评教育，责令改正，免予处罚。

影响车辆正常行驶，但没有造成人员伤亡或者财产损失，没有影响桥梁安全的，责令改正，处1000元以上2000元以下罚款。

影响车辆行驶，并导致交通堵塞或轻微交通事故的，责令改正违法行为，处2000元以上3000元以下罚款。

严重影响车辆行驶，并因此发生交通事故，导致人员伤亡或者财产损失的，责令改正违法行为，处3000元以上5000元以下罚款。

第一百〇五条 单位或个人擅自在城市桥梁上架设各类管线、设置广告等辅助物，没有造成危害后果，且能立即整改的，批评教育，责令改正，免予处罚。

造成轻微危害后果，且能立即整改的，责令改正违法行为，处5000元以下罚款。

造成人身、财产损害或者桥体损伤等危害后果的，责令改正违法行为，处1万元以下罚款。

造成严重人身、财产损害或者桥体损伤的，责令改正违法行为，处2万元以下罚款。

第一百〇六条 未经市政工程设施行政主管部门同意，未与城市桥梁产权人签订保护协议的情况下，在城市桥梁施工控制范围内从事河道疏浚、挖掘、打桩、地下管道顶进、爆破等作业，没有对桥体造成损伤，没有对桥梁安全构成威胁，且能立即改正的，批评教育，责令改正，免予处罚。

造成桥体轻微损伤或者威胁桥梁安全，且能按要求整改的，处1万元罚款。

造成桥体较大损伤或者对桥梁安全构成较大威胁，能按要求整改的，处2万元以下罚款。

造成桥体严重损伤或者严重影响桥梁安全的，责令改正违法行为，消除影响，处3万元以下罚款。

第一百〇七条 超限车辆、履带车、铁轮车等没有经过市政工程设施行政主管部门同意，没有采取相应保护措施即在城市桥梁上通行，没有对桥梁造成损伤，且能立即整改的，批评教育，免予处罚。

造成桥体损伤，能立即整改的，处1万元罚款。

造成桥体严重损伤，尚未对桥梁安全构成威胁的，责令改正违法行为，消除影响，处1.5万元以下罚款。

造成桥体严重损伤，且对桥梁安全构成威胁的，责令改正违法行为，消除影响，处2万元以下罚款。

第一百〇八条 城市桥梁产权人或委托管理人没有对经检测承载能力下降的桥梁设置警示标志、采取加固等安全措施，没有产生危害后果，并能立即整改的，批评教育，免予处罚。

没有产生危害后果，但未在规定期限内整改或者采取补救措施的，责令改正违法行为，处1万元罚款。

导致桥梁的承载与安全性能降低，影响车辆通行的，责令改正违法行为，处1.5万元以下罚款。

导致桥梁的承载与安全性能大幅降低，影响车辆通行，致桥梁成为危桥的，责令改正违法行为，处2万元以下罚款。

第一百〇九条 经检测评估为危桥，城市桥梁产权人或委托管理者采取相应措施，但未在指定的时间内向市政行政主管部门报告，没有造成危害后果，批评教育，责令改正，免予处罚。

经检测评估为危桥，城市桥梁产权人或委托管理者没有立即采取措施，设置显著警示标志，或者未在24小时内向主管部门报告的，责令改正，处1万元罚款。

经检测评估为危桥，城市桥梁产权人或委托管理者没有在24小时内采取相应措施，且继续使用，导致桥梁垮塌，造成人员伤亡或者财产损失的，责令立即改正，处2万元罚款。

第六章　环境保护

第一百一十条 有下列情形之一，情节轻微，没有造成污染且主动改正违法行为的，免予处罚；造成轻微污染的，责令改正违法行为，处5000元罚款；造成严重污染的，责令改正违法行为，处4万元罚款：

（一）未采取有效污染防治措施，向大气排放粉尘、恶臭气体或者其他含有有毒物质气体的；

（二）未采取密闭措施或者其他防护措施，运输、装卸或者贮存能够散发有毒有害气体或者粉尘物质的；

（三）城市饮食服务业的经营者未采取有效污染防治措施，致使排放的油烟对附近居民的居住环境造成污染的。

第一百一十一条 在人口集中地区和其他依法需要特殊保护的区域内，焚烧沥青、油毡、橡胶、塑料、皮革、垃圾以及其他产生有毒有害烟尘和恶臭气体的物质，情节轻微，且主动改正违法行为的，免予处罚；造成轻微污染的，责令改正违法行为，处5000元罚款；造成严重污染的，责令改正违法行为，处1.5万元罚款。

第一百一十二条 建筑施工单位在城市市区噪声敏感建筑物集中区域内，夜间进行禁止进行的产生环境噪声污染的建筑施工作业，在规定期限内改正的，从轻处罚；逾期未改正的，从重处罚。

第一百一十三条 有下列情形之一，在规定期限内改正的，从轻处罚；逾期未改正的，从重处罚：

（一）在城市市区噪声敏感建筑物集中区域内使用高音广播喇叭的；

（二）在城市市区街道、广场、公园等公共场所组织娱乐、集会等活动，使用音响器材，产生干扰周围生活环境的过大音量的；

（三）未按规定采取措施，从家庭室内发出严重干扰周围居民生活的环境噪声的。

第一百一十四条 有下列情形之一，在规定期限内改正的，从轻处罚；逾期未改正的，从重处罚：

（一）经营中的文化娱乐场所，经营管理者未采取有效措施，造成环境噪声污染的；

（二）商业经营活动中使用空调器、冷却塔等可能产生环境噪声的设备、设施未采取有效措施，造成环境噪声污染的。

第一百一十五条 在商业经营活动中使用高声广播喇叭或者采用其他发出高噪声的方法招揽顾客，造成环境噪声污染，在规定期限内改正的，从轻处罚；逾期未改正的，从重处罚。

第一百一十六条 向水体排放、倾倒工业废渣、城市生活垃圾，情节轻微，未造成污染，且主动改正违法行为的，予以警告；造成轻微污染的，责令改正违法行为，处5000元罚款；造成严重污染的，责令改正违法行为，处1万元罚款。

第七章 工商管理

第一百一十七条 申请从事个体工商业经营的个人或者家庭，没有进行工商登记，领取营业执照，进行营业的，予以取缔，没收非法所得，处1000元罚款。

国家规定经营者需要具备特定条件或者需经行业主管部门批准而未具备特定条件或者取得批准的，予以取缔，没收非法所得，处3000元以上4000元以下罚款。

第八章 附 则

第一百一十八条 本基准中的“以下”不包括本数，“以上”包括本数。

第一百一十九条 适用本基准时，必须先适用相关法律、法规和规章。

第一百二十条 局执法监督科负责本基准实施的监督检查。

第一百二十一条 本基准自2013年7月1日起施行。《常德市城市管理行政处罚自由裁量权实施基准（试行）》同时废止。

六、常德市城市容貌规定

2014年9月17日 常德市政府办公室（常政办发〔2014〕28号）

第一章 总 则

第一条 为规范城市容貌，根据《城市市容和环境卫生管理条例》《城市容貌标准》和《湖南省实施〈城市市容和环境卫生管理条例〉办法》，结合我市实际，制订本规定。

第二条 城市的道路、建（构）筑物、公共设施、园林绿化、户外广告及门店招牌、城市照明、公共场所、城市水域、城市社区等的容貌，应当符合本规定。

第三条 城市管理行政主管部门负责城市容貌的监督管理工作，住建、规划、环保、水利、公安、消防、民政、交通、邮政、电力、通信、市政、园林、交警、环卫等相关部门按照各自职能做好相关管理工作。

第二章　城市道路

第四条　本规定所指城市道路包括车行道、人行道、桥梁、隧道、人行地下通道、道路附属设施等。

第五条　本规定按城市容貌要求将城市道路划分为一、二、三、四共 4 个等级。一级道路为城市主干道和重要景观道路，二级道路为城市次干道，三级道路为城市小街小巷道路，四级道路为城乡接合部支路。

第六条　城市道路的规划、设计、建设、养护应符合国家规范要求。

第七条　城市道路应进行日常清扫、保洁、冲洗、清洗，保持整洁，禁止乱扔烟头、纸屑、瓜皮果核；禁止乱倒垃圾、粪便、污水、污物；禁止随地吐痰、便溺；禁止任意焚烧垃圾、杂草等废弃物；禁止随意抛撒冥纸、燃放烟花爆竹。各等级道路清扫保洁工作质量应符合城市环境卫生质量标准。

第八条　城市道路应保持平坦、完好，便于通行。出现坑洞、网裂、隆起、溢水、塌陷等情况时，应及时进行养护维修工作（不可抗力因素影响除外）。

第九条　城市道路开挖、新建、扩建、改建等施工作业应按规定申报，获得许可后方可施工。施工现场要设置高度不低于 1.8 米的实体围挡，并设置警示标志。建设工地出入口路面应硬化，在出入口建有洗车设施，对进出的车辆进行清洁，做到净车出工地；建筑工地渣土运输（含生活垃圾）应采用密闭式车辆运输，严禁滴、撒、漏。建设工地的施工材料、机具及建筑垃圾等应置于围挡范围之内。建筑垃圾堆放不得超过围挡高度并应及时清除；施工期间，废水、泥浆不得流出场外、浸漫路面、堵塞管道，并应采取浇湿等措施严格控制扬尘污染。施工完毕后应及时清理现场、拆除围挡。

第十条　临街建筑物门店要落实“门前三包”责任制，保持门前整洁，严禁出店经营、占道经营、店外作业、店外堆物及店外倾倒垃圾。

第十一条　任何单位和个人不得在道路两侧和公共场地堆放物料，搭建建（构）筑物或者其他设施（包括各种站、亭、屋）。因建设等特殊需要，在街道两侧和公共场地临时堆放物料，搭建非永久性建（构）筑物或者其他设施的，必须依法经城市管理相关部门批准。

第十二条　未经城市管理相关部门批准，任何单位和个人不得擅自在城市人行道、广场、人行地下通道等公共场地从事公益、商业宣传活动。经批准的公益、商业宣传活动，应在指定位置进行，保持场地整洁，及时清扫、处置垃圾。经批准临时搭建的设施，活动结束后应立即拆除。

第十三条　人行道路面应平整、畅通。无障碍设施应保持畅通、完好。人行道及临人行道的空坪隙地上不得堆放杂物、晾晒衣物等，机动车、非机动车应在划定区域内有序停放（摆放）。

第十四条　市城区主次干道不得设置有碍市容和影响环境卫生的场所和设施。

第十五条 城市道路护坡应保持整洁，坡上无垃圾、杂物，无涂画、张贴、张挂等现象。

第十六条 桥梁外观应保持美观、完好，出现损坏时应及时维修。桥梁的护栏、扶梯、桥塔、悬索、桥墩等部位应定期进行清洗或涂装。桥梁下的地面应进行硬化或绿化，不得擅自搭建建（构）筑物及其他设施。城市重要交通道路上的江河桥上禁止垂钓、放风筝等。

第十七条 人行地下通道的设施应整洁完好，不得出现污损、积水等现象。人行地下通道内及出入口应保持秩序良好，无摆摊设点、兜售商品、乞讨留宿等现象。

第十八条 城市道路路铭牌的设置应符合有关标准，做到清晰醒目，准确规范。路铭牌出现污损、倾斜等情况应及时清洗、维护，路名变更时应及时更换。

第十九条 城市交通信号灯、交通护栏、隔离墩的设置应符合有关标准。城市交通护栏、隔离墩应经常清洗、维护，出现损坏、空缺、移位、倾斜时，应及时更换、补充或校正。

第二十条 路缘石应排列整齐，出现隆起、移位、缺失、塌陷、错台等现象，应及时修复。禁止在路缘石边设置踏步。

第二十一条 路面上的各类井盖应与路面平齐，出现松动、破损、移位、丢失时，应及时补缺、修复。

第二十二条 道路的排水、排污设施应保持畅通，及时清捞疏浚，雨后路面无积水。禁止将垃圾、杂物等弃置或扫入下水道。

第二十三条 交通标志、标线的设置应符合国家道路交通标志和标线的规定。交通标志上不得设置单位名称和户外广告。交通标志应整洁完好，出现损坏、破旧、倾斜等应及时维修、刷新或更换。交通标线及道路上机动车辆临时停靠点的标线应完整、清晰，因路面磨损、维修等出现不清晰和残缺时，应重新标识。

第二十四条 停车场内应保持整洁，不得堆放垃圾、杂物等。停车场车位线应做到清晰醒目，无残缺、覆盖；场内其他设施应当整洁完好，使用正常；场内机动车辆、非机动车辆应按指定位置有序摆放。所有建筑物的附属停车场及地下停车场不得挪作他用。

第三章 建（构）筑物

第二十五条 城市建（构）筑物的高度、体量、形式等应符合城市规划要求。建（构）筑物外形应完好、整洁。保护性建（构）筑物、标志性建（构）筑物、临街建（构）筑物等应保持原有风貌特色和历史环境，不得擅自拆除、改建、装饰和装修。临街建（构）筑物外部污损、残破的，应及时清洗、粉饰、维修。

第二十六条 建筑物外墙面（含玻璃幕墙、玻璃门窗内侧）上严禁有碍观瞻的涂写、刻画、粘贴、吊挂等现象。建筑物外墙面进行装饰或者维修时应保持与周围环境相协调。任何单位、个人不得占用台阶、过道、行道进行规划设计以外的搭建和改造。位于一、二级道路的建（构）筑物的外墙面，采用玻璃幕墙的每年至少清洗一次；采用涂料装饰的每三年至少粉刷一次；采用其他形式的每两年至少清洗一次。位于三、四级道路的建（构）

筑物的外墙面，采用玻璃幕墙的每两年至少清洗一次；采用涂料装饰的每四年至少粉刷一次；采用其他形式的每三年至少清洗一次。

第二十七条 建筑物屋顶的轮廓线、颜色、形态不得擅自改变，屋顶设施应与周围景观相协调，无乱堆乱放、乱搭乱建现象，保持整洁、美观。

第二十八条 新建和改造的建筑物应预留有供空调外机安装的位置和供空调机冷凝水统一排水的管道，空调机冷凝水应接入统一安装的排水管道，不得向建筑物外直接排放。空调外机临街安装时，不得占用人行道，外机下缘离地面高度不低于 2 米，并做到单栋统一，规范美观。空调外机应保持外观整洁，表面无尘垢，顶端无垃圾和杂物。空调外机使用空调机罩的，机罩出现污损、破旧时应进行清洗或更换。

第二十九条 住宅楼应设有统一的厨房油烟排放烟道。餐饮单位、加工制作场所应安装油烟排放通道和油烟净化装置并符合《饮食业油烟排放标准》。油烟排放不得污染建筑物，临街的油烟排放通道应隐蔽安装，被污染的建筑物应及时进行清洗。

第三十条 建筑物临街立面不得安装遮阳（雨）棚。非临街面设置遮阳（雨）棚的应做到单栋统一，整洁美观，底部离地面高度应大于 2.4 米，宽度不得超过 1.5 米。遮阳（雨）棚应保持完好，出现陈旧、污损、破烂应及时清洗和更换。

第三十一条 临街单位应选用绿篱、花坛（池）、草坪等形式与道路分界，因使用功能确需修建围墙的，应尽量采用通透式围墙，高度控制在 1.6 米以下。采用透景或半透景的围墙内的空地应进行景观绿化。建设和待建施工工地应设置钢性围挡，围挡高度不得低于 1.8 米。围挡外挡面应保持整洁有序、完好无损，不得有污迹和乱张贴、张挂、涂画，不得堆放材料、机具、垃圾等。挡内的临时工棚屋顶及堆放物品高度不得超过围挡顶部。

第四章 公共设施

第三十二条 公共设施应按规划设置，使用正常，外观完好，无污渍、破损、残缺、锈蚀，禁止随意涂画、张贴、悬挂。

第三十三条 依附城市道路设置的管线设施（包括供水、供电、供气、消防、通信等）应设于地下。未设于或不能设于地下的架空线路应排列整齐有序。对不能设置于地下的配电箱、电讯接线箱等设施应保持完好无损、干净美观。临街建筑物、门店外墙不得安装自来水龙头或将自来水引出墙外。消火栓应每年油饰一次，无锈蚀和滴、漏水现象。路灯杆、架设线路的杆柱，应保持直立，发生倾斜、断裂、倒地、废弃时应及时扶正、更换或清除。

第三十四条 公交线路站、的士停靠站点的设置应经城市管理相关部门批准。公交线路站设置的候车亭、的士停靠站牌应设置合理、体量适当、造型简洁、清洁美观。线路指示牌与站内广告牌应分开设立。线路指示牌应清晰醒目，方便阅读，无广告内容，有条件的应配有照明设施。

第三十五条 人行天桥的护栏、扶梯、桥墩等部位应定期进行清洗或涂装。桥下不得出现乱搭乱建、乱拉乱挂、乱设摊点等现象。

第三十六条 公共厕所应为水冲式或环保型，公共厕所及周围区域应每天清扫保洁，无粪便外溢和垃圾、蝇蛆、积水等。独立式公共厕所的外部结构、造型、风格、材料、色彩等应与周围环境和景观相适应。

第三十七条 公共垃圾站（点）应采用符合密闭运输和倾倒条件的集装箱收集形式或其他能避免产生垃圾二次污染的形式。公共垃圾站（点）的垃圾应做到日产日清。站（点）外不得弃置垃圾、堆积废品，站（点）周围区域应进行清扫保洁，无垃圾二次污染现象发生。公共垃圾站（点）外墙面及门窗应每年至少进行一次粉刷。

第三十八条 道路两侧和广场、休闲旅游景区等公共场所应设置废弃物收集箱。废弃物收集箱应造型美观，使用方便。废弃物收集箱应及时清理清洗，确保箱外干净，箱内无膨溢，周围无废弃物，地面无明显污迹。

第三十九条 交通（治安）岗亭应经常清洗，保持整洁，不得在亭外堆放物品、垃圾等。废弃的交通（治安）岗亭应及时拆除，不得改作他用。

第五章 园林绿化

第四十条 本规定所指园林绿化包括植物、园林建筑、小品及景观水系工程等。

第四十一条 公园、广场应严格按等级实施管理，养护到位，保持设施良好、清洁美观。

第四十二条 行道树、绿地管养到位，长势良好，无缺株、死树枯枝现象，无明显病虫害。护桩、保湿、防晒、防冻设置整齐，无破损。树穴无黄土裸露，树穴防护盖板和侧石无缺损，树穴内的泥土应低于侧石3–5厘米。绿篱、草坪修剪及时，整齐美观，无明显灰尘。花坛、绿带内泥土应低于侧石3–5厘米，侧石整齐无缺损。因自然灾害、自然老化倾倒的树木应及时清理。

第四十三条 景观水体应达到设计水位，水面清洁，无污染，无漂浮杂物。

第四十四条 园林建筑和小品、座凳、垃圾箱、游路、景观灯等完好无损，出现破损、蒙尘等影响原有风貌、功能和观瞻时，应及时维修、更换和清洗。

第四十五条 摆放的时令花卉或造型植物应注重景观效果，保持整齐美观，出现凋谢、残损应及时更换。

第四十六条 园林绿化新建和提质改造项目（含城市建设项目中配套的园林绿化项目）施工文明。

第四十七条 经批准临时占用绿地，应进行围挡；占用到期后，应在15个工作日内按原状和协商意见恢复。

第六章 户外广告

第四十八条 本规定所指户外广告包括在户外设置的商业广告、公益广告、牌匾（包括店牌、招牌、路铭牌、单位指示牌）等。

第四十九条 户外广告应符合城市规划要求，并经城市管理行政主管部门批准设置，与城市功能和形象相适应，布局合理，设置规范。

第五十条 户外广告应整洁完好、文字规范、字体无残缺，配有灯光设施的应使用正常。户外广告出现污损、残缺等情况或灯光不亮、显示不全时，应及时清洗、维修或更新。

第五十一条 不得在道路上设置过街龙门式户外广告，不得在道路交叉路口设置占道式户外广告，不得在道路（包括行道）、绿地上摆放可移动式户外广告，不得在城市中心区设置大型立柱式户外广告，不得利用树木等植物设置户外广告。城区范围内不得设置气模、气球、条幅、横幅、单体喷绘布等形式的户外广告。

第五十二条 下列区域、建（构）筑物和设施禁止设置户外商业广告：国家机关、文物保护单位的建筑控制地带和风景名胜区核心景区；广场、沅江风光带、公园、学校教学区、居民区、住宅楼；主干道建筑物墙面、楼顶（不含商场墙面预留广告位）；交通安全设施、交通标志、高架桥、立交桥、人行天桥、城市标志性建（构）筑物、路灯灯杆、电杆、变压配电箱等公共设施；残疾人专用设施。

第五十三条 户外广告设施闲置时间不得超过10日，超过10日的应临时设置公益广告。

第五十四条 建（构）筑物上的户外广告的形状、规模、色彩、图案等应与周边环境相协调，不得影响建（构）筑物的原有风貌、轮廓等。

第五十五条 建筑高度低于10米（含10米）的，顶部设置户外广告高度不得超过建筑物高度的1/2；建筑高度为10米–24米（含24米）的，顶部设置的户外广告高度不得超过建筑物高度的1/3；建筑高度在24米以上的，顶部设置的户外广告高度不得超过建筑物高度的1/5；设置的户外广告牌面宽度不得超出建（构）筑物两侧墙面，牌面水平方向不得凸出建（构）筑物外墙面。

第五十六条 重要商业街区户外广告进行整体规划，建筑物应预留统一规范的广告位置。户外广告画面平行于墙面设置的，高度不得超过依附物的墙体顶线，宽度不得大于两侧墙面，其外端距离墙面不得超过0.5米。不得在建筑物层与层之间的窗间墙上和临街建筑的窗户玻璃上设置广告。户外广告画面垂直于墙面设置的，宜采用新型材料制作，其底部离地面的净空高度不得低于4.5米，外端距离墙面不得超过1.5米。

第五十七条 橱窗应经常整理和清洗，保持明亮、美观，具有良好的展示效果。橱窗内展示的物品应保持整洁、完好、雅观。

第五十八条 悬于道路空间的户外广告，其底端距离地面高度：位于车行道上方的不得低于4.5米，位于人行道上方的不得低于2.8米。竖立在车行道与人行道之间的户外广告版面面积不得大于4平方米，其画面与道路走向垂直时，竖立宽度不得超过0.6米；其画面与道路走向平行时，竖立宽度不得超过1.5米。

第五十九条 对施工期半年以上的建设工地和外部陈旧、破烂或毁坏三个月内难以维修或拆除的建（构）筑物进行遮挡、美化的，可设置临时广告。

第六十条 在城市入城口、快速环道等空旷区域设置的大型立柱式户外广告，其牌面高度不得大于 6 米，宽度不得大于 18 米，设置点与附近桥梁、道路、建（构）筑物等的直线距离不得低于该广告的整体高度。

第六十一条　会展期间需设置临时性户外广告、宣传品的，应在会址和代表集中处的附近区域按要求统一设置，会展结束后的次日应将所设的户外广告、宣传品等清除完毕。

第六十二条　公交车、出租汽车不得设置车身广告。

第六十三条　张贴栏应设置在方便浏览且不影响市容观瞻处，需要张贴、公布的信息、公告等应整齐张贴在张贴栏内。张贴栏应定期清理。

第六十四条　城区内标志标识牌、指示牌不得设置广告。

第六十五条　户外牌匾的设置规划应服从城市总体规划，内容为单位名称、商号（字号）、标志，其规格、式样应与建（构）筑物、周边景观相协调。

第六十六条　单位指示牌设置一般实行多个单位共用一块。同一单位临多条道路的，可在该单位主要进出道路的入口位置设置一块单位指示牌。

第六十七条　同一建筑物内有多个单位的，物业管理者应当按照一栋一牌和统一设置的原则规范户外牌匾，禁止单个单位在该建筑物墙面、楼顶独立设置户外牌匾。

第六十八条　门面户外店牌设置实行一店一牌，应统一设置在门楣位置，其大小应与建筑物及相邻店牌相协调。店牌的高度不超过 1.5 米，宽度视门面宽度而定，但不得超过建筑物两侧墙面。

第六十九条　严禁在建（构）筑物的窗户玻璃上设置牌匾，严禁在一楼以下设置垂直于墙面的牌匾，二楼以上不得设置封墙面的招牌。

第七十条　不得在牌匾上发布电话号码、经营范围、服务项目、商品名称、图片等广告内容。

第七章　城市照明

第七十一条　本规定所指城市照明包括功能照明和景观照明（包含城市道路、小街小巷、人行地下通道、桥梁、隧道、广场、公共停车场、公共绿地、城市主、次干道临街建筑和不临街 12 层以上建筑物照明）等。

第七十二条　城市道路、小街小巷、人行地下通道、桥梁、隧道、广场、公共停车场、公共绿地、城市主、次干道临街建筑等应配置道路夜间照明。

第七十三条　照明设施应保持完好，使用正常，出现灯光不亮或显示不全时应及时维修或更换，无特殊情况，照明设施应按规定启闭。

第七十四条　新建和改造照明设施，必须符合有关设计安装规定，并采取新光源、新技术、新设备。

第七十五条　公共照明设施管理单位要加强维护管理，确保亮灯率达 97%以上，设施完好率达 95%以上，确保照明设施正常运行。

第七十六条　路灯杆、临时架设线路应保持直立，不得发生倾斜。如遇人为损坏或不可抗力造成灯杆倾倒，应及时清除修复。

第七十七条 公园、广场、商业街，一、二级道路两侧建（构）筑物、不临街12层以上建筑、园林水景等必须亮化，设置夜间景观照明。景观照明设计必须经城市管理相关部门批准，并与主体工程同步设计、同步施工、同步验收。

第七十八条 景观照明应充分反映被照物体的特征，与周围环境相协调，采用环保型、节约型照明光源，合理控制照度和亮度，减少光污染。

第七十九条 景观照明的控制箱、管线安装应采用隐蔽方式，做好防盗、防火、防雷击等安全防护措施。

第八章 公共场所

第八十条 公共场所是指车站、港口、码头、影剧院、体育场（馆）、公园、广场等供公众从事社会活动的各类室外场所。

第八十一条 公共场所及其周边环境应保持整洁卫生，无乱贴乱画、无乱搭乱建、无乱设的摊点，无垃圾、污水、痰迹等现象。

第八十二条 在公共场所设置娱乐设施、简易售货亭，举办节庆、文化、体育、宣传、商业等活动，必须经城市管理相关部门批准。

第八十三条 机动车停车场、非机动车停放点（亭、棚）应布局合理、设置规范，车辆停放整齐。

第九章 城市水域

第八十四条 城市水域是指江河、湖泊、水库、河港等岸线内由水体、滩涂和岸坡等组成的区域。

第八十五条 城市水域水面应保持清洁，无垃圾、粪便、油污、动物尸体等废弃漂浮物，不得有革命草、水葫芦等有碍观瞻、恶化水质、肆意疯长的水生植物。

第八十六条 城市水域内的各类船舶、趸船、码头等设施应容貌整洁，垃圾、污水等各种废弃物不得排入水域。

第八十七条 城市水域的岸坡应完好、无缺损，无裸露垃圾，无乱搭乱建。两岸的护栏、杆线及建（构）筑物上不得晾晒、悬挂衣物。

第八十八条 水域范围内严禁从事污染水体的餐饮、食品加工等活动。沿岸的污水不得直接注入水域。

第八十九条 城市公园水体禁止垂钓、游泳。

第十章 城市社区

第九十条 城市社区应保持清洁、舒适，无垃圾、杂草、粪便、囤积污水及其他废弃物。

第九十一条 社区建（构）筑物墙面应保持洁净，无乱贴乱画、乱拉乱挂、油渍污迹。非临街建筑物外凸式防盗窗内不得堆放有碍城市市容的物品。

第九十二条 社区内严禁放养家禽家畜，严禁占用空隙地种植蔬菜，严禁利用绿化树、灯杆电杆及其他公用设施挂、晒衣物，严禁进行规划之外的各种搭建，严禁在车道、行道、绿化地及其他公用场所乱堆、乱放。

第九十三条 社区内的摊担必须入场入室，严禁在车道、行道和公共活动场所摆摊设点。

第十一章 附 则

第九十四条 市城市管理行政主管部门负责本市城市容貌管理工作。区人民政府（管委会）城市管理行政主管部门负责辖区内的城市容貌管理工作。

第九十五条 违反本规定的，按照有关规定依法给予处罚。

第九十六条 本规定自发布之日起施行。

七、常德市智慧城管系统运行办法

2014年9月17日 常德市政府办公室（常政办发〔2014〕28号）

第一条 为整合城市管理资源，规范城市管理行为，提高城市管理效能，保障智慧城管系统的规范管理和高效运行，建立城市管理长效机制，根据国家有关法律、法规、规章的规定，结合我市实际，制订本办法。

第二条 市城区范围内的智慧城管系统工作适用本办法。

第三条 智慧城管系统采用万米单元网格管理法和城市部件、事件管理法相结合的方式，将城市管理对象定位到万米单元网格中，使城市管理问题准确定位，实现对城市部件和事件的标准化、精细化管理。

第四条 本办法所称智慧城市管理对象是指城市管理的部件和事件。

城市管理部件是指物化的城市管理对象，主要包括水、电、气、热、公园、绿地、休闲健身、城市路铭牌、门（栋）牌等公共设施和广告牌匾等部分非公共设施。按城市管理功能体系分为公用设施、道路交通、市容环境、园林绿化、房屋土地、其他设施和扩展部件共七大类。

城市管理事件是指人为或者自然因素导致城市环境卫生、市容秩序、道路交通、治安秩序等受到影响或者破坏，以及发生突发事件需要相关部门处理并使之恢复正常状态的事情和行为的统称。

第五条 本办法由市、区城市管理监督指挥中心负责组织实施。

第六条 市级设置智慧城管市级平台，成立市城市管理监督指挥中心。区级设置智慧城管二级平台，成立区城市管理监督指挥中心。

第七条 市城市管理监督指挥中心职责为

（一）制订全市智慧城管系统运行规范、管理制度和技术标准；制订全市智慧城管系统考核评价办法并组织实施。

（二）承担市、区两级智慧城管系统的日常运行维护管理工作。

（三）承担和指导市、区两级城市管理工作中各种问题的发现、立案、派遣、处置的监督指挥工作。

（四）承担各类综合信息的整理、分析、存储和开发利用等工作。

（五）承担和指导市、区两级信息采集员和坐席员的培训、监督与管理工作。

（六）负责组织全市智慧城管系统基础数据的普查、建库、更新和管理工作。

第八条 各区政府（管委会）负责辖区内的智慧城管工作。各区城市管理监督指挥中心职责：

（一）负责区级智慧城管平台的运行管理，接受市级平台的派遣任务。

（二）负责辖区网格范围内部件和事件的巡查、发现、上报、立案、派遣、处理核查和结案。

（三）负责区级城市管理监督指挥中心坐席人员、信息采集员的管理和考核。

（四）负责对各相关部门、乡镇人民政府和街道办事处的城市长效综合管理工作情况进行检查、考核、指导和协调。

第九条 各相关单位要指定专人负责接收、处理、反馈市区两级城市管理监督指挥中心发现的相关问题，按照《常德市智慧城管系统指挥手册》的要求处置，并按规定反馈处置结果。

第十条 智慧城管系统运行程序包括信息采集、立案、派遣、处理、反馈、结案、评价和分析 8 个环节。

信息采集：城市管理信息采集实行分类采集、分别受理、分级处置的方式，按照区级以信息采集员巡视采集为主，市级以监管采集、专项采集、重大事项采集、12319 热线、媒体曝光及有关政府部门转办为主原则进行，所有信息均进入市城市管理监督指挥中心。

立案：市、区两级城市管理监督指挥中心将采集到的信息，分类即时登记，并根据《常德市智慧城管系统指挥手册》的规定，进行事件、部件立案审核，决定立案后，批转至派遣。

派遣：市、区两级城市管理监督指挥中心根据《常德市智慧城管系统指挥手册》中事件、部件处置标准和时限，将案件派遣至相关单位处理。派遣遵循“先主管，后属地”的原则。市城市管理监督指挥中心根据案件权属分别派遣。区城市管理监督指挥中心对属于自身责任范围的案件，按规定直接派遣；对市属单位责任范围的案件及时转到市城市管理监督指挥中心，由市城市管理监督指挥中心及时批转至市属责任单位。对由于职责不清等原因而无法直接派遣的案件，由市城市管理监督指挥中心予以协调解决。

处理：相关单位按照市、区两级城市管理监督指挥中心的指令，根据《常德市智慧城管系统指挥手册》的规定，对部件进行维护，对事件进行处理，并将处理结果信息对应反馈到市、区城市管理监督指挥中心。

反馈：市、区两级城市管理监督指挥中心根据相关单位反馈的问题处理结果信息，发送核查任务到相应责任网格内的信息采集员，要求对问题的处理情况进行现场核查，信息采集员通过“城管通”上报处理核查信息。

结案：市、区两级城市管理监督指挥中心根据信息采集员上报的处理核查信息，决定是否进行结案处理。

评价：针对信息采集的数量和质量、责任主体的处置效能、区域的综合处理结果进行评价分析，出具综合评价图表和数据。评价包括区域评价、部门评价和岗位评价等。

分析：根据海量案卷数据，对城市管理问题进行趋势分析，为城市管理工作提供决策依据。

第十一条 各相关单位在接到交办案件后，对属本单位处理的案件，应在规定时限内做出处理，并将处理结果及时对应反馈到市、区监督指挥中心；对规定时限内不能解决的案件，需对应向市、区监督指挥中心提供书面说明，经市、区监督指挥中心核实后，采用挂账方式建立问题库。对不属本单位处理的案件，应及时对应回退到市、区监督指挥中心，并书面说明理由。

第十二条 需要市、区两级联动办理的案件，由市城市管理委员会办公室负责进行协调处理。

第十三条 权属不清的城市管理部件、事件案件，可单独立项、归类，按照《常德市智慧城管系统指挥手册》的有关规定进行处理；最终无法协调、未处置的案件，由市城市管理委员会办公室委托相关处置单位代为先期处置。

第十四条 各相关单位应及时准确掌握各自负责维护范围内的城市管理部件变化情况，并按照要求及时将本单位部件数据上报到市城市管理监督指挥中心。

第十五条 对不执行市、区两级城市管理监督指挥中心调度的单位和个人，将给予通报批评；对交办问题推诿、扯皮、拖延处置或因处置不当造成严重后果的，将按照有关规定追究其相关责任。

第十六条 市、区两级信息采集员、坐席员和各相关单位操作员由市城市管理监督指挥中心统一培训，经考核合格后上岗。

第十七条 智慧城管系统设有电子监察子系统，市区两级纪检监察机关可实时查阅所有案件办理情况。凡属经核实挂网未按时办理的案件，市、区两级纪检监察机关均可实施效能监察，跟踪问责。

第十八条 市、区两级政府（管委会）应逐步加大对智慧城管系统的投入，并列入年度财政预算，保障智慧城管系统的运行、维护、数据及时更新和系统拓展所需经费。

第十九条 《常德市智慧城管系统指挥手册》由市城市管理委员会另行发布。

第二十条 本办法自发布之日起施行。

八、常德市户外广告设置管理办法

2014年9月17日　常德市政府办公室（常政办发〔2014〕28号）

第一章　总　则

第一条　为加强户外广告管理，规范户外广告设置，美化城市环境，根据《中华人民共和国广告法》《中华人民共和国城乡规划法》《中华人民共和国道路交通安全法》《城市市容和环境卫生管理条例》《城市容貌标准》等法律、法规的有关规定，结合我市实际，制订本办法。

第二条　市城市规划区范围内的户外广告设置及其相关管理活动，适用本办法。

本办法所称户外广告，是指在城市道路、广场、绿地、机场、桥梁、车站、码头、水域、空间等公共场所和其他建筑物、构筑物以及交通工具上，采取架设、悬挂、张贴、飘浮等形式发布的广告。

第三条　市城管执法局负责市城市规划区内户外广告设置管理工作。主要履行下列职责：

（一）会同规划部门编制户外广告专项设置规划，按程序报批后，具体组织实施；

（二）受理户外广告设置申请，组织有关部门进行评估、审批、验收，并监督实施；

（三）征收户外广告有偿使用费；

（四）负责户外广告的行政执法工作；

（五）市人民政府规定的其他职责。

第四条　各区政府（管委会）负责辖区小广告、牛皮癣、气球、拱门、气模广告的管理。

第五条　财政、物价、工商、规划、国资、交通、公安、住建、市政、园林、消防、气象等主管部门按照各自职责，协同做好户外广告设置的管理工作。

第二章　设置规划

第六条　编制户外广告设置规划，应当符合城市总体规划和城市容貌规定，坚持总量控制、合理布局，与城市区域规划功能相适应，与周围环境相协调。

第七条　设置户外广告，必须符合城市规划与户外广告设置规划，遵循安全、美观的原则，与城市区域功能相适应，不得妨碍交通、消防，不得损害城市容貌。

第八条　下列载体和区域内禁止设置户外广告：

（一）道路照明、电力、通信、邮政等设施上；

（二）交通安全设施、交通标志、路铭牌、桥铭牌上；

（三）城市桥梁、雕塑上；

（四）机动车车辆正面、前后挡风玻璃及两侧车窗上；

（五）国家机关、文物保护单位、公共绿地和风景名胜景点的建筑控制地带内；

（六）电力设施保护范围内；

(七) 主次干道绿化带内；

(八) 经改造后的城市道路；

(九) 法律、法规和市人民政府规定禁止设置的其他载体和区域。

第九条 有下列情形之一的，禁止设置户外广告：

(一) 影响市政公用设施、交通安全设施、交通标志使用的；

(二) 影响公共交通候车亭、停靠站牌、车站出入站口等公共交通设施的识别，妨碍通行的；

(三) 延伸扩展至道路上方或者跨越道路的；

(四) 利用行道树设置的；

(五) 妨碍无障碍设施使用的；

(六) 损害城市容貌和园林景观的；

(七) 未经规划审批，在建（构）筑物上设置的；

(八) 不符合户外广告设置技术规范的；

(九) 影响建筑物通风、采光和消防安全的；

(十) 在堤防等防洪设施用地范围影响防洪设施使用的；

(十一) 影响公共安全的；

(十二) 法律、法规和市人民政府规定禁止的其他情形。

第三章 设置审批

第十条 按照《城市市容和环境卫生管理条例》的有关规定设置户外广告，申请人应当向市城管执法局提交下列材料：

(一) 申请书；

(二) 户外广告设置申请人的营业执照或者身份证明；

(三) 产权证明或者租赁使用协议；

(四) 户外广告设施的数量、位置、形式、规格、材质、造型、安全性等的说明；

(五) 拟设置户外广告设施白天和夜间实景效果图及制作说明书；

(六) 法律、法规、规章规定的其他应提交的材料。

第十一条 市城管执法局收到设置申请之日起3个工作日内组织相关部门进行联合会审，15个工作日内反馈是否批准或者同意的书面意见。

经会审同意设置的，由市城管执法局向申请人颁发户外广告设置许可证书；不同意设置的，应当向申请人书面说明理由。

第十二条 户外广告设置证件应包括下列内容：

(一) 户外广告设置人名称；

(二) 设置期限；

(三) 具体设置位置；

（四）户外广告设施的数量、形式、规格、材质、造型等；

（五）批准机关、批准日期及批准编号；

（六）其他应注明的事项。

第十三条 设置户外广告应当按规定缴纳户外广告有偿使用费。

收取户外广告有偿使用费必须使用非税收入票据，且全额上缴市财政。

第十四条 户外广告的设置期限原则上不超过1年；按《常德市户外广告位使用权拍卖办法》的规定取得户外广告设置权的，设置期限不超过3年。

第十五条 户外广告必须按照批准的地点、形式、材料、规格、时间进行设置，不得擅自更改。确需更改的应当经原批准机关同意。大型户外广告应当标明批准文号、设置人、有效期。

第十六条 经批准设置户外广告的，设置人应当自批准之日起，在规定期限内按照户外广告设置技术规范和安全生产的有关规定完成户外广告的设置。

没有在规定期限内设置户外广告的，原户外广告设置许可证失效。

第十七条 经批准设置的户外广告，施工完毕后，依法需要竣工验收的，由市城管执法局组织相关部门进行综合竣工验收。

第十八条 户外广告设施设置期满后，设置人应在规定期限内自行拆除。需要继续设置的，设置人应当持申请报告和具有法律效力的安全检测合格证明，在许可期限届满前30日内到原批准机关办理延期手续。

第十九条 经批准设置的户外广告，设置人应当履行下列管理责任：

（一）及时对户外广告进行检查、维护，保持户外广告的整洁、完好；

（二）保证照明设施正常运行，并按照规定开启照明设施；

（三）按照有关规定组织具有相应资质的检测机构对户外广告进行安全检查和检测，及时排除安全隐患，并应在隐患排除期间设置安全警示标志，安排专人现场值守，防止事故发生；

（四）法律、法规规定的其他责任。

第二十条 户外广告设施位于建筑物的最高点或高于地面20米时应设置避雷设备，高度逾35米时，应装设绖灯（红色闪光灯）。

第二十一条 因设置户外广告对设置场地、设施造成损坏或者损失的，设置人应当予以恢复或赔偿。

第二十二条 经批准设置的户外广告，在许可期限内受法律保护，任何单位和个人不得侵占、遮盖、涂改、损坏。

第四章 公益广告和临时户外广告设置规定

第二十三条 因公益宣传需要发布户外公益广告的设置人须按下列规定执行：

（一）需要发布公益广告的，由市城管执法局统一安排，其他任何单位不得以公益宣传的名义擅自设置户外广告位；

（二）各广告经营业主都有发布公益广告的义务，户外广告设施每年应当无偿安排不少于百分之十的版面或者广告发布时间用于发布公益广告。公益广告制作费用由广告经营业主承担；

（三）经批准设置的户外广告其版面闲置期超过10日的，必须发布公益广告。

第二十四条 举办文化、体育、商品交易、产品展销、宣传教育、庆典等活动，需要设置临时性户外广告的，应当向市城管执法局提出申请，经批准后，按批准的地点、期限、要求进行设置。

临时性户外广告一般不超过3日，有特殊情况需要延长的，最长不超过10日。

第二十五条 建筑施工工地经批准后可在实体围挡上设置宣传自身项目的户外广告，设置期限最长不得超过依法核准的施工期限，设置高度不得超过实体围挡高度。

第二十六条 门店招牌的设置应当符合《常德市城区门店招牌设置规范》的要求。

第五章 法律责任

第二十七条 因不可抗力造成广告设施损毁及其他事故的，审查、审批部门不负责赔偿损失。

第二十八条 未经市城管执法局同意，擅自设置大型户外广告，影响市容的，由市城管执法局责令其停止违法行为，限期清理、拆除或者采取其他补救措施，并可以处100元以上1000元以下罚款。

第二十九条 违反本办法规定的，由相关行政主管部门依法予以处罚。

应当由设置人自行拆除户外广告设施而逾期未拆除的，由市城管执法局依法强制拆除。

第三十条 户外广告设置行政主管部门工作人员玩忽职守、滥用职权、徇私舞弊的，给予纪律处分；构成犯罪的，依法追究刑事责任。

第六章 附 则

第三十一条 各县市区（管理区）户外广告设置管理参照本办法执行。

第三十二条 本办法自发布之日起施行。常德市人民政府2011年6月3日发布的《常德市户外广告设置管理办法》同时废止。

九、常德市城市管理工作考核评比办法

2014年9月23日 常德市政府办公室（常政办发〔2014〕29号）

一、考评机构

常德市城市管理工作考核评比工作由市城市管理委员会统筹，市城市管理委员会办公室（以下简称市城管办）具体组织实施。

二、考评对象

根据考核评比工作需要，考评对象分为甲、乙、丙三类。

甲类：武陵区、鼎城区政府，常德经济技术开发区、柳叶湖旅游度假区管委会（以下简称“四区”）。

乙类：市直单位。

丙类：汉寿县、桃源县、临澧县、石门县、澧县、安乡县、津市市政府；西湖管理区、西洞庭管理区、桃花源旅游度假区（筹）管委会。

三、考评内容

（一）组织参与全市性城市管理活动情况；

（二）城市市容秩序管理情况；

（三）城市环境卫生管理情况；

（四）城市管理行政执法工作；

（五）城市园林绿化维护与管理；

（六）市政设施养护与管理；

（七）数字化城管工作；

（八）爱卫管理工作；

（九）文明创建工作；

（十）城市管理举报整改情况。

四、考评标准

考评标准由市城管办修订，另行印发。

五、考评方式

考评主要采取日检查、周反馈、月评比、季讲评、年总结等方式进行。其中：

甲类考评对象一月一评比，一季度一讲评。

乙类考评对象中的市公安局、市民政局、市环保局、市住建局、 市交通运输局、市商务局、市卫生局、市城管执法局、市药监局、市文化市场综合执法局、市房管局、市交警支队、市公用事业局、市园林局、市环卫处、市城区客运处、市工商局等17家单位（以下简称乙类月评单位）一月一评比，一季度一讲评。其他乙类考评对象一年一评比。

丙类考评对象一年一评比。

考评检查分为暗检和明检。暗检由市城管办采取随机方式进行24小时检查。“四区”和乙类月评单位的明检由市城管办每月末组织进行，明检顺序由各区抽签确定，各区党政一把手每年至少参加一次城管考评讲评会；乙类中不属月考评对象的单位和丙类对象的明检，由市城管办每年末组织进行。

六、考评计分

（一）甲类单位 月总成绩=暗检成绩×50%+明检成绩× 50% –督办扣分一媒体监督扣分。

（二）乙类月评单位 月总成绩=暗检成绩×40%+明检成绩×60% –督办扣分一媒体监督扣

分。乙类其他单位年度总成绩=暗检成绩×40%+明检成绩×60% –督办扣分—媒体监督扣分。

（三）丙类单位 年度总成绩=暗检成绩×40%+明检成绩× 60% –督办扣分—媒体监督扣分。

七、奖罚办法

（一）设立2000万元城市管理考核评比奖励资金。其中市政府出资800万元，“四区”政府（管委会）各出资300万元，由市财政设立专户管理，专款专用。“四区”政府（管委会）对城市管理考核资金要列入当年财政预算或调整预算足额安排。

1.“四区”政府（管委会）奖励经费的50%用于城市管理工作方面的投入，50%用于奖励城市管理工作的先进单位和个人。各区所获奖补经费不能抵扣城市管理工作经费预算，市城管办和市财政局每月对上月奖补经费的使用情况进行检查。

2.乙类月评单位的奖励经费50%用于城市管理工作方面的投入，50%用于奖励城市管理工作的先进个人。

3.年度总结奖励经费金额用于奖励城市管理先进个人。

（二）奖罚

1.每月甲类单位排名第一的奖励100万元，排名第二的奖励50万元，排名第三的不予奖罚，排末名的罚30万元。

2.乙类月评单位被评为一类单位（5个）的，奖励5万元；被评为三类单位（2个）的罚3万元。

3.每年评选“城市管理最佳城区”1个、“城市管理先进县城” 2个、“城市管理先进管理区”1个、“城市管理先进单位”10个、“城市管理先进街道”4个、“城市管理先进社区”10个、“城市管理好市民”10个，在每年全市城市管理工作大会上予以表彰和奖励。

4.每年被评为“城市管理最佳城区”的城区党政主要负责人各奖励5万元，被评为“城市管理先进县城”的县（市）党政主要负责人各奖励2万元，被评为“城市管理先进管理区”的管理区党政主要负责人各奖励1万元。

5.连续两次排末名的“四区”政府（管委会）主要负责人和连续两次被评为三类单位的乙类月评单位主要负责人，在市级媒体上说明原因。

6.连续三次排末名的“四区”政府（管委会）党政主要负责人和连续三次被评为三类单位的乙类月评单位主要负责人，市委主要领导进行约谈，约谈由市委组织部组织。

（三）考评结果运用

1.周考评成绩由市城管办及时反馈给“四区”政府（管委会）党政主要负责人及分管领导。

2.月考评成绩以文字形式报市委、市政府主要领导及相关市领导，并反馈给“四区”政府（管委会）及相关单位。同时，考评结果排名情况和“四区”政府（管委会）主要负责人的姓名与职务在市级新闻媒体公布。

3.所有考评对象的全年综合考评成绩在市级新闻媒体公布。

4.考评成绩纳入各县市区党委政府和市直单位的政绩考核、绩效评估成绩，并作为考核选拔干部的重要依据。

八、考评要求

（一）聘请考评委员和考评监督员全程参与监督。由人大代表、政协委员、新闻媒体代表等组成城市管理考评委员、考评监督员人才库，每月在人才库中随机抽取若干名考评委员和考评监督员全程监督考评工作。考评明检前在考评委员和考评监督员人才库中随机抽选若干名城市管理考评委员和考评监督员参加。

（二）邀请市民代表评议。不定期采取公告形式，邀请人民团体代表、企业单位代表、事业单位代表等对城市管理考评工作进行民主评议。

（三）考评人员必须坚持公平、公正、廉洁、科学的原则，做到“四不准”：不准接受考评对象任何形式的“请吃”“请玩”等；不准收受考评对象的红包、礼金、礼品、有价证券和支付凭证等；不准向考评对象索拿卡要；不准徇私舞弊。

索 引

说明：

1.本索引的标目内容分为两类，一是志书中一个或几个自然段内容的概括，二是主题要素，包括志书所涉及的重要人物、机构、事件、著作、文件、刊物等。

2.标引词后面的阿拉伯数字表示内容所在页面。

3.为方便检索，书中机构按习惯称谓标引，如常德市城市管理委员会办公室，直接标为市城管办。

4.本索引采用汉语拼音字母顺序排列，第一字相同，按第二字音序排列，依此类推。

A

B

C

D

G

H

J

后 记

2014年3月，根据常德市人民政府地方志办公室启动全市第二轮部门志书的编修工作安排，常德市城市管理行政执法局成立《常德市城市管理志》编辑委员会，局长张军任主编，党组副书记、副局长龚霞波任副主编，彭培南任总纂。2015年，张军、龚霞波先后调任他职，局长刘兴华任主编，党组副书记、副局长宋立明任副主编，彭培南续任总纂。

2016年1月，《常德市城市管理志》编纂办完成《常德市城市管理志》初稿；2月，组织市城管系统专家和老同志代表审阅《常德市城市管理志》初稿。3月23日，《常德市城市管理志》编委会集体审阅《常德市城市管理志》。嗣后，局党组组织编委会成员和局属各科室、各单位主要负责人分别审阅，5月15日完成集体审阅。5月26日，市方志办周华辉、翦甜审阅《常德市城市管理志》初稿。《常德市城市管理志》编纂办根据各方意见，再次认真修订，形成《常德市城市管理志》送审稿。

2016年10月27日，常德市方志办召开专家评审会对《常德市城市管理志》组织专家评审。2016年11月10日至12月5日，方志出版社完成《常德市城市管理志》初审、复审、终审“三审”定稿。《常德市城市管理志》编纂办根据方志出版社“三审”《审稿意见》和市方志办专家评审会专家意见，对《常德市城市管理志》做出修订后，由常德市城市管理和行政执法局局长、《常德市城市管理志》主编刘兴华终审定稿。本志记事以新中国常德市城市管理事业开端为始，上起公元1949年，下讫公元2015年，展示经验教训，反映客观规律，全面记述常德市城市管理历史发展与现状。为保持历史连续性，对城市管理重大事件，上溯至中华民国初年。

本志编写过程中，得到市政府方志办的高度重视，方志办主任刘李波、副主任周华辉，方志科专家周波、翦甜多次就志书编纂方针、篇章结构、修订重点作出重要指导；本志编写得到市城管执法局历届领导同志、各科室、各直属单位、相关单位和各区县市城管执法局的大力支持，得到市、区档案馆和市直城管系统各单位档案室、资料室的大力支持，在此一并致谢。

由于编者水平有限，加之时间仓促，错讹之处难免，敬请不吝指教，谨致谢意。

2017年4月